陕西省"十二五"古籍整理重大项目
陕西省社会科学基金重点项目

陕西古代文献集成【第十七辑】

陕西古代文献集成编纂委员会 编　主编◎贾三强

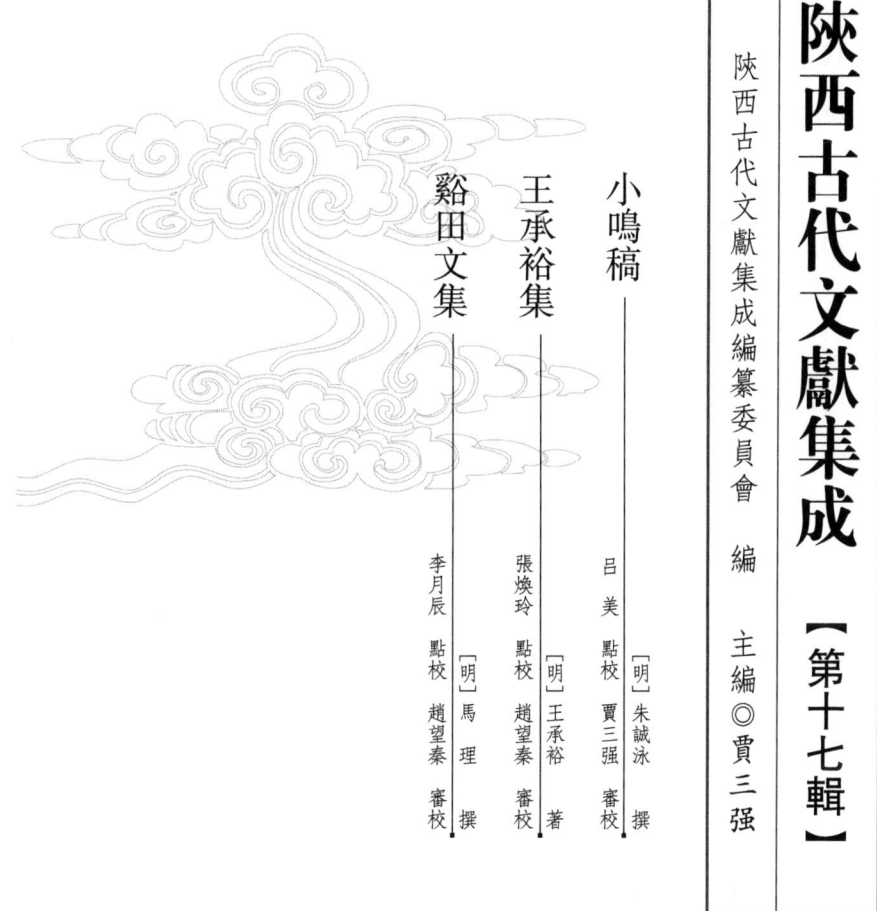

小鳴稿　[明]朱誠泳 撰　吕羡 點校　賈三强 審校

王承裕集　[明]王承裕 著　張焕玲 點校　趙望秦 審校

谿田文集　[明]馬理 撰　李月辰 點校　趙望秦 審校

陕西新華出版傳媒集團
陕西人民出版社

圖書在版編目（CIP）數據

陝西古代文獻集成. 第十七輯 / 賈三強主編. —— 西安：陝西人民出版社，2018
ISBN 978-7-224-13064-5

Ⅰ. ①陝… Ⅱ. ①賈… Ⅲ. ①地方文獻－彙編－陝西－古代 Ⅳ. ①K294.1

中國版本圖書館CIP數據核字（2018）第296504號

《小鳴稿》	吕　美	點校	賈三强	審校
《王承裕集》	張焕玲	點校	趙望秦	審校
《谿田文集》	李月辰	點校	趙望秦	審校

陝西古代文獻集成·第十七輯

編　者	賈三强
出版發行	陝西新華出版傳媒集團　陝西人民出版社
	（西安北大街147號　郵編：710003）
印　刷	中煤地西安地圖制印有限公司
開　本	787mm×1092mm　16開　42.5印張　4插頁
字　數	600千字
版　次	2018年12月第1版　2018年12月第1次印刷
書　號	ISBN 978-7-224-13064-5
定　價	256.00元

陝西省古籍保護整理出版工作
領導小組編纂委員會

主　任　方光華　陝西省人民政府副省長
副主任　高　陽　陝西省人民政府副秘書長
　　　　程寧博　中共陝西省委宣傳部副部長
　　　　任宗哲　陝西省文化和旅游廳廳長
　　　　司曉宏　陝西省社會科學院院長
委　員　劉　强　陝西省發展和改革委員會副主任
　　　　王建利　陝西省教育廳廳長
　　　　史高領　陝西省科學技術廳副廳長
　　　　王愛民　陝西省民族宗教事務委員會主任
　　　　習雲傑　陝西省財政廳總會計師
　　　　羅文利　陝西省文物局局長
　　　　徐　曄　陝西省文史研究館館長
　　　　雷　湛　陝西省地方志辦公室主任
　　　　明平英　陝西省檔案局局長
　　　　周天游　陝西省古籍整理專家委員會主任
　　　　白寬犁　陝西省社會科學院副院長、陝西省古籍整理專家委員會副主任
　　　　賈二强　陝西省古籍整理專家委員會副主任
顧　問　司曉宏　任宗哲　郭立宏
主　編　吴敏霞
副主編　王祥瑞

《陝西古代文獻集成》編纂工作領導小組

組　　　長　　任宗哲　郭立宏
副 組 長　　白寬犁　高　嶺
成　　　員　　吳敏霞　惠西平　吳振磊　段建軍　王祥瑞　潘麗華　韋禾毅

《陝西古代文獻集成》編纂委員會
特邀顧問

張豈之　趙世超

學術委員會

主　　　任　　周天游
副 主 任　　白寬犁　賈二強
委　　　員　　周天游　周偉洲　閻　琦　白寬犁　賈二強　吳敏霞　張懋鎔
　　　　　　　惠西平　郭憲曾　李　浩　王煒林　向　德　張　弘　趙力光
　　　　　　　趙建黎　徐大平　史天社　淡懿誠

編纂委員會

主　　　編　　賈三強
副 主 編　　吳敏霞　趙望秦
委　　　員　　賈三強　吳敏霞　趙望秦　張新科　段建軍　霍有明　傅紹良
　　　　　　　周曉薇　郝潤華　李芳民　張　沛　張文利　趙小剛
主編助理　　杜學林　李向菲　魯夢宇　楊　瑞

前 言

陝西有着悠久的歷史，是文明隆盛之區。傳説中華夏民族的始祖炎帝和黄帝都曾在這片土地上活動，並且留下了相關的遺址遺跡。對今天中華文明和文化傳統影響最大的周秦漢唐王朝，肇興於這片土地，同樣留下了數不清的文物遺存。這些文化遺產雄辯地證明，陝西是中華民族的發祥地之一，也是中華民族一步步走向强盛的歷史見證。有越來越多的國内外人士來到這裏，觀賞半坡遺址、周原故地、秦兵馬俑、漢武帝陵、大夏統萬城、唐長安城以及終南風物等，領略這裏恢弘、悠遠、博大、精深的文化。

世界上很多地方的著名古跡，比如英國的史前巨石陣、復活節島上的巨人石像與秘魯納斯卡地畫，在相關的歷史文獻中，找不到絲毫的記載，因此只能是一個一個神秘的千古不解之謎，甚至有人將其解釋成外星人留下的奇跡，這當然大大影響了它們具有的文化意藴。而陝西的周秦漢唐遺跡和文物，絶大多數可以與傳世的文獻相印證。用文物與文獻相互印證研究歷史的方法，從漢代起就有學者運用。在清代乾嘉學者，尤其是後來的王國維先生那裏，成爲一種科學的學術研究手段，是歷史研究的利器。秦始皇陵兵馬俑坑棚木明顯被焚燒過，這在《史記》中有記載，是楚霸王項羽所爲；而遊客們在遊覽唐大明宫遺址，驚嘆其恢弘的氣勢時，也不由得會想到古代典籍中記載的發生在這裏的歷史事件,如盛唐時"九天閶闔開宮殿,萬國衣冠拜冕旒"的朝貢場面,大唐落日西沉時血雨腥風的"甘露之變"等,這些事件都深刻地影響了中國歷史的走向。設想一下,如果沒有文獻的佐證,這些文物古跡將會怎樣地黯然失色。因此,如果將這些可視的文物古跡視作壁上之龍,那些可讀的傳世文獻就如同龍的眼睛,一經點畫,飛龍就會騰起在天,活靈活現。

與文物文化相輔相成的是,這裏同樣有着深厚的文獻文化傳統。陝西存世文獻的品質之高,舉世罕有。《周易》極力探究宇宙產生和運行的根本法則,《周禮》爲萬世定立典章制度的企望,《史記》"究天人之際,通古今之變,成一家之言"的抱負,展示了早在西漢以前這片土地上志士仁人的闊大胸襟。這種特質對於秦地之人已經浹髓淪肌,融入血脈。而《詩經》中產生於周秦故地的諸多詩篇,從莊嚴的宗廟祭祀到民間青年男女嘹亮的情歌,無所不包,則又體現出這裏人民生活的豐富多彩。漢唐時代在這裏產生的諸多歷史、哲學和文學作品,至今仍有着典範意義,是中華民族精神寶庫中異常珍貴的遺產。

無論在陝西生活或者工作的人,不僅有責任將這塊中華民族風水寶地產生的文化遺產保護好,而且還要發揚光大。新中國成立後的20世紀50年代,我們國家幾乎還是一窮二白的時候,國家投入鉅資發掘了半坡遺址,並修建了保護性的建築。70年代又發掘了震驚世界的秦始皇陵兵馬俑,並在遺址上建立了博物館。改革開放以來,特別是近年來,陝西省提出建設文化大省、強省的戰略目標,而這對文化遺產的保護無疑是重要內容。近年來,隨着經濟的發展,政府在文化遺產保護方面的投入不斷加大,周原遺址、西安漢城遺址、曲江遺址、大明宮遺址、大唐西市遺址的發掘保護,爲世人矚目,已成爲陝西和西安古代文化的亮眼名片。

但是對於古代文獻的保護和整理,則稍顯落後。正是意識到了這一點,陝西省政府决定在"十二五"和"十三五"期間，在這些方面加大投入，進行建設。《陝西古代文獻集成》是其中的重大課題。這裏説的陝西古代文獻，指的或專寫陝事，或作者爲陝人，或書籍爲陝版。前兩者是主要的整理内容，陝版圖書除了在圖書史或版本目録學史方面具有較重要的意義外，從内容方面來看，與其他地域出版的圖書並無本質區别的，不作爲此次整理的重點。由於人力、物力、財力的限制，這批整理的文獻，原則上只收録那些没有經近人整理過的古籍或雖經近人整理，但是整理品質不高的古籍。這樣，一些多次經前人整理的古籍，雖然有很高的歷史意義和學術價值，如上述的《周易》《史記》等書，就不再進入整理者的視域。經過專家推薦，課題組嚴格篩選，選取了300餘種古籍作爲整理對象。這些古籍，絶大多數是宋、金、元、明、清人撰作的。

毫無疑問，在以周原、豐鎬、咸陽和長安爲中心的周、秦、漢、唐文明之後，隨着我國政治、經濟、文化中心的東移南下，從宋代開始，在整個中華文明中，陝地風光不再，逐步被邊緣化，整體上處於衰落之勢。但它仍是中華文明的重要組成部分，有時甚至引領風華。這可以關學、明清文學和戲曲的傳世文獻爲例。

北宋的關中大儒張載是早期的理學家，他"爲天地立心，爲生民立命，爲往聖繼絶學，爲萬世開太平"的宏偉誓言，激勵了數不清的中華民族志士仁人修齊治平的理想。張載是宋明理學中導夫先路式的學者，他創立的關學深刻地影響了"二程"的洛學、朱熹的閩學，而這三者構成了理學鼎立的三足。張載奠定的重實踐功夫而相對輕視繁瑣論證的關學傳統沾溉陝西學風民風甚深。從宋代至近代，宋代藍田"四吕"，元代楊奂、蕭㪺，明代王恕父子、吕柟、馬理、馮從吾，清代"三李"、王思敬，直至近現代的劉光蕡、賀瑞麟、牛兆濂等，歷時近千年，構成了不絶如縷的關學體系。這種不尚空談而重實踐的傳統也培育出了關中諸多磅礴豪放的義士和勤敬忠孝的百姓。

明清時代陝西的文學成就也同樣值得大書特書。明代前期度過了慷慨悲歌的改朝換代短暫風光，中國文學進入了百年孤獨時期，充斥文壇的是歌功頌德、神仙道化和説教衛道之風。張廷玉主編《明史·文苑傳》稱之爲："永宣以還，作者遞興，皆冲融演迤，不事鉤棘，而氣體漸弱。弘正之間，李東陽出入宋元，溯流唐代，擅聲館閣。"正是對這段時期文學柔靡之風的概括。而到了明弘治、正德、嘉靖年間，中國文學進入了復興時期，其標志是前七子翩然登上文壇。前七子中的主要人物李夢陽是慶陽人，時屬陝西，康海是武功人，王九思是户縣人。而前七子中的另一位領軍人物何景明，雖是河南信陽人，但卻與上述三人交往密切，還擔任過陝西提學副使之職。繼唐代之後，陝西文學又一次進入亂花迷眼的大好時期。萬斯同《明史稿·文苑傳》説："關中自李夢陽、康海、王九思後，作者迭興，若吕柟、馬理、韓邦奇、邦靖、馬汝驥、胡纘宗、趙時春、王維楨、楊爵輩，彬彬質有其文，而（張）治道輩鼓吹之，一時號爲極盛。"這段文字中提到的絶大多數人，都是科舉中高第中進士的文人。例如康海和吕柟，分别在明弘治十五年（1502）和正德三年（1508）先後中狀元，這也是陝西科舉史中的佳話。這個文人群體詩文創作成就極高，當時在北京官場中流行的"西翰林"之説，就是指翰林院中陝人極多的盛況。500年後的今天，追憶當年，仍令人神往。明嘉靖三十四年十二月（1556年1月）關中發生大地震，當時身在關中的文壇領軍人物馬理、韓邦奇、王維楨等人罹難，使陝西文學盛況戛然而止。但是清代初年，王又旦和"三李""一康"爲代表的三秦詩派又異軍突起，爲陝西文學贏得了聲譽。這一文學現象近年來也受到了學界的關注。

戲曲是我國獨有的藝術。如果將"代言體"作爲其起源和本質特徵，從青海大通縣孫家寨出土的新石器時期陶盆上帶尾飾的群舞、周穆王時傳入中國的傀儡戲和産生於周幽王時的俳優藝術等資料看，完全可以説周秦之地也是中國戲曲的發源地之一。而宋代以後，陝西代言體類的表演藝術總體走下坡路。明代大戲曲家康海、王九思的橫空出世，使這一頹勢中止。而在明清之際作爲"亂彈之祖"的秦腔的出現，更是使流行了近400年之久的宮調聯曲體戲曲走向了窮途末路，而以秦腔爲代表的板腔體戲曲流行於大江南北、長城內外，成爲中國戲曲的主流。"花部亂彈"是清人對板腔體戲曲的俗稱，秦腔也因而被戲曲界稱爲"花部亂彈之首"，對包括京劇在內的近現代以板腔體爲主的各地戲曲影響深遠。

這些文獻，在這次整理中都有收錄。我相信，這批文獻的整理出版，將會使學界和廣大對古代文化有興趣的讀者朋友們獲益良多。

我要衷心感謝從事這項課題的100多位省內外專家學者，正是你們數年的艱苦努力，爲實現我們陝西建設文化大省、强省的戰略目標做出了卓有成效的貢獻，也爲我們陝西文化增添了一項標志性的成果，在此謹致深深的謝忱。

賈三强

丁酉年秋

目録

總凡例……………………………………………………………… 1
小鳴稿……………………………………………………………… 1
王承裕集…………………………………………………………… 301
谿田文集…………………………………………………………… 375
後記………………………………………………………………… 639

總凡例

一、《陝西古代文獻集成》收録範圍，爲傳統近代以前陝西傳世文獻。陝西爲清代版圖所轄區域。陝西文獻概指陝人著述或述論陝事者。

二、本叢書僅收録未經今人整理，或雖經今人整理，然而品質尚有提升空間之古代文獻。

三、本叢書以點校爲主要整理方式，亦有個別作者前期已完成校注本，且有較多史實箋證，於讀者有裨益者，亦適當收入。

四、諸書底本之墨釘"■"、闕字"囗"均一仍其舊，空闕或漫漶之字亦示以"囗"，部分殘缺之字外框以"囗"。

五、底本之誤，原則上不改，而在校記中説明。一些明顯之常識性錯誤，如古籍中常見"己、已、巳"不分者，則徑改，不出校記。

六、諸書各有特點，且其整理成於眾手，故點校前言、凡例和附録等不强求統一。

七、諸底本中原有之注，用小號字排印，置於原處。

八、本叢書多有一輯多種者，其前後排序按作者之生卒年月。

九、因本叢書諸作之整理完成時間不一，故每十輯爲一批次，按經、史、子、集和時代先後順序編排。

小鳴稿

[明]朱誠泳　撰
呂　美　點校
賈三强　審校

點校説明

朱誠泳（1458-1498），號賓竹道人，諡"簡"。朱元璋五世孫，秦藩第七任秦王。明成化四年（1468）封鎮安王，弘治元年（1488）襲封秦王，在位十一年卒。朱誠泳生活的天順、成化、弘治年間，政治相對穩定，因而，其一生並無波瀾。在秦王位期間，守藩謹慎，《明史·諸王傳》載："孝友恭謹，嘗銘冠服以自警。秦川多賜地，軍民佃以為業，供租稅，歲歉輒蠲之。長安有魯齋書院，久廢，故址半為民居，誠泳別易地建正學書院。又旁建小學，擇軍校子弟秀慧者，延儒生教之，親臨課試。王府護衛得入學，自誠泳始。"朱誠泳作為藩王，特殊的政治身份與地位決定了其與其他文人的不同。藩王的政治身份伴隨終身，卻只能作為一位"政治閒人"。奉藩之暇，文化活動豐富。何景明《雍大記》云："喜讀經傳子史，手不停批……喜按文儒士大夫，話談竟日，亹亹忘勞。"常與文人士大夫交遊唱和。沉酣經史，醉心詩書，因而著述可觀。著有《小鳴稿》十卷、《益齋嘉話》一卷、《詠雪唱和》一卷、《賓竹遺稿》三卷及《秦藩世德錄》。

朱誠泳工詩，自稱有"詩癖"，"日課一詩"以為常，諸體皆備。陳田《明詩紀事》云："明藩王之工詩者，當以秦簡王誠泳為稱首"；《四庫全書總目》評價其詩："古體清淺而質樸，近體諧婉可誦，七絕尤為擅場。如《秋夜詩》云'霽月滿窗明似晝，梧桐如雨下空庭'，又云'空庭久坐不成寐，明月滿階砧杵聲'，又《山行詩》云'啼鳥無聲僧入定，半岩風落紫藤花'，皆風骨成削，往往有晚唐格意。爾時館閣之中，轉無此清音矣。"朱誠泳作為一位明代中期的藩王，其文學創作活動具有其特殊性。在詩歌創作中，他認為詩歌的目的在於"吟詠性情"，主張"詩不主於險怪，而惟主於平淡"。其詩歌創作踐行了"平淡"的主張。

朱誠泳的詩文大多存於《小鳴稿》中，目前可見的《小鳴稿》的版本有弘治十一年秦府本和《四庫全書》本。《小鳴稿》又稱《小鳴集》、《賓竹小鳴稿》、《經進小鳴集》、《賓竹集》。是集由作者初步編訂於弘治十年（1497）五月，自命其詩為《小鳴稿》。"小鳴"之意，取諸《學記》"善待問者如撞鐘，扣之以小者則小鳴，扣之以大者則大鳴。"蓋寓"求正大方"，不忘進學之意。朱誠泳自十歲起，便"日賦一詩"以為常，積之三十年靡閑，詩作數量頗為可觀。作者"偶閱舊稿，率多塵鄙可笑"，遂"自加斤削，去其太甚，而采其近似者，爰命侍史錄之。姑藏之書笥，將求正於大方。"由此看來，作者刪去了一些不合意者。弘治十一年（1498）六月，薨逝，越二十六日，其妃廖氏命府內承奉副相償督刊，紀善強晟校對以傳，是集遂定稿，由秦府中書舍人張中楷錄登梓。後紀善強晟屬熊翀、楊一清、嚴永浚為之序。是為弘治十一年秦藩刻本。嘉靖元年，簡王孫定王朱惟焯表上朝廷，詔送史館，史稱"經進"。除弘治十一年秦府刻本外，是集似無其他刻本。據《明實錄》、何景明《雍大記》、焦竑《國朝獻征錄》、朱睦㮮《萬卷堂書目》、顧炎武《音學五書》、錢謙益《列朝詩集小傳》等，《小鳴稿》並未只藏之于秦府書笥，而是得到了流傳。

　　弘治十一年秦藩刻本，今南京圖書館藏殘本第五至八卷。中國科學院圖書館藏全本，保存基本完好，是為善本。此本亦為《四庫全書》底本。裝訂形式為線裝，一函五冊。有裝具函套一個，保存基本完好。開本25.9cm×16.0cm。板框為20.8cm×14.6cm。書口為大黑口，四周雙邊，雙黑順魚尾，上魚尾下記書名及卷數，下魚尾下記頁碼。序文部分半頁7行，每行12字；目錄及正文部分半頁10行，每行字數18字。按，強晟《小鳴稿後序》云《小鳴稿》刻成於弘治十一年。另楊一清《賓竹道人小鳴稿序》："王薨，其臣紀善強晟以王平生精力盡在於是，不可泯焉無聞於後，裒輯之得若干篇，承奉相償刻以傳，屬一清為之序"，熊翀《賓竹道人小鳴稿序》："弘治己未孟夏之吉，賜進士第嘉議大夫奉勅巡撫陝西都察院右副都禦史汝南熊翀謹序"，嚴永浚《小鳴稿後序》："是歲己未春三月既望，中憲大夫西安府知府華容嚴永浚謹序"。楊一清、熊翀、嚴永浚之序皆作於是集刻成之後。蓋集刻在前，序刻在後也。序文首頁印章為：清盧文弨"四明盧氏抱經樓珍藏"，方形，陽文；"范氏圖書之記"，方形，陰文；"東觀草堂印存"，方形，陽文。朱誠泳《小鳴稿自序》文後印章為："貽笑大方"，方形，陽文；"秦王之印"，方形，陽文；"來青樓", 長方形, 陰文。卷一為樂府129首; 卷二五言古詩158首, 五平五仄詩1首; 卷三歌行13首, 七言古詩65首; 卷四五言律詩137首, 五言排律1首; 卷五七言律詩272首; 卷六五言絕句72首, 六言四句3首; 卷七七言絕句296首; 卷八聯句15首, 集古句35首; 卷九贊15篇, 記3篇, 賦5篇, 序12篇, 引3篇, 文6篇, 此卷《瑞蓮亭記》、《建正學書院記》(題目闕, 據上下文意, 並參看《小鳴稿目錄》及李東陽《重建正學書院記》試擬題目。)為殘文, 另有殘文一段(《建正學書院記》之後,《拙解》之前), 題目不知, 蓋缺頁所致。卷十為《恩賜聖覽錄》, 古體近體皆有涉及。

《四庫全書》本以弘治十一年秦藩刻本為底本(是為浙江巡撫采進本)。今參看《文淵閣四庫全書》本較之秦藩本有明顯不同。四庫本集前無賓竹道人、熊翀、楊一清、嚴永濬、強晟序文。集前有《提要》, 然與《四庫全書總目提要》之內容又有所不同。卷九《瑞蓮亭記》、《建正學書院記》亦為殘文。然無《建正學書院記》之後,《拙解》前之殘文。四庫本與秦藩本區別較大者, 當屬四庫中的避諱處了。第一, 避皇帝名諱, 這裏姑置不論。第二, 避"胡虜夷狄"諱。為避此諱, 謄錄者將原詩文中的個別句子進行了改動, 如秦藩本卷一《將軍行》有"遠出蕭關討戎羯"、"直搗胡巢殲厥種"句, 四庫本將之改為"遠出蕭關探虎穴"、"直搗長驅爭鼓勇"。類似此種較大改動者, 全書不下二十處。因此, 在參看四庫本時應注意此類問題。

本點校本以弘治十一年秦府刻本為底本, 以文淵閣《四庫全書》本為參校本。校勘方法以理校為主, 參用對校和他校法, 異文出於校記之中。本次點校的目的有二: 一是保存《小鳴稿》初刻本的面貌; 二是提供一個可信的點校整理本, 以方便研究。

呂 美

2015年夏日

目錄

小鳴稿自序 …… 39
賓竹道人小鳴稿序 …… 39
賓竹道人小鳴稿序 …… 40
小鳴稿後序 …… 41
小鳴稿後序 …… 42

卷 一 …… 43
  樂 府 …… 43
    聖君曲 …… 43
    宛轉歌 …… 43
    明月引 …… 43
    江上曲 …… 44
    春游曲五首 …… 44
    雞鳴曲 …… 44
    對酒歌 …… 44
    古 意 …… 44
    樓上曲 …… 45
    遠游篇 …… 45
    苦熱行 …… 45
    渭城少年行 …… 45
    輕薄篇 …… 46
    公子行 …… 46
    西城路 …… 46

燕燕于飛	46
苦哉遠征人	46
秋夜長	47
遙夜吟	47
估客樂	47
將軍行	47
搗衣曲	47
夜宴謠	47
農夫謠	48
樹中草	48
獨不見	48
昔思君	48
傷思吟	48
吳鉤行	48
壯士行	49
戍婦詞	49
飲酒樂	49
春曉曲	49
羽林郎	49
春夜曲	49
凉州詞	49
相思曲	49
燉煌曲	50
龍支行	50
酒罏行	50
邯鄲曲	50
麗情曲	51
猛虎行	51
燕歌行	51
驄馬行	51
巫山高次童士昂黃門韻	52
春宮曲	52

目　錄

征婦怨	52
秋夜曲	52
寫玉歌	52
寒夜吟	52
繡思曲	53
看花吟	53
聞角吟	53
待月辭	53
短歌行	53
有所思懷戴松崖憲使	53
王公上壽酒歌	54
古離別	54
鈞天曲	54
登山曲	54
涇水黃	54
折楊柳	54
隴頭吟	55
望行人	55
梅花落	55
紫騮馬	55
公無渡河	55
雞　鳴	55
烏生八九子	56
青樓曲	56
艷歌行	56
大雅行	57
湘妃吟	57
置酒高堂上	57
君子行	57
苦寒行二首	57
蛾眉怨	58
宮怨八首	58

鳳吹笙曲	58
團扇郎	59
朝雲曲	59
前有一罇酒行	59
上皇三臺	59
起夜來	59
從軍行	59
游仙謠	59
長相思	59
竹枝詞	60
楊白花	60
白紵辭	60
當窗織	60
新聲	60
關山月	60
洛陽道	61
長安道	61
雨雪曲	61
朱鷺	61
思悲翁	61
艾如張	61
上之回	61
翁離	62
戰城南	62
巫山高	62
上陵	62
將進酒	62
君馬黃	62
芳樹	63
有所思	63
雉子班	63
聖人出	63

	上 邪	63
	臨高臺	63
	遠如期	64
	石 留	64
卷 二		65
五言古詩	65
	雜 詩	65
	擬古三首	66
	感寓八十八首	66
	臨池作	81
	對月夜飲	81
	祀祖母太妃塋偶作	81
	答少參郁先生	81
	秋江訪友畫	81
	雲景畫	82
	早 起	82
	書室偶成兼柬新齋堂兄	82
	苦 旱	82
	獨 坐	82
	書王氏族譜	82
	過田中有感	83
	題四景畫	83
	首夏即事	83
	送顧指揮之襄陽	83
	游興善寺	83
	春園行樂	84
	秋夜露坐	84
	步虛詞贈印鍊師	84
	題魏顆結草圖	84
	新齋兄壽詩	84
	成化乙巳關中苦旱	84
	挽鄭長史父母	85

偶　書	85
蜀府德陽王師古堂代保安王肅齋作	85
歲　晚	85
古　意	86
秋　夜	86
寫　懷	86
有懷凌臥岩	86
寓　興	86
山水圖	86
翫松石	87
安　分	87
軒中即事	87
滄浪圖	87
紀　夢	87
雪　夜	87
雪　意	88
進履圖	88
問禮圖	88
枯木竹石畫	88
讀史外紀六首	88
子貢訪原憲畫為康文淵都閫題	89
壽李封君繡衣	89
春日有懷	89
春日久陰孤坐無聊寫此寓懷	90
忠孝卷為唐府題	90
登山詩	90
閏三月一日與永興王宜川王賞花	90

五平五仄韻 ······ 91

　　咏　雪 ······ 91

卷　三 ······ 92

　歌　行 ······ 92

　　弘治龍飛歌 ······ 92

長歌為宗伯汧陽端懿王作	92
放情歌	93
具慶堂歌送高廣原教授省親還江西	93
愛梅歌	93
神駿歌	93
金魚歌	94
夢中仙游歌	94
新燕歌	94
金臺王氣歌	94
對月行	95
五馬朝天行送嚴宗哲太守	95
素扇歌	95

七言古詩 …… 96

登 樓	96
早起對雪	96
九鷺圖為魏大用僉憲題	96
悼 鶴	96
對萱花有感	97
秋江晚渡圖	97
甲辰歲關中大祲	97
丁巳雷雨大作	97
詠雪和歐陽公禁體韻	98
壽夏廷贊行人母八袠有三	98
雨 竹	98
中秋無月	98
臨 池	99
春 曉	99
西園竹	99
讀李太白詩	99
題山水卷	100
林良雙鳳鳴陽圖	100
弘治辛亥夏久雨	100

假　山	100
綠陰清晝	101
聽嵇美中彈琴	101
子昂萬竿烟雨卷	101
聞　鶯	101
聞余士英都憲征西得捷時予國戚廖廷璽都閫在麾下得功尤多	102
送致政蔣用璋知縣還吳	102
四時詞四首	102
長江萬里圖	103
四美人圖為永壽王東軒題	103
秋夜即事	103
翫假山池亭	104
懷馬天祿少卿	104
送道士還山	104
夢萱為新齋兄賦	104
女仙圖	105
春江捕魚圖	105
寄暹日華上人	105
琴書自樂	105
哀妻克讓方伯	106
題脊令圖	106
陳所翁雙龍卷	106
壽伯汧陽王六十	106
題鳳翔趙太守紅梅圖	107
端陽日池亭對雨	107
和蘇長公聚星堂禁體雪詩韻	107
題姮娥歸月畫	107
挽李都閫	107
秋　閨	108
紅　梅	108
沈啟南寫山水花禽四幅見寄以詩答之	108
喜西安嚴太守禱雨有感	108

後園寫景	109
和楊應寧僉憲詠雪韻	109
勤有齋	109
恕　齋	110
宮人戲嬰	110
攜琴訪友畫	110
芭　蕉	110
葵　榴	111

卷　四 ……………………………………………………………………… 112
　五言律詩 ………………………………………………………………… 112

雨中漫興八首	112
晚　眺	112
春日喜晴	113
丙午元夕遇雪	113
寄戴松崖憲副	113
秋　聲	113
殘　月	113
即　景	113
冬　風	113
十四夜月	114
十六夜月	114
春　曉	114
松　風	114
對　雨	114
悲　秋	114
九日席上次戴松崖先生韻	114
齋居雜興四首	115
張太妃挽詞二首	115
甲辰元夕同戴松崖吴元素鄭子初湯侯菴諸先生燕集時在鎮安邸	115
甲辰元夕	115
秋日即事	115
題永壽王壽萱手卷	116

竹亭偶成	116
瑞香次韻	116
有懷王尚文少參	116
閒居漫興二首	116
次韻訪道不遇	116
夏多雨	116
題公子游春卷	117
夜坐有懷鄭司寇時良二首	117
酒　家	117
漁　家	117
元夕次韻	117
苦　寒	117
水　閣	118
烟	118
游　山	118
華　山	118
春　雪	118
晴　望	118
先天觀	118
故　宮	119
雲	119
溪　居	119
夏　夜	119
盆　池	119
花　影	119
過山家	119
過田家	120
竹　風	120
綠筠軒	120
擬早起	120
惜　花	120
春　晴	120

目　錄

假　山 …………………………………………………… 120
秋　雨 …………………………………………………… 121
經橫渠鎮廢寺 …………………………………………… 121
題薦福寺塔 ……………………………………………… 121
道傍廢宅 ………………………………………………… 121
秋　風 …………………………………………………… 121
賞　春 …………………………………………………… 121
題山寺亭壁 ……………………………………………… 121
延春亭 …………………………………………………… 122
宿山寺 …………………………………………………… 122
春　寒 …………………………………………………… 122
早　行 …………………………………………………… 122
白牡丹 …………………………………………………… 122
春日久陰 ………………………………………………… 122
月　蝕 …………………………………………………… 122
風 ………………………………………………………… 123
温　泉 …………………………………………………… 123
即　事 …………………………………………………… 123
中　秋 …………………………………………………… 123
閒居即事 ………………………………………………… 123
海棠花 …………………………………………………… 123
牡　丹 …………………………………………………… 123
秋日牡丹 ………………………………………………… 124
冬日牡丹 ………………………………………………… 124
杜鵑花 …………………………………………………… 124
葵　花 …………………………………………………… 124
水仙花 …………………………………………………… 124
夏　曉 …………………………………………………… 124
晝　寢 …………………………………………………… 124
春　雨 …………………………………………………… 125
擬元日立春 ……………………………………………… 125
送　春 …………………………………………………… 125

春宵	125
村行書事	125
聽康都聞彈琴	125
送鄧二南還	125
始與晉卿先生茶話	126
南園對景偶書	126
送郭上舍使雲南回京	126
漢臺春望	126
將壇晚眺	126
韓溝曉月	126
漢山夕照	126
中梁古刹	127
諸葛遺墟	127
龍江過雨	127
棧閣連雲	127
人日喜晴	127
探春	127
西園池亭	127
雨過	128
九日遇雨	128
井	128
社日	128
塵	128
次韻山陽道中	128
頒賜新曆	128
丙辰元旦試筆	129
送袁推府膺薦之京	129
聽雨不寐	129
春日過杜曲，從臣指言唐杜拾遺故宅在此，今不可尋矣	129
郊行	129
即事	129
詠黃蓮花	129

目　錄

過東軒墓	130
漫　興	130
送張斷事考績嚴太守代求	130
愚	130
懶	130
拙	130
狂	130
五言排律	131
卷　五	132
七言律詩	132
半村為姑蘇湯隱士賦	132
送都憲孫世榮四川巡撫	132
一覽亭為保安王肅齋題	132
送李少參希范致政還鄉	132
送郁文博少參致政還上海	132
游仰天池留別性空和尚	133
壽伯汧陽王恕齋五十	133
印湛然鍊師道院	133
病鸚鵡	133
秋　夜	133
劉節婦	133
賦得潼關曉騎送盛舜臣還吳	133
送戴松崖之浙江憲長	134
挽國戚廖都閫之父二首	134
挽廖母秦太夫人二首	134
挽國戚廖廷璽都閫二首	134
挽廖母孫夫人二首	134
除夕有懷戴松崖	135
送梁廷美都憲巡撫湖廣	135
藩庭別意為賈希召都憲賦	135
寄戴松崖	135
送齊應璧鴻臚脩祀禮成還朝	135

哭憲皇帝	135
送湯半村西游	135
送人還閩	136
送鄭琴士南游	136
冬日牡丹	136
寄湯半村	136
題印湛然鍊師畫像	136
涵碧池	136
湧金橋	136
春日雨中	137
同閻文振方伯仰晉卿憲副池亭小酌	137
春暮書懷	137
寄戴松崖都憲二首	137
元夕分韻得紅字	137
送王尚文少參致政還金陵	137
送馮原孝郎中奉使還朝	137
灞橋別意送徐進士還京	138
送王述之陞山西憲長	138
請人看梅	138
送耿好問亞卿祭西岳事畢還京	138
賀新齋兄書屋落成	138
送大參鄧松坡致政還鄉	138
次韻留鄭子初長史懷歸	138
挹秀為宗弟永壽王東軒賦	139
讀寧河武順王鄧氏世家錄二首	139
九日與戴松崖湯俟菴賞菊	139
送鄭子初長史致政歸南閩	139
送左廷珍憲使陞都憲遼東巡撫	139
宴保安府池亭席上偶成	139
惜紅梅	139
次戴松崖韻以寓有懷	140
無題四首	140

目 録

閨情四首	140
送　春	140
心迹雙清為汧陽王作	141
送婁廉使克讓朝京	141
東軒為永壽王作	141
白雲窩	141
送吳元素長史致仕	141
元日遇雪	141
賀戴松崖陞都憲	141
送韓貫道都憲巡撫西夏	142
送周國瑞總戎守鎮西夏	142
東暹上人	142
中秋喜晴	142
秋夜雨晴	142
雨晴即事	142
白　兔	142
映水芙蓉	143
舞風楊柳	143
春日寫景	143
訪城南孝子盧墓	143
送脩武伯還朝	143
送秋官車郎中還京	143
登　城	143
畫眉次韻	144
夜坐不寐聽雨	144
過宮人墓	144
四友軒	144
春園行樂	144
與弟東軒	144
望雲思親為陳公輔伴讀賦	144
題陳叔振憲使雁山永慕卷	145
丘仲玉少參晚香亭	145

借山樓為湯俟菴作	145
淨香亭	145
道中遇雪	145
詠雪和蘇長公韻二首	145
雪晴三首	145
雪晴復作五首	146
看雪	146
聽雪	146
和楊憲副應寧過藍橋	146
又和藍田道中	147
送焦知縣陞彰德知府	147
挽余士英司馬父母	147
夜坐聞笛	147
別意送凌卧岩還鄉次韻三首	147
寄日華上人	147
天開圖畫樓為唐府三城王作	148
御書閣為唐府三城王作	148
送胡廷倫紀善致仕還鄉	148
自題小像	148
再游天池普光寺憶僧性空	148
慰新齋兄	148
次三鎮國慎獨齋竹軒之作二首	148
次三鎮國慎獨齋陪游後園池亭之作二首	149
送任進之學正之絳州	149
約戴松崖賞梅因出巡不果	149
莊誦太祖皇帝御製文集	149
覽秀樓為宗兄臨潼王養性齋題	149
送魯千之都憲之甘州巡撫	149
次韻寄致政郁文溥少參	150
牡丹亭侍親夜宴	150

予祖康王嘗游翠微山，留題永慶寺壁，迄今四十載，寺僧錄詩來謁
　　求和，予三復展誦感慕，不覺泣下，因再拜追和。時成化庚子

目　錄

　　九月一日也 ·············· 150
贈湯以脩紀善進階致政 ·············· 150
送余士英司馬之京 ·············· 150
咏雪次韻 ·············· 150
送賈希召都憲致政還蜀 ·············· 150
壽伯汧陽王 ·············· 151
聞余士英都憲凱旋喜而有作 ·············· 151
夜坐納涼 ·············· 151
擬送人赴舉 ·············· 151
送李經司陞知隴州 ·············· 151
擬聖壽節早朝 ·············· 151
春雪次韻 ·············· 151
對雪謾成 ·············· 152
送婁克讓之四川方伯 ·············· 152
乙巳仲春七日聽頒寬恤詔 ·············· 152
挽儀賓曹仲璜 ·············· 152
周處三害圖 ·············· 152
壽錢員外八十大參大用之父 ·············· 152
會樂圖為宗弟永壽王題 ·············· 152
送暹上人還京 ·············· 153
和馬天祿憲副隴州簡閻光甫大參 ·············· 153
和次閻大參韻 ·············· 153
和華亭道中雨晴 ·············· 153
和晚渡咸陽 ·············· 153
壽汧陽伯父 ·············· 153
送陳公輔伴讀省親入蜀時其弟進士亦歸省 ·············· 153
送童世奇黄門回京 ·············· 154
送唐虞卿郎中回京 ·············· 154
和咏雪 ·············· 154
送錦衣楊千兵回京 ·············· 154
楊化州清節卷 ·············· 154
次楊應寧僉憲留別京師詞林諸友韻 ·············· 154

宣廟太乙真人蓮葉舟畫為永壽王題	154
送高文明繡衣事竣還朝	155
送匡敬敷繡衣事竣還朝	155
題忠孝節義傳為都閫王徽作	155
送都憲陳叔振作鎮宣府	155
與强景明伴讀	155
竹窗寫興四首	155
溪上晚景	156
和韻寄日華上人二首	156
李公隄為岳州守李文明作	156
送李文明憲使之任河南	156
送少司馬王表倫赴京二首	156
送張應祥繡衣按治四川還朝	156
送夏官楊知微司廳事竣還朝	157
送談時英僉憲陞任江西憲副	157
閒　中	157
元　夕	157
送丘仲玉大參之任山西	157
送仰晉卿憲長入覲	157
送嚴宗哲太守入覲	157
夏日即事	158
夏　夜	158
處善樓為永壽王東軒題	158
興慶池	158
與華陰孫令	158
曲江春游	158
理髮美人	158
步月美人	159
點唇美人	159
折花美人	159
送陳德脩都憲之河南	159
桃接梅	159

送惠安伯奉使還朝	159
送鄭德新方伯致仕	159
韓愚夫黃門具慶詩	160
送李叔淵繡衣還朝二首	160
送戈勉學太守之廉州	160
太行家慶為李叔淵侍御題	160
灞陵別意送夏廷贊行人還高郵	160
春日即事	160
春宮詞	160
送汪文燦大參陞任廣東憲長	161
挽閻文振方伯	161
壽楊宗德行人父八十	161
送西安袁大綸推府應召之京	161
送吳世安繡衣還朝	161
送張邦鎮都憲巡撫[一]畿内	161
挽張尚質主事之室	162
清溪小隱卷	162
園亭小集	162
送仰茂才南還晉卿憲使之子	162
次韻無題二首	162
送嚴茂才省兄南歸宗哲太守之弟	162
送韓德夫繡衣南還天長展墓	163
春日郊行	163
過雍世隆方伯別業	163
春興	163
追和元孟溪湖上之作四首	163
郊興	164
春日東園與客小集	164
偶書三首	164
食薏苡仁飯索蕭子豫少參和韻	164
送熊良佐方伯之湖南	164
送許進士還朝季升都憲之子	164

首　夏	165
端陽宴中題扇分送鎮巡藩臬	165
過邠陽溫穆王東園延春亭感懷	165
夏日內燕後偶成	165
山居為毛仲德隱士作	165
閒　興	165
送高世德行人服闋之京	165
送秋官謝維章亞卿還朝	166
秋　意	166
送韓德夫繡衣起復之京	166
送長史之京	166
送錦衣趙廷昭揮使還朝	166
送少司徒許季升之京	166
質　軒	166
秋祀山川偶成	167
挽耿天資少參	167
送張廷儀繡衣二首	167
初度自慶十一月十五日	167
有舊識者自廣南以椰子孔雀見寄	167
憶西山暨鳳泉舊游	167
送韓淳夫府尹之應天	167
寄戴松崖司寇	168
永思堂為熊騰霄都憲作	168
送嚴宗哲太守乃弟冠帶南還	168
賀新齋兄襲封汧陽王	168
賀張一之憲僉之父封君八十壽	168
漫　興	168
卷　六	169
五言絕句	169
南園即事	169
懷陳叔振都憲	169
懷陳公輔伴讀	169

村　行	169
題雜畫五首	169
夜　坐	170
苦　寒	170
醉仙圖	170
秋　柳	170
曉　思	170
秋　夜	170
飲　酒	170
古　意	170
對　花	171
秋　辭	171
松陰鳴鶴圖	171
聽彈琴	171
請人賞春	171
方　塘	171
草　亭	171
夜坐有懷	171
竹　影	171
松　聲	172
獨　坐	172
彈　琴	172
香奩追和元人黃伯暘韻	172
聞鶴聲	172
秋夜露坐	172
秋　柳	172
咏　詩	172
深　秋	173
馬上口號	173
濃雲不雨	173
西園曉晴	173
宮　詞	173

紅　杏	173
緋　桃	173
花　砌	173
學　書	173
書昉上人太虛卷	174
閨　怨	174
落　花	174
湘　神	174
雨晴夜坐	174
夏　夜	174
曉起對雪	174
項羽泣別圖	174
詠雪次楊應寧憲副韻	174
山　行	175
席上音樂雜詠	175
六言四句	176
詠雪和楊應寧憲副韻	176
小　景	176
卷　七	177
七言絕句	177
趙松雪明皇出游圖	177
昭君出塞圖	177
櫻　桃	177
苑中二首	177
燕	177
宮人斜	177
賞　雪	178
水仙花	178
子陵畫	178
子牙畫	178
梅花二首	178
雁　字	178

雁　影	178
孤　雁	178
聞　雁	178
元夜宴永壽府	179
天馬詞	179
塞上詞	179
春陰二首	179
送人入蜀	179
舊朝服菊	179
金錢菊	179
楊妃菊	179
二色菊	179
漢苑行二首	180
三月十日牡丹盛開，將約諸賓客共賞。九日夜，忽風雨大作，黎明園丁走報，花已半離披矣。感而賦此	180
過舊邸看梅	180
讀高太史詩	180
春　水	180
春　山	180
題陳希夷圖	180
月下鼓琴畫	180
九月見牡丹	181
登府城望祖母陳太妃塋	181
夏仲昭墨竹	181
過墻竹	181
一路功名到白頭畫為妻克讓憲使題	181
題溫日觀蒲萄	181
題畫二首	181
春詞五首	181
題王舜耕畫四首	182
黃葵花	182
題雜畫賜門正相儐八首	182

游玄都觀	182
秋　思	182
宮詞十二首	182
秋　夜	183
春　草	183
漁樵圖	184
二月見梅	184
露	184
銀　河	184
春　宴	184
登門寶臺	184
淵明賞菊圖	184
送人之雲中	184
有懷妻克讓	184
畫　馬	185
題　畫	185
聽鄭生彈琴	185
游興善寺	185
風雨大作恐傷来鵽	185
懷道士	185
題鷺鷥畫與武功宋知縣	185
次韻月下聽琵琶	186
讀韓信傳	186
無寐夜坐	186
老師張先生致政還蜀，久無音信，忽聞訃報，詩以哀之	186
踏雪尋梅	186
征　夫	186
送人之江南	186
懷　人	186
夢游山	186
懷仙吟十一首	187
春　寒	187

春日即事	187
送董生還蜀	187
秋夜雨晴二首	187
晚景二首	188
赤壁圖次王世昌都憲韻	188
和楊應寧憲副咏雪詩答瞿少參	188
賞梅	188
春興三首	188
夜宴詞	188
涼州詞	188
惆悵詞	188
次婁克讓憲副咏梅韻二首	189
得馬天禄少卿所寄文	189
招丘仲玉大參彈琴	189
滹沱冰合	189
蠶婦	189
春遲	189
初度日思祖母陳太妃	189
春睡美人畫	189
春恨	189
東園即事	190
紅牡丹	190
白牡丹	190
黄牡丹	190
登樓	190
小景畫二首	190
明皇摘瓜圖	190
山行四首	190
杏花盛開喜而賦此	191
春夜二首	191
游山歸	191
春社	191

中秋月	191
晴　望	191
淵明歸莊圖	191
諭祭祖王陪朝使宿墳所	191
游　春	191
暮　春	192
春　雪	192
送王鷟同知回鳳翔三首	192
慰吳元素長史	192
九日小集	192
贈山中道士	192
憶郁少參	192
秋江小景	192
傷思吟	192
柳　絮	193
漁樂圖	193
招閻文振方伯	193
竹窗寫興	193
再到天池	193
曲江見杏花	193
訪印鍊師不遇	193
寄　僧	193
寄王冢宰老先生	193
幽　居	194
過景隆池	194
梨花為風雨所敗	194
菊	194
過古廟	194
西湖圖	194
二月花朝遇雪	194
紅梅花	194
聞鶴聲	194

階前竹	195
春　曉	195
秋　曉	195
釣　叟	195
村　行	195
聞　砧	195
郊行即事	195
漫興二首	195
午　睡	196
曉　起	196
述　懷	196
春祭先塋途中遇雨	196
嘗新麥	196
道院見紅梅	196
苦吟二首	196
錦積堆爲許季升題四首	196
萬窠金闕圖爲許季升都憲題	197
與客賞花予獨不飲	197
看花吟	197
題畫二首	197
留春詞	197
紙　帳	197
新笋出林爲風所折	197
海棠黄雀	197
桂花畫眉	198
再題海棠黄雀用前韻	198
再題桂花畫眉用前韻	198
漫　興	198
清潭八景爲朱景雲憲副作	198
明皇擊節圖	199
口　占	199
題徐世良寫生畫	199

梅花圖為憲僉胡用晦題	199
和張廷儀繡衣賞菊十二絕	199
五王醉歸圖二首	200
曉起對雪	200
行　樂	200
賞　花	200
題　畫	200
夜　宴	200
次韻郊興	200
漫　興	200
問人求辛夷	201
東園宴罷	201
池　上	201
宋高宗南渡圖	201
小景畫	201
次春日閒坐閒行二絕韻	201
馬上觀山	201
書室彈琴	201
梨花夜月	201
桃花春雪	202
風前楊柳	202
雨中海棠	202
過山家	202
秋山行客圖	202
閨　情	202
過曲江池	202
薦福僧房	202

卷　八 …… 203

聯　句 …… 203

秋夜齋居與婁克讓憲使馬啟東大參劉文綱少參同作 …… 203
郊行與長史吳元素游正固紀善湯以脩同作 …… 203
竹軒與致政閻文振方伯吳元素長史湯以脩紀善強景明伴讀同作 …… 203

登山與強景明伴讀同作 …………………………………………………… 204
賞菊與嚴宗哲太守長史吳元素喬思孝伴讀強景明同作 ………………… 204
和賞菊與長史吳元素游正固紀善湯以脩伴讀強景明同作 ……………… 205
重賞菊與閻文振方伯吳元素長史湯以脩紀善強景明伴讀同作 ………… 205
再賞菊與閻文振方伯吳元素長史湯以脩紀善強景明伴讀同作 ………… 206
淡香亭賞菊與丘仲玉少參楊應寧憲副同作 ……………………………… 206
驪山懷古與湯以脩紀善同作 ……………………………………………… 206
蓮塘與強景明伴讀同作 …………………………………………………… 207
送成復初指揮南還與嚴宗哲太守喬思孝長史強景明伴讀同作 ………… 207
二月二十二日與楊應寧憲副宋惟寅憲僉強景明伴讀城東泛舟同作二首 … 207

集句 ……………………………………………………………………………… 208
擬劉文綱少參悼亡 ………………………………………………………… 208

卷 九 ……………………………………………………………………………… 212

贊 ………………………………………………………………………………… 212
愍祖 ………………………………………………………………………… 212
愍祖妃鄧氏 ………………………………………………………………… 212
隱祖 ………………………………………………………………………… 212
隱祖妃劉氏 ………………………………………………………………… 212
夫人唐氏 …………………………………………………………………… 212
僖祖 ………………………………………………………………………… 213
懷祖 ………………………………………………………………………… 213
懷祖妃張氏 ………………………………………………………………… 213
康祖 ………………………………………………………………………… 213
康祖妃陳氏 ………………………………………………………………… 213
惠考 ………………………………………………………………………… 213
惠考妃王氏 ………………………………………………………………… 213
母妃楊氏 …………………………………………………………………… 214
惠考繼妃嵇氏 ……………………………………………………………… 214
自贊小像 …………………………………………………………………… 214

文 ………………………………………………………………………………… 214
賓竹軒記 …………………………………………………………………… 214
瑞蓮亭記 …………………………………………………………………… 215

正學書院記	216
（闕題）	217
拙解	218
愚辯	218
賓竹賦	218
皇明名臣錄序	219
元宵雅集圖序時在鎮安邸作	220
送少司徒張大器還京序	221
壽湯紀善七袠序	222
送向行人還朝詩序	222
瑞蓮詩序	223
豐城游氏族譜序	224
喬長史雙挽詩序	225
咏雪倡和詩序	225
羅川翦雪詩序	226
壽何指揮七袠序	226
巴陵廖氏族譜序	227
葵軒稿引	228
涵碧池引	228
湧金橋引	228
祭西岳華山文	229
祭汧陽端懿王文	229
祭保安榮穆王文	230
祭永壽莊僖王并妃彭氏文	230
祭郃陽溫穆王文	231
祭母妃父楊公文	232

卷十 ·· 233
 恩賜勝覽錄 ·· 233
 過鴻溝 ·· 241
 過戲河有作 ·· 241
 宿華州 ·· 242
 右致齋 ·· 242

右入廟 ………………………………………… 243
　　　右致齋 ………………………………………… 243
附録一 ……………………………………………… 248
　　朱誠泳生平事跡考述 …………………………… 248
附録二 ……………………………………………… 257
　　交游考 …………………………………………… 257
附録三 ……………………………………………… 288
　　朱誠泳年譜 ……………………………………… 288
附録四 ……………………………………………… 300
　　傳、贊、儀仗俑 ………………………………… 300
　　自贊小像 ………………………………………… 300
　　自題小像 ………………………………………… 300

小鳴稿自序

小鳴者何？予自名其詩也。予其為誰？嗣秦王誠泳也。原其所自出者，則皇明太祖高皇帝之六世孫，秦始祖愍王之五世孫，康王之孫，惠王之子也。

維我康祖博學能詩，祖母妃陳嚴而善教，予年甫十齡，即于宮中親授小學、《論語》，且命日記唐詩一首以為常。厥後我惠考承祖母之訓，乃擇吳人湯潛以脩，請於朝廷，俾領教授事。以脩素有詩聲，積歲既久，而予於古人聲律之妙，似亦窺其藩籬然。或自咏性情，或與人倡和，或為人題贈，逮今蓋三十年矣。

兹予奉藩之暇，偶閱旧稿，率多塵鄙可笑，恐來識者之譏，將坑之於回祿。適有伴讀強晟進曰："兹稿雖有淺深之異，然一皆吾王精神文采之所寓也，且王之今日有聲於詩者，不由於漸累之所致乎？矧存其舊，以驗其新，亦進學之一端耳。"予笑而是其言。因自加斤削，去其太甚，而采其近似者，爰命侍史錄之，姑藏之書笥，將求正於大方。然自兹以往，亦皆備錄，以示子孫，若曰梓而行之，以傳天下大夫士，則吾豈敢？

弘治龍集丁巳夏五月端陽日，賓竹道人識。

賓竹道人小鳴稿序

秦簡王薨之明年，其臣紀善強晟偕諸承奉，捧王《小鳴稿》屬翀以為序，且曰："此先王治命也，欲假君子立言以及久遠，幸無拒之。"

翀惟承乏於兹，凡有賢者，首詢之，以備聖明之選；矧於宗室之賢，可無知乎？惜接見未幾，已嘗聆其談論，識其風采，其視借見聞於口耳，以求其真於彷彿疑似者，寧不尤為得乎？因披誦之。見其遺贈、酬答、感寓、題咏之屬，率皆平淡而切實，莊重而醞藉，一毫富貴氣習無有也。且出人意表，自是王者氣象，真足以鳴國家之盛，歆艷之不能已焉。噫！王之為詩，抑何以至是邪？晟曰："先王有磊落之資，有不可羈之思，有毅然不易之守。且沉酣經史，積之以深，聲而為詩，初非有意，痛未見其止也。"翀曰："為詩當如是焉。無怪乎王之詩之過人也。"

嗚呼！王享有一國之奉，苟侈其欲，何往而不得哉？乃去其一切玩嗜，日賦一詩以為事，夫豈故為之邪？誠以詩原於心，言乃心之聲，心如是，言亦如是，若影之随形，斷斷乎不可離也，未有以智力能強而離之也，可離則偽矣。詩可以偽為邪？王之心有不在於詩乎？嗟夫詩為吟咏性情之具，因其事之感觸，各以其情鳴之耳，是以有識者无殊世異代之分。苟欲探夫詩人之旨趣，無一而不得者，何哉？得為詩之法故也，王其有得於茲與？回視世之為詩者，不根於心，務為虛誕以自欺，其相去不亦遠且甚乎？是詩行之於世，使夫誦者不能不致惕然之儆，茲非有補於世邪？又何慮乎傳之不能久且遠哉？

"賓竹道人"，王之號也。"小鳴稿"，王自命其詩之名也。王意蓋取諸《學記》"撞鐘"之喻，扣之以小者則"小鳴"，亦勉夫進學之道也。嗚呼！王其得衛武公之教乎？何念念不忘於學？斯無忝聖明之美諡。

弘治己未孟夏之吉，賜進士第嘉議大夫奉勅巡撫陝西都察院右副都御史汝南熊翀謹序。

賓竹道人小鳴稿序

嗚呼！此秦簡王殿下之遺稿也。王存日無他嗜好，惟日課一詩以為常，積之既多，有不當意，輒棄去不錄。王薨，其臣紀善強晟以王平生精力盡在於是，不可泯焉無聞於後，裒輯之得若干篇，承奉相償刻以傳，属一清為之序。

王曩以一清職在文字，歲時偕三司進見，必留坐與談，所談惟詩，不及他世事。王天思逸發，浩不可羈，觸事感物，不煩思慮，多出警策語。然雅性謙冲，自視欿然，恒若不足。嘗謂一清曰："余生長藩服，強自為詩，無所質正。子嘗從館閣諸老游，凡予所作，有所未安，雖一字一句，為我指疵，毋有所避。""嗚呼！此風不見於天下久矣！文儒士夫且以為難，而王獨優為之哉！或曰'凡百玩好皆奪志'，王之好，其坐是乎？竊謂不然。夫志以物奪者，謂其嗜好之偏溺乎此，不暇恤乎彼也。一清承乏陝西七年，于茲蓋稔知王之賢矣。有不失其身之潔，有寡慾之廉，有曠然脫略世故之達，發為聲詩，凡以暢其志耳。且人之志未嘗無所用，而用之不得其正，以為恒患。至于裂茅分土席貴富之餘者，其患特甚焉。西漢大封同姓，無慮數十，其子孫多用志於狗馬、聲色、貨利，以失爵殞名者踵相接。文如淮南，又為異術所奪。獨河間獻王用志禮樂，史稱其造次必於儒者，其賢名至于今不衰。王以宗室懿親，為天下第一藩國，何求不獲？何欲不遂？然術非儒不好，書非正不讀，以其餘力昌而為詩，篤學慕古，河間而下，可多讓哉！王之賢不獨在詩，然因詩而其賢益著。王之志固於詩是用，而其趨向之正，詩不得而奪也。"王曰："子言過矣，吾豈敢當？願自是勉之。"

嗚呼！言猶在耳，王忽溘焉傾謝，序詩之作，亦安能為情哉？王志弘，取善務盡人之長，一清無□[一]辱，以知言見待。嚮雖不敢自隱其愚，而實無能裨補，故於序乎及之。若"小鳴"之意，都憲熊公已發之前，茲不復贅也。

弘治戊午冬十二月既望，中順大夫陝西按察司提學副使石淙楊一清謹序。

【校記】

[一] 此字漫漶。

小鳴稿後序

夫天子創天下也以文，故其子孫後世之守天下也亦以文，其在有周，至成王之世，則稱之曰"文子文孫"，然豈獨成王一人能守成尚文哉？方其盛時，為諸侯之顯者五十有餘，非王之伯叔父，則其子弟也。其禮樂文教之在天下侯國，一以彰著，無少間焉。漢興，大封同姓子弟為諸侯王，一時推明道術，為文典雅，惟河間東平二人而已。噫！何漢之得賢若是，其相遠乎？蓋高帝不事詩書，徒以馬上得天下，其於諸王未嘗教之禮儀，惟大其封邑，以夸越前代，所謂文之郁郁然者，無怪乎後世之不多見焉。

近讀秦藩所出《小鳴稿》，有以仰窺皇明宗室之文之盛也。惟昔我太祖高皇帝之有天下，嚮文右道，其教諸王子弟，始就禁館，終遣封國，皆必遴選其人以輔導之。然學非經不傳，官非儒不授，至慮其地遠寡聞，書非易得，又以中秘舊藏古今奧義，各分賜其半。迨今百三十年來，後星增潤，甲觀呈祥，萃而為醇儒夙德者，其麗不億。若秦簡王之雅淡冲蔚，尤足以驗其締造之深且遠也。王居常無所嗜好，日惟課一詩以自娛。王薨，其手稿在東書堂者，獨燁然不晦。刻既成，永濬以曩日恒濫斯曳裾之後，因是慨念王之志意為序，以發之曰："王不役耳目，得詩之正大也；不雜譏笑，得詩之温厚也；不涉於淺近浮露，得詩之沉著可咀也。夫詩乃文之精者，王作詩一至於此，其以文為業，紹述藩屏之大光，翊列聖天葩睿藻之製，而為天下宗臣儒學第一人也。嗚呼！賢王遠矣！是稿之行于世，蓋將與國同休，以永終譽，奚直今日傳之而已哉。"

是歲己未春三月既望，中憲大夫西安府知府華容嚴永濬謹序。

小鳴稿後序

弘治戊午六月之望，我秦賢王薨逝。越二十六日，門正馮淳哀慟傳賢妃旨，若曰："我先王無恙日，於凡世玩舉無所嗜，而所嗜者惟詩文耳。及今不傳布四方，恐久而迷藏於書庫，或損于風雨鼠蠹，俾來世之人，孰知我先王之才之美有若是哉！可命承奉副相償督刊，紀善強晟校對以傳。"於乎！我先王天資極高，問學極博，著作極富，稽之茲稿，有足證者，實聖明之宗英也。是雖中外縉紳之所共知，使無賢妃能知所重，則天下後世但知吾王之崇高富貴而已，其天才俊發而見於茲稿者，其誰見知之？於是臣償、臣晟言於承奉正侯介、承奉副康景、賈能僉曰："至寶不可以不傳。"乃致前中書舍人張中楷録登梓，以成賢妃追慕先王之志云。

弘治十一年九月一日，秦府紀善修職郎臣強晟頓首謹識。

卷 一

樂　府

聖君曲

聖人履天位，馭世應昌期。寶歷千年運，神京萬世基。梯航来職貢，海岳拱神祇[一]。常道陳中夏，仁恩洽四夷。儀文唐制度，官屬漢威儀。氣正三辰順，年登百穀滋。河清龜出洛，日暖鳳鳴岐。大地歌謠滿，唐虞今在兹。

【校記】

[一]"祇"字，是本作"祇"，形訛，文淵閣四庫全書本（以下簡稱四庫本）作"祇"，今據改。

宛轉歌

夜月明，行舟琴更清。女郎元是鍾情物，風前乍聽難為情。歌宛轉，此身今已亡。於君有冥契，願作雙鴛鴦。長太息，相看淚沾臆。茫茫造物竟誰尸？恨不生逢王敬伯。歌宛轉，宛轉悲且長。紅顏易零落，古今同一傷。

明月引

青天有月兮照八荒，銀漢無雲兮流素光。平分寒暑兮變炎凉，幾人歡樂兮幾悲傷。嘆明月之弗改，念人生之靡常。或醉飽於夏屋，或困敝於康莊。一瓢寒士，千乘侯王。泥塗囚虜，珠翠名倡。或安居於甲第，或流落於他鄉。百年能幾，畢竟亡羊。惟達人之知命，且對月而銜觴。

江上曲

君為南越兒，妾乃東吳女。江上一相逢，目成心已許。與君欲相語，奈此舟中人。到岸各分散，悠悠恨此身。風高波浪險，極目孤篷轉。重晤良獨難，萬里天涯遠。

春游曲五首

車馬乘春出，鶯花觸眼新。秋千忽飛起，故故看游人。
走馬章臺路，紅塵一騎飛。美人招素手，樓上喚郎歸。
曉色分楊柳，春陰護牡丹。王孫馳駿馬，多是醉中看。
新柳迎游騎，飛花趁酒甌。年年三二月，爛醉曲江頭。
樓外江山麗，城邊錦繡新。春光濃似酒，醉殺浪游人。

雞鳴曲

沈沈漏箭催殘更，扶桑日出天雞鳴。羲和叱馭起蒼震，坐令萬國生光明。角角再鳴聲未已，萬國裸生都喚起。可憐驅入利名塲，蠅營盡被雞催死。我願人家莫畜雞，膠膠風雨不須啼。威鳳來儀天下樂，日日窗前聞喜鵲。

對酒歌

人生埃壒內，忽忽如夢中。三萬六千日，所期安得同？枝上花正開，風前花又落。羲馭不我留，及時胡不樂？君不見，三閭大夫誇獨醒，形容憔悴江潭行。回風歌罷葬魚腹，到底只留身後名。又不見，伯倫荷鍤身相隨，生死有命信所之。潔身曠達兩何有，畢竟得失還歸誰？榮悴升沈若翻手，千古賢愚同一朽。昨朝綠鬢映朱顏，今日蒼髯成皓首。秋月春光不等閒，何如且罄樽中酒？樽中酒，豈徒然，會須一飲吸百川。白日西馳坐成夜，休問安期與偓佺！

古　意

君好堤邊柳，妾好嶺上松。堤柳吐輕絮，飛去無定蹤。不如松有操，鬱鬱傲寒冬。

君好江上舟，妾好岸邊樹。舟行遇風波，飄泊無常處。何如樹不移，風波自来去。

樓上曲

東風吹春春欲闌，紛紛香雪梨花殘。美人倚闌嬌不語，翠袖籠寒懶輕舉。塵封錦柱暗銀箏，那忍彈成腸斷聲！掩袂含羞抱幽怨，怕見雕梁語雙燕。蹙損雙蛾思轉迷，粉痕滿面傷春啼。金蓮緩步下樓去，飛絮游絲蕩心緒。巫陽望斷楚天遙，行雨行雲在何處？

遠游篇

至人思遠游，遠游竟何之？聊乘汗漫風，直與神仙期。晨興食方丈，暮歸宿瑤池。憑虛弄日月，劍佩光陸離。渴飲九霄露，飢飡千歲芝。平頭看星斗，揮手謝塵羈。歡忻朝帝座，指麾役靈祇。歸来馭元氣，飛雲亦追隨。步虛振金石，天風吹鬢絲。兩儀與終始，三光共盈虧。茫茫塵海人，蛩蛩詎能知？

苦熱行

赤雲噴火燒長天，蟾宮老桂飛蒼烟。金烏自恨具毛羽，白虎喘殺知誰憐？萬山烘透銷青翠，四海波乾欲平地。蒼龍鱗甲隱蟲蛆，竟日泥蟠嗟疹瘁。況是南州瘴癘鄉，火山炎海連天黃。著人毒熱若湯火，灼我肌膚成炙瘡。鐵甲磨穿藏蟻蝨，萬苦千辛死無日。蠻人退去幸生還，一級微名君尚惜。

渭城少年行

洛下春深柳絮飛，渭城少年應憶歸。馬蹄偶入城南陌，相逢卻是長安客。為言前日發秦臺，而翁傳語需君来。千門萬戶燕皆至，北苑南園花正開。年少尋春須及早，揮鞭疾上長安道。一路春光絕可憐，憆騰忽過斗城邊。兩兩新粧臨渭水，紛紛游騎滿秦川。秦川自昔羨繁華，王孫公子爭豪誇。門開朱戶星初出，燕設青樓日未斜。倚醉聯鑣過戚里，九衢見者皆興起。玉彎搖風馬更驕，鬥雞賭得肯相饒。閒尋紅粉来金市，喜聽黃鸝過灞橋。橋下倡家新酒熟，解鞍就向倡家宿。美人纖手弄琵琶，酒邊雙臉蒸紅霞。黃金擲與買今夕，少年肯負秦川花。

輕薄篇

末世多輕薄，輕薄良可嗤。昂昂倚門第，行行恀先基。金多忽貧賤，尚肯恤癃疲。氣豪蔑賢聖，詎知慕軒羲。一飡烹九鼎，下箸猶嗟咨。被服極紈綺，猶云匪新奇。千金買艷妾，色衰竟棄之。四方致名馬，一蹶終見遺。結交出肺肝，盟言日星垂。片言苟不合，對面生嫌疑。仲尼稱匹夫，造化呼小兒。伯陽道德小，孟軻仁義虧。孫吳豈諳兵？盧扁豈知醫？陋茲輕薄子，宜為君子規。薄方驚蝶翅，輕於風柳枝。願言執其人，為君投四夷。

公子行

白面青瞳照秋水，豪華知是諸公子。金鞍玉轡紫絲鞭，雙雙笑語東風裏。越羅披體試春衣，鶻似身輕馬似飛。春色薰人隨處好，踪游直過妓樓西。美人樓上親招手，公子風流能過否？綠楊樹底繫花驄，指點銀瓶來索酒。笑將綵勝結同心，醉來一擲雙南金。翠幰錦帳恣歡謔，夢入陽臺何處尋？五更卻恨雞聲早，馬上歸來踏芳草。彎弓更過曲江頭，爭拾金丸逐飛鳥。

西城路

西城路，半是平田半墳墓。平田漸少墳漸多，酸風苦雨泣銅駝。百歲光陰駒過隙，營營終日將如何。人生少年胡不樂？世間那有蘇仙鶴！

燕燕于飛

燕燕何處來？營巢尋舊主。斜衝碧柳烟，低掠青蕪雨。逐絮繞迴塘，銜泥過遠浦。漢灰無復然，莫效當時舞。

苦哉遠征人

苦哉遠征人！荷戈西出秦。以身自許國，舉目誰為親？陰雲翳落日，白草迷黃塵。三伏不知暑，四月那見春。射生充早食，臥草當夜茵。風高弓力勁，霜重鐵衣新。主將號令肅，部伍催行頻。提兵誓滅敵，僇力敢顧身。固知在家樂，寧厭行戍貧。他日侯王貴，繪像登麒麟。

秋夜長

秋夜長，明月光，露華洗天金氣涼。寒蟲候雁兩何苦，聲逐西風来枕傍。彷徨披衣坐夜深，丁東又聽搗衣砧。殘燭熒熒更漏静，無端萬事皆縈心。

遙夜吟

秋夜一何遙，燈燼爐烟滅。低下水精簾，含情對明月。

估客樂

郎船下江水，乘風疾若飛。與儂各分袂，掩泣牽郎衣。手拔黄金釵，臨岐贈郎別。願郎心似金，堅持莫輕折。

將軍行

銜命西来專斧鉞，遠出蕭關討戎羯。鐵驄夜踏黑河冰，金戈冷射關山月。將軍令嚴健兒勇，直搗胡巢殲厥種。陰山北遁虜營空，惟剩牛羊滿丘隴。憶昔我軍多戰没，風雨啾啾鬼宵哭。于今漢將守胡城，翻役官軍收戰骨。露布星馳達冕旒，將軍承詔獨封侯。爭誇一代麒麟閣，誰念沙塲萬髑髏？

搗衣曲

井梧葉墜金風起，滿庭明月凉於水。為念兒夫戍玉關，塵滿征衣誰與洗？我有冰縑三兩疋，胼手殷勤為君織。欲製寒衣遠寄將，雙杵拈来對砧石。搗亂西風續又鳴，一聲聲裡寓幽情。夜深玉腕痛且困，不知露下將三更。裁縫已就憑誰寄？走馬朝来有邊吏。一行書染淚千行，寒到君邊衣到未。

夜宴謠

良夜沈沈宫漏促，兩階庭燎燒銀燭。上賓入座氣如虹，簾外佳人面如玉。一舉飛觥累十觴，鳳笙龍管聲鏘鏘。滿堂珠翠照人眼，酒邊尤物令人狂。風動俄然銀燭滅，暗中求與同心結。紅顔變色絶冠纓，壯士羞顔冷於鐵。君王一笑許終歡，保全賓客曾無難。夜深痛醉各歸去，感恩直欲傾心肝。從来燕禮惟三爵，三爵既過多失錯。不醉無歸乃所私，飲而不亂真為樂。

農夫謠

我昨過農家，農夫於我陳。嗟嗟天地間，而唯農苦辛。春耕土埋足，夏耘汗霑巾。秋成能幾何？僅得比比鄰。老農惟二子，輸胡辛苦均。大兒援靈夏，性命逐車輪。小兒戍甘泉，身首犯胡塵。老婦賣薪去，老農空一身。荒村絕雞犬，四壁罄倉囷。公家不我恤，里胥動生嗔。鞭笞且不免，敢冀周吾貧。我農老垂死，甘為地下人。尚祈孫子輩，猶為平世民。

樹中草

草木非同氣，託根猶可生。如何兄與弟，同氣卻無情？

獨不見

舉頭望仙山，孤坐開水殿。芳草自成茵，落花復如霰。輕雲逐翔鷥，綠樹来新燕。光景滿目前，杳然獨不見。

昔思君

昔君與我兮心契意投，今君與我兮雲散雨收。昔君與我兮魚水相宜，今君與我兮風馬難追。昔君與我兮琴瑟諧和，今君與我兮音問蹉跎。

傷思吟

碧雲天末寒風起，吹亂賓鴻不成字。遠道音書那得聞，傷心滴盡相思淚。淚痕界破腮上紅，一點靈犀不可通。驚破綠窗蝴蝶夢，月明砧杵聞丁東。玉關此去三千里，離恨又從今日始。自憐不及江上蓮，兩兩紅衣竝頭死。

吳鉤行

吳鉤鑄鬼工，鋒鍔耀昆鐵。游俠購千金，羌胡猶未滅。

壯士行

寢帳夜聞雞，起坐氣如虎。怒髮赫衝冠，拔劍燈前舞。

戍婦詞

奉姑妾盡孝，報君郎盡忠。忠孝苟無愧，死生何必同！

飲酒樂

好鳥窗前宛轉，春花庭外芳菲。任我狂歌醉舞，從他兔走烏飛。

春曉曲

隱隱踈鐘出林杪，杜鵑啼血韶光老。西樓殘月墜咸池，香霧空濛六宮曉。綠槐滿院結春陰，錦屏銀燭高堂深。鴛鴦不暖紅窗夢，虹壺玉漏聲沈沈。起來無事偏蕭索，料峭東風越羅薄。笑語丫鬟捲繡簾，一庭紅雨桃花落。

羽林郎

戮力收城後，承恩下紫宸。電飛驄馬疾，日絢錦袍新。邃閣宵藏妓，長途晝殺人。赦書終見宥，依舊佩麒麟。

春夜曲

皓月明臺榭，和風度管弦。夜深諸女伴，猶自競鞦韆。

涼州詞

黃雲漠漠接平沙，落日悲風慘暮笳。回首長安五千里，征人若個不思家。三軍辛苦覓封侯，終歲防胡戰不休。何事孟佗憑斗酒，當時談笑博涼州。

相思曲

去日春光未老，別來秋意方深。明月寒更砧杵，丁東敲碎儂心。

燉煌曲

何物蕃胡顏渥赭，生来个个能騎馬。公然剽掠恣南行，河湟戍卒尸縱橫。危城窮將呼天泣，都護不来誰救急？身無羽翼可能飛，一紀窮荒甘受圍。萬里長安無一使，丐兵回紇何時歸？懦將既誅綾易麥，一飽何辭蹈鋒鏑。朝来羣醜已登城，我軍四面皆蕃聲。萬人解甲從蕃俗，強把皮裘更我服。每直年年寒食時，褫裘南向吞聲哭。漢將黃金空滿篋，不見征西能報捷。

龍支行

邊地悲風聲鼓角，胡天萬里胡雲薄。忽聞天使自天来，龍支城門聊一開。碧眼胡兒屯且守，沒蕃老兵無黑首。馬前拜問天可汗，五十年来今健否？涕流自說山東住，結髮從軍隸邊戍。一自西戎侵玉關，涇隴腥臊薰兩間。漢軍戰死音聲絕，戰骨憑誰埋故山？生存多少沉胡虜，旋結狐裘食胡土。為胡牧馬為胡耕，從此生兒解胡語。夜觀北斗憶中原，每見花開思故園。記得来時星火急，親鄰送我出前村。憑君歸報今天子，早發天兵下天水。假若不来期速死，猶是唐家忠孝鬼。

酒罏行

酒罏正在街當中，青樓錦樹圍香風。美人巧笑餌行客，玉顏相映桃花紅。蛾眉瓠齒兼蝤首，鞍馬門前競沽酒。笑譃焉知日已斜，執事蒼頭應怨久。西鄰亦有酒罏開，謾誇竹葉浮樽罍。效顰翻引里人去，坐令行徑生莓苔。何事人情偏好色，一見妖姬雙眼側。五陵年少更粗豪，一擲千金寧吝惜。西鄰慎莫怨東鄰，區區冷暖何須嗔？偶然一醉各分散，俱是悠悠行路人。

邯鄲曲

邯鄲女兒真如花，手梳雲髻盤雙鴉。紅裙翠袖黃金束，春山畫出蛾眉綠。芳年纔及破瓜餘，除卻嫦娥皆不如。弱不勝衣體輕薄，唾花疑是珍珠落。悶来斜倚碧紗窗，自拾青梅打飛雀。秋千牆外有人游，隔花一見爭相求。卻恨嬌痴嫁人早，誓與卿卿永相好。春風夜夜芙蓉幔，酒醒扶頭厭珍饌。錦堂魚水日追歡，詎管流年暗中換。比鄰有女嫁農家，蠶事纔成又績麻。日午饁田助耕作，麻絲輸盡無衣著。

麗情曲

庭院沈沈春晝長，雲窗懶繡雙鴛鴦。陽臺昨夜隔雲雨，體弱不勝羅錦裳。殘粧滿面朝慵洗，侍兒枕上剛扶起。粉郎薄倖戀青樓，畫出春山為誰媚？滿庭香霧濕空濛，花氣薰人眼欲矇。深掩蘭房下筠箔，背面傷春雙淚落。

猛虎行

落日暗深谷，酸風振孤城。山子飢負嵎，耽耽誰敢攖？倀鬼被渠役，地靈恣爾行。目光夾雙鏡，怒尾豎一旌。當途正擇肉，依草飽食人。於乎猛虎天所憎，假手會遣飛將軍。

燕歌行

天聲遠振祁連北，深入窮廬追猾賊。手提長劍光陸離，揮霍頓教天失色。一自將兵出玉關，年年出沒風塵間。檄書只隔黑河水，狼烟近接賀蘭山。行役誰人不懷土，馬上操戈冒風雨。朝來更覺鐵衣寒，怕見胡天雪花舞。凍眼茫茫凍葉腓，寒鴉無數居人稀。巡邊游騎畏逢敵，守寨尪兵愁被圍。從戎自念經年久，每與將軍作留後。里正來時為裹頭，今日悠悠成白首。自是男兒志四方，馬革包尸亦何有？匈奴未滅敢言歸，獨臥月明擊刁斗。營中健卒日紛紛，料得何人建大勳？君不見，牧豕海上取侯印，漢家爭說衛將軍。

驄馬行

箇馬雙睛湛秋水，獅子精神驪龍耳。神奇傳自渥洼來，萬里奔雲貢天子。圉人控出御河堤，詔歸豸史隨驅馳。九衢駃騠擁塵霧，雕鞍玉轡增光輝。雙旌引出經都市，貴戚豪門總趨避。石崇金谷盡搜殘，楊氏冰山都踏碎。昨日天書下烏府，乘驄遠入函關路。華岳三峰亦動搖，皇天一德勞敷布。咫尺天顏地有餘，冰清玉潔真璠璵。一天明月照旌節，萬里春風隨簡書。喜是青年致身早，臺端風裁惟君好。長安門外雨初晴，送君又上長安道。極目神京氣鬱葱，風生馬首搖玲瓏。人間神駿恐難縶，還入天閑仗馬中。

巫山高次童士昂黄門韻

天接巫山礙南極，遙看十二芙蓉碧。雲雨朝来失數峰，應疑神女興方濃。楚人賦就幾千載，浪語茫茫那有踪！至今来往空臺下，想像無人不停馬。土人猶解說襄王，荒祠空笑蠻巫假。寂寂巫山萬古青，時看石上白雲生。吁嗟醜謗竟誰雪，謾聽崖頭瀑布聲。

春宮曲

杏花庭院簾纖雨，火暖博山飛碧縷。金籠鸚鵡曉驚寒，似隔紅窗共人語。畫闌十二春遲遲，忍聞別院爭彈棊。粧罷日長無箇事，華箋自寫留春詞。柳帶裊風成百結，海棠零落胭脂雪。笑携女伴踏蒼苔，漠漠香塵污羅襪。

征婦怨

空階寒雨零，遠道西風作。燈下製征衣，檐花和淚落。

秋夜曲

梧桐一葉飛金井，唧唧蟲鳴露華冷。明月流輝入綺疏，夜深照見娉婷影。心切遼陽在何處，千里雲山渺烟樹。征鴻嘹嚦度西風，恨身不逐鴻飛去。起来獨自步中庭，耿耿雙星河漢橫。幾回徙倚不成寐，銀燭光寒搖畫屏。

寫玉歌

硯池墨漲烟濤濕，兔穎含香掃秋碧。九疑山隔楚天遙，湘靈夜抱琅玕泣。生綃半幅凝雪光，羅襪捲風雙袂涼。電掣雷轟老蛟舞，月明露冷飛鸞凰。翠拂珊瑚海波動，裁為短笛成三弄。不勝清思逼人多，喚醒江南片時夢。

寒夜吟

雪月交輝涵素影，銀荷蓮炬紅光冷。夜深翠被不勝寒，玉人枕上眠未安。檐霜片落盆冰結，銅龍漏澁宮壺咽。

繡思曲

碧紗如烟春晝長，玉桃花綻東風香。小屏深坐悄無語，越羅刺到雙鴛鴦。凝神想像陽臺去，心緒紛紛亂如絮。百囀流鶯和淚聞，聲聲正在人愁處。寶篆烟消金鴨冷，碧雲天外紅輪暝。重整殘粧啟鏡奩，鏡中怕見孤鸞影。

看花吟

寒暑恒代謝，四時迭推遷。百年光景駒過隙，人生安得長少年？君不見，園中花，鉛華不久落塵沙。又不見，晉石崇，十里錦帳圍春風。豪華安得鎮常在？回首萬事浮雲空。晝短夜長須秉燭，東皇明日回轅促。

聞角吟

嗚咽樓頭暮一聲，塞鴻驚起度邊城。無端吹斷霜天月，多少征人不忍聽。辛苦年年留絕漠，功名何日圖麟閣？黃沙漠漠暗秦雲，極目家山雙淚落。

待月辭

露下虛庭夜光冷，碧梧葉落秋無影。美人憑闌耿不眠，香霧半空霏綠烟。廣寒倒蘸江湖底，睡熟姮娥呼不起。浮雲蔽我白玉盤，瓊樓十二空高寒。畫屏黯淡銷銀燭，不管城頭漏聲促。

短歌行

黃河水，日夜東流無暫已。金谷花，紅芳不久委塵沙。水流花落年華改，綠鬢朱顏肯相待。百千萬古埃壒間，貴賤賢愚有誰在？

有所思懷戴松崖憲使

美人迢迢在何處？千里關山渺雲樹。當時貽我珊瑚鉤，篋笥珍藏宛如故。晶光炯耀衆目驚，千金價直原非輕。美人美人不可見，側身東望難為情。

王公上壽酒歌

獻壽觴，樂未央。来玉帛，宣宮商。吾皇邁湯武，吾皇齊虞唐。遐齡嵩華久，休祚天地長。

古離別

參商各兩地，鬱鬱苦懷思。不見回轅日，空憐執手時。清霜疎柳脆，明月斷鴻遲。歲晏無消息，安知會晤期？

鈞天曲

飛游鬱羅境，稽首東王公。開軒臨法座，置酒燕靈宮。紫雲歌玉女，瓊漿酌金童。揮刀麟脯細，入箸鸞膏空。鳳簫聲嫋嫋，鼉鼓鳴逢逢。投壺起天笑，吹律回春融。燕罷百神散，樂闋萬舞終。歸来倚餘醉，憑虛馭剛風。

登山曲

平明出門去，驅車升上頭。嵐光青可掬，山色翠如流。黃鶯鳴遠樹，白雲起深湫。蓮宮日輝輝，松觀風颼颼。猿吟窺果熟，鹿眠藉莎柔。因憐塵世濁，翻愛山中幽。蓬壺阻東海，羽人在丹丘。安得馭飛鳳，萬里恣遨游！

涇水黃

涇水黃，涇土荒。牧犬豕，飽豺狼。老狼搖毒勢最張，摩牙瞋目據中央。貛不敢過，羊不敢當。老狼死，子更強，朝岐暮渭恣厥狂。維我唐，振天綱，一鼓就擒，如水沃湯。軍前面縛魄飛揚，皮毛剥落血淋浪。旄頭落，唐日光。

折楊柳

靈州城下柳，多被官軍竊。猶餘拂地條，更苦行人折。無復眼窺春，不見花飛雪。今君赴玉關，將何贈離別？

隴頭吟

萬里奔馳隴頭水，日夜嗚嗚亂人耳。黃沙白草兩茫茫，怕聽水聲愁欲死。一從結髮戍涼州，鐵甲磨穿已禿頭。兒孫養得諳胡語，不如隴水解東流。幾度臨流磨劍首，水濁誰憐刃傷手？何當乘隙斬天驕，笑取侯章大於斗。肯學李陵生服降，甘飲隴水臣胡王。

望行人

一自兒夫去，天涯信息稀。無緣完破鏡，空自寄寒衣。未死魂先斷，相思夢欲飛。化作山頭石，終天待爾歸。

梅花落

雅淡雖堪喜，飄零亦可傷。隨風翻玉笛，帶雨上雕梁。蕃將寧知味，胡兒詎識香。吳儂緣成久，一曲淚成行。

紫騮馬

舊日紫騮馬，于今誰復看？猶能隨破虜，相與戰呼韓。歲久頭顱老，風酸戰骨寒。新駒初墮地，眼見試金鞍。

公無渡河

朝鮮渡頭曉日寒，風掀怒浪高於山。疾鳥退飛不敢過，征夫乍見凋朱顏。蛟蟠結，龍伏眠。往來一相犯，俄頃碎舟舡。念此千金軀，誰能輕棄捐？稍待風定，斯可周旋。被髮之叟晨提壺，亂流徑渡將焉如？波濤覆首竟沈溺，公乎公乎狂且愚。蛟飲血，龍嚙尸，公無渡河竟渡之。公今既死去，我何用生為？一曲箜篌為公死，公乎公乎知不知？

雞鳴

君家有高樹，高樹與雲齊。東方一以明，高樹聞鳴雞。天下正康泰，汝將安歸兮。長安王侯第，出入通金閨。當門設行馬，隔牆聞鼓鼙。入朝火城近，破曉天光低。雲鬟白玉釵，綠鬢黃金鎞。美人年幾許，窈窕初及笄。君家五兄弟，蟬聯荷爵圭。十旬兩聚首，金鞍映霜蹄。玉堂醉瓊液，錦隊絢晴霓。嗒嗒道旁士，無計同攀躋。鴻飛遵水渚，雁棲在蘆鄉。虞人巧執雁，而雁代鴻亡。禽鳥且相代，兄弟何可忘？

烏生八九子

烏生八九子，寄棲秦氏樹。初不巢人屋，於人無所預。奈何秦民游冶兒，林間挾彈相追隨。我肉不中登鼎俎，痴兒規我將奚為？一彈中雛雛即死，阿母見之悲不止。憶昔生兒謀反哺，詎料雛成今若此。我巢元自穿岩石，彈射紛紛應莫及。一朝邂逅秦家兒，雛死毛傷真可惜。吁嗟天地間，定數安可逃？嗤彼機巧徒，用智徒勞勞。上林西苑有白鹿，虞人尚得菹其骨。萬里摩天有黃鵠，後宮乃得烹其肉。百尺深淵有鯉魚，深鉤密網取無餘。於乎物理有修短，禍福安得移？修俟乃君子，樂天奚復疑。

青樓曲

二八娉婷女，傷春更惜春。粉融雙臉嫩，黛蹙兩眉顰。啼鳥窺歌扇，飛花落舞茵。玉鞭催馬去，腸斷少年人。

艷歌行

秦家有好女，婉孌字羅敷。父憐母更惜，深閨誰敢謀？十二初養髮，十三漸知羞。十四正垂髫，十五乃上頭。嬌痴十八九，明媚擅風流。于時嫁千乘，好合膠漆投。夫婦兩兼美，姿容萬不侔。耳璫明月珠，裙帶黃金鉤。明眸剪秋水，秀色照秦樓。飛鳥見之墮，潛魚見之浮。病者見之起，去者見之留。嗤嗤多往來，人人注羅敷。矇夫不解覯，聞聲亦隨游。使君驅馬來，一見意油油。躊躇不能去，遣吏與之謀。黃金我所饒，而能共載不？羅敷前謝吏，使君請歸休。羅敷自有夫，堂堂千乘侯。使君自有婦，焉用桑中求？夫婦貴有別，與君風馬牛。知君非浪子，妾身豈倡流。寧將身中刃，斷我舌下喉。傳言謝使君，羅敷乃羅敷。

大雅行

自恃天然貌，黃金未足慳。丹青最是無情物，斷送佳人出玉關。中官押出歸驕虜，淚濕琵琶面如土。馬蹄西去入氈城，惟聽黃河流水聲。惆悵茫茫胡地月，清光不似漢宮明。翻恨將軍萬戶封，卻將宮女遠和戎。堂堂可笑劉天子，世與匈奴作舅翁。

湘妃吟

茫茫楚澤湘雲高，澤中禽獸多鳴號。君王獵射樂忘死，竟日馳驅無乃勞。不見秦人劇豺虎，正恐他年作囚虜。禽荒有戒在周書，我願君王鑑前古。秦人笑談楚人哭，賤妾忍嘗禽獸肉。

置酒高堂上

置酒高堂上，四座皆戚戚。炰羔且為樂，何須嘆今昔！嗟此座中人，流年多半百。爐金幾時黃，頭髮日夜白。大藥不可期，烏蟾苦相迫。昨日詫人豪，今朝由鬼伯。人生真夢幻，世事一局奕。兒孫自兒孫，無煩廣田宅。所以置此酒，諸君宜醉適。當筵如不飲，寧無負今夕。生前酒一杯，身後土三尺。達人貴知命，爛醉乃長策。

君子行

君子防未然，所貴遠嫌疑。莫登權倖門，莫交寡婦兒。權門苟棲託，終當被人訾。孤兒一與交，將疑私乃慈。拾塵與掇蜂，聖賢尚蒙欺，瓜田及李下，君子當慎之。

苦寒行二首

枯桑叫號朔風急，賀蘭山色朝來失。我馬衝寒勢欲僵，飛雪漫天大於席。野狐徑渡河冰合，冰刃著人如劍斫。莫訝征夫多指落，見說寒林凍殺雀。

邊雲壓地邊風猛，飛雪平鋪三萬頃。胡兒走狗更呼鷹，醉擁貂裘寧畏冷。秦人運芻兼運糧，牛顛驢蹶車輪戕。但願黃河狐怕渡，三軍喜氣回春陽。

蛾眉怨

君不見，漢家天子偏多慾，萬戶千門猶未足。巍峨寶殿飾黃金，磊瑰瓊樓鐫白玉。个中宮女日無事，學得新翻合歡曲。彩帳年年空御牀，椒房夜夜閒紅燭。忽聞中使自天來，暗地低頭笑口開。蛾眉扶入車中去，鳳詔先從馬上回。即夜承恩留侍寢，鴛鴦被擁珊瑚枕。夜深明月上瑤臺，夢回卻怕窗風冷。不意君心遽變遷，欲拋恩愛學神仙。金盤露和藍田玉，石井冰生泰華蓮。空聞龍輅親封禪，何曾一接仙人面！渭河女子乳垂尋，持齋徒感天星見。君心多慾豈仙才，鉤弋枉死誰憐哉！王母蟠桃真浪說，爭如下詔罷輪臺。瓊階人靜生春草，可惜蛾眉坐中老。五利文成竟受誅，不見劉郎上蓬島。宮車晚出南山去，吁嗟翻被求仙誤。靈駕飄搖不可追，惟有悲風起陵樹。人生歲月苦無多，漢宮一入成蹉跎。楚雨湘雲歸昨夢，劉郎劉郎如我何？

宮怨八首

自入深宮不見人，年年花柳負青春。君恩謾說多如雨，一滴何曾到妾身。
自入春來減玉容，腰肢無力受東風。忽聞牆外羊車過，卻恨君王過別宮。
珍珠簾捲隱迴廊，寂寞難禁夏日長。自恨不如雙燕子，銜泥猶解出宮牆。
昨宵雨過嫩涼生，金屋銀屏枕簟清。浴罷自憐香透骨，君王何事獨無情？
夜靜深宮睡不成，井梧滿耳送秋聲。三千寵愛偏遺妾，閒理寒衣厚戌兵。
獨擁羅衾那得眠，爐烟消盡夜如年。惱人最是宮壺水，點點聲聲在耳邊。
門外飛花糝玉塵，天家談笑別生春。鳳笙龍管羊羔酒，不是君王帳裏人。
深宮寂寂冷無春，咫尺何緣近一人。誤喜中官銀鑰動，朝來有例給烏薪。

鳳吹笙曲

當年子晉學吹笙，學得丹山兩鳳鳴。只願凌風歸碧落，不圖代日戀周京。一朝邂逅浮丘子，鶴駕飄搖扛元始。閬風苿圃友羣仙，萬歲千秋終不死。七月七日天下秋，分明返憩緱山頭。世人可望不可近，空有涕泗交橫流。吁嗟我亦子晉徒，曲終逸興凌空虛。塵寰謫限滿千歲，相與翱翔游帝都。

團扇郎

團扇復團扇，皎如明月秋。西風易顦顇，從此見郎羞。

朝雲曲

巫山之高高何極！十二晴峰倚空碧。襄王一去無消息。無消息，神不游，化為雨，滋田疇。

前有一罇酒行

前有一罇酒，當筵艷綺羅。誰能壽千歲，不飲復如何？

上皇三臺

沈沈漏幾更，輾轉不勝情。南內淒涼處，梧桐夜雨聲。

起夜来

念遠斷音書，攬衣中夜起。月明如有情，照入深閨裏。

從軍行

少年多義氣，壯志在功名。許國千金重，捐身一羽輕。旌旗風外捲，笳鼓月中鳴。誓斬樓蘭首，塵清萬里城。

游仙謠

三花珠樹春雲香，瓊樓十二凝寒光。靈童雙吹白玉管，鶴背穩駕朝虛皇。虛皇身著雲錦裳，手持北斗斟天漿。素娥兩兩鼓瑤瑟，綵軿繞繞飛鸞凰。歷覽須臾遍八荒，回首更欲攀扶桑。閬風玄圃隔塵世，海波萬里空茫茫。

長相思

道路遠且阻，相違動逾年。秋風一夕起，墮我池中蓮。玉關渺何許，妾心空惘然。躊躅坐宵境，搔首那能眠。山高須及巔，水深須及泉。離合諒有日，微軀當保全。

竹枝詞

嫋嫋萬竿秋影，點點二女淚痕。試聽鷓鴣聲裏，滿川風雨黃昏。

楊白花

楊白花，隨風無定止。飄然一去太無情，飛度江南幾千里。可憐落水化浮萍，浮萍無復隨風起。宮中美人連臂歌，此情不斷如春水。

白紵辭

白紵纖纖累成疋，絲絲是妾機中織。欲製春衫寄遠人，親向姑前弄刀尺。衣成著意封題去，背立東風垂玉箸。明年于役倘未歸，肯惜為君裁白紵。

當窗織

當窗織，一織三太息。水寒絲脆頭緒多，唱徹午雞寧暇食。拋來拋去失金梭，織久奄奄手無力。手無力，腸欲斷，停梭坐對燈花爛。阿姑併我三丈強，短尺量來夜將半。滿砌寒螿助寥落，織成知與誰人著？遍身羅綺屬名娼，纏頭舞罷錦滿箱。

新　聲

花燭熒熒豔洞房，同心人醉合歡牀。擬將十索翻新曲，慙愧當年丁六郎。

關山月

關山月，居人見月傷離別。結髮從軍二十年，茫茫萬里音書絕。黃沙磧裏無人煙，胡兒來往橫戈鋋。有時夜渡黑河水，踪橫萬騎乘冰堅。千鍾馬湩戎王醉，氈帳夜寒人不睡。朝來下令又南侵，一曲胡笳堪墮淚。北兵恃力南兵靡，東竄西逃知有幾？吁嗟健骨委胡塵，半是春閨夢中鬼。良人一去戍蕭關，惆悵於今竟未還。獨憐今夜關山月，應照刀痕與箭瘢。

洛陽道

踪橫洛陽道，來往覓行踪。宮車若流水，仗馬似游龍。戚里傳燈火，侯門聞鼓鐘。何因人擲果，應為美姿容。

長安道

迢遞長安道，王侯甲第多。金張朝燕飲，許史夜笙歌。京兆豪家富，新豐俠客過。賣珠誰氏子？年少正婆娑。

雨雪曲

風號沙塞北，雪暗玉關西。聽水諳狐迹，循山趁馬蹄。三冬邊戍苦，萬里塞雲低。漢節彫零盡，蘇郎應未歸。

朱　鷺

朱鷺來，毛質好。浴天池，戲蘋藻。鼓咽咽，資舞矗。將因漢德來，請以頌天保。

思悲翁

思悲翁，白蛇斷。天地爐，帝王劍。火德炎，水德微。誰相者？昴日雞。握天符，應天造，誰其尸之耀魄寶。

艾如張

艾如張羅，黃雀幾多？雀乃高飛，其如雀何？大雀善驚，黃口貪食。虞人張羅，于彼路側。黃雀頭顱，嗟誰與惜！

上之回

上之回，剪羣醜。蠢爾胡，真羯狗。犯我甘泉宮，恃弓杻。渡河來，望塵走。如驅羊，如拉朽。匈奴既服臣，天子千萬壽！

翁　離

擁離趾中營室美，何以樹之桃與李？擁離趾中。

戰城南

戰城南，死城北，滿地僵尸污青血。馬蹄躞躞，骨肉狼藉。地遠無人收，烏鳶飛飛下来食。黃沙漠漠，黑水潺潺。日暮一回首，壯士彫朱顏。兵事凶，戰事危，匈奴桀驁誰制之？男兒一死不足辭。古有國殤，國殤良可悲。萬骨委野，封侯其誰？

巫山高

巫山高，高以聳，淮水深，深以迴。我心思歸，恨不奮飛。登山無車，涉水無航。嗟我懷人，涕下霑裳。山高水復深，悠悠當奈何？

上　陵

上陵舉我頭，乃見蓬萊山。弱水三萬里，雲氣升其間。黃金為宮闕，丹砂滿原田。麟鳳若雞犬，居人盡神仙。我聞黃帝在位鑄鼎成，有神龍，下相迎。黃帝上天去，壽與天地并。維我漢熾炎，德蒞九州朝萬國，甘露降自天。靈芝出銅池，羣仙頌天子。遐齡擬黃帝，天地永無期。

將進酒

將進酒，止三爵。誦賓筵，陳雅樂。醉而狂傲傲，舞由醉言出。童羖既立，監或佐史。醉而歸，乃君子。將進酒，君莫辭，惟酒無量維制之。

君馬黃

君馬黃，臣馬白。二馬並驅馳，共逐長安陌。美人歸以西，臣馬逐輪蹄。美人歸以北，臣馬追車轍。願逐美人保終始，不惜駑駘為君死。

芳　樹

彼美芳樹，朝榮夕萎。人生幾何？駒隙如斯，日月忽忽愁殺人！老不復少，實勞我心。我心不可轉，肯以浮言誤。居易以俟命，奚憂讒與妒!

有所思

有所思，乃在天之涯，海之角。何以問遺君？贈之白玉璞。維茲白玉璞，鑿出相思心。茲璞倏以爛，我心悠悠日以深。相思復相思，譬之春蠶絲。春蠶不到死，抽絲無已時。吾固有情物，物亦有所知。如彼比翼鳥，如彼連理枝。比翼鳥亦死，連理枝隨枯。惟有相思情，乃與天地俱。朝亦有所思，暮亦有所思。天地會有盡，相思無絕期。

雉子班

雉子班，傍母飛，羽泄泄，刷錦衣。野有風草我所依，隴麥青青我苦飢。虞人乃規我肉肥，飛鷹走狗驚合圍。嗟我性命那可希！恨不此身逐黃鵠，一舉千里，奚慮虞人為?

聖人出

聖人出，昌運開。聖人出，元氣回。三展正，萬福來。屏姦宄，登賢才。物熙熙，躋春臺。皇風被，遍九垓。雖有猛士焉施哉！

上　邪

上邪！我欲與君相知，永久無休期。馬生角，慈烏頭白。天柱折，地維缺。華岳兀，天地無日月，乃敢與君絕！

臨高臺

臨高臺，望四方，俯仰萬里無災祥。今皇帝，召和氣，來鳳凰。鳳凰于飛，爰集爰止。令我主，壽萬年，與臺相終始！

遠如期

遠如期，連大漠，我師出匈奴，縛獻功未央。陳雅樂，昔我往聲振寥廓。今我來，春蒸河岳維我漢，皇帝壽且樂！

石　留

石留石留，流水滔滔，逝者如斯夫。歲不我與，一滔滔徂。五十無聞，與異物俱。少不努力，徒衰老而唏吁。嗟彼舜蹠，厥初匪殊。尚慎旃哉，勿迷厥途。

卷 二

五言古詩

雜 詩

南山有長松，獨抱參天姿。歲晚愈蒼翠，不受霜雪欺。一貞恆自守，四序焉能移？睠彼桃李花，灼灼迎春曦。明媚驚衆目，穠華復幾時。常恐風雨至，須臾變離披。物性本如此，造化誰尸之？嗟哉浮俗流，齪齪徒爾為。安得古貞操，偃仰慰吾思。

深閨有佳人，清姿艷且光。美人盼秋水，聯娟蛾眉長。良玉蘊其輝，幽蘭藹其芳。永綃製其服，明珠綴其璫。借問誰氏子？伊其姬與姜。非惟逞顏色，而實勵冰霜。貽我雙南金，詎肯輕下堂。謙撝固自守，曾不求煌煌。奉帚心所甘，好合琴瑟張。伐柯未有斧，自媒誠恐皇。嗟嗟宿心違，輾轉徒在牀。搔首起延佇，雲山遠相望。音書無以托，涕泗空沾裳。

鳳鳥秉靈德，九苞璨文章。名為希世物，出見世道昌。稻粱非素謀，竹實乃所嘗。梧桐豈枳棘，鳴則依高崗。虞廷聞九奏，覽德斯呈祥。吁嗟吾道微，丹山乃深藏。鴟鴞亦何為？敢爾窺朝陽。宵行本么麼，顧可爭輝煌。造物杳難問，誰能復其常？三復仲尼歎，令人徒感傷。

長江險可踰，蜀道難可陟。誰言周道平？而多荊與棘。箠筴乃戈矛，卮酒為敵國。舉目睚眥間，骨肉甚仇隙。九夷不可居，俯仰隘八極。將欲凌風翔，恨無雙羽翼。

猛虎在深山，終日恆渴飢。狰獰肆貪惡，居然當九逵。一嘯腥風生，白日翳陰霾。穽檻素無備，馮婦安可羈？姬旦久不作，興言乃淒其。

薰蕕本不同，冰炭實相反。華夷性苦殊，雅鄭音亦遠。熟計出萬全，危哉誠累卵。鶴頸與鳧足，何須較長短！捐彼戚戚懷，履道恒坦坦。

寒暑互相遷，二儀成氣候。真宰司化權，誰能測聲臭？松柏一以摧，居然樗櫟壽。傷哉萁豆情，載惜山木寇。洋洋北鄙音，亂我鈞天奏。白鶴伏黃昏，寒鴟出清晝。坐起長太息，顛倒何太繆！

玄漿參麯蘗，太羹雜酸辛。妖姬調古瑟，鄭聲亂天真。太朴一以散，誰為葛天民？熱中殊感慨，弔古徒沾巾。物情類如此，已矣無復陳。

燕燕誰家女，人云難再得。詎知乃禍水，漢火因之滅。尤物雖可憐，往往傾人國。於戲古哲王，所貴惟有德。我心亦如水，女蠱安能惑？

大鈞秉元化，寒暑循無端。至理妙不測，豈容私智觀？春風草木榮，秋霜忽凋殘。達人契斯理，所遇常自安。如何抱陽人，能成紫火丹？念彼穆天子，瑤池往復還。

擬古三首

女蘿附長松，倚托欲終身。願為魚與水，不作參與辰。願為鴛與鴦，不作胡與秦。云何動隔絕？千里蒙風塵。我有一端綺，欲持贈遠人。贈之將如何？永結平生親。懷思邈難即，鬱鬱何當伸！

秋高涼風厲，灝靈發清商。井梧一以墮，晝短夜漸長。嗷嗷過鳴雁，唧唧亂啼螿。自起步中庭，夕露沾我裳。沾裳豈足惜，感時空彷徨。

南山有高士，棲息巖壑間。翩翩鶴氅衣，稜稜鹿皮冠。白石煮為食，丹砂駐其顏。我欲求其人，舉頭隔雲烟。蒼厓千萬仞，可望不可攀。昨宵夢見之，忽然登其巔。知我苦辛志，念我跋涉艱。欲授長生訣，雞鳴夜已闌。起坐長嘆息，終焉老塵寰。

感寓八十八首

其一

天道一元會，默運無窮極。四時自成歲，至誠以無息。聲臭不可聞，但見蒼蒼色。福善與禍淫，應感無差忒。所安在人爵，所貴在天德。深居讀《周易》，精微端可測。畏天乃君子，忠慎期自克。兢兢復戰戰，於焉保家國。

天道幽且遠，明明誰敢欺？勿言不吾察，日鑒恒在茲。所以古君子，敬畏日孳孳。出門如有見，影響真相隨。吾人貴居易，左繩右更規。淫荒苟失度，恐為天所遺。公旦《無逸》篇，衛侯抑戒詩。願言書諸紳，終身為我師。

其 二

皇天生下民，而必立之君。端居統萬國，宵旰極憂勤。創業藉神武，守成資聖文。功德配天地，休聲光典墳。三代既以遠，漢唐夷伯分。六朝并五胡，狂僭徒紛紜。天驕毒中夏，六合囗妖氛[一]。戎心原鳥獸，吾人可同羣。洪惟肇造初，光岳騰氤氳。祖宗本仁義，千載追華勛。

【校記】

[一]"囗"，此字漫漶。此句四庫本為避清諱，改作"蒸黎蒙兵氛。"故此字或作"蒙"。

其 三

有天斯有地，有君斯有臣。君臣亦天合，誰云屬之人？君者臣之親，臣則君之鄰。微蟲有蜂蟻，而人豈無倫？不見唐虞世，五人作同寅。不見文武時，二公為經綸。如何衰季世，頹風竟難淳。全軀保妻子，臨危誰致身？

其 四

茫茫元會間，造化竟誰尸？昏旦既不爽，寒暑無或移。至誠本無息，庶類自蕃滋。日月相代明，陰陽豈參差？岳山坯厥氣，江河分厥支。雷霆布厥威，風雨行厥時。聖人今在上，天心與相宜。八萬六千歲，悠悠無盡期。

其 五

吾聞帝王世，人文日以宣。間嘗讀其書，撫卷思茫然。三王莫之尚，五帝不可前。征伐與禪讓，仁義豈偏全？光明燭幽遠，心法垂簡編。羣生樂熙皞，九州無倒懸。帝王日以遠，明哲徒拳拳。恭惟我皇祖，繩武三千年。

其 六

丹山有威鳳，噦噦集梧岡。竹實苟不飽，丹山復回翔。所以古明君，求賢日遑遑。玄纁走千里，徵車馳四方。伊尹起有莘，太公興渭陽。傅說奮版築，孔明出荊襄。扶持賴三壽，聲名高百王。用賢乃如此，時君當不忘。

其 七

茲晨忽不樂，撫膺多可傷。披書感前事，令我涕沾裳。鳳鷖止荊棘，鴟鴞據梧岡。騶虞不飽肉，豺狼厭肥羊。人龍困田野，人猫登廟堂。倒顛有如此，天下安所望！吁嗟漢唐宋，參會何紛攘。載讀虞書篇，千古心遑遑。

其 八

南國有佳人，溫其顏如玉。我欲往從之，白駒在空谷。斯人不可招，泥塗詎能辱。去往本無心，飄飄若黃鵠。我思日以深，玄纁謾成束。掉頭不肯顧，悠悠我衷曲。清時足大行，胡為自彳亍。念彼采芝歌，獨坐恆忽忽。

其 九

呂政多遺金，商辛多羨財。鹿臺與嬴藏，一炬飛烟埃。吾思古賢君，所貴在賢才。賢才足資世，金玉安用哉？此理固易曉，彼狂迷莫回。雞鳴起孳孳，為利日徘徊。會田有齊魏，鬭寶生嫌猜。四臣照千里，魏惠顏如灰。

其 十

我觀天下山，一一坯造化。崢嶸各擅名，而誰肯相下？巍巍五岳中，崇高維泰華。一掌入雲霄，日月真可借。冲天幾萬尋，恍惚來靈駕。冰雪四時寒，三庚詎知夏。嗟予夙好奇，藩維況多暇。捫參試一登，玉姜莫深訝。

其十一

神龜曾出洛，鳳凰亦鳴岐。靈物豈虛來，解后文明時。羲文既以遠，元氣日以衰。雖有麟與鳳，致之者為誰？嗟嗟仲尼氏，栖栖良足悲。獲麟竟遭斃，識者空漣洏。嗤彼五胡世，禎祥何所期？蒼麟駕鼓車，天道真嗤嗤。

其十二

放勳結茅茨，神禹卑宮室。吁嗟古聖人，安居保終吉。奈何秦漢來，萬邦困據拮。山林窮斧斤，門戶罄丹漆。阿房未及成，建章亦以畢。雕鐫競淫巧，回首竟蕭瑟。夜眠庸幾何？小軒取容膝。睡美五更鐘，曉窗踏紅日。

其十三

嗟嗟今古人，滔滔迷女色。焉知粉觸體，亡身更亡國。妲己商紂危，褒姒周幽惑。西施吳子亡，太真三郎蹠。於維高世王，持身能自克。寵姬欲同輦，無寧虧盛德。予心本冲素，萬慮恆自息。深居養太和，於焉趨壽域。

其十四

伏羲撫雲泉，神明欽厥德。大舜鼓南薰，斯民慍皆絕。誰云古樂淡，清和見天則。曾聞鳳格韶，感應妙難測。吁嗟後世人，淫聲相蠱惑。唐皇親羯鼓，梨園樂無極。霓裳欲何為，一舞遂亡國。我耳厭喧闐，端居守淵默。窗前披樂書，古道已荊棘。

其十五

茫茫一元化，二氣乃屈伸。萬物生其間，悉含天地仁。虎狼之父子，蜂蟻之君臣。雎鳩之夫婦，鴻雁之主賓。物且具人性，愧此蚩蚩民。誰知禽與獸，亦能出其倫。禽中則有鳳，獸中亦有麟。人而反乎此，焉用名為人？

其十六

天地生萬物，意思本自嘉。奈何當世人，玩好競浮誇。隋君恣厥狂，宸游日以奢。龍舟走千里，貪彼維揚花。宋徽蹈覆轍，黃楊致天涯。吁嗟花石綱，江淮盡虎蛇。煬亡徽北狩，回首白日斜。唐人牡丹地，相傳能幾家？

其十七

我家有美玉，人言出崐岡。清姿溫且潤，素質堅以剛。珊瑚讓精彩，水精失輝光。玉人一入手，珍重無時忘。琢磨借沙石，切磋付刀鋩。雕鐫製瑚璉，專攻作圭璋。神明許相與，君子良可方。但恐珷玞混，棄置令人傷。

其十八

神仙駐何許？傳聞在蓬萊。沉沉白玉宮，隱隱青蓮臺。弱流不可渡，萬里無飛埃。自非鶴背仙，憑虛詎能來。安期不死藥，王母流霞杯。天地許同壽，日月寧相催。我生竟茫昧，自愧非仙才。至人不可遇，且酌黃金罍。

其十九

三代日以遠，至治不可追。我嘗讀前史，撫卷心傷悲。炎劉崇伯術，李唐竟淪夷。女禍世所恥，和蕃人共嗤。逮茲趙宋氏，兵力苦不支。委靡不復振，甘為異國欺。明明我皇祖，仗鉞驅熊羆。一怒九圍定，百世今熙熙。

其二十

絕代有佳人，優游在空谷。渴飲澗中泉，飢飡岩下菊。窮居養貞白，衡門擅幽獨。如何治平世，長往不肯復？勸爾脫麻衣，為君挂朝服。山靈莫見疑，公家正懸禄。丈夫貴雄飛，胡為自雌伏。登車早幡然，無苦戀黃犢。

其二十一

乾坤乖氣薄，陰陽鎮差亂。重霧結重陰，漫漫不知旦。幽巖木魅栖，深谷鬼車喚。百怪恣踪横，羣陰鬱無散。陽烏忽東生，滄溟湧霄漢。赫赫破頑雲，潛回若冰泮。須臾障礙消，悠遠天文焕。萬國屬皇明，寰海同燦燦。

其二十二

深山有蛇虎，晴原多鳳麟。鳳麟真快覩，蛇虎不可親。虎蛇有餘毒，近之噬吾身。鳳麟乃靈瑞，致之苦無因。我嘗讀古書，於焉求屈伸。昏昏苟不察，貽患將無垠。閒居感疇昔，用舍怨因循。蛇虎既難近，遠之誠在人。

其二十三

有初必有終，有日必有夜。天運自循環，陰陽交代謝。曾聞古仙人，雲霄遠凌跨。死生亦常理，誰惟天所赦？吁嗟老佛徒，蚩蚩思久假。貪迷竟何如，而徒陷虛詐。所以君子儒，安焉老田舍？修身以俟之，萬物還元化。

其二十四

吾觀三王世，有周承夏商。賢聖相繼作，享國何久長。自從周叔來，天命苦不常。興戎憑詐力，王圖詎能昌。嬴秦纔二世，阿房火咸陽。六朝并五代，紛紛日更張。皇天眷吾祖，繼宋高百王。繩繩千萬年，神器傳無疆。

其二十五

吾聞賢后妃，有周不可當。太姜及任姒，世德傳無疆。如何至後世，宮闈多濫觴。呂武恣淫虐，紛紛多色荒。我家配聖祖，聖后並姬姜。仁孝實繼之，輔治聲洋洋。徽音允相嗣，帝道日以昌。嗟嗟我聖善，子孫焉敢忘？

其二十六

齊桓假仁義，晉文亦如之。紛紛戰國君，劇戲真小兒。美哉漢東平，為善日孳孳。三監與七國，國亡身亦隳。李唐不足道，諸王恣豪癡。淫荒詎知恥，俗樂手所持。嗟予固無似，嗣秦黍藩維。願言崇令德，劉蒼其我師。

其二十七

舜有臣五人，而天下乃治。武王資十亂，承商履天位。嗟彼夘金刀，憑誰和鼎味？創始藉蕭曹，守成推丙魏。李唐雖小康，賢才亦云萃。杜房兼宋姚，繩繩賴無墜。我思古良臣，班班猶可記。相望佐無為，諸公真了事。

其二十八

兩間有安宅，安宅我所居。四方有正路，正路我所如。安宅固非小，正路豈其迂。夫何當世人，而自與之疎。安宅蔽草莽，蚩蚩莫之除。正路塞荊棘，茫茫誰與鋤？執迷若不解，旁觀但踟躕。此道真窅然，吾人當體諸。

其二十九

公車有千乘，出則如雲隨。所居能幾何，焉用千乘為？名馬致千里，奔趨若星馳。所守僅吾封，乘此將安之。我嘗陋周制，金玉豈其儀。過奢誠易敗，商車乃為宜。漢皇征大宛，將士實乘危。嗟嗟天馬歌，徒為千載嗤。

其三十

吾聞有熊氏，古風始更張。裹纏兼布革，上下易衣裳。三代自有制，後來漸荒唐。詭異駭羣目，輕薄移四方。錦章奪天巧，羅衣鬬時裝。廣袖全疋帛，長裙欲飛揚。服妖古所忌，不衷真不祥。城中苟知禁，天下當循常。

其三十一

吾聞古聖君，而惟飯土簋。仲尼大聖人，飲蔬食飲水。簞瓢困顏氏，至樂誰能擬？曾參亦可人，恒飢寧願仕。嗟嗟後世人，口腹鬬珍美。萬錢充一箸，豪奢浩無紀。烹羔宰肥牛，杯盤動盈几。太倉日五升，何如安汝止？

其三十二

儀狄昔為酒，大禹乃絕之。維狂鑑周誥，抑戒懲衞詩。豈惟戕性命，抑且喪威儀。一語苟不合，兵刃手所持。不見夏之桀，昏然沈酒池。不見隋之煬，口不離酒巵。二君今已矣，後世尤多迷。亡身更亡國，智者應自知。

其三十三

人生期百年，百年能幾何？逝者不可追，將來苦無多。向來黃小羣，玄髮忽以皤。古人亦有言，流光一擲梭。大禹乃聖人，競辰懼聞過。亦有運甓老，而肯甘婆娑。勤苦既如此，令名終不磨。吁嗟當世人，其誰不蹉跎？

其三十四

混沌既以死，征伐不可無。聖人奉天命，元后授陰符。蚩尤叛臣節，涿鹿真囚俘。上干軒轅討，百靈乃相扶。桀紂逆人理，湯武布神謨。周興商乃蹶，漢起嬴斯殂。至仁伐不仁，民徯后來蘇。諸王互征戰，七國多貪夫。

其三十五

萬物有禽獸，生意亦自均。荒夫苦畋獵，但欲膏其脣。車網遍原野，百里踐飛塵。焚射踪鷹犬，暴殄積如薪。我觀《車攻》詩，古意猶可申。後來競馳騁，無乃勞其民。窮搜盡巢穴，入口未必珍。湯網去三面，諸侯歸至仁。

其三十六

商辛苛聚斂，貨財溢臺屋。呂政滅諸侯，金刀折車軸。董卓據郿塢，石崇擅金谷。王戎親較籌，蕭宏廣營蓄。吁嗟射利徒，勞心何僕僕。安知銅臭譏，詎惜錢愚恧？障塵錦十里，買妾珠三斛。金錢竟何為？而終遭殺戮。吾觀顏淵氏，薄田繼飦粥。簞瓢有餘樂，富貴真碌碌。

其三十七

古人拙已甚，今人巧何多。古意竟不存，紛紛將奈何？嗤彼當世人，鬭智互礦磨。眼前移造物，胸中鑄干戈。權門詎云遠，一徑即能過。天門誰謂高？攀緣手堪摩。巧人固多事，有如繭中蛾。繭成身自錮，拙者頻笑歌。

其三十八

西川恃重險，而人誰敢窺？征西裹氈入，蜀人竟難支。東吳倚三江，洶湧乃天為。樓舡焚纜下，吳人亦離披。維險不可恃，維賢為可資。舟中皆敵國，君人當慎之。

其三十九

相君椒百斛，領軍鞋一屋。為利日孳孳，而心苦無足。貪夫誠可憎，佩鑰聲相觸。匹騎按田園，弄籌計魚肉。營營趁市墟，貿貿涉川陸。剝削盡錙銖，慳澀及饘粥。恨不馬重駒，恨無牛兩犢。恨不青蚨錢，日往還相逐。家藏萬鎰金，身為九州牧。貪夫正如此，一笑聊捧腹。

其四十

假兵車者伯，以仁義者王。誠偽迥不同，而人自聖狂。湯以七十里，至德聞四方。文王以百里，殷人何可當。小足以制大，弱可以制強。人心一以歸，天命自有常。試觀伯者民，驪虞氣洋洋。齊桓晉文事，十世忽以亡。何如王者民，皞皞莫能量。百世既以遠，仁恩詎能忘？我嘗閱書史，浩然興慨慷。因之識天德，王者其永昌。

其四十一

有國有家者，知人實為艱。知人竟何為？乃在用舍間。宵人不可用，用則穢清班。君子不可舍，舍則槁空山。子瑕據津要，伯玉甘退閒。孰知賢不肖，治亂誠所關。鳳凰覽德輝，一去不肯還。豺狼臥當道，令我涕潺湲。

其四十二

吾聞君人者，奔走天下士。進退手所操，誰云無所事？祥麟不苟出，妖狐足儌利。吁嗟進退間，而誠關至治。何物鬼蜮徒，貌陋據台位。姦邪惑帝聰，子儀徒自恚。而亦有人貓，月堂運深智。李適日銜杯，九齡亦趨避。朝中有君子，四方君子至。君看權倖門，羣兒競投刺。

其四十三

仲尼主子瑕，衛卿非所惜。孟軻媚臧倉，齊卿斯煖席。俗論真可鄙，聖賢能自擇。富貴等浮雲，台鈞亦陳迹。茅茨乃廣居，衡門實安宅。簞瓢敵鍾鼎，乞求竟何益！聲色不我移，刀鋸不我迫。居易以俟命，玩味庖羲易。

其四十四

吁嗟茲世人，居官多老饕。孜孜慕名位，焉知奔競勞！權門炙手熱，冰山與天高。綏綏乞昏夜，白日矜所遭。相君喜松壽，涼州博葡萄。好官我自為，笑罵空嘲嘈。君看柄臣第，車馬何滔滔。幽人方寂寞，閉門讀《離騷》。

其四十五

曾聞黃河水，遠自天上來。萬流會東海，滔滔極蓬萊。又聞瞿塘峽，驚濤吼春雷。人愁灩澦險，奔流若山摧。有熊作舟楫，神靈濟顛頹。千里在俄頃，轉折真奇哉！巨艦苦難運，聊橫小水隈。丁夫且休息，南風殊未回。

其四十六

茫茫天地間，而理固有常。云胡當世人，行險恣猖狂。周行舍不由，捷徑恣翱翔。法言乃不道，羣居肆荒唐。啖葛誑天下，飲鴆欺四方。指鹿乃言馬，問牛翻問羊。陰邪莫能測，詭異何可當？勿云不吾察，天理恒日章。吁嗟君子儒，靈臺自開張。作事貴昭著，寧慚天日光。

其四十七

莊生寄傲者，閒居著《南華》。浮辭逞虛誕，寓言恣喧嘩。操戈擊夫子，盜跖翻見誇。三王未足論，五帝詎為嘉。睥睨小天地，言談多險邪。猖狂如所言，萬物其泥沙。吾儒自有經，典謨浩無涯。至誠乃君子，宜其輔邦家。

其四十八

造化有常理，反之則為妖。幻人有奇術，櫜鑰如手操。禽獸解歌舞，金石乃鳴跳。海水呪可竭，岳山祈可搖。銅盤出江鯉，土盆長靈苗。羝羊作人語，井錢若榆飄。或縮地遠游，或憑虛入朝。蒸沙可為糜，噓氣即為颷。黃金自融成，白雪凝不消。撒豆化赤衣，投筯作虹橋。紛紛妖異事，我心實不撓。吾儒有正術，百怪當自消。

其四十九

二氣有清濁，化工應使然。重濁乃為地，輕清則為天。人物各分類，參差難比肩。君子與小人，賦予有偏全。雞豚與鳳麟，凡庸於聖賢。清濁乃爾殊，天性不可遷。中庸貴能變，君子當勉旃。濁夫會當清，清者當梯仙。

其五十

普天皆國土，四海皆國人。唐虞今在上，一視乃同仁。酷吏獨何心，咤叱恣威神。爪牙劇豺虎，曾不恤吾民。凍餒任流殍，逸勞誰與均？催科急於火，鞭撻膚已鱗。健吏持帖來，追呼聚比鄰。雞豚給饞口，拜跪回怒嗔。老農二三子，力耕恒苦辛。眼中欲流血，釜中屢生塵。昨日有新條，公家收稅銀。跼蹐惟四壁，局促僅一身。健吏詬且辱，而敢訴其貧。追隨向官去，悲號謀所親。有女猶未笄，嬌癡正青春。商人買為妾，遑恤朱陳姻。兒孫既零替，里胥猶日臻。虐民恃官長，盤殽競鋪陳。破屋存數間，求錢斧為薪。性命苦見逼，恨不沈水濱。斯民乃邦本，吾徒宜見珍。苛政猛於虎，嵒哉諸縉紳！

其五十一

為善為君子，君子喻於義。為惡為小人，小人喻於利。所思既不同，善惡豈相類！義利自兩途，理欲所由異。譬之食飲然，而各有所嗜。惡臭與馨香，伊人自知味。吁嗟義利間，慎無迷厥志。止軒有法言，君子所當識。

其五十二

有陽必有陰，有夜必有旦。吁嗟正與邪，相反如冰炭。誰謂鄭聲淫？韶音為所亂。誰謂莠草新？嘉穀為所爛。鳳凰覽德輝，鴟鶹可同觀。騶虞履中野，檮杌可同絆。物類自區別，吾人亦相判。荆舒培禍胎，羣邪斯漫溰。君實起西府，羣賢乃藩翰。星辰歸黨籍，君子竊悲嘆。正邪不兩立，天王貴雄斷。

其五十三

人中有佞人，讒言不可當。蜜口覆人國，簧言亂侯王。賢愚任喉吻，君子歸雌黃。舐痔詎知恥，掇蜂終見傷。綏綏九尾狐，媚惑迷四方。洋洋八風舞，斯文遂無光。我嘗覽前古，聖言奚敢忘？為邦遠佞人，讒夫尤所防。

其五十四

商人元尚質，淳風自爾全。周人始尚文，金玉日雕鐫。末世益滋偽，物情多變遷。萬物困凌暴，鬼工倦鑽研。八寶粧便器，珊瑚裁馬鞭。黃金餙宮殿，珠珍絡鞍韉。一劍磨十載，一釵直三千。相看競淫巧，安知師聖賢？象箸不可諫，玉杯誰肯捐？一夢了今古，豪奢真可憐。

其五十五

仲尼相魯君，魯人興謗辭。子產聽鄭政，鄭人亦毀之。赤心苦不同，黃口任瑕疵。賢聖且不免，吾人莫嗟咨。周公古元聖，流言乃相欺。向非天動威，成王終見疑。所以明哲士，脩身日孳孳。謗言雖百端，而吾自坦夷。譬之傷日月，指斥靡不為。安知日月光，萬古焉能虧？

其五十六

西旅貢神獒，召公力阻之。遠方獻名馬，漢文乃深辭。隴西產鸚鵡，廣南生荔枝。巨象致南粵，獅子走西陲。翠禽盡輸羽，猛獸皆脫皮。白玉罄山谷，黃金空澤陂。紛紛爭獻納，擾擾欲何為。願言貢賢俊，為國扶雍熙。

其五十七

吁嗟眼底人，反覆何其多！對談如隔山，同居或操戈。結交出肝肺，回首施網羅。變態苦不常，陰佼莫能過。斯人何所喻？譬之江與河。微風一相激，遽興千丈波。我誠憎其徒，洞見勞撝呵。綿綿不可絕，紛紛將奈何！

其五十八

我嘗窮古書，竊聞謙受益。如何夸毗子，洋洋多德色。有位莫驕人，驕人位斯踣。有國莫驕人，驕人士斯匿。如有周公才，吝驕矜富殖。雖云大聖人，斯亦無足式。賢哉謝夫子，程門能自克。三年去一矜，羣儒推令德。

其五十九

君子莫施智，施智近小人。愚人祇自愚，至愚翻近仁。吾觀古人智，而不私其身。後人乃機巧，鬼魅與同倫。吁嗟愚下流，為謀固難陳。安知千慮中，一得無可因。智囊竟何為？東市冤莫伸。愚智莫相笑，同為千古塵。

其六十

天地賦人物，二氣均所生。如何賢不肖，而乃殊其名。吁嗟賢者流，宜公亦宜卿。嗟彼不肖徒，胡為污冠纓。人君無所為，代天持鑑衡。進賢退不肖，吾人資主盟。前元多錯繆，仕途良未清。非才滿廊廟，賢人困漁耕。我祖奉天命，九州盡豪英。黜陟考三載，萬年仰大明。

其六十一

淫奔誰氏女？少好正青春。慾竇一以開，而寧顧其身。逾牆期所私，鑽穴召比鄰。惡少競相逐，兄弟不敢嗔。馬蹄松柏下，雞鳴風雨晨。綏綏自求耦，往來豈辭頻。脂膚濕香汗，瓠齒含朱唇。精神照秋水，秀麗驚鬼神。我行偶見之，傷心淚沾巾。頹風不可挽，憑誰振彝倫？

其六十二

展雄古名盜，橫行恣兇惡。孰誰敢攖？殺人供咀嚼。公然據太行，往來悉攘奪。庸下終老壽，天意竟何若。我聞三代時，羣黎遂生樂。後來日滋偽，綠林滿丘壑。窮寇不須追，餓虎不足縛。公家薄租稅，此輩將自削。

其六十三

天地固不老，吾人安可常。今者如不樂，逝者忽以亡。矧茲隆盛世，四海稱大康。吾藩靜無事，輔臣能贊襄。散人荷天寵，貴富守一方。臺池與山水，登臨足徜徉。名花落又開，好鳥鳴且翔。黃孋助滋味，朱弦和宮商。我生何慶幸，逸樂殊未央。載歌咏天保，終身感吾皇。

其六十四

憶初周穆王，天下恣觀游。八駿逐風雨，萬里無停留。瑤池觴阿母，玉帛朝諸侯。瓊漿侑天樂，白雲起仙謳。山川務窮覽，邦家寧復憂。徐方忽以興，周鼎幾不收。亦有隋煬氏，黃金餙龍舟。瓊花作奇祟，妖氛滿揚州。至樂不可極，淫荒竟成休。吁嗟後來者，能無覽隋周。

其六十五

茫茫天地間，無不有鬼神。在下乃河岳，在天為星辰。百神固非一，所主在一人。一人總神器，百神歆所禋。一誠本昭著，二氣自屈伸。變化詎能測，恍惚不可親。所貴乎君子，萬物備其身。鬼神自扶佑，福履將日臻。

其六十六

吾觀塵海間，善惡各有徒。謙謙鮮君子，悻悻多兇夫。善者所宜福，兇夫所宜誅。善惡苟無報，真宰其含胡。夷齊死溝壑，丘軻困窮途。顏淵嗟夭折，比干乃捐軀。盜跖亦何人，橫行主逃逋。乳虎飽人肉，誰敢摩其鬚？公然老牖下，雄風聞八區。彼蒼不可問，仰面長鳴呼。

其六十七

茫茫大化間，生育無停息。鱗介與毛蟲，而各成形色。蠢蠢萬不齊，至巧誰能識？營營若有知，繩繩日滋殖。饞夫亦何心，網羅兼彈弋。五鼎恣煎烹，萬錢供口食。焉知愛物仁，忍殺無窮極。君子遠庖廚，暴殄良可惜。

其六十八

天地有正氣，英靈鍾正人。大義薄雲漢，至誠通鬼神。探穴蹈虎尾，沈淵批龍鱗。碎首詎知惜，引裾寧畏嗔。龍逢既以死，比干甘殺身。史魚以尸諫，直心終見伸。諸公不可作，精神乃星辰。回首媚竈徒，韜骨成埃塵。

其六十九

東海有匹婦，誣殺良可傷。奈何三年旱，赤地千里荒。幽燕有賤臣，繫獄將見戕。仰天一叩心，六月飛清霜。物情有冤抑，一念通彼蒼。二三持法吏，舞文自洋洋。陽誅苟幸逭，陰禍亦可防。于公能治獄，子孫乃隆昌。

其七十

吾聞堯舜世，皥皥惟淳風。耕鑿罷無為，禮義日以隆。如何三代來，巧偽競相蒙。常道既以墜，斯文丁厄窮。兄弟動相鬩，父子或見攻。臣節每中改，君恩多不終。夫死婦即嫁，安能顧同宮。帥亡兵即變，憑誰瘥元戎？金多輒易交，官高互為雄。耨鋤且不假，財帛寧肯通。輕肥驕市里，睥傲欺疲癃。乳腥猶未除，羣兒強稱翁。紛紛輕薄態，天下將無同。詩成聊一笑，浮雲滿虛空。

其七十一

萬物有真偽，人心不可期。真偽苟不分，君子將蒙欺。譬之金與玉，而價固無貲。珷玞與鍮石，亂真良可悲。公旦困流言，恐懼實傾危。新莽初下士，謙恭何自卑。旦莽豈同倫，昧者猶自疑。假饒身即死，真偽誰能知？

其七十二

項籍苦強暴，沛公乃寬仁。秦鹿競相逐，六合生烟塵。嗚咽起雷電，叱咤驚鬼神。拔山氣蓋世，扛鼎力足任。豪雄竟難恃，兇殘徒殺身。陰陵一失道，楚歌自沾巾。焉知卯金刀，興隆自有因。帝王本仁義，猛力何足云。

其七十三

君子慎嫌疑，所慎良有因。莫交孀婦兒，莫友敵國臣。孀兒一與交，人謂私其親。敵臣一與友，人謂通其鄰。廣會莫耳語，臨民莫眉顰。嫂叔不相授，男女不共茵。臨食休涕唾，迎賓休怒嗔。共食莫澤手，分財莫言貧。吁嗟天下事，一一難具陳。避嫌乃君子，斯言可書紳。

其七十四

絕代有佳人，盈盈擅風流。裹頭初入室，醜婦爭為仇。君看技術徒，忌嫉交怨尤。文人亦相輕，訨斥多不倖。孫龐初共學，藏修亦同謀。忌心一以興，對面操戈矛。安得萬黃鳥，九鼎薦為羞。坐令天下人，其心同休休。

其七十五

古人一忠厚，今人尚浮誇。裘馬縱馳騁，酒食恣喧嘩。文章逞輕薄，荒唐欲名家。立言多不根，滔滔浩無涯。吾思矯其弊，至誠斯可嘉。"六經"不可及，何須誦《南華》。

其七十六

文王曾拘羑，仲尼亦圍匡。至聖且不免，憂患奚可忘。元來古君子，遭逢德彌彰。脩身以俟命，履之若康莊。臣子死忠孝，善道乃其常。小人恒戚戚，翻為知者傷。

其七十七

珠宮麝蘭氣，金帳流蘇香。美人嬌侍夜，老此溫柔鄉。不知勤四體，焉能法三王？日夜未能起，更深尚飛觴。興行賞花柳，醉眠聽笙簧。散髮任容與，飽食恣徜徉。此樂雖莫極，外虞亦須防。請觀《無逸》篇，念念當不忘。

其七十八

古道日以遠，人情日以新。逢迎以為悅，舉世多諛臣。比干蹈虎尾，龍逢批龍鱗。二公既以死，千古難其人。諛臣不足道，直士宜見珍。吁嗟諛與直，舉錯在君身。

其七十九

君子自明白，小人多險邪。毒陰類鴞鵁，糾結如虺蛇。藍色醜於鬼，公然專正衙。出口盡蜂蜜，滿腹皆鏌鋣。月堂幽且深，恒謀破人家。複壁隱且僻，惟虞匕首加。紛紛穢青史，追思可興嗟。羣陰不可盡，仰嘆白日斜。

其八十

靜思天下事，黑白多見迷。自非明知人，伊誰無所疑？譬之鴉與鷺，同棲占林池。黑白自分曉，何須苦相窺。聖人明四目，燭理洞無遺。台衡或昏暗，平治其資誰。

其八十一

執虛如執盈，執圭如不勝。譬之循牆走，蹜蹜惟恐傾。聖賢重戒慎，厭斁寧敢生。漏室雖至暗，衣冠對神明。出門何所見，如接公與卿。安居固無為，如臨祭與兵。嘗觀《庸》《學》傳，庶幾學斯成。戒慎與慎獨，沒齒期遵行。

其八十二

萬物在天地，生生無暫息。洪纖與高下，一一含太極。鱗羽自飛潛，肖翹亦形色。神功不可名，妙用誰能識？憶昔弄丸翁，幽居悟天則。微探極性情，至理窮因革。我嘗讀其書，茫然無所得。學海信汪洋，區區慙蠡測。靜思興太息，居然竭心力。安得起其人，為我袪鬱抑。

其八十三

將軍錫沃釜，衛尉蠟代薪。供饌宰名馬，行觴殺美人。萬錢營一箸，九鼎薦八珍。錦綺照庭戶，歌鐘動比鄰。豪縱詎知極，奢華孰與倫。造物者好還，明明察吾身。暴殄自亡滅，儉德獨怡神。

其八十四

公孫為布被，漢人譏詐廉。司馬亦布被，舉世稱大賢。老聃嘗有言，儉為天下先。儉苟不中禮，魏風有遺篇。大禹古聖人，至德垂簡編。亦有齊晏子，一裘三十年。何曾獨何心，一食費萬錢。末俗不可易，臨風興喟然。

其八十五

吾人有正氣，養之曰浩然。充之塞天地，失養則靡全。反身而理縮，萬人吾往焉。不縮乃自餒，褐夫亦難前。燕丹不善養，謀報何拳拳。虎狼一相犯，父子竟棄捐。亦有廉將軍，爭功怒填填。負荊終見屈，無乃相如賢。恒思戰國君，奮師日相牽。往往就囚虜，所見何其偏。容忍乃君子，庶幾保天年。血氣聖所戒，吾人當勉旃。

其八十六

吾觀天下理，聚散不可期。紂聚鹿臺財，武王乃散之。財聚則民散，古語豈吾欺。財散則民聚，君人所宜思。此理自分曉，而人多自迷。矧茲聚斂臣，為利日孳孳。財乃民之命，民則邦之基。觀風亦何人，能無采吾詩？

其八十七

周公復明辟，北面還為臣。賊莽始居攝，久假遂即真。歔欷執孺子，流涕沾衣巾。如何草玄者，劇秦以美新。赤符赫然起，覆宗終殞身。伯禽繼魯後，祚延八百春。流芳與遺臭，誰仁誰不仁？

其八十八

萬物有成敗，造物自制之。天定不可勝，人謀空爾為。達人自知命，順受尚奚辭。嗤彼智巧徒，而徒用其私。項羽敗烏江，沛公成帝基。雖云仁與暴，實乃天所思。起家良不易，興國亦如茲。天地尚終壞，勿為千載悲。

臨池作

鑿破蒼苔地，引來寒溜長。中有碧荷盤，紅蓮凈以芳。薰風扇炎燠，赤日回朱光。披襟坐釣石，高柳陰生涼。詩成復浩歌，對酒成疏狂。恣我一朝樂，焉知人事忙。邀賓時共適，臨流飛羽觴。灑然萬慮清，援琴調宮商。地僻絕喧雜，世事渾相忘。茲盟幸無爽，終歲來徜徉。

對月夜飲

銀蟾上東嶺，流光含夕清。瑤天湛冰壺，萬景俱分明。招邀青桂下，開樽坐閒庭。暢然發歌咏，一笑聊相傾。嗟嗟塵世中，日夕徒營營。佳景足吟賞，誰能測幽情？苟使契真意，奚用勞平生。

祀祖母太妃塋偶作

皇天渺無際，后土廣且深。緬懷大母恩，空傷寸草心。雨露既沾濡，松楸散清陰。瞻望杳容儀，不聞謦欬音。俎豆式前陳，聊復昭寸忱。感慨熱中腸，涕泗沾衣襟。

答少參郁先生

歲久音塵絕，懷君思愈深。蘭章辱遠寄，展玩輕南金。錦繡奪人目，宮商協雅音。三復得遠意，庶以慰離心。瞻望不可見，雲樹連春陰。

秋江訪友畫

秋江雨初歇，江波漫磯石。鴻雁雜輕鷗，泛泛點寒碧。松風蘿逕深，抱琴有游客。相見復相違，蒼苔掩行迹。

雲景畫

同雲釀飛雪，遠近皆瓊瑤。冰壺凍六合，萬木皆蕭條。策蹇來幽人，抱琴度危橋。何處覓知音？前溪路迢迢。

早　起

枕上春夢驚，遠寺踈鐘歇。起坐默無言，青燈半明滅。緩步出門行，西樓挂殘月。

書室偶成兼柬新齋堂兄

粵若今古士，浮生誰百年？俛仰宇宙間，時復長喟然。衣食固煖飽，歲序恒推遷。朽腐同草木，胡不師聖賢？口吟六藝文，手披百家編。勿言道彌堅，孜孜在鑽研。青歲不努力，白髮空盈顛。題詩遺同志，及時當勉旃。

苦　旱

妖魃肆兇頑，頻年熾無已。隰田皆龜拆，涇渭黃塵起。井涸草木枯，赤地動千里。天災固流行，感召良有以。死者相枕藉，生者艱動履。骨肉尚相食，焉知有倫理。困苦亦已極，調燮望誰弭。彼蒼空悠悠，胡不諒人只？憑誰挽天瓢，一瀉銀河水。

獨　坐

重門掩綠樹，車馬寂無喧。好鳥日相對，端居兩忘言。爽籟解炎燠，滿庭松竹繁。怡然適吾趣，俗慮焉能干。

書王氏族譜

大河發崑崙，衆派同一源。源深流益遠，同歸滄海壖。巨木亦有本，本固末自繁。培植歲云久，枝葉茂且堅。惟人本乎祖，有開應必先。餘慶由積善，古聖寧虛言。王門世忠孝，德業光後先。稜稜名憲使，友愛人稱賢。系明分族屬，親疏情愈宣。千秋及萬禩，瓜瓞常綿綿。吁嗟後來者，世世宜勉旃。

過田中有感

小人不可用，用則妨善良。稂莠不可容，容則嘉穀傷。所以田家父，耘鋤日皇皇。四體苦胼胝，僅得充饑腸。奈何治家國，而不謹其防。悠悠感前史，披書徒自傷。

題四景畫

春風瑤草芳，桃花滿村塢。雲林烟霧深，丁丁響樵斧。嵐翠濕衣襟，空山半疑雨。樂哉蕭散徒，麋鹿自成侶。長嘯倚岩崖，清風邁千古。

西嶺夕陽沈，綠樹烟霏滅。漁郎罷釣歸，溪女採菱歇。遠水浸落霞，瑤天淡微月。詩翁踞石吟，悠然清興發。吟罷好風生，蕭蕭吹鬢髮。

山空木葉落，萬籟皆商音。天外度征雁，東籬菊搖金。茅屋數椽小，鬱鬱松徑深。游客遠相過，趺坐鳴瑤琴。幽懷聊共寫，對酒且論心。

栗烈歲云徂，頑雲迷古樹。積雪遍山川，遠近堆瓊素。野梅得春先，開遍前溪路。獨客好幽寂，杖藜林下步。水寒漁父歸，扁舟橫野渡。

首夏即事

景色當清和，小院絕塵俗。階藥飄殘紅，池荷展新綠。手調綠綺琴，試鼓薰風曲。草色滿虛庭，藹然生意足。

送顧指揮之襄陽

春水照雙旌，迢遞襄陽道。王事重賢勞，喜君優智調。秦民多阻饑，嗷嗷望君飽。東風三月時，滿目鶯花好。襄陽諸女兒，妖艷驚年少。努力濟時艱，千金休買笑。

游興善寺

興善古名剎，僻居城南陬。譯經自唐代，遺迹於今留。綠樹蔭苔逕，闃然清且幽。茲晨殘暑退，涼風動新秋。樂哉二三子，閑暇從我游。行歌足勝覽，乘興還登樓。仰視玉宇闊，俯瞰清江流。南山當目前，雨過晴嵐浮。無邊好光景，收拾歸吟眸。僕夫促歸轅，清興良未休。回瞻北斗城，月光過林丘。

春園行樂

青陽布生意，萬物皆光輝。風日適晴煖，花柳爭芳菲。方塘水初滿，喬林綠正肥。黃鳥出幽谷，嚶嚶鳴復飛。銀鞲鞚驊騮，賞心誰肯違？盤桓詎知夕，明月扶醉歸。

秋夜露坐

大火流天末，金井飛梧桐。草枯露華濕，蓮衰池影空。招搖向參宿，鳴蛩泣西風。中夜耿不寐，孤坐明月中。炎涼逐時改，感慨徒忡忡。

步虛詞贈印鍊師

逍遙一仙侶，靈胎寶元陽。天風振環珮，憑虛朝帝鄉。駕以蒼精虯，酌以青霞漿。朝游華山巔，暮飛東海洋。去來無定踪，玄鶴同翱翔。

題魏顆結草圖

死不從亂命，不從乃尊親。婢父陰有報，結草能勝秦。吁嗟乎康公，而心胡不仁。三良既云殉，國事亦以湮。細讀《黃鳥》詩，令人淚沾巾。

新齋兄壽詩

仙人跨白鶴，元陽結靈胎。天風振環珮，駕言游蓬萊。飡以青精飯，酌以流霞杯。蒼梧與北海，倏忽時往回。回首笑而語，壽域從今開。春秋百千襈，今日乃其媒。

成化乙巳關中苦旱

東風轉歲律，對景不成觀。微雨未沾足，田疇復枯乾。連村絕烟火，比屋皆傷殘。民生與鬼鄰，疫癘仍相干。匡時愧無策，撫膺空長歎。我欲叩天閽，恨乏凌風翰。

挽鄭長史父母

蕭田古文獻，先後多名人。而翁鍾瑞秀，瓊姿邁風塵。富而更好禮，樂善能周貧。優游泉石間，渾然葛天民。惟劉乃厥配，四德備一身。勤儉資内治，甘旨同養親。歲時助禋祀，誠敬采繁蘋。芳年三褒餘，魚水情兩真。瑶琴忽中斷，無復鳴陽春。鼓盆發長歎，聞者為悲辛。諸郎復秀發，咸懷席上珍。白眉乃子初，觀光充國賓。歷官魯藩相，霜風殞靈椿。泣血既三祀，衣冠謁楓宸。董賈素騰譽，復官相吾秦。子賢豈無自，嚴慈家教勤。貤恩五花誥，指日來八閩。草木翳雙冢，蔚然光寵新。豐碑表潛德，萬古寧沈淪。

偶　書

城西地卑濕，一掘能及泉。居止失將護，寒氣相寅緣。冬深偶疾作，春盡猶未痊。只尺艱動履，坐久空兀然。吁嗟孝道違，於身誠有愆。父母全生之，子當慎保全。兢兢復戰戰，于心愧聖賢。

蜀府德陽王師古堂代保安王肅齋作

聖聖既以遠，古道何邈綿。遺訓弗俱亡，明明垂簡編。萬理具成憲，後王宜不愆。吕政弗師古，詩書燼餘烟。傅説古良弼，納誨心拳拳。至言乃龜鑑，宜哉千古傳。吾人思受益，無如師聖賢。君子貴自勉，彼昏胡不然。河間興禮樂，淮南泥神仙。擇術誠在人，存亡詎由天。吾宗有賢王，分藩世蟬聯。日用勤師古，肯為流俗牽。蒼黃免馳逐，貨色咸棄捐。齋居静無事，妙契羲皇前。嗟余忝[一]宗人，見賢思與肩。晝讀古人書，夜夢與周旋。吾宗契吾志，夙夕恒乾乾。聲光騰玉牒，流芳萬斯年。皇祖有彝訓，典則相後先。憲章在諸孫，百世同勉旃。

【校記】

[一]"忝"，當作"忝"。

歲　晚

玄天忽冬暮，歲功云已成。羣陰結幽谷，凍鳥棲復驚。四序迭更代，萬彙紛枯榮。物理孔昭著，君子宜安貞。

古　意

莫栽蓮在沼，莫種柳臨岐。蓮實中多苦，蓮根中多絲。楊柳垂長條，猶解贈別離。

秋　夜

月光透綺疏，露華濕金井。疎枝驚鵲墮，腐草流螢冷。入秋情轉多，況復寒宵永。默坐當前墀，素心徒耿耿。

寫　懷

野情耽逸趣，僻地結幽居。其中何所有？左右秖圖書。飽食竟無事，陳編聊卷舒。衆鳥相和鳴，園林宿雨餘。好風東南來，飄飄吹我裾。願言竟茲樂，舍此復何如？

有懷凌卧岩

月色滿虛庭，皎然如秉燭。鳴蟬咽無聲，巢鳥驚還宿。忽憶卧岩人，悵然亂心曲。烟樹千萬重，苕溪如在目。有書未得通，有地何由縮。入口匪刀圭，春風面如玉。悠然養谷神，遐齡端可卜。

寓　興

澆風亂淳俗，靡靡入人深。猗蘭誰所譜？為我調素琴。琴中有天趣，茫茫無賞音。吁嗟廣陵散，終古其沈沈。

山水圖

我自游山歸，見山心輒喜。何人寫此圖？彷彿舊游是。漠漠嶺上雲，泛泛溪中水。啼猿扳樹顛，馴鹿依山趾。諦彼方瞳翁，宛然赤松子。

翫松石

鬱鬱澗畔松，鑿鑿岩下石。移來置庭階，蒼然古顏色。我生幸多暇，廢卷對終日。苔蘚點斕斑，霜風動蕭瑟。塵埃隔人境，庶以慰幽寂。

安　分

菽粟貴充腹，焉用羅珍羞。布帛既適體，何須衣輕裘。縕袍與簞食，哲人竟亡憂。況復過飽暖，安居日優游。內省自不疚，此外復何求？

軒中即事

小小結幽軒，我來任棲宿。富貴輕浮雲，身安心自足。高槐夾行道，繁陰涼夏屋。洞然八窗開，青山常在目。細和淵明詩，詩成還自讀。夜來風雨聲，曉起庭莎綠。

滄浪圖

水清斯濯纓，水濁斯濯足。逍遙大塊間，何榮復何辱。日暮罷釣歸，孤舟水雲宿。覺來吹洞簫，一和滄浪曲。

紀　夢

深宮傳蠟燭，侍兒治我牀。心虛靜無事，安眠納微涼。俄然夢一人，黑色頎而長。衣冠存古制，玉佩鳴鏘鏘。粲然顧予笑，眉目如有光。自言忝西伯，陵丘在咸陽。我聞驚且拜，無乃周文王。摳趄將復請，雲車忽飛揚。夢回長太息，沈沈夜未央。夙興具圭冕，寶鼎燃瓣香。孝慈與仁敬，明明垂典章。文王真我師，千載詎敢忘。

雪　夜

積雪動連旬，歲華復相迫。中夜坐彷徨，窗明如月白。竹爐火正紅，玉盌浮桐葉。曉起看青山，同雲天一色。

雪　意

上天布同雲，寒日墮不收。老木歸棲鴉，徹夜風蕭颼。屋茅盡以捲，掀簸無停休。昏昏遍千里，落落連九州。誰將萬端葉，欲寒山中溝。寒蟲厭原野，枯桑叫林丘。冰下有河魚，忍凍誰肯求？萬間思廣廈，被覆焉能周？獨有力耕者，相看起歌謳。今年麥信好，明歲真無憂。矧茲百穀中，所急先來牟。去冬苦愆陽，詵詵出螟螣。一雪今乃爾，來牟行有秋。黍予守西土，而豈為食謀。端居念農事，寧敢忘綢繆？吾藩盛鄒枚，森然擁戈矛。語氣各勍猛，星堂能少留。

進履圖

張良昔未遇，誓欲報韓仇。進履圯橋下，虛心將有謀。素書一授受，於焉相炎劉。蹙秦暨蹶項，默運帷幄籌。王業既大定，毅然乞封留。列侯豈不貴，而託赤松游。度彼良之心，報韓願已酬。區區黃石公，不知伊與周。素書視典謨，治道孰為優？

問禮圖

聃為柱下史，周禮在於斯。聖人不自聖，從聃一問之。學琴暨問官，所學何常師？

枯木竹石畫

老木勢槎牙，相依獨幽篠。空山歲月深，苦歷風霜飽。幽篠欲成林，老木自合抱。托根既得所，願言永相保。

讀史外紀六首

太極本無極，乃在天地先。兩儀生四象，庶類斯繁焉。混茫一以闢，渾敦御其間。明達二五粵，三才方肇宣。

粵惟太古氏，一姓十三人。澹泊誠無為，俗化因之淳。干支名歲在，天靈實斯君。繼之王者何？爰以定三辰。壽年能滿德，一萬八千春。

居方受元命，繼地治以昌。山川分九區，人各居一方。惟臣不虛貴，惟主不虛王。君臣政教興，男女斯有常。淳風正汋穆，更號曰九皇。

於惟大荒初，人物無區別。搏生以咀華，茹毛而飲血。夏暑結巢居，冬寒穿窟穴。傳教土為臺，紀事繩為結。厥後書契興，事事勞辭説。

太昊象日月，帝德能合天。耦奇自有數，河洛呈其玄。婚姻分姓氏，斷桐絲為弦。神明德可通，萬類情可宣。道統信斯啟，聖聖乃相傳。

伊耆蓺五穀，有熊占斗綱。人文一以著，堯舜垂衣裳。夏忠商尚質，周文郁有光。繩繩隆治道，國祚綿且昌。春秋互征伐，七雄争暴強。嬴秦竊神器，再傳二世亡。仁義棄不施，吁嗟良可傷。

子貢訪原憲畫為康文淵都閫題

世道不再古，澆漓鑿其淳。交朋多以面，疇能踐其倫。恒人無足讓，賢者宜自親。云胡端木賜，坐觀原憲貧。而惟營貨殖，千金貿奇珍。焉知固窮士，衣有百結鶉。吁嗟端木心，見道亦已真。同儕苟云乏，分財非所嗔。憲乎實自守，躬耕甘苦辛。不義富且貴，視之若飄塵。仁義自充足，道德堪潤身。相尋談一貫，凍餒安足陳。二賢去已遠，友道猶如新。披圖三太息，聊示今之人。

壽李封君繡衣

沁源有遺老，安居逾稀年。鼻祖老聃氏，遙遥乃曾玄。髫年入頖宮，經禮窮三千。蟾宮高折桂，領教司陶甄。黌堂擁師席，白晝那肯眠。鄜邑亦多士，教鐸日以宣。慈溪還小試，吏隱聊周旋。一朝揮印綬，去去何飄然。庭闈足甘旨，節孝人共傳。鯉庭萊衣趨，蘭桂紛相聯。蜚英有侍御，超登多士先。中臺應豸繡，龍勑推恩全。揭來振風紀，將命歷秦川。晴雲飛太行，東望心旌懸。時維小春月，寔逢初度天。王事念靡鹽，私歸寧敢專。沁源近西土，夙昔聞其賢。所存在忠孝，食報宜綿綿。方今天子聖，壽域開八埏。我詩賀而翁，庸續南山篇。

春日有懷

衆鳥集芳林，喧啾競陽和。感時坐達旦，長嘯悲且歌。念彼金石交，悠悠隔關河。重晤良獨難，相思將奈何。歲月忽以晚，世故何其多。嗟嗟黃小羣，紺髮俄成皤。倚牀發浩嘆，萬事皆蹉跎。達人貴知命，對酒自吟哦。

春日久陰孤坐無聊寫此寓懷

青陽鬱未舒，開軒坐獨冷。陰風中夜吹，遲日黯晴影。紅芳半消歇，青苔生露井。雲幕山光微，林窔鳥聲靜。兀坐寂無聊，居然厭塵境。諒惟高世人，焉能惜光景。道德日已負，素懷徒耿耿。

忠孝卷為唐府題

大本忠與孝，大倫君與親。君親本一致，忠孝非兩人。於惟先哲王，見道亦以真。大書忠孝字，訓飭何諄諄。遼鶴去不返，手澤常如新。囊封遺一使，千里來吾秦。再玩復再拜，披讀驚心神。省躬誠不暇，佩服當書紳。願言保終始，樹德崇彝倫。

登山詩

晨興驅吾車，駕言徂南山。豈徒汗漫游，直欲陟其巔。冷冷起長嘯，飄然振羽翰。鳥道數千仞，宛若登天難。回轅憩林麓，臨流濯纓冠。急湍瀉長坂，閒雲出層巒。叢蘭散清馥，幽禽時間關。隱淪慕肥遁，羈絆迫塵寰。斜陽催我歸，回首空長嘆。

閏三月一日與永興王宜川王賞花

花時開宴席，茲晨屬良辰。雁行列長幼，誼重惟天倫。斗酒起相壽，于焉見情真。歡樂豈徒爾，一一難具陳。新聲奮逸響，蘊結良以伸。鴻寶啟神祕，誰貽千禩身？去年七兄弟，今歲唯三人。茫茫大塊間，寧擇疏與親。蜉蝣競朝夕，蟪蛄悲秋春。何不娛心意，鬱鬱徒苦辛。

予性不嗜酒，偶讀《山谷集》《徐仲車為董元達置酒四韻》有"惟此酒中趣，難為醒者論"之句，因足成之

惟此酒中趣，難為醒者論。孟嘉乃先得，當筵對桓溫。我生不嗜酒，於此復何言？衛侯有抑戒，耿耿明朝暾。古人重百拜，多酌矧敢吞。云何後世人，

甘為麯蘗昏。賢哉天隨子，恒自我思存。長揖辭醉客，無勞登我門。

五平五仄韻

詠　雪

尖風中宵來，勢力兩具足。寒威侵人肌，素色絢我目。高觀銀河迷，遠望翠嶺沒。春彫千梅花，夜照萬蠟燭。喬松低疏枝，老柏露瘦骨。庭空堆飛鹽，院冷折大竹。茶空新條嚴，酒罄宿債促。吟哦娛吾心，富貴匪我欲。長愁難消除，短恨易屏逐。來牟盈三川，集霰遍四瀆。端居叨藩維，稔歲念夏屋。茲逢羣公賢，飽我百姓腹。吁嗟天潢分，羽葆坐袞服。焉能酬皇仁，北望但頌祝。如岡還如陵，萬禩納景福。

卷 三

歌 行

弘治龍飛歌

於皇太祖高皇帝，受命于天馭神器。巍巍六合永為家，鴻業相承千萬世。文祖神謀治兩京，武嗣文化天下平。猗歟仁祖及宣祖，洋洋雅頌同休聲。英皇智勇冠前古，百萬貔貅振威武。重登大寶日重明，至治真成步三五。綿綿歷數歸憲宗，與天同運還同功。虞舜執中傳聖嗣，漢文至孝尊慈宮。六龍返轡歸何急，攀折龍髯追莫及。紅塵隔斷白雲鄉，羣臣空抱遺弓泣。太平天子屬今皇，堯眉舜目非尋常。元老徵來居鼎鼐，羣姦屏去投遐荒。放珍禽，驅猛獸，祖訓昭回光復舊。琅玕火齊卻承筐，商璉夏瑚輕莫售。天命維新政維始，不宗佛子宗夫子。前朝陵寢總霑恩，萬國山川俱入祀。風不鳴條海不波，四時玉燭調元和。邈綿天統紀弘治，宗臣首倡龍飛歌。

長歌為宗伯汧陽端懿王作

猗歟我祖秦之康，維岳鍾秀通天潢。嫡庶振振四男子，一一教之以義方。我考惠王襲祖蔭，分茅諸父皆封王。鶬鶬麒麟瑞明世，中間傑出推汧陽。玉葉金枝竟凋殞，歸然僅見存靈光。王性恬然靡所好，孜孜為善希劉蒼。宗藩耆壽典刑在，如松斯茂蘭斯芳。厭世一朝觀化去，騎箕游彼白雲鄉。遠近無人不嗟悼，況在骨肉情尤傷。訃音千里達當宁，便蕃郵典非尋常。奉常稽行諡端懿，帝曰休哉王可當。象賢克孝有宗子，三年血淚流淋浪。咫尺終南瘞冠劍，杜陵西畔曲江傍。寒烟落日翳荒草，瑟瑟悲風號白楊。吁嗟王心料無憾，含笑幽宮天地長。

放情歌

我生大塊間，俯仰無愧怍。靈臺澹以虛，秪知為善樂。五音錯吾之耳明，六材滑吾之口清。兼之雅趣在岩壑，況乃至性嗜哦吟。富貴非吾欲，坦夷是素心。有時宫居厭煩熱，飄然直欲攀明月。飛上蓮花第一峰，更踏虹橋看銀闕。有時鶴背御罡風，扶搖直過蓬萊東。回首滄溟一杯小，側身為挂扶桑弓。一笑歸來還擊缶，自酌天漿斟北斗。扣歌幾闋游仙詞，彩鳳和鳴赤虬吼。憶初元是瑶臺仙，紫皇謫我三千年。青山為塵海為土，永與日月同周旋。

具慶堂歌送高廣原教授省親還江西

泰和為郡壯且雄，鬱然佳氣常蔥蔥。文山字水孕靈秀，瑰奇人物生其中。高家阿翁年七袠，雙瞳點漆顏如童。舉案齊眉人亦健，身綬五福優閒同。百年名閥詩兼禮，先後衣冠應濟濟。風流江左世無雙，玉樹芝蘭滿階砌。个中傑者乃廣原，十年輔導居藩邸。驅馳千里省庭闈，賓筵暫輟劉交醴。春風吹衣宫錦香，里閭草木增輝光。承歡膝下奉顏色，具慶堂開稱壽觴。羅綺叢叢咽絲竹，壺天日月何其長。古今萬世尊常道，須信人生在忠孝。立身無愧顯雙親，移赤還應為君報。我觀具慶圖，為作具慶歌。願言齊壽考，更比喬松多。紫泥封誥來鑾坡，天恩浩蕩沾餘波。具慶堂，高嵯峨，芳名千載當不磨，芳名千載當不磨！

愛梅歌

羅浮仙子名姑射，影落壺天澄玉質。嚴霜滿地沍寒時，萬木蕭條更無匹。本來的的生面同，暗香浮動冰蟾中。老幹虬蟠硬如鐵，翠羽枝頭夜裊風。我有愛梅癖，夢寐常見之。朝來散步繞花下，暮亦巡檐與鶴隨。我愛梅花豈無意，愛渠賸有調羹味。歲寒心事願結盟，共保堅貞莫輕棄。

神駿歌

渥洼龍種世所稀，一一標格矜權奇。房精變化降下土，飄逸肯受黃金羈。良造一朝司控制，欻然雷電霜蹄隨。周王圖裏空馳驟，韓幹筆端非所知。當日臨淮曾破敵，賊鋒辟易何能為？聖皇攬馭清寰宇，猛氣雄姿誰敢窺？恩深伏櫪亦知報，萬里沙場力未疲。駿兮，駿兮，安得復生一十二，為我掃除胡孽甦瘡痍。

金魚歌

金魚來自金仙國，三十六鱗誰與飾？金仙親手傅金泥，滿池都作黃金色。自疑身自金仙來，鑿池引水青天開。等閒俯檻玩且咏，相忘物我何悠哉！黃金佛國真可誇，金盆又出金蓮花。呼童滿進金罍酒，肯使金魚薦齒牙。金魚，金魚，汝幸在吾沼，育子生孫足怡老。莫愁咀嚼莫愁烹，恣爾優游戲萍藻。

夢中仙游歌

夜夢一羽人，云是赤松子。授我九還丹，服之能不死。又言攜爾游太清，共騎彩鳳摩青冥。相逢子晉笑相揖，為我殷勤吹玉笙。天風泠泠振環珮，蕊珠宮闕何崢嶸。東望蓬萊西弱水，倏忽周行數萬里。卻怪天雞唱曉頻，恍惚驚回困窗底。覺來自信還自疑，多少迷人睡初起。

新燕歌

一從秋社去，春社與誰期？年年來往如相識，又向烏衣國裏歸。王謝堂前音問絕，玉京紅縷聲悲咽。壘逼高樓柳似烟，泥銜香徑花如雪。一番相見一番新，呢喃終日語頻頻。雙飛莫入深閨裏，人在綠窗初睡起。

金臺王氣歌

我祖應天命，車書混南北。定鼎制多方，當天履中極。大都之地何雄哉！真人御世自天來。九重宮闕三台近，萬里河山一詔開。城高北斗星辰拱，雨霽居庸青疊聳。黃旗紫蓋鬱岧嶤，彩鳳迴翔赤龍擁。千官待漏五更寒，兩柱擎天峙角端。介冑如山趨侍輦，爐烟繞陛候迎鑾。我朝元氣回前古，靈物呈祥遍天宇。騶虞已見出南河，獅子重看貢西土。當今天子思唐虞，維持燮理多通儒。玉堂日日有歌頌，青瑣年年無諫書。一朵紅雲籠斧扆，百花仗外飄然起。玉容侍女接絲綸，繡帽才官輝錦綺。禁柳三眠絮欲飛，退朝閒過御橋西。覆鞍黃帕觀呈馬，纏項紅羅看鬥雞。香塵紫陌人如蟻，車騎踪橫溢閭里。暗香遥引玉鞭來，滿眼紅粧隔簾底。王孫公子日相從，笙歌無日不春風。宋公自昔推清製，魏國于今表大功。六曹五府相連絡，梵刹琳宫耀丹臒。公侯列第武功坊，耆儒應制文淵閣。三十六宫鶯亂啼，四十八衛馬爭嘶。霜飛柏府烏千點，春日梨園錦萬畦。金臺王氣千年在，青入西山終不改。堯天蕩蕩景星明，瑞日相輝助光彩。阿誰談笑覓封侯，莫負明時趁黑頭。深愧維藩無寸補，天高日望五雲樓。

對月行

城市囂塵漲烟霧，姮娥有約誰分付？我家咫尺隔蕭牆，弱水肯容舟楫渡。夜静深宫刻漏長，沈沈天宇生微凉。玉盤寂歷轉河漢，琉璃萬頃騰清光。幽興滿懷寧復寐，姮娥此夜應無睡。笑抾北斗酌天漿，寒氣逼人渾似醉。天香萬斛搖金風，吳剛玉斧聲丁東。銀橋貝闕在平地，等閑呼吸騰青空。我為嫦娥笑開口，長生有藥曾知否？願從白兔乞刀圭，親向蟾宫拜登受。桂花樹下共婆娑，青鸞騎出凌滄波。木公錫我八千歲，相看不老同山河。

五馬朝天行送嚴宗哲太守

五鼓紞如天欲曙，喧傳五馬朝天去。朱輔皂蓋引雙旌，逸氣摩空更軒翥。文章太守真奇才，元驅五馬從天來。霜蹄二十起雲霧，遥遥復上黄金臺。黄金臺高幾千尺，鳳閣龍樓絢晴日。臺邊五馬繫三花，入覲天顔述臣職。年來善政滿四方，口碑載道聲洋洋。賜金增秩荷殊寵，永興山水皆輝光。知君此去追前烈，鼎鼐鹽梅待調燮。古來郡守作三公，努力功名趁頭黑。

素扇歌

我家近似篔簹谷，不種薔薇種脩竹。呼僮洗出化龍枝，錯落金刀削寒玉。宛轉珊瑚獻雪膚，清風滿座來吾徒。颯然置我湘簾底，手持半月搖冰壺。一開一闔真奇絶，肯把雙瞳迷五色。等閑欲倩右軍書，卻恐霜箋污烟墨。高情雅淡本相同，此柄還君掌握中。會當掃盡三庚熱，笑騎白鳳凌丹空。

七言古詩

登　樓

百二金湯浮六幕，憑虛如上蓬萊閣。九州下視不盈眸，何用盤游縱騶駱？幸分茅土守西方，景行東平為善樂。金罍有酒漫如泉，燮理淺深隨意酌。中人掖我登雲梯，長恐檐頭星斗落。終南泰華獻奇峰，萬朵芙蓉簇花萼。有時金碧變雲霞，似避吾詩愁律縛。北辰拱捧望神京，天柱高懸雲漠漠。丹心飛繞紫宸居，恨不當軒展葵藿。回頭有淚灑松楸，雨露寒霜感邱壑。龍蟠虎踞本天成，馬鬣牛眠欣有託。浩歌穿壤不勝情，歌罷清風起寥廓。坐聽珮響落珊珊，恍惚仙人下黃鶴。

早起對雪

天人翦水光玲瓏，亂飄瑞葉驚酸風。乾坤茫茫眩銀海，萬里山河無路通。水晶簾幕寒威重，大地渾無一塵動。南枝翠羽啼早春，數聲喚醒梨雲夢。曉來東閣呼僮奴，淨掃冰花烹竹爐。自憐學士有清趣，不比豪家太尉粗。我皇聖德充寰宇，太平象兆多如雨。管取明秋大有年，四海謳歌歌舜禹。

九鷺圖為魏大用僉憲題

春樹垂陰春雨足，瀲灩銀塘漲新綠。何處飛來屬玉羣，相逐波間弄晴旭。宿食飛鳴態度閒，網羅不到清溪灣。有時一行上天去，鳳凰池上聯鴛班。畫工圖此寧無意，得句紬思緣古義。我師此義不師工，目覩令人心惕勵。偉哉僉憲古人徒，愛此寧殊丹穴雛。素心一點與俱白，虛室相忘餘此圖。眼前何限丹青筆，生色雖工總無益。不觀南浦錦鴛鴦，交頸雙雙徒爾匹。

悼　鶴

有客有客來青田，貽我縞素之胎仙。放之庭下自舒逸，有時飛上蒼松巔。落地蹁躚如寄傲，風動霜翎舞還蹈。數聲長唳徹青天，踏破蒼苔猶未掃。丹頂日深毛日蒼，紛紜駕鶴敢同行。幾番露下秋空冷，樹杪戛戛聞悠揚。昨來漫爾穿林去，誤落遼東華表柱。流丸何處忽飛來，毛羽離披嘆遭遇。歸來病骨不可支，浮邱老去誰能醫？可憐一夜竟捐棄，佐卿無復來庭墀。惆悵九皋已陳迹，安得回仙為裁笛。漢江樓上月明時，吹引天風裂山石。

對萱花有感

誰向北堂培寸草，四月花開生意好。何事南風太不情？等閑斷送成衰老。人言咀嚼解忘憂，我對此花雙淚流。乾坤有限恨何極，犬馬私情難與酬。我思柔順萃吾親，關雎風化行西秦。內治遠同周太姒，敢云公子皆麒麟。七齡愧我尚蚩蚩，機杼參丸勞母慈。一朝奄忽棄我去，鸞車杳杳焉能追？只今已嗣親藩爵，玉食袞衣非所樂。悲吟鎮日對兹萱，忍見花開又花落。花落明年又復開，鸞車一去何當回？滄溟可枯石可爛，抱泣北堂能已哉。哀詞難盡付長歌，淚筆淋漓寫蓼莪。吁嗟有國不逮養，傷心其奈萱花何！

秋江晚渡圖

寒江波冷西風急，況是津頭日將夕。長年引手費招呼，搖首攜囊空佇立。乾坤擾擾嗟浮生，烟波萬里爭微名。如此風濤竟安適，旁觀顛覆令人驚。商人冒險如平地，只說茶船千倍利。湘流東下欲兼程，魚腹埋魂真可畏。獨有漁翁不為錢，漁歌欸乃叩漁船。得魚換酒醉明月，一輪還繫江之邊。憶昨龍眠為寫圖，金壺墨汁何模糊。高堂挂壁坐興嘆，知者還應尋坦途。

甲辰歲關中大祲

關中連歲天無雨，涇渭揚塵水如乳。時當四月景清和，卻訝炎蒸乃如許。太華終南無片雲，草樹焦枯欲自焚。流移老穉日如蟻，啼饑遠近聲相聞。面垢頭鬖衣百結，手足胼胝淚成血。流離血屬各天涯，多少僵尸委溝壑。見此令人心孔傷，鼎鐘那忍居高堂。安得陳陳萬倉粟，分炊盡使充饑腸。露跽告天誰最苦？誠悃無由達天府。欲憑大手挽銀河，沛作甘霖滿西土。

丁巳雷雨大作

神龍倒捲滄溟水，灑作人間及時雨。終宵達旦勢傾盆，沃潤枯焦勝膏乳。

狂風號怒撼乾坤，潑墨濃雲白晝昏。四檐急溜瀉川峽，平田頃刻驚濤奔。未須借劍斬妖魁，霹靂威聲震寥廓。一時灾沴盡掃除，滿路流移藉全活。當今天子坐明堂，宵旰圖治心皇皇。一念精誠格蒼昊，六合駢應來禎祥。佐時更喜調元手，方泰誰云值陽九？芃芃禾黍屢豐年，看取國書書大有。

咏雪和歐陽公禁體韻

長空汗漫呈六蕚，脈脈隨風旋回薄。望窮袤廣極幽潛，至巧信出天機作。江山一洗塵土空，使我方寸成恢廓。即妨見晛行且消，輕體不受春陽爍。閉門靜聽疑有異，歷亂寒聲瓦溝落。衾裯如水不成眠，起坐中庭擁裘貉。狡兔失穴不得歸，饑鷹斂翮難施攫。農倉有粟牀有醅，醉飽歌謳躍如雀。出門玩賞恣所如，水行孤舟陸雙屩。一方坐食百無補，矧敢暇逸先民樂。題詩苦無道韞續，取茗不待家姬瀹。紙窗官燭夜沈沈，翠柏蒼松雲漠漠。翻思吟社十年事，白戰壇中曾擁槊。短歌聊爾代風謠，不似尋常浪吟噱。

壽夏廷贊行人母八裘有三

春江雨過春波綠，銀瓮香生春酒熟。肥魚鮮筍雜初筵，一派笙歌沸華屋。江南名郡說高郵，清門積德如山邱。有美來嬪餘八十，翟冠霞帔心忘憂。高堂坐擁紅氍毹，掌上看成明月珠。當年慈訓動人耳，手和熊膽勞勤渠。鳳雛早上青雲程，淋漓御墨親題名。行人遠使傳天語，四牡騑騑玉節榮。一函賫賜來西土，文采威儀快人覩。春風便道歸故鄉，晝錦優游輕負弩。綵衣正及杏花天，稱觴起舞庭階前。世間瀛島是仙宅，阿母來降三千年。

雨 竹

鳳毛襬褷灑寒雨，綠玉團雲飛不起。窗涵翠滴潤圖書，涼氣滿天秋若洗。湘江曾夢泊孤舟，一片瀟瀟落篷底。夜深驚起倚闌干，卻憶美人隔秋水。

中秋無月

去年今夕秋雨晴，銀蟾出海何晶明。中庭宴集愜幽賞，良夜況與清風并。水精簾開廣寒府，十二瓊樓輝玉宇。溥溥白露洗瑤空，桂影婆娑素娥舞。仰天舉酒吸寒芒，萬頃金波流肺腑。恍疑身世在蓬瀛，漏下人間驚五鼓。今年此夕何重陰，濃烟黑霧天沈沈。老桂無香素娥倦，冰簾不捲瓊樓深。庭院無人苔蘚濕，蕭蕭樹杪秋聲急。青燈兀坐轉無聊，四壁陰蛩宛如泣。陰晴變態真浮漚，休信青春難白頭。不見去年與今歲，清光可得長淹留。

臨　池

我性元來喜幽獨，長笑癡人避空谷。臨流處處得天真，不問外邊絲與肉。一區有地東之偏，甃池那用青銅錢。池深怪我欲何事，聊以貯此千斛泉。華峰船藕誰能掘？玉井千年亦空竭。無緣高覓十丈根，隨騎等閒來百粵。朱明守夏薰風涼，花開正作黃金粧。紅者惟紅白者白，宮城十里飄清香。金魚無數長過尺，出水荷翻尾搖赤。地底休誇錦作鋪，古來浮浪皆陳迹。石鯨風動昆明寒，華清堕翠成闌珊。何如此池開半畝，直與君子長交歡。

春　曉

宮壺夜盡銅龍水，萬戶千門曉鐘裏。美人猶自擁羅衾，剛被綠窗鶯喚起。我時起坐圍錦屏，深宮詎敢忘晨興。韶華明媚有如許，況與豐年上瑞并。園官走報春將老，駭紫驚紅花正惱。朱衣小隊隨肩輿，亭沼悠然胸次好。春風看遍名園花，坐對芳尊戀物華。鳳笙龍管百年醉，但令顏色如丹砂。

西園竹

渭川半畝西園竹，遠比猗猗在淇澳。和烟帶雨初移來，一片鳴璫響清玉。出林新長萬琅玕，階前日日報平安。攣龍滿地礙行徑，颼颼風動生清寒。雅性從來無所好，獨愛此君頻索笑。呼童汲水煮新茶，坐對吟詩更奇妙。汝生氣味同吾人，德音自是吾嘉賓。虛心直節每相許，歲晚為我添精神。垂垂擬結千年實，鳳鳥飛來還恣食。等閒月下有人過，乞與回仙製長笛。露華如洗翠作叢，鏗金擊石聲摩空。出門如見此君在，猶愧當年衛武公。

讀李太白詩

天上酒星終日醉，寒芒猶占長庚位。敢入蟾宮竊侍兒，酣迷不省身遭累。

一朝天帝怒且嗔，自天謫降埋紅塵。長安市上酒家臥，睨視四海如無人。蓮峰為筆天為紙，天踪奇才厭餘子。斗酒真成詩百篇，秀似芙蓉出秋水。醉來花下還一呷，遮莫清光照華髮。海吸鯨吞未放乾，等閒字字皆英發。有時踏翻鸚鵡洲，有時搥碎黃鶴樓。偏師突出敵崔顥，肯讓區區先一頭。可惜仙才竟棄捐，江頭弄月身翻然。騎鯨萬里上天去，精靈料得歸星躔。文章流落在人世，萬丈虹蜺燭天地。何當烈火鍊黃金，為鑄斯人示吾契。

題山水卷

萬朵芙蓉插天碧，疊嶂層巒森列戟。雲外鳥啼松徑深，渡頭冰泮春流急。落花飛絮踏成泥，蘭苣紫芽蒲葉齊。桃花依約天台路，烟霞彷彿武陵溪。物外神仙居海島，瓊芝珠樹連瑤草。樓閣參差入望迷，眼前便覺人寰小。

林良雙鳳鳴陽圖

嶺南畫師稱國手，出入相門呼老友。意態居然成一家，風流奇絕前無偶。朝陽赫赫來天東，一輪湧出海霞紅。羲和如駕復停馭，高岡對峙鳴雌雄。九苞瑞世仍華國，靈囿千年寧復得。文明有象入清朝，指鳥何人敢狂惑。畫師文采亦出塵，阿閣清嚴為寫真。眼前多少啁啾狀，肯使凡毛易混珍。庭院風清竹梧細，隱約枝頭聲噦噦。四座周迴展卷看，此身如在蒼姬世。

弘治辛亥夏久雨

萬里陰雲闊如席，太空欲淨風無力。老龍下捲河水乾，咫尺終南渾莫識。晝夜翻盆未肯休，宮庭行潦成橫流。千門萬戶虞覆壓，顧我仍懷杞國憂。秦川父老念禾麥，坐視泥塗愁窘迫。三邊賦稅積如山，轉運動煩千萬石。安得陽烏現海東，照徹后土天之中。照徹后土天之中，遂令佳氣回年豐。

假　山

金天昨夜風雷起，知是巨靈移碨礧。擘破蓮花第一峰，為吾安置庭除裏。雲根聳立本天成，蒼苔無數雨中生。仇池不羨石為寶，等閒相對怡心情。有時吟咏消塵慮，信步推敲忘去住。竟日從容到上頭，四顧悠然適佳趣。綠窗朱戶厭深宫，雕闌倦賞延州紅。何如身在小蓬島，飄飄兩袖乘天風。剩欲開尊拚一醉，不須遠召東山妓。掀髯喚起謫仙人，酒邊敲碎玉如意。

綠陰清晝

金爐香爇日初永，鼓吹聲聞厭蛙黽。槐陰滿地翠且重，水畔坐移簾底影。飄飄天末輕風來，涼生小殿勝蓬萊。苑牆花霧尚紅濕，來青樓下淨飛埃。談邊霏雪能銷暑，賓從憑誰供笑語。練衣隔竹敲南薰，一曲瀟湘帶烟雨。揣頤尤愛誦《南華》，逍遙物外奚紛譁。小奴引綆汲深井，為我細煮黃金芽。朱闌繡户遮筠箔，翠袖紅裙恣謹謔。擾擾浮生醉夢中，白晝如年惜拋卻。

聽嵇美中彈琴

有客有客攜焦尾，玉立庭階儼容止。胅囊為我拂金徽，一瀉幽懷弄清徵。游心太古契冰弦，五音高下聲相宣。調成起立命之坐，焚香先鼓南薰篇。初疑昵昵語兒女，指下絲聲寫淒楚。忽然放手如風生，猛士戰場齊奮舉。須臾一段在高山，穿雲裂石誰能攀？終南泰華幾千仞，恍惚置我庭除間。宮沈羽振復流水，倒瀉銀河猶未已。龍門九折出崐崙，駭駛驚翻千萬里。吾生雅澹厭紛紜，趙瑟秦箏渾蔑聞。為君淨洗鍾生耳，共隨白鶴巢松雲。

子昂萬竿烟雨卷

風流學士宋公子，玉堂揮灑金壺水。渭川千畝貯胸中，烟雨都歸筆鋒裏。箟簬無數長琅玕，彩鳳飛來玉宇寒。籜龍蛻骨何太暮，孤梢還拂雲之端。隔世可人如對立，淒迷濃墨看猶濕。百年心事付南枝，疑共湘靈夜中泣。嗚呼此老神仙流，七絕奚啻此君遒。苕溪山水亦何意，令人獨說東陵侯。

聞鶯

長安雨霽東風急，滿目春光逾六十。鴛鴦睡暖燕初來，金衣公子正愁濕。苑牆霧薄花欲然，一聲啼出牆東偏。美人樓上暫停繡，歌喉宛囀相留連。過耳好音真有限，翻訝枝頭爭睍睆。肩輿駐聽還低徊，似向花前催酒琖。欲憑鼓吹鳴詩腸，青春白日何悠揚。丁丁伐木起遐思，出谷遷喬咏不忘。

聞余士英都憲征西得捷時予國戚廖廷璽都閫在麾下得功尤多

年來醜虜何陸梁，蚩蚩敢爾窺邊疆。我軍未出本持重，堅壁清野歸牛羊。胡沙捲地驚都護，上請龍顏赫斯怒。臨軒授鉞誰敢當？視師乃有唐裴度。公才況是眉山英，鑿鑿胸中皆甲兵。指麾一掃無遺穴，四塞河湟金鼓鳴。維時亦有廖都帥，勇冠三軍氣尤邁。揮刀上馬輕如飛，叱咤一聲胡盡敗。視師嚴毅都帥雄，白日殺伐生天風。鐃歌新奏凱旋曲，萬馬驕嘶如蹴空。文雄露布走雙騎，捷報歡呼動天地。邊人安枕樂耕桑，酒熟蒲萄幾家醉。聖恩稠疊賞元功，文資武級兼高崇。凌烟閣上動光采，會寫余公與廖公。

送致政蔣用璋知縣還吳

長安陌上花正飛，蘇臺游客初辭歸。一年南北慕丰采，相見那忍仍相違。關陝適逢天久旱，山川草木無精輝。灞陵行館盡蕭索，滿道流移恒苦饑。秦人半死委溝壑，肝腦塗地豺狼肥。送君此日空惆悵，離筵把酒風吹衣。嗟君夙昔多抱負，眼見顛連忍含哺。濟時長策滿胸中，袖手胡為乎中路。江南景物吳門偏，風月常隨詩酒船。綸巾野服任蕭散，飄飄儼若瀛洲仙。憶君年少曾登第，百里花封民感惠。官輕便覺折腰難，墨綬銅章遽捐棄。流光慶澤鍾賢郎，廣寒丹桂飄天香。十載燈窗富文學，飛黃指日當騰驤。願言行義以達道，登庸慎莫仍韜光。

四時詞四首

東君着意淨塵土，無限春藏舊花塢。風雷初動曲江頭，鞭起蒼龍夜噴吐。噴雲作雨結微陰，紅綠扶春上遠林。秋千院落人如玉，一刻直抵千黃金。綠窗風暖語鸚鵡，香氣薰人日亭午。海棠睡足倚雕闌，花胃游絲簾外舞。鳳笙龍管金叵羅，烏衣能舞鶯能歌。春光九十轉頭去，有酒不飲如詩何。

長安炎蒸無地著，望望翠乾雲掃岳。南來天上火龍飛，誰敢衝烟犯頭角？宮院沈沈白晝長，槐陰滿地薔薇香。水晶簾動侍兒入，玉壺金碗供寒漿。碧池荷葉圓如鏡，為折荷花斷荷柄。捲來薦酒藉清香，滿泛流霞飛逸興。骯髒露坐日養慵，三庚憚暑難為容。乘酣直欲袖明月，飛上終南第一峰。

金天涼冷金風急，萬點金螢照宮掖。銀牀夜夜落梧桐，宮樹朝來零露濕。乘閑試上來青樓，咫尺南山入遠眸。闌干徙倚括奇觀，詩成敲折珊瑚鉤。東籬采采黃金蕊，遠致南陽菊潭水。安排服食制頹齡，水味花香溉牙齒。酒滿金罍秋月明，可人別去不勝情。短書欲寄何由達？萬里長天一雁聲。

　　長安一夜酸風吼，雪片朝來大如手。紅爐乍煖鳳笙溫，旋割羊羔薦春酒。金天肅殺春到遲，貂裘無奈冷相欺。小奴走報啓扉入，梅花方著東南枝。雪霽懷人動清興，剡溪灞上多奇勝。呼舟策蹇兩相妨，區區富貴謾千乘。方閣護雲顏渥丹，青綾紙帳薰沈檀。人間清夜不成寐，天上瓊樓幾許寒。

長江萬里圖

　　江豚吹浪江風起，地坼驚蛇縮江水。日暮津頭愁殺人，極目烟波幾千里。扁舟南下急張帆，黃頭屏氣窺驚湍。天吳戟手真可畏，始信人間行路難。寄聲射利千金子，水馬乘危恐難恃。一朝宛見蹶霜蹄，忍使全軀飽鱣鮪。憂讒更憶南遷客，獨倚危檣心欲拆。故園京國路茫然，黑首須臾變成白。黃蘆兩岸棲漁翁，釣絲輕颺隨西東。得魚沽酒亦自喜，不落人間風浪中。坐閱此圖長太息，蝸名蠅利竟何益。爭似青山臥白雲，瓦缶泉香漱終日。

四美人圖為永壽王東軒題

　　春宵苦短春晝長，夢回殘月穿迴廊。西樓曉晴花氣重，東風吹入簾櫳香。起傍雕闌久延佇，霧煖只愁花睡去。高燒銀燭繞花傍，唱徹金雞海天曙。

　　綠烟散盡天如洗，露滴銀牀塵不起。寒冰一片濕欲流，冷浸碧空秋萬里。倚闌相對不勝情，翠袖飄風舞態輕。香爐寶爐檀板歇，桂花陰底夜三更。

　　銀蟾夜落金盆冷，玉手翻波弄晴景。廣寒移入水晶宮，掌上分明見清影。深閨靜悄不成眠，欲問嫦娥路渺然。秦樓人去彩鸞杳，冰光此夕因誰圓？

　　惜春無計留春住，手撚花枝繞花樹。嫩紅深白總堪憐，來往徘徊不能去。歸來粧閣日未曛，滿身花露噴餘芬。笑舒玉指捲雙袂，試問女奴聞不聞？

秋夜即事

　　深宮夜靜金風冷，滿地梧桐漏疏影。月華漾漾露零零，長唳一聲聞鶴警。

我時無睡倚牀屏，百感中來萬事并。披衣起步庭階下，不覺技癢詩相縈。金爐爇火焚龍腦，偶爾詩成問房老。試聽吾詩汝解不？玄酒元來淡方好。銀燭高燒夜未央，隔簾爽氣侵衣裳。侍兒似解主人意，得句便欲移新腔。對景誰能負今夕？佐興還須瀉雲液。試教歌我秋夜篇，一片商聲振金石。

翫假山池亭

新碧鱗鱗漲沙渚，一點紅塵飛不起。好山四面畫屏開，百斛青螺淨如洗。從倚闌干日正長，濯纓何必臨滄浪。假山雖假有真趣，雲影倒蘸涵天光。

懷馬天祿少卿

可人昔自長安別，別後音書成斷絕。五雲宮闕鬱岧嶤，幾度瞻天仰卿月。憶君承詔似登仙，雙旌北上何翩翩。左右執法賴平允，釋之定國真齊肩。曾侍玉皇香案側，十載彈文飛白雪。暫令仙鶴下人間，獨立霜毛誇峻潔。魁選人稱倚馬才，至今價重黃金臺。詩成四韻只三步，敏捷何煩擊鉢催。外臺最好能持節，精鑑時髦類澄澈。陳陳詩案積如山，到處淋漓有題墨。自君之去幾經春，索君深愧秦無人。淒涼空賦懷賢詠，渴心日日生埃塵。朝來有使金臺去，草草械題寄長句。停雲千里倚闌干，滿地清風起庭樹。

送道士還山

山人只在山中醉，醉愛白雲深處睡。偶然賣藥入城闉，手抱瑤琴見清致。猗蘭古調竟何之？當軒為我鳴朱絲。曲終狂笑天地窄，三斗自吸寧能辭。虛名拋擲如敝屣，只說終南多石髓。一匕入口甘如飴，辟穀于今若干紀。拂袖攜囊歸舊巢，天風滿路輕飄飄。凌空一躍仙人杖，拄倒來時舊鐵橋。

夢萱為新齋兄賦

當年堂北萱花開，慈親正少兒提孩。今日慈親竟何逝，忽驚風雨萱花摧。誰道吾家風景好，慈闈寂寞萱花老。罔極常思鞠我恩，未應喚作忘憂草。長夜沈沈宮漏遲，氤氳寶篆銷金猊。神游天上隔風雨，今夕分明夢見之。醒來感嘆情何極，舉目茫茫淚霑臆。傷心不忍覷茲花，塵滿北堂空佇立。徘徊我亦繞花傍，仙源一脈同天潢。七齡慈母早見背，此恨相為天地長。

女仙圖

碧桃花外飛青鳥，金母麟車踏瑤草。御書有約會麻姑，弱流遙望蓬萊島。天風颯颯吹霓裳，九霄環珮聲琅琅。雙成手把玉如意，車前作伴呼阿香。塵埃難染圭璋質，名姓生來入仙籍。雲窗霧閣隔人寰，陌上少年空自惜。燕罷瑤池拾翠翹，玉簫聲斷彩雲飄。陽臺總是荒唐夢，金屋何須貯阿嬌！

春江捕魚圖

昨夜震霆難掩耳，朝來江上添新水。萬魚喁喙詎知名，粗識鱌鱨與鱷鯉。鱣鮪勝舟大更長，个中滋味推鱸魴。河豚珍重西施乳，入喉但恐生鋒鋩。往來盡愛江魚美，扁舟出沒波濤裏。腥風起處動馮夷，一網千頭貴知止。江花照眼江水肥，鼓枻江頭及早歸。水底蛟龍能覆柁，相看多少蹈危機。

寄暹日華上人

浮屠幾許棲京師，白足登壇惟阿師。落紙爭求懷素字，逢人多誦貫休詩。大顛曾致昌黎老，參寥更與坡翁好。文章蔬笋氣全無，論到阿師每傾倒。早年投禮大醫王，活人功效非尋常。調和不假萬金術，湔洗惟憑三昧湯。向來為我飛金錫，甘露分嘗躅宿疾。野鶴閑雲恣所如，飄然何處尋蹤跡？金色界中曾結緣，于今烈火生紅蓮。能來更為住三宿，慈海期登般若船。帶礪河山逢聖代，已證金剛真不壞。因緣早現國王身，有髮何妨持五戒！

琴書自樂

我家肇造自皇祖，我祖分茅守西土。嗣予理國日兢兢，寧敢流連縱歌舞。寧王吹笛岐王醉，肉盤多少申王妓。獵車十乘走南山，浪說齊王多快意。前鑑斯人皆覆車，吾之二友惟琴書。五秩遠慕有虞聖，六籍學為孔子徒。琴滿錦囊書滿庫，游心太始何真素。百年三萬六千日，日日追陪送烏兔。

哀婁克讓方伯

憶昨西臺持憲節，金玉當筵識顏色。每同苑囿賞春花，更與池亭醉秋月。憐君文雅復能詩，等閑出口皆奇辭。清音不啻振金石，妙思真如抽繭絲。一從作牧西川去，食少事煩勞百慮。漏天濕暗芙蓉城，晴雪光搖紫薇署。去年聽說監文塲，六經入手生寒芒。精神坐耗真可惜，冰魂雪魄成茫茫。赤虯天上來符吏，知是虛皇徵作記。空堂永夜冷淒淒，寂寞誰承身後事？蘭臺柱史重歔欷，為作祠堂在棘闈。我亦臨風歌楚些，還思化鶴一來歸。

題脊令圖

黃蘆瑟瑟吳江冷，烟月空濛濕秋景。脊令對對在原頭，來往飛鳴翻瘦影。何人寫此意應殊，生色初疑造化俱。世情徒解譽名筆，我獨臨風悲友于。憶昔同胞將七弟，鍾愛先王分一氣。鳳雛龍種竟難成，芳草斜陽盡捐棄。黃金色相玉精神，暫緣謫限留風塵。不是吾家吝茅土，多應霄漢回星辰。謭薄嗟余嗣重位，國璽相傳恒恐墜。披圖憶弟更思親，獨立乾坤洒清淚。

陳所翁雙龍卷

雲滿虛空雷電激，風猛波翻江海立。雙龍奮出同蜿蜒，頭角崢嶸烟霧濕。所翁疑是人中龍，滄溟曾與龍相逢。等閑落筆寫神異，分明首尾成雌雄。斯翁久矣騎龍去，遺墨千金嘆神遇。高堂展玩忽生寒，六月令人毛髮竪。怪哉此卷須珍藏，通靈變化非尋常。牀頭深夜動風雨，秖恐破壁傾淋浪。

壽伯汧陽王六十

乾坤萬里來春風，天開壽域天昭融。天人降誕乃今日，葱葱瑞氣騰蒼穹。吾藩尊行惟吾伯，錫爵汧陽綿世澤。忠孝賢聲徹帝聰，文章令譽光先德。羣仙入賀啟華筵，龍管鸞笙聲沸天。宗室兒孫今萬億，遐齡同祝三千年。維王樂善慕東平，遙遙相望真齊名。卻笑劉安困金石，時人浪說終飛升。吾愛吾王何所祝，努力加餐休辟穀。長生不老對南山，日日平安膺五福。

題鳳翔趙太守紅梅圖

鳳翔太守非凡夫，見我手執紅梅圖。猩紅萬點照人眼，恍疑擊碎新珊瑚。乾坤佳麗江南好，染出一枝春信早。北人未識誤呼名，梅格憑誰詰詩老？我園亦自有紅梅，移根元自江南來。萬花頭上占春色，粗桃俗李徒嫌猜。太守長才足經濟，郡齋坐對收清氣。何當攜取真鹽梅，為我天家調鼎味。

端陽日池亭對雨

何事秦人憐楚節？家家蒲酒相怡悅。苦居嗟我久忘情，停誦蓼莪罷朝謁。肩輿暫出坐池亭，悠然喜見南山青。忽驚頭上黑雲起，四檐飛瀑聲泠泠。卻憶吳儂當此日，競渡龍舟逞飛疾。錦幖奪得氣凌人，不管沈骸墜蛟室。從來楚俗恤無辜，千古猶憐屈大夫。角黍綵絲傳故事，三閭精爽今存無。為話前賢揮玉麈，汨羅江遠傷遭遇。離騷讀罷鑑前王，謾聽淋漓池上雨。

和蘇長公聚星堂禁體雪詩韻

簌簌窗前蠶食葉，知是尖風又吹雪。烟消榾柮地爐寒，兀坐書空正愁絕。後園脩竹委長身，戛戛聲中都壓折。幽禽凍殺不知數，猛虎深林蹤迹滅。海底靈鰲亦伏藏，縱有長竿孰能掣。凍芽滿地未穿土，安得盈筐供采擷。呼舟策蹇亦何事？來往搜奇徒屑屑。人生有酒但宜醉，回首光陰真一瞥。仰面嗚嗚雙耳熱，功名富貴吾何說？只恐詩成不著題，鑄錯難聚九州鐵。

題姮娥歸月畫

嫦娥飛入清虛府，貝闕珠宮隔塵土。萬古青銅竟不磨，謾勞八萬三千戶。有時自抱玉兔歸，露華沁濕春雲衣。天上高寒誰與侶？桂影婆娑香霧霏。

挽李都閫

火星墜營天欲泣，萬木冰生夜僵立。旌旗影淡塞雲黃，笳鼓聲沈朔風黑。轅門虎將真丈夫，雄姿赳赳何魁梧。半生豪放縱所適，意氣落落吞江湖。一劍沙場奮威武，誓欲將身報明主。馬革裹尸志莫酬，嗟乎無乃天之數。忠魂自昔飛上天，回首人間二十年。流水落花空寂寂，斜陽芳草自芊芊。將門有將三軍帥，能讀父書六韜在。相機制勝無拙謀，拜將封侯應可待。天恩曠蕩賁泉扃，山川草木皆光榮。平生心事料無憾，英風凛凛還如生。

秋閨

銅龍漏咽良宵永，風透玉樓羅袂冷。倚遍闌干思悄然，雲鬟斜軃誰為整？濺齒梅酸蹙黛蛾，閑愁默默當如何？舉頭碧落星河淡，露下空庭金氣多。歸來香爐銀缸滅，半窗涼影梧桐月。

紅梅

美人宴罷羅浮月，一片春雲錦屏熱。困倚東風逗醉粧，水晶宮裏飛香雪。宿酲滿頰朝未消，脫卻素衣披絳綃。歲寒自許心如鐵，俗李粗桃徒爾嬌。

沈啟南寫山水花禽四幅見寄以詩答之

石田居士東吳叟，人品清高稱妙手。詩中兼畫畫兼詩，酒後放歌歌放酒。平生怕入利名場，胸中萬頃涵滄浪。興來濡筆寫天趣，坐令萬象無精光。信手畫山還畫水，幻出山僧與仙子。珍禽異草入烏絲，怪石蒼松落書几。昨朝有使東吳來，囊封千里輕瓊瑰。高堂展玩那忍棄，不覺令人心眼開。君才詩畫真三絕，肯讓前朝趙松雪。乾坤游戲了餘生，海內何人呼俊傑。一緘簡札遙相聞，卻恨關山隔暮雲。記取藍田餐玉法，殷勤傳去一酬君。

喜西安嚴太守禱雨有感

火雲銜日燒天地，萬井炎蒸騰火氣。終南泰華翠欲乾，水底乖龍正昏睡。大造茫茫不可呼，天符何事封江湖？岳神不敢作雲雨，三川二麥垂焦枯。神明太守共天職，廉平允合神明德。朝祈暮禱曲江池，馬上去來無倦色。南山縛虎斫其頭，黃冠持篆沈中流。綠章飛奏瀝肝膽，天門夜啟風颼颼。帝命金童追雨部，頃見雲師布天宇。雷聲震起五方龍，三日淋漓瀉膏乳。二麥從今慶有秋，更期百谷盈西疇。官家在在足倉廩，烝黎處處興歌謳。旱魃潛回災沴息，多君獨有回天力。秦人若解紀聲詩，穹碑定伐南山石。

後園寫景

城中寸金營寸土，我愛斯園帶花塢。依稀風景小蓬萊，始信神仙有宮府。錢刀不惜走天涯，殷勤遠致江南花。沿階異草多葱蒨，參天老木何槎牙。誰移泰華終南石？巧作山峰疊青壁。山下池中幾種蓮，赤白紅黃更青碧。金鯉銀魴玳瑁魚，往來自適恒如如。一點塵埃飛不到，水晶宮殿涵清虛。花時最愛花王好，魏紫姚黃開更早。玉盤斜瑩壽安紅，卻為迷離被花惱。兩行槐幄夾高柳，時送清風到窗牖。綠陰啼鳥共幽人，爽氣自能消宿酒。黃花采采開深秋，滿林紅葉霜初收。幾度醉游明月夜，天香萬斛霑輕裘。山頭一夜風吹雪，萬木蕭條寒栗烈。索笑閑尋綠萼梅，三種還分蠟紅白。松柏蒼蒼檜竹青，相看同結歲寒盟。滿前好景道不得，四時詩興還相縈。柏臺豸史薇垣老，吳語詩翁共襟抱。能吟賓從亦相從，好謎奇猜多絕倒。優游幸際太平時，有園有酒寧無詩。但願花開詩侶健，年年共醉黃金卮。

和楊應寧僉憲咏雪韻

塵世茫茫昏又曉，眼底何人能了了？聞君玉節駐分司，試卷委填知幾抱。是時天女剪冰花，粧點人間何太巧。對此猶疑萬玉妃，綴鳳裁鸞競相效。豐年有兆笑聲多，無那貧兒卻成惱。蕭條門巷斷人行，風沙擾地憑誰掃？江山膚粟如摧枯，一夜長梢都壓倒。乾坤幻作水晶宮，玉峰萬仞成纖眇。侵凌亦有堂前萱，不及梅花顏色好。海雲滾浪還促空，倒撒珠璣落天表。驛途來往亦良苦，驅馳不異藍關道。推敲馬上有新詩，象外神游勞腹稿。形容變態步今古，大筆端能補天造。周詩曾咏屢豐年，誰識豐年為國寶。百穀於人皆有功，豈若來牟最收早。我願東西南北人，鼓腹熙熙各溫飽。老翁擊壤不知寒，倚醉歡呼臂先掉。行臺題咏極清新，眼底如君應最少。長歌和竟起清風，坐擁冰壺天杳杳。

勤有齋

六經充棟填華屋，插架更餘三萬軸。黃金散盡寶奩空，猶自逢人叩書目。沔陽老伯吾藩尊，積書遠欲貽兒孫。自恐疏慵陷驕惰，手持黃卷窮朝昏。雞鳴起坐更終日，隱几吾伊忘飲食。小齋簾捲麝煤銷，不管青衣花外立。夜歸蠟炬射金蓮，猶對朝來未盡編。窮搜苦索肯辭倦，翻笑當年邊孝先。無限好書皆爛熟，磊落爭誇載其腹。有時延訪出朱扉，應有諸儒羨書簏。萬卷開殘不可當，直從今日盡羲皇。揮毫頓覺鬼神泣，嘻笑怒罵皆文章。始信詩書勤乃有，子建安能專八斗。有斐無慙淇澳詩，珍重吾藩有耆耉。

恕齋

二氣於人均稟賦，聖賢亦自由人做。我家老伯紹前脩，識得如心之謂恕。當年子貢請終身，仲尼教戒何諄諄。一言說破用無盡，已所不欲無施人。小齋斗大聊容膝，華扁相看警朝夕。物情世態任紛拏，以理消除真有益。阿翁心地自曠然，何須問道更參禪？有德元來食陽報，定知遐筭垂千年。

宮人戲嬰

宮漏遲遲清晝長，落花乳燕春茫茫。君王放蝶恣游幸，三千粉黛爭輝光。何物佳人獨霑寵，流蘇帳煖生龍種。眉目分明畫不如，一顆明珠掌中捧。侍兒穩抱近華清，笑啼時作呱呱聲。奮身似欲就其母，招呼解識宮娥名。內家墮地皆宗子，分得天潢一泓水。大者為王小者侯，繼繼繩繩永無已。卻笑三郎懶作家，恣渠野鹿銜宮花。錦綳兒嬌玉環醉，金錢賜予何其奢。良工畫此非無意，用戒宮闈禁兒戲。古來惟數太任賢，胎教文王傳萬世。

攜琴訪友畫

危峰削玉插晴空，淋漓秀氣含鴻濛。兩間萬物有時易，惟有青山今古同。隱君山下營茅屋，烟霞笑傲逃塵俗。日長心境鶴俱閑，自掃白雲松下宿。溪頭野老行遲遲，杖屨攜琴過竹籬。猗蘭調古少人聽，等閑來此尋鍾期。

芭蕉

朱弦弄罷南薰起，雨過空庭淨於洗。太湖石畔綠叢叢，新葉亂抽青鳳尾。隔戶還疑擁碧幢，更宜石下水淙淙。美人翻惡濕陰重，日午停針圍繡窗。我時散步來還去，為愛清奇閑倚柱。吟成卻憶橫渠翁，新德新知引新趣。剩欲題詩留醉墨，只恐西風凋翠葉。何當寫入無聲詩，永向吾齋助奇絕。

葵榴

南風催送東風去,錦繡離披萬花樹。眼前富貴竟成塵,喜有葵榴供逸趣。我愛丹心向太陽,肯隨桃李爭芬芳。更喜朱英噴真火,纍纍成實包天漿。飛蠅不到宮庭肅,隱几相看樂幽獨。窗前一雨洗深紅,更露本來真面目。藩維事簡守真一,鼓罷虞琴玩湘帙。興來咏物適閒情,一笑優游且消日。

卷 四

五言律詩

雨中漫興八首

空庭人寂寂，深院雨濛濛。博具某無敵，愁城酒有功。苔痕沿砌綠，花藥墮林紅。閉户真為樂，交情異孔融。

一室惟容膝，閒吟散鬱煩。宮雲濃潑墨，窗雨急翻盆。地僻人來少，心清道自尊。真宜守淵默，世事不須論。

歲月如流水，新年異舊年。閒眠非病酒，癡坐類癯禪。乳燕雙翻雨，饑鳶獨戾天。自知心有主，肯被俗情牽。

風雨連朝惡，餘寒尚襲衣。鶯花經目老，車馬及門稀。自喜一心靜，休論萬事非。任渠羣燕雀，終日傍檐飛。

腐迂甘守約，澹泊詎云慳。謀巧翻成拙，才疏只類頑。肯因身外事，變卻鏡中顏。日日鉤簾坐，悠然對晚山。

地僻塵囂少，齋居坐晏如。清風回枕簟，細雨潤琴書。野竹當窗密，山雲入座虛。自緣非吏隱，能與世情疏。

對景多清興，悠然得趣時。閒臨懷素帖，細咏少陵詩。往事皆天定，前賢不我欺。達人斯契合，處世復奚疑。

俯仰渾無累，迂疏百不能。未忘君子操，肯畏俗夫憎。古調輕齊瑟，新詩付剡藤。蕭然無物我，興味似山僧。

晚眺

雲散雨初收，乘閒獨倚樓。嵐深青可染，樹重翠將流。斜日林間下，輕烟象外浮。嚴城將試鑰，點點亂鴉稠。

春日喜晴

長空開霽色，腐草亦生輝。列岫螺千斛，羣花錦萬機。林深山鳥弄，天闊野雲飛。莫負尋芳約，韶華過眼稀。

丙午元夕遇雪

今夕為元夕，玄冥苦作威。襲衣風獵獵，撲面雪霏霏。里巷笙歌歇，樓臺燈火稀。定知豐稔兆，寧嘆賞心違。

寄戴松崖憲副

南北路漫漫，長嗟會面難。碧桃開復謝，黃菊看將殘。露冷蛩聲切，天空雁影寒。夜深惟有夢，飛度越江干。

秋　聲

涼飈起天末，萬籟發商音。候雁霜前度，寒蛩月下吟。小樓吹短笛，何處搗殘砧？滿耳秋聲入，離人思不禁。

殘　月

嫦娥倦梳掠，銷瘦不如前。鏡面半收匣，弓眉初下弦。影隨更漏盡，光並曉星懸。不用頻嗟感，盈虧理自然。

即　景

一雨消殘暑，金風起樹端。草根蛩唧唧，天末露漙漙。地僻人偏逸，心清夢亦安。吟成無個事，對景獨凭闌。

冬　風

蜚廉從北帝，入丑恣威權。細舞霜回瓦，高飛雪滿天。聲寒催鐵騎，勢促脫韝鸇。搖落羣芳盡，松篁獨挺然。

十四夜月

二七中秋近，金波湛碧天。似慳來夕滿，卻比昨宵圓。白璧旋應合，青銅覷少偏。嫦娥藏貝闕，粧束未能全。

十六夜月

兔魄過三五，光同昨夜清。嫦娥非有意，塵世自無情。莫訝一分減，何傷千里明。達人窮物理，應解戒持盈。

春　曉

萬井一聲雞，晨光漸不迷。林梢金鏡暗，樓外玉繩低。露重花偏濕，風和鳥緩啼。惜春人起早，香霧散輪蹄。

松　風

靈籟生何處？巢笙更越琴。穿林驚鶴夢，入澗和龍吟。萬頃濤翻翠，千巖粉墮金。坐來疑漱石，真可滌塵襟。

對　雨

翳翳渾無罅，淋漓不漸停。平添深澗綠，淨洗遠山青。足慰農夫望，休令旅客聽。林鳩啼未歇，花妥正冥冥。

悲　秋

草木皆搖落，清霜襲綺裘。蛩聲和露泣，月影帶江流。暗改潘安鬢，明添宋玉愁。乾坤真逆旅，極目一登樓。

九日席上次戴松崖先生韻

九日斯文會，登高醉菊花。酒拼三斗盡，帽插一枝斜。禮秩矜疏放，盤盂愧靜嘉。華箋寫新句，香染墨如鴉。

齋居雜興四首

地幽忘盥櫛，心遠覺逍遥。喜共高人話，寧從俗士招。雨晴花氣濕，風細鳥聲嬌。最愛春泉活，時分灌藥苗。

深居謝塵鞅，蕭散興何長。簾捲薰風細，窗涵夜月涼。清談揮麈尾，高卧據繩牀。車馬長安客，浮生為底忙。

一面新開霽，悠然野趣真。露懸蛛網濕，花落燕泥新。皓月能隨我，清風最可人。好懷無處著，覓句肯辭頻。

萬事皆由命，行藏信所之。推窗閒看竹，把卷細敲詩。事少晨興懶，吟多夜卧遲。拊心江漢遠，無補聖明時。

張太妃挽詞二首

阿母乘鸞去，瑶池宴不歸。杜鵑啼有血，婺女淡無輝。漠漠梨雲冷，瀼瀼薤露稀。生平多少恨，萬事與心違。

早歲膺封册，嫠居五十年。鏡中鸞獨舞，天外月空圓。清苦共姜節，幽閒大姒賢。白楊風起處，原草共淒然。

甲辰元夕同戴松崖吴元素鄭子初湯俟菴諸先生燕集時在鎮安邸

長安初霽雪，元夕值豐年。盛聚文章士，弘開翰墨筵。星橋通貝府，火樹燭瑶天。莫惜今宵醉，流光等逝川。

甲辰元夕

今夕復何夕，蟾光喜未陰。笙歌嫌漏促，燈火覺更深。人事如朝暮，年華自古今。細翻新樂府，轉調入沈吟。

秋日即事

水净鷺拳沙，天空鶩帶霞。數聲樓外雁，幾點樹頭鴉。露冷楓飄葉，霜輕菊吐花。獨憐關外戍，鄉思動胡笳。

題永壽王壽萱手卷

誰把宜男草，移來種北堂。露滋鵠觜潤，風裊鳳翎長。子愛顏偏好，母看憂自忘。壽筵開此日，香溢紫霞觴。

竹亭偶成

自笑耽幽僻，能忘對此君。綠雲環冉冉，蒼雪落紛紛。晚節經霜見，秋聲入夜聞。渭川湘水趣，未許俗人分。

瑞香次韻

異種產南方，移來道路長。牡丹空國色，桂子自天香。雅有清癯意，濃無滑膩粧。歲寒憐爾在，高出壓羣芳。

有懷王尚文少參

目斷江東路，懷人獨倚樓。蟬鳴黃葉晚，雁度碧雲秋。詩酒添新況，園池感舊游。何時復相見？談笑更綢繆。

閒居漫興二首

藩邸多清暇，閒居愛日長。疏簾晴靄散，小殿午風涼。疊石詩中畫，分泉靜裏忙。伊人有高致，寧惜共倘伴。

古鼎裊餘薰，空庭絕點塵。花香風外細，樹色雨中新。瀹茗延醒客，裁詩寄遠人。最便閒樂處，吾欲養吾真。

次韻訪道不遇

春林通一逕，野色此中分。鶴迹松陰見，泉聲竹裏聞。草青經宿雨，山紫帶斜曛。採藥知何處，柴門掩白雲。

夏多雨

時光臨季夏，終日苦滂沱。曲逕深蒼蘚，方塘漲碧波。炎威侵幌少，寒氣襲人多。為問調元手，陰陽理若何？

題公子游春卷

玉勒鞚青驄，尋春上苑東。綺羅明曉日，弦管沸春風。楊柳搖杯綠，桃花夾座紅。鳥驚金彈落，歸路夕陽中。

夜坐有懷鄭司寇時良二首

青燈孤坐久，百感雨中生。駐目關山隔，驚心歲月更。寒蛩鳴四壁，征雁度重城。歌罷停雲句，寥寥夢不成。

湖海論心少，惟君最我知。幾年成曠別，千里動遐思。細雨燈殘夜，寒風葉落時。天涯雲樹隔，會晤杳難期。

酒　家

香篘聞十里，人指畫橋東。紫甕盛秋露，青帘颭曉風。麴塵飛柳外，檀板響樓中。社鼓楓林急，村村臥醉翁。

漁　家

烟波為活計，結屋近滄浪。地接黃蘆岸，村開綠柳庄。輕蓑衝細雨，小艇繫斜陽。斫鱠茅檐下，呼兒貰酒嘗。

元夕次韻

蟾窟當空滿，鰲山動地來。六街香霧合，萬井戶扃開。烟火藏機弄，燈詞作謎猜。紅粧人結伴，杳杳下樓臺。

苦　寒

萬象冰壺裏，同雲滿太空。閉門三日雪，刮面五更風。羸馬臥僵殍，凍鴟蹲老翁。鐵衣猶塞外，忍對地爐紅。

水　閣

數椽依曲沼，高興寓滄浪。鷗鷺隨波戲，菰蒲近岸香。開窗山雨潤，入坐水風涼。應笑長洲苑，塵迷響屧廊。

烟

似霧紛還郁，如塵散復迷。斜陽芳草渡，細雨綠莎堤。入塢籠花放，沿山瘴鳥啼。何時天祿閣，照坐出青藜？

游　山

緣崖入翠微，嵐氣濕羅衣。澗水浮花出，松雲伴鶴飛。行歌樵互答，醉臥客忘歸。安得依書屋，開窗碧四圍。

華　山

百里盤根遠，孤高倚太空。雲開仙掌日，鳥度石蓮風。磅礴含元氣，薰蒸妙化功。終南與太白，未許並爭雄。

春　雪

入臘宜三白，春風底用賒。漫空欺柳絮，著樹失梨花。頃刻成行潦，微茫沒淺沙。眼前應有象，人事盡浮華。

晴　望

濃雲歸遠岫，霽色滿層空。烟抹樓臺碧，霞蒸草樹紅。終南隨鶻沒，直北隱鴻蒙。坐久疏簾靜，涼生綠樹風。

先天觀

路入無塵境，琳宮日月長。紫芝生白石，綠竹蔭丹房。曉日鸞聲噦，秋風鶴夢涼。先天參透處，斝水醮虛皇。

故宮

前代豪華地，烟塵一夢空。鶯歸宮樹老，鹿去苑花紅。輦路埋秋蘚，歌樓散曉風。御溝猶漲膩，流出恨無窮。

雲

膚寸起遙岑，晴空忽作陰。卷舒空有態，聚散本無心。伴鶴閒棲樹，從龍慣作霖。蓬萊常五色，應護斗間深。

溪 居

南市津相近，柴門日繫船。曉峰明似畫，春水遠如天。鶯鴨應常數，鳧鷺秪自憐。夜來風雨惡，龍過屋山顛。

夏 夜

赤日當空下，輕飆送晚涼。髬髵便露坐，沉濯足天漿。扇撲流螢亂，簾浮睡鴨香。炎熇尚煩鬱，苦樂未能忘。

盆 池

鑿破庭前地，光含鑑影多。雨餘添小漲，風急動微波。冷浸一拳石，平鋪數點荷。兒嬉同泝曲，吾亦放吾歌。

花 影

重重還疊疊，萬卉任榮枯。日月照來有，亭臺陰處無。丹青誰着筆？水墨自成圖。只恐風撩亂，殘花委地鋪。

過山家

巖壑結芳鄰，衡茅遠俗紛。林深遲見日，石亂自生雲。樹影當窗翳，泉聲入座聞。幽居同木石，鹿豕更成羣。

過田家

結廬依畎畝，耕作足生涯。門巷閒眠犢，池塘亂叫蛙。園收新芋栗，墻蔭舊桑麻。歲晚村翁會，比鄰酒任賒。

竹　風

拂拂起林梢，扶疏影動搖。湘娥鳴玉佩，秦女弄瓊簫。錦籜飄香粉，青鸞舞翠翹。王猷當此際，塵慮定應消。

綠筠軒

一區幽寂地，寒綠萬竿餘。秀色當窗見，涼陰入座虛。風簾聲簌簌，雨榻夢邃邃。比管還吹鳳，翩翩上玉除。

擬早起

一枕夢魂清，披衣出戶庭。樓頭低兔魄，屋角亂雞聲。入市人稀到，開關戍未行。東方看漸白，隱隱海霞明。

惜　花

一年春正好，莫放小車空。繡幄籠晴日，雕闌怯曉風。未能辭眼底，可忍污泥中。百匝千回看，巡檐駭落紅。

春　晴

長空新雨過，正及艷陽時。淡淡東風軟，融融麗日遲。迷漫飛落絮，搖曳墮游絲。紫陌尋芳遍，鶯花處處宜。

假　山

鑿破終南骨，移來置廣庭。巉巖從地立，峭拔類天成。秀色凌蒼靄，晴嵐濕翠屏。道人幽興遠，相對每忘情。

秋 雨

西風吹淅瀝，檐溜響浪浪。廢沼添寒綠，疏林落萎黃。天邊迷去雁，階下亂啼螿。滴碎羈人夢，音書滯一鄉。

經橫渠鎮廢寺

瞻彼空王宅，依稀舊迹存。雨餘苔滿壁，風攪葉堆門。石鼎香烟斷，崖碑字刻昏。異僧回月下，掃石憶精魂。

題薦福寺塔

浮圖逾百尺，突兀倚層空。人語半天上，鳥飛平地中。寶輪朝炫日，金鐸夜鳴風。極目乾坤遠，川流盡向東。

道傍廢宅

衡門終日掩，不見主人歸。春到花空放，年深草自肥。頹垣多鼠穴，古砌上苔衣。獨有梁間燕，雙雙似舊飛。

秋 風

蘋末蕭蕭起，編茅尚幾家。井寒梧葉墮，圃老菊香賒。階下蛩聲切，天邊雁影斜。曉來青鏡裏，吹鬢落霜花。

賞 春

春光明遠近，紅紫正芳妍。野外張帷幄，風前沸管弦。綺羅人拾翠，騣裏客停驄。落日城南路，香塵障暝烟。

題山寺亭壁

面面峰巒秀，開窗景絕幽。嵐光檐外滴，花氣座間浮。野鶴依雲宿，山泉帶雨流。禪心忘世慮，終日自悠悠。

延春亭

繞檐皆竹木，春事此中多。啼鳥將弦管，繁花簇綺羅。蝶穿紅錦幛，人在翠雲窩。若箇長延得，何煩載酒過。

宿山寺

勝游心未竟，日暮泊禪房。月轉回廊白，風清法界香。問僧嫌偈短，聽漏厭更長。樹杪天雞舞，鐘聲起上方。

春　寒

濃雲朝結暝，倏忽蔽層空。點點廉纖雨，番番料峭風。柳眉鬖嫩綠，花臉黯輕紅。無限融和趣，都歸冷淡中。

早　行

肅肅倦宵征，晨興促驛程。軟風隨去馬，殘月照行旌。野店雞三唱，譙樓漏五更。車徒經數里，河漢尚縱橫。

白牡丹

洗卻紅粧面，天然粉態真。花王冰作骨，姑射水為神。縞袂迎風暖，瓊杯捧露新。東皇嫌冶麗，別幻一般春。

春日久陰

二月春如海，長空未放晴。林花羞褪色，山鳥噤無聲。薄霧寒籠樹，濃雲重壓城。尋芳空有約，風景太無情。

月　蝕

萬里冰輪滿，陰氛驀地加。青銅微有暈，白玉漸生瑕。望漢羣心竦，量天幾秒遮。憑誰操白刃，為我斬妖蟆。

風

囊口徐徐起，號呼萬竅通。秋林添病綠，春苑墮驚紅。吹雨荒陂外，翻濤大海中。杜陵茅屋破，飄轉瀼西東。

温　泉

坎德乘陰火，靈源一氣真。玉壺冰瑩潔，巖竇雪嶙峋。汨汨渾非潦，溶溶暖似春。衣成單袷製，來學浴沂人。

即　事

軒扉閑白日，槐柳蔭清渠。階下千竿竹，牀頭萬卷書。草香薰蛺蝶，水暖養芙蕖。對景情無限，清吟興有餘。

中　秋

今夕為何夕，平分一半秋。月明梧影亂，風細桂香浮。碧落茫無際，銀河爛不收。憑誰招庾亮，攜酒共登樓。

閒居即事

地僻塵紛靜，重門晝不開。虛庭團竹樹，曲逕換莓苔。階下無人過，窗前有鶴來。自焚香炷坐，吟賞謾徘徊。

海棠花

空谷有佳人，天然態度真。楊妃春睡足，西子曉粧勻。露浥臙脂濕，風飄綺縠新。漢宮遺恨在，應復怨花神。

牡　丹

新曲傳供奉，名花擅洛陽。風神應國色，標格自天香。百草皆為隸，孤叢特擬王。沈香亭在否？今古笑三郎。

秋日牡丹

萬木皆蕭索，何緣有此風。飄香同桂子，斂色陋芙蓉。露冷春容在，霜清曉睡濃。悲秋嘲可解，莫妒宋詞工。

冬日牡丹

衆芳搖落後，雪裏見春紅。煖律回寒律，東風占北風。林空香作陣，葉落錦成叢。擬與梅花匹，都忘富貴中。

杜鵑花

東風啼蜀魄，血淚染花深。帶雨眉猶蹙，迎風力未禁。飄零今日怨，忘化昔年心。萬里無兵火，根應返鶴林。

葵 花

花開如木槿，照水更依牆。淡白偎深紫，輕紅間淺黃。傾心臣職分，注意道家裝。肯被鉛華涴，隨風近紫陽。

水仙花

仙娥游水府，肌骨是耶非。解佩逢交甫，凌波訝宓妃。清風常洒洒，香雪自霏霏。不作人間夢，湘魂一片飛。

夏 曉

驕陽將出海，斜月淡無光。檻竹搖風細，池荷浥露香。轆轤鳴曙井，襪𧙓促晨裝。徙卧南榮下，居然枕簟涼。

晝 寢

一枕竹方牀，薰薰午夢長。黑甜聊自足，清苦為誰忙？石晷移時刻，金爐冷篆香。黃粱猶未熟，人事幾興亡。

春　雨

雨絲池水上，雲片屋山東。瀝瀝檐花落，盈盈地脈通。搖村江柳綠，照檻苑桃紅。入夜蛙聲急，田家報歲豐。

擬元日立春

甲子開元旦，春深轉斗魁。初筵浮柏葉，急琯動葭灰。宇宙真陽始，山川淑氣回。青絲兼綵勝，節物自相催。

送　春

青帝收春律，中宵法駕旋。暖風芳草渡，細雨落花天。深樹迷蝴蝶，空山叫杜鵑。一樽從此別，相見動經年。

春　宵

宮壺傳漏刻，刻刻價非輕。楊柳風初軟，梨花月正明。秋千微有影，檀板寂無聲。怪底長門內，通宵夢不成。

村行書事

結屋臨流水，柴門薜荔牆。四山松葉碧，一徑菜花黃。草軟牛羊臥，炊新麥豆香。鄰翁閒聚處，濁酒話農桑。

聽康都閫彈琴

金爐香篆裊，玉軫韻鏗然。玄酒真無味，清商不在弦。帶霜鳴候雁，和月瀉寒泉。一曲猗蘭古，將軍妙莫傳。

送鄧二南還

西來情欸欸，南去計匆匆。走馬辭關右，看山過洛中。江湖千里隔，池館幾時同。親舊風流少，長歌渭水東。

始與晉卿先生茶話

千里神交久，新來始識荊。關山多宦迹，湖海重詩名。瑞世祥麟出，朝陽彩鳳鳴。外臺知暫駐，雙佩早朝京。

南園對景偶書

南園風色暖，二月已回春。宴笑皆文士，過從少俗人。檻花紅已遍，庭草綠初勻。富貴非吾事，韶光過眼新。

送郭上舍使雲南回京

乃祖吾藩相，而孫上舍生。一門賢子弟，三輔舊家聲。棧道羊腸險，秦關馬足輕。聖朝科目重，莫負讀書名。

漢中八景為朱景雲憲副作

漢臺春望

炎漢興王地，千年尚有臺。江山猶似昨，人事重堪哀。鳥向離宮没，花從舊苑開。不知東向日，誰塞漢中來？

將壇晚眺

上將壇猶在，荒涼帶夕暉。興劉功不賞，滅項事成非。徹說真難奪，豨謀可獨歸。自王疑莫解，況復與期違。

韓溝曉月

蕭相追韓處，遺蹤尚可攀。拏雲龍易失，出柙虎重還。曙色催飛騎，清光照壯顏。向來非國士，何意出秦關？

漢山夕照

薄暮山逾好，凭高眼界空。嵐光真可掬，倒影抑何窮。萬壑澄江紫，千林帶葉紅。行人思往事，立馬問褒中。

中梁古刹

寶色風霜古，頹檐老瓦催。碑文多剝落，山勢獨崔嵬。宿鳥驚還定，游僧去復回。人間經幾刼，地下有餘灰。

諸葛遺墟

大將星初殞，長城一夕空。山川消王氣，天地老英雄。分鼎徒遺恨，揮戈未奏功。猶疑龍尚臥，高冢夕陽中。

龍江過雨

浩浩長江水，滔滔日夜流。雨添千里潤，涼送一天秋。灘響山疑動，沙明岸欲浮。襲人花氣重，點點撲行舟。

棧閣連雲

秦蜀元相隔，何年鳥道開？登天窮險阻，構木鑿崔嵬。蒼狗依巖宿，青驄自隴來。安危真可念，須仗濟時才。

人日喜晴

浹旬陰忽散，樓雪盡融城。花縷迎新快，梅粧帶艷明。最靈今日兆，偏勝往年情。更喜兒童唱，家家醉太平。

探　春

天上星杓轉，東園景若何？漸看生意滿，頓覺賞心多。淺碧山舒黛，新黃柳破鵞。催花人火急，不惜馬蹄過。

西園池亭

池亭閒坐久，煩鬱頓消除。水氣侵衣薄，山光入座虛。淺沙眠白鷺，細藻躍金魚。最喜無塵雜，吟哦趣有餘。

雨　過

旭日初開霽，東風積雨過。一溪新水漲，滿地落花多。山色明於畫，鶯聲巧似歌。休嗟春事去，亭沼漸清和。

九日遇雨

登高何處是？風雨苦相仇。人比黃花冷，山橫翠黛愁。隔宵淹去馬，繞塢聽鳴鳩。醉把茱萸看，憑誰共倡酬？

井

鑿地牽泉脈，泠然百丈清。細涵天色杳，倒浸月華明。啟鑰通銀檻，沈絲下玉罌。詩人多肺渴，頻聽轆轤聲。

社　日

社鼓年年響，村醪處處同。物豐人自樂，賽盡蜡還通。庭院來巢燕，江湖叫塞鴻。炮羔兼朕膾，隨地得民風。

塵

漠漠旋空起，花前柳外揚。長途隨馬去，近市逐人忙。雨浥天街淨，春生輦路香。元規何處避？唯有水雲鄉。

次韻山陽道中

歲晚勞行部，千山及萬山。使旌紆雪裏，候吏立沙間。路滑心常駭，詩成興不慳。眼前梅與竹，聊慰客中顏。

頒賜新曆

皇明開泰運，太史獨前知。文軌同堯象，璇璣用夏時。襲藏歸祖廟，拜舞受階墀。何幸連潢派，年年覿盛儀。

丙辰元旦試筆

歲德又逢辰,龍飛第九春。青陽回鳳曆,玉燭轉鴻鈞。禹服河山舊,堯天景物新。太平今有象,共作太平人。

送袁推府膺薦之京

行行上玉京,得意馬蹄輕。烏府徵書急,黃堂獄訟平。子容人頌德,若水史垂名。會入端公選,應教一道清。

聽雨不寐

風送檐花落,沈沈聽轉更。銀缸留濕焰,玉漏滴寒聲。謫戍魂先杳,懷人夢未成。杜陵當此夜,醉咏動高情。

春日過杜曲,從臣指言唐杜拾遺故宅在此,今不可尋矣

此日終南道,春風動物華。雲連千隴麥,霞爛一川花。林杪穿馴鶴,池塘沸亂蛙。茅廬接烟火,誰是拾遺家?

郊　行

曉行東郭外,月色尚平分。老柏迷深寺,新花對古墳。野烟隨霧合,漁唱隔溪聞。滿眼皆吟趣,歸來欲夕曛。

即　事

朱簾當晝捲,偏是愛風光。雨過蘼蕪濕,風來杜若香。拍酣晴蝶醉,課急午蜂狂。一笑詩成處,陶然倒玉觴。

咏黃蓮花

水花分別種,紅白敢爭妍。南國靈根老,中央正色鮮。宮妃重入步,院吏誤相傳。安得濂溪種,移來共歲年。

過東軒墓

中卻中山酒，長眠竟不醒。脊令悲夜雨，鴻雁落晨星。冢樹連雲暗，園蕪帶露青。空餘絲竹在，地下杳難聽。

漫　興

終南誰是主？分守愧明時。曹植非吾友，劉蒼是我師。有園惟種竹，無日不吟詩。入夜重門合，天心月上遲。

送張斷事考績嚴太守代求

早通三尺法，戎幕擅才猷。名喜中丞薦，詩煩太守求。清風生狌狂，高論動貔貅。好去燕山道，重來覓舊游。

愚

大塊徒生我，蚩蚩無所知。放魚誰逆詐？失馬未為癡。紈綺聊遮煖，膏粱不苦饑。惟應有詩癖，句拙可能醫。

懶

習懶真成懶，年來懶更便。杜門非寡合，隱几即閒眠。倦洗窗前竹，慵聽石上泉。不知塵境外，可有懶中仙？

拙

散人無所事，竟日避紛紜。甘比催科政，思追乞巧文。何須繁似露，焉用變於雲。莫笑鳩呼婦，閒中最喜聞。

狂

口竭西江水，乾坤信所之。草髡張旭髮，醉炙郭舒眉。撫掌高歌處，掀髯大笑時。鳳兮今不返，且和接輿詞。

五言排律

賀致政王少府九十之壽其孫黃門求

賢關稱俊乂，縣佐著能為。平易民心悅，公廉士論宜。蘭亭追往事，松逕賦新詩。倦鳥投林早，門雲出岫遲。江濤翻浩蕩，舟楫脫艱危。德貴陰施者，天其默相之。瞿曇真有識，餘慶已先知。迹隱青山舊，堂開綠野奇。三槐承世澤，一桂發孫枝。鳳咮依金闕，鵷行接玉墀。芳名歸月旦，遐筭逾期頤。奉使還朝日，稱觴獻壽時。希聲歌白雪，妙舞間朱絲。況際雍熙世，何歡可代茲？

卷 五

七言律詩

半村為姑蘇湯隱士賦

別墅深深習隱居，半依城郭半郊墟。門前流水漁郎棹，道上飛埃使者車。隔岸市誼來座遠，捲簾山色入窗虛。雲泥出處都隨分，野有良田案有書。

送都憲孫世榮四川巡撫

紫泥封勅下金鑾，進擢都臺鎮錦官。分陝未終秦地愛，濟川應遂蜀人歡。雪山又為公來重，雲棧寧辭馬度難。從此諸番皆慕義，不勞兵甲從戎鞍。

一覽亭為保安王肅齋題

搆得幽亭瞰小池，四時風景總相宜。百年圖史勞雙眼，萬里乾坤醉一巵。花雨撲簾紅片片，玉山當戶白差差。傍人卻訝仙凡隔，載酒無因為問奇。

送李少參希范致政還鄉

囊封情疏達天閽，乞得身閒荷寵恩。召伯愛多棠勿翦，淵明歸早菊猶存。九峰結社詩千首，三泖維舟酒一樽。除卻賞心并樂事，只將家學授兒孫。

送郁文博少參致政還上海

天恩乞得下明光，回首鄉關舊路長。風月有情歸篋笥，烟霞無梦到巗廊。數杯濁酒黃花徑，十里青山綠野堂。遙想鱸魚秋正美，一竿終日釣滄浪。

游仰天池留別性空和尚

絶巘靈湫一脈通，翠光垂彩浸虛空。三千世界紅塵外，十二樓臺寶鏡中。琪樹影長留晚照，曇花香煖遞春風。我來自有三生約，最喜高人得遠公。

壽伯汧陽王恕齋五十

半百年來五福全，秀鍾光岳陸生蓮。蒼松翠柏風霜古，玉葉金枝雨露偏。鶴背有書來碧海，弧南增彩燭瑤天。霞杯滿進長春酒，願祝莊椿壽八千。

印湛然鍊師道院

五銖霞帔七星冠，洞府朝元禮數寬。一榻白雲香篆裊，半窗靈籟竹聲寒。瑤壇鶴占千年樹，金鼎龍蟠九轉丹。物外紅塵渾不到，碧桃花老任春殘。

病鸚鵡

靈禽不耐病摧殘，衣褪穠蛾嘴褪丹。無力似人方倦極，有情對主欲言難。雲深隴樹歸心遠，月滿秦樓舊夢寒。敲損玉壺渾不應，空餘香稻長闌干。

秋　夜

燭黯緋羅火尚溫，臥聞清漏咽重門。露溥仙掖蘭香細，月轉雕欄桂影繁。遣戍有懷勞士馬，維藩無補愧君恩。起來吟得悲秋句，卻怪詩魔惱夢魂。

劉節婦

結髮曾期百歲同，可堪中歲命途窮。孤鸞影去青銅冷，別鶴聲沈綠綺空。烈火難銷心上鐵，韶華不到鬢邊蓬。西風一榻清秋夜，露葉蕭蕭墜井桐。

賦得潼關曉騎送盛舜臣還吳

重關高聳玉繩低，曙色微分柳外堤。遠道有人催去馬，清時無客效鳴雞。帝城瑞日瞻來近，親舍孤雲望欲迷。去去不須增感慨，好將形勝入新題。

送戴松崖之浙江憲長

三年提學擅芳名，此日遷官沐寵榮。關右文風歸渾厚，越中民物待澄清。霜寒驛路豺狼遁，日煖梧岡鳳鳥鳴。此去臺端聊駐馬，聖明虛席待阿衡。

挽國戚廖都閫之父二首

少住人間四十秋，乘雲又作帝鄉游。紫宸有寵來丹誥，黃土無情瘞黑頭。共倚嫖姚終破敵，誰知李廣不封侯。白楊風起棠梨冷，地下英雄亦解愁。

壯志曾期馬伏波，功名未遂恨如何？駕雛繼武勳勞重，鶯誥貤恩寵渥多。海上有時來白鶴，人間無路返青騾。刻銘幸有如椽筆，千古聲名耿不磨。

挽廖母秦太夫人二首

萬里良人事遠征，義方教子早成名。七旬祿養三牲備，雙誥恩封二品榮。夜雨萱花堂背落，春風芳草墓前生。賢郎閫帥追思處，忍聽慈烏夜夜鳴。

星沈寶婺夜光微，七十年來祿養違。不意叢萱摧暮雨，空令寸草戀春暉。瑤池有路旌幢遠，滄海無潮信息稀。留得階前慈竹在，清風依舊滿庭闈。

挽國戚廖廷璽都閫二首

劍氣橫空結暝陰，英雄觸目亦傷心。龍蛇陣古風雷壯，狐兔羣多草木深。雲散柳營春寂寂，鶴歸虎帳夜沈沈。邊城爪士知多少？目斷旌旗淚滿襟。

戰袍簇錦炫朝暉，萬里邊城縱武威。沙苑不歸蕃帳馬，將星空墮塞垣扉。草荒高冢埋金劍，雲鎖空山暗鐵衣。一段英雄招不返，野花香冷雨霏霏。

挽廖母孫夫人二首

瑤池夢斷綵雲飛，為弔芳魂淚一揮。韜略資夫登閫帥，賢明有女拜宮妃。麝蘭已向風前散，環珮何時月下歸？喜有賢郎真將種，龍泉出匣更輝輝。

珍重芳名舉世賢，老蒼何事澁長年。情知龍劍終歸水，忍使鸞膠別續弦。珠翟已空堂上母，彩輧翻引洞中仙。惟餘二品夫人誥，夜夜虹光射九天。

除夕有懷戴松崖

坐銷銀燭夜窗虛，感慨流光逼歲除。千里故人空有約，三湘歸雁竟無書。風驚爆竹鴉聲亂，雪映寒梅鶴影臞。滿酌屠蘇還自遣，關西何日候轀車？

送梁廷美都憲巡撫湖廣

九五飛龍泰運開，大藩方伯進都臺。隨車雨自秦關去，有腳春從楚甸來。和璧定為稀世寶，傅舟原是濟川才。聖明正爾思賢佐，雙佩還應接上台。

藩庭別意為賈希召都憲賦

祖席休辭酒滿斝，匆匆離思轉難禁。乾坤納納誰非客？湖海悠悠獨此心。素履久同冰與蘗，歸裝贏得鶴隨琴。天涯明日遙相憶，目極暮雲春樹深。

寄戴松崖

地北天南嘆別離，此心無日不興思。雲霏茗椀閒邊話，月隱華燈醉裏詩。秦苑陽回花放早，越江霜冷雁來遲。孤山聞說梅如玉，莫惜春前寄一枝。

送齊應璧鴻臚脩祀禮成還朝

萬年天子篤同宗，遣祀園陵禮秩崇。使者虔恭將德意，先靈彷彿著儀容。空山夜靜風雲繞，大地春回雨露濃。歸近天顏如有問，為言存沒感恩同。

哭憲皇帝

玉帛常思拜冕旒，此生誰道竟無由。九重宮闕風雲慘，萬里山河草木愁。昧谷日沈天漠漠，鼎湖龍去路悠悠。宗臣一掬傷心淚，灑向黃河日夜流。

送湯半村西游

千里來游百二州，又騎羸馬向西游。蕭條自嘆馮唐髮，凋弊誰憐季子裘？渭水斷鴻投遠渚，隴山落木動高秋。老懷料得行吟慣，不似尋常動別愁。

送人還閩

楊柳經霜葉亂飛，雙旌迢遞出關西。紫萸黃菊牽歸興，綠酒紅亭惜解攜。宦邸清風隨驛馬，客程殘月促晨雞。故園到日應多暇，好把新詩取次題。

送鄭琴士南游

壯游知不憚驅馳，東望三衢信所之。流水高山琴裏趣，陽春白雪馬前詩。豈無遠道鶯花好，為有高堂鶴髮垂。慈竹滿庭春酒熟，歸期須及燕來時。

冬日牡丹

愛日微暄破錦叢，永春園內小亭東。虛疑玄帝為青帝，卻訝寒風變煖風。松竹有情同晚節，雪霜何處避春紅？眼前生意多如許，可是能回造化功。

寄湯半村

長安相見即相知，千里那堪久別離。夜雨寒燈勞遠夢，暮雲春樹動長思。花明杜曲鶯啼早，天闊吳江雁度遲。芳草一庭書館靜，賁茶何日細論詩？

題印湛然鍊師畫像

畫史丹青妙入神，毫端應怪寫來真。松風蘿月閒中趣，野鶴孤雲物外身。脈脈靈源清似水，溶溶生意藹如春。風雷叱咤尋常事，信是人間有道人。

涵碧池

分得瑤池一鏡開，翠光澄徹淨無埃。雕闌晝永眠春柳，文石秋深銹雨苔。菡萏多情紅間白，鴛鴦有意去還來。無邊風景供游樂，細數行吟日幾回。

湧金橋

長松修竹共陰森，下有方塘幾許深。玉井遙分泉脈脈，彩虹高臥夜沈沈。昇仙有志空題柱，過海無憑浪費心。誰似主人襟抱闊，芳尊吟倚曲闌陰。

春日雨中

冷風冷雨過殘春，景物無多迹半陳。色褪荼蘼紅粉淡，愁低楊柳翠眉顰。翰林賦罷江沈月，金谷樓高玉委塵。自古興亡皆有數，達人何用苦傷神！

同閻文振方伯仰晉卿憲副池亭小酌

綠荷池上小亭臺，紅白蓮花映日開。喜共薇垣高士話，況逢冰署可人來。謾將景物酬詩句，何用笙歌送酒杯。坐久香風生白苧，不知身外有蓬萊。

春暮書懷

鳥啼花落減韶光，節序相催有底忙。堤柳絮多迷燕子，渚蒲芽短露鴛鴦。匡時獻策知無補，對酒吟詩喜欲狂。況是眼前生意滿，濡毫寧憚索枯腸。

寄戴松崖都憲二首

南北暌違思不窮，遠將音問托鱗鴻。百年天地能容我，此日經綸正倚公。直遣窮陰回淑氣，還聞澆俗變淳風。西窗夜雨何時會？樽酒留連一笑同。

契合金蘭獨見君，索居應嘆久離羣。乘軺只在商山外，放棹難尋剡水濆。霄漢功名推獨步，江湖聲迹喜相聞。畫樓幾凭闌干立，目斷天南日暮雲。

元夕分韻得紅字

華堂燈燭影搖紅，此夕衣冠宴集同。開口況逢時節好，賞心休放酒杯空。千年奎壁星重聚，萬里烟霄月正中。情景可人須盡醉，咏歸還向舞雩風。

送王尚文少參致政還金陵

霄漢功名志未伸，便從岩穴問通津。江東國士無雙士，林下閒人見一人。門近清淮多白鳥，堂開綠野斷紅塵。五千書卷牀頭在，舊業弓裘未是貧。

送馮原孝郎中奉使還朝

建節宗藩册禮成，鳴騶千里上神京。賓筵此日看儀度，虎榜當年識姓名。

五色長虹光不掩，千金良璧價非輕。趨朝正是陽回日，上苑遷喬聽早鶯。

灞橋別意送徐進士還京

驅馳王事獨賢勞，使節煌煌又入朝。紅雨飛花長樂苑，綠波芳草灞陵橋。秦關百二山河壯，京國三千道路遙。宵旰只今圖治切，早施經濟答唐堯。

送王述之陞山西憲長

龍蟠金勅下長安，憲副承恩又轉官。鷙鳥乘秋霜翮健，法星垂彩夜光寒。五陵父老遮驄馬，三晉雲山識豸冠。料得輕車行熟路，片言折獄信非難。

請人看梅

桃李爭春不耐寒，老龍獨向雪中蟠。孤標只許青松侶，冷艷從教白眼看。瀹茗賦詩聊醞藉，巡檐索笑足盤桓。合歡不是無杯酒，似怪風情近牡丹。

送耿好問亞卿祭西岳事畢還京

聖皇憂旱為斯民，謁告名山簡近臣。千里亢陽過十月，一時飛雪遍三秦。大烹牲脂勞歆饗，少宰精誠動鬼神。歸去金鑾煩奏對，于今民物已回春。

賀新齋兄書屋落成

宗藩華搆俯層城，小結書齋又落成。滿架香芸青馥馥，一庭芳草翠盈盈。可人兼喜留談謔，熟客頻來免送迎。孔思周情千載趣，湛然方寸有餘清。

送大參鄧松坡致政還鄉

兩封情疏達金扉，乞得閒身故里歸。上國久依紅日近，內江遙望白雲飛。鱸魚鱠美充珍饌，孔雀袍新勝舞衣。忠孝兩全臣子分，傍人應羨早知幾。

次韻留鄭子初長史懷歸

閒情未許寄盟鷗，秦國衣冠第一流。仙桂有香秋淡淡，貞松無恙晚悠悠。封王顧我猶青歲，作相憐君未白頭。道誼始終期不負，繫駒非是為私留。

挹秀為宗弟永壽王東軒賦

疊石為山列畫屏,方塘如鑑對幽亭。水涵雲影連天碧,峰送嵐光入座青。爽氣逼人詩屢就,清風撲面酒微醒。等閒自有濂溪趣,芳草長留翠滿庭。

讀寧河武順王鄧氏世家錄二首

手提一劍歸真主,百二雄師勢獨尊。彤管銘功輝簡冊,青門為庶泣兒孫。東皇已去花無賴,華表重來鶴有言。六尺孤墳鍾阜外,誰將麥飯弔英魂?

氣節稜稜壓萬夫,平生百戰定寰區。丹書鐵券當朝寵,武略文韜百世模。淮泗腴田惟舊業,麒麟高閣有新圖。天家雨露東溟闊,況是河山舊剖符。

九日與戴松崖湯俟菴賞菊

門外衣冠次第來,斯文良會喜相陪。天垂晴碧雨初過,菊帶寒香花正開。人世不須傷往事,籬根聊共醉深杯。東風指日回春意,還約書窗看早梅。

送鄭子初長史致政歸南閩

作相親藩擅德音,蓴鱸忽動故鄉心。匡衡去國多遺草,疏廣還家有賜金。綠野雨晴花霧煖,滄江月白水雲深。懸知報主心猶在,清夢還應繞禁林。

送左廷珍憲使陞都憲遼東巡撫

十載西臺著豸冠,又遷都憲上朝端。九重圖治求賢急,三輔懷恩拜別難。寶鑑光搖關月冷,高牙風動海雲寒。封侯自古多文士,斗印期登大將壇。

宴保安府池亭席上偶成

路入名園景最幽,小亭如畫枕寒流。風生朱箔花香細,日轉雕欄樹影浮。篆裊香烟霏寶鼎,酒傾玄露瀉金甌。眼前便是仙家境,跨鶴寧須閬苑游。

惜紅梅

暫離紫府入秦城,水路迢迢數月程。北客共知元有種,東君誰料太無情。

羣芳各藉陽和力，一樹何孤雨澤榮。醉裡師雄呼不醒，翠禽空繞月三更。

次戴松崖韻以寓有懷

會合尋常嘆不齊，可堪南北復東西。門牆化雨歸桃李，霄漢文星聚壁奎。思逐楊花同滾滾，望迷芳草更萋萋。不知驄馬今何處？伐木空山鳥自啼。

無題四首

闌干曲曲思依依，風露凉生白苧衣。瑤瑟調殘金雁冷，玉簫聲斷綵鸞飛。夢中說夢猶難信，山上安山更不歸。回首蓬萊三萬里，煖雲明滅望中微。

聚散無憑若夢中，落花飛絮任西東。金籠鸚鵡鬖鬆語，綠水芙蓉黯淡紅。曉鏡芳華空自惜，夜燈談笑與誰同？十年零落同心結，不是儂家手未工。

兔走烏飛有底忙，相思應斷九回腸。新聲謾說朱弦好，舊恨誰憐白晝長。玉虎水寒猶汲井，金猊火冷尚添香。星橋影淡秋無迹，碧海青天路渺茫。

楚雨巫雲恰好時，角聲又起畫樓西。金屏繡褥空凝望，錦字魚箋亦懶題。藕斷尚憐絲裊娜，花深偏怪霧凄迷。宵征莫道無眠處，賦命從來自不齊。

閨情四首

倚遍闌干白晝長，更無情緒理新粧。柳眉翠壓春愁重，桃臉紅添粉淚香。潮信有期通瀚海，音書無路到遼陽。自憐不及堂前燕，雙去雙來繞畫梁。

午夢初回玉漏長，粉容香汗濕殘粧。篋中羞對班姬扇，簾底空聞賈媛香。暮雨幾時歸楚岫，春心何處問巫陽？閒來寫就相思調，一段新聲自繞梁。

愁中一刻似年長，無復濃粧與淡粧。玉頰瘦來慚對鏡，羅衣閒卻罷熏香。丹楓有恨隨流水，白日無情易夕陽。屈指光陰近重九，懶將黃菊傍釵梁。

錦被難溫覺夜長，曉來無復學梅粧。髯肩雲鬢千絲亂，記臂丹砂一點香。問約有情緘荳蔻，引年無意藉昌陽。角聲催起東樓月，顏色猶疑在屋梁。

送　春

榆莢楊花亂舞風，東皇何事去匆匆？一庭芳草添濃綠，滿耳啼鶯怨落紅。眼底韶華渾似夢，人間樂事又成空。臨岐對酒情無賴，殢雨尤雲悵望中。

心迹雙清為汧陽王作

一片靈臺湛碧虛，此身真在水雲居。壺中秋月冰相映，簾外春風草不除。老鶴枯琴君子操，牙籤玉軸聖賢書。東平未必清如許，俯仰無慚樂有餘。

送婁廉使克讓朝京

玉驄騰踏使車輕，憲節趨朝出雍城。旌斾影搖晴雪冷，珮環聲振曉風清。雲中雙闕星辰近，天上重瞳日月明。關輔年來尚彫敝，好因前席論蒼生。

東軒為永壽王作

搆得華軒府第東，搏桑朝影上梧桐。雨香砌草先交翠，氣淑林花早放紅。照眼簾櫳迎旭日，滿堂賓客坐春風。主人吟罷連枝句，流水心期萬折同。

白雲窩

為霖有待濟恒暘，暫託幽棲覆苑牆。縹緲遠連天漠漠，氤氳微露月茫茫。晴窗影墮琴書潤，午榻陰生枕簟涼。蒼狗白衣隨變幻，肯教飛夢落高唐。

送吳元素長史致仕

緘情纔上九重天，乞得閒身寵渥偏。四品進階金帶重，五花裁錦茜袍鮮。秦城況有連雲第，杜曲仍多負郭田。我喜相違復相近，沃心還望仲舒賢。

元日遇雪

青帝今朝換物華，故將飛雪逞豪奢。嘉祥偏應三陽候，枯樹爭開六出花。耳底豐年先有咏，眼前生意浩無涯。粧成富貴應難並，玉宇瓊樓幾萬家。

賀戴松崖陞都憲

薇垣遷秩貳都臺，荊楚風烟到處開。恩命一函從北下，福星千里又南來。鳳麟自古生明世，廊廟于今用大材。昨夜仰瞻霄漢上，文光垂彩耀三台。

送韓貫道都憲巡撫西夏

盛世籌邊用老成，魏公孫子復才名。紫泥金勑來關輔，大纛高牙建夏城。殺氣凜如秋氣肅，法星光並將星明。塞垣自此烽烟淨，廊廟行看佐太平。

送周國瑞總戎守鎮西夏

金勑初頒五鳳樓，便催鐵鉞鎮邊州。北來已破羌胡膽，西顧寧煩聖主憂。千里旌旗山月曉，一聲鼓角塞雲秋。酬功他日銘彝鼎，定列麒麟閣上頭。

柬暹上人

千里勞師遠入秦，久聞醫術妙通神。坐中不問三生話，指下求痊一病身。早使惠風甦草木，要令幽谷變陽春。慈悲最是僧家事，況是僧家最上人。

中秋喜晴

三年好景憂中度，今歲中秋大放晴。萬里碧空星彩爛，滿天涼露月華明。桂香尊俎噴龍腦，花擁笙歌咽鳳聲。清賞不知更漏永，只疑身世在蓬瀛。

秋夜雨晴

雨餘林暑盡消殘，涼氣侵膚卻素紈。萬里碧空秋淡淡，一天清露夜漫漫。桂香暗結黃金粟，橋影斜涵白玉盤。清思滿襟渾不寐，詩成還倚曲闌干。

雨晴即事

好山排闥送新晴，石逕苔乾步屐輕。華屋日高飛乳燕，綠楊風軟聽流鶯。也知守拙真成拙，須信浮名未是名。一笑未堪塵鞅累，陶然醉咏樂昇平。

白　兔

金精孕秀產明時，三窟祥生玉雪姿。異種料應塵世少，仙胎元是月宮遺。冰崖臥處人難見，草逕行來犬易知。好共蓬山雪毛鹿，去隨阿母宴瑤池。

映水芙蓉

花滿平堤水滿池，水光花影淨相宜。蜀江霞襯千機錦，海國蠶成五色絲。鏡裏崔徽施巧手，溪邊西子露香肌。本來色相皆虛幻，惱亂魚龍恐浪疑。

舞風楊柳

灞陵橋畔晚依依，搖蕩春光力尚微。漢燕身輕斜舞袖，白蠻腰瘦不勝衣。長條偏藉吹噓力，弱質難禁翦拂威。寄語章臺休擺亂，風流態度有時歸。

春日寫景

樓閣深沈畫景長，淡雲輕靄散晴光。柳堤風煖鶯鶯巧，花徑泥融燕燕忙。歌管傳聲來別院，鞦韆送影過鄰牆。青春莫負韶華好，秉燭還須照海棠。

訪城南孝子盧墓

命駕來尋孝子居，落花天氣日長初。喬松幾箇一雙鶴，老屋數間千卷書。高冢已霑新雨露，故家還守舊田廬。紛紛肉食知多少？側耳高風愧不如。

送脩武伯還朝

親藩封拜禮初成，鳴佩依然上玉京。千里河山旋使節，一方茅土受宗盟。春回灞岸鶯聲早，雪霽函關馬足輕。青歲功名須努力，等閒莫負舊家聲。

送秋官車郎中還京

九重恩禮厚同宗，天上仙郎遠錫封。袖帶玉爐香馥郁，口傳金殿語從容。秦關自昔山河壯，漢省于今雨露濃。看取歸朝還使節，定知飛步接夔龍。

登城

層城百尺勢凌虛，四面青山列畫圖。北極九重紅日近，南山雙壠白雲孤。天連迥野迷高下，烟抹平林淡有無。長嘯一聲回首處，夕陽歸雁落汀蘆。

畫眉次韻

宮樣粧成忽自驚,剩添螺綠轉分明。平鋪秋水雙蛾秀,淡抹春山八字橫。顰學西施偏有態,嫵憐京兆最多情。等閒莫對彎彎月,只恐嫦娥也妒爭。

夜坐不寐聽雨

積雨兼旬未放晴,瓦溝銀竹勢如傾。樓頭畫鼓三更盡,窗下殘燈一點明。詩客此時偏得句,旅人今夕不勝情。懸知足慰三農望,稼穡今秋定有成。

過宮人墓

綵鸞飛去幾回秋,枳棘叢深見墓丘。艷骨香魂千古恨,斷雲殘雨一天愁。故宮寂寂春何在?落日涓涓水自流。啼鳥聲中增感慨,肩輿經過更遲留。

四友軒

松竹梅花舊有名,幽人又結歲寒盟。翻雲覆雨嫌時態,傲雪凌霜有故情。人物每同三益好,丰標況是一般清。相看冷淡空山裏,爾汝忘形度此生。

春園行樂

漠漠輕烟淡淡風,曲闌干外小池東。鶯穿高柳分晴翠,燕掠飛花落軟紅。好景只疑圖畫裏,新詩都付笑談中。及時游衍心偏樂,鸚鵡深杯莫放空。

與弟東軒

一遍賡詩百遍吟,吟成猶未愜人心。韻逢險峻尤難押,句到新奇不易尋。銀燭燒殘思處苦,長髭撚斷坐來深。陽春白雪真稀少,金石難同瓦缶音。

望雲思親為陳公輔伴讀賦

甘旨無由奉母慈,晨昏常起狄公思。孤雲目斷三千里,寸草心懸十二時。飛去不能身有翼,愁來空自淚交頤。誰知我亦傷情切,忍誦當年陟岵詩。

題陳叔振憲使雁山永慕卷

家山埋玉幾星霜，游子天涯倍感傷。宰木有烏風淅淅，泉臺無路夜茫茫。當年獨立心常在，此日三遷教未忘。貌得佳城隨宦轍，公餘展拜淚淋浪。

丘仲玉少參晚香亭

小結幽亭用意深，西風開遍滿籬金。飡英自得靈均味，把酒誰探靖節心？冷艷不嫌秋色淡，殘枝偏耐曉霜侵。主人賸有新裁句，日對南山取次吟。

借山樓為湯俟菴作

十二闌干百尺樓，千年風景一時收。不妨老子常開眼，曾辱高峰為點頭。爽氣隔簾時冉冉，嵐光浮座晚悠悠。姑蘇景物分明是，底用思鄉感舊游。

淨香亭

小結幽亭傍此君，百年風雨任朝昏。濕雲侵晚籠茶竈，高節凌寒落酒樽。窗外有時搖翡翠，風前終日散蘭蓀。主人對此歌淇澳，剩有清聲遠近聞。

道中遇雪

前驅墮指折弓弦，四顧茫茫失渭川。初訝飛花連碧落，還疑美玉出藍田。隨車縞帶真無異，捲幔冰崖絕可憐。誰道眼前非上瑞？等閒三白是豐年。

咏雪和蘇長公韻二首

已密還疏亂更纖，襲人寒氣十分嚴。可能端木皆成粟，未必楊花卻似鹽。冷咽銅龍沈曉漏，聲酣鐵馬戰風檐。曉來忽報紅輪上，仙掌依稀露指尖。

長樂鐘聲散曙鴉，九衢風力疾於車。折殘渭水竿竿竹，擬遍梁園樹樹花。沃野春回千隴麥，層檐冰綴萬人家。句清無奈茶烟濕，撚斷吟髭手謾叉。

雪晴三首

陰沴初消瑞日升，田夫于耜擬東興。山頭破燄青猶在，柳眼窺春綠未曾。

雙艇遠依收釣火，一簾深映讀書燈。人間妙手嗟誰及，調燮終歸宰輔能。

樓雪初融歲欲更，喜聞乾鵲報天晴。炊烟早逐朝陽起，春意潛隨野水生。雲散佛頭來岳色，風回仙掌落鐘聲。不知驄馬經行處，賦得梅花幾首成。

玄冥司令勢何嚴，一雪能教數日淹。風斂凍雲歸遠岫，天開晴日上虛檐。梅腮破臘爭勻粉，笋指緣寒未露尖。好在田家應拍手，瓦盆盛酒正厭厭。

雪晴復作五首

誰翦瓊花促未停，海雲籠日上蒼冥。地宜蓒麥三回白，山露芙蓉幾仞青。寒溜不妨和漏滴，春蠶猶愛隔窗聽。江湖此夜看牢落，應有高人睡未醒。

四匝陰雲動浹旬，河山積玉幾番新。吟餘瘦骨應憐我，寒到貧家亦惱人。浮世悟來皆泡幻，化機流後即陽春。座中鶴氅清如許，緩步能消物外塵。

片片隨風欲作團，曉來簾外正霏霏。鴉巢深樹飢爭噪，鵲聚空梁凍不飛。雙棹山陰狂客返，一簑江上釣翁歸。玉樓銀海真仙咏，已覺當年屬和稀。

長空雪意未蹉跎，舞屑回風一瞬過。藥玉栖船迎臘早，水晶簾幕受寒多。清浮石鼎應誰得？白戰星堂奈若何。回首江天雲霧裏，短罾疏網伴漁簑。

酸風吹雨結陰雲，村舍人家半掩門。弱水作花看有象，堆鹽肖虎刻無痕。彩毫凍合詩仍健，綠酒春回臉易溫。清興滿懷渾不俗，山陰灞水總休論。

看 雪

雨花雲葉逞新奇，弱水何人奪化機？掌上芙蓉旋玉女，空中縞素簇瓊妃。郊原瘦蹇衝寒去，野渡輕簑薄暮歸。最是柱頭驚舊鶴，爛銀城郭此時非。

聽 雪

玉屑兼風捲地驚，坐疑天籟不勝清。吳蠶食葉漸無迹，江蟹行沙碎有聲。詩夢又從深夜轉，春愁還向隔年生。閉門要路無遺處，誰謂滕神亦世情？

和楊憲副應寧過藍橋

搖搖小隊出藍關，一路凌兢馬足慳。萬里同雲迷玉宇，滿天霏雪幻銀山。枝翻宿鳥驚難定，苔長新痕濕未斑。卻憶昌黎經此日，憑誰沽酒慰愁顏？

又和藍田道中

風雪交加歲晚時，一年節候又將移。官庖有麋堪沽酒，野店無梅欲廢詩。白鳳隨車歸院疾，銀杯逐馬度橋遲。關西重見楊夫子，猶恐前身是伯夷。

送焦知縣陞彰德知府

曾於烏府播芳聲，又向花封報政成。皂蓋朱轓今日寵，玉壺秋月舊時清。愛民須體朝廷意，臥轍偏傷父老情。見說調羹還有待，一麾寧許久專城。

挽余士英司馬父母

紫簫聲徹鳳鸞飛，雛鳳呈祥世所稀。二品褒封蒙異數，百年伉儷竟同歸。理財久擅韋公譽，斷織猶存孟母機。七尺穹碑昭不泯，西川山水亦增輝。

夜坐聞笛

誰人吹笛倚樓東？靜夜聞來迥不同。嘹喨數聲雲散後，淒清三弄月明中。梅花落盡江城雪，楊柳凋殘野渡風。坐久不知黃鶴隔，參差樹影上簾櫳。

別意送凌臥岩還鄉次韻三首

術傳盧扁字鍾王，兩浙高名海內香。去路也知車載穩，濟時何用劍生芒。雞鳴函谷三更月，楓落吳江兩岸霜。歸到苕溪尋舊侶，畫船詩酒水雲鄉。

束書孤劍別西秦，紅樹青山潑眼新。千里風霜欺老鬢，五湖風月寄閒身。灞橋驢背驚殘夢，函谷雞聲促去輪。料得紀行多賦咏，郵筒毋惜寄陽春。

先生為客感秋聲，豈憚還鄉兩月程。囊裏有丹皆玉液，釜中無飯不青精。月殘茅店雞三唱，霜冷河橋馬獨行。去去天空風正急，渡江須待暮潮平。

寄日華上人

秦城分手一年過，眼底流光逐逝波。冷澹情懷交去久，平安消息寄來多。寶爐香燼同誰話？白雪詩成想自哦。遍倚闌干思無限，西風又老半塘荷。

天開圖畫樓為唐府三城王作

十二丹梯百尺樓，無邊佳致滿中州。山光凝黛當窗見，水色拖藍繞檻流。不用丹青誇獨步，真成造物與同游。高吟定有詩千首，安得登臨一唱酬。

御書閣為唐府三城王作

天上頒書寵數優，凌空傑閣冠中州。六經垂世崇宣父，萬軸傳家羨鄴侯。粉蠹避芸香馥馥，晴虹貫日影悠悠。貽孫燕子留芳遠，瓜瓞綿綿與國休。

送胡廷倫紀善致仕還鄉

廿載秦藩共我游，蕭蕭華髮已盈頭。季鷹去國蓴初美，靖節還家菊正秋。萬里雲霄雙捲翼，五湖烟水一歸舟。會稽賸有佳山水，吟得新詩肯寄不？

自題小像

石田揮筆寫吾真，身外誰知更有身。報國寸心元自赤，流年雙鬢欲成銀。愛山常與山為主，種竹誰知竹是賓。茶竈筆牀隨處有，優游天地一閒人。

再游天池普光寺憶僧性空

不到禪關二十年，無邊風景尚依然。青蒼遠接千章樹，紅白新開萬朵蓮。習隱不為招隱賦，愛山寧惜買山錢。獨憐惠遠今何在？孤冢斜陽帶晚烟。

慰新齋兄

握手常嗟會面疏，年來尤覺甚於初。身同野鶴清尤健，計比巢鳩拙不如。莫為事煩妨食息，且教心靜樂琴書。誰言淡泊中無味？淡泊從來味有餘。

次三鎮國慎獨齋竹軒之作二首

築得幽居類瀼西，苔痕蝸篆雨中迷。出林老幹芟猶密，解籜新梢長欲齊。高咏不妨人迤造，虛心似待我留題。夜闌分付閒啼鳥，莫謾喧啾攪鳳棲。

隙地新開水竹居，游觀終日從籃輿。清陰滿地和烟暝，涼影橫窗過月虛。

一點紅塵渾不到，萬竿蒼玉自森如。等閒相對真成趣，不用笙歌樂有餘。

次三鎮國慎獨齋陪游後園池亭之作二首

案牘無勞日日閒，每拚臨水更看山。綠雲冉冉侵簾細，紅雨紛紛點砌斑。三月韶光圖畫裏，百年身世去來間。東平自有天然樂，逸駕千年許共攀。

年來年去幾番新，萬事回頭扇底塵。雪裏老梅纔破玉，雨中芳草又成茵。滿鉤簾捲青山曉，半畝塘開綠水春。美景故知常在眼，人間俗事浪頻頻。

送任進之學正之絳州

匹馬嘶風踏軟塵，大河東去是通津。金天後夜文星遠，絳水開年化雨新。芹泮綠回官舍曉，杏壇紅送講堂春。人材瑞世從先達，皋席于今有鳳麟。

約戴松崖賞梅因出巡不果

宮庭萬玉擁新梅，曾約逋仙共酒杯。千里獨憐青眼別，一襟誰為故人開。漫勞疏影橫窗入，徒有寒香撲面來。欲折一枝煩遠使，豈勝搔首望蘭臺？

莊誦太祖皇帝御製文集

鼎湖龍去天應泣，弦管無聲市肆空。宸翰萬年留聖製，人文千古纘神功。堯民擊壤風謠在，周胤分茅典則同。秦隴諸孫瞻拜處，不禁血淚灑遺弓。

覽秀樓為宗兄臨潼王養性齋題

傑構憑虛接上台，闌干曲曲障風埃。窗涵渭水玻瓈滑，簾捲終南紫翠開。歌舞不知誰共醉，登臨應許我重來。無邊光景無窮趣，莫惜新詩為品裁。

送魯千之都憲之甘州巡撫

幾年藩省著芳聲，進秩都臺荷寵榮。霖雨又從今日作，泰階應向此時平。霜明番落旄頭暗，春到陰山淑氣生。為語羌戎須遠遁，于今萬里有長城。

次韻寄致政郁文溥少參

關陝相逢即故知，別來誰料會無期。金蘭漫憶同心話，白雪多慚下里詩。夜雨一燈勞遠夢，暮雲千里動長思。林泉聞說多蕭散，兩鬢年來尚未絲。

牡丹亭侍親夜宴

銀燭輝煌照綺羅，綠雲飛盡露銀河。天香國色春無際，玉漏銅龍夜幾何？翠袖舞風嬌不起，鳳笙吹月淡相和。霞杯滿進長生酒，春到庭闈喜氣多。

予祖康王嘗游翠微山，留題永慶寺壁，迄今四十載，寺僧錄詩來謁求和，予三復展誦感慕，不覺泣下，因再拜追和。時成化庚子九月一日也

當年仙駕到禪宮，回首春花幾度紅。賸有詩篇籠壁上，漫勞神物護山中。騰蛟起鳳奎光在，流水浮雲世事空。一捧驪珠雙淚落，九原衰草正秋風。

贈湯以脩紀善進階致政

董賈才華擅俊良，曳裾元侍我先王。籠鵝書妙黃金薤，倚馬吟成白雪章。松柏經霜知不改，筌蹄得意信難忘。一封竟遂柴桑願，又進官階拜寵光。

送余士英司馬之京

天書飛下五雲端，八座崇高禮數寬。霖雨早收天下望，法星曾照虜中寒。當年維岳生申甫，終古邊城倚范韓。將相勳名真不愧，折衝補袞信非難。

咏雪次韻

紛紛瑞葉下遙天，宮闕高寒攪夜眠。指露卻愁東郭履，興闌還笑剡溪船。党姬風味羊羔酒，謝女才情柳絮聯。最喜太平先有兆，一冬三白遍秦川。

送賈希召都憲致政還蜀

承流總憲兩稱宜，憂國憂民鬢已絲。裴相抗章求退日，虜酋歸化受降時。巴江雪霽鷗波闊，蜀棧雲連鳥道危。可是還家便高臥，九重無乃動遐思。

壽伯汧陽王

花甲將周鬢未絲，五朝身際太平時。明珠白璧原無玷，后土皇天若有私。雲煖瑞芝森玉葉，雨香仙桂濯金枝。年年此日春如海，笑對南山醉酒巵。

聞余士英都憲凱旋喜而有作

獯狁十萬度洮河，頃刻前徒自倒戈。酋虜命從今日盡，名臣功比昔人多。一天膏雨消氛氣，滿路春風奏凱歌。聞有巨崖堪勒頌，萬人相向為君磨。

夜坐納涼

桃笙豹枕竹方牀，爽氣微添白苧裳。宮漏穿花聲斷續，疏螢度水影輝煌。玉繩低轉繁星亂，銀浦斜連淡月涼。清興滿懷詩吻渴，笑拈斗柄挹天漿。

擬送人赴舉

十年經傳費覃思，養就長材未是遲。月殿秋高攀桂夕，禹門春暖化龍時。士林聲價千金璧，藝苑文章五色絲。此去奏名真不忝，便應飛步接皋夔。

送李經司陞知隴州

贊政薇垣屬老成，分符又喜領專城。九衢父老壺漿餞，一路兒童竹馬迎。行李只隨清獻鶴，生涯誰賣隴山鸚。東風三月長安道，側耳行人沸頌聲。

擬聖壽節早朝

南極騰光燭紫霄，康衢又聽頌唐堯。九重宮闕開黃道，五色雲霞擁赭袍。靄靄御香浮黼扆，蔥蔥佳氣拂旌旄。萬方感德多歡抃，共祝南山壽域高。

春雪次韻

亂灑寒檐已足誇，飛來燈夕更光華。天孫不記三陽候，青帝初裁五出花。消剩江波浮釣艇，潤餘田麥慰農家。呼童莫待金烏上，掃向梅窗夜煮茶。

對雪謾成

寒湛虛明耿夜光，朝來片片過宮牆。輕如柳絮還應濕，白似梨花秪欠香。風韻每憐飄處好，詞情偏覺賦詩狂。玉堂此際清如許，不數豪家樂醉鄉。

送婁克讓之四川方伯

紫泥封勅下天閽，憲使遷官向蜀藩。瑞世百年麟在囿，清風千里鶴隨軒。朝廷方岳西川重，霄漢星辰左轄尊。從此雪山南下路，甘棠春煖綠陰繁。

乙巳仲春七日聽頒寬恤詔

彩鳳銜書出九重，聖恩如海遍寰中。江山清晝風烟散，天地回春草木同。二月迅雷驚蟄腐，一時膏雨起疲癃。臣民歡忭將何補，萬歲千秋祝華嵩。

挽儀賓曹仲璜

賓館相親歲月多，年來霜鬢漸成皤。千金偉器元無忝，半世榮名耿不磨。北海樽空虛夜月，南柯夢斷冷行窩。石麟高冢青山下，腸斷秋風嘆逝波。

周處三害圖

膂力兼人膽氣麄，勢同蛟虎虐無辜。若非父老一言悟，安得鄉閭三害無。死國能堅忠義節，讀書還作聖賢徒。男兒改過非難事，千古英風激懦夫。

壽錢員外八十大參大用之父

八裘封君樂且康，酡顏偏稱錦衣裳。棲身有分終幽隱，裕後多書遂顯揚。越水吳山鍾秀氣，少微南極燦祥光。世間甲子如流水，笑展方瞳看海桑。

會樂圖為宗弟永壽王題

四海承平庶事康，百年雅會重藩方。琴樽適興排鴛序，禮樂禔身肅雁行。更喜阿咸從阮籍，且無成義狎寧王。天倫至樂時時有，不似蘭亭一咏觴。

送暹上人還京

萍水相逢歲未周，又看飛錫上神州。梁恢針驗心多感，龍樹機深計莫留。雁度碧雲函谷曉，蟬鳴紅樹曲江秋。臨岐且莫傷懷抱，更約春風此地游。

和馬天祿憲副隴州簡閻光甫大參

悠悠汧水帶雲流，白草黃沙接遠洲。風斷歸鴻迷別渚，霜寒落木動高秋。番營人散城邊馬，野渡僧歸月下舟。獨有高閒當此際，每將心迹寄菟裘。

和次閻大參韻

報國曾將素志酬，乞歸還愛草堂幽。夕陽簾捲吳山碧，野渡舟橫隴水流。詩酒放懷三徑地，鄉園飛夢五雲樓。身閒況是心無累，半百年來未白頭。

和華亭道中雨晴

五花驄馬鞚青絲，憲使高秋按節時。貪吏望風爭解印，遠人歸化納降旗。草間泣露蛩聲切，塵外摩空鳥力疲。景物滿前騷興在，不妨頭上雨催詩。

和晚渡咸陽

長堤漠漠繞晴川，芳草離離接遠天。幾處夕陽林外鳥，半篙秋水渡頭船。青山伯業成餘燼，紫蔓殘碑紀昔年。薄暮行人呼愈急，短衫黃帽立沙邊。

壽汧陽伯父

玳瑁筵開簇綺羅，碧桃花發去年柯。東平樂善賢名著，南極呈祥瑞彩多。翠袂舞風鸞影細，紫簫吹月鳳聲和。霞杯滿進長生酒，醉看桑田起白波。

送陳公輔伴讀省親入蜀時其弟進士亦歸省

一別慈闈幾歲寒，宦游何處問平安？太行睥睨雲飛遠，棧閣崔嵬馬度難。庭下稱觴堯叟至，門前衣繡季方歡。人間家慶如君少，堂北春深雨露寬。

送童世奇黃門回京

近臣承詔下鑾坡，跋涉其如遠道何。魚目混珠須辯早，角弓入酒莫疑多。人情翻覆真堪笑，水鑑妍媸定不訛。行色一鞭催去馬，華山回首鬱嵯峨。

送唐虞卿郎中回京

遙持玉節下秦中，萬里流雲素鑑空。曲直肯撓三尺法，咨詢都付一心公。行旌渺渺瞻燕北，驛騎蕭蕭過陝東。囊裹封章多少事，更期民隱達宸衷。

和詠雪

六花飛舞亂西東，一白茫茫路不通。閉戶高眠窮巷客，維舟獨釣破蓑翁。川原繚繞疑瓊島，草樹高低見玉叢。最喜豐年先有兆，來麰生意已無窮。

送錦衣楊千兵回京

一片清冰置玉壺，家傳韜略更兼儒。鼠牙雀角原情偽，重袴疑金定有無。堤柳煖風飛乳燕，河橋春水泛輕鳧。香塵十里長安道，笑拂吳鉤上帝都。

楊化州清節卷

佐政三州藹頌聲，繭絲保障極經營。跳梁小醜空為亂，安堵居民總不驚。囊裹肯携包拯硯，胸中元有仲淹兵。關西家世傳來久，清白端能裕後生。

次楊應寧僉憲留別京師詞林諸友韻

三年讀禮輟慈闈，還逐鵷鷺舊伴飛。雙闕制頒綸綍命，五陵士望斗山歸。青雲接武天應近，絳帳傳經願不違。留取從行清獻鶴，他年堪繡上羅衣。

璽書榮捧別詞林，祖帳臨岐思不任。原委早承明道派，之無幼契樂天心。官居執法飛霜遠，人喜從游立雪深。密勿廟廊應有待，壯年誰許脫朝簪？

宣廟太乙真人蓮葉舟畫為永壽王題

水上飄飄一葉蓮，真人宴坐穩於船。撐歸泰華峰頭月，夢入西湖鏡裏天。

衝浪不驚紅雨亂，忘機常對白鷗眠。鼎湖龍去仙蹤遠，遺澤空存御筆鮮。

送高文明繡衣事竣還朝

榷茶奉制撫邊夷，一道澄清屬有為。豸角霜威秋肅肅，烏臺月影夜離離。及瓜有待催行色，折柳無端動別思。關隴近來凋弊甚，封章好達聖明知。

送匡敬敷繡衣事竣還朝

戎政賢勞歲屢更，又持繡斧上神京。天開魏闕雙龍近，雲盡長空一鶚橫。官道飛埃過雨淨，驛亭殘暑逐風清。九重若問三農事，麰麥微收穀未成。

題忠孝節義傳為都閫王徽作

節鉞防邊與弟俱，一門風化重興圖。孤忠報主今應少，雙節從夫古亦無。事母孝思恩罔極，痛姑涕泪眼將枯。芳名美譽垂青史，留與人間作範模。

送都憲陳叔振作鎮宣府

邊疆作鎮衆稱宜，攀卧爭緣父老癡。憲府恤刑崇德望，都臺遷秩拜恩私。燧烽烟杳防秋遠，刁斗聲沈警夜遲。舊煉石皆成五色，珍藏還待補天維。

與強景明伴讀

清冰無滓玉無瑕，魚水相看鬢未華。詩擬陶韋窺雅調，文宗韓柳擅名家。井天典教膺儒聘，藩邸能官更汝嘉。慚愧楚筵初設醴，何如賈誼在長沙。

竹窗寫興四首

幽軒瀟灑傍宮牆，種得新筠繞畫廊。寒色滿林秋淅淅，綠陰匝地曉蒼蒼。小窗不雨書常潤，矮榻無風簟亦涼。一點紅塵無處著，分明身世在瀟湘。

滿院琅玕綠染成，蒼茫秋色弄陰晴。如雲謾作紛紛態，帶雨常為籔籔聲。陸地何時無翠滴？炎天終日有寒生。我來不是閒乘興，共結冰霜歲晚盟。

一片湘雲壓畫欄，鳳毛零亂綠成團。香生籜粉晴猶墮，翠滴苔花濕未乾。簾影低垂秋霧薄，玉聲輕弄晚風寒。傍人莫訝躭幽興，盡日微吟獨倚闌。

軒居幽僻斷塵紛，不種穠華種此君。晴翠拂檐秋瑟瑟，綠陰垂地晝氤氳。滿庭碎玉人空掃，半畝清風鶴共分。讀罷武公淇澳句，不知簾外已斜曛。

溪上晚景

隔岸山光翠欲流，暫停驄馬一遨游。斷雲閣雨天將暝，老葉驚風樹已秋。爭果野猿時聚散，傍船水鳥自沈浮。垂鞭緩策歸來後，詩興無邊咏未休。

和韻寄日華上人二首

幾年不見佛圖澄，龍象天高未許登。西土重來思有道，親藩分守愧無能。曾聞心印傳諸祖，更喜詩壇續九僧。料得山居無箇事，蒲團終日課蓮經。

當年曾會景隆池，千里難禁別後思。古寺春深花落後，小軒人靜月明時。寒山笑謔都成偈，無本推敲酷愛詩。何日重來尋舊約？相逢一笑話襟期。

李公隄為岳州守李文明作

洞庭湖水古今同，岳牧全收捍禦功。耕藝有田成歲稔，往來無客嘆途窮。沿隄新柳搖金縷，傍岸長橋臥彩虹。昭代擬脩循吏傳，聲華先已屬觀風。

送李文明憲使之任河南

東陵作鎮先諸郡，西岳旬宣重一方。到處蒼生沾雨露，平生清節凜冰霜。憲臺赫赫官階峻，使節搖搖驛路長。不道梁園還久住，居然聽履上巖廊。

送少司馬王表倫赴京二首

簡書分陝羨賢勞，幾見巡邊樹節旄。戰馬不嘶饒苜蓿，耕農無事醉蒲萄。三春雨露滋三輔，六籍經綸濟六韜。八座登庸還有待，好將忠赤答恩褒。

遙持玉節鎮長安，百辟嚴趨仰豸冠。私謁不通霜滿面，秋毫無犯鐵為肝。一封丹詔來春殿，三品清銜貳夏官。幸際昇平戎事少，委蛇日日侍金鑾。

送張應祥繡衣按治四川還朝

繡衣驄馬上金臺，好是西川按轡回。甘雨一天隨使節，清風千里斷氛埃。

故園情思迷松菊，先隴恩光賁草萊。五色雲開雙闕近，朝陽爭看鳳飛來。

送夏官楊知微司廳事竣還朝

三孤世閥挺人豪，贊理兵曹地位高。霄漢飛騰真不忝，關山跋涉肯辭勞。長安秋色隨青蓋，華岳晴光絢錦袍。此去天顏應咫尺，定知喬擢荷恩褒。

送談時英僉憲陞任江西憲副

雙旌高捲北風涼，南望洪都去路長。洞獠定歸今日化，野梅應發去年芳。謾誇搏擊同鷹隼，共喜翱翔有鳳凰。楚水吳山成遠別，作詩聊為緩離觴。

閒　中

閒中常是笑人忙，始覺閑中趣味長。天上浮雲多變幻，人間流俗自炎涼。推窗對客敲棋局，倚榻呼童檢藥方。茶竈筆牀書滿架，不妨吟嘯到斜陽。

元　夕

噓煖東風晚更微，瑤天皓月正光輝。華燈萬盞樓頭下，火樹千枝望裏飛。宴集衣冠開玳瑁，詩成咳唾落珠璣。迢迢良夜春如海，不醉樽前肯放歸。

送丘仲玉大參之任山西

若翁三晉賴句宣，鵬路追踪有後賢。藩省甘棠誰忍伐？瑣闈舊草世爭傳。蒲關夜月雞聲早，汾水秋風雁影聯。自是才高留不得，巖廊千仞看飛騫。

送仰晉卿憲長入覲

駸駸花驄覲紫宸，稜稜風裁動朝紳。霜飛豸角三秋肅，喜入龍顏萬國春。執法無私推骨鯁，籌邊有策待經綸。籠街喝道長安市，元是西臺第一人。

送嚴宗哲太守入覲

五馬驕嘶不受鞭，文章太守遠朝天。蒼頭祇許携孤鶴，父老何曾獻一錢。豈弟從來心宅好，廉能多見口碑傳。朝廷公道明於日，此去褒旌定九遷。

夏日即事

銀牀冰簟暑風清，宴坐頻揮玉麈輕。好鳥向人如欲語，新花照眼更多情。一拳怪石當窗小，幾派流泉到沼平。最喜平安軒外竹，蕭蕭先已送秋聲。

夏　　夜

火雲纔見斂奇峰，隱隱前溪遞晚鐘。碎玉鏗鏘風動竹，零金散亂月穿松。荷盤燭影明還滅，鵲尾沈烟淡復濃。吟倚朱欄清不寐，可堪宮漏促銅龍。

處善樓為永壽王東軒題

百尺危樓喜落成，九重賜額一時榮。聖經浩浩乾坤大，祖訓諄諄日月明。莫向綺羅叢裏醉，直須韋布境中行。傳來天語南山重，好學間平享令名。

興慶池

綠波流盡草離離，畫舫笙歌載昔時。海變桑田龍去遠，雲迷華表鶴歸遲。歌臺落寞俱陳迹，小殿荒涼有斷碑。最恨沿隄楊柳樹，臨風依舊舞腰肢。

與華陰孫令

早沐恩除下九重，年來聲譽滿雷封。單車出郭多迎客，羸馬隨鞭每課農。雉哺桑田春盎盎，雞鳴蠶市月溶溶。民安物阜應多暇，上到蓮花第幾峰。

曲江春游

潑眼春光泛曉晴，閒行隨處愜幽情。桃花笑客乘時發，芳草留人特地生。鳥外雲移山欲動，樹頭泉落水如傾。晚風餘興歸仍在，忽訝新詩馬上成。

理髮美人

金盆沐罷水沈香，謾解雙鬟趁晚涼。蟬翼輕盈籠薄霧，鴉翎閃爍出殘湯。凝脂翠縷風前滑，窣地青絲鏡裏長。惱殺多情驚一見，似曾行雨下巫陽。

步月美人

遠思驚秋夢不成，玉關何處玉輪橫。風光暗與當年異，弱質難禁此夜清。柳影花陰聊曳步，人間天上慢多情。憑誰親向嫦娥道？莫為孤眠損舊盟。

點唇美人

笑取紅綿拭鏡光，香臺珍重曉來粧。瓠犀微露朱櫻破，猩血輕調玉笋忙。樊素年來添嫵媚，樂天老去更疏狂。金籠鸚鵡驚相見，卻怪風前笑語香。

折花美人

粉香罷染鏡中丹，百轉千迴繞畫闌。夜合有香迎日暖，宜男無語怕春寒。深紅在手顏初破，淺白沾衣露未乾。浪蝶狂蜂莫相妒，粧成要使阿奴看。

送陳德脩都憲之河南

青雲黃甲早飛騰，歷歷賢勞獨有稱。纔領除書遷左牧，又看徵詔進中丞。後生久已歸山斗，元首從來藉股肱。記取長安今日別，上元時節正張燈。

桃接梅

何事玄都解出神？孤山換骨絕纖塵。劉郎此日非前度，姑射于今是後身。自許堅貞盟晚節，恥將顏色媚穠春。從今結就調羹實，不記瑤池有故人。

送惠安伯奉使還朝

聖明天子重親親，袞冕臨軒遣大臣。親捧金書辭北闕，遠持玉節下西秦。波分雨露天潢近，慶衍宗支帝命申。歸去重瞳應咫尺，為言萬物總回春。

送鄭德新方伯致仕

霄漢勳名喜致身，薇垣望重自西秦。心應許國終懷赤，鬢為憂民早博銀。公道定知歸太史，清朝無愧作閒人。從今勘破黃粱夢，習靜虛堂養谷神。

韓愚夫黃門具慶詩

忠獻雲仍衍慶長，一門遭際此非常。兩兒價重連城璧，二老眉齊具慶堂。烏府黃門同寵渥，錦袍珠翟共康強。亦知積德君家事，壽域天開自聖皇。

送李叔淵繡衣還朝二首

青春豸繡幾人如，玉斧從容引鷺車。買鐵十年曾鑄劍，典衣無日不收書。似聞彫瘵勞存問，那復豺狼待掃除。去近九重應簡在，西行聲價重璠璵。

舊持憲節過西秦，銜命重來是故人。八郡風霜千里遠，三塲條格一時新。杜陵骨瘦多憂國，范相心勞總為民。料得巡邊應有待，藩邦爭識玉麒麟。

送戈勉學太守之廉州

天家有詔起龔黃，暫撫東夷近海鄉。夾道旗亭榕葉暗，繞城村落荔枝香。扶桑日上春無瘴，合浦珠還夜有光。壯志不須嗟遠別，男兒出處付穹蒼。

太行家慶為李叔淵侍御題

車馬駢闐鼓笛譁，德星今聚李膺家。三千鍾乳和玄露，百萬蒲萄薦紫霞。金烏喜承新寵渥，青氈還是舊生涯。賢郎便道稱觴處，天上蟠桃正著花。

灞陵別意送夏廷贊行人還高郵

官河夾岸柳依依，有客西來衣錦歸。詩思喜隨花競發，離心應比絮先飛。馬頭岳色春雲淡，樹底河聲夜雨微。此去寧親兼入覲，清時忠孝獨無違。

春日即事

簾捲東風淑景移，朱樓翠閣日遲遲。柳烟分綠侵書幌，花雨飛香入硯池。物外功名渾似夢，眼前風物總宜詩。人生對景須張主，莫待秋霜染鬢絲。

春宮詞

畫漏遲遲淑景長，此中別是一風光。彩雲畫棟來天女，麗日文窗語雪娘。

怪石當階飛翠濕，小橋臨水落花香。龍笙鳳管開筵處，只把關雎備樂章。

送汪文燦大參陞任廣東憲長

薇垣督餉未三年，持憲遐方簡任專。霜落梅天消瘴雨，風清驛路掃蠻烟。訟庭坐久榕陰合，賓席開時荔子鮮。見說外臺風紀重，豸冠還上五雲邊。

挽閻文振方伯

名高黃甲際昌期，八十年來鬢已絲。風月襟懷涵酒量，乾坤清氣入詩脾。明時解組開三徑，暮夜懷金畏四知。此日蓋棺身事了，士林誰不為含悲。

壽楊宗德行人父八十

薰風四月動朱弦，晝錦堂開上壽筵。翠柏蒼松春不老，少微南極夜同躔。芰強曾慰良民望，登第今推令子賢。從此仙家消息好，等閒滄海變桑田。

送西安袁大綸推府應召之京

萬里青雲早致身，三年丹筆斷如神。奇才自古成梁棟，靈囿于今有鳳麟。藉藉芳名聞北闕，煌煌休命下西秦。法星昨夜光芒正，照見蘭臺第一人。

送吳世安繡衣還朝

按部賢勞歲已更，乘驄又見上神京。從來白簡名偏重，此去金吾膽亦驚。泰運喜同文運盛，法星還近帝星明。埋輪攬轡男兒事，肯使前賢獨擅名。

送張邦鎮都憲巡撫[一]畿內

西省纔承寵命新，中臺又見荷絲綸。如今八座多求舊，自古三邊重得人。萬里河山同日月，九重霄漢動星辰。北門鎖鑰知均是，會見沙場靖虜塵。

【校記】

[一]"巡撫"，底本作"撫巡"，今據四庫本乙正。

挽張尚質主事之室

登科纔拜粉闈郎，旋對西風泣孟光。紅錦恩頒新制誥，紫羅恨滿舊香囊。人間無計留穠李，地下何緣種海棠。幾度五更孤夢覺，空餘殘月照儀牀。

清溪小隱卷

漫倚山椒結隱居，長歌真欲愛吾廬。座中每下高人榻，門外時來長者車。楊柳風恬春院靜，梨花月冷夜窗虛。蕭然身世渾無累，讀盡人間萬卷書。

園亭小集

煖玉流霞次第傳，滿前吟料自無邊。風回窗竹驚香粉，雨綉亭苔蝕紫錢。斷續蟬聲琴入奏，翩躚鶴袂雪當筵。飲餘燕坐心如許，讀到《南華》第幾篇。

送仰茂才南還晉卿憲使之子

秋雨長安送小坡，青雲麟趾思如何？墨池字逼《蘭亭叙》，藝苑才髙《白雪歌》。獬豸定知傳舊物，珊瑚又見長新柯。干將此去須重礪，珍□名家進士科[一]。

【校記】

[一]"□"，底本漫漶，四庫本作"重"。

次韻無題二首

日自西馳水自東，悲歡得喪古今同。詩能寓讖逢山鬼，燭解藏機仗木童。悍將志驕難慮敵，名姝顔好亦和戎。憑君莫話神仙事，瀛海茫茫際碧空。

身世浮沈不繫舟，人生踪跡可能求。春風水漲桃花渡，夜月烟迷燕子樓。簾箔低垂燈已燼，轀輬髙舉藥難留。少年莫為多情苦，只恐多情易白頭。

送嚴茂才省兄南歸宗哲太守之弟

楚天空闊楚山青，秀出奇才屬地靈。藝苑爭傳鸚鵡賦，雲霄齊振鳳凰翎。

筆端造化移衡岳，胸次波濤小洞庭。珍重難兄賢太守，好將科甲繼芳聲。

送韓德夫繡衣南還天長展墓

泣血三年眼欲枯，邈綿寧忍忘中都。輶車帶月過金陵，清節凝霜照玉壺。官道好山隨去馬，故園宰樹慘啼烏。晝游況是人生願，料得心情異二蘇。

春日郊行

翠滴終南雪始乾，越羅衣薄逗春寒。路從興慶池邊過，花向玄都觀裏看。散乳琴泉通石竇，調聲簧鳥咽林端。熙熙到處逢人醉，爭說皇恩似海寬。

過雍世隆方伯別業

邯鄲夢破小功名，別墅新開近斗城。一井曉烟桑葉暗，半檐晴日杏花明。吟邊杖履恣游樂，塵外軒車絕送迎。寄語東山謝安石，莫因高臥負蒼生。

春　興

春來無日不題詩，只把題詩當酒卮。隱几正當鶯喚處，捲簾恰是燕歸時。垂楊影逐東風軟，紅杏香含麗日遲。九十韶華等閒事，流年光景卻成癡。

追和元孟溪湖上之作四首

愛花不惜買花錢，博得春風滿目前。晴蝶舞酣紅杏日，曉鶯啼破綠楊烟。隔溪鐘磬來僧寺，入座笙歌在妓船。俯仰乾坤都是樂，何須物外覓神仙！

南山招我亦良緣，恨不中間結數椽。草色正當行仗外，鶯聲恰在舞筵前。行行細柳搖金鏤，點點風榆落翠錢。更愛小橋添畫意，一竿斜繫釣魚船。

江南雨霽不勝春，況是湖山絕點塵。蛙鼓喧來鳴岸芷，燕泥銜去墮江蘋。錦堤花柳迷金勒，畫舫笙歌醉玉人。寫興從來凡幾首，總輸坡老獨清新。

杭州風物錦成堆，送目閒登百尺臺。舉棹吳江翻雪去，捲簾天竺送青來。佳人倦舞妒飛燕，游子停杯歌落梅。卻憶風流蘇太守，肩輿忘卻醉中迴。

郊興

數聲啼鳥隔烟霞，帖帖龍駒踏軟沙。紫陌好風多柳絮，錦溪新水半桃花。松楸寂寞將軍墓，臺殿參差釋氏家。樹底瓦盆盛濁酒，喜看野老話桑麻。

春日東園與客小集

花時賓從一徜徉，簾捲東風日正長。莫厭梁園頻雅會，也勝曲水共流觴。香蟠翠霧迷金獸，歌裊新聲落畫梁。更有當筵清絕處，流鶯百囀在垂楊。

偶書三首

不避流言不避嫌，維藩無愧足安恬。道心向上初知進，詩思新來似覺添。臨水有時閒把釣，看山無日不鉤簾。樂天元是吾家趣，何必君平為我占。

惆悵何須咏四愁，茫茫塵世且沈浮。一枰黑白真為敵，眾口酸鹹苦不侔。萋斐竟能成貝錦，戾郵惟恐謗麚裘。大東不見西人子，粲粲熊羆私與舟。

此生何必卜窮通，造化從來自至公。持己不妨提四印，待人恆欲戒三窮。雲開遠岫連天碧，月漾澄波徹底空。俯仰乾坤都是易，管窺應笑老揚雄。

食薏苡仁飯索蕭子豫少參和韻

伊耆知己入圖經，佳實如珠性亦靈。綺席芬芳輕黍稷，青囊錯落間參苓。伏波老子曾招謗，吏部先生愛著銘。豈但充腸堪作膳，扶危還許制頹齡。

送熊良佐方伯之湖南

纔向西秦種紫薇，又從南楚振餘輝。清名自昔公多著，輿論元來眾所歸。華岳有圖歸使橐，湖湘無土浣征衣。遙知別後相思處，目斷江樓一雁飛。

送許進士還朝季升都憲之子

奉使西來荷寵恩，德人真見此温温。百年庭訓詩兼禮，一代賢科弟與昆。騏驥超羣元有種，珊瑚出海豈無根？忠宣不愧希文後，汗簡勳名取次論。

首 夏

清和時節屬朱明，況復南郊禮載迎。花氣滿庭晴霧合，槐陰匝地午風清。池亭引水新泉出，石鼎烹茶活火鳴。更喜夜來龍試雨，入簾草色翠盈盈。

端陽宴中題扇分送鎮巡藩臬

一年佳節屬端陽，小殿鉤簾日正長。絲竹喜同秦客醉，帆檣翻笑楚人狂。紅衣出水蓮初試，白雪登盤麥始嘗。見說南薰能解慍，還須大手為宣揚。

過郃陽溫穆王東園延春亭感懷

東皇促駕肯淹留，井轄於人豈易投。露洗怨紅花淚滴，烟迷寒翠柳眉愁。當年吟賞添新況，此日經過感舊游。斜日鳥啼賓客散，山亭無恙水空流。

夏日內燕後偶成

日上扶桑曙色分，湘簾如水逗南薰。雀屏巧剌籠金餙，鳳斝輕鐫暖玉紋。縹緲寶香穿仗入，鏗鏘環珮隔花聞。華堂宴罷高眠處，肯向陽臺夢楚雲。

山居為毛仲德隱士作

青山面面繞幽居，高隱中間興有餘。花徑煖香來縹緲，竹窗晴影落扶疏。雪飛洞口歸巢鶴，金躍波心出浪魚。我亦喜無塵鞅累，何時一訪隱君廬？

閒 興

富貴功名總不關，昔人高節許追攀。心如流水淡中淡，身比浮雲閒更閒。霜雪後凋同棐竹，炎涼不改共青山。年來事事皆疏懶，惟有吟詩興未慳。

送高世德行人服闋之京

年少亨衢早致身，松崖高弟有斯人。使藩不辱君王詔，營墓誰憐孝子貧。舊賜緋袍深雨露，重依丹陛近星辰。故園聽說松楸在，可有鄉心入夢頻？

送秋官謝維章亞卿還朝

參相薇垣舊識荆，十年南北兩馳情。手持三尺來京國，人迓雙旌入雍城。紫極曉晴初日麗，金天秋靜法星明。掃除兇穢清關陝，從此姦邪夢亦驚。

秋　意

金帝行權代祝融，先聲已自到梧桐。涼生虛室蟾光澹，爽入疏簾露氣通。梁燕刻期辭舊壘，池荷一夜墜嫣紅。青奴白扇均休怨，夏日貂裘亦爾同。

送韓德夫繡衣起復之京

脫卻麻衣著繡衣，遠乘驄馬謁金扉。雲開玉闕雙龍擁，秋靜瑤空一鶚飛。攬轡舊聲餘上谷，含香新奏入端闈。獨憐鄉國南畿近，已見春風畫錦歸。

送長史之京

獨憐外患一朝加，要識榮枯似轉車。魚目混珠難卒辯，青蠅點璧未為瑕。身羈請室心還赤，夢繞嚴庭鬢易華。去去不須垂別淚，天家雨露正無涯。

送錦衣趙廷昭揮使還朝

中朝人物美丰姿，少日才名衆見推。身惹爐烟分虎衛，口銜天語下龍墀。來時滿月隨金節，歸路清飈引綉旗。忠慎如君真不忝，好同臯契佐雍熙。

送少司徒許季升之京

平生豪氣薄雲霓，魯直曾勞御筆題。才大似嫌秦地小，名高翻覺華山低。爭看赤手扶黃道，又見徵書降紫泥。此去為霖康四海，還祈餘澤被關西。

質　軒

矮屋何須桷與榱，并刀誰復剪茅茨？雕鐫綵繪非吾事，樸厚渾堅實爾宜。宓瑟虞琴聲最淡，太羹玄酒味偏奇。塵埃多少繁華眼，不是商人詎得知。

秋祀山川偶成

珊珊玉珮候嚴更，躬祀山川體至情。匝地風雲初繚繞，一天星斗正澄清。洋洋神貺應來格，肅肅愚衷愧未誠。但願滿郊禾黍熟，普教民物遂生成。

挽耿天資少參

接武賢科著美譽，年來分陝獨勤渠。春秋荏苒五旬半，風雨淒其八月初。廿載守官惟祿俸，平生教子祇詩書。可憐歸瘞家山下，流水依然繞故居。

送張廷儀繡衣二首

秦晉山河咫尺間，繡衣人望下臺端。九重朝日辭龍袞，一道秋霜落豸冠。閶闔夜深飛夢繞，太行雲近舉頭看。北風莫謾吹關雪，鷹隼元來不畏寒。

文章柱史擅才華，獨步中臺帝所嘉。雲簇朱衣兼繡豸，霜飛白筆更生花。坐令豪俠遵王度，肯使奸邪小法家。歸去倘勞當宁問，為言西土靖胡沙。

初度自慶十一月十五日

行年四十尚蚩蚩，獨喜年年物色宜。荔挺始看穿北土，梅花又見放南枝。三川風月供詩興，千里河山入酒卮。俯仰自知無愧怍，不妨吟笑到期頤。

有舊識者自廣南以椰子孔雀見寄

朝來有客自炎方，異果珍禽忽寄將。落爪霜寒分玉液，驚心日煖閃金光。青門未許稱瓜瓞，丹穴從教有鳳凰。欲寫素書酬遠意，衡陽無雁到潮陽。

憶西山暨鳳泉舊游

夜夜名山入夢多，舊游踪跡復如何？靈源有性藏真火，絕壁無塵擁黛螺。冰泮磻溪增瀲灧，雲開太白露嵳峨。眼前有景誰收拾？都付漁樵作浩歌。

送韓淳夫府尹之應天

名魁三晉羨脩能，萬里烟霄早進升。天錫徵書來畫省，春隨行旆入金陵。

夕郎自昔推忠藎，京兆于今借股肱。接武昌黎應不忝，懸知從此更軒騰。

寄戴松崖司寇

別後心旌鎮日懸，相思還有夢相牽。江雲渭樹三千里，秋月春花十四年。懶散西藩甘豹隱，登庸南部喜鶯遷。逢人未問調羹事，且寄峰頭十丈蓮。

永思堂為熊騰霄都憲作

不盡長江不盡思，登堂無復覯嚴慈。都臺風木傷情切，宦海羹牆入夢遲。蠹落遺編留素業，塵封殘織有餘絲。浮光山水依然在，緬想儀刑獨淚垂。

送嚴宗哲太守乃弟冠帶南還

五馬城東送遠行，那堪難弟別難兄。烏紗此日同霑寵，黃甲當年獨著聲。春草池塘還入夢，夜窗風雨最關情。雲山杳杳牽離恨，極目湖天一雁鳴。

賀新齋兄襲封汧陽王

萬國星辰拱至尊，又看天使下親藩。金函玉節今恩重，伯服侯冠古制存。帶礪河山盟冊府，分封茅土及諸孫。綿綿餘澤齊天地，水木還能憶本源。

賀張一之憲僉之父封君八十壽

八十康強亙古稀，賢郎祿養喜無違。花香綠酒醺人艷，黍熟黃雞入饌肥。肯向公家輕自售，每從鄉社醉扶歸。遙知耆舊追隨處，爭羨封君著繡衣。

漫興

茫茫大化古還今，獨向盈虛酌淺深。醉後語言休著耳，夢中富貴莫驚心。青山到底成黃土，白石誰云幻紫金？不見當年康節老，弄丸終日只閒吟。

卷 六

五言絕句

南園即事

草木俱搖落，窮冬迫歲華。憑誰慰岑寂？獨喜見梅花。

懷陳叔振都憲

判袂俄經歲，懷居不暫忘。斷鴻何處是？目極塞雲長。

懷陳公輔伴讀

秦蜀雲千里，分攜十載餘。朝來逢驛使，纔接一封書。

村　行

綠瘦搖風柳，紅酣帶雨花。小橋流水外，茅屋兩三家。
一雞屋上鳴，一犬當門吠。竹裏起炊烟，田家臨水際。

題雜畫五首

好去深山裏，千峰不可尋。呼童松下問，□目白雲深[一]。
理罷紫桐琴，良宵成獨坐。嫦娥似賞音，流光時照我。
秋色飄零裏，秋聲淅瀝中。碧雲歸雁盡，天末夕陽紅。
一葉彩舟輕，紅粧照溪水。歌聲隔岸聞，兩兩鴛鴦起。
積雨初開霽，柴門掩薜蘿。空階堕梧葉，露冷月明多。

【校記】

[一]"□",底本漫漶,四庫本作"滿"。

夜　坐

月冷梅粧淡,風恬鳥睡癡。迢迢宮燭盡,誰□夜何其[一]?

【校記】

[一]"□",底本漫漶,四庫本作"問"。

苦　寒

玄冥嚴號令,四野雪花飛。莫道深宮冷,貧民未授衣。

醉仙圖

瑤池開宴罷,一醉入無何。轉眼千年換,桑田起白波。

秋　柳

長條摧落葉,猶自弄輕柔。扳折休教盡,還留繫客舟。

曉　思

譙角嗚嗚起,雲霞海曙光。東風深院裏,滿地落花香。

秋　夜

明月淡流光,凭闌夜方寂。梧飄金井寒,露下瑤階濕。

飲　酒

古今多愛酒,愛酒必傷神。為問靈均溺,醒醒有幾人?

古　意

裊裊竹成竿,纍纍花結子。永懷不寐人,空閨愁欲死。

對 花

花發酒新蒭，花前客倡酬。青春今日好，宜上少年頭。

秋 辭

月下彈瑤瑟，花前弄玉簫。宮溝水清淺，信是不通潮。
樓外月華明，孤幃別夢驚。畫屏勞輾轉，腸斷轆轤聲。

松陰鳴鶴圖

引頸劃然鳴，松陰轉二更。海天風露冷，秋氣一般清。

聽彈琴

流水與高山，泠泠十指間。清風明月夜，白鶴自飛還。

請人賞春

東園春正好，游樂預相招。詩酒如無伴，鶯花也寂寥。

方 塘

鑿破窗前地，澄澄一鑑開。天光與雲影，竟日共徘徊。

草 亭

粗結茅亭小，乾坤景趣幽。坐来心跡静，何必搆危樓。

夜坐有懷

獨坐有寒燈，故人千里別。雁過月明時，感我情凄切。

竹 影

滿地清陰匝，扶疎漏日光。憑誰施妙手？水墨寫瀟湘。

松　聲

非石還非竹，琅琅奏玉琴。幽人聽最熟，賴爾濯塵心。

獨　坐

深院無塵雜，朱門晝不開。階前嫌客過，只恐破蒼苔。

彈　琴

泠泠太古音，淡淡分宫徵。吁嗟篆與箏，繁聽惱人耳。

香奩追和元人黄伯暘韻

迢遞雲山阻，庭花幾度開。惱人雙蛺蝶，飛去更飛来。
沒階傍庭梅，摘實下高樹。梅子多苦酸，妾心更酸苦。
孤燈照夜深，淅瀝芭蕉雨。落葉下空階，秋聲無覓處。
霜林摘紅葉，題詩擲流水。流到阿誰邊，要識詩中意。

聞鶴聲

露冷銀牀濕，秋高玉宇清。天風助清思，吹送九皋聲。

秋夜露坐

雲散雨初收，長空灝氣浮。露華籠月色，白苧不勝秋。

秋　柳

纖腰何太瘦，踈影亂婆娑。昨夜西風急，空庭落葉多。

咏　詩

雅趣天機動，豪吟一世驚。百篇誰復斷？千載杜陵情。

深　秋

霜寒金氣重，落葉覆蒼苔。萬木俱蕭索，黃花獨自開。

馬上口號

紅葉深秋景，黃花暮雨時。西風鞍馬上，何物不堪詩？

濃雲不雨

出岫豈無心，層空晝結陰。油然空蔽日，底事不為霖。

西園曉晴

紅紫鬥芳新，韶華滿眼春。綠窗深院裏，應有惜花人。

宮　詞

明月侵羅幌，孤眠夜寂寥。東風偏有意，滿耳度雲韶。

紅　杏

艷奪晚霞紅，繁開細雨中。何如庭下竹，孤節傲霜風。

緋　桃

竟日本無言，紅芳簇錦園。漁郎無跡到，不是武陵源。

花　砌

紋甃接庭階，芝蘭繞砌栽。最憐雙白鶴，來往啄蒼苔。

學　書

立意在筆先，下筆貴遒勁。公權有格言，筆正由心正。

書昉上人太虛卷

雲斂天長净，風恬水不驚。水天澄徹處，萬里自分明。

閨　怨

別時荷未花，別後花生子。結得苦心成，紅香抱霜死。

落　花

片片舞東風，胭脂點地紅。鳥啼金谷晚，春事又成空。

湘　神

淚染竹成斑，重華去不還。蒼梧雲一片，隔斷九疑山。

雨晴夜坐

雲散雨初晴，長空月正明。中庭凉似水，兀兀坐深更。

夏　夜

月翻驚鵲影，風咽亂蟬聲。獨坐忘塵慮，宵分夢未成。

曉起對雪

四野亂雞聲，燈昏餘燼滅。寒威襲綺裘，獵獵風吹雪。

項羽泣別圖

手拂千金劍，燈前慷慨歌。虞兮雖不逝，泣下復如何？

咏雪次楊應寧憲副韻

吾道日中天，萬古焉能滅。惟君善化人，時雨成春雪。
冒雪多勞勩，乘危亦苦辛。相逢如借問，不是探梅人。

山　行

白日至昏暮，山行未出山。問途無數里，猶在萬松間。

席上音樂雜咏

筝
銀甲玉纖輕，花間乍囀鶯。琤琤傾四座，盡是斷腸聲。

琵琶
掩面出昭陽，傷心淚幾行。胡沙天萬里，何地弔王嬙？

笙
鳳翼象參差，清音真妙絕。鶴背載剛風，緱山弄明月。

笛
牛背晚風清，漁舟夜月明。征人腸欲斷，出塞不勝情。

簫
赤壁坡仙賦，秦臺弄玉祠。韶音今再作，應見鳳來儀。

箜篌
狂夫渡河死，麗玉獨傷情。翻入梨園譜，都成墮淚聲。

胡琴
紫竹掣冰絲，繁聲厭靡靡。阿誰瘴鄉來？傳得蠻人語。

鼓
奮迅鳴沙磧，歡娛佐玉堂。閱音思魏武，解穢笑明皇。

篆
妙響雜笙竽，度詞應不誤。幾多兒女情，昵昵憑誰訴？

拍板
細看番綽譜，應悟耳通心。將謂非絲竹，翻能統八音。

六言四句

咏雪和楊應寧憲副韻

玉節多沾柳絮，鷺車踏碎冰花。借問行臺何處？乾坤虛白為家。灞蹇無人堪跨，刻舟有客空迴。争似風流豸史，聚星獨擅詩才。

小　景

困睡緑楊倦起，醉酣紅杏低迷。簾捲東風深院，無端鶯燕交飛。

卷 七

七言絶句

趙松雪明皇出游圖

畫品通神絶世無,龍姿鳳質照珊瑚。自緣家國關心事,不寫鑾輿幸蜀圖。

昭君出塞圖

粉淚流香濕繡鞍,琵琶聲咽朔風寒。莫將舊日宮中曲,輕向胡兒氈幕彈。

櫻 桃

来青樓下雨過時,火齊纍纍滿翠枝。無數勻圓訝相似,秖應樊素是相知。

苑中二首

乘暇尋芳偶獨来,熙熙羣品在春臺。暖風消盡牆陰雪,一夜繁花幾樹開。
傾國名花七寶闌,紅嬌粉膩怯春寒。長安多少豪華客,惟解懵騰醉裏看。

燕

来往銜泥半落花,柳塘風暖日初斜。身輕已被當時妒,莫謾雙飛入漢家。

宮人斜

鏡裏朱顏已莫傳,空餘荒冢小坡前。東風開遍閒花草,疑是當年墮翠鈿。

賞　雪

玉宇瓊樓一色新，開尊談笑別生春。座中賓客知多少，誰是梁園作賦人？

水仙花

玉骨冰肌別樣春，凌波步小襪生塵。風来水面香飛處，疑是當年解珮人。

子陵畫

漢庭辭卻大夫官，七里灘頭一釣竿。千古富春巇畔月，清光常映客星寒。

子牙畫

興周有兆信非熊，老奮鷹揚策上功。渭水無人能枉駕，鬢毛落盡釣絲風。

梅花二首

貞心如鐵傲霜風，不與羣芳鬥紫紅。記得羅浮春夢醒，翠禽嘈雜月明中。
黃昏庭院雨絲絲，春到東南第幾枝。憑仗東君好呵護，莫教人向笛中吹。

雁　字

暮雲飛盡碧天長，萬里橫斜字一行。月白夜寒風力勁，斷文零落下瀟湘。

雁　影

繞背斜陽過戍樓，又拖明月度滄洲。一行飛向天南去，印破湘江萬里秋。

孤　雁

一聲嘹嚦過南樓，烟水茫茫萬里秋。多少弟兄零落盡，且隨鷗鷺立滄洲。

聞　雁

滿空寒雨度瀟湘，楚水燕雲道路長。惆悵故人千里別，好傳尺素過衡陽。

元夜宴永壽府

塤篪迭奏兩情歡，寶燭銀屏敵夜寒。最是無邊風景好，丁寧莫向醉中看。

天馬詞

神駿遙從大宛來，追風萬里絶駑駘。天閑不用爭芻秣，苜宿花香處處開。

塞上詞

漠漠黃沙隔漢關，西風狐兔滿西山。喧闐笳鼓隨烽火，知是將軍夜獵還。

春陰二首

一番風雨暗清明，綠滿閒庭草自生。十二樓臺都倚遍，燕鶯簾外寂無聲。
黯黯陰雲入望低，落花飛絮盡沾泥。眼前風物催春晚，滿地蘼蕪長欲齊。

送人入蜀

莫向人言蜀道難，馬頭萬仞逼青山。於今平陸皆溟渤，轉眼風波反覆間。

舊朝服菊

不向金門謁冕旒，東籬冷淡伴清秋。應疑當日陶弘景，挂去而今尚未收。

金錢菊

錢神一夜幻花神，鑄出東籬阿堵新。莫遣半山容易賦，黃金滿地駭詩人。

楊妃菊

馬嵬坡下粉香消，化作東籬一種妖。髣髴霓裳初舞罷，倚風金步向人搖。

二色菊

采采深黃間淺黃，兩般顏色一般香。自緣青女施神巧，幻出濃粧與淡粧。

漢苑行二首

新水瀰漫溢鳳池，嬌鶯占斷綠楊枝。乾坤拍拍春如海，不啻人間草木知。
雙闕初開擁內朝，東風滿耳度雲韶。怪来積雪成春水，盡是皇家喜氣消。

三月十日牡丹盛開，将約諸賓客共賞。九日夜，忽風雨大作，黎明園丁走報，花已半離披矣。感而賦此

自恨開尊約已遲，曉来風雨半離披。不知猶有春多少，為報東君好護持。

過舊邸看梅

一樹寒梅傍砌栽，東風依舊見花開。主人已去猶為主，不厭花時日日来。

讀高太史詩

日光玉潔冠英豪，鶴逝鯨飛不可招。留得當時遺藁在，青藜五夜燭青霄。

春 水

大地陽回凍雪融，玻瓈萬頃縐溪風。石橋一夜添新漲，流出桃源兩岸紅。

春 山

宿雨初收罨畫張，層層螺髻樹蒼蒼。鳥啼深塢桃花落，一路風吹澗水香。

題陳希夷圖

華山真境逼蓬萊，石洞雲深鎖不開。一枕黑甜仙夢遠，任教滄海起黃埃。

月下鼓琴畫

兀坐松陰理玉琴，晚風吹月上天心。空山夜静無人聽，只有嫦娥是賞音。

九月見牡丹

萬卉千葩已寂然，不應富貴與時偏。誰知造化能開物。一歲相看兩度妍。

登府城望祖母陳太妃塋

樂游原近少陵原，芳草萋萋接遠天。惆悵慈顏無復見，不禁雙淚一潛然。

夏仲昭墨竹

容臺揮翰寫琅玕，墨汁淋漓濕未乾。一片瀟湘水雲意，不勝清露逼人寒。

過墻竹

籜龍初卸錦襯香，頭角崢嶸過粉牆。翻訝吹簫秦弄玉，月明騎鳳度瀟湘。

一路功名到白頭畫為婁克讓憲使題

露冷銀塘灝氣浮，羽毛如雪照清秋。功名一路身須到，肯向江湖浪白頭。

題溫日觀蒲萄

鉢龍吞墨上雲烟，幻出驪珠顆顆圓。今日空庭留色相，一枝凉影月當天。

題畫二首

雨餘嵐翠濕秋山，罨畫樓臺紫翠間。白鳥不飛波不動，夕陽江上幾人還。
烟樹雲林半有無，水光山色遠糢糊。長江一片瀟湘意，都落房山水墨圖。

春詞五首

柳絲輕軃趁東風，桃李花開白映紅。燕子不來寒食近，鞦韆庭院雨濛濛。
濃春如酒醉韶華，無限風光屬內家。最是詩中堪畫處，幽禽飛上海棠花。
滿院東風長綠苔，水香沙暖鳥飛來。簾纖幾陣催花雨，芍藥薔薇次第開。
海棠枝上鵲聲乾，羅幕重重護曉寒。初日半林珠露重，脆紅無數壓闌干。

小院春深麗日遲，暖風吹動萬年枝。千紅萬紫雕闌外，坐看蜂衙報午時。

題王舜耕畫四首

翠壁丹厓淡夕曛，往来麋鹿自成羣。仙家住在空青外，只隔桃花一片雲。
小小溪橋有路通，草堂門掩白雲中。深山六月渾無暑，一派流泉萬壑風。
重疊青山擁翠螺，雨晴深澗水如羅。凉飈忽起巗前樹，遥送書聲出薜蘿。
萬里同雲雪載途，乾坤凍合在冰壺。髙人深掩茅堂卧，門外曾来縣令無？

黄葵花

秀毓中央正色深，花開朶朶盡黄金。道粧莫說無妖艷，自有傾陽一點心。

題雜畫賜門正相儐八首

流水桃花玉洞深，長松千尺落晴陰。瑶琴彈到無聲處，白鶴飛来風滿林。
富貴功名總不干，水邊林下足盤桓。玉壺倒盡碧山暮，醉卧不知天地寬。
碧山紅樹亂縈迴，瀑布聲喧萬壑雷。一局手談天地老，丁寧樵子莫看来。
歲晚江南雪未消，空山羣木正蕭蕭。詩翁要識春消息，相約尋梅過野橋。
峭壁蒼崖挂綠蘿，柴門流水落花多。白雲隔斷人間路，不放紅塵一點過。
姑射丰標玉雪清，逋仙相對獨怡情。暗香踈影詩成後，誰更黄昏咏月明。
宿食飛鳴態不齊，黄蘆瑟瑟滿江堤。上林今日音書絶，沙漠無人更牧羝。
雲山烟樹望中微，茅屋人家隔水西。讀罷殘書春晝永，短牆喔喔一聲雞。

游玄都觀

擾擾游人去又来，乘閒也踏軟紅回。劉郎道士俱塵土，縱有桃花亦浪栽。

秋　思

銀漢無聲月正輝，西風吹透越羅衣。玉關鐵甲人多少，北雁歸時尚未歸。

宫詞十二首

羅幕垂紅護曉寒，靚粧初試珮珊珊。不知門外春多少，雨打梨花滿地殘。

霧鬢雲鬟訝水仙，紫苔紋毯澁金蓮。多情只恐鴛鴦妒，行到回塘不敢前。
燈花作蘂黯銀釭，花影離披月滿窗。玉露滿天涼似水，鳳笙吹徹不成腔。
夜合風前散曉香，露華涼沁薄羅裳。自憐顏色非傾國，不敢將身擅未央。
錦屏繡帳鬱金香，燭影搖紅夜有光。檐鐵戰酣風力勁，不教飛夢落高唐。
竹枝何處引羊車，盡日凝粧候翠華。燕子不來春欲暮，東風吹老碧桃花。
舞鳳飛鸞繞漢宮，湘簾羅幕影重重。珮環聲細香風暖，花底何人見玉容。
不見黃姑度絳河，九霄風露夜如何？鵲橋影淡秋無跡，腸斷天孫弄玉梭。
人與花枝競艷粧，重重珠翠綺羅香。流蘇帳小銀屏暗，坐倚熏籠欲斷腸。
浴羅蘭湯趁晚風，畫堂銀燭錦屏空。自憐薄命終黃土，不恨丹青畫未工。
照眼花枝小院春，春葱花下口紅巾[一]。玉簫吹罷瑤臺月[二]，不是昭陽殿裏人。
一庭淡月浸梨花，好景偏宜富貴家。風動珠簾香滿院，玉人相對撥琵琶。

【校記】

［一］"口"，底本漫漶，四庫本作"憾"。

［二］"瑤"，底本作"搖"，四庫本作"瑤"，是，據改。

秋　夜

月滿西樓戶半開，晚風黃葉走空階。偶然得句高歌處，肯為悲秋惱壯懷。
秋聲溢耳不堪聽，燕坐高齋戶半扃。霽月滿窗明似晝，梧桐如雨下空庭。
玉漏沈沈夜未央，博山銷盡水沈香。月明露下微風動，添得虛堂一味涼。
切切寒蛩草際鳴，露華秋氣兩淒清。空庭久坐不成寐，明月滿階砧杵聲。
抱得瑤琴月下彈，不知梧影過雕闌。長空萬里秋無際，白鶴一聲風露寒。
露下高梧夜若何，廣庭雲霽月明多。怪來詩骨清如許，一榻涼生透越羅。
虛堂風露兩淒清，寶鴨香銷冷畫屏。臥看碧空涼似水，銀河耿耿度雙星。
梧桐蕭瑟發清商，秋入屏幃枕簟涼。詩思滿懷渾不寐，一燈風雨亂啼螿。

春　草

一望蒙茸接遠天，東風吹綠暖生烟。王孫去後無消息，落日空留醉客眠。

漁樵圖

君托為樵我托漁，濟時心在復何如？會稽烟月磻溪水，千古光輝照簡書。

二月見梅

花開常是在嚴冬，今歲開當二月中。祇恐已忘松竹舊，錯將貞白鬭春紅。

露

分来秋氣夜溥溥，瀉入仙人掌上盤。玉屑和飡成底事，茂陵衰草不勝寒。

銀　河

冷浸瑤空淡欲流，素光如練夜橫秋。月明烏鵲南飛去，疑是成橋度女牛。

春　宴

生色屏風四面開，春風都入管弦来。樽前健在休辭醉，無數飛花落酒杯。

登鬭寶臺

肩輿隱隱陟崔嵬，笑問秦人鬭寶臺。勝負千年同一夢，東風惟有野花開。

淵明賞菊圖

解印初從栗里歸，壺觴日日醉東籬。門前五柳俱搖落，祇有黄花是故知。

送人之雲中

紅亭緑酒鬱金香，灞岸西風水氣凉。極目雲中千里外，鳥飛不盡塞天長。

有懷婁克讓

別来日日動遐思，又值西風過雁時。門掩空齋人寂静，芭蕉葉底坐題詩。
碧荷池畔赤闌東，此地曾留坐晚風。今日卻成千里別，何時相對一尊同？

判別俄驚半載餘，馳情今日倍如初。西風吹起南來雁，帶得秋空一紙書。
百尺高樓倚暮雲，西風落葉正紛紛。情懷對此偏蕭索，無那悲秋又憶君。
會晤從來未可期，只憑詩句寫相思。春來驛使多西去，好把梅花寄一枝。

畫 馬

千金駿骨異尋常，絕漠曾經百戰場。四海於今幸無事，任渠芻牧華山陽。

題 畫

水天臺榭隔塵寰，小閣弘開對遠山。高士信非名利客，悠然心與白鷗閒。
抱琴徐步白雲深，路入長松十里陰。屐齒莫嫌蒼蘚澁，紛紛城市少知音。
杖藜步步踏瓊花，十里山村一逕賒。堪笑王猷竟癡絕，不逢安道遽還家。
林木蕭蕭積雨餘，西風凉早入郊墟。柴門半掩無人到，四壁清燈一卷書。

聽鄭生彈琴

分明流水與高山，清響泠泠入指寒。彷彿九皋明月夜，聲聲鶴唳海天寬。

游興善寺

迢迢一徑綠苔封，步入烟霞杳靄中。丈室老禪忘色相，庭前紅杏自東風。

風雨大作恐傷來麰

雲暗乾坤曉若昏，狂風挾雨類傾盆。妨農獨念田家苦，減膳緣渠坐掩門。

懷道士

筇竹投來已化龍，世人何地躡高踪。想應暫憩蓮峰下，空聽雲間半夜鐘。

題鷺鷥畫與武功宋知縣

羽衣如雪照銀塘，碧蘚磯頭立曉霜。須信飛騰應有日，鳳凰池上接鵷行。

次韻月下聽琵琶

滿天星斗轉銀河，靜聽霓裳第一歌。翻笑江州老司馬，青衫空濕淚痕多。

讀韓信傳

鳥盡弓藏事可憂，英雄無術為身謀。誰知逐鹿功成後，不及留侯與鄷侯。

無寐夜坐

陰蛩切切露華濃，樹影橫窗月滿空。夜半秋聲起何處？西風蕭瑟在梧桐。

老師張先生致政還蜀，久無音信，忽聞訃報，詩以哀之

解印當年故里歸，三千蜀道雁書稀。天涯此日聞哀訃，腸斷風前淚滿衣。

踏雪尋梅

萬里同雲雪滿天，蹇驢駝醉峙吟肩。不知春到梅花否？行遍前川與後川。

征　夫

憶從結髮戍邊頭，厭見黃沙黑水流。極目鄉關正愁絕，雁聲叫破一天秋。

送人之江南

離卻山城向水鄉，烟波萬頃正茫茫。懸知吳下多風味，玉鱠金橙醒醉腸。

懷　人

畫閣東頭坐晚風，無緣談笑一尊同。人生聚散真萍梗，知在吳中在洛中。

夢游山

肩輿穩上玉嶙峋，泉石烟霞喜作鄰。譙角一聲催夢破，始驚身世在紅塵。

懷仙吟十一首

九華燈影燦銀缸，十二瓊樓疊綺窗。夜静月明雙鳳下，玉簫何處度新腔？
明月流輝滿太虛，仙游一枕夢蘧蘧。帳寒雲母秋無際，不見青鸞海上書。
千歲桃花一夜開，赤城霞氣滿瑤臺。西池阿母將臨馭，先遣雙成跨鳳来。
霓裳霞帔曉翩翩，穩駕天風鶴背仙。信是玄洲春不老，紫雲蒼玉滿芝田。
瑤池路隔海天髙，阿母春雲入繡袍。方朔小兒真狡獪，分明三度竊蟠桃。
玉洞春深護暖霞，一溪流水泛胡麻。祥風吹動三珠樹，頃刻紛開五色花。
身世飄飄一羽輕，藍橋無處覓雲英。滿天香霧空濛裏，彷彿瑤環步月明。
彩衣童子著青裙，海上傳書駕白雲。日暮幔亭簫鼓動，曾孫誰見武夷君？
天風吹散赤城霞，樓閣參差阿母家。三島仙人開宴罷，金盤留得棗如瓜。
水晶臺殿晃晴光，雲母屏開夜月凉。兩兩素娥乘白鳳，桂花香裏舞霓裳。
藥珠金帳甲屏連，衣翦春雲繡紫烟。鶴背剛風秋萬里，夜涼飛下九重天。

春 寒

一片陰雲翳碧空，嬌鶯無語怯東風。杏桃花近清明節，猶自緘春不放紅。
一年春信到人間，捲地東風苦作寒。燕子不来簾半捲，滿庭香雪杏花殘。

春日即事

日移花影上簾櫳，金鴨烟銷火尚紅。午夢欲成誰喚醒，數聲黃鳥赤闌東。

送董生還蜀

明時空負賈生才，韋布蕭然故里回。窮達元来真有命，莫因彈鋏重徘徊。

秋夜雨晴二首

灝氣橫秋玉露浮，瑤天雲静雨初收。虛堂添得凉如許，珠箔通宵不上鉤。
銀蟾萬里轉長空，玉宇瓊樓入望中。夜静天香飛滿院，紛紛桂子墜西風。

晚景二首

遠水長天浸落霞，隔溪鐘動促棲鴉。數聲牧笛歸來晚，烟草茫茫一逕斜。
曠野霜酣柿葉紅，疎林人静戰西風。碧天極目雁歸盡，一抹青山夕照中。

赤壁圖次王世昌都憲韻

戰勝何須說伯功，江湖風景屬詩翁。洞簫吹起山東月，人在澄波萬頃中。

和楊應寧憲副咏雪詩答翟少參

調得新聲好自彈，雪車冰柱逼人寒。薇垣有客能相和，一曲空傳下里難。

賞 梅

墮指冰霜歲暮時，梅花消息到南枝。暗香疎影真奇絶，不負孤山處士詩。

春興三首

滿眼春雲合又開，名園處處錦城堆。丁寧好為張油幕，恐有游人冒雨来。
楊柳青青燕燕飛，鞦韆庭院晚風微。玉鞭寶馬長安道，公子尋春次第歸。
東風嫋嫋雨毿毿，怕濕嬌鶯語欲難。翦就羅衣猶未試，杏花天氣尚輕寒。

夜宴詞

鳳管龍笙咽畫樓，玉闌干外月波流。沈沈更鼓歡娛夜，不識人間別樣愁。

凉州詞

十載驅馳鐵馬間，窮追曾過紇干山。如今爛醉蒲萄酒，有詔新来閉玉關。

惆悵詞

江雲渭樹各西東，尺素無因寄便風。好在折梅如見憶，一枝休惜寄關中。

次婁克讓憲副咏梅韻二首

一種幽芳占早春，雪中誰是看花人。暗香疎影吟邊趣，祇許逋仙為寫真。
一樹寒梅冒雪開，看梅高士未曾來。空庭歲晚無聊賴，索笑巡簷日幾回。

得馬天祿少卿所寄文

海內風流獨數君，寄來辭翰靄春雲。欲知名下無虛士，細讀韓文與柳文。

招丘仲玉大參彈琴

怪石當階露未乾，小軒松竹溢清寒。閒來欲洗塵埃耳，莫惜雲泉為一彈。

滹沱冰合

浪說河冰肯信然，流澌不動果冰堅。非關天意憐王霸，漢業中興本在天。

蠶婦

脂粉無心懶去施，求桑常恐飼蠶遲。綺羅多少紅樓女，睡熟紗窗日上時。

春遲

東風釀雪覺春遲，不見鵞黃上柳枝。閉戶試聽三夜雨，滿庭芳草綠差差。

初度日思祖母陳太妃

初度人人綺宴開，我逢初度不勝哀。慈顏一去無消息，忍對南山瀉壽杯。

春睡美人畫

繡罷鴛鴦午睡濃，香銷金鴨綺疏封。渚宮有夢憐朝暮，飛下巫山第幾峰。

春恨

鎮日凝粧倚畫樓，黛眉蹙損遠山愁。胡塵未息征夫遠，只恐青春悞白頭。

東園即事

繡幄雕闌護曉寒，萬千紅紫半珊珊。呼童點檢春多少，花事相将到牡丹。

紅牡丹

天風吹破錦雲團，凉沁胭脂露未乾。好似玉環粧束罷，絳羅衫袖拂闌干。

白牡丹

素娥乘月下瓊樓，脫卻天香紫綺裘。游遍洛陽無伴侶，凌風騎鶴到揚州。

黄牡丹

姚家一種殿羣芳，不學宮粧學道粧。秀毓中央顔色正，品題無忝作花王。

登　樓

閒来不忍倚危樓，一度憑高一淚流。極目青山斜照裏，寒烟衰草接松楸。

小景畫二首

鯉魚風急繫輕舟，兩岸寒山宿雨收。一抹斜陽歸雁盡，白蘋紅蓼野塘秋。
抱琴散步碧山幽，萬壑千岩爽氣浮。一个茅亭無斗大，如何著得許多秋。

明皇摘瓜圖

翠輦間關道喝時，摘来玉手似嫌遲。唯應割食甜於蜜，不記南方貢荔枝。

山行四首

潑眼青螺宿雨晴，乘閒連日作山行。未須對酒聽絲竹，滿耳松聲雜澗聲。
萬木陰陰石逕斜，亂山深處有人家。春風滿耳多啼鳥，澗水流来半落花。
滿目烟雲散午風，青山萬仞倚晴空。欲登絶頂聊舒嘯，鳥道巉巖一線通。
上方臺殿鎖烟霞，石磴縈紆路轉賒。啼鳥無聲僧入定，半巖風落紫藤花。

杏花盛開喜而賦此

二月春陰花信稀，滿庭紅杏忽芳菲。東君有意須加護，莫遣西風忽漫飛。

春夜二首

金鴨香銷繡幕垂，半窗花影夢回時。綵竿閒卻鞦韆索，月上梨花第幾枝。
銅龍咽水漏聲遲，隔坐香風拂面吹。燒盡海棠花下燭，揮毫閒和盛唐詩。

游山歸

愛山連日作山行，未愜登臨負此情。歸去夜深詩夢裏，依稀猶聽澗松聲。

春　社

參差茅屋燕飛來，農事方興社鼓催。斜日半山林影亂，杏花香裏醉人回。

中秋月

景色平分一半秋，廣寒宮闕素光流。嫦娥此夜勤粧束，玉鑑高懸十二樓。

晴　望

浮雲飛盡碧空長，天末流風灑面凉。獨倚危樓吟思遠，南山秋色兩蒼蒼。

淵明歸莊圖

蕭然一室近南山，五柳春風盡日閒。歸去有辭傳信史，至今清節在人間。

諭祭祖王陪朝使宿墳所

天光終始貫丘園，感激鴻仁矢不諼。地下先公應有語，九泉無自答皇恩。
月冷烏啼二鼓過，一燈明滅夜如何。怪來欹枕難成寐，風木蕭蕭感慨多。

游　春

野鳥啼春弄曉晴，水光山色更分明。東君似助游人樂，故遣飛花管送迎。

暮 春

春事闌珊景漸稀，梨花飛盡柳花飛。閒門要路皆芳草，惆悵王孫獨未歸。

春 雪

東風吹冷入窗紗，雲黯瑤空散玉華。咫尺灞橋無覓處，詩人何地問梅花？

送王鸞同知回鳳翔三首

錦樹西風葉半殘，羅衣初試未全寒。貳車清健驊騮穩，来往康莊未覺難。
風流別駕一詩人，幾度乘車過渭濱。見說年来勞撫字，冰壺秋月迥無塵。
憐君走馬向岐州，我欲留君不我留。銀瓮玉醅新酒熟，東籬空負菊花秋。

慰吴元素長史

北望桑乾道路長，稀年擺脱利名塲。從来風物關中好，何必雲中是故鄉。

九日小集

滿逕黄花冒雨開，小亭延客共徘徊。蒲萄滿瓮新醅熟，不用江州送酒来。

贈山中道士

鍊就金丹不出山，世人那得見童顔。他年冲舉歸蓬島，華表應看一鶴還。

憶郁少參

我在西秦子在吴，澄江千里夢魂孤。何時乘興重来訪？共倒花前酒一壺。

秋江小景

極目長江萬頃秋，石尤風起蕩漁舟。投竿一叟推篷坐，似為青山半日留。

傷思吟

梧桐月冷夜沈沈，雲母屏開思不禁。坐擁羅衾方睡澁，豈堪別院動秋砧。

絳紗搖影夜燈紅，霜冷芙蓉小帳空。無限幽懷何處著？沈沈都付漏聲中。

柳　絮
顛狂已見隨風起，飄蕩還應逐水流。九十春光容易老，等閒莫點少年頭。

漁樂圖
釣絲輕颭碧波流，楓葉蘆花兩岸秋。占斷一江風月在，浩歌長醉狎沙鷗。

招閻文振方伯
杖屨能來不厭頻，玉醅銀瓮正生春。長安此日耆英會，可少當年洛社人。

竹窗寫興
錦綳初脫勢凌雲，勁節從來說此君。一點虛心能契我，開窗風月每平分。

再到天池
為愛雲山幾度来，芙蓉萬朶插天開。出門滿眼皆新句，不惜霜刀為剪裁。

曲江見杏花
隔岸依稀見早霞，酒帘搖處兩三家。馬頭駸駸行来近，始見前村有杏花。

訪印鍊師不遇
隔澗泠泠磬遠聞，尋君惆悵未逢君。一聲白鶴瑤天外，五粒松枝鎖白雲。

寄　僧
長安樓外見歸鴻，幾度登臨憶遠公。飛錫何時能過我？焚香相對夜談空。

寄王冢宰老先生
堂堂世道藉扶持，八十懸車老盛時。見說蒲輪還有召，從来名節九重知。

幽 居

踏破蒼苔一徑深，滿林晴翠畫陰陰。數聲雞犬柴門裏，知是誰家傍水潯。

過景隆池

雨花風葉堕芳池，景物淒凉石獸危。策馬更從原上看，斜陽滿地照殘碑。

梨花為風雨所敗

夜来風雨釀春寒，斷送梨花滿地殘。最恨洗粧辜舊約，小軒詩酒共誰看？

菊

瑟瑟西風不受欺，自緣晚節在東籬。何人更道無錢賞，況是參軍落帽時。

過古廟

敗壁頹垣半綠苔，行人過此暫徘徊。一龕冷落無香火，惟有棲鴉夜夜来。

西湖圖

雨過西湖漲碧波，畫船搖曳載笙歌。綠楊黄鳥蘇堤外，想像詩成憶老坡。

二月花朝遇雪

春到人間五十朝，桃花破萼柳垂條。東風何事猶吹雪，浪積牆陰未肯消。

紅梅花

自是孤山玉雪標，東風吹暖上林梢。夜深誤入羅浮夢，兩頰餘酣曉未消。

聞鶴聲

玉宇凉生海月明，松稍忽聽戛然鳴。坡仙赤壁孤舟夜，清夢驚回是此聲。

階前竹

箇箇筼簹手自栽,綠陰密密護蒼苔。小軒不獨添佳致,還有丹山彩鳳来。

春　曉

林梢殘月半窗明,枕上遙聽好鳥鳴。起傍雕闌看春色,一庭花露滴無聲。

秋　曉

唱徹金雞曙色開,銀燈猶自落寒煤。朱簾捲起梧桐月,滿地清霜畫角□[一]。

【校記】

[一]"□",底本漫漶,四庫本作"哀"。

釣　叟

一葉扁舟覆短篷,釣絲輕颺柳花風。烟波不接雲霄路,只恐非熊入夢中。

村　行

酒旗數尺颭東風,茅屋參差綠映紅。春色滿前吹不盡,紫騮嘶過小橋東。

聞　砧

滿天風露月團團,雙杵丁東搗夜闌。莫訝妾心何太急,玉門關外不勝寒。

郊行即事

寶馬香車踏軟塵,暖風不動趁游人。誰知陋巷柴門裏,也有梨花一樹春。

漫興二首

日日鉤簾獨看山,筆牀茶竈伴清閒。幽人自得圜中趣,身外紛紛總不關。
漫把新詩信口裁,雅懷終日賴渠開。等閒拍手高歌處,招得空庭白鶴来。

午 睡

小窗一枕黑甜餘，正是黃鶯喚起初。夢裏謾勞尋舊約，殷勤重讀寄來書。

曉 起

一枕鈞天睡正濃，曙鴉啼散五更鐘。朝廷有道邊烽熄，閒散何妨自養慵。

述 懷

金闕瓊臺擁玉皇，羣仙步武珮璘璘。等閒也欲論封禪，虎衞無緣入建章。

春祭先塋途中遇雨

十里松楸路不分，滿天陰雨正紛紛。東風吹□□□□[一]，□□□□□□[二]。

【校記】

[一]"□□□□"，底本漫漶，四庫本作"盡傷心淚"。
[二]"□□□□□□"，底本漫漶，四庫本作"回首終南隔暮雲"。

嘗新麥

四月關西麥乍黃，曉炊愧我得先嘗。淋漓汗血三農苦，空盼風吹餅餌香。

道院見紅梅

姑射仙人著絳紗，冰霜滿面絢紅霞。丹成紫府應誰識？不比玄都觀裏花。

苦吟二首

筆牀棐几日相親，性癖躭詩四十春。獨愛淵明冲淡趣，不將崎嶇駭詩人。
朝苦吟詩暮苦吟，苦吟卻恐被詩淫。吟成字字皆粗拙，慚愧成周雅頌音。

錦積堆為許季升題四首

東風花事已離披，綉出天然一段奇。彷彿燈籠媚妃子，當時不遣潞公知。

花神有意媚春天，種種珍奇色色妍。莫道霜臺無著處，便同蓮座供金仙。
粧點都来屬化工，幾多異品錯青紅。休嗟回首隨流水，悟得禪家色是空。
萬草千花次第開，園官收拾錦成堆。韶華一去真如夢，卻向王維畫裏来。

萬窠金闕圖為許季升都憲題

萬年翠色繞蓬莱，盡是先皇手自栽。此日明堂須八柱，鬱然雙闕倚天開。

與客賞花予獨不飲

酕醄瀲灎泛觥船，謾說金壺酒似泉。洞口有花應解笑，獨醒正自愧時賢。

看花吟

紫抹紅遮正惱人，可堪隨水逐輕塵。閒来識得天機在，看到梅花未破春。

題畫二首

四面青山作近鄰，松陰茅屋靜無塵。蕭然有客推窗坐，誰識閒人是道人？
九月霜清柿葉稀，蘆花深處見漁磯。等閒和得滄浪曲，不管人間是與非。

留春詞

幾欲留君不暫留，落花無數逐東流。明年依舊城南約，莫惜繁紅滿樹頭。

紙　帳

海國裁成別樣新，白雲一片淨無塵。流蘇香燜憎騰處，可有梅花夢裏春？

新笋出林為風所折

籜龍驚蟄出牆東，一夜寒聲滿地空。造化未應偏妒物，錦棚初脫不禁風。

海棠黃雀

二月韶華似酒濃，海棠睡起試新紅。幽禽亦解留春色，故向髙枝弄好風。

桂花畫眉

夢裏春光去幾時，天香開到桂花枝。姮娥已悔花前舞，對鏡何心學畫眉。

再題海棠黃雀用前韻

沈香亭畔露華濃，睡起妖環酒暈紅。爛醉三郎渾不醒，野禽翻占五更風。

再題桂花畫眉用前韻

露冷風清八月時，山河影裏見瓊枝。春禽忘卻秋容淡，每向花間鬥淺眉。

漫 興

李杜神游杳莫攀，于今誰敢擅吟壇？等閒欲琢驚人句，羞澀應慚下筆難。

清潭八景為朱景雲憲副作

仙嶺朝雲

山倚叢祠入望深，嵐光侵曉落微陰。等閒飛起從龍去，應與商家作旱霖。

荷峰夕照

野色蒼茫薄下春，入江返照駐荷峰。衝烟雙鶴歸來晚，點破山腰紫翠重。

雞股樵歌

競秀雙峰翠插天，諸山羅立亦駢肩。負薪多少行歌者，晝錦方知太守賢。

中村牧篴

山徑縈迂草樹重，參差茅屋亂烟中。斜陽晚飯行人斷，無數牛羊一笛風。

碧澗寒泉

山下溶溶一脈連，分流長得過平田。遙看濺沫冰如結，疑是寒蛟水底眠。

清潭夜月

月在長空水在潭，水光月色兩相涵。潭中或有蛟龍起，倒射蟾精散蔚藍。

廣濟晨鐘

祠光曙色兩平分，山下蒲牢到處聞。聽說年来農事好，野人迎賽盡朝曛。

大橋車馬

綠樹春江雨乍收，彩虹閃閃臥寒流。長途車馬多於水，不解人間九折愁。

明皇擊節圖

醉倚梧桐擊節時，翠盤妃子舞衣垂。漁陽莫怪胡塵起，夢裏曾將尺八吹。

口　占

萬事無能只守愚，年来更與世情疎。等閒欲射韓公策，已負平生未見書。

題徐世良寫生畫

意趣天然筆法奇，寫生今復見徐熙。春花春鳥知多少，消得東君幾句詩。

梅花圖為憲僉胡用晦題

翦雪裁冰巧作花，霜臺人倚玉無瑕。須知鼎鼐調羹味，不落孤山處士家。

和張廷儀繡衣賞菊十二絕

占斷西風第一芳，精神真欲傲嚴霜。紅顏浪說天魔隊，金粟如来獨面黃。
東籬誰解惜芬芳，花未殘時節未霜。珍重樽前論花品，行臺今日有蘇黃。
秋風誰敢擅幽芳，江上芙蓉亦怕霜。惟有東籬陶令菊，獨將金色鬥橙黃。
肯隨桃李競春芳，獨倚東籬慣傲霜。試向牡丹園裏看，空餘玉篆記姚黃。
傳老元来有世芳，孫枝分出幾星霜。姮娥只解誇仙桂，不道人間有鞠黃。
秋花粧點滿籬芳，帶土移来尚有霜。紅紫不須爭爛漫，獨憐真色屬金黃。
行臺柱史振餘芳，怪底長安夜有霜。此日東籬同把酒，金英須避豸冠黃。
幽花向晚壓羣芳，青女相憐未著霜。珍重品題逢豸史，重来應見帶圍黃。
爛漫西風九月芳，錦圍深護未經霜。花神不愛春前品，鑄出金錢破眼黃。
清才豸史漱清芳，口嚼清冰面有霜。老圃秋容期晚節，此心白日到羲黃。

秋滿東籬色正芳，妒花青女欲飛霜。小亭清賞来詩侶，緑蟻浮杯薦蟹黃。
繡衣玉斧重流芳，勁節曾霏九夏霜。記取長安今日別，紅亭處處菊花黃。

五王醉歸圖二首

花萼樓前日影移，暖香塵裏醉歸遲。如何到得開元後，不似當初共被時。
花萼樓深玳宴開，諸王馬上競扶回。海棠醉殺無人管，直待漁陽戰鼓催。

曉起對雪

午夜寒欺錦帳重，凍酣檐馬不禁風。朝来積雪深三尺，喜兆今年百穀豐。

行　樂

青春行樂莫蹉跎，出海烏蟾等逝波。惆悵天隨呼不起，江湖誰續散人歌。

賞　花

曲闌干外牡丹花，玉篆標題護絳紗。龍管鳳笙歡賞處，不知樓外夕陽斜。

題　畫

抱琴隨處覓知音，誰識《離騷》萬古心。行到溪山幽絶處，細聽瀑布滌煩襟。
烟波萬頃水茫茫，回首衡陽道路長。天闊霜寒秋欲老，西風雲外自行行。

夜　宴

華堂今夕綺筵開，為報龍銅且莫催。人靜小屏紅燭短，姮娥還送月明来。

次韻郊興

信馬城東一徑斜，柴門流水野人家。吟鞭遥指歸来晚，落日風吹鼓子花。

漫　興

俯仰乾坤自有餘，小軒無事日如如。眼前萬物皆成樂，只看青山不看書。

問人求辛夷

辛夷繞著兩三花，花下開尊定幾家。折贈一枝君莫惜，東風寧肯護繁華。

東園宴罷

三分春色正當中，媚景撩人處處同。斜日小亭人醉後，杏花香散一簾風。

池　　上

新泉滾滾出無窮，水面微波覺有風。夜静獨憐清境好，出看明月到天中。

宋髙宗南渡圖

中原陵寢隔烟波，南國樓臺貯綺羅。試向西湖聽捷報，凱歌翻作竹枝歌。

小景畫

流水髙山趣自深，抱琴相對坐松陰。但須識得其中意，何用人間有賞音。

次春日閒坐閒行二絶韻

左圖右史我中間，坐看沈烟起博山。讀罷《黄庭》心似水，緑陰幽鳥自間關。
信步尋詩怕雨催，手携筇竹步蒼苔。此身自喜無餘事，閒逐浮雲任往來。

馬上觀山

層巒疊嶂倚髙寒，嵐翠霏霏午未乾。自有天然真意趣，何須移入畫圖看。

書室彈琴

庭院風清午漏殘，博山添火試沈檀。緑陰滿地黄塵逐，一曲梅花且自彈。

梨花夜月

深院溶溶夜色新，素娥移步就花神。瓊姿皓魄相輝映，併作人間一段春。

桃花春雪

六花和粉傅紅粧，咫尺天台入渺茫。忽地作團銀海亂，翻嫌春色誤劉郎。

風前楊柳

萬縷千條拂釣磯，細腰無力晚風微。阿蠻似逞嬌癡態，幾度傞傞舞綠衣。

雨中海棠

醉来無力倚雕牆，細雨紛紛濕粉香。好似馬嵬兵變日，太真含淚卸紅粧。

過山家

榆柳陰陰覆短牆，繞畦黃蝶菜花香。山翁睡起渾無事，坐弄兒童笑夕陽。

秋山行客圖

涼生疎樹雨初收，山氣霑衣翠欲流。何物騎驢癡老子，搖鞭吟斷一天秋。

閨　情

寶鴨香銷午夢殘，倦来無力整雲鬟。闌干倚遍空惆悵，人在天涯隔萬山。

過曲江池

江邊一望草蒙茸，弦管樓臺轉首空。紅杏不知塵世改，年年依舊笑春風。

薦福僧房

門對南山列畫屏，白雲如水宿簷楹。老僧長日無塵事，一炷清香一過經。

卷 八

聯 句

秋夜齋居與婁克讓憲使馬啟東大參劉文綱少參同作

玄鳥初歸去，賓鴻屬仲秋。賓竹 金風時漸爽，火氣已全收。克讓 清廟深還邃，齋居閴且幽。啟東 傳呼嚴夜禁，次第報更籌。文綱 奉祀遵明訓，為邦賴至休。賓竹 茅分秦社稷，位重漢諸侯。克讓 肥腯供嘗獻，豐年獲歲酬。啟東 神明歆懿德，輔弼贊嘉猷。文綱 每懼名難副，深慙禮未周。賓竹 精誠元自集，職業素能修。克讓 仁義欽天道，忠勤釋帝憂。啟東 春臺恒盎盎，壽域日優優。文綱 相祀勞公等，賓筵總畯流。賓竹 綱維端有本，感格豈無由。克讓 內外能脩謹，神人永附投。啟東 年年如此夜，賡和從珠旒。文綱

郊行與長史吳元素游正固紀善湯以脩同作

小隊從容曉出城，賓竹 無邊光景逐人行。春明門外鶯聲動，元素 長樂坡前馬足輕。清渭水光遙入望，正固 終南山色近相迎。林邊吠客誰家犬，以脩 柳外呼人是處鶯。極目雲烟春淡薄，賓竹 滿前石子路崢嶸。山翁争迓車輿過，元素 村婦咸驚鼓吹鳴。茅屋炊烟桑葉暗，正固 河橋酒幔杏花明。行廚內豎供茶茗，以脩 小寺癡僧進菜羹。千載風流餘故事，賓竹 一時賓從總含英。游觀肯惜花前醉，元素 倡和多於馬上成。興盡歸来天未晚，正固 無勞燈火候麾旌。以脩

竹軒與致政閻文振方伯吳元素長史湯以脩紀善強景明伴讀同作

小軒初灑掃，賓竹 走价速嘉賓。暖日扶晴靄，文振 清風絕點塵。青陽回北

斗，元素 淑氣溢西秦。土潤龍孫迸，以脩 苔穿玉版新。髙賢應與契，景明 樂事自相因。侍從多名侶，賓竹 吾王乃主人。疏泉分地脈，文振 舉酒樂天真。坐愛淇園秀，元素 遙分湘浦春。虞韶諧古調，以脩 葛杖是前身。勁節憐貞士，景明 虛心憶直臣。信知渠自得，賓竹 寧厭客來頻。有物邀同賦，文振 相忘許任真。百壺抃盡醉，元素 一視喜同仁。把筆承顏晚，以脩 飛觴入手頻。詩壇開勝集，景明 文會屬茲晨。黃道年逢卯，賓竹 青龍月建辰。生成皆帝力，文振 雨露總天均。詎用湔沂水，元素 何須釣渭濱。此君端可托，以脩 尤物豈須珍。讓國夷齊瘦，景明 辭榮淵憲貧。玉妃堪作偶，賓竹 髯叟可為鄰。影落應千尺，文振 林成擬十旬。投壺資作矢，元素 烹茗代為薪。酒量真無敵，以脩 詩成覺有神。一腔情浩浩，景明 四座喜津津。令肅愁深罰，賓竹 才慳愧效顰。曳裾蒙覆幬，文振 叨禄荷陶鈞。睿藻光雲漢，元素 清辭冠縉紳。欣逢今子建，以脩 文治正彬彬。景明

登山與強景明伴讀同作

南山何崔嵬，渾融出天匠。賓竹 百二古稱雄，封疆今獨壯。臣晟 髙於列雉城，秀比施屏障。賓竹 導騎俾暫休，肩輿聊一上。臣晟 霏嵐濕我衣，落絮沾行仗。賓竹 峰巒露曉晴，乾坤正春釀。臣晟 山鳥自和鳴，山花亦爭放。賓竹 山溜訝琴鳴，山雲若潮漲。臣晟 崚嶒倦躋攀，佳麗足瞻望。賓竹 悠悠引旌旄，浩浩牽情況。臣晟 遙看泰華峰，真乃丈人行。賓竹 咫尺近星辰，分明履蓬閬。臣晟 俯察白雲低，遐觀清渭漾。賓竹 髙興入微茫，新詩給酬倡。臣晟 薄暮始言歸，賞心詎能忘。賓竹 山靈肯爽盟，歲歲期相訪。臣晟

賞菊與嚴宗哲太守長史吳元素喬思孝伴讀強景明同作

九日招文士，東籬醉菊花。賓竹 懶雲神入藻亭有計汝和菊，苦雨腳成麻。宗哲 酒量應無敵，吟懷詎有涯。元素 淡香輕桂麝，佳色陋鉛華。景明 禮秩矜疎放，盤盂愧静嘉。賓竹 八珍兼鹿豕，諸品雜魚蝦。思孝 狂子歌為劇，妖童髻作了。宗哲 壯懷輕不落，醉耳厭琵琶。思孝 白雪翻新譜，黃流瀉紫霞。景明 天空雨新霽，風細日初斜。賓竹 五畒終殊逕，千畦總異葩。宗哲 佳期人共賞，睿製世爭誇。思孝 入枕清魂夢，調羹濺齒牙。景明 且傾彭澤酒，莫點玉川茶。

賓竹 百拜情無已，千鍾數更加。元素 龍涎真可擬，羯鼓不須撾。宗哲 雅趣同三益，雄才陋五車。思孝 仁賢光帝冑，富貴自天家。景明 幸際明時好，何妨逸興奢。賓竹 東平名獨盛，北闕望應賒。宗哲 任落參軍帽，休乘博望槎。正固 風流憐楚客，結束笑吳娃。元素 酩酊人分散，疎林集暮鴉。思孝

和賞菊與長史吳元素游正固紀善湯以脩伴讀強景明同作

此日登高節，東籬菊正花。賓竹 滿園香似麝，千本直如麻。以脩 劚出從園腳，移來傍水涯。景明 高情盟晚節，好景殿年華。元素 富貴慙曹植，疎狂笑孟嘉。賓竹 金鈴低護雀，湘竹細分蝦。正固 喜入徵君眼，慵簪美妓丫。以脩 古詞翻曲譜，新調入箏琶。元素 酒艷流瓊液，花光絢彩霞。景明 環亭諸品植，壓帽數枝斜。賓竹 脆管初喧席，寒蜂正戀葩。正固 弁欹從客笑，句就任渠誇。元素 正味輕椒桂，餘甘溢齒牙。景明 情酣非為酒，神醒尚宜茶。賓竹 忘勢情偏洽，崇儒禮莫加。以脩 吟長香易燼，令急鼓頻撾。元素 宴晚燒高燭，歸時駕小車。正固 衣冠叨盛會，辭翰愧名家。景明 貨色非吾事，游畋肯自奢。賓竹 好懷聊共適，內醞不須賒。元素 高宴如凌漢，清游似泛槎。正固 飛觴勞侍史，協律付官娃。以脩 揮筆疑神助，淋漓墨點鴉。景明

重賞菊與閻文振方伯吳元素長史湯以脩紀善強景明伴讀同作

佳節逢重九，弘開玳瑁筵。賓竹 衣冠來座上，秩管列堂前。文振 雁度雲千里，虹收雨一天。元素 繁花分錦繡，正色綴金錢。以脩 莫為秋容淡，應期晚節堅。景明 飡英能辟穀，飲水可延年。賓竹 采采凌霜瘦，瀼瀼帶露鮮。文振 麝蘭紛馥郁，羅綺鬪暄妍。元素 西子嬌疑語，妖環醉欲眠。以脩 蜂媒情太劇，蝶使信空傳。景明 秋圃真堪託，春風不受憐。賓竹 橘橙宜共賞，桃李謾爭先。文振 燦燦詩如錦，源源酒似泉。元素 歌喉憐宛轉，舞袖喜翩躚。以脩 舊量誰云減，新聲我最便。景明 吟壇兼四美，藩邸集羣仙。賓竹 檻外風初靜，樓頭月未圓。文振 杯盤將欲徹，宮徵尚相宣。元素 酢酢情無已，推敲勢欲顛。以脩 塵凡真有慶，魚水豈無緣。景明 更鼓休相促，茶瓜且少延。賓竹 興闌投彩筆，醉去壓銀韉。文振 自昔恩波闊，而今樂事偏。元素 拜歸分絳燭，護送擁金蓮。以脩 感激何由報，同祈壽八千。景明

再賞菊與閻文振方伯吳元素長史湯以脩紀善強景明伴讀同作

秋来嘗苦雨，九日喜新晴。賓竹 佳色看叢菊，香醪泛落英。文振 衣冠成勝會，弦管動新聲。元素 聖世文風盛，金天灝氣清。以脩 錦屏重護影，玉篆細標名。景明 繁露沾来重，清霜著處輕。賓竹 繞籬濃復淡，倚檻直還橫。文振 異品供人玩，羣葩照眼明。元素 舉杯添逸興，把筆助吟情。以脩 酒許留連飲，詩容次第成。景明 楚騷曾入咏，彭澤久尋盟。賓竹 桃李爭春艷，松篁晚自榮。文振 秋容三逕淡，雄辯四筵驚。元素 且折簪華髮，寧辭罄玉罌。以脩 不須烹白石，焉用貢黃精。景明 中國多麟鳳，邊疆罷甲兵。賓竹 老来辭紫綬，醉後戀銀箏。文振 雲錦機中出，龍蛇筆下生。元素 九重同覆載，四海賀昇平。以脩 共喜游藩邸，何妨隱斗城。景明 身須妨酒困，心恐為詩怦。賓竹 上苑風烟隔，南陽月旦評。文振 長詩憗我續，好景許誰爭。元素 納海烏先墮，棲林鳥不鳴。以脩 出門歸去晚，譙鼓振初更。景明

淡香亭賞菊與丘仲玉少參楊應寧憲副同作

端居葆貞素，眷言惜秋光。賓竹 植彼霜中物，挹此淡而香。仲玉 和氣奪金秀，正色裁坤裳。應寧 楚畹茞蘭馥，天孫雲錦張。賓竹 黯淡散輕紫，圓融飛碎黃。仲玉 逸矣絕塵俗，巋然殿羣芳。應寧 交聯君子社，愛比富貴粧。賓竹 桂府地空闊，娃宮蜂自忙。仲玉 忘言南山趣，擊節老圃章。應寧 鼓茲希聲調，侑以玄酒觴。賓竹 一亭中有翼，八窗秋正凉。仲玉 開口苦不易，盟心故難忘。應寧 繁枝滌蕪穢，夙種深蓋藏。賓竹 英飡歌楚澤，水飲懷南陽。仲玉 參陪忝高會，授簡慚荒唐。應寧

驪山懷古與湯以脩紀善同作

長安晚出裊吟鞭，稅駕驪山一悵然。賓竹 烽火臺空人已去，蓮花湯暖水猶羶。以脩 山猿窺果来林外，野鹿銜花出苑前。賓竹 樵子雲中薪古木，耕夫雨後拾遺鈿。以脩 前朝社稷胡雛壞，上古陰符老母傳。賓竹 嬴墓已飛三月火，漢陵猶鎖四時烟。以脩 落霞疑似張緋幕，流水還如奏管弦。賓竹 鬭寶謾勞談往事，坑儒徒自憶當年。以脩 朱樓紫殿空遺趾，漢碣唐碑蝕舊鐫。賓竹 夜月行營人寂

寂，春風輦路草芊芊。以脩 荒祠燕雀寒山下，高冢牛羊夕照邊。賓竹 眼底興亡存鑑戒，何須搔首問蒼天。以脩

蓮塘與強景明伴讀同作

睡起深宮厭日長，閒来小輦過蓮塘。賓竹 沿堤釵股多芳荇，夾道絲條總綠楊。臣晟 步底流泉分地脉，樹頭飛翠滴嵐光。賓竹 移將太液池邊景，散作旃檀國裏香。臣晟 共愛精神兼色相，還憐紅白間青黃。賓竹 應疑根自三峰徙，果見花開十丈強。臣晟 天馬有蹄爭出浴，神魚無餌不須藏。賓竹 旋收紫的供茶碗，自捲青箬當酒觴。臣晟 赤日行天紈扇急，清風入席苧衣凉。賓竹 蜻蜓對立来還去，鸀玉雙飛集又翔。臣晟 小豎敲針權作釣，奚奴橫木代為梁。賓竹 人緣避暑趨亭上，客為尋詩坐水傍。臣晟 勘破乾坤俱是樂，真成物我兩相忘。賓竹 濂溪老子無邊趣，太乙真人一葉航。臣晟 自足娛心歌窈窕，何須濯足賦滄浪。賓竹 新詩輳出應難和，爛醉扶歸也不妨。臣晟 須信西方真佛境，更於何處覓仙鄉。賓竹 非才自愧非韓孟，七步誰能敵我王。臣晟

送成復初指揮南還與嚴宗哲太守喬思孝長史強景明伴讀同作

一騎衝寒出灞陵，賓竹 望中仙掌入雲層。三秦豪傑鄉評在，宗哲 兩葉勳華國史登。龍起當年聞扈從，思孝 蟬聯此日看雲仍。琴邊得趣追中散，景明 畫裏傳詩比右丞。瘦骨獨憐清似鶴，賓竹 奇毛轉覺鷙如鷹。名通丹陛交章薦，宗哲 功在黃河滿路稱。分手又從天外未，思孝 舉頭猶記日邊曾。白雲目斷松楸遠，景明 紫電光寒澣渭澄。鄭驛梅緘春早寄，賓竹
謝地草思夢還憑。大江潮上初生月，宗哲 古渡澌流漸合冰。歸到舊京應憶我。思孝 石頭風雨夜窗燈。景明

二月二十二日與楊應寧憲副宋惟寅憲僉強景明伴讀城東泛舟同作二首

冉冉清溪映綠楊，賓竹 杏園遙指碧雲傍。惟寅 藩宮地接天潢近，應寧 靈沼波分太液長。景明 魚鳥樂隨人共狎，賓竹 主賓情與世相忘。惟寅 匆匆不盡仙舟興，應寧 卻笑公家鎮日忙。景明

又

小舟搖曳出垂楊，賓竹 岸草汀花送遠香。應寧 善擬東平心最樂，惟寅 尊傾北海興偏長。景明 百年利涉蘭為棹，賓竹 一代豪吟筆有牀。應寧 天外惠風如解事，惟寅 黑雲催雨助詩狂。景明

賞春與強景明伴讀同作

青春尋樂事，受簡召羣仙。賓竹 鳥外張油幕，花前設綺筵。臣晟 小階芳草合，深苑錦雲鮮。賓竹 山色開圖畫，鶯聲錯管弦。臣晟 園桃迎我笑，宮柳正人眠。賓竹 浸酒挼花蕊，供茶煑竹鞭。臣晟 深杯休放卻，高興更相牽。賓竹 睿製容相續，清詞敢售妍。水魚元有合，雨露自無邊。敢謂鄒枚盛，尤慙董賈賢。臣晟 多應憐氣味，不是慕葷羶。令出催金鉢，詩成唾錦箋。賓竹 陳思才獨盛，妙思入幽玄。臣晟

集　句

擬劉文綱少參悼亡

擊節悲歌缺唾壺，□□[一]風花飛墜鳥鳴呼。文天祥 縱令奔月成仙去，包何 為問嫦娥更有無。白居易

油壁香車不再逢，晏殊 陽臺雲雨去無踪。胡曾 寫真縱有崔徽筆，劉基 不是崔徽卷裏容。吳世中

不見當時勸酒人，宋邕 今年依舊去年春。何扶 幽窗謾結相思夢，張泌 夢裏相逢恐未真。李山甫

感時心緒杳難平，李後主 無處登臨不繫情。許渾 寂寂海棠枝上月，朱淑真 清光此夜為誰明？陳剛中

綠窗今夜夢分明，元好問 夢得分明恨轉生。秦少游 覺起無言成獨坐，楊基 參橫斗轉月三更。蘇軾

斷猿今夕淚沾衣，竇常 惆悵朱顏不復歸。宋邕 玉珮無聲畫屏冷，劉瑤 寒窗燈盡月斜暉。許渾

離別不堪無限意，杜甫 為君惆悵又黃昏。羅隱 明眸皓齒今何在？杜甫 環珮空歸月夜魂。杜甫

繡帳金爐冷篆烟，劉壽 魂歸溟漠魄歸泉。朱褒 題詩朝憶復暮憶，陸龜蒙 花落猿啼又一年。趙嘏

一寸相思一寸灰，李義山 蒼茫羅袖隔紅埃。李益 不知情魄游何處，胡曾 且作行雲入夢来。包何

一片香魂不可招，胡宿 野烟江草共蕭蕭。雅琥 魚書欲寄何由達？晏殊 隔斷巫山去路遙。竇牟

紅衣落盡暗香殘，羊士諤 相見時難別亦難。李商隱 弱水蓬萊三万里，张耒 碧桃何处更骖鸞。薛逢

冰簟銀牀夢不成，温庭筠[二] 宵分獨坐到天明。李涉 潸然四顧難消遣，鄭谷 誰為梅花怨未平？譚用之

紅顏無奈落花催，吴融 可使英靈許再來。胡宿 竟日倚欄空嘆息，李涉 寸心爭忍不成灰。胡曾

百感中來不自由，杜牧 瑣窗花老鏡鸞收。段天祐 雲飛雨散知何處，温庭筠 人自傷心水自流。劉文房

目斷黃雲雁影沈，李得真 秋聲無不攪離心。杜牧 月中人去青山在，王士熙 一段清愁自不禁。趙宗森

錦機春煖鳳停梭，闕復，生死情深可奈何。真桂芳 回首不堪腸斷處，陳基 高墳新起白峨峨。張文昌

含香體素欲傾城，山谷 自是三千第一名。薛龍 今日美人弃我去，盧仝 寂寥珠翠想遺声。劉滄

舊時仙侶笑相迎，張鵬 王母前頭作伴行。項斯 宴罷瑤池春夢斷，黄松瀑 何年絳節下重城？劉滄

□□□□幔中[三]，女仙 幾回魂夢與君同。晏殊 相攜不盡丁寧語，僧笑隱 得喪悲歡總是空。温庭筠

閉門疏雨落梧桐，王士熙 多少淒涼在此中。崔道融 遐想倚闌人去後，樓有成 玉書無路托鱗鴻。雅琥

畫樓西畔桂堂東，李商隱 孔雀屏開燭影紅。楊巨源 今日窅然忘此景，王冕 野花黃蝶領春風。王初

鸞鏡佳人後會稀，李商隱 論交卻憶十年時。高達夫 釵留一股合一扇，白居易 物在人忘無見期。李頎

舊恨新愁只自知，蘇軾 高樓獨上思依依。皇甫茂政 紅顏未老恩先斷，白居易 惆悵當年意盡違。羅鄴

芙蓉脂肉綠雲鬟，元微之 一去瑤池更不還。胡俅 寂寞閒庭春又晚，劉萬年 更無人倚玉闌干。崔魯

隐几無言有所思，子昂 慘烟悽雨不勝悲。郝經 梧桐叶上偏蕭索，戎昱 始是思君腸斷時。周必大

春夢無心秪似雲，皮日休 一燈明滅夜将□[四]。□□□[五] 美人粉黛歸何處？吳元德 欲寄音書那得聞。李太白

情緣心事兩難忘，元好問 回首東風一斷腸。羅隱 欲弔芳魂何處是？呂佐 野田極目草茫茫。胡曾

南國佳人去不回，包何 舊交心為絕弦哀。崔珏 若逢佳景惟惆悵，元微之 懷抱何時得好開？杜子美

華箋好作斷腸文，皮日休 薤露歌殘不忍聞。靈一 四尺孤墳何處是？許渾 落花飛絮正紛紛。鄭谷

一日相思似九秋，子昂 百壺芳醑豈消憂。胡曾 魂歸南國迷黃壤，皎然 月户雲窗許暫留。楊基

銀燭秋光冷畫屏，杜牧 繞廊行處思騰騰。韓偓 美人一去無消息，王士熙 敲遍闌干喚不譍。韓偓

幾度相思入夢頻，沈德躬 鏡中金翠李夫人。温庭筠 暫時會面終相異，張文昌 白水青山空復春。杜子美

音容無復見當時，許衡 花落深春鶯亦悲。于立 今日不堪生死別，楊鎰 相思無路莫相思。鬼吟

彩雲聲斷玉簫寒，辛敬 幾許幽情欲話難。薛逢 盡日傷心人不見，許渾 一簾風雨杏花殘。華岳

為哦楚些作哀詩，敖陶孫 婉轉蛾眉能幾時？宋之問 天上人間不相見，崔灝 欲從何處寄相思？牛諒

【校記】

[一]"□□"，底本闕字。按，此句或出《蘇文公全集‧東城後集》卷一《次韻劉景文見寄》"醉後哀歌缺唾壺"句。

[二]"庭"，底本作"廷"，誤，據實改。

［三］"□□□□□"，底本漫漶，四庫本作"金瑣瑤窗翠"。
［四］"□"，底本漫漶，四庫本作"分"，是。
［五］"□□□"，底本漫漶，四庫本作"艾性夫"，是。

卷 九

赞

憨祖

赳赳儀容，桓桓英武。殄厥山戎，摧其酋虜。心拱北辰，威鎮西土。肇造秦邦，為我始祖。

憨祖妃鄧氏

堂堂世胄，曰惟寧河。姿容嚴重，佐理中和。邑姜娉美，太姒同科。配我始祖，耿耿不磨。

隱祖

儀容豐偉，性行脩潔。震若雷霆，皎如冰雪。持已謹嚴，維藩卓越。維我隱祖，天潢之傑。

隱祖妃劉氏

天生淑質，世閥元勳。中心樂善，內助惟勤。賢聲洋溢，令德彰聞。佐我隱祖，百世騰芬。

夫人唐氏

明明隱祖，允賴匡襄。篤生國嗣，曰懷曰康。宗枝蕃衍，奕葉隆昌。夫人之澤，地久天長。

僖　祖

兢兢持已，翼翼小心。靡奢靡縱，不驕不淫。夙成令德，早著徽音。天奪之速，千古沉沉。

懷　祖

天姿開爽，性質剛明。雅音允協，巧思層生。藩維之表，宗室之英。惜乎短折，謚稱其情。

懷祖妃張氏

天挺幽姿，配我懷祖。九死不移，終身一姥。烈日嚴霜，中流砥柱。壽考令德，名垂千古。

康　祖

天姿英毅，至性剛方。敦崇儒術，雅尚詞章。臣工震肅，禮樂鋪張。維我康祖，于秦有光。

康祖妃陳氏

具備德容，博通書史。綱紀宮闈，教育孫子。相我祖王，實周任姒。於萬斯年，永賴餘祉。

惠　考

猗歟昭考，肫肫其仁。有如時雨，有若陽春。德音秩秩，文質彬彬。愛人好予，寵謚維新。

惠考妃王氏

早膺封册，相我先王。壽雖不永，名亦斯彰。儀容如在，傳誦不忘。於穆清廟，同享烝嘗。

母妃楊氏

天姿貞淑，懿德慈良。山川毓秀，宮壼騰光。生我育我，為君為王，褒贈自天，永荷吾皇。

惠考繼妃嵇氏

粤膺妙選，繼佐先王。寵頒册命，恩禮殊常。尊崇二紀，宮壼重光。四旬薨逝，附葬原岡。

自贊小像

非卿非相,非道非僧。樂天忘勢,惕勵戰兢。惟飢飡而渴飲,恒夜寐以夙興。德無可重,才靡可稱。好讀書而不解,欲寡過而未能。野服綸巾，暫宜獨樂；析圭儋爵，恒恐弗勝。事琴書而作伴，招風月以為朋。噫，斯人也，既宅心於道義，任時人之愛憎！

文

賓竹軒記

予書堂之西軒舊有叢竹，歲久枝葉殄瘁，幾無留良焉。乃命侍人悉芟除之，別植數百本。不三二歲，蓊然成林，蕭然有洞庭九疑之趣。

予甚樂之，日引肩輿造竹所，杜門謝客，獨與此君相揖讓。竹亦曉解予意，觸事感興，動能相如。予坐，竹參吾前；予行，竹隨吾後；予語，竹鏗然相應答。或時敲金戛玉，奏簫笙以相娛。至于興在書史，竹亦作伊吾聲伴予讀；興在詩歌，竹更作推敲勢助予吟。久之，精神凝合，爾汝交契。蓋不知竹之為賓，賓之為竹也。

予謂孟嘗之客三千，田橫之客五百，宜莫若予竹之衆且賢者，遂顏其軒曰"賓竹"云。有難予者曰："關中故多豪傑,王誠禮賢下士,寧無足充王之賓者,而賓顧以竹乎？且竹固植物類耳，以為有情，而實無情，以為有言，而實未嘗有言也。此而賓之，其名實似不相當，其於義似無據。""噫！是非特不知予，亦正不知竹者。今天下賢人君子，已仕者限於官守，各有常職，不可得而亟見之；未仕者又多深藏以為智，高蹈以為潔，非予力所能致。是竹乃吾庭户間物，欲之則是，不煩起居。吾賓而禮之，非惟適吾性，而昕夕相觀，又藉以成吾德焉。古國君卿大夫之禮賓，非徒式燕以樂，亦將有所資也。《鹿鳴》之詩曰：'我有嘉賓，德音孔昭。'又曰：'人之好我，示我周行。'蓋美其德，而冀其以善□也[一]。夫竹於植[二]物中，最為全德。其中虚，似仁；其勇邁直遂，似義；其羣居不倚獨立不懼，似剛；其可器使，似才；其四時而不易其色，似節；德音之在天下，昭昭如此。吾固將師之事之，豈但賓之云乎？抑君子之處世，有所契合，則忘情之情。情之至也，不言而言，言之妙也，彼神交百世，尚友千古者，豈必待話言通肺腑，然後得其人哉？或者昧於體物之義，而致疑於有情無情，有言無言之間。其為見淺矣，其為說陋矣。請從此辭去，無以間吾賓。"難者憮然，慚黯然退。

予就見此君，擊節而為之歌曰："竹兮賓兮，交以神兮。賓兮竹兮，聊以免吾俗兮。嗟軒之賓兮，視此盟言兮，子孫百世兩無諼兮！"遂書以為記。

【校記】

[一] "□"，底本漫漶，四庫本作"告"。
[二] "植"，底本作"值"，四庫本作"植"，是，據改。

瑞蓮亭記

予府城外內，水陸草木之花甚多，而蓮品為尤甚。一日偶至體仁門之南廊，俯瞰清泠，芳敷掩映，朱華綠蔕，緣溝覆池，乃飾左右廊其室為亭，將與知音者賞之。

亭成，有嘉蓮產池中。兩岐同幹，並蔕交輝，光彩奪目，臣民觀者為之色動。或曰："此瑞蓮也，殆王之善之徵乎！"予曰："不然，萬物之初皆本乎氣。化天地之氣，有常有變，莫詰其由，是故木有樛者、曲者、岐者，人之指有岐者，脅有駢者，未聞以是為瑞也。夫蓮之駢生，疑亦若是。顧從而譁之，以為物之瑞善之徵，亦惑矣！且世之為善者衆矣，善則得福，有固然者，必人刻一物以徵之，彼造物者將不屑屑乎？然則凡物之異常者，皆氣之變也，何與乎人事，而又何足瑞邪？"聽者皆唯唯。有進而言者曰："天下之物，不恆有者為瑞。木以殊本連理為瑞，禾以異畝同穎為瑞，四時皆露而瑞者為甘，九地皆泉而瑞者為醴，若是者惟其不恒有，故人貴之。今夫蓮之為物[一]，家得而植之，然一本而岐，岐而並艷，艷而並實者，世不恒見。徵之往牒，亦不數數聞，不謂之瑞，可乎？傳曰：'和氣致祥。'人之一身，其氣與天地通；人身之善，足以召和天地之和。從而應之，其機緘外泄，必著之物，天地固不必躬親為之也。以為非瑞，則周公不當作《歸禾》，班氏不必歌《三秀》，而《卷阿》鳳皇之咏亦贅矣。"予曰："以若所言，則謂之瑞可也，謂之非瑞亦可也，何則？善不易積，和不易召。使在己者有以致之，謂之瑞固宜；苟善不足以致瑞而偶得瑞，則其瑞也祇足以為孽耳。予之涼薄，上無以承乎神祇，下無以媚於官僚衆庶，日夕兢業，求免過責之不暇，彼瑞蓮者，胡為乎來哉？此予所以反觀内省，而實不能當也。昔漢黃霸圖上神雀，張敞有計吏竊笑之奏，恐長詐偽以敗風俗。劉昆之反風滅火，虎北渡河，未足深異，而偶然之對，天子稱嘆焉。予既不欲蹈黃霸之轍，又不敢拾劉昆之語以號於人。然竊思之，聖明御極，至仁太和，薰蒸無間；而我秦先王，世守藩服，皆敦德履善，益衍益厚，和氣之應，彰於瑞蓮。雖非予所致，而亦非無所致而至者，則予亦不得不承也。承之當奈何？六經有聖謨焉，祖訓有成法焉，朝益暮習，口誦而心維之，加實踐焉。求不失其身，不廢其職，幽無愧於神，明無怍於人。庶幾稱宗臣於有道之世為無忝，而天休滋至，方自兹始耳。"於是取所謂瑞蓮□[二]。二[三]

【校記】

[一]"蓮"，底本漫漶，四庫本作"蓮"，據補。
[二]"□"，底本漫漶，四庫本作"者"。
[三]"二"，其後四庫本有"闕"字。

正學書院記[一]

（闕）恒業卒難動遷，度省城隙地一區，弘敞明麗，可建書院，乃保安王府予弟鎮國將軍誠潡地，而予嘗以他地互易之者也。於是西安守華容嚴君永濬具啟于予，予以兹事為斯文盛舉，遂命長史司撥以給之。地既協吉，郡復上之藩臬，左布政使婺源汪公進、按察使芝山仰公昇條具事宜，請于巡撫都憲靈寶許公進、巡按御史陽城張公戩，議以克合，遂檄所司，鳩工聚材，諏日將事。命西安府經歷許謹、西安前衛知事朱範董其役，而楊公暨嚴君則往來督察之。

鎮守太監建寧劉公瑯、都督同知金臺陳公瑛以祠前地不展，謀諸御史張公，圖市民居為開拓計。而予弟永壽王府奉國將軍誠滕，以所居敝陋，方欲他徙，而患莫售，遂命侍人以其情通有司，請于上官，出重價市之。既而都憲汝南熊公翀、御史安德馬公碁相繼為撫按，皆極勸相作興，工力日倍，以弘治戊午夏四月落成，距經始之期纔七閱月耳。

其制：中為正學祠，祠祀橫渠、魯齋，而推原橫渠之學之所自；併明道程先生祀之，且謂京兆為先生宦游地也。鄉賢之有功道學者，藍田呂氏而下凡十人，東西配焉。右為書院，堂室有嚴，齋舍環列，擇士之秀而賢者講讀其間，日惟從事于身心理性之學，以上尋程張遺緒，而舉子業亦兼治不廢，遵時制也；左為按察分司，提學、憲臣居焉。端軌範、嚴約束、作勤起怠，胥於是乎在，而書院之規赫然動人矣。嗚呼！自橫渠先生得二程正學，以開關中道學之源，一時門人如諸呂、蘇、范相與周旋，凡所論述，皆聖經羽翼。至魯齋先生來領學政，式克闡明之，而元甫、紫陽、囗同諸君子又揚其波[二]，助其瀾，斯文如綫之脉，至于今不泯者實賴焉。顧科舉之業興，士之以豪傑稱者，多止於章句文字中，苟可以取科第，不翅足矣。先輩為己向上之學、切問近思之功，談者非不知，知而行者不數數見。天理常存，典刑固在，是祠之復及書院之興，豈直為觀美哉？蓋將使一方之士，仰止鄉賢，潛心正學，庶幾獲究真材之用。此領學政者之責，而楊公之用心亦至矣！雖然天下之事每[三]

【校記】

　　[一]　此文闕題，蓋缺頁所致。"正學書院記"為整理者所擬。按《明史·諸王傳》："長安有魯齋書院，久廢，故址半為民居。誠泳別易地建'正學書院'，又旁建小學，擇軍校子弟秀慧者，延儒生教之，親臨課試。"本文亦言"潛心正學"，故擬文題。

　　[二]　"囗"，底本漫漶，四庫本作"蕭"。

　　[三]　"每"，其後闕文，缺頁所致。

（闕題）[一]

人多汲汲於名，而吾獨懶於名；人多孳孳於利，而吾獨懶於利。至若宮室、輿馬之好，聲色、田獵之娛，是皆人之所敏為，而獨吾之所懶也。或者乃誚其為僻，蓋不知其出於吾性也。噫！懶出於性而吾則從吾性矣。夫不然，則反其所好而拂其性，是豈予之所欲哉？

【校記】

[一] 此文闕題，缺頁所致。或為"懶說"。

拙　解

予既以拙自名，客有以巧自負者，過而見誚曰："世方逐巧，而子乃甘於拙，子誠拙者矣。"予聞而笑曰："我非巧於拙者也，而子殆拙於巧者乎？夫物之巧者，莫巧於繭絲，而作繭者，卒以巧自斃。又何異於人之自恃其巧，而卒□於巧者乎[一]？予固拙者也，然惟不識不知，而一舊章之，是由其為拙也蓋如是。嘗聞周子曰'巧者勞，拙者逸'，而吾之所以得逸其樂者，正以其拙也，則將焉用彼巧哉！"

【校記】

[一] "□"，底本漫漶，四庫本作"陷"。

愚　辯

予既以愚自守，客有黠者，謂予曰："子非愚者也，何其自愚於愚也？"予因其言而辯之曰："予非自愚於愚也，而愚乃其性耳。然惟其愚也，故舉天下之物，不知其所好。其視土壤猶黃金，而視黃金猶土壤，竟不知其孰貴也！或曰'仙'，予則斥之以幻妄；或曰'佛'，予則拒之以虛無。其日用飲食之外，惟知蒼蒼者之為天而已，此予之所以為愚乎。若夫用機械之巧，穿窬之智者，是則予之所深嫉也。孔子曰：'聰明睿知，守之以愚。'予非聰明睿智者，而亦以愚自守哉。"

賓竹賦

歲在閼逢，月臨大暑，薰風時來，潺恛頓解。余方玩《易》北窗之下，客有帶索葛衣，欙屩席帽；不通姓名，排闥徑造；顧余長揖，莞爾而笑。曰："有所疑，敢以請教。疇昔謁雲臺，老仙羌以'賓竹'自號。靖言思之，吾不知其所好。噫！天下之物可賓者多矣，豈獨竹云乎哉？彼芝與蘭，潛哲孔光。燁燁商嶺，菁菁楚湘。曠達誰擷，幽閒自芳。四皓養素，靈均佩纕。此草中之逸民，高蹈遠引，胡為而不賓？彼梅與菊，含貞孕秀。味主調羹，功能益壽。

落英可飡，暗香宜嗅。淵明莫逆，子真華胄。此花中之高士，輕世肆志，胡為而不賓？彼松與柏，歲寒後凋。蒼髯灑雪，勝氣籠霄。臺烏翔集，遼鶴允巢。崔丞坐咏，王子攀號。此木中之丈夫，守死善道，又胡為而不賓？"

余聞之，斂袵而對曰："芝蘭草屬，其性近柔，柔則不立，恐和而流；梅菊花屬，其性近媚，媚則不武，恐多疑忌；松柏木屬，其性近野，野則不文，恐非智者。是皆未足以言賓，試以竹言賓，斯可知矣。猗歟美哉！植物之中，乃有此竹。匪草匪花，而亦匪木。剛而不屈，廉而不辱。或巨或細，以菂以覆。載考厥祖，尋源泝流。肇于嶰谷，循及帝丘。渭川淇澳，青城羅浮。武夷長沙，蒼梧峽州。此竹之產也。紅者塗丹，斑者染淚。黃者敲金，青者滴翠。方若裁而中矩，篔若騰而拔萃。棘與刺者似同，桂與瑞者實異。此竹之品也。為舡為甑，為箭為刀。為籠為鐘，為箕為筲。為筒為杖，為笙為簫。城防之險，簡書之勞。此竹之品也[一]。若夫制箾均氣，定律累黍。棲鳳以鳴朝陽，化龍而作霖雨。感通孝子之情，孚合忠臣之語。全大節於兩間，挺孤標於萬古。此又竹之奇才偉績也。引而申之：其體也，虛若顏子屢空，雖簞食瓢飲，而樂亦在其中；其用也，實若史魚秉直，沒猶尸諫，而愚不可及。遠而望之，癯然其形，若將浼焉伯夷之清；近而即之，溫然其色，有斐君子武公之德。然既有此西都之賓，不有東道之主，可乎？是以老仙鞠躬，循牆趨步，褰裳出門，如見承筐。是將列八珍之饌，泛九霞之觴，獻有臺之雅，答飽德之章。一倡一和，再酬再酢，七賢司罇，六逸洗爵，殽核屢陳，欣然更酌。飲無算而禮意愈勤，歡有餘而威儀自若，小浮名於毫芒，薄世味於糟粕。至是不知主人賓竹，竹賓主人，不可得而知也。仰視俯觀，明月在山，白雲滿地，酒闌興盡，言別而歸。老仙行且歌曰：'按歌聲兮鼓腹，懷嘉賓兮如玉，招明月兮不來，留白雲兮共宿'。"余以語客，客吐舌而走，失其故步。因書于屏，以為《賓竹賦》。

【校記】

[一]"品"，四庫本作"器"。

皇明名臣錄序

天佑人國家，必生賢才以遺之。元、凱在唐、虞，伊、傅、周、召在商、周，無容言已。下至漢、唐、宋，雖治不古逮，然必有熊羆之士、不二心之臣佐其啟運，佐其守文，佐其興復，故其傳祚乃能久長。

我皇明太祖高皇帝，取天下於夷狄，扶天常、立人極於顛躓決裂之餘。當是時，智者貢謀，勇者宣力，忠良者輸納，誠盡小大靡遺。列聖繼承，撫熙御洽於百餘歲，薄海外內，陶然太和。雖神謨聖烈，臣下無所於助，而輔理承化股肱耳目之功，亦不可誣也。顧木天深嚴、金匱秘密，末學小子知其名而莫究其實，或併其名無聞知焉。夫士當尚友千古，矧耳目所及、勛澤所被而可不知乎？此晦庵先生《宋名臣言行錄》之所由輯也。巡撫寧夏都憲西蜀張公禎叔，嘗輯《皇明名臣錄》一編，釐為四卷，自中山武寧王而下凡百人，其平生履歷、事行之大者具在焉。予嘗慨斯典之缺久矣，往者司寇莆田彭公韶，嘗為諸名臣作錄、贊，至是公復踵為之，後之景行仰止，將不於是乎徵邪？然彭公所取，僅三十人，其選難矣。

公為是錄，殆三倍之。或疑其泛，予謂：論人於三代之下者，不必求其備。凡公所錄，皆一時名臣。雖人品、事功不無疵，純然較諸雲臺所畫、凌烟所拔者，豈盡出其下乎？自今觀之，夏忠靖之德量、王抑庵之文行、高學士之忠實，皆彭所未備者。近歲如余肅敏之在陝，興利捍患，民至于今賴之，是亦不止尋常尺寸之樹立而已。表之以為後之臣人者勸，夫豈不宜？必欲以聖賢作則，以三代律人，吾恐願為良臣者，將興望洋之嘆，而文公言行所錄亦贅矣。公起進士，簉屬地官，陟貳太僕，用薦者進今職，才行卓卓於時，即是一端。君子當知其抱負有過人者，予深嘉之，故為序諸首簡。

元宵雅集圖序時在鎮安邸作

成化癸卯歲，今上皇帝在位紀元之十有九年也，朝廷清明，邊徼無警，長安列郡晏然，民不告饑。予叨奉茅土，為藩屏於斯，亦因而得歲時之樂也。年之前，冬常有雪，正月雪，朔旦大如手，積地盈尺。人氣歡洽，誠豐年象也。越十有一二，至于上元日，天忽開，霽雪盡消，寒氣漸釋，而暖信為之稍回。予於上元日設筵具樂，招文雅客以為樂。於是，予父王首相、長史吳公元素、鄭公子初，予所從學紀善湯公以脩，與予以道誼相愛厚、提學憲副戴公廷珍之數人者，皆優於文行，而有麗澤之益於予者。又有予外戚之懿、都閫廖公廷璽，雖為武將，亦能尊尚儒雅，而愛文墨，予先期悉招之，詰旦不俟再速，而畢至於東之書堂。予出迓焉,天日晴和,東風噓暖,賓主之情,翕然宣暢。既行酒,即席而坐,觴酌序行,音樂迭奏,水陸之珍以次而進,酒□量□□勸[一],諸公亦不隱其量而飲,然必以德將之,不至深醉。一觴一咏,彼此形勢俱忘,性情禮義之真,文字之樂,無時世塵俗氣,誠雅會也。

抵暮,燭燈輝煌,月光如晝,移坐於庭,火樹銀花,照耀尊俎間。諸公樂甚。僉曰:"是雅會也,可無述乎[二]?"予遂弗覺技癢,因成五言四韻一詩。戴公首和之,吳公、鄭公、湯公繼和之,皆各適其趣。廖公曰:"臣武人也,文事雖嘗學,而未能悉中矩矱[三],詎敢奉嚴韻邪?"亦乘興成七言絕句一首。予於是復舉酒,屬諸公曰:"人之處世,良辰美景,得與文雅周旋,為賞心樂事之適者,百年間能幾哉?予將命善繪者貌而為圖,諸公各書詩於上,人留一圖,以識斯會之雅。倘天不吾閟,德星上聚,有啓占者之言,吾將斯圖以質之,寧不有聞於世乎?"諸公再拜謝曰:"臣輩何幸,獲與斯會!"遂相酬酢,盡醉而歸。翌日圖成,予先染翰錄予詩,并以紀歲月云。

【校記】

[一]"□",底本漫漶,四庫本作"隨"。"□□",底本漫漶,四庫本作"而屢"。
[二]"無",底本漫漶,四庫本作"無",據補。
[三]"悉",底本漫漶,四庫本作"悉",據補。

送少司徒張大器還京序

弘治辛亥冬,户部右侍郎張君大器持節慶府,行冊封禮。事竣還朝,便道過長安省其母,太夫人時年八十餘矣。戲綵既已,趨朝有期。予守秦國,以君秦人也,於其行為卷送之,於是諸郡王能詩者,咸賦詩其上,縉紳大夫又從而繼之,詩遂盈卷。予為序其首。

昔漢司馬相如本蜀人,及其為中郎將使蜀,建節乘傳,蜀太守以下郊迎,縣令負弩矢先驅,蜀人以為寵。遷史至累數十百言,傳其事而不厭。宋韓魏公本相人,及其以武康之節治相,駟馬高車,碧油紅斾,光動里閭,榮同晝錦。歐陽子至,作為文章記其事。茲君官拜亞卿,身充正使,而又手持玉節,函奉金書,禮成之後,得以優游鄉邦,入里門而下車,登北堂而拜母,又未知長卿、稚圭,當時有此否也?豈不良可多哉!雖然,長卿使蜀,或者誚子長紀傳之陋,稚圭治相,永叔但美其功德之光,是又大雅君子之獨見,而非庸夫愚婦之所可知也。君之位望，不減前人，而秦人之榮寵君者，亦不減于當時，豈待言論而後見乎？予復為是說者，蓋將以永叔之望稺圭者，望君而不欲為子長之見，目君如長卿而已，君其懋之哉！

壽湯紀善七袠序

紀善湯先生，先王時教授也，逮事予，累官今職，尋以老乞歸。予不忍其去，留寓別第。越再明年，為弘治辛亥，於是先生壽七十矣。十二月望日，寔其誕辰。先是先生壽，予例遣使持酒肴賀之，兹當再遣，因告使者曰："先生有道人也，於予有輔導功，汝往其敬之哉！且予少時未諳讀書，先生親為予正句讀，析義理，課詩若文。甫長，則自身心以至家國無不開陳其道，俾予有所知，輔翊其行，俾予有所立。古人所謂啓沃獻替者，先生殆兼有之歟？是先生於予，分則君臣，義則師友爾。今高年既臻，誕辰又屆，豈無一言可以為先生壽乎？予聞漢賈誼嘗傅梁懷王，董仲舒嘗相江都王，皆能佐之以道，不使其至於多過。鄒、枚輩嘗從梁孝王，應、徐輩嘗從陳思王，雖昧格心之學，然亦能以文翰相尚，而無他失，至今有光史册。先生於予，豈異是哉？道義則祖董、賈二公之醇，正文詞則效梁、陳諸子之典，則可謂大雅君子者矣。第予學踈，仰媿前脩，是則有負先生之厚望爾。雖然奉藩之暇，所以樂東平之善，敦河間之禮，以幸免乎梁懷之輕佻，江都之驕蹇，梁孝之僭妄，陳思之憂危者，非先生之功，尚誰功哉？回視小山八公、建安七子，於是乎有媿矣。繼自今，尚期先生松柏其姿，臺萊其壽，以與予同享聖世太平之福于無窮，豈不臣主俱榮哉？若夫世之齪齪者，惟知競蜉蝣之朝夕，而不暇悲蟪蛄之春秋，則斷乎不為先生之所齒可知矣。先生有子有女，締姻宗室，桑榆之樂，尚未可涯。兹姑述其輔導之益，故未及爾。"使者頓首曰："唯唯。"遂書以為先生壽。

送向行人還朝詩序

聖天子以至仁覆天下，而行之每自親親。始乃弘治癸丑，予兄臨潼王薨於位，訃聞，上震悼，輟視朝一日，賜諡"和僖"。遣行人向君者乘傳來典祭葬禮。是雖我祖宗成法,是遵是用,而聖衷哀眷，特稱其文。凡與宗盟之内者，感恩圖報，當何如其為情哉！君，蜀之岳池人，舉進士，拜今職。其來秦也，奉命惟謹，有所餽贈，一無所受，衆論多之。比竣事，便道歸蜀，省母居，亡何，還朝復道於秦，秦中宗室泊儒林士夫多為詩頌且餞之。僉謂予寔長秦藩，宜有言弁首簡。

維周官大行人，掌大賓客之儀，以親邦國、懷諸侯，歲時遍存問，至于賀慶、致襘，以同其憂喜，具有定式，用能慎固本根，以壯維城之勢。朝廷頒邮典於同姓，而必以行人蒞其事者，亦成周之遺意也。予聞行人在國初，為員三百四十五，六曹之事當行四方者，行人則捧檄而往，其事既繁，則員不得不冗，其員既冗，則選不得不雜。永樂中，有以進士除者，嘗持節使朝鮮，奉揚德意，邦人知重。朝鮮國王遺之金，卻，不受。因表其事于朝。我太宗文皇帝深加歎賞，始有行人非進士不除之命，且省其員為三十六，而非制命不得遣，於是行人之任始重，而選始難矣。君以儒術致身，釋褐為京官，在帝左右，親銜使命以臨藩服。器局凝重，文華蔚然，人既樂親之，而行操濯濯，人復加重之。夫秉彝好德，輿情所同，見賢思齊，聖有明訓。然則發為聲詩，聯篇累牘[一]，斯亦情所不能已。頌非貢諛，餞非內交，予安得不嘉而序之哉？予又聞近例，行人滿三載，能舉職者得被選為御史，以其奉使四方，民情世故多所涉歷，持是以往，無所不可。君行矣，尚益砥礪，圖惟厥終。他日聞有立殿廷之下，蹇蹇諤諤論天下事者，問其名，必向君也；有繡衣行部而風聲凜凜，所至奸貪屏迹，良善生氣者，問其名，必向君也。庸書以俟。

【校記】

[一]"聯"，底本漫漶，四庫本作"聯"，據補。

瑞蓮詩序

予府第子城外，舊環以塹，引龍首渠水注焉。歲久渠防弗治，水來益微，塹遂涸矣。弘治壬子春，監司脩舉水利渠防，再飭塹，水乃通。蓋一二十年，平陸復為澄波也。予喜甚，遂命吏植蓮其中，復即體仁門外為亭水中以寓目。亭之北則舊有長廊十餘間，牖皆南向，與亭相對而連屬焉。是歲夏季，蓮乃盛開，中忽有一本而雙葩者，衆咸曰："此瑞蓮也。考諸載籍，同穎有禾，連理有木，其為祥蓋昭昭矣。今茲池蓮駢蔕同莖，而豈徒哉！是蓋今上恩覃宗支，吾王美濟奕葉之所致也。不有高賞，厥瑞奚章。"予笑拒之曰："有是哉。瑞固不敢當也，賞亦不可已也。"明日乃開宴亭上，召鎮巡藩臬諸公次第賞之，又皆即席賦詩以侈其事。於是酒酣興逸，但覺水風涼坐，花香襲人，端可與西湖較勝負。豈但小東林而陋耶溪也哉！酒罷，因登詩于卷，以為府中一勝事，蓮之瑞不瑞弗計也。諸公以予言近實，請書以為序，是庸弁諸卷端。

豐城游氏族譜序

族有譜，猶國有史也。予生宗室，未嘗見民間所謂譜者。恆見史，不知何以類譜邪。間與長史游邦貞論之，邦貞曰："史，國譜也，譜，家史也，二者正相類。"因取其譜以呈予。試閱之，見其卷首詳次世系，猶年表也，末述行實，猶列傳也。乃笑謂邦貞曰："有是哉！"因諦閱之，其系甚綿，簪袍相繼，代不乏人，其間以功名自表者尤衆，餘亦負特行而擅美才焉。則又顧邦貞笑曰："古所謂'遙遙華胄'者，無乃是耶？"邦貞則進曰："臣世家江西，其地阻于山川，有文獻之美而少兵燹之厄，故其民喬木相望，譜牒具存。茲者臣譜，傳自先世，雖頗殘缺，源派甚真。臣豈敢冒拜墓之恥，以欺世取譏哉！"因頓首請予序。"嗚呼！董狐死，天下無直筆久矣！覓米作傳，諛墓得金，史尚可信哉？何則漢以前史有世官，不相侵軼。唐以下則史官必出翰林，而翰林必為宰相，此史之所以不得其真，而世之所以莫可取信也。夫史，紀善惡之書也。世治則所書必多善，世亂則所書必多惡，而治與亂又君相之責耳。安有身為宰相，以總裁于上，職督翰林，以纂修于下，而肯自書其不善而不諱者哉？然則國史之不得其真也，亦宜矣。且予聞近代翰林之選，類皆文人，而文人無行，勢常什九也。夫以無行之人掌史文，而以諱過之人主國是，史尚足信也哉？是無怪子為相，則史貸湯之酷；仇為相，則史誣飛以逆者，紛紛簡策矣。噫！安得秉麟筆者出於其間，取十七史而黜其蕪穢不實者哉！然後天下有真史焉出。而世之為君與臣者，亦庶乎其少知懼矣，抑不獨此也。予又聞江南有以脩譜為業者，往往竊故家真譜，規重略以鬻諸新造富室焉，遂使數世之後，真贗莫辨，其弊殆與史同。然則邦貞之譜亦然哉？殆非也，其系真，其言核，蓋一家之信史矣。予因論史偶及之。夫安得世之為譜者，真而核，皆如此譜，而世之為史者復如為譜者乎？"邦貞頓首曰："是矣！始臣論家史，今乃得國史，所得不既多哉！請書以為訓。"遂書之。

喬長史雙挽詩序

予府右長史喬奉先啓予曰："臣父鄭府左長史木，棄臣若干年；臣母宜人王氏，棄臣亦若干年。臣不肖，無所建立，以休於前人。竊念先德多可述者，復不能圖其不朽，將罪益大矣。維時詞林大夫士有憐臣之志，知臣父若母之行者，多作為詩歌，寄情哀挽，彙之成帙，凡若干篇。臣幸服事帷幄，願乞一言以序之，敢百拜以請言已。"嗚咽不能成聲。予亦憐之，受其帙閲之，既乃為之言曰："丈夫生世，未必無一行一藝之可稱；比其卒也，亦未必不忽焉如飄風之過。而能繫人之思者少矣，思之而至于咏嘆悲歌不能自已者為尤少也。是帙所載，其為言、體裁、音韻，類各不同；而咏其賢、悲其死者則衆口同辭，若出於一時，若成於一人。嗚呼！何以致是哉？蓋長史嘗為大寧、山丹兩衞學訓導，身教言教不遺餘力，所造士甚衆，恩義在人，至于今不衰。遷佐鄭藩，忠藎清白，孚於上下，其所樹立者固自卓卓如此，況有宜人之能婦助其內，而又有奉先之能子紹其後乎！予嘗怪世之為挽詩者，近於無情之哀；而子孫之徼惠於人者，厚誣其親，惟恐弗甚焉。然在名公、鉅儒、仁人、孝子則弗為是也。夫名公、鉅儒之立言，將使天下信之，後世信之；仁人、孝子之述其親也，將使天下傳之，後世傳之。世豈有無情、厚誣之言，而能信且傳者乎？予固意其決弗為是也。奉先侍予也久，動循禮法，思不辱其先，弗玷其名，蓋庶幾乎仁人孝子之用心者，而一時著作又多出於名公鉅儒之手，夫豈無據而空言之哉？言而有據，其信且傳也無疑矣，予安得不推其意而序之哉？若邑里世系之詳，墓上之文可考；而潛德遺行，已具見乎其詩：俱弗暇論也。

咏雪倡和詩序

《咏雪》，楊應寧先生所作也。維先生天順間，以南楚奇童貢天子，時憲廟臨御，詔俾續學翰林，固一代之泌、晏也。先生以英妙之年，粹美之質，大肆力羣籍，幾盡中秘之藏，是又出乎泌、晏矣。成化壬辰，果登甲第，拜中書郎，喜以經學開士類，而海內從游者日益滋，詩文其緒餘耳。

既而自中書擢僉憲，奉勑提山西學，此除寔自先生始。未幾丁家艱，既闋，再奉勑提學陝右，進憲副。先生蓋從此升矣。然其於學徒甚嚴而有恩，秦晉之士咸畏且愛之。其他高第之取科甲列清要者，又多先生所鑄也。

先生之按部，則雖祁寒燬暑無倦色。弘治癸丑之歲暮，雪且作，僉以先生必憚出。乃毅然冒雪抵三原，以至于商洛，不四旬，而歷州邑者凡十數，得詩三十又六篇，皆其較藝之隙之所成，其清新富麗有足動人者間見。諸公譽先生之才者不容口，因假以觀。蓋不啻夜光明月而光采奪目，誠希世之珍也。先生真可人哉！

予性僻嗜吟，然無如拙何，每見名流所作，輒技癢弗止，竊效顰焉，此詠雪之所以有和也。既成，復自笑曰："以食烟火之人，而與蟬蛻塵埃之表者鳴，其不度德量力也審矣。"或以予非專門不責備，似又為予解嘲者，遂壽先生之詩于梓以傳，而因附以效顰者焉。是為序。

羅川翦雪詩序

予府伴讀強晟向典真寧，教日嘗有翦雪之作。觀其自叙之辭，亦足知其志矣。蓋晟以汝南名家子早負才氣，有聲塲屋，而固將以取甲科致通顯也。惜兩舉進士不第，不獲已領教，得陝之陋邑。所謂真寧者，則其抑鬱之懷，固宜一寓于詩也。弘治壬子之秋，以校藝湖藩道陝，入見，予始識之。明年以提學憲臣，檄取會講于貢院，因悉見其所作。若詩、若文、若短章、若長篇、若諸體，其新奇富麗有足以動人者，用是援例請于朝，蒙恩許備藩臣，予甚喜之。蓋察其人醇實，初不專于詩也。其舊所著有《汝南小稿》及《井天錄》欲與出之，而晟乃固辭，姑從所請。第以此編，題意甚新，間多俊語，而詩林君子必有取焉。因命繡梓，與好奇者共之。若於是而復固辭焉，是則近於迂且固也，夫豈可哉！予聞厥父氏曰："宏以進士嘗三歷臺憲，其家學之傳，良有所自。" 徵於晟益信云。

壽何指揮七袠序

予從弟保安王一日過予，請曰："西安右護衛、致仕懷遠將軍、指揮同知何梁，弟妃何氏之父也。今年春秋適七十。九月廿四日，其初度之辰。弟於梁有甥舅之義，虛禮不足以將忱，願賜一言，以為梁壽筵之光，俾世傳之，以為家寶，榮莫大焉。"予惟天下可欲之物，凡係於人者，可以智力致；係於天者，不可以智力求也。珠璣、犀象、球琳、琅玕，孰不曰致之似難，信乎其難，然而係乎人也[一]，善謀而有力者，則亦聚而有矣；強艾、耆壽、耄耋、期頤，孰不曰致之似乎甚易，然而係乎天也，古之聖賢亦有不可必者矣，蓋非智力可取而有也。禮六十曰耆，七十曰老，八十九十曰耄，百年曰期。人壽至于耆[二]，蓋百之一二，至于老，千之一二，杜甫有云："人生七十古來稀"，其以是夫！今梁年躋七十，而步履視聽一如強壯時，況又有子之賢，襲職蒞事，惟勤惟慎，享福于其身，蔭及于其子，是豈偶然也哉？其必有以致之矣。予聞梁之為人，其質厚，其心仁，家有饒財而樂□□鄰里鄉黨貧乏[三]，蓋富而好禮者也。梁所以獨膺福壽於天者，其在茲歟？其在茲歟，然則天未必不可必也。彼其有不可必者，蓋理之變，而非理之常也。詩不云乎："樂只君子，遐不眉壽。樂只君子，德音是茂。"梁其益懋之哉！他日德益盛，年益增，逾耄耋而涉期頤，其天信乎？其可必矣！用書此為序，俾世之有德者知所勸，而否者知所勵云。

【校記】

[一]"然"，底本漫漶，四庫本作"然"，據補。
[二]"耆"，底本作"期"，四庫本作"耆"，據改。
[三]"□□"，底本漫漶，四庫本作"推與"。

巴陵廖氏族譜序

湖南廖氏，世為巴陵之鉅族。自宋以來，代不乏人，逮元季，經兵燹，譜牒無存，其邈綿所自，蓋不可考矣。欽惟我聖祖高皇帝，混一天下，其廖氏始祖曰"太安"者，始際風雲之會，得躋武階，歷四世，傳及曰"斌"，乃以文武長才，分閫重鎮，嘗屢建奇功，進陞都指揮使。其長女實為予妃，有淑行，蓋其先世積德所致，信非偶然也。都閫公既沒，其子禎以功襲西安後衛指揮同知，予因請于今天子，得調西安右護衛，許隨侍，蓋朝廷篤親親然也，不亦慶且幸哉！偶一日，禎謁予于寶善堂，叩拜階下，跽而言曰："臣之家世，實吾王所知。茲以先世功階，謹以繕謄成帙，敢請睿製，弁于其首，實臣廖氏世世之幸。""於乎！根之固者，末必茂，源之深者，流必長，此理勢之必然也。茲爾廖氏之榮且貴，既發迹于而祖，而又有都閫公以大其官，然則爾為之孫與子者，可不思所自哉！必惟孝惟忠，以仰答我聖天子之休命；無驕無佟，以求舉爾祖父之厥官。誠若是，則今譜牒之作，庶幾乎其無忝矣！不然，若宋曹氏之裔，而流丐于海上者，豈不大可畏哉！豈不大可畏哉！"言既，禎乃叩拜以興曰："敢不夙夜戰兢，以服吾王之命！"予因述之，以為廖氏家乘序。

葵軒稿引

詩不主於險怪，而惟主於平淡，蓋惟咏性情者然也。予觀葵軒諸作，其亦知所尚者歟。葵軒者誰？鎮陝中貴劉公仲器之別號也。中貴天性溫厚，雅好吟咏。初未嘗出險怪語，觀其所作，則知其人矣。且今之弭金貂者，多馳騁於富貴，而吟咏固非其所長。若葵軒者，得不謂之賢乎？雖然，詩底於平淡，固未易至也。第以中貴今日之所好如此，而進進不已焉，則於唐人摩詰、應物之平淡，或庶幾乎可至矣。不然，則元輕白俗，是又詩之所忌也。予閱其集而喜其知所尚，因為之引。

涵碧池引

予弟永壽王於所居西偏，引水為池，種蓮養魚其中，以供游觀之樂。士夫有過之者名曰"涵碧"，因各賦詩，紀其事，久而盈帙，請予言弁諸首。予嘗一再至池上，求所謂"涵碧"者。每淑氣初回，冰澌略盡，則遠山近樹，倒蘸於青銅鏡中，此一"涵碧"也；又或秋雨既霽，水波澄澈，則天光雲影，靜沈於玻瓈盤底，此又一"涵碧"矣。不知予弟將何居？或曰："漢池影娥，唐池鋪錦，富貴者固如是也。今王處富貴之中，而池以'涵碧'名，乃徒取諸遠山近樹、天光雲影之倒蘸靜沈焉，此不殆於以藜藿充太牢乎？"予笑而不言，或者悟，遂書以為引。

湧金橋引

永壽弟既為涵碧池，或謂池上不可無橋，以便游觀，遂構成之。而難其名，乃聚士夫之嘗宴集池上者圖之。或曰："某嘗陪王曉宴於此矣。羲馭方升，水光受日則金鋩奪目，不敢俯視，是宜名曰'湧金'。"或又曰："碧空夜靜，水月交輝，則金精融液，蕩漾不停，是亦宜名'湧金'。"於是橋之名遂定。衆復作詩登卷與涵碧池等，予併括其大概如此云。

祭西嶽華山文[一]

天地間五岳並峙，為五方之宗。巖巖華岳，實奠西土。禮，諸侯祭境內山川，予小子欽承帝命，嗣守秦藩，華岳之祀，予實主之。歲時玉帛將事，望秩有容，胗饗潛孚，灝靈如在。乃今奉詔賜沐，又得便道，展拜廟貌于靈岳之下，尺寸之誠，其敢隱於神哉？予聞古之修祀事者，有報有祈，維神作鎮，能興雲雷，召風雨，斡運陰陽，為一方民物祛除旱潦疾苦、夭閼不齊之患，使宵旰無西顧之憂，而予宗臣亦永享太平之福者，秋毫皆神賜也，敢不以報？獨念予德無似，不能奉答休祉[二]，又不善攝養，嬰于足疾，藥連歲弗奏功，且已逾壯彊之年[三]，而嗣險未建，簟簠之托，疚然在懷。嘗稽古傳記，以英賢之產，歸之岳降。夫金德主生，生生為無窮；兌宮澤物，物物沾其利。予固無以媚于神。然自神而言，則為祭主；自廷命而言，則均為國主。博濟之惠，奚獨後予？馨香如聞，願神默相使予血氣循軌，精神內固，勿藥有喜，夢熊協吉，此予夙夜而不能忘者也，敢不以祈？夫以民物所賴，報神之賜，而以予所願，祈神之休。是雖各舉其重者言之，而實未始不相關也。神其鑑之。

【校記】

[一]（明）張維新《華嶽全集》（明末刻本）卷三中此文名"秦王祭文"，首句為"維弘治七年歲次甲寅三月庚寅朔初二日壬辰嗣秦王誠泳敢昭告於西嶽華山之神曰"。

[二]"不"，底本漫漶，四庫本、《華岳全集》本皆作"不"，今據補。

[三]"彊"，底本、《華岳全集》本皆作"彊"，形訛，當從四庫本作"彊"，據改。

祭汧陽端懿王文

宗藩耆壽，典刑僅存。如松之茂，如蘭斯芬。天不慭遺，一疾弗起。嗟嗟老成，淪落盡矣。嗚呼惜哉！

漢有河間，好禮崇儒。王實慕之，左圖右書。亦有東平，以善自飭。王實肖之，其儀不忒。衆方射利，刀錐是營。王心于于，布袍菜羹。衆方附勢，其門炙手。王醜厥為，瞠乎若後。庭無白丁，坐有嘉賓。葆光習靜，抱朴韜真。前歲甲寅，王壽六十。宗人畢賀，少長咸集。長春之口[一]，長生之詞。間以絲竹，式燕又思。曾幾何時，聞王寢疾。巫問弗瘳，遽成永訣。嗚呼痛哉！

訃聞當宁，帝心悼哀。恤典便蕃，自天而來。禮官稽行，曰惟"端懿"。

帝曰俞哉，王其無愧。令名身後，如王幾人。莞彼豪華，溘然埃塵。象賢克孝，王有胤子。塊苦饘粥，據經執禮。弔者興嘆，薄夫知恥。天之報王，庶幾在此。靈輀載駕，將返幽宮。陳辭遣奠，寫我哀悰。嗚呼傷哉！

【校記】

[一]"□"，底本漫漶，四庫本作"醖"。

祭保安榮穆王文

吾宗昆弟，匹休競芳。王尤傑出，玉粹金良。皎皎乎挺神駒之千里，翽翽乎耀威鳳之五章。有毅然不可奪之氣，有瑩然無所缺之光。其風神峻整，如片冰隻鶴；其言辭峭厲，如烈日秋霜。孰界之美不令之長夢邪？真邪？使我涕滂。嗚呼！既貴且富，方壯而康。無求不得，有願必償。粉白黛綠，嬌管清商。浩歌摩空，雄飲吸江。殆不知宇宙之為闊，而光景之為長。二十年全盛之福，孰有過於王者哉？若夫春風廣坐，白日高堂。禮賢下士，無怠無荒。北海之尊不空，東閣之燕頻張。多儀稱其為物，恭敬形於未將。一時賓朋交際之盛，又孰有過於王者哉？嗚呼！祝融行天，赤日探湯。王忽遘疾，我心皇皇。醫來報劇，予謂勿傷。意王器局，夫豈不昌？奈之何一匕不下於咽膈，而二豎已入於膏肓。豈人事之或戾，抑天命之靡常？何吾宗之不幸，而芝蘭玉樹竟相繼而凋亡？上有慈親，悵甘旨其誰嘗？下無祚胤，僅托國於季方。恐王之目將不瞑於泉壤也。予長秦藩，屬在雁行。矧王之賢，而愛我敬我，又特出於尋常。身後之計，匪予孰當？九原有知，予不負王。矢心致告，酹以一觴！

祭永壽莊僖王并妃彭氏文

於乎！一元浩浩，大化茫茫。令始令終，維理之常。苟性天之弗墜，雖一日以為長。不然或老死牖下，亦為下殤。於乎！吾藩賢哲，乃有如王。喜性天之聰悟，豈他宗之可方？幸早膺乎封爵，惜年少而氣揚。或四野蒐田，而旁通於近邑；或千金致駿，而馳騁於康莊。或飲以陶情，而百觚之克受；或射而角勝，乃百步以穿楊。既朝酣于別室，復暮燕于前堂。銀燭輝煌，而擁嘉賓之雜遝；青衣列侍，而兼眾樂以鏗鏘。鱗介羽毛，而錯肥甘之悅口；粉白黛綠，而競歌聲之繞梁。樓高百尺，勢接穹蒼；池深數仞，派引汪洋。而王之樂亦已極矣。河間禮樂，東平仁義。王亦慕之。思以名世。乃羣書涉獵，而若今若古以疏通；乃八法規模，而或楷或行之具備。乃臨池學染，而頗窺晉帖之精神；乃把筆題詩，而解慕唐人之風味。於是東連梁晉，西底巴蜀。購求墨妙，盈箱累軸。而王之名亦已盛矣。於乎！有若王者，亦明且智。奈何氣耗於西狄之漿，體疲於東閣之妓。屆中宵而飲客初歸，甫明發而弔賓遽至。此予之所以深悲而痛惜之者也。於乎！王薨未久，妃亦繼之。是雖天地之成算，而亦夫婦之至奇。蒙恩同瘞，復何憾為？雖然，王其淪沒，幸有嗣子。克肖于王，誠足承祀。予叨宗正，又忝為兄。每重天親之誼，恒敦睦族之情。出入無時，而愛囗不殊於同氣[一]；交際以禮，而箴規無異於友生。疇昔訃聞，而深慟雁行之拆；今茲遣奠，而不知鮫淚之傾。於乎！王之嗣子，我其子之，請于天子，為爾爵之；王之臣僕，我其制之，如或王忘，為爾律之。王之精魄，諒亦有知。諦聽予言，夫復何疑？靈輀載道，將妥丘園。王其往哉！永訣終天。於乎哀哉！

【校記】

[一]"囗"，底本漫漶，四庫本作"重"。

祭郃陽溫穆王文

嗚呼！我祖康王，慶衍澤垂。四子並封，玉映金輝。我先惠王，以嫡為後。臨潼郃陽，汧陽競茂。先王奄棄，諸父凋傷。惟汧陽伯，巋然靈光。閔予小子，纘秦之服。睠我二兄，友于則篤。王言誾誾，王貌忻忻。深宮相對，禮洽家人。玉牒所載，秦宗繁矣。族屬最親，如王者幾？臨潼之薨，方切予哀。不虞謂王，相繼殞哉。王薨未久，汧陽在殯。老成淪亡，宗盟不幸。王之心事，明白坦夷。王之行誼，淑慎惠慈。不躭麯糵，不逐旼嬉。凡可伐性，王多弗為。一疾而沒，吁其可疑。壯強無子，王心惕而。粉白黛綠，環侍不辭。遘疾之因，庶幾在茲。慮關宗祧，匪王之私。得已不已，在王無譏。嗚呼哀哉！朱門遲遲，白驥驕驕。野雲助慘，朔風扇悲。翩翩素蓋，寂寂彤帷。長夜漫漫，欲見無期。嗚呼哀哉！訃聞九重，帝心悼惜。郵典便蕃，自天而錫。稽行賜諡，曰"穆"且"溫"。禮官蒞祭，有司營墳。涓吉發引，遣奠國門。瓣香陳辭，侑以芳樽。嗚呼哀哉！

祭母妃父楊公文

念惟先母,育我眇躬。遡厥所自,善慶攸鍾。吾母上仙,劬勞莫報。所喜公存,壽躋耋耄。時或晤對,如覿母顏。奈何一夕,亦掩幽關。我惟哭公,即哭吾母。殮祭弗躬,限於封守。遣官奉祀,展我心曲。遥望城南,豈勝荼毒。嗚呼哀哉!

卷　十

恩賜勝覽錄

弘治癸丑，予以足疾未瘳，倦于醫，居恒忽忽。或有進者曰："去城之西三百里，太白山之下有泉曰'鳳泉'；去城之東百餘里曰石門，亦有湯泉；去城之東北六十里曰'驪山'，亦有溫泉。浴其水者，痼疾皆愈。"予聞而異之曰："有是哉！"第以守藩，不敢專出入，乃遣使上告于天子，天子許之。予拜命踴躍，不敢煩有司，自飾具以往。感恩志喜，因有一律紀之，其詩云

憶昨封章叩紫宸，果然天意俯從人。湔除宿恙憑靈液，造就餘生荷至仁。指點終南收勝概，摩挲華岳動精神。揮毫欲寫山川秀，只恐歸來記不真。

是歲二月丁未出郭，予宗室昆季諸王，往餞于城西之十里鋪。予因有詩留別。其詩云

親藩叨守冒尊榮，敢為游觀出斗城。賜浴溫泉天子詔，弘開祖席友于情。秦川日暖旌旗動，周道風和鼓角鳴。料得歸來詩滿卷，安排賡和答升平。

其日巡鎮諸公暨諸藩臬，候送于崇仁寺。予亦有詩留別，其詩云

叨綰金符守一方，喜承溫詔浴溫湯。行車細覽江山秀，祖席遙分雨露香。絕飲平生懲酒誥，惜田寧敢蹈禽荒。歸來料得無慚德，獨有丹誠答聖皇。

途次望漢城甚邇，作未央宮懷古

手提一劍竟成功，定鼎長安此建宮。作則已非神禹戒，貽謀翻笑宰臣工。鳳麟殿閣成塵久，雞犬鄉村有路通。鐘室不知緣底事，令人千古惜英雄。

致政康都閫別業，去咸陽僅十里，其居枕灃水，甚有幽致，都閫謁予于道，左請留予，為之一飯。因貽以詩

將軍別墅枕灃河，此日停驂試一過。繞舍笙簧流水急，當門圖畫好山多。

暖風雞犬鳴深樹，斜日牛羊卧軟莎。應有杜陵餘興在，東橋欲問訊如何？

漢有天下，張良實謀臣也。逮大功既成，乃欲從赤松子游，豪傑欺人之言，豈可信哉？其墓一在咸陽，一在韓城，俱載郡志，未知孰是。予所過則咸陽者云

天生才傑起山東，肯學連衡與合從。四海風塵爭逐鹿，一編籌策竟從龍。殯宮已見埋青草，石室空傳伴赤松。明哲保身公獨有，尚疑人在躡仙踪。

將抵咸陽，日已薄暮，予臨河登舟亦有作云

縣城背倚北原坡，南面通津古渭河。兩岸夕陽青草渡，半篙春水白鷗波。當年宮殿阿房盛，此地丘陵漢室多。欲向長途詢往事，南山無語鬱嵯峨。

予既渡，宿于咸陽之行臺，明日因留一絕

半生今始出重城，客枕通宵夢未成。月冷烏啼紅燭暗，感懷弔古不勝情。

道中即事

步輦乘春古道平，一村纔過一村迎。杏花雨細沾衣潤，楊柳風和拂面輕。山勢東連秦嶺闊，河流西下渭源清。前朝勝概豪華地，知逐滄桑幾變更。

予讀漢史暨武帝內傳，每嘆其雄才大略，而乃惑神仙，且窮兵於遠。俾末年，不下輪臺一詔，則漢事未可知也。矧聞茂陵侈葬，可為於邑，予行經駐視，不無千古之感，因占一詩，以寄懷云

天馬不來人已去，茂陵老樹轉斜陽。東方西母言何誕，玉露金桃壽可長。賣武爵真成短計，上書諫本為元良。當年不下輪臺詔，豈獨亡秦事可傷！

暮至興平

駐馬平陵已夕陽，當年槐樹尚成行。高原西下岐山迥，曲泊東連渭水長。隧道衣冠藏漢武，居人簫鼓祀商湯。傷心往事皆陳迹，莫怪青山笑客忙！

宿白渠驛夜聞風雨大作感懷

早發咸陽宿始平，半籠銀燭照深更。窗紗獵獵驚風勢，庭樹蕭蕭送雨聲。顧我未成疎館夢，何人不動故鄉情？也知明到溫泉近，屈指猶煩數去程。

興平之西二十里，有鎮曰"馬嵬"，致政閣方伯文振之舊第在焉，方伯蓋予詩友也，且喜其居近周道，因為之一留，仍貽之以詩曰

文章方伯早懸車，喜挹清風步二疎。好水好山供大隱，非村非郭足幽居。一缸綠蟻新醅酒，萬軸牙籤舊賜書。滿眼兒孫終日醉，人生適意更何如！

予讀天寶遺事，每歎玉環之醜久穢青史，明皇昏惑逆豎，釀禍馬嵬之變，

無足悼笑。茲經故址，駐馬徘徊，殆不能去，因以詩紀之

　　古城無址只荒坡，翠輦曾經此地過。羯鼓聲沉鼙鼓動，海棠花落野棠多。玉環舊恨原頭土，蓮步遺踪輾底羅。蜀道歸來南内冷，梧桐秋雨夜如何！

武功道中

　　五原三時隔西東，此地人言是武功。楊柳池塘科斗水，杏花村席酒旗風。農耕綠野春臺裏，客在青山罨畫中。日暮官程催去馬，樹頭微雨正濛濛。

再渡渭河

　　谷風吹渭水，二月冷於秋。動蕩勞舟子，扶持藉伫留。解鞍浮從騎，鼓枻起羣鷗。去去邠城近，依稀見驛樓。

予聞山曲曰"盩"，水曲曰"厔"，而盩厔一邑，果在山水之間。乃知昔人立名，良有以也。予既渡渭水，風雨甚寒，絶無詩思，行臺明發，聊成一詩，以寫興云

　　客窗春夢破殘更，騎從紛紛發縣城。霽色微茫兼曙色，角聲嗚咽雜雞聲。溥溥湛露沾衣潤，淡淡霏煙著樹輕。數里行來人迹少，遠村燈火尚微明。

經廢寺

　　樓臺金碧委塵埃，黄葉填門晝不開。壞壁有基緣薜茘，斷碑無字蝕苺苔。談經問偈僧何在，弔古尋幽我獨來。最是不堪惆悵處，斜陽枯木鳥聲哀。

盩厔之南三十里有臺焉，相傳為馬融讀書之所。予聞六籍穿鑿于漢儒，而女樂生徒之繆，亦可資千古一笑。途次口占一律，聊以弔南郡太守云

　　扶風家世漢通儒，不重椒房重道腴。盧鄭久從高弟列，嚴敦敢望後塵無。春圍絳帳人如玉，月滿荒臺樹有烏。況是臨江遺廟在，春風十里長蘼蕪。

予嘗慕周人王業，蓋肇迹于公劉，漸盛于古公，而成功于文武。今之鳳翔寔古之成周也。予入其境，緬想遺風，而高山景行，意自不能已焉。因詩以紀之

　　成周當日舊提封，王業艱難自古公。太白終南山勢迥，皋門冢土地形雄。東來嶢崡秦關險，西上舟車蜀道通。滿眼桑麻民俗厚，路人争説是豳風。

予嘗讀《正蒙》諸書，而仰止横渠久矣。茲過郿陽，適道先生故居，因詢左右，乃知先生祠墓在鎮，遂以瓣香致敬祠下，且留一律以寓誠云

　　孫吴佛老謾須評，《易》道深研見理明。學術有心期聖代，井田無計到蒼生。兩銘文字儀刑地，一瓣春秋報享情。此日我來應下拜，泰山何啻仰高名！

郿塢，即董卓所據處也。噫！人生幾何，而彼乃積金儲穀為三十年規，何愚甚哉！且卓之所為，雖燃臍于市，不足以償其罪。予因經此，遂以詩嘆之

策馬經郿塢，臨風感慨深。高臾徵萬斛，珍貝累千金。桀驁鍾人禍，姦雄竟陸沈。空餘歌舞地，斜日下疎林。

予登西山，送目太白山絕頂，積雪齊雲，聳若冰柱，時天風滿衣，飄飄然真有神游象外之趣，既而清思頓發，遂作長歌以寫興云

乾坤萬里春熙熙，賜浴溫湯來古郿。聞說西山多勝絕，□□□□□□□[一]。愛山自笑真成癖，夙駕星言登崛嵬。□□□□白雲堆[二]，小隊飄搖圖畫裏。絕頂人傳萬仞高，天樞咫尺天風號。羅衣不奈翠岩冷，坐久清寒生髮毛。憑高卻訝塵寰小，太白遙看入空杳。層層積雪礙星辰，銀海光搖射瓊島。幾回欲下又徘徊，長安回首飛黃埃。恨隔弱流三萬里，何緣沖舉棲蓬萊。鎮日看山厭塵俗，便須爛煮藍田玉。紫皇壽我三千秋，來往青冥駕黃鵠。

【校記】

[一]"□□□□□□□"，底本漫漶，四庫本作"茲晨喜我停車旂"。
[二]"□□□□"，底本漫漶，四庫本作"徐行踏破"。

孔明，天下奇才也。其《八陣》一圖，鬼神莫測；《出師》二表，王業所關。奈何天不祚漢，而星殞中軍，可勝嘆哉！陳壽作史，以將略非其所長，真繆論也。予因登西山絕頂，遙望五丈原甚邇，且見一祠在林麓間，即侯廟也，以隔絕未得一薦牲酒，姑以詩弔之

斜峪遙連渭水平，當年伐魏此屯兵。人憐炎漢三分國，天奪奇才半世名。八陣風雲今亙古，千年忠義死猶生。原頭夜半瞻燐火，尚訝星流大將營。

予登西山絕頂，既望武侯祠廟，而一弔矣。時侍臣有指渭水之陽而告者曰："此即太公磻溪也。"噫！昔人不作，風物如故，雖鷹揚事業，殆一浮雲耳！亦作一詩以弔云

養老風聞自海濱，遠依西伯寄閒身。夢殘石室孤峰月，占斷漁磯兩岸春。玉珮釣來文最古，鷹揚老去命維新。江湖多少垂綸者，徒仰餘光愧後塵。

太白山之下有鳳泉焉，世傳可以愈疾，予承優詔，許浴于茲鳳泉之水，其恩波歟。感激之餘，輒成古詩一首，以示不忘云

新春領明詔，茲晨浴鳳泉。臨源觀沸水，誰能測其然。翻疑混沌初，刼火

猶連延。地軸想已焚，日夜如烹煎。又疑回祿沈，墮地生紫烟。晶熒固宜爾，輝光燭金天。方池甃寒石，湧出孤峰前。渴虎詎能飲，乖龍寧敢眠。我聞黃耇言，浴者沈疴痊。時清自多驗，濁世嗟無緣。方今際昌運，明良逢聖賢。山靈諒有知，壽域開八埏。我來試湔洗，寒溫良不偏。頓驚四體輕，末疾忽以捐。拜手感天子，丹扆思刻鐫。題詩寫山石，聊為來者傳。

　　予愛山者，然予府適面南山，雖朝夕快覩，而未償厥趣。茲承恩詔，賜浴鳳泉。肩輿連日山行，其樵歌牧唱，□酬於山水之間[一]；鶴唳雲飛，出沒乎林□之外[二]。予心甚樂，而幽興滿懷，但覺目前風景，殆為吾詩設也。因口占三首，謾記于此

　　翠微深處絕囂紛，嵐氣空濛濕未分。樵斧丁丁穿樹重，梵鐘隱隱隔溪聞。龍歸古洞留殘雨，鶴憩長松戀白雲。清嘯一聲毛骨爽，碧空回首又斜曛。

　　朝陟青山巔，暮宿青山下。逍遙歲月閒，俯仰乾坤大。緬懷塵鞅中，幾人得休暇？駒隙等流光，莫嗤行樂者！

　　出門看青山，芙蓉千萬朵。倦臨白石眠，吟藉紫苔坐。好鳥面前啼，飛花眼中墮。幽居怡白雲，於焉忘物我。

【校記】

[一]"□"，底本漫漶，四庫本作"應"。
[二]"□"，底本漫漶，四庫本作"麓"。

　　鳳泉之南不二里有一巨石，而復承一石，大亦稱焉。以一夫撼之，則其勢微動，加以衆力，則屹然莫移，蓋亦異也。相傳謂之"神功石"，豈其然乎？予停輿一視，因成二詩

　　六丁何日遣吳剛，劈斷雲根此地藏。神□□呵經歲月[一]，紫苔玄甲飽風霜。恨深李廣空疑虎，術妙初平戲叱羊。一指撼來如欲墮，當年賁獲謾誇強。

　　誰將山骨疊層層，看到忘言理莫憑。炊飯只應仙客慣，補天惟有女媧曾。青回鳥迹苔千點，影落龍潭月半稜。寄語游人莫相近，岩墻之下尚兢兢。

【校記】

[一]"□□"，底本漫漶，四庫本作"護鬼"。

予經山寺，愛其幽雅，因留宿焉。昔人所謂天下名山，僧占多者，信然哉。所惜者世無金山長老，而吾帶蓋不足留。聊成一詩，以自適云

偶過西山最上峰，巉巖鳥道接禪宮。笑談風月三生外，俯仰乾坤一瞬中。香冷竹窗春院静，燈昏石榻夜堂空。憎騰偏稱閒中睡，一任東窗曙色紅。

予連日山行，而頗有山中之樂，第恨世無摩詰，而畫中之詩未有拈出之者，因再成二律，以寫懷云

面面峰巒罨畫新，地偏無處著紅塵。人間空有烟霞想，林下誰於鹿豕親？老木月寒猿嘯夜，落花風暖鳥啼春。静中契得長生術，肥遁何妨學隱淪！

推窗日日看芙蓉，蕭散襟懷野興濃。一派山泉和月瀉，幾家村杵帶雲舂。世情淡比巢林鶴，詩思清於倚澗松。睡足五更天欲曙，梵宮又聽隔溪鐘。

將出西山留別神功石丈

見說瓌奇久著名，相逢又復悵離情。自緣大造流形異，誰使良工巧琢成？太白雪深尤突兀，終南雲静益崢嶸。山靈好為頻揩拭，莫遣塵埃野蔓生。

予聞秦始皇好神仙，于尹喜樓南立老子廟。晉惠更新，即今之樓觀也。厥後廢毁。勝國時安西王乃大加修飾，而于今為盛，蓋天下第一福地也。有繫牛柏，相傳為周時故物，殆亦後人附會而補植之者。予緬懷青牛老人，第無自而聞其道德之言，姑成一詩，以寫勝概云

塵海仙家第一宮，崢嶸臺殿詫秦工。五千道德言猶在，百二河山勢自雄。煉藥爐寒虛夜月，繫牛柏老動秋風。穿碑屹立斜陽外，夜夜龍光貫彩虹。

予既出樓觀，乃登說經臺，憑高踪目，但覺松風滿山，而恍惚若聞老氏道言也。且摩挲古刻，而米老"第一山"，字尤甚奇古。惜從行無善繪者，未能摹寫其景以歸。姑成一詩，以滌塵襟云

萬山深處一高臺，法演玄元道教開。金鼎風雲龍虎伏，石壇星斗鬼神哀。函關紫氣今何在？天竺青牛竟不迴。欲問長生無覓處，閬風樓閣隔蓬萊。

說經臺之北僅一舍有祖庭焉。予訪重陽舊迹，雖有黃冠數輩，惜無可問之者。然而疊閣重樓，氣象甚都，所謂五祖七真者，其亦乘雲馭鶴而來憩于此耶？蓋不可知也。予面峰巒，徘徊松下，恍若飛渡弱流，而容與蓬山之上矣。因作一詩，以寫幽興云

峰巒矗矗與天齊，疊閣層樓望處微。雲去瑤壇丹竈冷，雨香石逕紫芝肥。湫深自爾宜龍蟄，樹密多應礙鳥飛。真境可人清興好，肯因行役浪思歸。

予過渼陂，是即岑參兄弟約杜甫以同游者也。予亦好奇者，想渼陂之名，憶岑杜之游，因成四韻，以傳好事者

躍馬乘春到渼陂，渼陂風景足清奇。晴涵山影沈青黛，冷浸天光漾碧漪。盛代已無唐室禁，荒碑猶載杜陵詩。樓船簫鼓俱陳迹，禾黍斜陽異昔時。

予好奇者，每邂逅山水之勝，輒注目焉。及抵鄠縣，則逼夜矣，聊成一詩以自笑

斗柄橫空夜若何，絳紗籠燭渡潦河。嵐光結暝迷前蘙，水氣生寒透薄羅。拜月妖狐當古道，驚風棲鳥散喬柯。宵征莫怪歸心急，屈指嚴程只恐過。

靈囿，蓋文王蕃育鳥獸之所也。予道經于茲，而遠想白鳥麀鹿之盛，遂口占一詩云

闊野微茫入望迷，年年芳草一萋萋。可憐麀鹿搜尋盡，惟見斜陽白鳥飛。

予聞文王之作靈臺，蓋以望氛、禩察災祥也。且其倏然而成，若神靈之所為者，故以得名。詩不云乎："彼美人兮，西方之人兮"。因經臺下，謾成一絕，以寓景行之意云

搖搖小輦過靈臺，為憶周文一愴懷。盛代不勞閒望氣，朝陽時有鳳凰來。

靈臺之下有靈沼焉，然物換星移，而無復於牣之興，因太息久之，亦成一絕

垂鞭信馬日西斜，靈沼吟看起嘆嗟。魚鱉成塵春水涸，年年惟見長桑麻。

昆明池，即老杜所謂"昆明"，漢武舊時功者也。予經其地，蓋已墟矣。因作一律，以寓慨嘆之意云

萬里昆明未即功，方池鑿象練兵戎。女牛跨漢東西隔，旗鼓連營遠近同。巨艦初移雲作陣，石鯨如動水生風。可憐無限桑麻地，都付征人事遠攻。

予過造書臺，遠懷蒼頡，因覘空階鳥迹，而猶訝其造書時也。夫何鳥篆既遠，而字體變化，真如浮雲矣！彼以俗書逞逌媚者，得不知所自歟。因成一絕，姑以弔造書者云

鑿開大塊日支離，混沌元來死不知。山寺空階遺鳥篆，相看猶似造書時。

細柳營，實漢文勞軍之地也。予讀漢史而追思其事，若亞夫者，可謂真將軍矣。彼棘門灞上之軍，有如兒戲者，豈可同日而語哉！因成一絕，以弔亞夫云

漢盛胡衰久罷兵，將軍身後只空營。棘門灞上俱塵土，青史何勞紀姓名！

予游興慶宮而遠憶李唐之盛，因嘆塵世繁華，真一夢耳！太息之不足，遂

作一詩以寄意焉

　　複道金堤輦路通，繁華非復舊時同。舞衣零落塵埋玉，珠被銷沈燭散風。春色已隨宮樹老，夕陽猶向苑臺紅。憑高幾許興亡恨，都在平蕪一望中。

　　予過灞橋，偶思鄭綮之事，可發一笑。今春和景物明媚，若給予詩料者然，而清興滿懷，自不可遏，又何必在於風雪中耶？漫成二律，以資談柄

　　官橋烟柳綠絲絲，折盡長條為別離。橋上行人橋下水，滔滔何事日奔馳。

　　信馬東風鳥亂呼，長橋烟柳晚模糊。何當添箇騎驢叟，粧點詩家入畫圖。

　　驪山之溫泉，即唐之華清宮也，以路當孔道，而浴者殆無虛日。予奉詔賜浴，而且遂游觀之樂，其感戴聖恩，宜何如哉！謹成一律，以貽諸縉紳云

　　小隊從容曉出城，喜蒙優詔浴華清。靈源有性藏真火，煖氣溶春咽鳳笙。豈獨纖埃隨處盡，直教沈疾頓然輕。從今喜得身康泰，萬歲千秋感聖情。

　　予浴溫泉，而追憶玉環之醜，禄兒之穢，雖萬古有不能滌也。奈何三郎郎當入蜀，幸賴汾陽諸公，再造唐室，及過馬嵬，猶不能忘情於一香囊，而為之泣下。於乎三郎，真郎當哉！慨歎之餘，因成一律云

　　華清宮裡湛溫泉，沃雪揉香寵愛偏。過市不慚同輦議，海淫曾費洗兒錢。播遷自失神人主，恢復多緣將相賢。底事西歸猶不悟，香囊一覩一潸然。

　　予登驪山，而想唐人宮室之盛，惟餘故迹於淡烟殘照之間而已。且終南太華，若相競秀者，是亦關中之勝概也。因作詩以寫情云

　　驪山名勝古來聞，丘垤紛紛夐莫羣。老鶴暝投孤嶂月，蟄龍晴吐半岩雲。崔嵬直與終南並，蔥蒨疑從太華分。我欲憑高凌絕頂，魯戈須倩挽餘曛。

驪山懷古悼周幽也

　　不見山頭再舉烽，斷霞遙映夕陽紅。申亡已兆東遷禍，奚啻妖姬一笑中！

　　新豐，蓋象豐也。漢高斯舉，其亦孝矣。予經是地，而聞雞鳴犬吠之聲，儼有太平氣象，第未知太公當日果不思豐否？亦不知新豐市上，猶有斗酒濯足者乎？因成一詩，以寫興云

　　人從生處偏為樂，莫怪他鄉惱太公。眼底江山雖是漢，夢中桑梓尚憐豐。亭臺風景元無異，雞犬人家也自同。卻笑狂夫雙足垢，瓦盆盛酒氣如虹。

　　鴻門之會，劉項之雌雄實決於此矣。予過其地，而想其大風之雄，帳下之悲，同一大夢也。感而有作。

　　漢楚爭雄此割疆，貔貅對壘劇豺狼。裂眥有勇稱樊噲，舞劍何人敵項莊？

醉脫金卮歸太急，怒撞玉斗恨偏長。經過不用論羣策，蔓草寒烟幾夕陽。

過鴻溝

龍争虎戰欲相吞，百二河山一劍分。楚漢興亡均是夢，兩抔寒土鎖秋雲。

過戲河有作

流水無聲伯業空，人言列國此争雄。至今春雨桃花落，還似當年戰血紅。

予行渭南道中，愛其風物，不覺成句，殆亦有河山之助歟，得二律

偣人侵曉駕征驂，伐鼓鳴金過渭南。雞犬頓疑塵世隔，烟村真與畫圖堪。溪流濺石飛晴雨，山色當途落翠嵐。不待東風吹酒醒，詩成一笑破餘酣。

浴罷温泉過渭陽，肩輿不厭道途長。溪邊老屋雞聲遠，樹底新泥燕子忙。旭日當頭搖旆影，東風隨處送花香。一游一豫皆天賜，笑咏新詩貯錦囊。

予讀唐史，而每嘆汾陽功滿天地，忠貫日星，實後之尚父也。予過華州，敬謁祠下。噫！偉人不作，而其堂堂大節，殆與華岳争高矣！因作長歌，以寓景仰之私云

李唐將相分忠佞，功蓋寰區誰最盛？汾陽器宇真天人，二十四考中書令。萬乘何如懶作家，恣渠野鹿銜宮花。佞臣進幸忠臣遠，從此乾坤如潰瓜。漁陽一旦猪龍起，若箇捐軀報天子。長安回首没胡塵，花萼樓前鬧如市。唯公仗節勤王室，瀝血感天天亦泣。軍前免胄示諸酋，誠信真能貫金石。唐天幾墜公□扶[一]，唐社將屋公重圖。招之不來麾不去，心□□陸應同符[二]。八百年來祠有祝，寒鴉故里棲□[三]木。路人下馬拜寢門，不似崇韜多浪哭。我來聊爾駐鸞旂，心香一瓣興遐思。人臣徇國盡如此，雖有顛隮非至危。

【校記】

[一]"□"，底本漫漶，四庫本作"重"。

[二]"□□"，底本漫漶，四庫本作"與博"。

[三]"□"，底本漫漶，四庫本作"喬"。

萊公，趙宋名臣也，其孤忠大節，蓋炳炳於史册間。予讀前書，素仰其人。兹過華州，一謁祠下，因弔以詩云看山來華岳，駐馬寇公祠。老蔓纏空木，荒苔蝕斷碑。乾坤功業大，史册姓名垂。千古精誠在，公安有竹枝。

宿華州

歷覽河山喜勝游，暫停笳鼓宿名州。壯懷頓覺添詩思，不省塵埃客裏愁。

予經華山，而仰觀仙掌，因笑圖經之繆，蓋不足信。偶成一律，貽諸縉紳，辭雖弗工，欲求和也

巨靈伸臂向洪崖，雲際分明一掌開。捧出海天紅日近，挽將蓬島列山來。翠光閃爍縈朱草，玉笋聯翩綉綠苔。隔斷胡塵渾不到，擎天功業陋三台。

予至華陰，因憶唐人崔顥詩韻，輒和一首，大方家見之，幸勿盧胡

喜承優詔出咸京，為愛三峰畫不成。紅日捧來仙掌近，白雲飛盡佛頭晴。城邊草色連天遠，樹底河流入望平。吟料滿前撩逸興，應憐詩思自然成。

予入華山而愛其名勝，恨不登落雁峰，攜謝朓驚人句，搔首以問蒼天耳。玩之不足，而因成一詩。山靈有知，其尚羨予之奇觀也哉

分茅忝秦土，奉祀主西岳。茲晨奉明詔，溫泉得疏瀹。星言駕我車，遙遙出城郭。路迂經華陰，尋幽有真樂。山路阻且右，我馬勞四駱。行行及山腹，萬仞如壁削[一]。霏嵐濕我衣，雲根還旋斫。羣山若兒孫，俛首謹然諾。仙掌獨憑虛，亭亭入溟漠。飛瀑自天瀉，靈苗皆大藥。或云巨靈氏，山傾賴渠託。如招物外人，似引空中鶴。我生有奇癖，高情騰碧落。欲上蓮華峰，遐觀盡嵩洛。飄然馭長風，何須躡芒蹻。恨無驚人句，搔首愧丘壑。勝游愜素心，茲行真不惡。但恐鼾睡翁，驚我驅山鐸。

【校記】

[一]"壁"，底本作"璧"，四庫本作"壁"，據改。

予既宿華陰之行臺，明日有事，於西岳燈下勉成三律，以叙潔祭之誠。諒金天主者有知，其必鑑予至意也。詩似相祀，羣僚尚希一和

右致齋[一]

衣自溫泉浴罷更，擬將禋祀報神明。盤供野簌無兼味，天湛靈臺一至誠。

跋涉敢辭長路杳，澄渟應喜此心清。虛堂待旦渾無寐，飽聽松風隔坐聲。

右入廟[二]

疊嶂凌虛紫翠堆，閟宮千古面崔嵬。一簾香霧晴猶合，滿地松雲晝不開。烜赫威靈昭肸蠁，駢繁神貺殷春雷。凡庸喘息恩無極，領得宜男福祉回。

右致齋[三]

輝煌庭燎照深更，髦士如雲共一誠。束帛瓣香崇簡素，朱弦玉管載和鳴。禮嚴三獻神威肅，廟食千年饗祀精。我願明靈昭景貺，更同民物遂生成。

【校記】

[一]《華岳全集》卷十一此詩名"西嶽廟致齋"。
[二]《華岳全集》卷十一此詩名"入西嶽廟"。
[三]《華岳全集》卷十一此詩名"岳廟致祭"，四庫本此詩名"右散齋"。按，散齋、致齋之禮為帝王、諸侯舉行祭祀前所行齋戒之禮。宋·朱申《周禮句解》卷一注"前期十日"云："未祭以前散齋七日，致齋三日。"可知散齋與致齋均為祭前準備。與第一首內容對應者應為三日內之致齋，故詩題不誤。今觀此詩，內容為秦王入華岳廟致祭即行祭祀之禮的活動，與散齋無關，故四庫本或誤，此詩名當為"致祭"。

予既祀華山，將之藍田之溫泉，復取道驪山。從者告予曰："此焚書坑也。"予嘆虐政之狂，姦斯之惡，為之彈指者久之。於乎始皇，其坑儒耶？儒其坑始皇耶？後人必有能辯之者。雖然，六經之道，炳如日星，而阿房之宮，驪山之墓，蓋已付楚人之一炬，牧豎之遺燼矣。太息之不足，因作長歌以哀之

我來刮目驪山下，為愛驪山一駐馬。從臣指我焚書坑，不覺風前清淚灑。卻憶當年秦始皇，魚肉六國真豺狼。姦斯阿附助兇燄，困敝黔首如牛羊。虐政翻嫌人腹議，偶語詩書者棄市。秦人乃以死為安，爭敢編青作私史。六經諸子盡輸官，章縫無復儒衣冠。萬卷千編歸一炬，守尉誰敢留餘殘？詎識詩書如日月，日月遭秦真暫蝕。孔壁還藏科斗文，至今日月同無息。祖龍死去楚人來，秦宮三月飛烟埃。空有驪山山下墓，珠襦玉匣俱成灰。遠恨狂秦還一笑，驅車又上藍田道。斜陽荊棘滿荒陵，行人惟弔旌儒廟。

予嘗目摩詰輞川圖，愛其山水之秀，以為繪者之巧，而造化未必有此。及自驪山迤邐入藍田，皆摩詰圖中景也。因又嘆造化之巧，而遠非繪者所及，矧其

春日晴明，而山光花氣有足悦者，因作"春山曉行"

雨霽春山青插天，懸厓飛瀑皆春泉。朝來光景弄晴旭，眼前物物皆芳妍。肩輿隨處踏芳草，一路好山青未了。天翁為我展詩圖，卻笑無詩被山惱。嵐光滴滴東風晴，林間好鳥相和鳴。山花含露解迎我，翻因花鳥關幽情。紅綠扶春詩滿目，卻愧才非乂手速。看山且進紫霞杯，滌我塵埃三萬斛。西秦自昔隔東吳，茲山能比吳山無。憑誰喚起王摩詰，為我寫取春山圖？

予行藍田道中，而想念古人飡玉之法，蓋不可傳矣。因愛其山川風物，遂有作云

東華晴色動春朝，谷口雲開雪盡消。四面好山青繞郭，一溪流水綠平橋。雞鳴草店炊烟亂，雉雊桑田土脉饒。白石如粳聞可賣，茂陵人去詎能招。

予經輞川，而愛其風物，實詩中之畫也。所惜者摩詰不作，徒見黄鸝之囀于夏木，白鷺之飛于水田而已。緬想昔人，不覺有述。噫嘻！摩詰其有知乎哉

山路縈迴古木踈，輞川風景小蓬壺。詩從初調能窺雅，畫到無聲不用圖。遠岸輕烟籠細柳，野田流水長新蒲。懷人幾度空惆悵，不見驪龍照乘珠。

藍田縣之東，有山高入雲表，甚秀拔。予問從臣此山奚名，有知者對曰："此李唐仙人王順登仙山。"因以一絕紀之

藍田咫尺接商顏，誰是丹成出世間？老鶴無聲人已遠，白雲空自鎖空山。

向讀《三秦記》，聞周平王東遷，見白鹿於此原，以是得名。予自輞川經此，漫思往事，而姑識之以詩

周轍東遷嘆黍離，巍然王業遽陵遲。千年白鹿空原外，爭似呦呦在囿時。

予既浴太白之鳳泉，再浴臨潼之溫湯，又浴石門之溫泉，仰承明詔，蓋三浴矣。聖天子之優眷如此，予忝為宗臣，亦將何以報稱於萬一哉？感激之餘，謹以一詩識之

我生遭微恙，足弱勇不前。人言有神水，可以一洗濺。封章達天子，優詔容二年。春和時雨霽，驅車歷原田。初經太白山，靈源名鳳泉。沸水若湯蕡，遥看起炎烟。順途驪山下，蓮湯尚依然。寧非至陽精，日夜勞烹煎。回車石門道，溫流亦涓涓。應疑一脉通，地軸相鉤連。初浴覺身輕，再浴忻體便。三浴瑩於玉，洋洋和氣宣。衣裳易鮮潔，飄飄若飛仙。非惟塵垢去，果見沈疴痊。維藩愧無似，乃承天所憐。周旋如所願，微恙幸已蠲。感恩何以報，聖壽祈同天。宗臣老西土，永守秦山川。

予宿石門，清不能寐，其所聞者，野雉之鳴、澗水之聲而已，因成一絕

空翠侵人睡不成，夜深惟有野雞鳴。翻憐車馬明朝發，坐聽潺潺澗水聲。

馬鞍山之普光寺有池曰"仰天池"，實予始祖憨王奉大雄氏處也，允為諸剎首稱。昔有老宿性空者住其間，予嘗貽之以詩，而一時之名士皆屬和焉。以今計之，蓋二十年矣。茲予重游于此，而性空已久入寂，同吟者亦多星散，因感于中，復為一詩，以貽住持者云

不到禪關二十年，山中風景尚依然。鐘魚有客投金地，香火何人社白蓮。學士再留腰下玉，癡僧爭乞鉢中錢。獨憐惠遠今何在，一塔亭亭夕照邊。

予既游天池，行半舍，登所謂五臺山者，愛其秀麗，口占一絕

攀援石磴上仙臺，萬壑晴嵐午未開。千尺長松雲一片，半空惟有鶴飛來。

予既登五臺，日已暮矣，遂憩山足之古寺。野趣撩人，燈前不寐，遂成七言古詩一首

我昔馳書聞九天，許我澡浴停溫泉。斜陽緹騎轉山徑，聊從金地投金仙。我居宮掖惟怡素，忠慎敢矜千乘富。孳孳好善慕前王，曾讀前書諳世故。鬥雞走馬非吾事，涉水登山諧夙志。欲試平生仁智心，只恐金仙未為是。坐久山僧爭獻頌，鐘磬齊鳴燈火共。雕盤進食擁袈裟，卻訝天廚真有供。夜深導我石室眠，梅花紙帳何蕭然。一塵不擾起靈悟，恍對文殊與普賢。喜憑法水澣塵垢，打破虛空月穿牖。倚屏無睡待天明，忽聽一聲獅子吼。

明日早發，迤邐山行，其千態萬狀，怪怪奇奇，誠有如退之《南山詩》之所云者。予素有山癖，每涉，於目甚悅，於心不暇作長詩，姑成七言四絕云

宿雨晴來罨畫張，重重螺髻擁穹蒼。數聲啼鳥桃花落，一路東風澗水香。

潑眼青螺宿雨晴，乘閒連日作山行。何須對酒聽絲竹，滿耳松聲雜澗聲。

萬木陰陰石徑斜，亂山深處有人家。春風滿耳多啼鳥，澗水流來帶落花。

滿目烟雲散午風，青山萬仞倚晴空。欲登絕頂聊舒嘯，鳥道巉岩一線通。

五臺之西有山曰"翠微"，實唐太宗避暑處也。舊有離宮二，曰"翠微"，曰"永慶"，遺趾尚存，今廢為寺，因成一律

翠微深處翠微宮，避暑當年說太宗。弔古不須增感慨，憑高聊復得從容。千章古木蒼烟合，數尺殘碑碧蘚封。獨喜滿前吟興好，參天萬朵玉芙蓉。

予登翠微，愛其秀拔，縱目久之，有寺僧進曰："山之絕頂，自南而望，其千岩萬壑，雖善繪者，莫盡其妙。"予因命肩輿直造其巔，一視果如僧之所

言，清興溢發，即成七言古詩一首

翠微雨過芙蓉濕，我興悠然思適適。買山直欲捐萬金，況是生平有詩癖。帖帖肩輿到上頭，憑高四顧涼颼颼。終南太白擁晴翠，渭源一線沿川流。憶昔唐皇來避熱，萬戶千門囗嶄嶫[一]。有時雲霧失炎精，六月寒風攪飛雪。吾駕茲晨為一停，等閒呵護煩山靈。分明坐我古圖畫，何須點染呼丹青。移牀更入晴嵐裏，為愛松聲忘坐起。自是吾家道氣濃，滌盡胸中幾渣滓。坐久欲歸歸未得，忽訝片雲頭上黑。知是山靈催我詩，一笑留題許鐫刻。來來車馬更遲遲，好山一路還相隨。從行賓從擁矛槊，能無和我登山詩。

【校記】

[一]"囗"，底本漫漶，四庫本作"巢"。

翠微之西有山之小者，其拱秀若屏障然，有灃水出于其間，固可愛玩，且有寺曰"豐德"，亦可憩也，因成一絕

灃水橋西小逕通，好山如畫倚晴空。禪關欲扣知何處，隱隱鐘聲紫翠中。

豐德寺之西有圭峰焉，圭峰之下乃姚秦之逍遙園也，實鳩摩羅什之道場，其寺舊極宏敞，今久廢，惟羅什之塔在焉，俗謂之"草堂寺"。予留一宿于此，因貽一律

憶昔神僧入杳冥，可憐龍象總彫零。空階鳥迹和塵亂，壞壁蝸涎過雨腥。石塔尚傳藏舍利，寶函猶自貯殘經。相看獨有圭峰在，還似當年佛首青。

予自草堂將歸，過古之樊川，亦有所感，而不能已於言也

斗城南畔杜陵邊，舊是將軍食邑田。屠狗亦匪劉季業，牝雞誰道呂婆賢。當年壯志今安在，此日英風尚凜然。禾黍高低殘照裏，路人猶指是樊川。

自樊川而來，經曲江池，因憶唐人之春游者，莫盛于此，物換時移，而今之所見，第參差烟樹而已，浩嘆之餘，繼之以詩

曲江池畔黍離離，腸斷慈恩寺裡詩。謝館夕陽歸昨夢，瓊宮秋草祇荒基。錦筵待士乘春早，翠袖留人覺夜遲。細柳新蒲俱不見，風光又減少陵時。

自曲江而來，有浮屠聳立於霄漢間者，則雁塔也，寺曰"慈恩"，尚仍唐扁。但鐘魚之盛，車馬之游，則相去遠矣。漫成一詩，聊用弔古云耳。

陽鳥何年此瘞形，浮屠誰構尚亭亭。上林囗復傳蘇扎[一]，蕭寺猶驚語梵鈴。勢壓澄江蟠地軸，影移殘照礙空冥。一從韋肇題名後，人物依稀世幾經。

【校記】

［一］"□"，底本漫漶，四庫本作"無"。

近雁塔有坡二，曰"臙脂"，曰"翡翠"，其春游之盛，蓋極於開元天寶間矣。觀其命名之意，則當時游冶之樂，猶有可想見者。因成二律，情見乎辭

宣平坊裏舊名坡，故老相傳事不訛。非有猩紅將地染，直看茜水帶泥和。芙蓉爭艷凝肌肉，蘭麝吹香入綺羅。車馬去來歌舞散，東風開遍野花多。

蝦蟆陵下曲江邊，傳道開元樂事偏。金縷羅襦相鬭靡，粉容花貌各爭妍。雛鶯歷歷歌喉細，飛燕盈盈舞袖翩。今日淒涼成一夢，淡烟衰草接平川。

近郭有玄都觀，蓋禹錫看花處也。種桃道士既不可見，而兔葵燕麥，今尚復然。予山行之趣，悉見於詩，茲將入城，而猶有玄都之興。散人好奇，亦自可笑，詩亦不可不留也

傑閣層樓舊已頹，海桑變幻幾千回。桃花口見空葵麥[一]，瓦礫無多只草萊。塵面至今還自拂，春光前度為誰栽？不須立馬頻傷感，老屋逃亡更可哀。

【校記】

［一］"□"，底本漫漶，四庫本作"不"。

附録一

朱誠泳生平事跡考述

一、家世

明初，太祖朱元璋分封诸王，目的在于抵御边患，藩辅帝室。朱元璋次子朱樉是第一位受封的藩王。洪武三年受封，十一年就藩西安。秦藩之地"兼殽、陇之险，周、秦都圻之地，牧坰之野，直走金城[1]"，为"天下第一藩"。秦王位高权重，下辖数万兵马，与燕王、代王号称"塞王"。

随着皇权的不断加强，自建文、永乐始，藩王的政治、军事权力受到限制，军事影响几乎丧失殆尽。甚至失去了人身自由，成为真正意义上的"富贵闲人"。秦王的地位与洪武朝时相比，不可同日而语。永乐九年，秦藩的第二任秦王秦愍王朱尚炳因怠慢使者，受皇帝赐书，进朝谢罪，于次年三月薨。此事对后来的秦王起到了震慑的作用。宣德四年，第五任秦王朱志璒上疏辞王府三护卫，宣宗令留一护卫于秦府，另二护卫调至北京。正统年间，秦康王因不法事被英宗数次斥责。逮至秦惠王朱公锡即秦王位，其母陈氏教之谨守礼法，陆容《菽园杂记》有载[2]：

予使迹所及，历赵、秦、伊、周四王府，朝见日，皆有宴。惟秦王亲宴于承运门，品馔丰盛。余皆长史陪宴宾馆，成礼而已。闻秦王之母陈氏，贤而且严。每朝使至，必令王出宴，云'非惟见尔敬重朝廷，好言好事，亦得见闻。若在宫中，不过与妇人相接而已，实有何益？'酒肴已具，必令人异入观之，如不佳，典膳厨役，皆受挞辱。王之所以无失礼宾客者，由太妃之贤也。

由之前秦王的傲慢至后来秦王的恭敬谨慎，可以看出秦王政治境遇的变化。毋庸置疑，朱诚泳先祖们的事迹，对其日后的政治态度有一定的影响。

另外，明政府在对藩王实行严格的"禁藩"政策之余，鼓励藩王们投入到

---

[1]（明）何乔远.名山藏[M].北京：中华书局，1985，第3页。
[2]（明）陆容.菽园杂记[M].卷三十六，分藩记一，明崇祯刻本。

文化活动中去。表现在赐书藩府，勅建藏书楼等。加之藩王雄厚的经济实力，藩王有大量的时间、精力致力于搜罗艺术珍品、进行艺术创作。因而，优越的条件、浓厚的文化氛围，使朱诚泳专注于诗文创作成为可能。对其政治态度、艺术创作产生直接影响的有以下三位：

秦康王

朱志㙸（1404-1455），初封富平郡王，宣德三年（1427）進封秦王，為秦藩第五位秦王，謚"康"。朱誠泳祖父。秦康王卒於景泰六年，朱誠泳還未出世。秦康王對朱誠泳的影響多體現在文學方面。何景明《雍大記》卷十九載秦康王："強學好古，不遺餘力。聲色、貨利、馳騁田獵之欲，淡然無足動其中者。有《默庵集》行於世[1]。"朱誠泳對其祖父的評價是："敦崇儒術，雅好辭章[2]"，"博學能詩"。其詩集《默庵稿》三卷今存，為弘治十六年秦藩刻本。

秦康王妃陳氏

陳妃，朱誠泳祖母，生卒年不詳。陳妃為朱誠泳啟蒙之師。《小鳴稿》自序云："祖母妃陳嚴而善教。予年甫十齡，即於宮中親授小學、《論語》，且命日記唐詩一首以為常。"朱誠泳對這位祖母的感激之情時常表諸詩中，如《初度日思祖母陳太妃》[3]：

初度人人綺宴開，我逢初度不勝哀。慈顏一去無消息，忍對南山瀉壽盃。

《登府城望祖母陳太妃塋》[4]：

樂遊原近少陵原，芳草萋萋接遠天。惆悵慈顏無復見，不禁雙淚一潸然。

《祀祖母太妃塋偶作》[5]：

皇天渺無際，厚土廣且深。緬懷大母恩，空傷寸草心。雨露既沾濡，松楸散清陰。瞻望杳容儀，不聞謦欬音。俎豆式前陳，聊復昭寸忱。感慨熱中腸，涕泗沾衣襟。

---

[1] （明）何景明撰，吳敏霞主編.雍大記[M].卷十八，西安：三秦出版社，2010，第260頁。
[2] （明）朱誠泳.小鳴稿[M].卷九，明弘治十一年秦府刻本。
[3] （明）朱誠泳.小鳴稿[M].卷七，明弘治十一年秦府刻本。
[4] 同上。
[5] （明）朱誠泳.小鳴稿[M].卷二，明弘治十一年秦府刻本。

秦惠王

朱公錫（1437-1486），朱誠泳之父。天順二年（1458）襲封秦王。《明史》載其以賢德聞名。好詩書，樂接文儒，著有《益齋集》，今亡佚不傳。朱誠泳祖母陳氏亡故後，惠王承陳氏之訓，擇湯潛為朱誠泳教授詩書。

二、生平事跡

日賦一詩

朱誠泳十歲之時，祖母陳氏于宮中親授小學、《論語》，並命日記唐詩一首。《四庫全書總目提要》："案朱彝尊《詩話》稱：'王年十齡，嫡母陳妃以唐詩教之，日記一首。嗣位後日賦一篇，三十年靡閑'。案誠泳襲爵僅十一年，此云三十年當並其初封鎮安王時言之也[1]。"《小鳴稿自序》及贊《康祖妃陳氏》中皆云親授小學，且命日記唐詩者為祖母陳妃。另《小鳴稿》卷九載其嫡母為王氏，錢謙益《列朝詩集》亦載"王年十歲，康王妃陳教以小學"。朱彝尊、《四庫全書總目提要》"嫡母陳氏教授"之說當誤。祖母陳氏逝後，秦惠王繼陳氏之訓，擇吳人湯潛教簡王以詩文，湯潛有詩聲。熊翀、楊一清、嚴永濬在《小鳴稿》序文中皆贊簡王居無所嗜好，所嗜者惟"日課一詩"。清陳田稱："明藩王之工詩者，當以秦簡王誠泳為稱首。"從現存詩文數量來看，"日賦一詩"不為虛言。姚之駰《元明事類鈔》亦記其事。

銘冠服以自警

《明史·諸王列傳》稱："誠泳性孝友恭謹，嘗銘冠服以自警。"這應源于古代文人"書紳"的傳統。《論語·衛靈公》："子張問行。子曰：'言忠信，行篤敬，雖蠻貊之邦，行矣。言不忠信，行不篤敬，雖州裏，行乎哉？立則見其參於前也，在輿則見其倚於衡也，夫然後行。'子張書諸紳。"孔子這段話的核心是"忠信"二字。對於明代奉藩守國的諸侯來說，忠信應是在位者最為看重的。詩文集《小鳴稿》中，"書紳"二字並不少見。《孝宗皇帝實錄》卷一百三十八載："王天性孝友，好禮謙恭，恒以敬天地、畏祖宗、尊朝廷為念。嘗銘其冠服以自警，尤勤問學，雅好吟詠。""銘其冠服"的不外乎

---

[1]（清）紀昀.四庫全書總目提要[M].石家莊：河北人民出版社，2000，第4456頁。

"敬天地、畏祖宗、尊朝廷"。聖君仁臣的觀念在其詩文中數見不鮮。吟詩作賦之時，時常不忘感念朝廷聖恩。詩文集的第一首詩即為《聖君曲》。八十八首五言《感寓》組詩是其謙恭溫順的藩臣形象的最好寫照。弘治五年八月，秦王誠泳上書陳言二事，謂各王府婚娶喪葬，宜遵祖訓，禁奢侈。教養王府儀賓，選中後送儒學讀書習禮。觀其所陳，謹慎雅遜之態可見一斑。誠泳薨後，孝宗皇帝輟朝三日，遣大臣致祭，賜諡曰"簡"。一德不懈，平易不訾謂之"簡"，可謂朝廷對藩臣的最高的評價。

捐地建正學書院

《明史·諸王傳》載："長安有魯齋書院，久廢，故址半為民居，誠泳別易地建正學書院。"正學書院的前身為魯齋書院。魯齋書院為元代許衡元祐間領陝西學政時所造就。後省臣建議為書院，祀橫渠張載、魯齋許衡、鄉賢楊元甫。至明朝建國百餘年，魯齋書院遺址為兵民所占，但其坊名尚存。成化年間，提學副使戴珊、婁謙欲重建，未果。弘治九年（1496），提學使楊一清重議復建。時巡撫都御史張敷華、巡按御史李瀚命參政汪奎、副使馬龍度地，其地為秦府隙地。按秦簡王朱誠泳言，其地"乃保安王府，予弟鎮國將軍誠澂地，而予嘗以他地互易之者也[1]。"時西安府知府嚴永濬遂議重建，啟於秦簡王，簡王以此事為斯文盛舉，命長史撥以給之。弘治十年（1497），左布政使汪進、按察使仰昇條具事宜，請於巡撫許進、巡按御史張鼐，議以克合。所司遂聚材始建。楊一清、嚴永濬往來督察。后許進遷去，張鼐偕鎮守太監劉瑯、同知陳瑛以祠前地，往來觀之，圖市民居，貿地南門，以廣其域。后熊翀為巡撫，馬碧為巡按，益嚴督觀，興工日倍。於弘治十一年（1498）夏四月落成，書院之制始備。中為正學祠，祀橫渠張載、魯齋許衡、鄉賢之有功道學者、藍田諸呂凡十人。右為書院，左為按察分司，提學使居焉。"是雖復魯齋之舊，而實崇祀先賢，表彰正道，以風勵學者，非徒為許設也，故易其名曰正學書院[2]。"另簡王於正學書院旁建小學，"擇軍校子弟秀慧者，延儒生教之，親臨課試。王府護衛得入學，自誠泳始[3]。"

---

[1]（明）朱誠泳.小鳴稿[M].卷九，明弘治十一年秦府刻本。
[2]（明）何景明撰，吳敏霞主編.雍大記[M].卷三十四，西安：三秦出版社，2010，第474頁。
[3]（清）張廷玉等.明史[M].卷一百十六，《諸王一》，北京：中華書局1974，第3561頁。

養疾湯泉

明初太祖封皇子為親王，封建諸國。親王歲祿萬石，府置官屬，護衛甲士少者三千人，多者至萬九千人。冕服車旗邸等，下天子一等。公侯大臣伏而拜謁，無敢鈞禮。藩王身份煊赫榮極，享有一國。然而自永樂以來，天潢貴胄的身份便被加之以重重限制。其中藩王不得出府城便是各藩須謹記的戒條。實質上，各藩王已淪為享受榮華的囚徒。簡王的先祖們曾數次上表朝廷欲進京朝聖，都被以路途遙遠為由回絕。這最為冠冕的出城理由亦不能奏效。或許，個別謙遜恭敬，謹慎無過的，受聖恩榮寵，准許城外一游。秦簡王朱誠泳便是其一。弘治五年（1492）九月癸酉，"秦王誠泳奏，有風疾，欲求本城外溫泉浴，許之[1]。"本城外溫泉即為太白山之鳳泉，驪山之溫泉，石門之湯泉。天子許奏之後，簡王"拜命踴躍，不敢煩有司，自飾具以往[2]"，遂即有"指點終南妝勝概，摩挲華岳動精神[3]"之句。此次出行，無疑是"細覽江山之秀"的絕好機會。簡王於弘治六年（1493）成行，二月丁未出郭，宗室昆季、巡鎮諸官往餞於城西。正如其在詩文中所說"半生今始出重城"。先至太白山之鳳泉，次至驪山華清池，后至石門湯泉。途經咸陽、興平、武功、周至、鳳翔、眉縣、戶縣、華縣、藍田、石門諸地。據筆者統計，此次出行，簡王歷游古跡勝地近八十處。途中或感恩紫宸、或登臨懷古、或拜謁致政、或聽馬注視、或凝聽飛瀑、或祭祀山靈、或謁祠前賢。每見歷史遺跡，簡王總會嘆而詠之。過張良墓、汾陽祠、太公磻溪，不無慷慨之情。過興慶宮、細柳營等，亦不乏殘煙荒草之嘆。後簡王將此次出行時所作詩文，集為《恩賜勝覽錄》。弘治六年之後，秦簡王再無出府城之記錄。此次遊歷的興味，在之後五年的詩文中被多次提及。

值得注意的是，此次的歷游，一方面彌補了作為藩王不能走出重城之遺憾，一方面拓寬了較之其他文人相對狹隘的創作視野。於秦簡王的詩歌創作，實乃幸事。如之前"日課一詩"，無非感寓、唱和、閨怨、題畫、贈答，而《恩賜勝覽錄》中，出現了大量的登臨懷古詩，就詩歌題材而言，無疑得到了

---

[1] （明）李東陽.大明孝宗敬皇帝實錄[M].卷六十七，抄本。
[2] （明）朱誠泳.小鳴稿[M].卷十，明弘治十一年秦府刻本。
[3] 同上。

開拓。關於此次遊歷所作詩歌，筆者將在本文的第三章進行論述。

三、著述考

《小鳴稿》十卷

《小鳴稿》又稱《小鳴集》、《賓竹小鳴稿》、《經進小鳴集》、《賓竹集》。是集由作者初步編訂於弘治十年（1497）五月，自命其詩為《小鳴稿》。"小鳴"之意，取諸《學記》"善待問者如撞鐘，扣之以小者則小鳴，扣之以大者則大鳴[1]。"蓋寓"求正大方"，不忘進學之意。如前文所說，簡王自十歲起，便"日賦一詩"以為常，積之三十年靡閒，詩作數量頗為可觀。作者"偶閱舊稿，率多塵鄙可笑[2]"，遂"自加斤削，去其太甚，而采其近似者，爰命侍史錄之。姑藏之書笥，將求正於大方[3]。"由此看來，作者刪去了一些不合意者。弘治十一年（1498）六月，王薨逝，越二十六日，其妃廖氏（案：《小鳴稿》強晟序稱"賢妃"，錢謙益《列朝詩集》載"妃某氏"，《小鳴稿》卷九《巴陵廖氏族譜序》、《憲宗皇帝實錄》皆載其妃為都指揮僉事廖斌長女，其名不可考。）命府內承奉副相償督刊，紀善強晟校對以傳。"強晟以王平生精力盡在於是，不可泯焉無聞於后，裒輯之得若干篇[4]。"是集遂定稿，由秦府中書舍人張中楷錄登梓。后紀善強晟屬熊翀、楊一清、嚴永濬為之序。是為弘治十一年秦藩刻本。嘉靖元年，簡王孫定王朱惟焯表上朝廷，詔送史館，史稱"經進"。除弘治十一年秦府刻本外，是集似無其他刻本。據《明實錄》、何景明《雍大記》、焦竑《國朝獻征錄》、朱睦㮮《萬卷堂書目》、顧炎武《音學五書》、錢謙益《列朝詩集小傳》等，《小鳴稿》并未只藏之于秦府書笥，而是得到了流傳。

弘治十一年秦藩刻本，今南京圖書館藏殘本第五至八卷。中國科學院圖書館藏全本，保存基本完好，是為善本。此本亦為《四庫全書》底本。裝訂形式為線裝，一函五冊。有裝具函套一個，保存基本完好。開本25.9cm×16.0cm。板框為20.8cm×14.6cm。書口為大黑口，四周雙邊，雙黑順魚尾，上魚尾下記

---

[1] 高時良.學記評註[M].北京：人民文學出版社，1983，第3頁。
[2] （明）朱誠泳.小鳴稿[M].《小鳴稿自序》，明弘治十一年秦府刻本。
[3] 同上。
[4] （明）朱誠泳.小鳴稿[M].楊一清《賓竹道人小鳴稿序》，明弘治十一年秦府刻本。

書名及卷數，下魚尾下記頁碼。序文部分半頁7行，每行12字；目錄及正文部分半頁10行，每行字數18字。案：強晟《小鳴稿後序》云《小鳴稿》刻成于弘治十一年。另楊一清《賓竹道人小鳴稿序》："王薨，其臣紀善強晟以王平生精力盡在於是，不可泯焉無聞於後，裒輯之得若干篇，承奉相償刻以傳，屬一清為之序"，熊翀《賓竹道人小鳴稿序》："弘治己未孟夏之吉，賜進士第嘉議大夫奉勅巡撫陝西都察院右副都御史汝南熊翀謹序"，嚴永濬《小鳴稿後序》："是歲己未春三月既望，中憲大夫西安府知府華容嚴永濬謹序"。楊一清、熊翀、嚴永濬之序皆作於是集刻成之後。蓋集刻在前，序刻在後也。序文首頁印章為：清盧文弨 "四明盧氏抱經樓珍藏"，方形，陽文； "范氏圖書之記"，方形，陰文； "東觀草堂印存"，方形，陽文。朱誠泳《小鳴稿自序》文后印章為： "貽笑大方"，方形，陽文； "秦王之印"，方形，陽文； "來青樓"，長方形，陰文。卷一為樂府129首；卷二五言古詩158首，五平五仄詩1首；卷三歌行13首，七言古詩65首；卷四五言律詩137首，五言排律1首；卷五七言律詩272首；卷六五言絕句72首，六言四句3首；卷七七言絕句296首；卷八聯句15首，集古句35首；卷九贊15篇，記3篇，賦5篇，序12篇，引3篇，文6篇，此卷《瑞蓮亭記》、《建正學書院記》（題目闕，筆者據上下文意，并參看《小鳴稿目錄》及李東陽《重建正學書院記》試擬題目。）為殘文，另有殘文一段（《建正學書院記》之後，《拙解》之前），題目不知，蓋缺頁所致。卷十為《恩賜圣覽錄》，古體近體皆有涉及。

《四庫全書》本以弘治十一年秦藩刻本為底本（是為浙江巡撫采進本）。今參看《文淵閣四庫全書》本較之秦藩本有明顯不同。四庫本集前無賓竹道人、熊翀、楊一清、嚴永濬、強晟序文。集前有《提要》，然與《四庫全書總目提要》之內容又有所不同。卷九《瑞蓮亭記》、《建正學書院記》亦為殘文。然無《建正學書院記》之后，《拙解》前之殘文。四庫本與秦藩本區別較大者，當屬四庫中的避諱處了。第一，避皇帝名諱，這里姑置不論。第二，避"胡虜夷狄"諱。為避此諱，騰錄者將原詩文中的個別句子進行了改動，如秦藩本卷一《將軍行》有"遠出蕭關討戎羯"、"直搗胡巢殲厥種"句，四庫本將之改為"遠出蕭關探虎穴"、"直搗長驅爭鼓勇"。類似此種較大改動者，全書不下二十處。因此，在參看四庫本時應注意此類問題。

《秦藩世德錄》

此書為叢書，內收三種，卷數不明。《明實錄》載簡王誠泳"所著有《小鳴稿》、《世德錄》"。然明朱睦㮮《萬卷堂書目》卷四載："《奉藩世德》三卷，秦默庵。"案：《奉藩世德》中"奉"字為"秦"字形訛也。何景明《雍大記》卷十九載秦康王朱志㙴有《默庵集》行於世，黃虞稷《千頃堂書目》卷十七亦載康王有《默庵集》，據此，默庵當為秦康王朱志㙴之別號。今南京圖書館藏《秦藩世德錄》，內存秦康王《默庵稿》三卷，朱誠泳《賓竹遺稿》三卷，為弘治十六年刻本。簡王為康王之孫，康王卒於景泰六年，此時簡王還未出生。《明實錄》及其他書目亦未載康王著有《秦藩世德錄》。如此，《萬卷堂書目》所載《秦藩世德錄》為康王所編之說不確。據《明實錄》和談遷《國榷》，簡王誠泳著有《世德錄》。另據《小鳴稿自序》，作者在編選作品時，將一些不合意者刪去，這些不合意者並未梓而行之，而是"亦皆備錄，以示子孫[1]"，可以看出秦簡王有將作品傳之子孫的強烈意識。因此，我們不妨推測，簡王可能對康王的《默庵集》進行過整理，另簡王之父惠王有《益齋集》，簡王亦有可能將其父之集進行過整理，并將自己的作品進行備錄，曰之《世德錄》。《秦藩世德錄》首刻於弘治十六年，此時由簡王孫定王朱惟焯攝理藩事，另收入《秦藩世德錄》的簡王作品集名為《賓竹遺稿》，因此，初編《世德錄》者當為簡王，後其孫定王惟焯或重新進行整理，并付梓以傳。據《小鳴稿》成書時間來看，《賓竹遺稿》所收作品當為朱誠泳及其伴讀強晟在編纂《小鳴稿》時所未收錄部分。

《益齋嘉話》一卷

祁承㸁《澹生堂藏書目》、黃虞稷《千頃堂書目》、萬斯同《明史》皆載朱誠泳著有《益齋嘉話》一卷。案：何景明《雍大記》卷十八云簡王之父惠王朱公錫有《益齋集》行於世，"益齋"當為惠王公錫號或書齋名。惠王"惇悅《詩》、《書》，動必由正。廟祀極誠敬，待兄弟友愛備至，恩恰九族，樂接文儒[2]。"簡王此書謂"嘉話"，或為記載其父惠王公錫生平事跡，亦未可知。《明史》以後諸書目皆未載此集，當亡佚不存。

---

[1]（明）朱誠泳.小鳴稿[M].《小鳴稿自序》，明弘治十一年秦府刻本。
[2]（明）何景明撰，吳敏霞主編.雍大記[M].卷十九，西安：三秦出版社，2010，第261頁。

《詠雪唱和》一卷

此集為朱誠泳與楊一清唱和所作。據《小鳴稿》卷九《詠雪唱和詩序》載，弘治六年（1493）歲末，時陝西提學副使楊一清，冒雪出巡諸縣，抵三原，至商洛，歷州邑者凡數十。往返幾四十日，於巡視之隙作詩三十六篇，名之曰《詠雪》。秦簡王因假以觀，贊其詩"清新富麗"，遂和之。后簡王所作和詩於楊一清所作《詠雪》同梓以傳，簡王誠泳為之序，名曰《詠雪唱和》，共一卷。高儒《百川書志》載："《詠雪唱和》一卷"，可見《詠雪唱和》是以一卷單行本的形式進行流傳的。是集除《百川書志》《溫州經籍志》有記載外，其他官私書目均未著錄，今查諸書目，均未載，當亡佚。幸今《小鳴稿》中存《詠雪唱和詩》若干首（交游考中詳述）。另，弘治十年，簡王又令時陝西參政章元應次韻楊一清《詠雪》，作《續詠雪唱和》一卷，今《章玄應集》中存其詩。

《朱誠泳詩話》

吳文治主編《明詩話全編》中存其詩話十則，由袁震宇從《小鳴稿》中輯錄而來。江蘇古籍出版社

附錄二

交游考

朱誠泳一生交遊的人很多，《小鳴稿》中提到的人物有近八十人，可考者七十人。按照人物的身份，大致可分為七類。分別是宗族親戚、秦府府臣、巡鎮藩臬諸官、陝籍官員、朝廷使節、醫士畫師、僧道隱士。其中與秦府府臣、巡鎮藩臬諸官之間的詩文唱和為最多。

一、宗族親戚

朱公鏳

朱公鏳（1436-1495），號恕齋，謚號"端懿"。秦康王朱志𡊃庶第四子，朱誠泳宗叔。正統十一年（1446）冊封汧陽郡王。好藏書，簡王作《勤有齋》歌行，述其藏書之富。"我家老伯紹前脩，識得如心之謂恕[1]"，朱公鏳是朱誠泳最為敬重的長輩，誠泳為其所作詩大多為賀壽詩。成化二十一年（1485），汧陽王生日，誠泳作《壽伯汧陽王恕齋五十》。弘治七年（1494），簡王為其作《壽伯汧陽王六十》。另有兩首賀壽詩，其作年不可考。弘治八年六月薨，自此永訣，簡王作《祭汧陽端懿王文》，后又有歌行《長歌為宗伯汧陽端懿王作》。

朱誠泑

朱誠泑（1458-1502），號新齋，謚號"安裕"，朱公鏳之子，簡王宗兄。弘治十年襲封汧陽王，簡王為作《賀新齋兄襲封汧陽王》。有孝行，《明史》為之傳。年幼，母親馬氏早死，不及供養，後追補服喪服，食蔬果三年。其父朱公鏳有疾，謹慎侍奉，經月不解帶，不敢就寢。弘治八年，父薨，悲而不能食，執喪三年如一日。簡王作《夢萱為新齋兄賦》，以懷誠泑之父。在詩書方面，簡王同這位堂兄可謂志同道合，嘗作詩勉勵之，作《慰新齋兄》，勸其

---

[1]（明）朱誠泳.小鳴稿[M].卷三，明弘治十一年秦府刻本。

"莫為事煩妨食息，且教心靜樂琴書[1]"，作《書室偶成兼東新齋堂兄》勉勵其兄"勿言道彌堅，孜孜在鑽研[2]"，再如《心跡雙清為汧陽王作》，亦有勸勉之意。另有《新齋兄壽詩》一首，其作年不可考。弘治十一年六月，簡王薨，自此兄弟永訣。

朱誠淋

朱誠淋（1462-1495），號東軒，《百川書志》又載其別號"守一道人正陽子"，謚號"莊僖"，朱誠泳宗弟。成化十二年（1476）三月，襲封永壽王。少年封爵，天性聰悟，然生活侈汰，搜田通於近邑，購千金駿馬馳騁之，好飲酒田獵，聲色犬馬，喜建亭台樓閣，常燕集窮樂，放浪不拘。然又慕河間、東平之名，涉獵群書而有所成，嘗請朝廷賜其"五經""四書"，《通鑒綱目》。能為詩，書法尤著。高儒《百川書志》載其有《永壽王詩韻》一卷。《東軒詩集》一卷。書法作品有《諸篆大學》一冊，"一經十傳，共成十一體梓傳。其註說又兼真、草、隸、篆之妙[3]。"又有《諸篆中庸》一冊。

宗族兄弟之中朱誠淋與簡王唱和交游為最多，詩文之間的交流尤著。簡王嘗與其探討為詩作文之心得，有"韻逢險峻尤難押，句到新奇不易尋[4]"之句。另，簡王又常為朱誠淋之畫題詩，《小鳴稿》中存五首。簡王之於誠淋，喜其聰穎，嘗以"阮咸"喻之，然又恨其放誕。永壽王建"涵碧池"、"湧金橋"，簡王作《涵碧池》、《湧金橋》二詩詠之，士夫賦詩盈帙，簡王為之作引，名曰《涵碧池引》、《湧金橋引》。又朱誠淋於府邸之東修建華軒（是為東軒），簡王亦賦詩記之。朱誠淋行為放誕，簡王常作詩以勸誡之，如《處善樓[5]為永壽王東軒題》中即有"莫向綺羅叢里醉，直須韋布境中行。傳來天語南山重，好學間平享令名"句。"最是無邊風景好，丁寧莫向醉中看[6]"，元夜燕集，亦不忘勸勉。弘治八年（1495）十二月，永壽王誠淋薨，自此陰陽相隔，遂成永訣。簡王為其作《祭永壽莊僖王并妃彭氏文》，痛惜其沉溺聲色，終至

---

[1] （明）朱誠泳.小鳴稿[M].卷五，明弘治十一年秦府刻本。
[2] （明）朱誠泳.小鳴稿[M].卷二，明弘治十一年秦府刻本。
[3] （明）高儒.百川書志[M].卷十，清光緒至民國間觀古堂書目叢刊本。
[4] （明）朱誠泳.小鳴稿[M].卷五，明弘治十一年秦府刻本。
[5] 何景明《雍大記》卷十二載："永壽郡王府在秦府西南二里，有敕建書樓"，處善樓即此敕建書樓。
[6] （明）朱誠泳.小鳴稿[M].卷七，明弘治十一年秦府刻本。

淪沒。后簡王過朱誠淋墓，發"空餘絲竹在，地下杳難聽[1]"之嘆。簡王對這位宗弟的扼腕歎息之情昭然可見。

朱誠泓、朱誠潢

朱誠泓（1452-1595），朱誠泳堂兄。成化十二年襲封郃陽郡王。弘治七年十一月薨，諡號"溫穆"[2]。簡王作《祭郃陽溫穆王文》。朱誠潢（1462-1496），朱誠泳堂弟。成化十四年襲封保安郡王。弘治八年七月薨，諡"榮穆"[3]。簡王作《祭保安榮穆王文》。

朱誠瀾、朱誠灌

朱誠瀾(1445-1507)，朱誠泳堂兄。弘治四年九月，襲封永興郡王。諡"榮惠"[4]。朱誠灌（1468-1496），朱誠泳堂弟。弘治五年，襲封宜川郡王。諡"康僖"[5]。弘治九年閏三月一日，秦簡王與二人宴飲賞花，作《閏三月一日與永興王宜川王賞花》。

朱誠㴩

朱誠㴩（1452-1492），號養性齋，朱誠泳堂兄。成化十三年襲封臨潼郡王。諡"和僖"[6]。簡王有《覽秀樓為宗兄臨潼王養性齋題》詩。

朱芝垝

朱芝垝(1452-1511)，唐府三城王，博覽群書，善於繪畫。與朱誠泳有往來。朱誠泳曾作《天開圖畫樓為唐府三城王作》、《御書閣為唐府三城王作》。

廖 玭

廖玭（1436-1488），字廷璽，陝西都指揮使。秦府國戚，其長女為秦簡王妃。祖籍湖南巴陵。自曾祖以降，隸屬衛所，屬軍人世家。天順四年，襲父職，一生多在與韃靼戰爭中度過。成化十九年至弘治元年，韃靼小王子數次犯邊，廖玭屢次破敵建功。弘治元年九月，卒於戰鬥中。簡王有《挽國戚廖廷璽

---

[1]（明）朱誠泳.小鳴稿[M].卷四，明弘治十一年秦府刻本。
[2]（明）李東陽.明孝宗敬皇帝實錄[M].卷九十四，抄本。
[3]（明）李東陽.明孝宗敬皇帝實錄[M].卷一百二，抄本。
[4]（明）費宏.明武宗毅皇帝實錄[M].卷二十四，抄本。
[5]（明）李東陽.明孝宗敬皇帝實錄[M].卷六十八，抄本。
[6]（明）李東陽.明孝宗敬皇帝實錄[M].卷七十，抄本。

都閫》詩二首。廖斌卒後，其子廖禎請簡王為其族譜作《巴陵廖氏族譜序》。

嵇 潤

嵇潤（1452-1525），字美中，號蒲島。秦惠王繼妃嵇氏之兄，明威將軍、西安右後衛指揮僉事。朱誠泳《小鳴稿》卷三有《聽嵇美中彈琴》一詩，對其琴藝有非常高的評價。

二、秦府府臣

湯 潛

湯潛，字以脩，號半村、俟菴。吳人，具體籍貫不詳。生於永樂十九年（1421）年。案：《小鳴稿》卷九《壽湯紀善七裘序》云："弘治辛亥，於是先生壽七十矣"，可推知其生於永樂十九年。卒年不詳。其入秦府之前事跡已不可考。秦惠王使領王府教授事，其詳細入秦府時間亦不可考。據《小鳴稿》及《列朝詩集》記載，湯潛素有詩聲。湯潛於簡王少時授聲律之學，助其課詩為文，於簡王之學有輔導功。逮至簡王襲封秦王，湯潛累官秦府紀善，欲以老乞歸，然簡王不忍其去，留置別第，作《借山樓為湯俟菴作》詩。後湯潛致仕，秦簡王作《贈湯以脩紀善進階致政》詩。簡王在《壽湯紀善七裘序》中云："先生於予，分則君臣，義則詩友"，并以賈誼、鄒陽、枚乘喻之，可見湯潛對其為學影響之大。關於湯潛之著述，未見有記載。《小鳴稿》卷八存其與簡王聯句詩六首。

鄭循初

鄭循初，字子初，號拙軒，莆田（今福建莆田市）人，生卒年不詳。年八十一而卒。正統十二年中舉人，官至秦府右長史[1]。著有《拙軒稿》。其中舉人後，初授餘杭訓導，在任九載。餘杭舊登第者甚少，鄭循初為訓導，嚴而律之，為之講解，後館下遂有士舉進士。天順五年，陞授學錄於駙馬周景府伴讀[2]。成化十年，秩滿遷南京國子監博士。成化十五年，陞魯府右長史，嘗啟陳六事，中一事言肅宮闈以清內治，忤魯王意。未幾，丁憂。後魯王因事獲罪，

---

[1]（明）鄭嶽.莆陽文獻列傳[M].《莆陽文獻列傳》，萬曆刻本。
[2]（明）黃仲昭.未軒文集[M].補遺卷上，清文淵閣四庫全書補配清文津閣四庫全書本。

悔不用鄭循初言[1]。

　　服闋，魯王奏乞還鄭循初舊任，然先已拜秦府右長史[2]。朱誠泳與之相識當始於是。鄭循初來陝，其服闋不久，簡王有《挽鄭長史父母》詩，中有"歷官魯藩相"，"董賈素騰譽，復官相吾秦[3]"句，可知此詩當作於鄭循初初任秦府長史時。任秦府長史，因事匡正，多有裨益。作為府臣，與秦簡王燕集賦詩，理所當然。成化二十年正月十五，簡王與鄭循初、戴珊、湯潛燕集於鎮安府邸，簡王有《甲辰元夕同戴松崖、吳元素、鄭子初、湯俟菴諸先生燕集，時在鎮安邸》、《甲辰元夕》詩二首以記之。居五載，以年老懇乞歸田。簡王有《次韻留鄭子初長史懷歸》詩挽留之，其詩有云"封王顧我猶青歲，作相憐君未白頭[4]"，可知簡王襲封秦王不久，鄭循初就乞致仕歸鄉。後簡王奏於朝廷，言鄭循初輔導端謹，乞陞職以榮其行，遂進階中順大夫。致仕歸，歸鄉之時，簡王作《送鄭子初長史致政歸南閩》別之。自此天涯永隔，無由得見。

強　晟

　　強晟，字景明，號借山。案：高儒《百川書志》卷十三載："《強佐史文》一卷，秦長史借山強晟景明著"，卷十六亦載強晟有《強左史詩集》六卷，又名《借山詩稿》，可知其號為"借山"。汝南（今河南汝南縣）人。生卒年不詳。據《小鳴稿》及紀國珍《（順治）汝陽縣志》載，強晟早負才氣，十歲稱神童，游大人間，能賦詩。成化二十二年（1486）鄉試中舉，且有聲場屋。成化二十三年（1487），進士不第。時進士刑纓於河南採脩《憲宗實錄》，強晟與邵寶校讎。弘治三年，又進士不第。作《真寧論》，有詩六十八首，發抑鬱不平之氣。弘治五年（1492），湖藩遣使聘強晟適楚，是年秋，強晟道陝入見簡王，簡王始識之。弘治六年（1493），陝西提學楊一清令其主長安五經會，講於貢院。秦簡王召宴與語，見其所作詩文，愛其才，遂援例上疏朝廷，使強晟為其伴讀，賜其宅第、器用、從者、良田，并為其作《羅川霽雪詩序》。後累官秦府左長史。弘治十一年秦簡王薨，其侄定王朱惟焯即秦王位，定王年幼，強晟誓死保孤，以致怒秦宗。常與藩臬諸大夫交游唱和。正德十五年以

---

[1]（民國）李楁.（民國）杭州府志[M].卷一百二十，民國十一年本。
[2] 按，鄭循初於成化十五年任魯府右長史，未几，丁憂。後服闋任秦府長史，最早当在成化十九年。
[3]（明）朱誠泳.小鳴稿[M].卷二，明弘治十一年秦府刻本。
[4]（明）朱誠泳.小鳴稿[M].卷二，明弘治十一年秦府刻本。

三品服引年歸。秦簡王評價其人"醇實",詩中常寓抑鬱不平之氣,近於迂且固也。強晟少負才氣,然科場失意,多失志不平之氣。簡王識其才,於其有禮遇之恩。簡王生前常與其賦詩唱和,交流進學之理。晟忠心耿介,簡王薨后,整理其文稿,校刻成集,屬楊一清等人為之作序。并記簡王生平善行,以傳其德。

著有《借山詩集》六卷(又名《強佐史詩集》),《強佐史文》一卷,《汝南詩話》,《汝南詩記》二卷,《井天詩話》,《借山稿》一卷,《集句》一卷,《秦藩應教詩》一卷,《賓竹遺行錄》一卷,《汝南志》三十八卷。案:《汝南詩話》,《百川書目》、《千頃堂書目》皆載為一卷,張廷玉《明史》載四卷。《井天詩話》,《萬卷堂書目》載其為二卷,萬斯同《明史》載為三卷。簡王《羅川翦雪詩序》云:"其舊所著有《汝南小稿》及《井天錄》",此是否為《借山稿》與《井天詩話》,已不可考。《秦藩應教詩》為強晟作秦府紀善時,累應簡王之教而作。《賓竹遺行錄》為其於簡王薨后,裒輯簡王遺行,載以美王之作。《明實錄》載:"王薨後,長史強晟集其生平善行數十餘事,為《遺行錄》,藏於府中。[1]"《百川書志》云其載簡王遺事凡二十五類。強晟之著述,今皆亡佚不傳。《小鳴稿》卷八存其與簡王聯句詩10首,另王雲鳳《博趣齋稿》中存文2篇,《(嘉靖)蘭陽縣志》存其詩6首。《(嘉靖)真陽縣志》存文《文廟靈星石門記》一篇。

另有秦府長史喬奉先(字思孝)、游正固(名不詳)、吳元素(名不詳)三人,事跡不詳。《小鳴稿》中存簡王與三人聯句詩。有秦府教授高廣原(名不詳),事跡亦無可考。簡王有《具慶堂歌送高廣原教授省親還江西》一詩。伴讀陳公輔(名不詳),事跡無考。簡王有《望云思親為陳公輔伴讀賦》。

三、鎮巡、藩臬諸官

(以來陝先後次序排序)

余子俊

余子俊(1428-1489),字士英,青神(今四川省乐山市)人。景泰二年進士,初授戶部主事,進員外郎。天順四年,為陝西西安府知府。成化二年,為陝西布政司右參政,三年遷陝西右布政使。成化六年,遷浙江左布政使。成化七年,為右副都御史,巡撫延綏,修築延綏長城。成化十一年改遷陝西巡撫。

---

[1] (明)李東陽.明孝宗敬皇帝實錄[M].卷一百三十八,抄本。

成化十三年，授兵部尚書。後拜為戶部尚書，加太子太保。成化二十年，兼左副都御史，總督大同、宣府軍務。成化二十二年，落太子太保，致仕。次年，憲宗復招為兵部尚書。弘治二年二月卒，贈太保，謚"肅敏"[1]。著有《余肅敏公奏議》。

天順、成化初年，余子俊來陝。此時簡王尚幼，與之交往酬唱，可能性較小。余子俊在陝頗有政績，而軍功卓著，簡王常聞其名，亦未可知。成化十一年十二月，余士英為陝西巡撫，與誠泳交當自是始。《小鳴稿》中有《聞余士英都憲征西得捷時予國戚廖廷璽都閫在麾下得功尤多》詩，長歌頌余子俊率軍破番寇事（《明憲宗實錄》卷一百六十六載，岷州栗林羌反叛，余子俊率軍埋伏，將其击敗），又有《聞余士英都憲凱旋喜而有作》。成化十成化十三年十月，余子俊任兵部尚書，自陝西至京師，命管部事，朱誠泳別之并作《送余士英司馬之京》。自是作別。成化十七年正月，余子俊之母卒，朱诚泳有《挽余士英司马父母》（余子俊父余祥卒于正統三年）。余子俊自京师至四川回家守丧，是否途经陕西，再次见简王？其详情已不可考。弘治二年二月，余子俊卒，与简王天人永诀。

王　越

王越（1423-1498），字世昌，大名府濬縣（今河南濬縣）人，明代著名將領，"涉書史，有大略"。景泰二年（1451）進士，初授監察御史，巡按陝西。天順年間，歷山東按察使，拜右副都御史，巡撫大同。成化三年，任宣府巡撫。成化五年，以軍功陞右都御史。成化七年，總督陝西、寧夏、延綏三鎮軍務，進左都御史。於是年大敗蒙古軍，使其不敢居河套地區，西陲遂安定數年。成化十年，任延綏、寧夏、甘肅三邊總制。後論功加封太子少保。成化十三年，為兵部尚書，加太子太保兼左都御史。成化十八年，因於汪直結怨，被奪爵除名，謫居安陸。弘治七年，詔復左都御史，致仕。弘治十年，寇犯甘肅，王越恢復原職，加封太子太保，封威寧伯，總制甘、涼邊務兼巡撫。後加少保，兼太子太傅。弘治十一年，因結中官李廣遭劾，聞而憂恨，於是年冬卒於甘州。贈太傅，謚"襄敏"[2]。王越以軍功著，然其亦善詩。著有《雲山老嬾

---

[1]（清）张廷玉等.明史[M].卷一百七十八，《列傳第六十六》，北京：中華書局1974，第4736頁。
[2]（清）张廷玉等.明史[M].卷一百七十一，《列傳第五十九》，北京：中華書局1974，第4576頁。

集》、《襄敏集》、《黎陽王太傅詩文集》等。

王越與朱誠泳於何時相識，有待考證。傅維麟《明書》載："軍行過陝西，秦王宴之"[1]。二人有唱和。王越嘗作《東坡遊赤壁扇面》[2]，朱誠泳作《赤壁圖次王世昌都憲韻》和之。

左 鈺

左鈺（？-1490），字廷珍，京師河間府阜城（今河北阜城縣阜城鎮）人。景泰四年（1453），鄉試中舉。成化二年，即被授為監察御史。官至右僉都御史巡撫山西，兼都督雁門諸關。弘治元年，因言官彈劾致仕，弘治三年卒[3]。

成化八年正月，左鈺來陝，任陝西按察司僉事，與朱誠泳相識當自是年。成化十一年八月，遷陝西按察司副使。成化十八年九月，為陝西按察使，平虜有功。於次年八月，陞為都察院右僉都御史巡撫遼東[4]，朱誠泳作《送左廷珍憲使陞都憲遼東巡撫》別之，二人自是不得見。

孫 仁

孫仁（？-1487），字世榮，貴池（今安徽池州市貴池區）人。正統十二年（1447）中舉，景泰二年（1451）辛未科進士。初授南京戶部主事，天順年間歷工部、戶部主事，順慶府知府。中道丁憂，服闋未，改西安知府（其調任西安知府時間不確）。其識朱誠泳當自是始。成化九年四月，遷陝西布政司右參政，明年督修邊牆以禦外侮。成化十二年，晉右布政使，議設白河諸縣，編籍漢中流民。明年轉左布政使。十四年五月，擢右副都御史，巡撫蜀地，離陝之時，簡王作《送都憲孫世榮四川巡撫》敬別，自是二人不得見。成化二十一年，召為戶部左侍郎[5]。成化二十三年致仕，是年卒，遂天人永訣。

另有同名者，或與朱誠泳有交往，研究時應仔細區別之。孫仁（？-1499），字偉德，江西新淦人。成化五年進士，初授刑部主事，歷刑部員外郎、刑部侍郎、浙江布政司右參政。弘治元年遷陝西右布政使。弘治四年，任

---

[1] （清）傅維麟.明書[M].卷九十九，《列傳一》，清畿輔叢書本。
[2] （明）王越.黎陽王太傅詩文集[M].卷上，明嘉靖九年刻本。
[3] （明）焦竑.國朝獻徵錄[M].卷六十三，明萬曆四十四年徐象橒曼山館刻本。
[4] （清）李卫.（雍正）畿輔通志[M].卷七十四，清文淵閣四庫全書本。
[5] （明）過庭訓.本朝分省人物考[M].卷三十九，明天啟刻本。

河南左布政使。弘治九年致仕，十二年卒。

梁　璟

梁璟（1430-1502），字廷美，山西崞縣人。天順八年（1464）中進士，初授兵科給事中。歷任都給事中、陝西布政司參政、布政使、湖廣、四川巡撫，累官南京戶部尚書。

成化九年，九年給事中任滿，是年十一月陞為陝西布政司左參政，秦簡王與之相識當自是始。成化二十年十二月，陞陝西右布政使，成化二十三年二月，任左布政使。先後在陝十五年，多有政績。弘治元年，陞右副都御史，巡撫湖廣。秦簡王作《送梁廷美都憲巡撫湖廣》。自此二人無由得見。弘治五年巡撫四川。弘治七年，拜為南京吏部右侍郎。後任南京戶部尚書。弘治十三年致仕還鄉，弘治十五年卒[1]。

魯　能

魯能，字千之，廣東新会县人，生年不詳，卒於成化二十一年（1485）。景泰五年（1454）中进士，初授户部主事。成化九年陞陝西布政司右參議，於朱誠泳相識當自是始。累遷陝西右參政，左右布政使。魯能在陝頗有政績，守鞏昌，總理三邊財賦。成化二十年，關中大旱，人相食，魯能多方區畫，虔禱群望以救荒[2]。成化二十年十月，遷右副都御史巡撫甘肅[3]。朱誠泳送別魯能赴任，并作《送魯千之都憲之甘州巡撫》。成化二十一年八月，聞父喪還至關內，竟以疾卒於關內，二人交往遂終。

王　繼

王繼（？-1503），字述之，祥符（今河南開封縣）人。成化二年丙戌中進士。歷官雲南道監察御史、福建按察使、山西右布政使、都察院右副都御史巡撫福建、宣府、兵部右侍郎、戶部左侍郎、戶部尚書、南京刑部尚書、兵部尚書參贊機務。弘治十六年卒於任上，贈太子少保。

成化九年四月，陝西按察司僉事，朱誠泳與之相識當自是始。成化十四年十一月，任陝西按察司副使，整飭固原等處兵備。成化十七年正月，遷山西按

---

[1]（清）張廷玉等.明史[M].卷一百八十五,《列傳第七十三》，北京：中華書局1974，第4902頁。
[2]（明）過庭訓.本朝分省人物考[M].卷一百十，明天啟刻本。
[3]（明）劉吉.明憲宗純皇帝實錄[M].卷二百六十，抄本。

察使[1]。赴山西任時，簡王作《送王述之陞山西憲長》以別。弘治二年十一月，為都察院右副都御史，巡撫甘肅，其是否經西安再次見秦簡王已無從考證。弘治十一年六月，簡王病故，遂永訣。

戴 珊

戴珊（1437—1505），字廷珍，別號松崖，江西浮梁人。少即嗜學，天順八年進士，成化二年（1466）十二月任試監察御史，督學南畿。成化五年（1469）九月，擢四川道御史。成化十四年（1478），陞陝西按察司副使，仍督學政。始與簡王有交。為陝西按察副使期間，敦本興化，正身率教，修聖賢祠廟，而學政尤著。始倡復建元魯齋書院，然未得行。為政之暇，嘗與簡王及王府侍讀燕集吟詠。時簡王尚未襲秦王，與戴珊唱和大多在鎮安府邸。誠泳此間與戴珊唱和所作共6首，其中5首具體創作時間不可考，分別是：《九日席上次戴松崖先生韻》、《九日與戴松崖湯俟菴賞菊》、《次戴松崖韻以寓有懷》、《約戴松崖賞梅因出巡不果》、《寄戴松崖憲副》。時間可考者為成化二十年（1484）作《甲辰元夕同戴松崖吳元素鄭子初湯俟菴諸先生燕集，時在鎮安邸》。

成化二十年正月，戴珊陞浙江按察使。秦簡王送別戴珊赴任，作《送戴松崖之浙江憲長》。自此與簡王各自天涯，無由得見。然二人書信往來頻繁。成化二十三年（1487），戴珊為福建右布政使，弘治元年（1488）陞為福建左布政使。弘治二年（1489）五月陞都察院右副都御史，撫治鄖陽（在今湖北十堰市）等處，簡王聞之作《賀戴松崖陞都憲》。弘治四年（1491）二月陞南京刑部右侍郎。是年戴珊合川、陝兵討四川流寇，擒其魁首，名遂大震，簡王聞而作《寄戴松崖都憲二首》（是詩其二有"霄漢功名推獨步，江湖聲跡喜相聞[2]"句，當指戴珊討川盜之事）。弘治八年（1495）三月陞南京刑部左侍郎，弘治九年（1496）四月，擢南京刑部尚書。次年，朱誠泳作《寄戴松崖司寇》詩（案：司寇為刑部尚書別稱，可知此時作於戴珊任刑部尚書期間，另此詩中有"江雲渭樹三千里，秋月春花十四年[3]"之句，"十四年"謂戴珊自成化二十年離開陝西達十四年，可推知此詩作於弘治十年）。另簡王於戴珊離陝之後作《有所思懷戴松崖憲使》、《除夕有懷戴松崖》、《寄戴松崖》，此三

---

[1]（明）曹金.（萬曆）開封府志[M].卷十八，明萬曆十三年刻本。
[2]（明）朱誠泳.小鳴稿[M].卷五，明弘治十一年秦府刻本。
[3]（明）朱誠泳.小鳴稿[M].卷六，明弘治十一年秦府刻本。

首具體創作時間待考。弘治十一年（1498）六月秦簡王薨，從此天人永訣，二人交往遂終。弘治十三（1500）年六月，戴珊為都察院左都御史。弘治十八年（1505）十二月卒，贈太子太保，諡曰"恭簡"。

郁文博

郁文博（1417-1496），名不詳，以字行，南直隸松江府上海縣（今上海）人。景泰五年甲戌科進士，授浙江道監察御史。天順七年，為湖廣按察司僉事。成化九年四月，任湖廣按察司副使。成化十五年十二月，在湖廣任上因從輕處斷死囚事，被劾不諳律例，有失憲職，降為陝西布政司右參議，管理甘肅等處糧儲。自此來陝，秦簡王與之相識當始於是。後致仕（其致仕之年今不可考），歸鄉之時，簡王敬別，作《郁文博少參致政還上海》。自此會面無期，無由得見，簡王有《憶郁少參》詩以懷之。然二人音書未絕，簡王《答少參郁先生》詩有"蘭章辱遠寄"、"三復得遠意[1]"句，可知二人有書信往來。另有《次韻寄致政郁文博少參》詩，唱和亦有之。郁文博歸鄉後，筑萬卷樓，以藏書、校勘為樂，嘗校陶宗儀《說郛》。文博於弘治九年卒[2]，二人交往遂終。

謝 綬

謝綬（1434-1502），字維章，號樗庵，江西撫州府乐安縣人。景泰五年舉進士。初授工部主事。天順四年，改刑部貴州司主事。六年，陞湖廣司員外郎。八年，任湖廣司郎中。成化二年，陞四川布政司右參議。不久，調為廣西副使，适逢荔浦（今荔浦縣）瑤、壯兩族起事，官軍困其於桂山岩，欲盡屠之。谢绶力排众议，主张进山劝谕，不杀无辜，使万余瑶、壮族民众得活之。并建议朝廷设置永安州，管治这一带地方事务，受到朝廷嘉奖。

成化十六年，转任陝西右參政。秦簡王與之結識當始於是。在陝鎮饑民、筑引堤渠，以利農事。立橫渠祠，以崇儒術。成化二十三年二月，遷福建按察使，於是年離開陝西。弘治元年，陞任廣西右布政使。三年，轉雲南左布政使，是年八月，任右副都御史，巡撫湖廣。弘治六年，改工部右侍郎。弘治七年八月，任刑部右侍郎。弘治九年四月，陞刑部左侍郎。弘治十年十一月，陞

---

[1]（明）朱誠泳.小鳴稿[M].卷二，明弘治十一年秦府刻本。
[2]（明）刘吉.明宪宗纯皇帝實錄[M].卷一百九十八，抄本。

任南京禮部尚書[1]。

謝綬任刑部侍郎期間，曾再次來陝[2]，返京之時，簡王作《送謝維章亞卿還朝》以別之，案：簡王此詩頷聯有"手持三尺來京國"句，"三尺"有"法律"意。另，尾聯云："掃除兇穢清關陝，從此奸邪夢亦驚[3]"，可知謝綬此次來陝，當為平獄訟事。此外，此詩首聯有"參相薇垣舊識荊，十年南北兩馳情"句，可知謝綬自成化二十三年離陝已有十年，據此可推知，此次來西安當在弘治九年。自此二人再無得見。

婁　謙

婁謙，字克讓，江西上饒人，生年不詳，弘治五年（1492）卒於四川布政使任上。成化二年（1466）進士。成化二年十二月拜監察御史，巡按北直隸。成化十四年（1478）十月，督南直隸學政，能以躬行實踐為教，一時文士翕然風動。成化二十年（1484）五月，繼戴珊來陝，以監察御史陞陝西按察司副使提調學校。督學陝西期間，為教一如南郡，教人以德行為本。其擇士選材，小試如居上列，若其德行不軌，必立黜之，不令就舉。為官能以身作則，不攀權倖。時內侍汪直有寵，炙手可熱，能禍福人，謙絕不與之交，汪直欲治其短，竟莫能得。欲復建元魯齋書院，未果。

提學之隙，常與朱誠泳交游唱和。有《一路功名到白頭畫為婁克讓憲使題》、《秋夜齋居與婁克讓憲使馬啟東大參劉文綱少參同作》、《次婁克讓憲副詠梅韻二首》、《送婁廉使克讓朝京》。弘治三年（1490）十月，陞四川布政司左布政使。在此期間，簡王作《送婁克讓之四川方伯》、《有懷婁克讓》。弘治五年（1492），婁謙以勞苦觸疾，卒於任上。簡王聞而作《哀婁克讓方伯》，二人交往遂終。

陳　紀

陳紀（1450-1503），字叔振，號省庵，閩縣（今福建福州市）人。成化五年中進士，選翰林院庶吉士，授監察御史，提督北直隸學校，諸士子服其公明。成化七年，任河南道監察御史，後赴兩浙改善鹽法。成化二十年，復提調

---

[1]（明）過庭訓.本朝分省人物考[M].卷六十一，明天啟刻本。
[2]（清）沈青峰.（雍正）陝西通志[M].卷四十，清文淵閣四庫全書本。
[3]（明）朱誠泳.小鳴稿[M].卷五，明弘治十一年秦府刻本。

北直隸學校。後因父喪，丁憂三年，於弘治三年五月服闋復除原職[1]。是年十一月，陞為陝西按察司按察使，朱誠泳與之相識當自是始。誠泳嘗為之作《題陳叔振憲使雁山永慕卷》，以慰其遊子懷鄉之情。陳紀在陝，興除利弊，時陝西有囚冤而淹禁者甚多，陳紀辯而釋之者達八百餘人。弘治七年六月，因蒙古興兵進犯宣府，陳紀遷右僉都御史巡撫宣府[2]，離陝赴任之時，簡王送別為之作《送都憲陳叔振作鎮宣府》。自是二人各自天涯，無由得見。此後二人是否有書信往來，已無從得知，然朱誠泳有《懷陳叔振都憲》一詩懷之。弘治十一年，朱誠泳病故，自是天人永訣。

錢 鉞

錢鉞（1438-1507），字大用，浙江杭州人。天順八年甲申登進士科。授南京刑部主事、歷員外郎郎中、汝寧府（今河南汝南縣）知府。成化二十三年二月，任貴州按察使。弘治元年，為右僉都御史，巡撫山東。弘治三年九月，為右副都御史，巡撫河南[3]。弘治四年正月，為南京光祿寺卿。弘治八年五月，改太僕寺卿。弘治十二年，遷副都御史，巡撫貴州。正德二年致仕卒。《武宗實錄》謂其"有才智"、"好事喜功"，"性復貪鄙"，身後遭劉瑾之毒，妻子編配得禍。

成化二十年十二月，錢鉞任陝西布政司左參政。秦簡王當於此時和其相識。其父錢震八十壽時，簡王作《壽錢員外八十大參大用之父》以壽之。案：錢震，其事跡不詳，錢鉞此時為左參政，故此詩應作於成化二十一年至成化二十四年之間，具體作年存疑俟考。成化二十三年二月，錢鉞任貴州按察使，離開陝西，之後二人是否有書信往來，已不得而知。弘治十一年六月，秦簡王薨，二人交往遂止。

賈 奭

賈奭（1426-?），字希召，卒年不詳，四川重慶府巴縣（今重慶巴南區）人。景泰五年（1454）進士，初以御史陞蘇州知府，歷任山西、江西布政司左參政，廣西左、右布政使。成化二十三年為右副都御史，巡撫陝西，簡王與之

---

[1]（明）過庭訓.本朝分省人物考[M].卷七十，明天啟刻本。
[2]（明）呂柟.涇野先生文集[M].卷二十八，明萬曆刻本。
[3]（清）王士俊.（雍正）河南通志[M].卷五十六，清文淵閣四庫全書本。

相識當自是始，是年十一月，賈奭乞致仕，朝廷不允。弘治元年閏正月，吏科給事中宋琮劾賈奭、左鈺等人素行不謹。朱誠泳於是年九月襲封秦王。此年十一月朝廷令賈奭致仕，簡王作《送賈希召都憲致政還鄉》，詩云："裴相抗章求退日，虜酋歸化受降時[1]"，當指賈奭巡撫陝西期間建立軍功，後上書乞致仕之事。又作《藩庭別意為賈希召都憲賦》敬別。此後二人遂不得見。

丘 璐

丘璐（1441-1498），字仲玉，蘭陽（今河南省蘭考縣）人，生卒年不詳。成化元年中鄉試，成化八年登進士第。成化十一年，授南京吏科給事中。成化十五年，連丁外內艱。成化十八年丁憂服闋，除南京工科給事中。官至山西布政司左參政，弘治十一年，卒於任上。能詩，博聞強記，雅好音樂[2]。

成化二十三年二月，遷陝西布政司右參議，奉勅督理甘肅糧儲。朱誠泳與之結識當自此。弘治四年還司，簡王與之唱和當始於是。丘璐嘗結小亭，簡王為作《丘仲玉少參晚香亭》。秦簡王、丘璐、楊一清三人又有聯句詩一首《淡香亭賞菊與丘仲玉少參楊應寧憲副作》，其作年有待考證。弘治八年七月，遷山西左參政，分守大同府。丘璐尚未離開陝西之時，簡王招其彈琴，并作《招丘仲玉大參彈琴》。是年秋，丘璐赴山西任，簡王敬別，作《送丘仲玉大參之任山西》，自此二人無由得見。

李 瀚

李瀚（？-1535），字叔淵，號有齋，山西沁水縣人。成化十六年鄉試第一，成化十七年辛丑舉進士。初拜樂亭（今河北樂亭縣）知縣。選授御史，歷湖廣副使，累陞都察院右副都御史，總督漕運。後陞吏部右侍郎、南京戶部尚書。引疾致仕，家居二十余年。卒贈太子少保[3]。

李瀚曾先後兩次來陝。成化二十二年十一月，拜監察御史，奉命巡陝西茶馬弊端[4]。秦簡王與之結識當始於是。簡王有《太行家慶為李叔淵侍御題》。後歲滿代還。弘治四年，丁憂歸鄉。七年，起按陝西，劾贓吏，汰宿奸。弘治

---

[1]（明）朱誠泳.小鳴稿[M].卷五，明弘治十一年秦府刻本。

[2]（明）過庭訓.本朝分省人物考[M].卷八十六，明天啟刻本。

[3]（明）焦竑.國朝獻徵錄[M].卷三十一，明萬曆四十四年徐象橒曼山館刻本。

[4]（明）雷禮.國朝列卿紀[M].卷二十九，明萬曆徐鑑刻本。

十一年，巡按河南，離開陝西。

關於秦簡王為李瀚所作送別詩，這里需仔細說明之。《小鳴稿》中存《送李叔淵繡衣還朝》[1]詩二首：

青春豸繡幾人如，王斧從容引鷺車。買鐵十年曾鑄劍，典衣無日不收書。似聞彤瘵勞存問，那復豺狼待掃除。去近九重應簡在，西行聲價重璠璵。

舊持憲節過西秦，銜命重來是故人。八郡風霜千里遠，三場條格一時新。杜陵骨瘦多憂國，范相心勞總為民。料得巡邊應有待，藩邦爭識玉麒麟。

仔細分析文本，不難發現：李瀚第一次來陝，是奉命巡茶馬弊端，第一首詩的內容與之對應。第二首詩有"舊持憲節過西秦，銜命重來是故人"句，可知此詩作於李瀚第二次離陝之時。故此二詩雖用同一題名，作時卻不同。

馬中錫

馬中錫（1446-1512），字天祿，號東田，故城（今河北故城縣）人。成化十年鄉試第一，成化十一年乙未中進士。初拜刑科給事中，嘗疏斥萬貴妃弟驕橫，兩次被杖，劾汪直違恣罪，因其彈劾權貴久不得遷。成化二十一年三月，經政績考察，出為雲南按察司僉事。後歷陝西僉事、督學副使、大理寺少卿，官至右都御史，巡撫宣府。正德七年，因招撫河北農民起義被朝廷論罪下獄，於是年病死獄中[2]。生平有文名，長於散文，《中山狼傳》最負盛名，另有《東田奏疏》三卷。亦工詩，有《東田漫稿》六卷、《別本東田集》十五卷，此二集今皆存。李夢陽、康海、王九思等文學家曾師從於他。

弘治元年三月，馬中錫丁憂服闋，除陝西按察司管糧僉事，朱誠泳與之相識當自是始，是年九月，誠泳襲封秦王。弘治二年八月，改提調學校。弘治四年二月，陞為按察副使。其提學巡視隴縣（今屬寶雞）之時，為已致仕隱居隴州的原河南布政司參政閻仲實作《隴州道中兼簡閻光甫大參》[3]，閻仲實亦有和詩。後朱誠泳見二人之作，有詩《和馬天祿憲副隴州簡閻光甫大參》、《和次閻大參韻》、《和華亭道中雨晴》、《和晚渡咸陽》。馬中錫在陝期間，嘗與簡王酬唱出遊。其《東田漫稿》中存《春日敬陪秦王郊行限韻四絕》，再現秦簡王乘春騁望，細覽曲江之景，且云簡王"郊行不用笙歌擁，人在河間禮樂

---

[1] （明）朱誠泳.小鳴稿[M].卷五，明弘治十一年秦府刻本。
[2] （清）張廷玉等.明史[M].卷一百八十七，《列傳第七十五》，北京：中華書局1974，第4950頁。
[3] （明）馬中錫.東田漫稿[M].卷三，明嘉靖十七年文三畏刻本。

中"，此次春遊，簡王當有詩作，《小鳴稿》中存《曲江春遊》詩，然是否為此次郊行所作，仍難斷定，姑存疑俟考。弘治五年正月，馬中錫遷為大理寺右少卿，自此二人無由得見，音書幾近斷絕，簡王常懷之，奈何關隘重重，阻於魚雁，只能"淒涼空賦懷賢詠[1]"，"索君深愧秦無人[2]"了。所幸後有朝使來秦，簡王題長句《懷馬天祿少卿》一詩以寄之，馬中錫亦有回信，此信今不得見，簡王見其信又作《得馬天祿少卿所寄文》詩。弘治十一年六月，秦簡王病故，自此天人永訣。

王　徽

王徽（1428-1510），字尚文，號辣齋，祖籍河南考城（今蘭考縣考城鎮），南京人。明英宗天順元年舉禮部進士。天順四年，廷試登進士，選庶吉士。後除南京刑科給事中。官至陝西布政司左參議[3]。擅鑒別古器書畫。能詩擅文，文章師韓歐，詩效王維、劉長卿，著有《辣齋集》、《引笑集》。

天順八年五月，憲宗即位，王徽率言官疏陳四事。是年十一月，憲宗廢吳皇后，宦官牛玉因干預立后事被貶南京，王徽劾其處罰太輕，又重責內閣重臣李賢，憲宗謂其"妄言邀譽"，遂貶為貴州普安州判官。七年秩滿，棄關歸鄉，雖有言官舉薦，然因宦官惡之而不復。孝宗即位，弘治元年三月，吏部尚書王恕薦王徽，起用為陝西布政司左參議，督理延安墾田、均徭事[4]。朱誠泳與之結識當自此。逾年，上疏乞致仕。弘治二年秋，致政還鄉，簡王別而作《送王尚文少參致政還金陵》，自此二人遂不得見。後簡王又作《有懷王尚文少參》以懷之。弘治十一年六月，秦簡王薨，遂永訣。

韓　文

韓文，字貫道，生平不詳。成化間來陝，弘治元年以陝西右布政使遷左布政使，弘治三年五月，由陝西左布政使遷右副都御史，巡撫寧夏[5]。秦簡王餞行並作《送韓貫道都憲巡撫西夏》。

---

[1]（明）朱誠泳.小鳴稿[M].卷三，明弘治十一年秦府刻本。
[2] 同上。
[3]（清）張廷玉等.明史[M].卷一百八十，《列傳第六十八》，北京：中華書局1974，第4767頁。
[4]（明）過庭訓.本朝分省人物考[M].卷十二，明天啟刻本。
[5]（清）張廷玉等.明史[M].卷一百八十六，《列傳第七十四》，北京：中華書局1974，第4913頁

朱漢

朱漢，生卒年不詳，字景雲，江西高安市清潭嶺人。成化二年丙戌中進士，初授太常博士，后陞南京監察御史。成化七年，授河南按察司僉事。弘治二年三月，除陝西按察司僉事，朱誠泳與之交往當自是始。朱漢兵備漢中，風裁凜然[1]，朱誠泳為之作《漢中八景為朱景雲憲副作》，又有《清潭八景為朱景雲憲副作》。朱漢何時離陝已無從考證。

仰昇

仰昇，字晉卿，南直隸無為（今安徽蕪湖市無為縣）人，生卒年不詳。成化十一年乙未科進士，初授兵科給事中，官至河南左布政使。成化二十一年三月，任四川按察司僉事。弘治三年二月，任陝西按察司副使，始與簡王有交。簡王初見仰昇，即作《始與晉卿先生茶話》詩。簡王嘗於之池亭小集，並作《同閣文振方伯仰晉卿憲副池亭小酌》。弘治七年十二月，仰昇陞為本司按察使[2]。弘治八年秋，仰昇朝覲考核，簡王送別，為之作《送仰晉卿憲長入覲》。弘治十年，三司議建正學書院，仰昇既為按察使，嘗參與其事。

又有仰昇之子（其名不詳）來陝省父，南歸之際，簡王為作《送仰茂才南還晉卿憲使之子》，稱道其字逼蘭亭、藝苑才高，進而勉勵其能銳意科第，珍重功名。弘治十一年六月，秦簡王病歿，自此天人永隔，二人交往遂終。

韓重

韓重（？-1515），字淳夫，號拙齋，絳州（今屬山西）人。成化七年鄉薦，成化十四年中進士。初授禮科給事中，歷禮部左給事中、都給事中、陝西布政司右參政、右布政使、應天、順天府尹、左副都御史、南京兵部侍郎、工部尚書。致仕卒[3]。

弘治三年二月，出陞陝西布政司右參政，秦簡王與之結識當始於是。弘治九年二月，陞任陝西右布政使。弘治十年十二月，韓重遷應天府尹。次年春，赴任應天，簡王送別，作《韓淳夫府尹之應天》。二人遂無由得見。

---

[1]（明）熊相.（正德）瑞州府志[M].卷九，明正德刻本。
[2]（明）凌迪知.萬姓統譜[M].卷八十六，清文淵閣四庫全書本。
[3]（明）過庭訓.本朝分省人物考[M].卷一百，明天啟刻本。

王宗彝

王宗彝（？－1505），字表倫，初名王倫，束鹿（今河北辛集縣）人。成化二年登進士，授戶部主事，尋遷郎中，督餉遼東。後陞太僕寺少卿。成化十五年十二月，為都察院右僉都御史，巡撫遼東。成化十九年，左遷四川左參議。後遷河南右參政。官至南京禮部尚書。卒諡安簡。贈太子少保[1]。

弘治四年十月，為都察院右副都御史，巡撫陝西。秦簡王與之結識當自是。弘治六年五月初一，王宗彝致祭西嶽華山，有《祭西嶽和韻》詩。弘治八年二月，任兵部右侍郎。赴任之際，簡王作《送少司馬王表倫赴京》二首以別之。自此二人無由得見。

鄭 銘

鄭銘（1429－1500），字德新，號碧峯老人，邯鄲人。天順八年甲申科進士，初授監察御史。成化二年，巡視山海關武備，繼而巡陝西茶馬。成化十年二月，陞為山東按察副使。因被朝廷內宦官所阻，左遷山西布政使右參議。成化二十年五月，丁憂服闋，除陝西布政司右參議，秦簡王與之相識當於是時。弘治元年閏正月，遷為右參政。弘治四年三月，任陝西右布政使。弘治九年正月，因京察年老致仕，是年離陝歸鄉，簡王敬別，作《送鄭德新方伯致仕》。二人交往遂終。其詩今存一首，名曰《登紫山》。

李 鏡

李鏡（1437－1498），字文明，江西廣信府弋陽（今江西省弋陽縣）人。成化五年己丑科進士。授刑部主事，轉員外郎，出知岳州府（今湖南岳陽市），修廟學、筑湖堤、蕩水寇，在官八年，政聲遠播，民立祠祀之，劉春《岳州太守李侯祠碑》[2]記其事。

李鏡出知岳州知府時，似已同朱誠泳相識。在岳州任上，李鏡嘗筑湖堤以惠民，民遂稱其所筑堤為"李公堤"[3]。秦簡王有《李公堤為岳州守李文明作》詩頌其事。弘治四年四月，擢為陝西布政司右參政。弘治八年三月二十一日，遷河南按察使，赴河南任之時，簡王別而作《李文明憲使之任河南》。弘治

---

[1]（明）焦竑.國朝獻徵錄[M].卷三十六，明萬曆四十四年徐象橒曼山館刻本。
[2]（明）劉春.東川劉文簡公集[M].卷十九，明嘉靖三十三年刻本。
[3]（明）廖道南.楚紀[M].卷五十，明嘉靖二十五年何城李桂刻本。

十一年五月，任浙江左布政使，於是年卒於任上。

袁經

袁經（？-1512），字大綸，長沙府寧鄉縣（今湖南長沙市寧鄉縣）人，生卒年不詳。弘治三年庚戌科進士。歷官西安府推官、監察御史、山東按察司僉事、陝西按察副使、山東按察使、遼東、大同巡撫。著有《犀潭集》[1]。

舉進士後，出任西安府推官，案：《明實錄》未詳載其授官時間。明進士及第后，并不馬上授官，而是入各衙門觀政，觀政時間不滿一年。據此可推測，袁經任西安推官應在弘治三年末，或弘治四年初。秦簡王與之結識當自是始。任西安推府之時，袁經嘗應召赴京，秦簡王作《送西安袁大綸推府應召之京》，案：此詩中有"萬里青雲早致身，三年丹筆斷如神[2]"句，另據上文，暫系此詩作年為弘治七年。弘治九年六月，陞監察御史，巡按河南道。秦簡王有詩名為《送袁推府膺薦之京》，詩云："會入端公選，應教一道清"，或指袁經陞任河南道監察御史事，存疑俟考。

嚴永濬

嚴永濬，字宗哲，華容（今湖南省岳陽市華容縣）人，生卒年無考。成化十四年戊戌科進士，官至浙江布政司右參政，年五十三卒於任上。有文學名，著《兩山集》。成化十六年，授戶部山東司主事，督儲臨清。成化十九年，督餉宣府、大同，巡撫余子俊敬而禮之。成化二十一年，關中苦旱，大飢，奏捐稅四十萬石，接濟邊儲。是年，丁憂歸鄉。弘治元年，服闋，復除戶部主事，次年，遷員外郎。弘治三年，擢郎中，總諸司章疏[3]。

弘治五年，任西安知府，秦簡王與之結識自是始。在西安任上，雖應務冗劇，未嘗廢吟詠，簡王嘗與之唱和，有重陽賞菊聯句詩一首，名《賞菊與嚴宗哲太守長史吳元素喬思孝伴讀強景明同作》，此詩作年無考。嚴永濬在陝，頗有政績。弘治六年，西安旱荒，祈雨於曲江池，後天降大雨，簡王作《喜西安嚴太守禱雨》以記之。十月，嚴永濬上疏，論陝西歲織絨服以供御用，中官監造，秦民苦不堪言，諫孝宗罷之[4]。弘治八年，嚴永濬入京朝覲考核，簡王作

---

[1]（明）過庭訓.本朝分省人物考[M].卷八十一，明天啟刻本。
[2]（明）朱誠泳.小鳴稿[M].卷五，明弘治十一年秦府刻本。
[3]（清）萬斯同.明史[M].卷二百十一，《列傳六十二》，清抄本。
[4]（明）廖道南.楚紀[M].卷二十六，明嘉靖二十五年何城李桂刻本。

《送嚴宗哲太守入覲》、《五馬朝天行送嚴宗哲太守》別之。弘治九年，楊一清始倡建正學書院，藩、臬二司度地，乃秦府隙地，嚴永濬奏於簡王，簡王遂捐地，書院得建。弘治十一年六月，秦簡王薨，遂天人永隔，二人交往終。弘治十二年三月既望，嚴永濬為簡王之《小鳴稿》作序，名《小鳴稿後序》。

另有嚴永濬之弟（其名不詳）來陝省兄，南歸之際，簡王作《送嚴茂才省兄南歸宗哲太守之弟》、《送嚴宗哲太守乃弟冠帶南還》。

楊一清

楊一清（1454-1530），字應寧，號邃庵，又號石淙，晚年居鎮江丹徒，又號"三南居士"，諡文襄，明南直隸鎮江府丹徒（今屬江蘇）人，祖籍雲南安寧（今安寧市）。幼時被稱為神童，十四歲參加鄉試，被薦為翰林秀才。成化八年（1472）中進士，任中書舍人。成化二十三年（1487）三月，陞任山西按察使司僉事。弘治四年（1491）四月，楊一清丁憂服闋，除陝西按察司僉事，提調學校。弘治五年（1492），北上陛見，赴任陝西。弘治七年（1494）十二月，陞陝西按察司副使。弘治十一年（1498）十二月，為太常寺少卿，提督四夷館。弘治十四（1501）年二月任南京太常寺卿。正德年間，歷戶部尚書、禮部尚書，直兼武英殿大學士，計除劉瑾。嘉靖年間，歷任兵部尚書、都察院左副都御史，督陝西馬政，后三任三邊總制，官至華蓋殿大學士，任內閣首輔。后因黨爭致仕。嘉靖七年病故。歷成化、弘治、正德、嘉靖四朝，張廷玉《明史》贊其才或比唐之姚崇。著有《石淙詩鈔》、《關中奏議》、《楊文襄公集》。

楊一清之於秦簡王，更多的是詩友之關係。弘治五年楊一清赴陝西提學任，朱誠泳與之交往自是始。弘治五年楊一清來陝，朱誠泳作《次楊應寧僉憲留別京師詞林諸友韻》（案：楊一清離京之時，李東陽等人作詩送楊一清赴陝西提學任，楊一清亦有留別詞林諸友韻。楊一清來陝，簡王見楊一清所作留別京師詞林諸友韻，遂次韻賦之。其詩首句云："三年讀禮輟慈闈，還逐鵷鸞舊伴飛[1]"，是指楊一清丁母憂期滿，朝廷任命為陝西提學，據此可知此詩當作於弘治五年。）。弘治六年二月，簡王出城養疾，楊一清於巡鎮諸官候送簡王于崇仁寺，簡王作詩留別。是年歲末，楊一清出巡諸郡縣，往返積雪中幾四十

---

[1]（明）朱誠泳.小鳴稿[M].卷二，明弘治十一年秦府刻本。

日，於巡視之隙，賦詩三十六首，名曰《詠雪》。藩臬諸公譽不容口，簡王因假以觀，贊其詩"清新富麗"，"蓋不啻夜光明月而光彩奪目，誠稀世之珍也"，遂"技癢"和之，與楊一清《詠雪》詩合稱《詠雪唱和詩》。《小鳴稿》中具體可考的簡王和詩有七言律詩《和楊憲副應寧過藍橋》、《又和藍田道中》，五言律詩《詠雪次楊應寧憲副韻》，六言四句《詠雪和楊應寧憲副韻》二首、五言絕句《和楊應寧憲副詠雪詩答翟少參》。另有近二十首詠雪詩，疑為和楊一清詩，存疑俟考。后簡王為《詠雪唱和詩》作序，并付梓以傳。弘治七年十二月，楊一清遷按察司副使，仍督學政。《小鳴稿》卷八存二人聯句詩三首，具體創作時間不可考。督學之隙，嘗與簡王唱和交游，"所談惟詩，不及他事"。簡王曾請楊一清為其詩指疵，楊贊簡王"天思逸發，浩不可羈，觸事感物，不煩思慮，多出警策語。然雅性謙沖，自視欿然，恒若不足[1]。"弘治九年，楊一清復議重建元魯齋書院，書院故址半為民居，楊一清與藩臬諸司度地，乃秦府隙地，秦簡王視此為斯文之事，遂捐之，重建書院，因此得行。弘治十一年四月建成，定名為正學書院，秦簡王作文以記之。簡王又於書院旁建小學，擇軍校子弟入學，命文臣教之，嘗親自課試。弘治十一年六月簡王薨，從此天人永隔，二人交往遂終。簡王之伴讀強晟捧《小鳴稿》屬楊一清為之序，謂簡王"篤學慕古，河間而下，可多讓哉[2]！"

談 俊

談俊，字時英，德清（今屬浙江省湖州市）人，生卒年不詳。成化二年丙戌科進士，歷南京監察御史、福建、雲南、陝西按察司僉事、江西、四川按察司副使。弘治六年十月，談俊丁憂服闋，除陝西按察司僉事，朱誠泳與之交往當自是始。次年九月，遷江西按察副使，自是離陝，赴任之時，簡王有詩《送談時英僉憲陞任江西憲副》別之，自此楚水吳山遠隔，二人無由得見。

汪 奎

汪奎（？-1511），字文燦，婺源（今江西省上饒市婺源縣）人。成化二年丙戌科進士，授秀水（今浙江嘉興市秀洲區）知縣。成化十年六月，擢為浙江道監察御史。成化二十一年五月，以災異上疏，言及宮闈，忤旨遭廷杖，謫四

---

[1]（明）朱誠泳.小鳴稿[M].《賓竹道人小鳴稿序》，明弘治十一年秦府刻本。
[2] 同上。

川夔州府通判，後陞四川敘州府同知。弘治元年十月，除成都府知府。後歷官陝西右參政、廣東按察使、廣西左布政使、右副都御史，巡撫貴州[1]。

弘治六年十月，任陝西布政司右參政，督餉關中。秦簡王與之結交當始於此。弘治九年二月，汪奎陞為廣東按察司按察使，臨別之際，簡王作《送汪文燦大參陞任廣東憲長》。自此雲山相隔，無由得見。弘治十一年六月，秦簡王病歿，遂永訣。

許　進

許進（1437-1510），字季升，號東崖，河南省靈寶縣人。成化二年丙戌科進士，初丁父憂，成化五年授浙江道御史，次年丁母憂，服闋除山東道御史。成化十一年，巡按甘肅。成化十四年，復巡按山東。弘治元年，陞都察院右僉都御史，巡撫大同。弘治七年，任陝西按察使，為左僉都御史。弘治九年，為都察院右副都御史，巡撫甘肅。弘治十年八月，遷戶部右侍郎，弘治十一年十月，轉戶部左侍郎。正德元年，許進為兵部尚書，後轉吏部尚書。正德三年，因宦官劉瑾專權，被免職致仕，居故里靈寶縣，自號東崖。正德五年卒，贈太子少保。嘉靖五年，賜諡"襄毅"。著有《平蕃始末》一卷，《異政錄》一卷。

弘治七年，許進任陝西按察使，朱誠泳與之交游唱和當自是始。《小鳴稿》中存簡王為許進作題畫詩六首，分別是《錦積堆為許季升題》四首，《萬多金闕圖為許季升都憲題》。弘治十年，議建正學書院。是年八月，陞戶部右侍郎，後許進離陝赴京，朱誠泳送別作《送少司徒許季升之京》。弘治十一年六月，秦簡王薨，遂不得見。

另許進第三子許讚曾奉使來陝，還朝之時，簡王送而作《送許進士還朝季升都憲之子》。案：從詩作題目來看，簡王稱許讚為許進士，可知此時許讚並未被授官職，故此詩最早應作於弘治九年。

陳　道

陳道（1435-1503），字德脩，直隸鳳陽府盱眙（今江蘇省盱眙縣）人。天順八年（1464）甲申進士，授吏部主事，歷江西右參政，雲南右布政使。弘治七年，遷陝西左布政使，朱誠泳與之交往當自是始。弘治八年十二月，除右副都御史巡撫河南。陳道赴河南之時，朱誠泳送別，為之作《送陳德脩都憲之

---

[1]（清）張廷玉等.明史[M].卷一百八十，《列傳第六十八》，北京：中華書局1974，第4781頁。

河南》，案：其詩云"記取長安今日別，上元時節正張燈[1]"，可知陳德修當於弘治九年正月離開陝西。自是二人遂不得見。陳道後累官刑部右侍郎，南京都察院右都御史[2]。弘治十一年，秦簡王薨，遂天人永訣。

宋 禮

宋禮，字惟寅，直隸大興（今北京大興區）人，生卒年無考。成化十四年戊戌科進士，授南京刑部主事，歷山東按察司僉事、陝西按察司僉事、按察副使、四川按察副使、河南按察副使、按察使。弘治七年正月，丁憂服闋，以山東按察司僉事復除陝西按察司僉事[3]，自此年與秦簡王相識。今存二人與楊一清、強晟聯句詩二首，名曰《二月二十二日與楊應寧憲副宋惟寅憲僉強景明伴讀城東泛舟同作》，其具體作於哪一年，佐證不足，姑置俟考。弘治十一年六月，秦簡王薨，遂天人永隔。

熊 佑

熊佑，字良佐，生卒年不詳，博興縣（今屬山東濱州市）人。成化五年己丑中進士，授鎮江知府，歷河南布政司右參政、陝西參政、湖廣右布政使、四川左布政使[4]。

弘治八年三月，熊佑丁憂服闋，以河南右參政復除陝西右參政，朱誠泳與之相識當自是始。弘治十年二月，遷湖廣右布政使，離陝之時，簡王送別，為之作《送熊良佐方伯之湖南》，自是二人無由得見。

張 淮

張淮（1441-1498），字邦鎮，襄城（今屬河南許昌市）人。甘貧好學，成化五年中進士，初授山陽縣令，歷蕪湖縣令、浙江道監察御史、江西按察僉事、按察使及布政使，四川按察使，官至都察院右副都御史，巡撫順天等府。弘治九年正月二十七日，張淮丁憂服闋，除陝西左布政使，自是當與秦簡王相識。在陝不足半年，是年五月四日，遷秩都察院右副都御史，整飭薊州等邊務，

---

[1]（明）朱誠泳.小鳴稿[M].卷五,明弘治十一年秦府刻本。
[2]（明）雷禮.國朝列卿紀[M].卷五十七,明萬曆徐鑒刻本。
[3]（明）曹金.（萬曆）開封府志[M].卷二十六,明萬曆十三年刻本。
[4]（清）趙宏恩.（乾隆）江南通志[M].卷一百十四,清文淵閣四庫全書本。

兼巡撫順天等府[1]，離別之際，簡王別而作《送張邦鎮都憲巡撫畿內》，二人遂不得見。弘治十一年四月，張淮因勞致疾，卒於薊州任上，遂與簡王永訣。

章玄應

章玄應（1442-1511），字順德，號曼亭，浙江樂清人。成化十一年乙未科進士，初授南京禮科給事中。歷官湖廣布政司左參議、陝西布政司右參政、廣東布政使。著有《章玄應集》，由阮伯林校注，線裝書局出版。

弘治十年二月十五日，章玄應陞任陝西右參政。是年曾赴秦府宴會。與簡王唱和，有《賓竹為秦府賦》、《秦府瑞蓮》、《秦府賞牡丹》詩。秦簡王命其次韻楊一清《詠雪》詩，作《續詠雪唱和》一卷，高儒《百川書志》著錄，今《章玄應集》或收錄之。是集卷一有《詠雪》詩云："賓竹亭中詩最好"句。弘治十一年六月，秦簡王薨，二人交往遂終。

熊翀

熊翀（？-1515），字騰霄，河南光州人。成化五年己丑科進士，初授武進縣知縣，後陞山西道監察御史，巡按江西。弘治六年，官都察院右僉都御史，巡撫山東。後累官工部、兵部右侍郎、南京戶部尚書。著有《正庵集》[2]。

弘治十年八月，熊翀陞左副都御史巡撫陝西，朱誠泳與之交往當自是始。熊翀來陝，正學書院尚未建成，既為巡撫，益嚴督工，且易地以廣其域，樂成人之美，厥功為多。其巡撫陝西期間，朱誠泳有《永思堂為熊騰霄都憲作》詩，以慰其宦海浮沉，思親傷懷之情。弘治十一年六月，秦簡王薨，二人交往遂終。次年孟夏，簡王伴讀強晟捧《小鳴稿》屬熊翀為之序。熊翀謂簡王詩"率皆平淡而切實，莊重而醞藉[3]"，可謂中肯。

戈孜

戈孜（？-1499），字勉學，直隸景州（今河北景縣）人。成化十四年戊戌登進士。授戶部主事，督賦山東。尋擢郎中，督儲大同，首革宿弊，謀利者忌之。弘治十一年，因謗謫鄜州（今陝西富縣）知府。尋遷廉州（今屬廣東省）知府，赴任之時，簡王別而作《送戈勉學太守之廉州》，二人遂不得見。是年

---

[1]（明）張良知.（嘉靖）許州志[M].卷六，明嘉靖刻本。

[2]（明）雷禮.國朝列卿紀[M].卷六十五，明萬曆徐鑒刻本。

[3]（明）朱誠泳.小鳴稿[M].《賓竹道人小鳴稿序》，明弘治十一年秦府刻本。

六月，秦簡王病故，遂永訣。

吳道寧

吳道寧（1443-1531），字道寧，號繼公，河南河內縣（今沁陽市）人，祖籍浙江溫州。成化十三年中舉，十四年登進士第。初授鹽山（今河北鹽山縣）知縣。成化二十年，陞任監察御史，巡鹽河東。弘治十一年，陞山西按察副使。吳道寧同秦簡王何時相識已不得而知。秦簡王有《送吳世安繡衣還朝》詩，然暫不確其作年。

四、陝籍官員

閻仲實

閻仲實，生卒年不詳，字光甫，別號葵庵、葵庵生，隴州（今寶雞隴縣）人。景泰七年（1456）舉陝西鄉試第一，成化五年己丑第進士，歷吏部考功司主事員外郎、河南布政司右參政。其晚年致仕故里，從事教育，建千山書院，并建崇經閣，藏書萬卷，增建堂齋講讀於其間，其門多出才子[1]。善屬文，有《考功詩集》二卷，《葵庵集》。

閻仲實與朱誠泳是否相識，已無從考證。然如上文所述，其與馬中錫有和詩，秦簡王曾見其詩作，亦有次韻之詩，簡王經馬中錫之口應聞其名，亦未可知。

雍 泰

雍泰（1436-1515），字世隆，別號正誼菴，西安府縣寧縣（今西安市）人。成化五年己丑科進士，初授吳縣知縣，成化十年十二月召為監察御史，巡按兩淮鹽運[2]。後歷鳳陽知府、南陽知府、大同兵備副使、山西按察使、湖廣參議、浙江右布政使、右副都御史巡撫宣府、南京右副都御史。正德三年起用為南京戶部尚書，後因於劉瑾不合，被勒令辭職削籍。劉瑾伏誅後，恢復官職，致仕。天啟間，追諡"端惠"[3]。著有《有司奏議稿》五卷、《正誼菴詩集》六卷，惜其亡佚不傳。

雍泰為西安人，長朱誠泳二十二歲，性格剛廉，且有令名，朱誠泳當自

---

[1]（明）過庭訓.本朝分省人物考[M].卷一百五，明天啟刻本。
[2]（清）張廷玉.明史[M].卷一百八十六，《列傳第七十四》，北京：中華書局，1974，第4930頁。
[3]（明）呂柟.泾野先生文集[M].卷三十二，明萬曆刻本。

幼知其人。成化十八年，雍泰父亡，回西安丁憂，此時與簡王或有來往。成化二十年四月，服闋后陞河南南陽府知府，離開陝西。弘治三年十二月，轉為浙江右布政使。弘治六年，丁母憂歸陝，後丁憂未闋，吏部辟為山東左布政使，固辭不起，日居韋曲別墅，不涉城市，秦簡王出入城外溫泉時，駕過韋曲，款語留詩，其詩云"寄語東山謝安石，莫因高臥負蒼生[1]"。弘治十一年六月，秦簡王薨，二人交往遂終。

閻鐸

閻鐸（1423-？），字文振，陝西興平縣人。景泰二年（1452）辛未科進士。初授戶部主事郎中，天順六年九月，為浙江布政司左參政。成化二年十月，任順天府府尹，後因歲飢，不能賑濟，於成化六年降為衢州府知府。成化十三年九月，陞為河南布政司左參政。成化十七年六月，任浙江右布政使[2]。成化二十三年正月，吏部京察，因年老有疾致仕，遂歸故里[3]，秦簡王與之交往當自是始。其長於詞翰，嘗與簡王交游賡和。《小鳴稿》中存閻鐸與簡王及其伴讀聯句詩三首。弘治八年春，燕集於藩邸，有聯句詩《竹軒與致政閻文振方伯吳元素長史湯以脩紀善強景明伴讀同作》。案：是詩有"黃道年逢卯"句，此時閻鐸已致仕，可知是年為弘治八年己卯歲，另有"青陽回北斗，淑氣溢西秦[4]"句，"青陽"為春天之別稱，故亦知此詩應作於弘治八年春。另有兩首重陽賞菊聯句詩，其作年乃不可考。簡王另有一首《招閻文振方伯》，邀其赴長安之"耆英會"，然其年仍不可考。閻鐸卒，簡王作《挽閻文振方伯》懷之，詩云："名高黃甲際昌期，八十年來鬢已絲[5]"，可知閻鐸高壽而卒。《同閻文振方伯仰晉卿憲副池亭小酌》。

高胤先

高胤先，字世德，陝西長安縣人，祖籍湖廣郴州，生卒年不詳。成化二十三年丁未科進士，授行人司行人。歷官監察御史、四川布政司參議[6]。

---

[1]（明）朱誠泳.小鳴稿[M].卷五，明弘治十一年秦府刻本。
[2]（清）嵇曾筠.（雍正）浙江通志[M].卷一百五十五，清文淵閣四庫全書本。
[3]（清）孫承澤.春明夢餘錄[M].卷四，清文淵閣四庫全書本。
[4]（明）朱誠泳.小鳴稿[M].卷八，明弘治十一年秦府刻本。
[5]（明）朱誠泳.小鳴稿[M].卷五，明弘治十一年秦府刻本。
[6]（明）王恕.王端毅公文集[M].卷四，明嘉靖三十一年喬世寧刻本。

弘治五年三月，奉使出使朝鮮國，朝鮮館伴使相與抗禮，胤先拒卻之，其餽遺一無所受[1]。此事為時人所知。弘治六年六月，其父高隆病卒，高胤先扶柩西歸。次年四月，葬父於長安。弘治八年，丁憂服闋，離陝赴京，簡王作《送高世德行人服闋之京》，詩云"使藩不辱君王詔，營墓誰憐孝子貧[2]"，當指出使朝鮮、後歸陝葬父之事。

張　鼎

張鼎（1432-1496），字大器，陝西西安府咸寧縣（今西安市）人。成化丙戌科進士，授刑部主事，遷本部員外郎。歷官太原知府、山西左、右參政、河南按察使。弘治元年，陞都察院右僉都御史，巡撫保定等府[3]。

弘治四年二月，陞任戶部右侍郎。是年冬，奉使持節慶府，行冊封禮，禮成還朝。便道過長安，歸省其母。歸朝之時，秦簡王因其為西安人，於其行為卷送之。後秦藩諸郡王、藩臬大夫能詩者，皆賦詩其上。詩盈此卷，簡王於卷首序之，名曰《送少司徒張大器還京序》。弘治六年正月，張鼎因病乞歸。與簡王當有來往。弘治八年十二月，張鼎病卒，自此二人交往遂終。

韓　福

韓福，字德夫，陝西西安前衛籍天長縣（今安徽天長市）人，生卒年不詳。成化十七年辛丑科進士。初授滑縣知縣，官至戶部侍郎兼都察院左副都御史[4]。

韓福為西安進士，秦簡王與之相識當不至於太晚。弘治二年七月，擢四川道監察御史。後丁憂回陝。此時與秦簡王應有來往。自四川歸天長省墓，簡王有《送韓德夫繡衣南還天長展墓》詩。弘治三年，任直隸監察御史，督鹽政[5]。赴任直隸時，簡王作《送韓德夫繡衣起復之京》，案：韓福此次赴京，似喪服未滿，故此詩有"起復之京"、"脫卻麻衣著繡衣"之說。弘治十一年六月，秦簡王薨，二人交往遂終。

---

[1]（明）過庭訓.本朝分省人物考[M].卷八十三，明天啟刻本。
[2] 同上。
[3]（清）萬斯同.明史[M].卷二百四十四，《列傳九十五》，清鈔本。
[4]（明）焦竑.国朝獻征录[M].卷三十，明萬曆四十四年徐象橒曼山館刻本。
[5]（明）雷禮.国朝列卿紀[M].卷三十六，明萬曆徐鑒刻本。

張 鶯

張鶯（？-1519），字應祥，陝西咸寧（今西安）人。成化十七年辛丑科進士，授大名知縣[1]，歷官南樂知縣、山西道御史、浙江按察司副使、大理寺右少卿、都察院副都御史、刑部右侍郎[2]。後以忤劉瑾致仕歸。

張鶯為陝西進士，秦簡王聞其名當不至太晚。弘治四年，任山西道監察御史，巡按四川。數年后還朝，簡王作《送張應祥繡衣按治四川還朝》以別之。

五、朝廷使節

（以來陝先後次序排序）

耿 裕

耿裕（1430-1496），字好問，盧氏（今河南盧氏縣）人。景泰五年舉進士，改庶吉士，修《寰宇通志》。後授戶科給事中，改工科。天順初，改翰林院檢討。後歷泗州、定州判官。成化初年，召復檢討，歷國子司業、祭酒。尋擢吏部右侍郎，後轉左侍郎。官至吏部尚書，進太子太保。謚"文恪"[3]。著有《青崖稿》、《澹菴稿》。

成化二十年，陝西大旱，且發生地震，憲宗遣耿裕來陝祭祀華山。朱誠泳結識耿裕當始於是。十月初十，耿裕祭祀華岳。祭祀之事畢，離陝還京，朱誠泳作《送耿好問亞卿祭西岳事畢》以別之。後二人無由得見。弘治九年，耿裕病逝，遂永訣。

齊 章

齊章（1438-1495），字應璧，別號慎軒，直隸永平府灤州（今河北唐山市灤縣）人。天順六年中舉，成化二年丙戌科進士。初授戶科給事中，歷礼科都給事中、鴻臚寺丞、少卿、太常寺卿。

弘治元年二月，齊章奉使來陝，祭祀秦藩祖陵，簡王與之相識當始於是。禮成還京，簡王作《送齊應璧鴻臚脩祀禮成還朝》以贈之。案：《孝宗實錄》卷九十九云："……嘗奉使持節使藩府，其贐餽，悉辭不受……"，此或指使

---

[1]（清）嚴長明.（乾隆）西安府志[M].卷三十三，清乾隆刊本。
[2]（明）焦竑.國朝獻徵錄[M].卷四十六，明萬曆四十四年徐象橒曼山館刻本。
[3]（清）張廷玉.明史[M].卷一百八十三，《列传第七十一》，北京：中華書局，1974，第4862頁。

秦藩事，亦未可知。

沈　坊

　　沈坊（？－1493），字不詳，爵修武伯，南直隸滁州（今安徽滁州市）人。成化二十二年，襲封其兄沈祺之爵，帶俸右軍都督府。弘治元年九月，奉命持節充正使，冊封朱誠泳為秦王。朱誠泳與之結識當始於是。次年春，冊封禮成，還朝。秦簡王敬別，作《送修武伯還朝》。

馮　忠

　　馮忠（1448-1502），字原孝，別號松崖，浙江慈溪人。成化十四年戊戌科進士。拜刑部主事，轉員外郎，後陞揚州知府，轉彰德知府[1]。工詩詞、古文，著有《松樵集》[2]。任刑部員外郎時，奉使陝西。返京之日，簡王作《送馮原孝郎中奉使還朝》詩贈之。案：馮忠來陝時間無載，簡王此詩有"建節宗藩冊禮成"、"趨朝正是回陽日"句，或指冊封秦王襲封之事，據此可推測是詩作於弘治二年春。

向　時

　　向時，字不詳，四川岳池縣人。其事跡不詳。弘治元年中進士，授行人。弘治五年十二月，臨潼王朱誠漈薨於位。次年，朝廷遣行人向時來陝典祭葬禮。禮成，便道歸蜀省母。還朝復取道於秦。秦簡王及宗室、儒林士夫為其賦詩以餞之，簡王亦為是詩作序，名曰《送向行人還朝詩序》。自此二人當不得見。

六、醫士畫師

凌　雲

　　凌雲（1443-1519），字漢章，別號臥岩，歸安（今浙江湖州市吳興區）人。明代名醫，擅長針灸。天順、成化間，醫名馳譽天下，後孝宗招為御醫。著有《經學會宗》[3]。

　　簡王之祖父秦康王曾招凌雲為己醫病，故簡王自幼當聞其名。弘治年間，秦簡王招凌雲來秦醫病（案：史鑒為凌雲之友，其《西村集》有《送凌漢章赴

---

[1]（明）劉春.東川劉文簡公集[M].卷十六，明嘉靖三十三年刻本。
[2]（明）凌迪知.萬姓統譜[M].卷一，清文淵閣四庫全書本。
[3]（清）張廷玉.明史[M].卷二百九十九，《列傳第一百八十七》，北京：中華書局，1974，第7651頁。

秦王之招》[1]詩，且自注曰："王號賓竹道人"。另，史鑒於弘治九年卒，故可推知，秦簡王招凌雲來陝當在弘治一年至弘治九年之間）。後凌雲離秦歸鄉，簡王作《別意送凌臥岩還鄉次韻》三首以別之。二人之後似無再見。秦簡王又有《有懷凌臥岩》詩以懷之。

沈 周

沈周（1427-1509），字啟南，號石田、白石翁、玉田生、有竹居主人等。明代傑出畫家，江蘇蘇州人。不應科舉，工詩善畫，是明代中期文人畫"吳派"的開創者，與唐寅、文徵明、仇英并稱"明四家"。著有詩文集《石田先生詩鈔》、《石田詩選》。

沈周與簡王何時往來，已不得而知。《小鳴稿》卷五之《自題小像》云："石田揮筆寫吾真"，可見沈周曾為之畫像。另《小鳴稿》卷三有《沈啟南寫山水花禽四幅見寄以詩答之》，詩中有"石田居士東吳叟，人品清高稱妙手"，"君才詩畫真三絕，肯讓前朝趙松雪"句，對其人品與才華給予非常高的評價。

林 良

林良（1428-1494），字以善，南海（今廣州）人。明代著名畫家，長於水墨花鳥畫，因善畫被薦入宮廷，結識王公大臣。《小鳴稿》卷三有《林良雙鳳鳴陽圖》詩，其詩首句云："嶺南畫師稱國手，出入相門呼老友"，可知其畫名之盛。

盛 虞

盛虞，字舜臣，號秋亭，無錫人，生卒年不詳。長於丹青，據清孫岳頒《佩文齋書畫譜》云，其因倨傲不輕與人，為其跡作傳者甚少。秦簡王與其相識不知自何時始，已無從考證。《小鳴稿》中存《賦得潼關曉騎送盛舜臣還吳》一首，當為簡王送盛虞還吳所作，其所作時間姑置待考。

王 田

王田，字舜耕，號西樓，濟南人。明代畫家。朱誠泳有《題王舜耕畫》四首。

---

[1]（明）史鑒.西村集[M].清文淵閣四庫全書補配清文津閣四庫全書本，卷三。

七、僧道隱士

朱誠泳曾與僧人交游唱和,《小鳴稿》中記載的僧人有普光寺性空、日華上人、東暹上人。諸人事跡均不可考。其中贈日華上人詩存三首,即《寄暹日華上人》、《寄日華上人》又《和韻寄日華上人》。在贈日華上人之詩中,透露出朱誠泳信仰佛教的信息,如《寄暹日華上人》末句云:"因緣早現國王身,有髮何妨持五戒[1]"。贈東暹上人詩有七律《東暹上人》一首。詩中謂東暹上人遠入秦關為簡王醫病,或指為簡王醫治風疾之症。贈普光寺性空詩有《游仰天池留別性空和尚》與《再游天池普光寺憶僧性空》二首。另有《寄僧》一首,是僧無考。

朱誠泳亦與道士交游唱和。《小鳴稿》中反映其與道士交往唱和的詩有《步虛詞贈印鍊師》、《印湛然鍊師道院》、《訪引鍊師不遇》、《題印湛然鍊師畫像》、《送道士還山》、《贈山中道士》、《懷道士》。

毛仲德(名不詳),隱士,事跡無考。簡王有《山居為毛仲德隱士作》一詩。

---

[1](明)朱誠泳.小鳴稿[M].卷三,明弘治十一年秦府刻本。

附錄三

朱誠泳年谱

天順二年（1458）戊寅十一月十五日，朱誠泳出生。

明朱誠泳《小鳴稿》卷五存詩《初度日自慶十一月十五日》，可知其生日為十一月十五日（按，此日為1458年12月20日。現從陰曆。）

天順三年（1459）己卯，朱誠泳兩歲。

二月十七日，得名"誠泳"。

明孫繼宗《明英宗睿皇帝實錄》卷三百載："天順三年二月……庚午，賜秦王庶子名曰'誠泳'。"

三月七日，父秦王朱公錫因府臣修寺廟事被英宗斥責。

明孫繼宗《明英宗睿皇帝實錄》卷三百一載："勅秦王公錫得奏，云本府典膳侯介欲修古寺，先因侯介奏要修古寺，就保僧人住持及求寺額獲勅，不准。王復二次為奏請，不准。如何今又來奏此等瑣事，聽其撥置。煩擾如此，其餘府中之事不能持正可知。侯介已送司法外，今後王宜謹守禮法，勿順下人私情，輒使輕率妄動，庶全令名，而無後悔，王其戒之。"

天順五年（1461）辛巳，朱誠泳四歲。

八月二十八日，父朱公錫奏請欲赴京朝賀，英宗不准。

明孫繼宗《明英宗睿皇帝實錄》卷三百三十一載："乙未，慶王秩煃奏：'蒙賜勅書諭，臣以反賊吉祥與子曹欽乘機謀為不軌，臣叨受封土，仰沐聖恩，不意有此，若非天地祖宗之陰佑我皇上萬萬年之洪福，何以致太平於今日？不惟宗支之有望，而四海蒼生咸享無窮之福也。臣荷蒙皇上念篤，親親諭使知之，臣不勝悚懼，豈敢安居？欲躬詣闕庭，敬展問安之禮，少伸臣職之忱。'秦王公錫亦奏，欲詣京朝賀，上念道里遙遠，俱復書止之。"

天順七年（1463）癸未，朱誠泳六歲。

六月二十四日，父朱公錫奏請秦府紀善易謙為右長史。

明孫繼宗《明英宗睿皇帝實錄》卷三百五十三載："壬午，陞秦府紀善所紀善易謙為本府長史司右長史。從秦王公錫奏保也。"

成化三年（1467）丁亥，朱誠泳十歲。

是年始，祖母陳妃教之以小學，命誠泳日記唐詩一首。

《小鳴稿自序》云："惟我康祖博學能詩，祖母妃陳嚴而善教。予年甫十齡，即於于宮中親授小學、《論語》，且命日記唐詩一首以為常。"

成化四年（1468）戊子，朱誠泳十一歲。

五月九日，封鎮安王。

明劉吉《明憲宗純皇帝實錄》卷五十四載："戊辰，遣隆平侯張佑、鎮遠侯顧淳、駙馬都尉石璟、豐潤伯曹振為正使，尚寶司少卿楊導、兵科給事中蕭璿、刑科給事中虞瑤、吏部郎中倪輔為副使，持節封鄭世子祁鍈為鄭王，肅康王庶長子洵陽王祿埨為肅王，趙府襄邑王嫡長子見淪為襄邑王，秦王庶長子誠泳為鎮安王。"

成化五年（1469）己丑，朱誠泳十二歲。

二月二十九日，父朱公錫奏為亡妃王氏（朱誠泳嫡母）墳前立石。

明劉吉《明憲宗純皇帝實錄》卷六十三載："甲寅，秦王公錫以妃王氏薨，奏欲墳前立石，鐫錄諭祭文并妃封冊，以昭恩命。禮部覆議，宜令王自備玉料，鐫刻且戒，不得生事擾人。從之。"

閏二月二日，父公錫奏請為誠泳增祿。

明劉吉《明憲宗純皇帝實錄》卷六十四載："丁巳，……增秦府鎮安王誠泳祿米本色二百石，從秦王公錫請也。"

成化六年（1470）庚寅，朱誠泳十三歲。

六月十日，父惠王為誠泳請書。

明劉吉《明憲宗純皇帝實錄》卷八十載："丁巳，秦王公錫、汧陽王公鏳各為其子請書籍。以《孝順事實》等書與之。"

成化八年（1472）壬辰，朱誠泳十五歲。

正月二十五日，左鈺陞陝西按察司僉事。

四月二十二日，父朱公錫請奏。

明劉吉《明憲宗純皇帝實錄》卷一百三載："增給秦府食塩歲十引。從秦王公錫請也。"

成化九年（1473）癸巳，朱誠泳十六歲。

正月十九日，魯能陞陝西布政司右參議。

十一月七日，梁璟陞陝西布政司左參政。

成化十年（1474）甲午，朱誠泳十七歲。

四月四日，父朱公錫奏西安右護衛事。

明劉吉《明憲宗純皇帝實錄》卷一百二十七載："戊午，……秦王公錫奏：'頃選調西安右護衛餘丁一千人往延綏殺賊，後遂為例令，輪番操備。況正軍復調守寧夏，畏避差役，多致逃亡。今虜寇已遁，乞放免所選餘丁休息。'從之。"

四月二十八日，朝廷遣使冊封鎮安王妃。

明劉吉《明憲宗純皇帝實錄》卷一百二十七載："壬午，遣魏國公徐俌、富陽伯李興、安鄉伯張甯、東寧伯焦俊為正使，中書舍人蹇霖、吏部員外郎國泰、禮部郎中李溫、工部郎中顧瑾為副使，持節冊封代王庶長子聰■為武邑王……都指揮僉事廖斌女為秦府鎮安王妃……"

四月三十日，父朱公錫奏請冊封繼妃嵇氏。

明劉吉《明憲宗純皇帝實錄》卷一百二十七載："甲申，……敕封秦王公錫繼娶嵇氏為妃，時例宗室有請封繼妃無後者方許。王已有子誠泳，而為嵇氏請封不已，甚至有所貢獻，禮部不得已覆奏，但賜勅授以繼妃之名，不遣官冊封。既而王又進金百兩，乞為冊以授。上納金而寢之。"

成化十一年（1475）乙未，朱誠泳十八歲。

十二月一日，余子俊任右副都御史，巡撫陝西。

成化十三年（1477）丁酉，朱誠泳二十歲。

閏二月十日，父朱公錫奏修造秦府殿庭事。

明劉吉《明憲宗純皇帝實錄》卷一百六十三載："戊申，……秦王公錫先奏，本府殿庭門廡俱毀於火，乞如周楚二府事例，仍令有司修造。事下工部移文陝西，守臣勘報，是役工程浩大，且今邊事未寧，除王自助銀二萬兩外，計其工力猶多，況殿宇用木甚鉅，非民間所有，宜令本府護衛，徑撥官軍採辦，其餘夫匠，照軍三民七之例，相兼為便。從之。"

十月四日，余子俊任兵部尚書，自陝西歸京。簡王送別，作《送余士英司馬之京》。

成化十四年（1478）戊戌，朱誠泳二十一歲。

五月十五日，孫仁陞右副都御史，巡撫蜀地。簡王作《送都憲孫世榮四川巡撫》送別。

　　九月一日，戴珊陞陝西按察司副使，督陝西學政。

成化十六年（1480）庚子，朱誠泳二十三歲。

　　九月一日，永慶寺僧録秦康王題詩求朱誠泳和之。

　　《小鳴稿》卷五有和秦康王七言律詩，其序云："予康祖甞遊翠微山，留題永慶寺壁，迄今四十載。寺僧録詩來謁求和。予三復展誦感慕，不覺泣下。因再拜追和。時成化庚子九月一日也。"

　　十月二十三日，父朱公錫奏事。

　　明劉吉《明憲宗皇帝實録》卷二百八載："甲子，……秦王公錫奏，永壽王府輔國將軍公鐠女會寧縣君，選民人胥，欽為配，乞授儀賓職事。禮部奏，舊例王府子女必年十有五，方許選婚，今會寧縣君年甫十二，未經奏請，輒擅選婚，乞降勅戒。諭秦王、永壽王及公鐠，今後宜遵成憲，仍行所司，逮問長史教授等官如律。從之。"

成化十七年（1481）辛丑，朱誠泳二十四歲。

　　正月二十一日，陝西按察司副使王繼陞山西按察使。簡王作《送王述之陞山西憲長》以別。

　　正月，余子俊之母卒。朱誠泳有《挽余士英司馬父母》詩。

　　三月三日，父朱公錫奏事。

　　明劉吉《明憲宗純皇帝實録》卷二百一十三載："丁丑，……秦王公錫奏，伯父懷王薨逝，時未有合葬事例。今王妃張氏薨，宜如例差官，添壙合葬。上從之。尋又以享堂未立，乞如例構造。亦從之。"

成化十八年（1482）壬寅，朱誠泳二十五歲。

成化十九年（1483）癸卯，朱誠泳二十六歲。

　　八月八日，左鈺陞都察院右僉都御史，巡撫遼東。朱誠泳作《送左廷珍憲使陞都憲遼東巡撫》別之。

成化二十年（1484）甲辰，朱誠泳二十七歲。

　　正月十五日，與戴珊、吳元素、鄭循初、湯潛燕集於鎮安府邸。作《甲辰元夕同戴松崖、吳元素、鄭子初、湯俟菴諸先生燕集，時在鎮安府邸》、《甲辰元夕》詩。

正月二十六日，戴珊陞浙江按察使。戴珊赴任之時，簡王作《送戴松崖之浙江憲長》以別之。

是年關中大旱。至四月仍無雨，作《甲辰歲關中大祲》，四月一日雷雨傾盆而下，作《丁巳雷雨大作》。

五月十九日，婁謙陞為陝西按察司副使，提調學校。

是年陝西亦發生地震，憲宗遣耿裕來陝祭祀華山。十月十日，耿裕祭祀華岳。祭祀事畢，離陝還京，朱誠泳作《送耿好問亞卿祭西嶽事畢》。

十月二十一日，魯能遷右副都御史，巡撫甘肅。朱誠泳送別，作《送魯千之都憲之甘州巡撫》。

十二月二十二日（按，此日為1485年1月8日。現從陰曆，置於成化二十年），梁璟陞陝西右布政使。

成化二十一年（1485）乙巳，朱誠泳二十八歲。

是年關中旱災。

是年春，作《成化乙巳關中苦旱》詩。

成化二十二年（1486）丙午，朱誠泳二十九歲。

二月，父朱公錫薨逝。

明劉吉《明憲宗純皇帝實錄》卷二百七十五載："庚子，……秦王公錫薨，王康王之長子，母妃陳氏，正統丁巳生，丙寅冊封為世子，天順戊寅襲封秦王，至是薨。年五十，訃聞，輟朝三日，賜葬，祭如制，諡曰'惠'。"

四月二十日，憲宗賜朱公錫妃嵇氏祿米。

明劉吉《明憲宗純皇帝實錄》卷二百七十七載："賜故秦王公錫妃嵇氏祿米五千石，本色三千石，折色二千石，時王初薨，祿米一萬石，例應住支，妃請全給以辦喪事。上以陝西頻年饑饉，民力不堪，故減半給之。"

六月八日，朱誠泳奏鎮安府事。

明劉吉《明憲宗純皇帝實錄》卷二百七十九載："辛巳，增給故輔國將軍公鑾夫人張氏食米，歲二十石。從鎮安王誠泳奏也。"

六月十二日，朱誠泳奏王府婚姻事。

明劉吉《明憲宗純皇帝實錄》卷二百七十九載："乙酉，申明王府婚姻禁例。秦府鎮安王誠泳奏：'舊例天下王府婚配，務於本境衛府、州縣、軍民、良家子女。內令長史承奉，擇倫理無礙、年貌相應者，取具所司官吏勘結，啟王成婚。今本府各王、將軍，多有違此例者，乞申明約束。'禮部覆奏所言宜從。上從之。以書諭各王府曰：'朕惟婚姻，人道之始，正家之原，婚禮正而家道齊，然後國與天下可治也。近聞各王府選婚多不遵禮法，往往信任小人，受其賄囑，不復論其門地，敘其倫理，一槩選用。或有男為王姪女儀賓，而女卻為王堂弟夫人者；或有叔為姑儀賓，而姪就配姑之女者；或有姑為王妃，而姪就配王之庶女者；甚至一女有先定姪，姪亡而定與叔；或先定與兄，兄亡而定與弟；或弟亡，而定與兄者，傷敗倫理，違背法度，莫此為甚。近日鎮安王曾有此言，已諭禮部定為禁例。自今以後，藩府選婚，務須長史會同承奉、教授、內使等官，於本境衛府、州縣、官員、軍民之家，行已無愆，治家有禮者，選其子女，必須年命相宜，人物俊秀，取具各該軍衛。有司官吏、鄰里保結、明白啟王，具奏成婚。若內使旗校人等，敢有通同納賂，欺蔽親王，濫將不應之家，及犯律禁之人，朦朧選擇，啟請成婚，致使紊亂尊卑，有傷國體者，事發即將用財營求並受財聽囑，及事內一干人眾，通查提問，俱治以重罪不宥。夫倫理明則風化行，紀綱正斯天下定，自古治外由內之政，未有不先謹乎此也。'"

成化二十三年（1487）丁未，朱誠泳三十歲。

正月十三日，閆鐸致仕。歸陝，始與簡王有唱和。

二月八日，梁璟陞陝西布政司左布政使。

六月二十四日，朱誠泳參奏永壽府婚姻事。

明劉吉《明憲宗純皇帝實錄》卷二百九十一載："壬辰，……永壽王府儀賓王增，先以兄女許適鎮國將軍誠溧，既而以鎮國將軍誠灌當襲王爵，複以許之。適有詔旨，不許重結王親，誠灌懼退之。增必欲成婚。鎮安王誠泳具聞，下都察院參奏，王疏內不應稱弟，請治輔導官罪，既而教授胡廷倫援引祖訓例，應稱弟。至是增擬贖杖還職，誠灌廷倫宥之，仍命都察院具陳所參輔導官不當，稱弟之故以聞。左副都御史邊鏞等，具奏服罪宥之。"

十月三日，梁璟陞都察院右副都御史，巡撫湖廣。朱誠泳作《送梁廷美都憲巡撫湖廣》。

是年，賈奭為右副都御史，巡撫陝西。十一月，賈奭上書乞致仕。

弘治元年（1488）戊申，朱誠泳三十一歲。

二月，鴻臚寺卿齊章奉使來陝祭祀秦藩祖陵。禮成還京，簡王作《送齊應璧鴻臚脩祀禮成還朝》。

九月，國戚廖珌死於與韃靼戰中。作《挽國戚廖廷璽都閫》詩。

九月十三日，朱誠泳奏鎮安府事。

明李東陽《明孝宗敬皇帝實錄》卷十八載："癸酉，……宜川王府鎮國將軍公鏷、輔國將軍誠溯俱成化間卒，其夫人養贍米公鏷者已歲給五十石，誠溯者三十石，至是鎮安王誠泳為之援例奏乞，增給得旨，歲各加至百石。"

九月十六日，朝廷遣使冊封朱誠泳為秦王。

明李東陽《明孝宗敬皇帝實錄》卷十八載："丙子，遣保定侯梁任……修武伯沈坊……持節充正使……冊封秦府秦惠王庶長子鎮安王誠泳為秦王，妃廖氏為秦王妃……"

十一月，賈奭致仕。離陝致仕，簡王送別，作《藩庭別意為賈希召都憲賦》、《送賈希召都憲致政還蜀》。

弘治二年（1489）己酉，朱誠泳三十二歲。

二月一日，給秦王朱誠泳祿。

明李東陽《明孝宗敬皇帝實錄》卷二十三載："己丑，……給秦王誠泳祿，歲萬石，米鈔中半兼支。"

是年春，沈坊奉使冊封秦王禮成，還朝，簡王作《送修武伯還朝》別之。

五月十七日，戴珊陞都察院右副都御史，撫治鄖陽。簡王聞而作《賀戴松崖陞都憲》。

是年秋，陝西布政司左參議王徽致仕，簡王作《送王尚文少參致政還金陵》。

是年，四川道監察御史韓福丁憂回陝，後歸天長省墓，朱誠泳作《送韓德夫繡衣南還天長展墓》。

弘治三年（1490）庚戌，朱誠泳三十三歲。

二月二十九日，仰昇陞陝西按察司副使。簡王初見仰昇，作《始與晉卿先生茶話》。

十月二十六日，婁謙陞四川布政司左布政使。婁謙赴四川時，簡王作《送婁克讓之四川方伯》。

十一月六日，陳紀陞陝西按察司按察使。

是年，韓福起復任直隸監察御史。朱誠泳作《送韓德夫繡衣起復之京》

送別。

弘治四年（1491）辛亥，朱誠泳三十四歲。

四月三日，朱誠泳奏秦府侍衛事。

明李東陽《明孝宗敬皇帝實錄》卷五十載："戊申，……秦王誠泳奏：'著令王府軍職有犯徒杖等罪者，俱調衛管事各府官厭地任，散漫多託小過，以圖改用，積久恐侍衛多缺，抑亦中小人自便之計，自今有犯公過者，乞准文官例，罰贖還職。'從之。"

四月三日，楊一清丁憂服闋，任陝西按察司僉事，提調學校。

十二月十五日，秦府紀善湯潛誕辰，朱誠泳遣使持酒肴賀之。并作《壽湯紀善七衮序》。

是年冬，戶部右侍郎張鼎持節冊封慶府，禮成還朝，便道過長安，省其母。朱誠泳作《送少司徒張大器還京序》送之。

弘治五年（1492）壬子，朱誠泳三十五歲。

七月二十四日，朝廷賜書秦王。

明李東陽《明孝宗敬皇帝實錄》卷六十五載："壬辰，……賜秦王誠泳《四書大全》等書……各從其請也。"

八月二十一日，秦王誠泳陳言二事。

明李東陽《明孝宗敬皇帝實錄》卷六十六載："己未，……秦王誠泳陳言二事：'一保愛宗支，謂各王府婚娶喪葬，宜令遵祖訓，禁止奢侈，如用度不敷，止於本府宗室借貸，不許責息以傷恩義。一教養儀賓，謂各王府儀賓，既選中，宜送本處儒學，讀書習禮，成婚後，亦不許因循廢業。'禮部覆奏，從之。"

九月五日，朱誠泳奏求本城外溫泉浴。

明李東陽《明孝宗敬皇帝實錄》卷六十七載："癸酉，……秦王誠泳奏，有風疾，欲求本城外溫泉浴。許之。"

是年秋，強晟始與簡王相識。

十二月，臨潼王朱誠㴋薨。

是年，婁謙卒於四川左布政使任上。簡王作《哀婁克讓方伯》。

是年，楊一清赴京陛見，後赴任陝西。簡王作《此楊應寧僉憲留別京師詞林諸友韻》。

是年，嚴永濬任西安知府。

弘治六年（1493）癸丑，朱誠泳三十六歲。

二月十二日，出西安城郭。宗室諸王，餞行於城西十里鋪，作七律一首留別。巡鎮、藩臬諸官候送於崇仁寺，作七律一首留別。

是年，朝廷遣行人向時來陝典祭臨潼王朱誠溔葬禮。禮成，便道歸蜀省母。還朝復取道於西安，朱誠泳及宗室、儒林士夫為其賦詩以餞之，朱誠泳為詩作序，名《送向行人還朝詩序》。

是年，朱誠泳上書朝廷，使強晟為其伴讀。

《小鳴稿》卷九《羅川覉雪詩序》云："弘治壬子之秋，以校藝湖藩道陝入見，予始識之。明年，以提學憲臣檄取，會講於貢院。因悉見其所作，若詩、若文、若短章、若長篇、若諸體，其新奇富麗，有足以動人者。用是援例，請於朝，蒙恩許備藩臣，予甚喜之。"

是年歲末，楊一清出巡三原、商洛諸縣，往返積雪中幾四十日，巡視之隙，作《詠雪》詩三十六首。

是年，西安旱災，嚴永濬祈雨於曲江池，後天降大雨，朱誠泳作《喜西安嚴太守禱雨》以記之。

弘治七年（1494）甲寅，朱誠泳三十七歲。

三月一日，祭祀華岳，作《祭西嶽華山文》。

六月五日，陳紀陞右僉都御史，巡撫宣府。朱誠泳送別，為之作《送都憲陳叔振作鎮宣府》。

九月一日，陝西按察司僉事談俊陞江西按察司副使。朱誠泳作《送談時英僉憲陞任江西憲副》。

十一月，堂兄郃陽王朱誠泓薨。作《祭郃陽溫穆王文》。

十一月七日，許進任陝西按察司按察使。

十二月三日，楊一清陞陝西按察司副使。

弘治八年（1495）己卯，朱誠泳三十八歲。

二月，右副都御史王宗彝陞兵部右侍郎。赴任之際，朱誠泳作《送少司馬王表倫赴京》以別。

是年春，與閻鐸、吳元素、湯潛、強晟燕集於藩邸，作聯句詩《竹軒與致政閻文振方伯、吳元素長史、湯以脩紀善、強景明伴讀同作》（按，詩中有"黃道年逢卯"、"青陽回北斗，淑氣溢西秦"句，可知此詩作於弘治八年春）。

三月二十一日，陝西布政司右參政李鏡陞河南按察使。簡王作《李文明憲使之任河南》送別。

六月，宗叔汧陽王薨。朱誠泳作《祭汧陽端懿王文》、《長歌為宗伯汧陽端懿王作》。

七月，堂弟保安王朱誠潢薨。作《祭保安榮穆王文》。

七月十四日，陝西布政司右參議丘璐陞山西左參政。丘璐離陝之前，簡王招其彈琴，作《招丘仲玉大參彈琴》。丘璐赴山西時，簡王作《送丘仲玉大參之任山西》。

是年秋，仰昇朝覲考核，簡王送別，作《送仰晉卿憲長入覲》詩。

十二月十二日，陳道陞右副都御史，巡撫河南。

是年十二月，堂弟朱誠淋薨。作《祭永壽莊僖王并妃彭氏文》。

明李東陽《明孝宗敬皇帝實錄》卷一百七："丁巳，……秦府永壽王薨，王康定王庶長子，母陳氏。天順六年生，成化十二年襲封。至是薨，年三十四。訃聞，輟朝一日，賜祭葬如制。謚曰'莊僖'。"

是年，高胤先丁憂服闋，離陝赴京，朱誠泳作《送高世德行人服闋之京》。

是年，知府嚴永濬入京朝覲考核，簡王作《送嚴宗哲太守入覲》、《五馬朝天行送嚴宗哲太守》。

弘治九年（1496）丙辰，朱誠泳三十九歲。

正月初一，作《丙辰元旦試筆》。

正月，陳道離陝赴河南任，簡王作《送陳德脩都憲之河南》（按，詩中有"記取長安今日別，上元時節正張燈"句，故系此詩作於是年）。

正月，陝西右布政使鄭銘致仕。簡王作《送鄭德新方伯致仕》送別。

二月十六日，陝西布政司右參政汪奎陞為廣東按察司按察使。簡王作《送汪文燦大參陞任廣東憲長》別之。

閏三月一日，與宜川王朱誠灌、永興王朱誠瀾宴飲賞花，作《閏三月一日與永興王宜川王賞花》。

五月四日，陝西左布政使遷都察院副都御史，整飭薊州邊務，兼巡撫應天等府。簡王作《送張邦鎮都憲巡撫畿內》別之。

是年，楊一清始倡建正學書院。

明李東陽《懷麓堂集》卷六十五《重建正學書院記》云："……弘治丙辰，楊君一清始倡之。"

是年，刑部侍郎謝綬來陝平獄訟事。事畢還朝，朱誠泳作《送謝維章亞卿還朝》。

弘治十年（1497）丁巳，朱誠泳四十歲。

二月十二日，陝西布政司右參政熊佑陞湖廣右布政使。赴任之際，簡王作《送熊良佐方伯之湖南》。

五月五日，作《小鳴稿自序》。

八月，許進陞戶部右侍郎，赴京之際，簡王送別，作《送少司徒許季升之京》。

十二月二十六日（按，此日為1498年1月18日，現從陰曆），陝西右布政使韓重遷應天府尹，

是年，三司議建正學書院。

是年，作《寄戴松崖司寇》詩。

弘治十一年（1498）戊午，朱誠泳四十一歲。

四月，正學書院落成。作記文。

是年春，右布政使韓重赴任應天，簡王作《韓淳夫府尹之應天》送別。

是年，陝西鄜縣知府戈孜遷廉州知府。簡王作《送戈勉學太守之廉州》送別。

六月十五日，秦王誠泳薨。

《小鳴稿》強晟《小鳴稿後序》云："弘治戊午六月之望，我秦賢王薨逝。"

明李東陽《明孝宗敬皇帝實錄》卷一百三十八載："庚辰，秦王誠泳薨。王康王庶第四子，母夫人楊氏，天順二年生，成化四年封為鎮安王，十年進封秦王，至是薨。享年四十有一。訃聞，上輟朝三日，遣大臣致祭，有司營葬，行人掌喪禮，謚曰'簡'。王天性孝友，好禮謙恭，恒以'敬天地，畏祖宗，尊朝廷'為念，嘗銘其冠服以自警，尤勤問學，雅好吟詠，時節每延致士大夫，命酒賦詩，脫畧勢分，撤鷹房，以荊侍從儒臣之館。捐隙地以益正學書院之基，累蠲本府人役、租稅以二萬計。一時宗室中，稱好賢樂善者歸焉。所

著有《小鳴稿》、《世德録》。王薨後，長史強晟集其生平善行數十餘事，為《遺行録》，藏於府中。"

七月十一日，簡王妃廖氏傳旨紀善強晟整理簡王詩文以傳。

九月一日，強晟作《小鳴稿後序》。

十二月十六日，楊一清作《賓竹道人小鳴稿序》。

弘治十二年（1499）己未。

三月十六日，嚴永濬作《小鳴稿後序》。

孟夏，熊翀作《賓竹道人小鳴稿序》。

嘉靖元年（1522）壬午。

是年，簡王孫定王朱惟焯表上《小鳴稿》，詔送史館，史稱"經進"。

清黃虞稷《千頃堂書目》卷十七載："秦簡王朱誠泳《經進賓竹小鳴稿》十卷……嘉靖元年，從孫定王惟焯表上，詔進史館。"

附錄四

傳、贊、儀仗俑

（清）張廷玉《明史·卷一百十六·列傳第四·諸王一》：

子簡王誠泳嗣。性孝友恭謹，嘗銘冠服以自警，秦川多賜地，軍民佃以為業，供租稅，歲歉輒蠲之。長安有魯齋書院，久廢，故址半為民居，誠泳別易地建正學書院。又旁建小學，擇軍校子弟秀慧者，延儒生教之，親臨課試。王府護衛得入學，自誠泳始。所著有《經進小鳴集》。弘治十一年薨，無子。

（明）朱誠泳《小鳴稿》卷九：

自贊小像

非卿非相，非道非僧。樂天忘勢，惕勵戰兢。惟飢飡而渴飲，恒夜寐以夙興。德無可重，才靡可稱。好讀書而不解，欲寡過而未能。野服綸巾，暫宜獨樂；析圭儋爵，恒恐弗勝。事琴書而作伴，招風月以為朋。噫，斯人也，既宅心於道義，任時人之愛憎！

（明）朱誠泳《小鳴稿》卷五：

自題小像

石田揮筆寫吾真，身外誰知更有身。報國寸心元自赤，流年雙鬢欲成銀。愛山常與山為主，種竹誰知竹是賓。茶竈筆牀隨處有，優游天地一閒人。

儀仗俑現存於陝西省歷史博物館：

王承裕集

[明]王承裕 著
張焕玲 點校
趙望秦 審校

點校說明

　　今日呈現在讀者面前的這部《王承裕集》是經過我們整理成的一個新式校本，內容包涵了明人王承裕撰寫的詩文作品與朋友後生撰寫的唱和紀念性詩文，以及有關他的傳記、聞事等生平資料。

　　王承裕，字天宇，號平川，三原（今陝西三原）人。他的家族在明代中後期是三原縣中心一個世代仕宦的士紳大家，從其父王恕起，迄於明末，幾輩人都從政為官。王恕、王承裕父子在萬斯同《明史》卷二三八和張廷玉《明史》等一八二都有傳，而在這次整理的《王承裕集》中，外集卷一即為其各種事蹟資料的匯輯。現據以綜合而簡介如下，讀者若欲瞭解詳情，則自可取觀。

　　王恕，字宗貫，生於成祖永樂十四年（1416）。英宗正統十三年（1448），考中進士，進入翰林院為庶起士。學習期滿，授予大理寺左評事，升任左寺副。後出京歷任揚州知府、江西右布政使。憲宗成化年間，任河南左布政使，升遷河南巡撫，調入南京為刑部右侍郎、戶部左侍郎、兵部尚書等職。成化二十二年（1486），罷官回鄉。孝宗繼任後，又召入朝任吏部尚書，不久加封太子太保。後又罷官回鄉。卒於武宗正德三年（1508），享年九十三。朝廷追贈特進左柱國太師，諡號"端毅"。萬斯同《明史》本傳與張廷玉等《明史》本傳俱云："五子，十三個孫子，多賢且顯。"但據馮從吾《關學編》及張象魏《三原縣志》中王承裕傳所記，卻皆云有"七子"。這個人數出入，可能與王恕之妾所生之子或計或不計有關，也是古代人物傳記的一種想像。其中最小的兒子王承裕最有名望。

　　王承裕在王恕於成化元年（1465）任河南巡撫時誕生。七歲時，就能寫作詩文。十五歲時，跟隨莆田人蕭先生學習儒家經典，取得長足進步。二十歲，即作《太極動靜圖說》，被當時的名士公卿所傳誦。成化二十二年（1486），考中舉人。弘治六年（1493），考中進士。也是在這一年，其父罷官退居三原，王承裕便回鄉侍奉，並在弘道書院講學。後召入京，歷任兵科給事中、吏科右給事中、刑科左給事中、吏科給事中。其間，曾出京處理河南屯田事務，減少登州、萊州的稅糧數額，歸還先前被賞賜給王府的青州彰德軍屯田。正德初年，陝西籍人大宦官劉瑾專權，同為陝西籍人的王承裕不僅不依附，而且上疏指斥其所作不法事。由此得罪了劉瑾，不僅找藉口懲處王承裕，"罰粟三百石輸邊"，還不解恨消怒，想要強加更大的罪名。恰在此時，其父王恕逝世，王承裕回鄉奔喪，這才倖免一難。正德五年（1510），劉瑾被誅，朝廷召王承裕回京，遷任太僕寺少卿，又升任太僕寺卿，調任南京太常寺卿。嘉靖二年（1532），遷任戶部右侍郎，提督倉場。嘉靖六年（1527），升任南京戶部尚書。在戶部任上，恪盡職守，清理逃欠稅糧一百七十萬石，清算積余銀錢四萬八千多兩，受到嘉靖皇帝的讚賞，親筆題寫"清平正直"四字，以示褒揚。嘉靖八年（1529）年辭官退休。還鄉居住十年間，只是以看書寫作、教書育人為務，在當時頗受人們的好評。嘉靖十七年（1538），去世，享年七十四。朝廷聞訊，依慣例賜給祭祀喪葬費用，追贈太子少保，諡號"康僖"。

王承裕著述豐富，涉及廣泛，僅《千頃堂書目》著錄的就有《婚禮用中》、《論語近說》、《論語蒙讀》、《太師端毅公遺事》一卷、《遺事外集》一卷、《李衛公通纂》四卷或作二卷、《原鄉錄》、《動靜圖說》、《太極圖說》、《草堂餘錄》、《三泉堂漫錄》、《進修漫錄》、《考經堂集》、《星軺集》、《庚寅集》、《辛卯集》、《童子吟稿》、《諫垣奏草》等，但可惜多已散佚，今所知道存世的僅有數種。《厚鄉錄》一卷，明嘉靖十四年（1535）弘道書院刻清初印本，今藏北京故宮博物院等圖書館。《李衛公通纂》四卷，明正德十六年弘道書院刻清道光十八年重修本，今藏陝西師範大學圖書館、上海圖書館等圖書館，《四庫全書存目叢書》據陝西師範大學藏本影印。《王氏餘慶集》十一卷，王恕原撰，王承裕續撰，清嘉慶十五年刻本，藏首都圖書館。有刻本，藏於中國國家圖書館；《太師王端毅公遺事》一卷、《外集》一卷，弘道書院刻本，現藏于南京圖書館。王承裕編《寇忠湣公集》有影印本藏於中國國家圖書館。《天恩存問錄》續集一卷，又續集一卷，附錄一卷，明正德元年三原王氏自刻本，今藏於國家圖書館、北京故宮博物院等圖書館。此書又有明刻清道光十八年（1838）王稷補刻本，今藏陝西省圖書館。另外，李錫齡、王稷輯《王康僖公文集》五卷，清末刻本，今藏陝西師範大學圖書館。

　　陝西師大藏本，每半頁十行，每行二十字，白口，單黑魚尾，魚尾上標書名，魚尾下標卷次，再下標頁數。卷一、卷二分文體收錄王承裕的作品。卷三、卷四和"附錄"亦分文體收錄親朋好友、後輩學人所撰寫有關王承裕及其家人的生平傳記、追念詩文，"補遺"仍為王承裕的作品。

　　王承裕是明代關學的開創性人物，他早期的思想追隨張載，以"氣"為天地本源，認為萬物皆是"氣"所賦予。後來又繼承朱熹，認為理先。他的文章中有樸素唯物主義哲學，也有客觀唯心主義哲學，而且還有部分歷史唯物主義的觀點。他在談及性理的時候，首先，恪守儒家倫理秩序；其次，講求"仁、義、禮、智、信"；最後，堅守天人合一、內聖外王的處世理想。他在天人合一思想下仍肯定人的主觀能動性，突破了歷史的局限，能全面客觀正確的評價歷史人物，強調人後天的作用與力量，認為量變引起質變。王承裕是一個主張言出必行、言行一致的學者。他謹言慎行，反對誇誇奇談，討厭只說不做，他將思想付諸實踐當中，弘道書院就是其躬身實踐的場所。這座書院後來成為關中學派的發源地，以"父子親、君臣義、夫婦列、長幼序、朋友信"為治學準則，以"博學、審問、慎思、明辨、篤行"為檢驗標準，把"贊化育、參天地"視為弘道之極功，並依據《白鹿洞書院學規》訂立學規二十條，以約束諸生。書院有考經堂，藏書很豐富。王承裕親自授課，其講學"宗程、朱以為階梯，祖孔、顏以為標準"，把全部精力用在了教書育人上。門徒甚眾，呂楠、馬理、秦偉、雒昂、張原等皆為其中翹楚，亦是明代關學的重要人物。王承裕的文章清平正直，毫無掩飾造作之態。文筆自然，通順流暢，遣詞造句，沒有佶屈聱牙之弊端。故其全集不僅具有一定的文獻價值，且對於全面研究王承裕的生平事蹟、理學思想、文學業績及其影響等，均有重要的參考價值，有利於推動陝西文學及地域文學的研究。

　　我們這次即以陝西師大藏為底本進行整理點校，雖無其他版本可作對校，但其中的一些作品尚散見於明清地方誌，故可利用來作他校。最終整理成的新校本題名《王承裕集》。原書封面題簽為《王康僖公文集》，正文卷一、卷二的卷端題"明少保王康僖公文集"，卷三、卷四的卷端均題"少保王康僖公外集"，顯得冗雜。另外，卷一和卷二又有一個目錄冠於卷首，不僅目錄中的標題與正文中的相應標題在文字上出入較大，異文較多，而且正文中的一些標題在錄目中沒有較多，而且正文反映而遺落了。因此，這次整理時，除改題書名外，正文則分別卷次，卷端改題"內集卷一"、"內集卷二"、"外集卷一"、"外集卷二"，而"附錄"與"補遺"，則一仍舊貫，既求簡明省目，又求符合內容。另外，還參照舊卷前目，與舊正文題目相整合，形成新的正文標題，並以此標題為據，重新編制目錄，冠於書前，以便檢閱。

凡遇異體字即改為通行規範字，俗體、簡體字則不改動，闕字即以方框（□）代替，不敢妄作臆補。其中集中所收《太僕寺少卿王承裕並妻誥命》、《封太僕寺少卿王承裕生母誥命》、《戶部右侍郎王承裕並妻誥命》、《戶部右侍郎王承裕生母誥命》等文又見于明人朱昱《（嘉靖）重修三原志》卷之七（明嘉靖十四年刻本）。《吏科都給事中王承裕並妻勅命》、《吏科都給事中王承裕生母勅命》、《中書舍人王承祿並妻勅命》等文見於《（嘉靖）重修三原志》卷之八；《重修眞武殿記》、《復修龍陽宮記》、《有元三原縣尹朱公夫婦忠節碑》等文見於《（嘉靖）重修三原志》卷之十三。《明故儒林郎山東臨清州同知約齋張公墓碑銘》見於《（嘉靖）重修三原志》卷之十五。故又採用他校法，以《（嘉靖）重修三原志》所收文章進行他校。又據明南大吉《（嘉靖）渭南縣志》（傳抄本）祠祀考下補王承裕《河南布政司右叅政南公墓誌銘》一文，并从文中輯出詩歌一首；據《（雍正）陝西通志》（文淵閣《四庫全書》本）补其诗残句一联；据明來時熙編《弘道書院志》（明弘治十四年刻本）輯《弘道書院學規》一篇，附于集後。還需指出一點，底本詩題後的自注是施加標點的，但原文不用雙行小字的慣例，而是與題目的字號大小一樣，僅隔一格以示區別。而按照《陝西古代文獻集成》的體例，題目也是要加上標點的，這樣就使得二者容易混淆，故在這次的整理點校本採取通行法，即改自注為小字，仍隨詩題之後。針對因避諱而改之字，徑改回，如"弘治"改回"弘治"、"弘道"改回"弘道"，"元宗"改回"玄宗"，不再出校記。

目錄

內集卷一 ·· 313
   動靜圖 ·· 313
   動靜圖序 ··· 314
   太極動靜圖說 ··· 314
   進修筆錄 ··· 314
序 ·· 317
   《唐李衛公通纂》序 ·· 317
   《厚鄉錄》序 ·· 317
   《南溪詩話》序 ··· 318
   宋忠愍寇公詩集序 ·· 318
記 ·· 319
   唐李衛公遺像記 ··· 319
   重修真武殿記 ··· 319
   鼎硯記 ·· 320
   仰高門記 ··· 321
   楸巷記 ·· 321
   凝墨池記 ··· 322
   元三原縣尹朱公夫婦忠節碑記 ·································· 323
   三原龍橋王氏先兆碑陰記 ·· 324
   渭川先祠碑記 ··· 326
   張氏先系記 ·· 327
   重修龍陽宮記 ··· 327

三原縣廟學闢路記	329
書	330
與門人書	330

内集卷二 ··· 331
  跋 ··· 331
    跋《唐李衛公史牒》後 ··· 331
    跋《唐李衛公遺作》後 ··· 331
    跋《三原縣志》後 ··· 331
    跋《端毅公遺事》後 ·· 332
    跋《近言·原治篇》後 ·· 332
    跋《鄉約錄》後 ·· 332
    跋《鄉儀錄》後 ·· 332
    跋《存問錄》後 ·· 333
    跋《音容集》後 ·· 333
    跋《寇忠愍公詩集》後 ··· 333
  墓誌銘 ··· 334
    明故郝君循規墓誌銘 ·· 334
    明故儒林郎山東臨清州同知約齋張公墓誌銘 ·············· 335
  祭　文 ··· 336
    祭櫟陽祖墓文 ··· 336
  贊 ·· 337
    唐李衛公像贊 ··· 337
    張玉坡相贊 ··· 337
  銘 ·· 337
    弘道堂銘 ·· 337
    致經堂銘 ·· 337
    清谷草堂銘 ··· 337
    嵯峨山房銘 ··· 338
    清風軒銘 ·· 338
    明月庵銘 ·· 338
    渭北書閣銘 ··· 338
    庖銘 ·· 338

庫銘 …………………………………………………………… 338
　　寒泉銘 ………………………………………………………… 338
　　仰高門銘 ……………………………………………………… 338
　　恭敬門銘 ……………………………………………………… 338
　　中立門銘 ……………………………………………………… 339
　　忠孝門銘 ……………………………………………………… 339
　　臥雲門銘 ……………………………………………………… 339
　　立雪門銘 ……………………………………………………… 339
　　遜志門銘 ……………………………………………………… 339
　　省身門銘 ……………………………………………………… 339
　　養蒙精舍銘 …………………………………………………… 339
　　日晷銘 ………………………………………………………… 339
　　弘道堂上梁文 ………………………………………………… 339
　詩 ………………………………………………………………… 340
　　瑞芝堂詩有序 ………………………………………………… 340
　　弘道書院示從遊 ……………………………………………… 340
　　過觀音寺學道書堂題壁 ……………………………………… 340
　　癸巳秋九月二十一日示門下二首 …………………………… 341
外集卷一 …………………………………………………………… 342
　《明史》本傳 …………………………………………………… 342
　　任吏科都給事中並妻勅 ……………………………………… 342
　　任吏科都給事中生母勅 ……………………………………… 343
　　任太僕寺少卿並妻誥 ………………………………………… 343
　　任太僕寺少卿生母誥 ………………………………………… 344
　　任戶部右侍郎並妻誥 ………………………………………… 345
　　任戶部右侍郎生母誥 ………………………………………… 346
　　贈太子少保諡康僖誥 ………………………………………… 346
　《關學編》王康僖公傳 ………………………………………… 347
　　國朝明儒學案 ………………………………………………… 348
　　三原縣志 ……………………………………………………… 349
　　馮恭定公集 …………………………………………………… 349
　　馮恭定公《凝思錄》 ………………………………………… 350

- 309 -

黄黎洲《學案》 350
　　馬谿田《陝西通志》 350
　　廖魁《文則後序》 350
　　陳眉公《見聞錄》 351
　　岳元聲《明資治通鑒續紀》 351
　　王氏十榮集 351
　　祭平川王公文 352
　　吊平川王先生文 352
　　祭王康僖公夫人文 353
外集卷二 354
　　建弘道書院記 354
　　《進修筆錄》序 356
　　與平川先生執事書 356
　　與平川先生書 357
　　國朝王康僖公弘道書院說 358
　　重勒弘道書院碑記書後 359
　　詩 360
　　　明題上還山堂主人宗長王先生 360
　　　過弘道書院 360
　　　弘道書院十詠 361
　　　送平川先生入朝十離詩 362
　　　平川書院十詠 363
　　　題梅和平川先生韻 363
　　　和平川先生郊行 364
　　　聞喜別平川先生 364
　　　得平川先生手示 364
附　錄 365
　　明中書舍人王承祿勅命 365
　　順天府通判王承祥勅命 365
　　國朝太子太保戶部尚書王宏祚贈諡誥 366
　　諭祭文 366
　　　太子太保戶部尚書王宏祚諭祭文 366

明懿德王公傳 …………………………………… 366

好古王公傳 …………………………………… 366

中立王公傳 …………………………………… 367

華池王公傳 …………………………………… 367

竹村王公傳 …………………………………… 368

国朝王端簡公傳 ……………………………… 368

補 遺 …………………………………………… 369

屋隙詩 ………………………………………… 369

詠元三原縣尹朱公夫婦詩 …………………… 369

河南布政司右參政南公墓誌銘 ……………… 369

弘道書院學規 ………………………………… 371

内集卷一

邑後學 李錫齡
王氏後裔 稷 仝輯

動靜圖

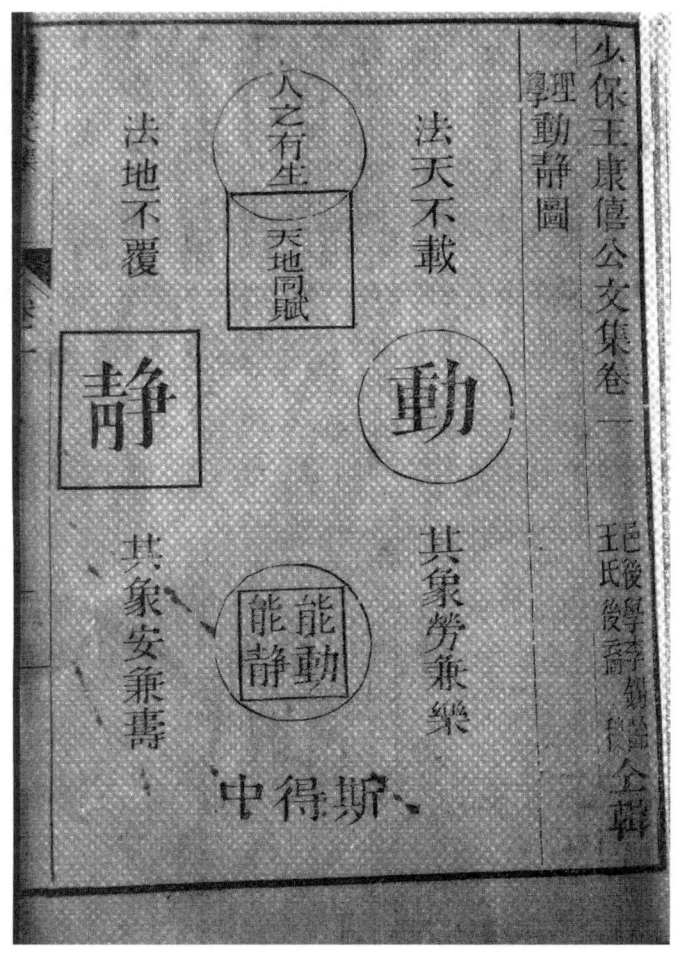

動靜圖序

承裕荷天地之氣以生，於終日間既不能久動，亦不能久靜，迺知動靜者，造化之基本也。物物得之，人人有之，動而復靜，靜而復動，則陰陽具體用行，自然中和，實聖人之時時迭運者。噫！是道也，聖人知之。故克參天地，贊化育，予則未遑，敬述此圖以自示，蓋欲資之而進進於無窮也。成化十八年歲在壬寅孟春望日序。

太極動靜圖說

太極肇判，乾坤攸位，迺旋迺轉，陰陽行焉，由是生生化化，萬物咸備。而人生其中，得元亨利貞之理，為仁義禮智之性理也者，默默然無形可見，無聲可聞。然賦之於人非動乎？其未賦之先，蓋靜之謂也。人之有性，猶天地之有理，未感而見之於外，徒深以存之於內，則失其變化之機矣。是故象勞兼樂，所謂法天而不載者也。象安兼壽，所謂法地而不覆者也。斯皆常人之為。若夫動靜以時，無所迕焉。則與天地為一矣。嗚呼，其聖人哉！

進修筆錄

枉道以事人，匹夫之所為也。直道以事人，君子之所為也。烏可反君子而為匹夫哉！

讀聖人之書，當行聖人之事，豈可只作一場話說。

噫！毋輕言，如金石，如四時可也。

有始有卒者，其惟聖人乎？誠哉，言也！

人稟天地之氣以生，窮通固在乎命，而亦在乎人為。且如一方地，雖曰肥饒，苟不播之以種，其穀必不能自生。

聖人可學而至者也，可不敬乎！

異端者，吾道之蟊賊也。

"伐木丁丁，鳥鳴嚶嚶"，讀是詩，則知人之不可以無友也。吾非欲無友乎，非欲絕友乎，吾將求勝己者爾。

事無大小，惟謹迺安。

欲治天下，當以求賢才為先務。堯、舜、禹、湯、文、武，如無皋、夔、稷、契、伊、傅、周、召，則不能成其治矣。

欲學聖賢之事業，當學聖賢之出處。出處不正，雖有事業，何足尚哉！

人欲仰不愧，俯不怍，須要謹言慎行。

人猶木也，養之則成棟梁，失養則為薪蒸。

欲學好人，可不慎獨？

人有廉恥則可，不然，則無所不為矣。

太古之人，其心誠實，故其言也純粹；如今之人，其心委曲，故其言也譎詐。

仁義之道，與鉛汞之術不同行乎。仁義之道者，可以成己成物。攻乎鉛汞之術者，足以破家蕩產。

苟欲齊家，事上須要箇"敬"字，馭下須要箇"忍"字。

君子閒暇則進德修業，惟恐或後；小人閒暇則是非非是，惟恐不及。

君能納諫，其國必治。

觀人之發言如何，則知人之存心如何。

《詩》云："英英白雲，露彼菅茅。"如何治民之人，而使號寒啼飢者纍屬於道路邪。

積金莫若積粟，蓋粟可食而金不可食也。

夢有人謂予曰："命之讀書則恭敬廼心，命之處事則精一廼心。"異哉言乎！抑豈先覺之覺後乎！

天生烝民，豈厚此而薄彼哉？特能者覺厚，而不能者覺薄爾！

人有一善，必欲伐之，惟恐人不知也；有一惡，必欲掩之，惟恐人或見也。蓋明鏡在坐，妍媸自分，伐之掩之，何益之有？

"欲報之德，昊天罔極。"為是詩者，豈誣我哉！

世俗之人有譽人而曰"此人似古人"者。吾嘗因是而思之，亦嘗因是而怪之，以為所謂古人者，但以其去世久爾。然古人未必皆是仁義之人，而今人未必皆是無仁義之人，豈可以此語而譽人哉！

或曰："宋華寶七十而不昏冠者，何謂也？"曰："尊父命爾。若斯人者也，可為之孝矣。"

山必有麓，無麓則崩；河必有源，無源則竭；木必有根，無根則枯。推人也，亦然。

文王能不顯亦臨，無射亦保，此所以為聖人也。

聖人之作《易》，豈空言也哉！其欲人趨吉避凶之意，至深切矣。

國雖安也，讒臣一出，未有不危；家雖富也，敗子一出，未有不貧。欲國久安者，當屏讒臣；欲家久富者，當處敗子。

大丈夫立身於天地間，豈徒然哉！其處也，必欲為一家人之儀刑，其出也，必欲為一國人之矜式，而又欲德同天地，名偕日月焉。

無私議人之是非，無私議人之富貴，不惟見自己之無恥，抑且起其人之嫌疑。

君臣父子，人道之大倫也。君雖非其君，而臣事之不可以不忠。父雖非其父，而子事之不可以不孝。二者之間，各盡其道而已矣。

心正則身正，身正則萬事皆正矣。是故正萬事莫如正身，而正身又莫如正心也。

呂望為人，儼然喬松之參天也。

賞罰者，國家之大柄也。顧其中否，何如爾。

富貴非吾欲，貧賤非吾惡。得為堯舜之民，是吾之所欲也。未得為堯舜之民，是吾之所惡也。

吾得為人，今十八載，德可進乎！

予妄發一言，日夜愧悚，寧有窮乎！

仁道其大矣乎？一事違之非仁也，一息違之非仁也。仁道其大矣乎！

凡百事務，皆當處之以誠。

群居終日，言不及義，難矣哉。成我者，此也。外我者，亦此也。

風俗偷矣，天其淳之。紀綱紊矣，天其振之。天理日昧矣，天其明志。人欲日滋矣，天其遏之。不淳而不振，不明而不遏，吾將焉恃，嗚呼哀哉！

予本草茅賤材，豈敢有望於他，但得無愧厥心，無忝厥親，足矣。

麟生而群獸異，鳳出而眾鳥憎。彼君子兮，豈不亦猶是乎！

人之一身，惟心為主。心正則身正，心不正則身亦不正矣。天下之大，惟君為主，君治則天下治，君不治則天下亦不治矣。

凡事只要熟。

乾，君道也；坤，臣道也。

天下之事，大抵皆不難，只是要循序而進。

多見行，當審，多聞言，當謹。

右筆錄五十條，公門人郝大業輯，前有吳宣師尼序，後附《動靜圖》並《動靜圖序》、《鼎硯記》各一篇，惟無《動靜圖說》。今從《省志》增入《鼎硯記》另載記類。吳序入外集中。

序

《唐李衛公通纂》序

有唐開國，雖其君舉義而成大業，然一時佐命宣力之臣，其功不既多乎！王珪對太宗曰："兼資文武，出將入相，臣不如靖。"當時以為確論。靖封衛國公，圖形淩煙閣，自古兼文武將相而稱者，固不多見，衛公豈可但以"智謀勇敢"視之也哉！衛公，吾三原人也。嘗閱輿地志，見公祠之在他處者為多。蓋公之遺書國家建學設官，教人講而習之，可謂功施於國，法施於民者矣。祠而祀之，宜矣。三原，公之故里，顧無祠以妥其神，不缺典邪？先太師端毅公真知乎公，傾慕而歆豔之。成化間，嘗伐石而題曰"唐衛公李某故里"，樹於道左，以表厥蹟。復為詩吊之。自是鄉之人頗知乎公，而亦有記其一二事，高談於里社間者，然猶未為祠以祀也。予生也晚，每讀《唐書》至公傳，未嘗不撫卷而歎曰："衛公真孟子所謂大丈夫哉！"三原山川草木藉以焜耀，矧生公之地，長公之鄉，慨想乎公之遺烈者，其所藉又不但如山川草木而已也。祠而祀之，非吾人之責而誰與？近予以語從游白縣，縣達巡按臺，臺檄縣作公之祠，上下同志，工藝合力，不日告成。嗣是而修歲祀之禮，可以慰公如在之神矣。祠之作也，凡物皆公故里義士所集，而未嘗以煩諸細人焉。尚慮鄉之人未盡知乎公，乃取諸書所載有涉於公者，通為纂之。史牒纂，則公勳業之盛可以知；文集纂，則公譽望之隆可以知；遺作纂，則公學識之大可以知；存蹟纂，則公惠澤之深可以知。夫所謂"智謀勇敢"之人，果能如是也哉？纂既成，縣之王侯成章請曰："願刻諸梓，將舉公故里之人，人給一編，俾誦之，讀之，仰之，慕之，以延公之休於無窮。"予曰："此殆予纂之之意乎。"遂畀之，而且為序云。

《厚鄉錄》序

《厚鄉錄》，錄勝國時吾鄉先正之言行也。當時世運何其降也。文運何其衰也，鄉先正出於其間，資師友之淵源，窺聖賢之蘊奧，言如此其美，行如此其高，可以敦厚彝倫，可以表正風俗，詎可以其生不逢辰而少之哉！吾蚤歲嘗求勝國時鄉先正言行，或得於刑簡敗牘錄之，或得於山鐫野刻錄之，其傳聞未真者，故置之不錄。凡錄，要皆可以為人之法者也。勝國去今才百四五十年，鄉先正流風餘韻宜若未泯，夫何得其言行僅如錄中所具，遺逸淪晦多矣，得非鄉後進之責與？晦庵先生嘗錄當朝名臣言行以便記覽，吾故倣之，而有是錄。觀者不以世之先後，人之顯晦病之可也。錄成於弘治戊午二月，刻于正德辛巳三月。拳拳在念而不以示人二十有四年，吾何嘗不謹也夫。

《南溪詩話》序

詩話，雖宋司馬文正公亦有之，則其專門之說，又惡可已也。頃予以先端毅公之憂家居，間過弘道書院。一日，邑大夫嘉定程君以道來訪，見几間《南溪筆錄群賢詩話》，取而閱之，曰："是書所錄可謂廣矣！願假刻棗，傳示詩壇。"遂全帙付之。刻既成，以道屬予序其端。夫《國風》、《雅》、《頌》，古之詩也，諸家註疏，不過發明比興賦之義。後之詩，猶古之詩也。何其說者優劣可否之餘，愈新而奇，愈嚴而密，縷縷不絕，有如是哉？噫！即此可以觀其所謂詩與其所以說詩矣。南溪錄之，蓋將示學。夫詩者，會群思以歸於正，執眾言以求乎中，由是形諸歌詠，有所警焉，而不敢苟也。匪徒資洽聞、助劇談而已。南溪，錄詩話者之別號，逸其姓名，博雅君子也，當為勝國時人。第所錄間有煩舛，初儗刪削，並存以見其一時窮搜博采之意。以道名啟充，進士起家，才藻華贍，政務精敏，圖刻此書，以貽同志，其雅尚從可知已。

宋忠愍寇公詩集序[一]

惟有天下之大才，斯成天下之大務。所謂天下之大才，前代故置弗論，若宋萊國忠愍寇公者非其人與？其相真宗也，虜犯澶淵，勸上親征，不動聲色而措天下於泰山之安，非成天下之大務與？竟以讒譖，謫居遐荒，齎志以沒，人皆冤之。尋詔歸葬洛師，又詔復官爵，又詔節惠易名，又詔史臣述功行以垂後世。卒於公無所損，而公之名愈彰彰于世矣。承裕年甫三十餘，讀公之詩，知其有劉長卿、元微之之風格，於是錄而藏之。時時展讀，則公平生為人之大概，未嘗不往來於胸臆間也。

【校記】

[一]"宋忠愍寇公詩集"，按本書內集卷二"跋"作"寇忠愍公詩集"。

記

唐李衛公遺像記

　　此唐淩煙閣功臣衛國公之遺像也，額廣頤滿，準隆起目，神光煥發，眉疏整不逾眥際，口方不露齒，耳高聳，鬚如虬然，色赤白，服烏紗巾，角垂肩，紫錦袍，綷雜小花，玉帶金固紅，其鞾靴履，不可得見。當唐之世，王珪謂公為文武之才，呂溫謂公為仁義之佐。公去今八百餘年，拜瞻遺像，風神有春陽之和煦，有秋日之嚴厲，軀幹有挺然而不可屈之狀，有確然而不可動之勢。建大功以定邦國，著大名以垂宇宙，固理也。王、呂之言，不亦可徵哉！凡具眼者不問可知為異人，而區區之見天之生公，大河喬嶽，萃秀鐘靈，豈偶然邪！像作不傳，厥自藏於尚寶李少卿家，因命繪史模之。公李姓，靖名，藥師字，衛國公爵，"景武"諡，三原人也。

重修真武殿記

　　三原城之陰，河之陽，有廟一區，其神為真武，相傳建於永樂改元之際，殿僅兩楹。正統間，廟左居人秦克讓偕伯兄謙福募諸鄉人之好善者，增為四楹，塑神像其中，繚之以垣，限之以門，而殿之規模猶小小也。弘治間，克讓之子曰宣者，疏闓善生殖，歸自江淮，拜謁殿下，周行而視，見梁橑攲壓，砌拆拆哆，圬漫彫剝，丹臒漫漶，長歎久之。乃告於神曰："神之棲壞至此極，何以仰答昭貺，願新之。"退而集工，葳具方事，事而無祿。其子曰玹者，恬暢重義，克紹先志，謀諸兄玫、璠，出泉幣四百緡而完治焉。即舊殿之後，為殿四楹，巍然而高，蕩然而廣，瑟然而密，赫然而輝，夐異乎昔日之作。舊殿之材，撤而置之他所，不一用也。肇工於正德四年己巳九月，訖工於六年辛未六月，蠲吉遷其神而奉之。復即殿後為屋，延龍陽宮道士馬教仙為廟史。叙其更修歲月，丐予言記之。嗚乎！記廟之為廟，易也。若不明神之所以為神，與人之所以事神者，以警世覺俗，豈予之所宜哉！夫真武一仙人耳，廟而祀之，何也？蓋聞諸道家者流，真武察微知遠，志在除邪，仙中之神也。傳有之聰明正直為神，能禦災捍患，祀之。若曰真武，察乎微也，知乎遠也，而除乎邪也，猶夫聰明正直也，猶夫禦災捍患也，世人因神之。察微知遠而除邪，乃駕為荒唐怪僻之說，失之多矣。凡人之兇悍毒詐，欺天罔人，以干夫正者，皆邪也！念方萌，雖微而神已察；事將為，雖遠而神已知。察之，知之，則奮然有以除之矣！殃其身，殃其子孫，并其本原支流而除之，神之分也。然則神之威靈赫赫顯著，廟而祀之，亦云似矣。雖然事神者，惟在盡其誠耳！誠者，不欺之謂也。一念之萌，一事之為，必求合乎天理之正。不正，勿萌也，勿為也。由是以事神，則神格矣，福自至，禍自免矣。不誠，反是。神以正而靈，人以誠而事，又何病夫治也哉！予言不誣，俾鐫諸樂石，庶一方之人有考。若夫先後有功於廟者，皆列在石陰，茲不重具云。

　　正德六年歲在辛巳中秋吉日，賜進士出身、嘉議大夫、南京太常寺卿，平川王承裕撰[一]。

【校記】

[一]"正德六年歲在辛巳中秋吉日賜進士出身嘉議大夫南京太常寺卿平川王承裕撰"，按原無此三十三字，今據明人朱昱《（嘉靖）重修三原志》卷一三補。

鼎硯記

　　馬圖浮河，龜書出洛，人皆知其為文明之祥也，而不知其處也。必有待其出也，必有為人物皆然，豈惟馬圖、龜書而已！然人物之在天地間，使其處也，無待則終焉而已，其出也，無為則徒焉而已。奚足尚哉！邇者，家君巡撫南畿，廼於成化壬寅歲為廳事，於會同之館取土以供版築，逾二尺而得泉，甫三尺而獲一小藏，操畚鍤棟者皆懽忭踴躍，相與出之，及見，廼雜器焉，內有銅盤盞、鴟夷壺數事。又一器，不知其為何物，役者以白，廼命取之，置於棐几之上。其器，上有頂，非象一氣乎；深二寸，非象兩儀乎；高四寸，非象四時乎；徑八寸，非象八風乎；圍二十有四寸，非象二十四氣乎；足十有二，非象十有二月乎；似盤盂而實非盤盂，類鼎鬴而實非鼎鬴。其蓋與底膠為一，有不可得而開焉者。扣其中若虛而有容，動之則有水聲。雖博古者，亦不知其為何器。家君一日命工開之，既開，其水津津焉。或曰是水可以療目疾，廼注於別器而分於患目者。其底狀如覆盆，環之以池，內外有丹砂之斑，翡翠之容，水銀之色，以是知其非近世之物。家君曰："無乃大書之硯乎？"然猶不敢自信。及摸其中，猶有遺墨存，始知其為硯也無疑矣。遂象其體，取其用，合而命之曰鼎硯。噫！斯硯也，沉埋於泥土之中，吾不知其幾千百年矣。今以家君之作廳事而出，豈非其處也，有待其出也，有為乎！竊念家君由廷評以陟大司馬，於王事也未嘗不為之後食焉，於民情也未嘗不為之盡心焉。披肝瀝膽，無所隱伏，忠言讜論，無所阿諛，雖為子者不敢妄有所論議。蓋嘗聞諸士大夫，誠所謂公爾忘私，國而忘家者也。倘得入侍吾皇於廟堂之上，安知其不以斯硯之池之水洒而為霖雨，以救天下之枯涸也。又安知異時歸老，不以斯硯泚筆而頌禱皇明之太平於無窮也。噫！斯硯之作，雖不知其時，而斯硯之名，實自家君始。遂書此以為鼎硯記。

仰高門記

維弘治十有二年冬十有一月，予肅將皇命過故里，適弘道書院門成，茲門乃書院之第一門，凡鼓篋而來者立於斯，凡禮云樂云而觀者聽者立於斯，云開則入，云闔則止。門之用大矣，遂名曰"仰高"。既大書其字閣於楣，復為文記之。夫高，謂南山也。書院子位，南山午位，地之相距才數舍，上下空廓，東西開朗，橫流如帶，周行如砥，密而暗者林木，聚而隱者城市。立乎門者，舉首啟睫，見南山之氣象高出物表，吞吐日月，衝沒雲漢，往往仰之而高舉遠覽之意，其孰能禦之！且天下之山，五嶽為尊，五鎮為次。然而天地悠悠，川原邈邈，立乎門者，茫不知其處，故但卽所在以見南山也。《詩》不云乎"高山仰止"，山斯高矣，人斯仰矣。肆予有取焉而名茲門，亦未嘗不悵乎天下名山之難見也。若夫南山之產，誠異乎天下之山之產，仰者當自知之。

楸巷記

平川書院樓門之北，禮門之南，列種楸十有四株。其二株不茂，旋移恭敬門內，不成行者更之，各長丈餘，圍三寸許。楸，梓屬也。梓有實可種，其成也易。楸無實取之，穴其根旁，引以穉生，其成也難。是木也，才高而理直，質堅而韻清，亦可謂美材矣。當盛夏之際，疏柯密葉，如幢如蓋，列日不入，炎蒸不作，宛然一清境也。書院主人時時衣冠坐其中，橫琴而鼓焉。弟子之解音律者，亦屬而和之，七弦之音，洋洋乎盈耳哉。血脈鼓蕩，神氣清和，恍然虞舜之在帝位也。一日鼓琴希，主人顧謂弟子曰："琴之音抑有所助乎？"弟子曰："不知也。"主人曰："楸巷助之也。人徒知巷之清，而不知巷之有助乎琴音。斯巷也，上密下實而中空焉，故琴之音淘淘焉，渢渢焉，清濁高下而各中其節，不啻在重樓虛室之中。茲非其所助矣乎？"弟子曰："小子何足以知之。"言畢，主人充然有得，仰天而歌曰："風飄飄兮雲悠悠，我心樂兮造物同遊，幸皇王御世兮復何求。"

凝墨池記

池名"凝墨"，所以明夫象而著夫教也。嘗讀《易》，見伏羲氏所畫之卦六十有四，而卦各止六畫，天地間之道具矣。想其觀象於天，觀法於地，近取諸身，遠取諸物之時，不過心畫而已。將以開物成務，不得不手畫，惟手畫遂施而為用乎。今六經之道，歷代之迹，可以服行而考證者，亦賴字畫存焉耳。然而倉頡造書契，固自伏羲氏畫卦中來也。《周禮》：八歲入小學，保氏教國子，先以六書。孔子曰："志於道，據於德，依於仁，游於藝。"而書實藝中之一也。周公、孔子之教人曾不遺茲，而學者又可忽諸？予設教平川，從遊士進德餘閒，有禮焉俾之學，有樂焉俾之學，禮取其序，樂取其和，皆可以維持乎道也。而書為載道之具，亦俾之學，於以求古先聖哲作則立教之美，俾不舛謬，庶幾道傳無弊。其草書者，點畫之不明，形象之不具，恐久為道傳之患，未嘗欲其學也。然學書，有需焉。紙即古之簡，筆即古之聿，墨即古之漆，惟硯石不具。頗見小說載孔子之硯，歷百代而猶存。意者，古人為書，以此貯漆與，彼紙筆墨弊則更之。硯石為者，厥體惟堅，厥用惟久，墨積而無光，筆滯而弗圓，硯之病也。於是滌之，而往往有汲引之勞，因為圖。書院東北，清谷草堂在焉。堂前列種髯松瘦竹，中有地虛敞，可鑿滌硯之池。遂窾其土而甃以石，方二十尺，深得方十之二，潴水於內，滌硯者咸造焉。一日，予輟講，臨池而立，見墨冉冉然凝水上，因名池曰"凝墨"，道其實也。夫墨凝池上，其象為未用士之抱道而處，其可見不過筆劄之間。墨凝池上，維其時也與。密雲不雨，一意既得，揚於王庭，則是墨足以需膏澤，蘇枯槁，而俾天下受其福，與雲行雨施同功矣。嗚呼！滌斯硯者，尚思有以驗予言哉。

元三原縣尹朱公夫婦忠節碑記[一]

元有天下，夷狄之為君也[二]，名義未正，雖曰政教號令施於天下，不過苟具虛文而已，所謂"君君、臣臣、父父、子子"蔑如也。《春秋》之法，聖人固不之取也。然為之臣，居其官，任其事，挺然不為流俗所染、見危致命者，則有其人焉。是人也，世之所謂烈丈夫，忠魂義氣，常聚而不散，與一方之河岳同流峙於無窮也。承裕弱冠時，侍先太師端毅公，嘗謂之曰："吾三原昔有縣尹朱公春者，守官之日，適國朝天兵克奉元，謂其妻曰：'吾當以死報國。'妻曰：'卿能盡忠，妾豈不能盡節。'俱投崖死。"嗚呼！死生亦大矣。朱公讀聖賢之書，任民社之責，見道分明，視死如歸。其妻之死不異於公，蓋公之死為君，而妻之死為夫。君為臣綱，夫為婦綱，君臣夫婦之際，不容有毫髮虧。吾於朱公夫婦之死，心誠敬服。斯人也，世豈多有也哉！有益於彝倫，有補於風化，當為世道之所重無疑矣。嗟乎！朱公夫婦之死，今屈指百七八十年，當路諸君子生乎其時者，既失於表章，生乎其後者，又忽於表章，視世之一夫一婦有一端之善者，或達之官，或聞之朝，蒙旌典以為世勸者，蓋不可以數而計也。乃若朱公夫婦之死，孤忠大節，昭如日星，惡可俾之泯泯而無傳。承裕生也晚，且還政於朝，無所猷為，爰約鄉黨之遊吾門者，共伐石為碑，題曰"有元三原縣尹朱公夫婦忠節之碑"，而為文以紀其事，豎於道左，以為後來為臣者勸。縣尹者，元之官制也。奉元者，路名，今西安府也。天兵克奉元，當屬改革之際，至正二十七年歲在丁未，明年戊申我太祖高皇帝建元洪武[三]。是年，陝西尚未奉正朔。先公《三原縣志》云："洪武二年，縣丞仰山奉詔開設學校，蓋縣尹缺也。"縣尹，其卽朱公與？抑聞當是時，余公闕守安慶，陳友諒大會兵攻城，余公以孤軍血戰，自刎投清水塘中，妻子皆赴井死，贈鼂國公，諡"忠烈"。國朝嘉其忠，詔卽忠節坊立廟祀，有司歲時以其所生正月十一日致祭。余公之死與公寔同，而其妻子之死也又同[四]。所不同者，余公蒙贈諡廟祀之典[五]，而公則尚虛之以待也。此則今日在位者之所宜念，何勝惓惓以望。既為紀其事，而復系之以詩，俾歌以祀公。詩曰："有元君臣咄夷狄[六]，瀆亂綱常咸失則。天厭腥膻懲厥忒[七]，篤生聖人建皇極。沿襲舊俗戒必殄，於昭王化覃禹蹟。伏節死義賢斯克。嗚呼朱公見不

- 323 -

惑，躍然就死形魄耆。室家追隨不爽刻，山光曾照投崖色。河流不沒投崖迹，南北紛紛駾啄客。目擊負慚扼胸臆，忠節氣發乾坤窄。黃雲慘淡轟霹靂，天高地厚人聲嘖。皇皇者華遍八域，咨諏善道吁壅塞。褒郵天章徒喧嘖，伐石琢碑竪道側。過者興嗟永不泐，逸臣肝膽載披瀝。顒望九天禮官勑，血食尸祝作臣式。籩豆黍稷暨肴核，鼓鍾皇皇效悃愊。焄蒿悽愴神其格，億萬斯年壯皇國。"

嘉靖十四年歲在乙未春三月上吉辛酉，資善大夫、南京戶部尚書、平川野逸王承裕撰[八]。

【校記】

[一]"元三原縣尹朱公夫婦忠節碑記"，明嘉靖十四年刻本《（嘉靖）重修三原志》卷一四作"有元三原縣尹朱公夫婦忠節碑"。

[二]"夷狄"，按此二字原為墨丁，蓋清人以違礙字而有意滅之，今據明嘉靖十四年刻本《（嘉靖）重修三原志》卷一四補出。

[三]"明年戊申我太祖高皇帝建元洪武"，明嘉靖十四年刻本《（嘉靖）重修三原志》卷一四作"明年戊申我太祖高皇帝建元洪武元年"。

[四]"而其妻子之死也又同"，按明嘉靖十四年刻本《（嘉靖）重修三原志》卷一四無此句。

[五]"余公蒙贈諡廟祀之典"，明嘉靖十四年刻本《（嘉靖）重修三原志》卷一四作"余公贈諡廟祀之典"。

[六]"夷狄"，按此二字原為墨丁，蓋清人以違礙字而有減之，今據明嘉靖十四年刻本《（嘉靖）重修三原志》補出。

[七]"天厭腥膻懲厥忒"，明嘉靖十四年刻本《（嘉靖）重修三原志》卷一四作"天厭腥膻愆厥忒"。

[八]"嘉靖十四年歲在乙未春三月上吉辛酉資善大夫南京戶部尚書平川野逸王承裕撰"，按原無三十四字，今據明嘉靖十四年刻本《（嘉靖）重修三原志》卷一四補。

三原龍橋王氏先兆碑陰記

吾王氏之先世為櫟陽縣人。縣廢，城之址、官府之址、黨庠之址咸在焉。其地，今入臨潼。漢初都此，置縣曰萬年。櫟陽，萬年地，蓋漢之赤縣也。先世居縣之東陽里司馬村，其里其村今固在。其居，南至渭川，北至清河，各五里許。而先墓在居之南不一里。吾之先世德之潛世傳，與二水同一澄泓溶漾。信乎！世澤之流也遠矣哉！成化丁未十一月，先端毅公赴孝宗皇帝召，道出臨潼時，都御史徐君鏞知縣事，屬理墓地。徐如先公之意，理之得之，版籍之載可以稽，父老之言可以信，為文字以覆先公。先公覽之，泫然泣下，且曰：

"木必有本，水必有源。吾於先世之墓，奪於官冗，不獲以時省祭，今顧托人如此。"哽咽不已。時承裕在側，尚能記憶，屈指又四十有六年矣。嘉靖辛卯八月，先達呂尚書公之孫同知牧至三原，會承裕曰："公先墓為耕夫侵矣，盍一往省之。"承裕聞之悯然，廼跽而告於先公之廟曰："客之言可信也夫。子將躬往省。"遂約闔族子孫於十月六日東奔省之。先一日，遣九世孫國子生曰節、曰璿往潔，粢盛醴齊，承裕至齋，居於村之溫公舍。節等告曰："初至時，親鄰來會者四五十人。是夜，夢我大父端毅公儀容如存時，往來顧視節等，無任感愴。"承裕嘆曰："血氣之流通，精神之感召有如此。"厥明，敬詣墓次行事。父老咸曰："茲塋，村之人相視而不敢瀆者已百餘年。今來展省，理固宜然。"因留燕父老。燕畢，適先居，見垣址屋基，草莽蔽翳，瓦礫參差。居凡十畝，今僅存者六畝，餘為他人有矣。村之人遙指曰："某處地若干畝，某處地若干畝，相傳皆王氏業也。"今僅存者十有三畝，餘亦為他人有矣。於先居仰堂構之弗存，於先業思耕獲之如在，垂休貽謀，既遠且長，追感之餘，因而欷歔，觀者興嗟，事竣而還，咸謂不可無記。謹按蕭宮保所為《西園阡表》云："王氏之先，世為廢櫟陽縣司馬村人，墳墓及外氏之親尚在。"徐尚書所為《恒齋墓碑》云："先世家關中，始居櫟陽縣司馬村，元季遷三原龍橋鎮。"陳祭酒所為《西園公神道碑》云："世為廢櫟陽縣司馬村人，諱彥成避地居三原之龍橋。"劉文和公所為《加贈西園公墓碑》云："自上世為廢櫟陽縣司馬村人，諱彥成避地居三原之龍橋，遂為三原人。"王文肅公所為《王氏先塋碑》云："世家關中，樂耕府君以上，皆居於櫟陽司馬村。元至元，始徙三原之龍橋。龍橋距司馬村七十里。"又按《王氏氏族錄》云："始祖諱永清，號'渭川'，身居畎畝，好讀書，為童子師，從學者常三五十人，故鄉人以渭川先生稱之。配雷氏。今塋中祖墓是也。子男一，可大。二世祖諱可大，號'拙齋'，為人重厚，無機巧心，躬汲水灌園，種蔬以供朝夕。配張氏。昭墓是也。子男一，文煥。三世祖諱文煥，號樂耕，嗜學有才智，人或勸之仕，答曰'與其仕而榮其身，孰若耕而無憂於其心。'故寧耕而不仕。配殷氏。穆墳是也。子男一，彥成。三世墳墓在櫟陽司馬村，餘塚，蓋亂後族人歸籍者也。今三原之塋有二。一在三家里，葬四世祖安止府君及六世諱仲實、諱仲禮。一在清河鄉，兩蒙國恩修建，葬五世祖恒齋府君及六世祖及伯叔祖及我先公。四世祖子男一，卽恒齋。五世祖子男四，其一卽西園安止恒齋。西園三代,皆以先公貴,贈官光祿大夫柱國太子太保吏部尚書。先公則光祿大夫柱國太子太保吏部尚書贈特進光祿大夫左柱國太師,諡'端毅'。"承裕不文,亦不我誣。我先世考之諸名公碑文並《王氏氏族錄》所紀,謹備列之,以示後之子孫,俾知支派蕃衍而本源肇於兹,爵祿顯榮而善慶鍾於兹。且以起其尊祖之心,致愛致慤於無窮云爾。

渭川先祠碑記

渭川先祠者,祀吾先一世祖渭川先生、二世祖拙齋先生、三世祖樂耕先生。三世而榜曰"渭川"者,統於尊也。祠在廢櫟陽司馬村溫公寺之東偏,祠因先墳設也。先墳在寺之東南不一里,距三原之龍橋則七十里遠也。龍橋,今子孫所居。自龍橋展省先世墳墓,亦孔艱哉!於是,托寺僧以守墓,權也,假僧舍以妥靈,亦權也。吾王氏世為櫟陽人。渭川先生諱永清,教授鄉里。拙齋先生諱可大,晦迹丘園。樂耕先生諱文煥,知進退榮辱之道。今墳最上三墳是也。元至元間,四世祖諱彥成,始避地居龍橋,子孫遂為三原人。四世祖當避地時,雖云顛沛,猶戴姪孫仲實者負神主、圖籍、契券以行。今神主在焉,圖籍在焉,契券在焉。家藏畫像二,不記世次名諱,未敢妄為之說。《春秋左傳》一帙,歲久,殆不可展讀,蓋渭川故物也。渭川其通《春秋》乎!契券二三十紙,務有印,官有押,詞語與今契券不異。王氏自古在昔,蓋櫟陽一大家也。世之人於先世遺物什襲珍藏皆是也。吾先世遺物,子孫固知永寶之矣。而墳墓所以藏先世之體魄,敢不敬乎!即故里祠以祀之,尊祖以致敬也。王氏三世以上皆一人。四世九人。五世一人。六世五人。七世五人,其一則先公,官至光祿大夫柱國太子太保吏部尚書贈特進光祿大夫左柱國太師,諡"端毅"。八世十五人。九世三十人。十世三十二人。十一世十一人。皆渭川先生遺體也。渭川,所謂祖有功者也,亦所謂百世不祧之祖也。祠以祀之,禮也。而曰權者,特以龍橋遠而子孫不能以時而省祭也。承裕既記之,復有以告宗人曰:"其知所以祠祀先世之故乎?若子孫於若居室弗治,飲饌弗供,是謂悖惠悖禮,必怒而譴之,何居蓋子孫實若體所自出也。不孝獲罪,天之理也。若祖先所以生若者也,墳墓猶其居室也,祭祀猶其飲饌也。棄廢而不治不備,若之獲罪於祖先,何異子孫之獲罪於若乎?承裕誠不文,輒以此言告[一],尚深思之乎哉！"嗚乎！小子仰籍先庇，紹我先公，歷事累朝，叨享爵祿，愧無裨補，歸休林下，亦既有年，兹圖治田於先居之傍，以為奉祀計，且為守墓計。併當勉力以為，併著以見志，且以勗其成。

【校記】

［一］"轍"，疑為"輒"之形訛。

張氏先系記

《周禮》："瞽矇奠世系，小宰掌世系、辨昭穆。"世系謂諸侯、卿大夫世本之屬。世本即後世所謂家乘、家譜之類也。人能致謹於世系，必能致謹於宗法。宗法明於上，世系明於下，則祖功宗德，左昭右穆，雖百世可不惑也。張氏曰山，其始祖也，二世祖曰仲景，初為涇陽侯，張里人，元末舉家徙同官縣以避亂。國朝平定陝西之後，復攜家還，散處涇陽、三原之間。智中、允中之後，居三原焦吳里之北，其半仍居同官。焦吳，古焦獲也。焦獲之裔，嘉靖十年占籍焦吳。仲景配劉氏，生二子，長曰大，次曰二，為三世。大生二子，長亦曰大，次曰得祿，配雷氏。二生三子，長亦曰二，次曰四，三曰和，配李氏，為四世。智中配秦氏，允中配劉氏。大之子也曰大，配孫氏；曰思恭，配孫氏；曰思忠，配李氏；曰思敬，配劉氏。得祿之子也曰四，配孫氏，二之子也曰方，配雒氏，和之子也，為五世。智中六世孫友直中弘治辛酉鄉試，授孝義縣知縣，以治繁調壺關。方之後，居三原永清坊，占籍光遠里。五世孫龍應，嘉靖九年鄉貢。曰大、曰思恭、曰思忠、曰思敬，其後仍居侯張。自始祖以來，一支居西寧衛，曰大器，以國子生任鎮番衛經歷；一支居靈石縣。夫張氏德延而慶遠，故其子孫繁衍，不可殫紀。其九世孫乃允中長子十，四之裔也。懼歷世久遠，昭穆莫辨礱石，請予言以記，將刻而豎於先兆，俾張氏子孫各知夫水木本源之義，甚盛舉也。蓋友直嘗從學予門人雒僉事昂，故其知重有如此。但其自始祖以迄於今，不止所謂九世。其以似以續之人，莫能一一而悉，然自有家牒在，可考也。兹特舉其五世以上者書之，以為"張氏先系記"云。

重修龍陽宮記[一]

三原龍橋北高崖之上有老子宮，其名曰"龍陽"。建設之故，形勝之概，載在職方氏，可考也。逮入國朝，即宮西偏白雲道院置道會司，而宮遂為祝聖習儀之所。洪武間，道會趙人鑄重修，張御史記之。成化間，道會張志微增修，劉閣老記之。弘治改元，廟主道亨為道會[二]，念宮多歷年所，慨然以復修為志[三]，誓心秉虔，深計遠慮，以工大費繁，無所取給，中心悄悄，不遑寧處。時先太師謝政家居，道亨往白其事。先公語之曰："吾三原物蹤跡之舊，其維茲宮乎！三原昔治毛坊，去長安百四五十里，宮非今之附廓也。作之之詳見《正光碑》。正光，拓拔魏孝明帝年號，碑為有司供會府之營建矣。吾家食時，見游宦之客，行貨之旅與邑之人，當佳節令辰，登臨以佇目，周覽以騁懷。騷人墨士，寫興賦景，淋漓壁間，而龍陽宮之名寔著，稱乎四方。風雨侵凌，日復一日，罅漏者是宜補之，邪傾者是宜正之，腐敗者是宜易之，漫漶者是宜飾之。募我士人，合力營葺，孰云不可，爾其懋哉！"道亨受教唯謹，黽勉朝夕。乃以先公之意告於邑之士人，或以貲，或以力，互為之助，補之，正之，易之，飾之，高明宏敞，華麗堅整，有光於前，無增於後，出於道亨一念之誠，詎不難哉！自始事至訖工，垂二十餘年。方圖我先公記之[四]，無何先公棄人間事。正德戊寅，予承乏秩宗，蒙恩展省[五]，道亨復來徵記。夫老子之道以為弗之知，則孔子嘗問禮以為知。夫一二則微妙，未易言。然其教大顯於唐之世[六]，玄宗謁上清宮，上尊號"聖祖大道玄元皇帝。"故杜工部《玄元廟詩》有'五聖聯龍袞，千官列雁行'之句。當時崇重尊敬之意，何其至哉！三原，唐京赤縣，永康諸陵在焉，車駕往來，率有常則。而宮據一方之勝，當周行之會，安知警蹕瞻禮非上清之比耶！惜乎版記，不足徵也。抑聞道亨志善行堅[七]，蔬食布氅，苦悴之態[八]，見者起敬。故其復修之舉，人心懽悅，克底成績，不亦可嘉尚乎。復修為殿六楹，為門為閣各四楹，為廡四十楹，為堂齋庫廚稱是，凡百有餘楹云。

嘉靖二年仲夏，嘉議大夫、戶部右侍郎、奉勅總督京儲、前南京太常寺卿、平川王承裕撰[九]。

【校記】

[一] "重修龍陽宮記"，明嘉靖十四年刻本《（嘉靖）重修三原志》卷一三作"復修龍陽宮記"。

[二] "弘治改元廟主道亨為道會"，明嘉靖十四年刻本《（嘉靖）重修三原志》卷一三作"弘治改元以來王道亨為道會"。

[三]"慨然以復修為志",明嘉靖十四年刻本《(嘉靖)重修三原志》卷一三作"慨然以復修為任"。

[四]"方圖我先公記之",明嘉靖十四年刻本《(嘉靖)重修三原志》卷一三作"方圖祈先公記之以文"。

[五]"蒙恩展省",明嘉靖十四年刻本《(嘉靖)重修三原志》卷一三作"蒙恩展省還鄉"。

[六]"然其教大顯於唐之世",明嘉靖十四年刻本《(嘉靖)重修三原志》卷一三作"然其教大顯於有唐之世"。

[七]"抑聞道亨志善行堅",明嘉靖十四年刻本《(嘉靖)重修三原志》卷一三作"抑聞道亨志苦行堅"。

[八]"苦悴之態",明嘉靖十四年刻本《(嘉靖)重修三原志》卷一三作"枯悴之態"。

[九]"嘉靖二年仲夏嘉議大夫戶部右侍郎奉勑總督京儲前南京太常寺卿平川王承裕撰",按原無此三十四字,今據明嘉靖十四年刻本《(嘉靖)重修三原志》卷一三補。

三原縣廟學闢路記

三原舊治浮山之麓,元季徙今治,世所謂龍橋地也。時方用武,百務苟簡,卽希夷道院為文廟,廟後為學。國初,以學制褊迫弗稱,乃以廢洪福寺為學,遷師生居之。自是,廟南其向而學西其向矣,朔望之舍菜,春秋之释奠,與夫部使者展廟過學,必由櫺星門西行至牧愛坊,復北行,歷衢陌之喧嚻,然後至學。上下不便,百有餘年,官於茲者,竟無人闢一路以便行事。弘治乙卯,今南京戶部尚書致仕沁水李公以監察御史巡按至縣展廟畢,當過學,有司以路迂具白,公異之。既坐明倫堂講畢,召官吏師生語之曰:"廟學相通行事,斯便天下莫不然。爾三原廟學獨異,殊乖禮體。廟之後可闢一路以通於學乎?"有一生出而對曰:"傾聞長老言,國初廟學固有路以通往來,厥後居民占為居之隙地,闢以通之,殆不為難。"公屬知縣謝鵬氏驗之,果如生言。公曰:"既如是,盍闢之?"知縣即率役夫舉畚鍤,因其隙地闢之。不逾時,廟學洞然為一繚之以崇垣,甃之以甬道,復為門以扃鑰之。上下翕然稱便,公亦為之喜。公巡按去今三十年矣,然未有人記其事以昭後人者。予門人秦寧,公闢路時在諸生之列,喜動顏色,嘗與同志曰:"茲蹟當記之以傳。"比知沁水間,過公之省齋請益,一日因論往事而及乎此,寧曰:"茲欲請吾師王平川記之以文,以昭後人。"乃因其父時孟西還,書來以告。予嘆曰:"世之為政者,見迂則罔得其要,才疏則鮮底於成,其於世道何所裨哉!"公之巡按其政，辨本末，別先後，達上下，通遠邇，其智神而蹟奇，雖百世可由也。卽闚一邑廟學觀之，去因循，就易簡，民忘其勞，財無所費，增光先師之宮牆，闢■後學之門路[一]，其政之有裨世道可概見矣。則他日做銓衡，典國計，屹然為一時大臣之望，固理也哉！公名瀚，字叔淵，"省齋"其別號也。雖退休林下而憂君之念，不異在位。寧，字邦泰，其居官，多興補廢墜之政於其鄉，因學校缺典，猶惓惓如是。因并及之，俾鑱鎸諸石。

【校記】

[一] "■"，底本原為墨丁。

書

與門人書

平川王氏手簡寄秦偉、馬理、党汝蘭、張原：予奉命句當公事于齊梁之境，今幾兩年，不達時宜，不顧利害，不能為兵民作福，如何學得好人也。近按宜陽，訪橫渠先生逸事，彼人固不知為土產。宜陽距鳴皋不百里，鳴皋程夫子故里，此其為世姻，與橫渠為宜陽人無疑，因考其家世而有感。嗚呼！惟張氏門人知尊程，故程氏門人不知尊張，遂使張氏之統不傳家世，固其一耳。賴朱子高識遠見，崇尚其學，彼紛紛之論，不攻自破。至元，劉因氏謂邵至大也，周至精也，程至正也，復不及之，是又另一个心待橫渠，而後儒或指為名言矣。夫橫渠之學，固昭昭也。始卽劉氏之論儗之於四子者何向，然後可正有一恰好地在，抑異世豈無真紹其統者哉？諸子嘗從予究心橫渠之學，故以考其家世，併所感者，漫道及之。李伸至自京，曾詳諸子過遣，且及各能用實力，務正學，不以一時榮利動其中，吾道有光矣。甚喜劉德學輩，日在書院藏修，其所造詣亦深。予近託德學以教長子，卽清風軒作塾舍。餘不悉及。茲令人入京公幹，特問諸子目近消息，其細告之。

弘治癸丑六月五日，寓百泉書院寄。

内集卷二

邑後學 李錫齡
王氏後裔 稷
仝輯

跋

跋《唐李衛公史牒》後

衛公平生履歷，詳具本傳。然其議論之不執已見，設施之務集衆長，互見旁傳，不一其書，特各纂大略，以備參攷。

跋《唐李衛公遺作》後

史稱衛公兼資文武，出將入相，則其遺作當不止此。然孤陋所得，僅千百之一二，漫為纂之，以例其餘云。

跋《三原縣志》後

《三原志》，嘉靖十四年秋九月既已刻完，將摹印以傳，中間頗有魯魚亥豕之訛，蓋嘗是正而命工易之。十一月，穎川張侯奉命來尹是邑，下車之初，首詢邑志而欲觀之。或告曰：「志甫刻完，而尚未流布，若有待也。」夫邑之有志，猶國之有史，晉之乘，楚之檮杌皆是也。邑不有志，何以紀風土、載人物而驗治道？國不有史，何以徵文獻、紀勳烈而審治體？侯欲觀志，可謂知所先務矣。為政而知所先務，自古論人品者，皆於此留意焉。唐李衛公上西嶽書，為王者之佐，建興邦之業，邑之鄉賢也，予嘗同鄉俊秀建祠以祀之。元縣尹朱公春夫婦死於王事，孤忠動天地，大節照古今，邑之名宦也，予嘗同鄉大夫為碑以表之。予生乎二公之後，而景仰高風尚，欲延綿其休於不泯。侯今欲觀志，鄉賢無過於李公，名宦無過於朱公，不問可知其積誠以事之矣。若然則侯之順民情、嚴政體，而駸駸乎為古之循良，有餘地哉！

跋《端毅公遺事》後

右《先太師端毅公遺事》，承裕侍綵之餘，親見其事，親聞其語，然後筆而錄之，不敢有一字之虛假，於以稽懿德、考故實，容或可取。雖曰私錄，則夫際遇昌期，珝贊至德及留情文事，亦可仰窺其萬一矣。謂之《遺事》者，以碑版誌刻與夫家傳之所未具也。承裕一日寓書院，屬諸生繕寫成編，將藏之篋笥，以示不忘云。

跋《近言·原治篇》後

《近言》一書，乃都御史吳郡顧君華玉所作也。王序云："言之貞而近聖，由之可以振民育物，可以建猷植範，可以協道宣化，可以平衡宰世。"黃序云："《近言》十三篇，要自寫其胸臆之真，就其所至而發。蓋積義以宣言，體物以達政。其乃取法於經，馳騖於史，庶幾不畔乎道，皆所以明治則，宣道體。蓋將以追踪古之作者，非徒耀其文而已。"其《原治》一篇，尊我孝皇為願治之君，而引我先臣為願治之臣。此公言，非私言也。錄而藏之，非敢僭也。

跋《鄉約錄》後

《鄉約》本文，承裕十年前得之。蓋呂氏兄弟相與論定者，其所以約鄉人為善之意至矣。況晦庵先生有取於斯，每欲刊印傳布未果。茲居先太師端毅公之憂，念此書人少得見，且恐久以失之，於是自為校勘，俾學徒謄刊於弘道書院。嗚乎！使此書果有主其約而行之者焉，則鄉之人將勉為善而恥為不善，風俗惡有不善者哉！

跋《鄉儀錄》後

承裕既得《鄉約》以傳，復得《鄉儀篇》，末載晦庵先生題識。三復讀之，因嘆儒先欲善鄉俗之意有如此。近世鄉俗，視此書所列多不類，豈非無人以講求之哉！承裕無似，而欲鄉俗之復於古，其意固在。乃戒從學之士，以此書刻梓，將遍遺我鄉人，期相與講求而行之焉。

跋《存問錄》後

正德元年三月初三日，行人吳玉榮奉聖天子命，齎勅并賜物存問臣父。臣父自南郊迎至家，廷拜而受之。此誠非常之盛典，千載之奇逢也。賜物極其豐潔，迎接之儀、衣冠文物極其盛美，此又近世之所未見者也。嗚呼！此乃國家盛事，非臣一家一邑之光，實天下斯文之光也，豈宜秘藏而不傳。于是拜手稽首，謹錄敕書如左，而以公移及贈遺詩文附之。俶工刊印以傳，俾人知我朝尊賢養老之禮度，越乎百代而無尚焉。

跋《音容集》後

"介菴"，先公草堂之名，學者稱為"介菴先生"。嘗自為傳以見意七真，贊真乃先公之容，繪史為之，一曰金門待詔，二曰朔望朝參，三曰出入廟堂，四曰南雍主祭，五曰江南巡撫，六曰退休林下，七曰保守一元。冠服則隨時而具，贊乃先公之文，言辭則因像以修并傳，皆手書以遺我後人者也。所以勤勞王家而位居臺鼎，頤養天和而壽逾耄耋，忠言讜論有益治道，無愧古人，皆於是乎見之。家藏有年，恐其久而敝也，謹鋟諸梓，以畀我王氏子孫，人執一編，瞻其容而讀其贊，儼然先公之坐堂上而聞謦欬也，恍然先公之遊林下而奉杖履也。孝敬之心，得不油然而生乎哉！或一舉足一出言而忘之，自放於禮法之外，則得罪先公，譴責將及，而為不孝不敬之人，可不懼哉！可不念哉！

跋《寇忠愍公詩集》後[一]

余昔時錄藏宋萊國忠愍公詩，迄今幾四十年，懼其字畫磨滅，而未可以言久也。且公為華之下邽人，余忝鄉曲之末，方圖刻之，轉相流布，俾公口齒膏馥霑被後人而力未能。近攝三原縣事，零陵蔣君鏊至，會予于歸來之堂話及公之言行，傾仰切至。予因曰家藏公集舊也。出以示之，喜而懷歸，遂捐俸以永其傳。則其為學之要、為政之體可以見矣。

[校記]

[一]"寇忠愍公詩集",按本書內集卷一"序"類作"宋忠愍寇公詩集"。

墓誌銘

明故郝君循規墓誌銘

三原負山帶水，靈氣廻合，人生其間，多環奇俊偉，志趣不凡。其學古入官者，樹勳業，揚聲光，固也。而隱居之流，亦能飭躬勵行，勉為善人。殆山水之氣使然與。觀邑之郝君循規之為人，可徵也。我亦家三原，凡男女婚嫁，固未敢以閥閱相高，然必得家世之清白、家法之嚴肅者，始講禮命。君女為吾兒婦，既有以知其家世與其家法，而又有以知其行為頗詳。君諱轍，循規其字也，世居三原龍橋之南。曾祖河陰翁，名德琳，祖郁，父鎧，奕葉相承，惇德尚義，為邑巨家。君性和厚聰敏，事父母孝，雖小事，不得命不敢專行。一兄二弟，友愛篤至，未嘗遇一日之失歡。宗族姻黨，號為繁盛，時節之贈遺，吉凶之慶吊，惟恐或後。善殖生，四方豪俊，多與之交，恒以千金托之。受托惟謹，不翅已貲。或歲久人亡，必求其子若孫附之籍，雖絲髮無所私。尤喜濟物，鄉里有老疾不能存者賑之粟，歿而無歸者給之槥櫝，佛老之徒來謁，亦必捐泉布以施之。雅有飲量，內而昆季，外而賓友，四時燕集，君危冠褒衣，嘯談其間，情神恬康，與世相忘。雖大酣，威儀抑抑，不見其忒，故人多豔敬其高致。嘗出粟助急，授冠裙以為榮。邑大夫重其行義，屢請為鄉飲之賓。君生於景泰二年辛未三月初十日，卒於正德十年乙亥六月二十日，享年六十五。配安氏，繼雒氏、李氏。李氏子男五：曰珩，娶王氏；曰璋，縣學生，娶予堂弟承裾女；曰瓛，散官，娶生員杜宗學女；曰瓚，娶馬光祿卿女；曰瑚，娶袁氏。女二：長適吾兒官，生轎；次適姚繪。孫男三：曰朝卿，娶李氏；曰朝官，娶蕭氏；曰朝隱，娶馮氏。孫女七：璋出二，大姐適義官王朝重，服姐許適雒廷義長子；瓚出四，閣姐許適山西道監察御史昝子學次子縞，賢姐、政姐、夏姐幼；瑚出一，姐田許適劉舉人樞男。[一]曾孫二：曰汝壽，朝卿出，珩孫；曰汝昌，朝隱出，瓚孫。曾孫女二：曰孟秋，曰小孟，俱幼。歲之又明年閏十二月十一日，葬于清河鄉流芳村北，從先兆也。正德癸酉，予以使命過梓里，君喜見聲色，時時過從，小酌清談，其樂孔多。及適朝，君走馬丹楓黃蘆之外，送至新豐驛亭，不忍抗手，為前凝眸久之。不意甫逾年，而君作古之人矣。其孤為書抵京師，謂卜葬有日，請予銘其葬。予以政事鮮暇，未及執筆。茲又以書來速，因念與君為姻家，有素日之好，又重違其孤數千里惓惓之意，乃作銘，俾刻于墓門之石。銘曰：

山木蒼蒼兮，河水洋洋兮，何善人之云亡兮，體在茲而永藏兮。

【校記】

[一]"姐田許適劉舉人樞男"，疑為"田姐許適劉舉人樞男"。

明故儒林郎山東臨清州同知約齋張公墓誌銘

公姓張氏，諱尚文，字宗翰，別號約齋[一]，三原人。高祖諱儆，仕元江南諸道行御史臺監察御史，官至江浙中書省左右司郎中。曾祖諱恒，國子監典簿，官至廣東布政司參議。祖諱銘，隱德不仕。父諱鳳，七品散官，封徵仕郎，驍騎右衛經歷。嫡母李氏，生母常氏，皆封孺人。公生于正統十一年八月三十日。天資穎異，甫七歲，知讀書。十三歲，選為邑庠弟子員。不二年，循例入國子監。在監凡十有一年，謹言飭行，動由規矩。嘗曰："學者何必博學宏詞，徒事口耳！但能躬行，所謂事父母能竭其力，事君能致其身。"數語即得為學之要，聞者歎服。成化十七年赴選，除驍騎右衛經歷。三載考績，授勅命封徵仕郎，推封父如己之官。母及妻董氏皆為孺人。歷三考，陞山東武定州同知。父遺書戒之曰："汝為民父母，當愛民如子。吾若聞汝清名，卽是汝之孝。"公佩服不敢忘。累遣人迎二親就養，父以老且疾不果行，遂分俸以養。嘗曰"法律非直為行政時事，必先之以檢束其身，然後可以律民。"時長山縣缺官，所司檄往署其事。在縣一年，興廢舉墜，吏民不敢欺。及還，惟衣衾圖書而已。部使者以禮幣旌其廉能。公以事至南京，聞父訃，為位而哭，三日始食。及就道，朝夕哀痛，至家葬祭如禮。事母必躬進飲饌，順承言意。又捐貨率族之子弟，協力修築墳垣。服闋，復除山東臨清州同知。履任一如武定之政，加之以精慎。遣其子元輔迎母就養，母至壽躋八十，適逢誕辰，乃設燕稱觴，以祝遐齡。嘗運餉大同，時邊報急甚，當道以其勤能，留為總運，催調有法，軍用不乏。事竣還任，復領濟南一郡。京儲主撮不爽，由是賢聲茂著。民間有牛將屠，奔跪道中，公立馬索問其故，遂收牛入官，而罪屠者。其澤之及物類此。弘治壬戌，以母疾，乃幡然求退。退遂致仕，至家養母惟謹。有司請為鄉飲正賓。母殁，哀毀逾禮。喪終，以家事傳於子元輔總理之。置田園，種花竹，日與賓友燕樂往來。乘一小車，每適市，雖兒童知其為張公車也。董氏仁柔閑靜，公倚以内政。側室郭氏、陳氏有懿行。子曰元興，公所育也。曰元輔，邑庠生，用例為秦府典膳，董氏出也。女四：適劉鈇、仇廷朝，董氏出也；適馮臣忠，郭氏出也；適李士暘，陳氏出也。孫男二：從虎，元興子也；從耀，元輔子也。孫女二：一適郭世強；一適吳孟，孟乃主事彥才子也。公卒於嘉靖八年二月初五日，壽八十有四。十三年正月二十四日，葬於鑑里之新阡，距祖塋不百舉武。予嘗謂三原閥閱世家，前代姑置勿論[二]。元之世有三姓焉：曰郝，曰張，曰楊。郝與楊皆以武資顯，張獨以文史著。而御史公尤博洽峻整，所交皆一時名流。南臺備紀御史公之姓名具在，實予之所向慕者也。因元輔請銘，公其雲孫而又與予内交，不可以不文辭。銘曰：

於維張公，三原望姓。矞遊儒宫，虛心涵泳。辟雍卒業，禹陰是競。存仁義心，敦孝友行。託物遣懷，雅有高興。軍旅之紀，樂安之政。惠澤流通，事克究竟。載至清源，其節彌勁。榮辱利達，一歸諸命。惟民是憂，其心炳炳。褒符沓來，善政斯應。懸車私第，德如玉瑩。鄉閭稱賢，詗其視聽。八秩有四，考終以正。天地生人，於斯為盛。美哉新阡，形勝天定。高山嵯峨，清流澄瀞。佳氣葱欝，雲興雨霂。千百其年，往有善證。我琢銘詩，見者起敬。

資善大夫、南京户部尚書、平川王承裕[三]。

【校記】

[一]"齋"，按原作"齊"，誤，今據卷前總目及本篇題目改。

[二]"前代姑置勿論"，明嘉靖十四年刻本《(嘉靖)重修三原志》卷一五作"前代姑置弗論"。

[三]"資善大夫南京户部尚書平川王承裕"，按原無此十五字，今據明嘉靖十四年刻本《(嘉靖)重修三原志》卷一五補。

祭 文

祭櫟陽祖墓文

維嘉靖十年歲次辛卯十月辛巳朔初七日丁亥，八世孫南京户部尚書承裕率闔族子孫敢昭告於櫟陽先塋，一世祖渭川府君、妣雷氏，二世祖拙齋府君、妣張氏；三世祖樂耕府君、妣殷氏之墓曰：

維王祖先，世居櫟陽。累仁積德，如璞如璋。逮四世祖，龍橋是徙。作屋作垣，爰定厥止。七世先公，歷事累朝。帝重德望，寵冠百寮。八世諸孫，多躋顯融。恪守官職，夙夜在公。九世濟美，十世聯登。昌者有後，門楣輝煌。水木本源，敢忘攸自。先公在位，訪求墓塚。昔焉官遊，未拜堂封。今也會族，祭掃惟恭。商望列祖，俯鑒誠意。不孝有愆，惶懼曷已。謹告。

贊

唐李衛公像贊

文武兼資，將相並任。遺像巍然，百世起敬。

張玉坡相贊

穎敏絕俗，名登高第。剴切過人，職居要地。不以一時之失，竄炎荒而動心；不以一時之得，復青瑣而樂意。利害滿前，何敢趨避。諫諍報上，謂知奮勵。其身雖死，其烈則著。百世之下，必有指其事而歎之曰："斯人也，誠哉乎忠義之士。"

銘

弘道堂銘

修道立教，爰作斯堂。乃所願學，其惟素王。

攷經堂銘

浮山之南，渭水之北。築堂攷經，為我訓則。

清谷草堂銘

攷經餘暇，退居草堂。俯臨清谷，雲影天光。

嵯峨山房銘

嘉遯素履，其居有常。居常何所，嵯峨山房。

清風軒銘

吾軒雖小，日處其中。一塵不到，滿座清風。

明月庵銘

省躬思道，東方未發。端居以俟，一窗明月。

渭北書閣銘

大建茲閣，渭水之陽。藏書萬卷，羽翼綱常。

庖銘

挾策負笈，多士雲集。朝饔夕飧，鼎建庖立。

庫銘

長府藏物，一名曰庫。欽乃攸司，孰敢覬覦。

寒泉銘

泉由地湧，旣冽且寒。吾道一脉，資之以安。

仰高門銘

門啟何向，終南百里。來從來遊，高山仰止。

恭敬門銘

禮云篤恭，語云篤敬。出入翼翼，庶幾作聖。

中立門銘

君子之教，中道而立。惟彼能者，可以企及。

忠孝門銘

克臣惟忠，克子惟孝。入傳此心，出由此道。

臥雲門銘

草堂之門，白雲千頃。抱道而眠，心常惺惺。

立雪門銘

小子學道，其心則悅。北風孔寒，門前立雪。

遜志門銘

遜志時敏，厥脩乃來。古有明訓，及門懋哉。

省身門銘

曾子三省，終日乾乾。凡門下士，各宜勉旃。

養蒙精舍銘

升堂入室，孔門成法。咨爾蒙師，次第以達。

日晷銘

惟陽有陰，厥名曰晷。德業進脩，及時興悔。

弘道堂上梁文

梁之上天，有文章高。萬丈式望，北辰夜吐。光眾星森，列盡相向。
梁之東華，嶽千尋接。上穹秀氣，鐘來人物。盛匡君輔，國振儒風。

梁之南浘，渭同流盡。海涵希聖，希賢都聚。此到頭天，地亦能參。

梁之西禾，滿田疇水。滿溪堂宇，載成英俊。集文光炯，炯接婁奎。

梁之北倚，定嵯峨山。剴劘物理，從來有廢。興於斯講，道永無忒。

梁之下土，厚水深洽。王化翠栢，青松節操。堅忠臣孝，子其相亞。

詩

瑞芝堂詩有序

維嘉靖丙申夏四月，予舊寓先太師之居，家口日眾，隘而弗容。因諸子之請，別建一居，告之曰："昔孔子謂衛公子荊善居室。始有曰：'苟合矣。'少有曰：'苟完矣。'富有曰：'苟美矣。'"茲為居也，其以是為則乎。懋哉！秋七月堂成，舊寓之堂紅光滿目，炫耀終日，三日而芝生于堂之左梲，一鄉之人咸觀焉。明年秋七月，又芝生於左梲之上方，異其木，一本五葶，狀更奇。既名其堂，系之以詩。

乾坤孕秀，乃生嘉芝。圖名瑞草，胡假人為。其象維何，如華兢麗。其色維何，如玉映曦。臣在草野，心寔異之。臣本庸愚，心寔仰之。六龍仁聖，丕應奚疑。萬萬歲壽，億兆君師。以蕃孫子，以衍本支。有山巍峨，有河奔馳。允壯帝圖，永受洪禧。臣識膚淺，幸兩見茲。爰拜稽首，紀以新詩。

弘道書院示從遊

緬懷魯尼父，不猒亦不倦。七十二弟子，歷歷稱儒彥。嗟予何人斯，野朴不自緣。聖賢邈千載，有時羹牆見。一旦聞鶴鳴，松雲忘眷戀。方擬賦歸與，倏忽更事變。昔日二三子，健翻趣風便。天空信廖廓，飛翔殆未遍。我來重考經，兀兀坐書院。疑難塞腹胸，反袂漫拭面。豈能開來學，不過同几案。萬物人為貴，年光擲流電。功欲成千倍，行期經百鍊。古來重德馨，行潦亦可薦。莫謂中行難，誰復為狂狷？春風感興長，聊示爾婉孌。

過觀音寺學道書堂題壁

草廬西去觀音寺，曾此橫經仰杏壇。座上春風依舊好，休將吾道等閒看。

癸巳秋九月二十一日示門下二首

此心纔放便難收,事業巍巍一旦休。勸爾勤觀丹府内,莫容歩物到邊頭。
來時如此去時同,幾許光陰醉夢中。人爵何如天爵貴,好從仁義上加功。

外集卷一

邑後學 李錫齡
王氏後裔 穆 仝輯

《明史》本傳

王承裕,字天宇,七歲能詩,弱冠著《太極動靜圖說》。父恕,官吏部,令日接賓客,以是周知天下賢才,選用無不當。舉弘治六年進士。恕致政,承裕即告歸侍養。起授兵科給事中,出理山東、河南屯田。減登、萊糧額,三畝徵一斗,還青州彰德軍田先賜王府者五百六十餘頃。武宗立,屢遷吏科都給事中,以言事忤劉瑾,罰粟輸塞上。再遷太僕寺。嘉靖六年,累官南京戶部尚書,清逋稅一百七十萬石,積羨銀四萬八千餘兩。帝手書"清平正直"褒之。在部三年,致仕。卒,贈太子少保,諡"康僖"。

任吏科都給事中並妻勅

勅曰:董齊庶政,六科之任極隆;表正群僚,都諫之官尤重。公論攸託,國體是關。必才行之俱優,庶職業之能舉。茲惟遴選,不輕授人。爾吏科都給事中王承裕,乃故太子太保吏部尚書贈特進光祿大夫左柱國太師諡"端毅"恕之子,才識閎深,性資謹厚,紹一經之家學,擅兩世之甲科。首登七諍之班,克副三難之責。愛君憂國,忠忱備見於封章;守法奉公,直道每行於參駁。荐經六任,歷事兩朝,顧義方素,得於授簡之時;肆行簡丰,修於登庸之日。賢勞茂著,慶典方行,可無寵名,以示褒勸,茲特進爾階文林郎,錫之勅命,於戲!是父是子,已徵世澤於三槐;惟孝惟忠,庶振家聲於奕葉。尚其自勵,光我命詞。欽哉！

  初任兵科給事中

  二任復除本科給事中

  三任吏科右給事中

  四任刑科左給事中

  五任吏科都給事中

  六任復除今職

  勅曰：臣之事君，小大惟其所用；妻之委質，貴賤視其所從。故家有輔佐之功，則國有褒封之命，實關風化，備載彝章。吏科都給事中王承裕妻張氏，系自德門，嬪于儒彥，性惟貞靜，行特端莊。禮義從夫，有儆戒相成之益；儉勤率下，無貴驕自恃之心。婦道既備，褒章宜錫，用旌內助，式耀中閨。茲特封為孺人，尚敦順正之風，益迓駢蕃之寵。正德八年三月初一日

任吏科都給事中生母勅

  勅曰：母緣子貴，彝倫式重於所生；君錄臣功，褒寵必酬其所厚。典章俱在，行之有常，風教是關，得之者少。亦惟有德，始稱厥名。爾張氏乃故太子太保吏部尚書贈特進光祿大夫左柱國太師謚"端毅"王恕之副室，今吏科都給事中承裕之生母，孝慈勤儉，柔惠靜莊。善相良人，建穹勳於廊廟；愛均諸子，遵遺範於家庭。眷惟諫署之登庸，尤切官箴之訓誨。化行宗鄰，望重戚姻。慈齡浸及乎八旬，榮養方隆於五鼎。爰舉推恩之典，用申報德之情，茲特封為太孺人。夫君峻極之階，雖未同其品秩；孝子顯揚之志，尚有待於登崇。欽服寵名，益綿壽祉。正德八年三月初一日

任太僕寺少卿並妻誥

  制曰：國家修馬政以壯本兵，安攘是繫；置卿寺以領群牧，長貳攸資。必才行之俱優，庶委任之能副，茲惟重選，不輕授人。爾太僕寺少卿王承裕乃故太子太保吏部尚書贈特進光祿大夫左柱國太師謚"端毅"恕之子，德器天成，忠規自守，峻登甲第，首列諫垣。抗章輸獻納之忱，動關國體；苾事展獻為之志，茂著賢勞。官轉六階，歲逾二紀，肆陞太僕，允穆師言。內承勑以劼諸

營，風聲斯振；外銜命以巡列鎮；馬課式蕃。顧其才大器閎，識高慮遠，譽望久孚於中外，操持罔玷於初終。疇庸既邁乎常倫，褒錫宜申乎縟典。茲特進爾階中憲大夫，錫之誥命。於乎！才堪重任，已徵歷試之能；官在明揚，佇有起登之寵。益宏爾業，丕繼家聲。欽哉。

初任兵科給事中

二任復除兵科給事中

三任吏科右給事中

四任刑科左給事中

五任吏科都給事中

六任復除吏科都給事中

七任今職

制曰：君錄臣功，錫命實隆於禮數；婦從夫貴，推恩無間於存亡。況懿德之有聞，在寵褒為尤重，式關風化，備載典章。爾太僕寺少卿王承裕妻封孺人張氏，婉娩有儀，祗勤靡忒，秀鍾舊族，德媲名流。治內多勞，早稱賢於宗郟；降年弗永，竟閟美於泉扃。遺範具存，邮恩已布，顧夫階之荐陟，宜國典之載申。茲特贈為恭人，庶懿靈之有知，服休光於無斁。

制曰：婦職專於饋祀，名不可虛；君寵重于褒封，禮無容廢。矧我能臣之配，克殫內助之勞，既越常流，宜承殊典。太僕寺少卿王承裕繼室焦氏，惠和成性，恪謹飭身。夙奉姆儀，克服圖箴之訓；晚從夫貴，猶存荊布之風。賢聲茂著於六姻，褒寵早膺乎一命。顧今四品，復進崇階，爰舉彝章，載申渙渥。特封為恭人，益敦慎祗於有終，用副嘉名於不替。正德十一年正月初六日

任太僕寺少卿生母誥

制曰：生育劬勞，母德不殊於父；褒封光顯，君心式體乎臣。此倫理所當崇，實風教所由繫，典章具載，今古攸同。爾封太孺人張氏，乃故太子太保吏部尚書贈特進光祿大夫左柱國太師謚"端毅"王恕之副室，今太僕寺少卿承裕之生母，性惟柔婉，志本堅貞。中饋是勤，夫既資其勞勩；外言不入，人罕見其儀容。顧淑德備於慈闈，肆慶澤鍾於喆嗣。薦膺封命，不改素風。眷此卿班，載申褒典。恩宜從厚，時豈云多，特加封為太恭人。康強無恙，知天道之

足徵；光寵未涯，尚家規之允賴。正德十一年正月初六日

任户部右侍郎並妻誥

制曰：朕惟今之户部，即古之地官，生齒悉歸於版圖，財賦式專於出納。上關國計，下涉民情，必長貳之俱賢，庶委畀為不負。每艱厥選，今有其人，咨爾户部右侍郎王承裕，乃故太子太保吏部尚書贈特進光禄大夫左柱國太師諡"端毅"恕之子，家傳正學，天賦偉才。早濟美於甲科，久馳聲於諫院。兩遷太僕，咸稱考牧之能；再入奉常，克慎祀神之禮。比從留署，進擢户曹，舉士望以攸歸，全輿情而允協，乃能勤勞體國，夙夜在公。理邦計以康兆民，勳猷丕著；守官箴而勵群屬，職業並修。況歷事三朝，荐逾十任。寬宏簡靖，足以止躁而鎮浮；惇厚純誠，足以任重而致遠。朕心簡在，嘉績來聞，爰錫綸章，以服寵數。兹特進爾階通議大夫，錫之誥命。嗚乎！呂公著望重百僚，惟希哲乃克承其後；范仲淹功高一代，而純仁亦不忝其先。尚踵躓於名賢，益增光於成大。諒能自勵，奚煩訓詞。欽哉。

初任兵科給事中

二任復除本科給事中

三任吏科右給事中

四任刑科左給事中

五任吏科都給事中

六任復除本科都給事中

七任太僕寺少卿

八任本寺卿

九任南京太常寺卿

十任復除本寺卿

十一任户部右侍郎摠提督倉塲。

十二任今職。

制曰：《易》稱妻道，與地道為不殊；《傳》體群臣，於大臣為益重。顧乃國家之計，並施伉儷之榮。理則宜然。朕奚容恡户部右侍郎王承裕妻贈恭人張氏，貞順內全，坤柔外協，出自衣冠之胄，歸於閥閱之家。褆身允蹈乎規

箴，率下式勤乎饋祀。光生閨閫，已一命之嘗沾；音斷琴瑟，竟九原之不作。夫階益峻，家範猶存，可無渥恩，以示追卹。茲特加贈為淑人。嗚乎！象服內朝，雖弗逮一時之寵；龍章下賁，益以昭百世之芳。

制曰：治國之端，始於家教；秉彝之懿，重在夫綱。肆惟內助之賢，必預旁推之典，後先罔間，今昔攸同。戶部右侍郎王承裕繼室封恭人焦氏，生有令姿，繼歸名閥，茂功言之具備，慎禮度以無違。中閫承芳，早被絲綸之命；內庭修覿，屢增冠帔之華。雖榮寵之未終，實賢名之不泯。宜施渥命，用慰幽靈。茲特贈為淑人，非惟賁邱壠之光，亦以示閨門之式。嘉靖四年十月初四日

任戶部右侍郎生母誥

制曰：母能成子，以光前裕後為難；君必體臣，以崇德報國為重。眷此上卿之績，允惟內範之徵。存沒雖殊，寵恩弗異。爾封太恭人張氏，乃故太子太保吏部尚書贈特進光祿大夫左柱國太師諡"端毅"王恕之貳室，戶部侍郎承裕之生母，貞心玉潔，淑質春溫。動每愜於珩璜，居必循乎圖史。持身以儉，貴且弗渝。治內惟勤，老而益篤。況其禮嚴宗祀，恒致敬以如存；義厚鄉鄰，每施德於不報。篤生賢嗣，力振家聲。曩奏績於先朝，已推封於再命。徽音茂著，慈訓彌彰。顧今九列之崇階，永棄三牲之至養。感桮棬而抱痛，澤有未忘；衍綸綍以增華，情其少慰。茲特贈為淑人。嗚呼！懿行可書，庶流傳於有永；幽靈不昧，尚歆享于無窮。嘉靖四年十月初四日

贈太子少保諡康僖誥

制曰：人臣事君之誠，貴全終始；朝廷報功之典，無間存亡。爰念往勞，特頒新命。故南京戶部尚書王承裕，紹美甲科，揚芬宦籍，器資厚重，才識宏深，歷任諫垣，超陞太僕。載轉奉常，掌南京之祀典；晉遷戶侍，總京廩之糧儲。迨正司徒，仍資留務。年勞懋績，聞望益彰。出入兩京，歷颺四紀。朕方圖治，求任老成。比屢懇悃之辭，獲遂優閒之請。宜臻遐壽，胡遽長終。已切悼傷，可無追卹。茲特贈太子少保，諡"康僖"。嗚乎！進秩易名，盛典難於並得；光前裕後，賢名久而益芳。冀爾明靈，服此殊渥。嘉靖十八年九月十八日

《關學編》王康僖公傳

馮從吾

先生名承裕，字天宇，號平川，三原人。父恕，歷官太子太保、吏部尚書，贈太師，諡"端毅"，為國朝名臣第一，道德功業載在國史。成化元年乙酉，先生生於河南宦邸，蓋端毅公巡撫日也。端毅公七子，而先生最少。方兒時，即重厚如老儒，恒端坐，不妄言笑。七八歲作《屋隙》詩曰："風來梁上響，月到枕邊明。"又作先師孔子木主，朝夕拜之。春秋丁日，具香果，齋而祭。乃為齋銘曰："齊不齊，謹當謹。萬物安，百神統。聖賢我，古來胤。齊不齊，謹當謹。"太淑人廉知之，以白端毅公。公喜曰："此兒足繼志矣。"十四五時，在南都從莆田蕭先生學，蕭令侍立三日，一無所授。先生歸，告端毅公曰："蕭先生待兒如此，謂不足教耶？"公曰："善哉教也，真汝師矣！"先生由是益尊師樂學，遂深造焉。年十七八，著《進修筆錄》，崇仁吳正郎宣序之以傳。十九，應鄉試，督學戴公珊試其文，奇之。丙午，年二十二，舉于鄉。丁未，孝宗登極，召起端毅公為冢宰。先生侍行，讀書京師，與一時名公遊，由是聞見益廣，學益進。癸丑，第進士，會端毅公致仕。先生予告歸，乃開門授徒，講學于釋氏之剎堂，至不能容。復講于弘道書院。先生教以宗程、朱以為階梯，祖孔、顏以為標準，語具督學虎谷王公《書院記》中。蓋先生以師道自居甚嚴，弟子咸知敬學，故自樹而成名者甚衆。久之，授兵科給事中。有時政先務等疏，皆切中時弊。兩使藩國，饋遺一無所受。歷吏科都給事中。正德初，逆瑾專政，群工多出其門。先生遠之，又上疏乞進君子，退小人及諸不法事。瑾怒，罰粟三百石輸邊。其恨猶未已，會先生以外艱去，始免服除。瑾誅，以原官遷太僕少卿、本寺卿、南太常卿。時上南巡，先生夙戒牲帛祭品待祀。或曰："上方用武，無暇於祀，焉用備？"弗聽。及上至，奏祀皆行之。言者愧服。己卯，宸濠叛，欲趨南都，大臣分城以守。先生分守通濟門，乃與家人訣別，登城誓死守之。會有逆黨藏甲兵於橔，以應賊者，先生覺發，服以上刑，都城肅然。壬午，世廟即位，改元嘉靖。論禦賊功，有白金文綺之賜。癸未，遷户部右侍郎，提督倉塲。尋回部，為世廟所重，賜獻皇帝睿筆"清平正直"四字。丁亥，晉南户部尚書。己丑，致仕。林居十年，惟以讀書教人為事，當時稱其濟美，有范忠宣繼文正公之風論。薦者無虚日，廟堂方欲召用，而先生已殁，識者於是有蒼生之恨云。卒年七十有四，蓋嘉靖戊戌五月也。訃聞，賜祭葬如例，贈太子少保，諡"康僖"。先生性篤孝，能悦親養志，故端毅公愛之特甚。又善事諸兄，諸兄皆殊常友之。時序祀先，唯謹誨諸子姪以道。與人交，温乎可親，而又栗然不可狎。故與之交者，咸愛敬焉。與長安高御史允先游久之，贈詩以堯夫、正叔與之，蓋服其和粹嚴正不易及也。自少樂多賢友，端毅公尤夙以尚友之道誨之，故一時海内名賢，無弗接者。自始學好禮，終身由之，故教人以禮為先，凡弟子家冠婚喪祭，必令率禮而行。又刊布藍田《吕氏鄉約》、《鄉儀》諸書俾鄉人，由之三原士風民俗至今貞美，先生之力居多。所著有《論語近説》、《論語蒙讀》、《談録漫語》、《星輅集》、《辛巳集》、《考經堂集》、《庚寅集》、《諫垣奏草》、《草堂語録》、《三泉堂漫録》、《厚鄉録》、《童子吟藁》、《婚禮用中》、《進修筆録》、《動静圖説》等書，所述有《横渠遺書》、《李衛公通纂》、《太師端毅公遺事》等書行世。端毅公林居，日著《五經》、《四書》意見，獨攄心得，自成一家，學者宗之。先生著述種種，蓋多本之庭訓云。門人馬光禄理、秦大參偉、錐中丞昻、張給諫原、李憲副伸、趙僉憲瀛、秦明府寧、王明府佩、李孝廉結有名，光禄别有傳。

国朝 明儒學案

黃宗羲

王承裕，字天宇，號"平川"，冢宰之季子也。弘治癸丑，進士。授兵科給事中，遷吏掌科。逆瑾恨其遠己，又疏進君子，退小人，益恨之，罰粟輸邊。以外艱去。瑾誅，起原官。歷太僕少卿、正卿、南太常卿。宸濠反，發留都之為内應者。嘉靖初，遷户部右侍郎，晉南户部尚書。致仕，林居十年。戊戌五月，卒，年七十四。諡"康僖"。十四五時，從莆田蕭某學，蕭令侍立三日，一無所授。先生歸，告端毅曰："蕭先生待某如此，豈以某為不足教耶？"端毅曰："是即教也，真汝師矣。"登第後，侍端毅歸，講學於弘道書院，弟子至不能容。冠婚喪祭，必率禮而行，三原士風民俗為之一變。馮少墟以為先生之學，皆本之家庭者也。

三原縣志

張象魏

　　王承裕，字天宇，端毅公第七子。七歲，能詩賦。十五，從莆田蕭生學，遂深造。二十，作《太極動靜圖說》，為名卿傳誦。成化丙午，鄉舉，完婚，自著《婚禮用中》，呈父執而行之。恕官吏部，令日接賓客，以是周知天下賢才，選用無不當。弘治六年，成進士。時端毅公致仕，即歸養。正德間，任兵垣，出理山東、河南屯田，減登、萊糧額，三畝徵一斗，還青州彰德軍田先賜王府者三百六十餘頃。武宗立，屢遷吏科都給事中。會劉瑾專權，羣臣多出其門。裕獨遠之，上疏乞進君子，退小人及諸不法事，罰米輸塞上。再遷太僕卿。會上於內殿教習武事，乃預為之備。一日，將大閱，降旨用戰馬五萬，裕即以應命。大臣驚曰："方旨下，懼倉卒無備，何處之裕如耶！抑此外尚有餘馬耶？"裕徐曰："尚餘四萬耳。"咸嘆服。陞南京太常卿。宸濠作亂，欲趨南都，裕分守通濟門。有逆黨潛造甲兵藏郭內，將應賊，裕覺之，按以極刑。後賞功，陞戶部右侍郎。卻其舊用公堂銀千兩，言官論禮部尚書席書賑濟事不明，往勘，功罪昭然，帝手書"公平正直"褒之。嘉靖六年，為南京戶部尚書，奏準天下罪犯贖金俱納粟穀，以備賑濟。清釐私充官機匠四百餘名，歲省糧四千八百餘石，逋稅一百七十萬石，積羨銀四萬八千餘兩。在部三年，致仕。先是以進士歸養，作弘道書院，與群弟子講理學，闡宗旨，受業者率多名儒。卒年七十四，諡"康僖"。

馮恭定公集

　　先生至弘道書院謁三先生祠畢，一客曰："端毅公父子當日極一時之盛，今後人可謂否屯之極？"先生曰："端毅公父子如此勛業，今否之極，正泰之漸也。如禹、稷、契同時奏功，宜同時享報，却不盡然。禹以其身有天下，報之最早，享國却只四百年。契之後若湯，雖遲四百餘年始有天下，而享國則六百年。稷之後若武王，直遲千有餘年，中間去邠遷岐，爲狄人所苦。及文王羑里之厄，一身一家且不可保，自當日觀之，似天不可問，不知享國却八百年。天地間乘除加減，道理原來如此。"

先生祠內，先生問其後人曰："聞康僖公七歲能詩，果否？其後人述《屋隙》詩"風來梁上響，月到枕邊明"一聯。先生曰："此不愧屋漏意。"

先生曰："康僖公生長世家，少年登第，自筮仕至宦成，通無坎坷。中間止因得罪劉瑾，罰粟三百石輸邊，受許多苦楚。至今尚論者，以此爲康僖公第一美事。可見學者不當以厄困爲不幸。"

馮恭定公《凝思錄》

三原王康僖公講學，其父端毅公督之。康僖公之門人為馬谿田理、張玉坡原輩，當其時，家庭之間，靄若洙、泗，師弟之際，不愧伊、洛。此吾鄉前輩所以為盛。

黄黎洲《學案》

關中大概宗薛氏文清，三原又其別派也。其門下多以氣節著，風土之厚而又加之學問者，端毅王石渠先生、康僖王平川先生、忠憲馬谿田先生為三原之學。

馬谿田《陝西通志》

王康僖公廣額豐頤，鼻如截筒，貌豐而澤，居常端嚴若神，然溫乎可親，又栗然而不可狎也。性篤孝，能悅親養志，故端毅公愛之特甚。又善事諸兄，誨諸子姪以道。

廖魁《文則後序》

趙左山夫子瀛莅嘉禾，一日出宋少傅陳文簡公《文則》，曰："是集也，取之乎六經，參之乎百史，體裁各具，允有俾于製作。"因命魁也校正之，俾壽梓以傳。魁竊慶曰："人惟學有淵源，斯論有準的，左山夫子昔受學于平川王公之門，關、洛相沿，其道脈文筌，夫固有所自焉也。

陳眉公《見聞錄》

三原王公承裕自少有雅量，諸老嫂嘗試之。暑月，王公如廁，必置扇外舍庸間，使婢藏之，出視無扇，輒往，及三置三藏之，則不復置扇，而終無慍色。諸老嫂相與笑曰："七叔量大如海，其將鼻吸三斗醋耶。"公後果至南京戶部尚書。公父恕即端毅公，生公七歲，作《屋隙》詩，略曰："風來梁上響，月到枕邊明。"又作先師孔子木主，朝夕拜之。春秋則於太淑人所取錢十數文，具香果而祭之。其齋之銘曰："齊不齊，謹當謹。萬物安，百神統。聖賢我，古來胎。齊不齊，謹當謹。"

岳元聲《明資治通鑒續紀》

嘉靖三年二月，大理寺卿鄭岳言："臣勘事陝西，道經畿內河南，見太行西倚潼門，東繞懷衛，北極宴蘇，水皆東注，南入於海，盧、易、滹泥、琉璃、漳、洛、衛、沁、洺、漳其大也。宜令瀕水開田，築堤鑿渠。平疇無水者，量濬畎澮，或為陂塘，下通水泉，上蓄雨潦，數年之後，皆為沃壤矣。"戶部右侍郎王承裕覆議行之。

王氏十榮集

嘉靖十七年五月二十一日，公卒，十八年七月十七日，欽差光祿寺署丞張衍祚造墳享堂五間，東西廂房各三間，無梁門一座，頭門三間，二門三間，諭祭文碑一通，誥命碑一通，贈謚誥碑、墓碑、墓表、神道碑各一通，石翁仲、石虎、石馬、石羊各一對。塋地八十步，墳高一丈六尺，墻高八尺，以二品制也。十九年三月初二日，朝廷遣陝西布政司左參政張邦教諭祭。本年十二月二十五日下葬，復遣張邦教諭祭。

祭平川王公文《涇野文集》

呂 枏

曰：嗚呼！維公天授端愨，孝弟因心，亦旣儒業，篤志斯道。廣聞見於江左，懋學行於關西。獨承庭訓之懿，挺為昆玉之光。爾乃筮仕司諫，雅持大體，恭明神於太常，衡錢穀於戶曹，誠盡眷於明聖，忠信聞於華夷，斯固昭代之名臣也。方期蒲輪，再起台階，繼登宣皇，化於海徼，勒鴻勳於鼎彝者也。乃天不愸遺，遽爾淪謝。念儀刑之在南，嘆表著之失北，奠醴香帛，哀此同心。公其不昧，庶幾來享。

吊平川王先生文《谿田集》

马 理

於戲！自夫學之不講，而斯道之不明也，世之人莫不窮為辱、達為榮也。乃若君子則不然，退有考槃弗諼之樂；進有推如羸角之懼。故嘗需沙以寬，見險而止，坎窞不入，而欲其離之黃也。故遇則汲汲皇皇，思兼善乎一世，否則容容與與，思不出位以自藏也。於戲！學之不講而道之不明也。世豈多斯人哉！乃若陝之君子則有之，方其幼而學也，乃求夫攻《易》之師而往從焉，乃求夫攻《書》之師而往從焉，乃求夫攻《詩》之師而往從焉，乃求夫南山之深、北山之幽而往肄焉。學思問辨，唯恐不詳也。及夫道之成，壯而可往也，則入朝而陳其善，就養以淑夫人。使夫僻陋廢學之區，知夫學焉。矇瞶昏冥之人，聞夫道焉。兆可行矣，乃齋志而弗得償也。則道為重，穀為輕。吾知奉親以歸，承顏膝下之為樂。雉鼎雖美，不朵頤以思嘗也，至若退而老于鄉也。反之吾身，于為臣之道而無愧焉，于為子之道而無愧焉，于進退之道而無愧焉。則登山臨水，以暢其懷，呼朋逐友，以宣其情，盖浴沂詠歌之懷與物同春，充周上下，無少欠缺，自不知夫年歲之短與長也。乃刑於婦子，婦子同心一焉。

將有攸為于碩夫人，實與之唱以和、頡以頏也。逮夫蓋棺之後，而夫人者猶能視死若生，視亡若存，不以子之顯為樂，而樂其清、樂其忠且良焉。蓋遵夫君子之道，歿世而不忘也。於戲！世豈多斯人哉！非其講學之有素，道之明能如是乎芳哉！今則已矣，墓草芊芊長矣。嗟嗟君子，愚弗得近而即遠而望矣。戊子之夏言歸，自南經葉及汝，過問津之墟，感夫子之在世，若鳳鳥之欲舉而未翔也。悵然興懷，爰為辭以吊之，蓋有志於君子之道而不自量也。

祭王康僖公夫人文《恭毅公文集》

溫　純

嗚呼！夫人今歸而從康僖公於幽耶！夫人以名家子作配康僖公，無何而康僖公不留。蓋康僖公捐館之年，實純有生之辰，于今六十春秋矣。康僖公乘箕以歸而純甫生，純身世已熟黃粱而夫人仙遊。夫人之稱未亡人者久，而閱歷人世之電光石火，蓋不知幾千萬狀，而今始休矣。純歷官掖垣奉常，數步武康僖公後塵而追之不前。然師相授受，康僖公固純之子濯孺子也，未嘗不仰衣鉢而遡源於流。康僖公不及面授純，而純得之于私淑；純不及吊康僖公而吊夫人，吊夫人如吊康僖公。又不因康僖公而思端毅公之前修也耶！嗚呼！古今瞬息，人生蜉蝣，惟彼內則，在翼孫謀。夫人為王氏婦，已即為母，為王母，為曾高王母，荻筆熊丸，及其曾孫為箕裘。矧康僖公學問宦業已垂竹帛不朽，而夫人之名亦不朽，寧蜉蝣伍而享上壽，又焉求耶！純因葭莩以念舊，追文獻之末緒，故不能不為今昔之慨，而淚淫淫不收。

外集卷二

邑後學 李錫齡
王氏後裔　稷　仝輯

建弘道書院記

　　弘道書院者，三原王君天宇之所建也。始君舉進士，卽侍父太宰公歸。諸生秦偉、劉德學、馬理、張原、張秉正、党汝蘭、李德明、雒昂輩從之學，假僧舍以居，題曰"學道書堂"。君於堂後自構一室，曰"弘道書屋"。弘治乙卯，君以太宰公命如京受職，拜兵科給事中。數月，復以疾歸，從者益眾。秦偉謀於眾，欲作書院，鍰疏遍告於里人之富而好禮者，商賈之遊於其地者，鳩緡錢若干。擇地之爽塏，得永清坊之普照廢院。其地以丈計，袤四十，廣十二，遂白於官而肇工焉。外為繚垣，門曰"仰高"，以對南山仰止也，君自為記。重門曰"恭敬"，恭敬門內為小垣三，其門中曰中立，中立門內為弘道堂，後爲考經堂，又後為春光亭。弘道堂之東榮為庖，西為庫。堂前東西建學舍各十一楹。考經堂前東為清風軒，西為明月菴，門曰"忠孝"，堂稍後東北隅為清谷草堂，堂西北隅為嵯峨山房，草堂之門曰"臥雲"，山房之門曰"立雪"。忠孝門前東西為夾道，闢門以通于學舍，東曰"遜志"，西曰"省身"。草堂前甃石池滌墨，久之，墨凝池面如雲，曰"雲沼"。仰高門之內樹以梓，育美材也。中立門及學舍以檜，期棟樑也。忠孝門內攷經堂前以松柏與竹，觀節操也。草堂、山房、春光亭之前以牡丹、蓮、菊、梅，窺四時之造化也。攷經堂後獨植杏，思孔堂也。名為"弘道書院"，鍰築堅緻，繪畫朴素。君筮日作孔子主，率群弟子行釋奠禮，而後遷焉。群弟子請君正師席，君誨之曰："父子親，君臣義，夫婦別，長幼序，朋友信，此為學大道理。博學、審問、慎思、明辨、篤行，此為學正功。失時哉不可失，二三子勉之！"次日，立教條二十：曰明德，曰學道，曰誦讀，曰講解，曰察理，曰學禮，曰作古文，曰作時文，曰博觀，曰明治，曰考德，曰改過，曰作字，曰游藝，曰會食，曰夜課，曰考試，曰遵守，曰歸寧，曰給假。復出書數千卷，厨之攷經堂。君日處其中，群弟子辰至酉歸，執經受業，罔敢或懈。太宰公亦時過焉，辨疑摘疵，或終日不倦。庚申，予巡學校至縣，聞而慕之，遂就訪君。見冠者數十人，童子數十人，進退周旋惟謹。冠者有堂上堂外生徒之別，童子亦有堂外堂下，皆君以勤惰修窳而為登降者。予甚嘆服。未幾，予遷去。今年復來，秦偉已舉進士，馬理諸人亦為國子生去矣。雒昂輩求予為記。嗟乎！作書院而名以"弘道"，學者其有惕然於心者乎！嗟乎！是道也，君子之所以治身，先王之所以治天下者也。而今學者乃諱言之，一有談及者則互相告語以為笑，不曰"此其勉強非自然也"，則曰"彼某事過也，某事不及也。"夫勉強行道，董仲舒能言之，吾夫子亦有取于勉強而行者。自然安行，非聖者不能，人豈能一一生而聖哉！世之放意恣情，以為不善者不議其非，而乃重勉強而行者之罪，此何理也？"執中"乃堯、舜、禹之能事，孔門中行，亦未多得。今於為善者洗垢以索，吹毛以求，不以為過，必以為不及，而同流合污者乃以為中一人唱之，十人聚而和之，此又何理也？夫道晦于衰周之際者，楊、墨為之也。晦於漢、晉、隋、唐、五代之間者，佛、老為之也。今學者少之所習，終身之所誦，無非聖人之書，而以學道者為笑，一遇有規行矩步、端顏正色之士，則嘲論紛起，誹謗橫生，遂使學者以講道為諱，然則又何暇責異端者乎？君以"弘道"名書院，非挺然有獨見之智不及此。嗟乎！凡學於此者，其有惕然於心者乎。吾有是身，固有天命於我者之性，學者亦惟盡吾性焉。爾盡性之大目，則君所謂為學"大道理"，所以盡之，所謂"正功"者也。夫能此之謂弘道，持此不懈，在主敬以察，此惟恐以壞之在謹。獨吾性既盡，然必盡人物之性，至於贊化育、參天地，乃爲弘道之極功，而亦非吾性外事也。嗟乎！凡學於此者，其有惕然於心者乎！若徒以舉業為務，以科目為念，以功名顯達自期，待毀方瓦合以求避世俗之笑，則安用此書院。抑豈所謂弘道者哉！君名承裕，天宇其字，號"平川山人"。自少潛心性理之學，著《動靜圖說》、《進修筆錄》等書。今為刑科左給事中。太宰公別有傳，此不著云。

弘治十八年乙丑既望，賜進士出身、中憲大夫、陝西等處提刑按察司副使、奉勅提督學校，和順王雲鳳記。

《進修筆録》序

吾道一業，固非可以易圖，而亦豈可以為雲漢不頒之物，聖賢亦人，堯、舜一孝弟而止。要皆審乎志之誠不誠，誠之至不至，夫然後二者曉然以分。宣幸遊相國先生之門，重知先生之子天宇，間得閱其《進修筆録》一書，超然遠覽，已駸駸然有勇奪古先之勢。且聞天宇平時曷嘗輒走城府，諸惟閉戶懇為何，纔弱冠而已造見如斯，先生之教洪已。天下有如是名相，又有如是教子，良幾見哉！回念宣當少時，以讀《論語》"吾十有五而志于學"，及讀《二程》"十五六時慨然有求道之之志"等語，亦嘗憤然以興，洴然出最苦之力，盡日夜歷階循序，踏平实以追前烈之征，中更摧岨抵捂者有年，再償再振，後乃覺有毫毛濡然，故亦嘗有妙契之紀，亦嘗有寓意八詩，今若憶只記二，一云："作聖范無岸，凭天薄有涯。風雷時覺憤，日月夜驚移。捧腹堯丹論，忌言舜蹠岐。大哉乾不息，聊報太虛知。"一云："萬古昨日數，六經前渡橋。聖神天肺腑，人物道根苗。大口歠沉瀣，豪吟震寂寥。超然喚無極，携手挂寒宵。"此浪漫語爾，正何足道，然猶誦言，特以見當時志意。奈何所積未厚，所養未完，回睇先烈，尚瞠何限，而遽出山，遂涉百非之途，將己之所得，端不利於世故然乎？寧歷階之初，類非真積然乎？我日斯邁而月斯征，痛惟夙心，恍然如夢，瞑咨坐恨，不如無生。乃又觸以深潛不露之天宇，益復何聊哉！雖然回溪之翅，猶奮澠池，使天果眷斯文，獨不可以勇著前鞭，滿生平之私邪？欲滿生平之私，有不驗之真實，歷階以達其然邪？堯孔之日恒懸，吾道之天尚大，夫何憂何懼？而所懼者直，不知尚假幾多來景爾。然必附吾天宇之書，蓋亦希吾天宇一聽。

成化甲辰七月甲午，崇仁吳宣師尼具藁于江東之寓舍。

與平川先生執事書 書院石碣

王雲鳳

向屢曾奉問，未審達左右否？僕今年四十一，老將至矣，而學不講，德不修，所望以誨我不淺。咫尺不獲一會，奈何！"恭敬門"篆書醜拙，未必可用也。

與平川先生書《黃花集》

張　原

　　十三日李珍來，得領手教，具審起居萬福，仰承尊眷，俯賜眄睞，詞旨懇切，曲處周詳，足見哀煢。獨不暇遺之盛心，門下士如原之無似者，何能當此？來喻欲原求一差遣，往覆可有一年之限。竊念視任纔二三月，即求差遣，間關險阻，勞瘁心力，已不能堪，又來歲事完，呈限促迫，必欲再往，恐尤難也。以故展轉思維，殆無所處。若事完稱病，可於三原延住歲餘，則所深願也。伏乞更為議處音示，幸甚！原決於二十七日南行，蓋因小兒維哲於十二日生一女故耳。原不能仰副父師之教，而遠貽門下之憂，言念悚息，如墜淵谷。伏惟台察，不宣

又

　　比嘗作得一書，託新添衛舍人馳上，計猶未徹。左右每人來，恭審福履康勝為慰。原幸與二子俱各粗安，但以家間妻子衣食，晝夜關心夏麥收成，不知何如？陝人無往來之便，全不得消息。此中公使人員來京師者頗多，乞示及之。原羈守窮荒，如坐井底，百事不聞，近承巡按朱公行取至省城暫住，諒可保此餘生矣。賤體病疥，痛楚不可言，心緒無聊，具覆殊草草。伏惟台照，不宣。

又

　　比者累嘗具書奉覆，不審徹視否？即辰秋涼，恭審太夫人壽，履泊先生宦況，俱納福為慰。原自五月來，患病患瘡，經三閱月，不能出諸戶庭，今幸已平復矣。風氣習俗久與之習熟，諒無他虞也。四月間，嘗令人回陝慰安家人，已於此月初間回報，始知家中平安消息，羈懷覺少紓矣。人便，僅此奉布，區區不宣。

又

　　比有人來京，每每具覆起居，竟不識得徹左右否？辰下溽暑煩燠，恭惟壽

堂太夫人泊吾師福履，獲天佑之慶，良慰。三月末，舍姪蘭來省，詢知公升賢弟落解後，旋即入京，想重慶之下，彩娛榮養，樂可知也。四叔大人改山西，已愜素懷，但不知此時視篆否？某自遭謫，來歲云已久安土忘懷，無復他望。矧得貴陽諸士相與之遊，從容道義之交，日以文墨從事。近日看五經，儘覺有益，蓋欲以酬酢其間難故耳！實不敢遽以前日繆戾灰槁心志，甘自暴棄，仰辜盛教也。小兒作熙已於四月間同蘭姪遣回，客邊僅有家僮二人，其一又且久病。某塊處閑寂之中，幸粗安也。知印李知榮便，謹此奉覆，伏惟尊照，不宣。

又

五月間，李知印來，嘗具劄申覆，計猶未達。辰下不審吾師泊壽堂太夫人福履何如？某自新歲來多疾，又加以沿身瘍疽，呻吟痛楚之餘，幸不死耳。陝中動靜，自張蘭二月間來後，再不得一消耗，維熙於四月來回陝，此時已不知得致否？遙遙萬里，鱗鴻踈潤，神志忉怳，疑如隔世。近嘗以情達本路省院諸公，欲乞解歸，彼又再四勉留，苦不相從，儻得請亦大願也。偶便，燈下具啟，殊欠莊敬。京中及陝中事情乞時示及，幸甚！

國朝 王康僖公弘道書院說

韓　詩

平川先生創講堂於清峪之北，與其徒馬谿田、張玉坡諸君子講道修行，去今僅及百年，非有岸谷遷流，石崩煙潰也。先生之系族尚具簪纓，非若中葉式微，負薪行歌也。邑縉紳大夫較先生時蔚接項背，堂崤於五父往來之衢，非如深井茂林，人蹄罕交，鬼棲鳥獸處也。而先生去今又僅及百年，戶闐蓁蕪，壇坫湮塞，使人托思於雲層霞締，曰"此王康僖講學之所闢也"，不亦異哉！又見市闤繁錯，男女污丐咸寢處廊廡之間，支柱薰墨，穢氣滋垢，余往往過而悲之。昔者，孔子傷道之不行也，曰："我知之矣。知者過之，愚者不及也。"又曰："道之不明，我知之矣。賢者過之，不肖者不及也。"夫今天下愚與不肖固不足以任道，而賢知者輒又厭道而不務。其眎康僖時，何如哉？康僖當海宇清寧，上下無猜，士君子修勵理學，以廉恥節義為服。是時平陽楊氏、河西韓氏、鹿苑呂氏，後先闡著，一代名理，烺烺冠十五諸侯焉。而論者尤必以康僖為宗，豈非於廉恥節義有知之真而行之無惡者，是以其徒能服而不衰也。方康僖懼道之將絕，慨然起而任其統繫，四方從學之徒至學道堂不能容，遂設科於此。所謂弘道書院者，蓋將使知來之賢樂闡其教於無窮，固持其業於不廢，寧慮及後世，陵替至此耶！夫節義之風不興于上，而求廉恥之效於下，抑奢淫，去殘暴，攜章逢而適胡貉，必不得矣。故曰不知者有不明者也，不明者有不行者也。昔空同子憲學江右，凡古先生之頹宮遺址必芟棘而飭之，又從而為文以表章之。近文子令雒表安樂之屆，衿其後以祀於廟。兩先生之用心如此，庶幾君子哉！矧康僖教沁於鄉里，邑之稱多士，實先生始之。夫以鄉里之賢哲而斯堂尚瞻仰於左右，士可以朝夕而鼓篋，大夫可以明經而興行，三先生之子孫可以灑掃而問業，奈何其使之陵替至此耶！有君子者，睹余言而一旦興起之，則孔子之道在茲矣。

　　聖秋先生殫心經學，掉臂理窟，為西京名儒，所著《學古堂集》，載《弘道書院說》，鈺幼讀之，欽其有關名教，不特盛衰之感已也。亟欲鑴石垂世，有志未逮者四十年。今老矣，恐其久而益湮，爰命工伐石，鑲之壁間，庶覽者知所感興云。

　　乾隆十一年，歲在丙寅仲春丁日，邑後學王鈺謹識并書。

重勒弘道書院碑記書後

王　鈺

　　創修弘道書院碑記，明學憲王虎谷先生為少保王康僖公講學而作也。當時海內講學者眾，必以康僖為宗。蓋公理學薪傳，多所成就，而馬谿田、張玉坡兩先生其尤著者也。吾邑理學文章之盛實基於此，則此地者斯文之根柢，士大夫之命脉，其有關世道人心也，豈渺小哉！公沒後，即以此為尸祝地，以谿田、玉坡兩先生配焉。歲久地落，堂舍傾圮，門徑蓁蕪，僅存弘道堂棲神五楹，亦荒穢摧毀，宜韓聖秋先生之過而興悲也。然雖未睹其規模教化之盛，而猶於荒烟蔓草中指其碑記而識之曰："此康僖講學之處也。"豈非羊存識禮之意乎！鈺居鄰書院，兒時嬉戲其中，當亭午時，景照見碑字歷歷，距今五十年而漫漶無存。後之人雖有復古之思，其孰從而考之，則此碑之有關斯地也，豈渺小哉！匪特此也。碑在而尚不知為講學之地，犬豕雜杳，男女污穢，況於碑亡之後乎？宜向寢處廊廡者，今則寢處堂上矣，此鈺之所以繼聖秋先生而重為悲也。乾隆戊午，崔大中丞徽修王康僖弘道書院、馬忠憲嵯峨精舍，以移節湖北不果。先是馬省齋先生慨然有復古之志，計日鳩工而遽修文地下。斯地之不幸，寔斯道之不幸也。哲嗣體元繼其志，獨輸三十金，版築牆垣而獸迹息矣，而人之穢污其中者，以未睹碑記而知重之也。則欲葺此地，可不急復斯碑乎。向於王太史拙齋先生家得舊榻一紙，字畫完好，急欲伐石重鐫而力不逮。今春，奮志約同人共釀緡錢，重勒斯碑，庶碑在則地在，地在則道在，後之人讀而興起焉，亦未可知也。昔張太微先生為杜工部修祠，樊川鄉里即肖像配享。今有重新斯地者乎，吾黨且於三先生共祀之矣。碑成，謹識歲月，並列重豎姓名于左。乾隆十一年閏三月立碑

詩

明 題上還山堂主人宗長王先生_{書院石碣}

王雲鳳

山堂新構號還山，為問山堂幾日還？我亦有山還未得，年來雙鬢欲成斑。

過弘道書院_{書院石碣}

何景明

梁棟起層雲，松筠散夕薰。九嵕瞻泰岱，清渭接河汾。冠盖時時集，絃歌夜夜聞。登堂持節印，衰薄愧斯文。

弘道書院十詠《三原舊志》

謝朝宣

弘道堂
道在乾坤孰主張，一毫虧處滅天常。橫渠逝矣渾如線，賴有平川建此堂。

攷經堂
宏開絳帳來群英，經傳而今須講明。要作忠臣救朱子，豈徒稽古較桓榮。

清風軒
穆穆清風動四時，不必宋玉賦雄雌。懦夫立志頑夫化，千載令人頌伯夷。

明月庵
推窗兀坐到深更，銀漢遙看玉魄生。誰識此中涵萬象，與君心地一般明。

清谷草堂
小結茅齋看水流，愛他活動有源頭。年來不作塵紛夢，日日濯纓樂未休。

嵯峨山房
誰言山勢太嵯峨，容我廬居俯就多。要向此中事鑽仰，肯將坐隱爛樵柯。

墨池時雨
小小鑿成洗墨池，臨池書字憶張芝。有時雨過滌殘墨，雲影天光共見之。

詩亭春光
一亭結束幾茅茨，留得春光總入詩。冬夏非無■遣興[一]，詩懷多是在春時。

檜林夜誦
愛檜奇兼松柏材，株株多是手中栽。夜深林下■吾動[二]，時有蒼龍聽講來。

楸巷夏絃
種得楸蔭滿巷中，禮門義路往來通。那堪觀者爭如堵，為奏南薰解慍風。

[校記]

［一］"■"底本原為墨丁。
［二］"■"底本原為墨丁。

送平川先生入朝十離詩《谿田文集》

雲離山　　　　　　　　馬　理

濯然素練掛巖巄，時解從龍飛上空。眼底升天留不住，會看雷雨遍寰中。

水離泉

一派活波滾滾傾，滿潭竹葉照人清。沿流處處沾膏澤，到海塩仍和鼎羹。

鳳離梧

五彩文身眾眼明，九苞德備舊馳聲。丹山飛到虞廷上，頓覺人間是太平。

鶚離籠

拳老瞳明力更加，百禽曾不共生涯。雲霄此去應難肯，眇小功勞報主家。

鳥離巢

慈禽何事出雲林，想是潛懷反哺心。臨舉啞啞飛不去，鳥中誠矣有曾參。

田離主

看看嘉禾長來高，指日明堂伴太牢。何事主人拋棄得，滿田從此茂蓬蒿。

瞽離相

有杖無眸未解扶，多虧岩電引前途。于今跬步皆坑掐，何日摩拖到太都。

兒離母

膝前提抱盡朝歡，乳裏離懷半步難。鄰嫗縱然相照顧，萱堂寂寞淚闌干。

女離姆

女紅指教荷多方，昨日猶傳婦道詳。窈窕行藏何處也，燕飛時節斷人腸。

僧離師

門掩落花春色深，別師出寺悶難任。傳來衣鉢誰收拾，肩上一條擔子沉。

平川書院十詠

攷經堂
攷經堂上惜分陰，費卻絕編一片心。屈指良朋三五輩，杏花紅後到于今。

弘道堂
道兼費隱大無垠，列聖能宏迥出群。竊恐此身宏不得，還將張主付天君。

清風軒
軒外清風掠地來，綻紅舒綠拂塵埃。年年落葉堆門合，賴有竹稍掃得開。

明月庵
一菴小構在煙霞，入夜月明趣倍加。絃誦聲高宿鳥定，一池水浸四時花。

清谷草堂
蕭然茅屋枕清流，道眼時看一帶秋。坐穩綠陰閒裏趣，雙雙飛過鏡中鷗。

嵯峨山房
結廬山下倚嵯峨，雨後晨初看碧螺。峰帶殘陽村落晚，絃歌歇處聽樵歌。

凝墨池
池邊龍尾洗松煙，池面黑雲覆碧天。竊凝一朝雷雨作，沛然沾溉足千川。

詩亭春光
亭前手種四時花，春事無端詩思奢。秋去冬來疑冷落，春光又早在梅華。

檜林夜誦
種檜成林作怒濤，風停夜靜書聲高。青藜然火夾林起，疑是星河落九霄。

楸巷夏絃
滿巷楸陰罷講餘，聞蟬三弄足歡娛。南風一陣精神爽，不必乘涼向舞雩。

題梅和平川先生韻

北帝行威萬木摧，窮郊獨首百花開。銀葩銕幹一枝子，露出乾坤造化來。

和平川先生郊行

巀嶭山頭日欲斜,清河灣口有人家。一聲牧笛前村黑,匹馬香風處處花。

聞喜別平川先生

離親千里共師來,中道明師棄匪才。西望長安五百里,涷川北去獨徘徊。

得平川先生手示《黃花集》

張　原

兩年流落間蠻番,忽值西風領教言。萬里睽違江海闊,披看雲字倍消魂。

附　錄

邑後學　李錫齡
王氏後裔　　稷　　仝輯

明中書舍人王承祿勅命

　　勅曰：國家置中書之官，典外制之務，階資清重，無統攝之嫌；職業高華，無書薄之冗。必才行之兼茂，斯名績為有成，匪慎選掄，孰堪委畀。爾中書舍人王承祿乃故太子太保吏部尚書贈特進光祿大夫左柱國太師諡"端毅"恕之子，性資謙厚，襟度垣明，蚤究儒書，素敦行儉。念爾父位極於上卿，職專銓務，故恩典錄，及於後嗣，榮陟禁垣，供綸命而書翰惟勤，守官箴而操持罔玷。歲年寖久，勞勩良多，最考既書，寵褒宜示。茲特進爾階徵仕郎，錫之勅命。嗚呼！虞廷之嚴考績已明，陟之足徵；周書之重象賢庶休，風之不替。益加愍懋，光我命詞。欽哉。正德十二年閏十二月二十日

順天府通判王承祥勅命

　　勅曰：京師首善之地，府治實隆；通判別駕之官，事權亦重。必行能之兼茂，斯名績為有成，匪慎選掄，孰堪委畀。爾順天府通判王承祥乃致仕太子太保吏部尚書恕之子，家傳詩禮，世濟衣冠，比釋褐于成鈞，遂擢居於今職。憂勤佐政，載殫民務之勞；清白持身，恪守官箴之戒。歷年寖久，著績良多，可無寵名，以示褒勸，茲特進爾階承德郎。嗚呼！奉公進職，期不負於國恩；謹始保終，尚勉遵於庭訓。崇階具在，後效宜臻。欽哉。正德三年三月二十二日

國朝太子太保戶部尚書王宏祚贈諡誥

奉天承運，皇帝制曰：稽古建業，驅策群力，不吝爵賞，以勸有功，昭示後世，用傳不朽，所以勵忠，蓋甚備也。爾王宏祚性行端良，才猷敏練，久司國計，克盡乃心。再歷兵刑，清勤素著。因請告而賜休，仍家居而食祿。方翼遐齡，忽聞長逝。朕甚悼焉，特賜諡曰"端簡"，勒諸貞珉，永光泉壤。國典臣誼，庶其昭垂無斁哉！

諭祭文

太子太保戶部尚書王宏祚諭祭文

維康熙十四年歲次乙卯五月己未朔越十五日癸酉，皇帝遣江蘇布政使司轉行江鎮道僉事高恆務諭祭故原任太子太保戶部尚書諡"端簡"王宏祚之靈，曰：鞠躬盡瘁，臣子之芳踪，卹死報勤，國家之盛典。爾王宏祚性行端良，才猷敏練，歷任要職，素著清勤。因請告而賜休，仍家居而食祿。方翼遐齡，忽聞長逝，朕甚悼焉，特頒祭葬，用展哀悰。嗚呼！寵錫重壚，庶享匪躬之報；名垂信史，聿昭不朽之榮。爾如有知，尚克歆享。

明懿德王公傳

公名承祐，字天錫，號"懿德"，端毅公第二子。三歲，見壁間墨刻鸜鵒棲於風竹，指之曰："這便是'風搖動鵲驚枝。'"蓋曾記得舊語而能運用也。知對句，有大志。五歲，遭母喪，哀毀如成人。成童，遊邑庠。未幾，承父蔭入國子監，與六館之士遊，獲多聞直諒之益。成化二十一年，授南京右軍都督府經歷司都事。三載考績書稱，勅進階文林郎，陞南京前軍都督府經歷司署事。經歷六載，實授經歷。又三載考稱，誥進奉直大夫。卒於官。舊縣志參以《王氏家乘》

好古王公傳

公名承祿，字天爵，號"好古"，端毅公第三子。七歲，讀日記千字。

稍長，善巧通百工。生長官邸。及父以宮保司馬參贊機務之任，始留於家，且耕且讀，家政綜理焉。處鄉黨，藏氣勢，而尚和睦。成化間，穀不登，人相戕食，出粟以周鄰里，活者百計。喜收古鼎彝畫名家卷冊，盡四方古今之所有者必構之，故尚書林公俊以"好古"號焉。父立朝多勞，不為子孫求恩澤。捐官之明年，冢宰遂菴楊公為之奏，上允，詔下其家，公拜命趨京。上勅吏部授中書科中書舍人，夙夜匪懈，以裨上意，兩朝肅朝儀，略無缺失。至於運筆誥勅，墨路端楷，故睿旨有"書翰勤勞"之獎，陞大理寺左寺副。伊藩請奏表有"德望為輔"，吏部改公長吏，以答其請。比就藩藩，邸有諮訪，不避權豪，直言無隱，府中肅然。誥授中憲大夫，益奮忠讜。世子行戾祖訓，上封以正其咎。一不遂意，輒引休退，王多以溫言慰之，不允所奏。畢竟以拜掃得還故里，未月餘，王差官賫牢幣存問，以催再駕，辭謝不起。舊縣志，參以《王氏家乘》

中立王公傳

公名承祥，字天瑞，號"中立"，端毅公第四子。由舉人為順天府倅，以憂去。起補理民事，再請告去。起補理馬政，濬河均賦，考牧蕃盛，陞都察院經歷。以都御史薦，擢貴州參議。單車就道，不以家隨。未幾，分守山西翼南，覈賦役，嚴防守，禁左道，悉當時要務。再移河東，駐蒲州，伐巨石衛城，以免黃河沖嚙。大盜誣朝邑良家，獄且成，極辯釋之。或曰："朝邑，公鄉也，寧不避嫌？"曰："吾知有法耳，曷知其他。"襄垣有兄弟俱顯貴者，僭擬匪倫，門樹五楹棹楔，命撤其二。中貴守潼關，數以私干，皆拒不納。中貴思有以中之，然無可中也，意沮而罷。在晉十年，聲籍甚。會襄垣貴顯方用事，遂罷歸。《三原縣志》

華池王公傳

公名輅，字公升，號"華池"，康僖公長子。邑學生，學博辭宏，為藝林推服。校試常冠多士，優才幹，善理家政。時祖以窮階居家，父以顯職立朝，事務煩劇，獨以家嗣應酬，悉各曲中，遭數尊喪，經畫周備，然而精勵本業者不奪也。嘉靖壬午，以《易經》中式鄉試，兩赴禮闈不偶。以疾暴卒。父康僖公慟惜之，曰："可以受大而虛其器，可以任重而說其輻。"著有《華池集》、《叢筠吟稿》。《王氏家乘》

竹村王公傳

公名輦，字公御，號"竹村"，康僖公三子。綜覽群籍，卽醫數方技悉通其概。熟聲韻，善詩賦，不為舉子業。承父蔭，補國學監生，明習累朝典故逸事。四方知名士，一與談吐，無不樂就。嘉靖乙巳，授直隸廣平知縣。縣治逼京師，民俗虛狡玩刑，下車以法繩之不少貸。邑有張縣丞者，橫暴鄉曲，繫笞之。又有舅氏誣訟兩生員廹其母死者，當塗下其事，會同邯鄲董令推訊預語董曰："此豈舅氏素索于甥不遂，因母死而誣之耶？"訊之果然，兩生得不冤。當塗重其明允，屢檄獎與，稍形府守。府守不能容，卽解綬歸。義氣淑行，有祖父風焉。著有《竹村詩集》。《王氏家乘》

国朝 王端簡公傳

公名宏祚，字玉銘，雲南籍三原人。由會副官戶部郎中，督餉大同。國初，岢嵐道復，留大同理餉務。歲內擢，仍官戶部郎中。是時，天下甫定，圖籍散逸。公精於典故，善強記，凡直省州郡錢糧賦役，皆綜核無遺。戶部特疏委修《賦役全書》，書成，勅諭頒行天下，加太僕寺少卿，遷戶部左右侍郎，晉尚書，加太子少保，再加太子太保。嘗疏謂欲安民生，在絕私派，強兵勢，在嚴冒餉，至水旱災傷，則捐恤宜蚤，催科期會，則程限宜寬。語皆剴切明暢。會滇南人隸版圖，復條上籌滇十餘事。十八年，乞假歸葬。還朝，改刑部尚書。復調戶部。適有議裁州縣存畱及改漕糧官運為民運者，公固爭之，始得寢。尋以失察胥吏，當報罷，特詔留京，補兵部尚書。康熙九年乞休，歸至金陵感疾，卜居秦淮之上，以恬淡自娛。卒，諡"端簡"。《陝西通志》

補　遺

屋隙詩

王承裕《屋隙》詩曰："風來桌上響，月到枕邊明。"見於《陝西通志》卷九十八《拾遺一·博古風稚閒適語林》。

詠元三原縣尹朱公夫婦詩

有元君臣咄夷狄，潰亂綱常咸失則。天厭腥膻懲厥忒，篤生聖人建皇極。沿襲舊俗戒必殛，於昭王化覃禹蹟。伏節死義賢斯克，嗚呼朱公見不惑。躍然就死形魄耆，室家追隨不爽刻。山光曾照投崖色，河流不沒投崖迹。南北紛紛駾喙客，目擊負慚扼胸臆。忠節氣發乾坤窄，黃雲慘淡轟霹靂。天高地厚人聲嘷，皇皇者遍徧八域。咨諏善道吁壅塞，褒郟天章徒喧嘖。伐石琢碑豎道側，過者興嗟永不泐。逸臣肝膽載披瀝，顒望九天禮官勒。血食尸祝作臣式，籩豆黍稷暨肴核。鼓鍾皇皇效悃愊，煮蒿悽愴神其格，億萬斯年壯皇國。

河南布政司右參政南公墓誌銘

河南布政司右參政致仕南公卒於家，且葬，子山奉前工部郎中其親劉安之所爲善狀過予三原，請銘公墓。公諱釗，字希古。其先自中條山徙蒲城，復自蒲城徙渭南，今爲渭南望族。曾大父安義、大父選，皆晦彩弗耀。父義，汝甯府司獄。公生而岐嶷，爲父母鍾愛。成童，入華州學，明三禮，爲文不事琢刻，提學曹公璉一見器偉之。景泰癸酉，中陝西鄉試。甲戌、丁丑，禮部會試，連弗偶，入太學。天順庚辰，登進士第，如例依親。母甯氏卒，服闋逾四年，不赴銓。父促之，公曰："父母年日高，弗忍以區區功名遠違。"促益篤，垂泣而別。甲申，授户部浙江司主事。成化乙酉，聞父喪去職服闋，補本部山東司主事，監隆慶等四衛倉。有恃勢行屬託者弗爲理，至投匿名文字欲中傷之。尚書馬公昂、侍郎楊公鼎謂袁錦衣彬曰："若南主事私，宜罪。否，則罪作奸者。"袁應聲曰："我固知此官無私，罪當有歸。"得不誣。時天寒日短，米不精，下令以水沃地爲冰場，踩米十餘萬石，甫閱月而完。回部，同内臣監御馬倉，其弊尤劇，法稍嚴。窺利者則射火焚草，因諭各分草束大小積一處，以千計者建小幟，以萬計者建大幟。大小惟各驗一處，餘如幟受，公私稱便。監薊州永平、山海等倉，倉受海運糧供億鎮朔等衛，公飭廩庾，謹關防，率日受萬石以上。舟賴早還，支給之際，舊任弗知通融，邊人以爲病。公乃量地之近遠，配米之陳新給之。歲賞衣絮，亦必揃夷奸杭，以布上德。舊例，一年使代守臣重，公上疏乞留居三年，詔特允之。庚寅，三載考績，勅進階承德郎，有"茂著公勤"之褒，贈父如其官，封嫡母馬氏安人。癸巳，陞本司員外郎，監山東德州倉。聞嫡母喪，去職服闋。陞山西司署郎中，奉勅督理宣府等處粮儲及屯種。有國公家人承諸納户銀，以低銀納者，公叱弗容。時中官率師過，威勢赫然，其人通，乃强公受。公奮然復曰："儲銀所以備勞將士也，今將士厭锋鏑之苦，若縱饕餮之徒行其計，是弗卹將士也。如國事何？"中官服公言，遂峻絶之。公仍令以高銀納。時人既推其直，而復憂其禍。庚子，六載考績。辛丑，陞山東司郎中，誥進階奉直大夫，有"茂著能稱"之褒，贈父如其官，二母並配皆宜人。奉勅覆山西地方災傷，欲寬歲賦。或曰："户部未宜爾。"公曰："賦重則民困，民困則邦本弱，安在其爲户部也。"竟寬其一二。復奉勅整理大同等處粮儲。邊庾在僻地者，糧芻至敗猶未用，官吏已死猶嗣守。公廉知其故，建議虜至則支要地之儲，虜退則散僻地之積，庶糧芻免欝浥之患，而官吏釋負累之苦。一時雖爲忌刻所沮，卒行焉。乙巳，九載考績，爲郎。二十五六年，寮寀多超陞，時論不平，公方欿然退託，不知爲不足者。俄遷河南布政司右參政，階大中大夫，專理河防。既至，虚心詢策，導壅塞潰，以絶永患。公在部時，人有以事囑者，不從，啣之。及官河南，適其人典銓，或謂當圖有以釋其憾。公正色曰："吾年逾五旬，官登三品，榮幸已極，用舍在人，可以負初心哉！"言者慙退。會丁未入覲，因勒公致仕。浩然歸于舊隱，與當世不相聞知，而盛享夫林壑泉石之樂。正德元年丙寅，覃恩進階嘉議大夫。五年庚午二月七日疾革，戒諸子曰："予平生凛凛，唯恐忝爾祖，今幸免矣。"又曰："吾出仕有年，上不能爲國分憂，下不能爲民造福。志吾墓，非直筆勿託。"卒，春秋七十有九。其生爲宣德七年壬子九月二十七日。公性廉介，寡言笑，子孫侍側終日，不命之退不敢退。非禮，服不用綺，寢唯布被。雖暮年祈寒盛暑，手不釋卷。所著有《休亭小稿》，藏于家。配寧氏，贈宜人，先公二十六年卒，葬于秦村先塋之次。側室劉氏，子男六：遂、漢，長山縣儒學教諭；山，縣學生；川，承差；洲；溪。女四：爲善，適縣學生張吉；行善，適州學生陳大綱；淑善，繼適張吉；繼善，在室。孫男十：韶義，官祐陰陽訓術郊，遂之子也；守愚、守魯，漢之子也；文教，山之子也；餘未名。女七。曾孫男三：復性、復禮、復善。女二。遂等以是年五月六日啓寧宜人之壙，奉公匶而合葬焉。銘曰：

振振南氏，代序維明。渭川建宅，既高既閎。百年生公，氣完資粹。歷階而升，允爲國器。乃立津要，不隱其賢。開朗精敏，補弊舉偏。僉曰宜讀，屬剸繁務。苟利於國，不遑他顧。邊關惠浹，河防慮周。厥聲四達，足紹前修。解紱歸來，文史娛玩。樂其天眞，是爲大觀。秦村之墟，馬鬣桓桓。公履宜顯，我銘斯刊。

弘道書院學規

一曰明德：父子有親，君臣有義，夫婦有別，長幼有序，朋友有信。此為學之目也。

二曰學道：博學之，審問之，慎思之，明辨之，篤行之。此為學之序也。

三曰誦讀：每日讀經書一般，《易》、《詩》、《書》、《春秋》、《禮記》之類；《四書》一般，《論語》、《大學》、《中庸》、《孟子》之類；史書一般，《通鑒綱目》、《續通鑒綱目》、《通鑒節要》、《續通鑒節要》、《史略》、《史斷》之類。隨其資質高下，限以遍數，多讀熟記，厥明升堂背誦。

四曰講解：間日午後，升堂會講，依分定書程，前期觀玩尋討；若有疑難，且在朋輩商確會講之際，詣師席質問，必求得夫聖賢立言之意；若穿鑿附會，便不是。

五曰察理：有志性理之學者，讀《性理大全》、《近思録》，沉潛玩味，求自得之；若有疑難，便須質問；考試之期，於二書出古文題目，或詩，或賦，或記，或序，一篇而止，以驗學力所至。

六曰學禮：有志學禮之士，先讀《朱子家禮》，次讀《儀禮》、《周禮》諸書，身體力行，以化風俗；無事迂闊，徒取譏誚。

七曰作古文：諸生學古文者，每日讀謝迭山所選《文章軌範》文字一首；學詩者，每日讀楊襄城所選《唐音》詩二首；兼日書背誦；每月朔，請古文題二、詩題四，俟舉業工夫有暇作之，辭尚體要，至月終呈稿改正。

八曰作時文：間日作時文二道，或經義，或《四書》義，或論，或策，或表，務說理明白，遣詞條暢，追彼作者；若檢閱謄錄，取一時之便，是自畫也。

九曰博觀：《五經》各治一經，餘四經亦當次第而觀。更有功夫，取《貞觀政要》、《唐鑒》、《大學衍義》諸書而涉獵之；遇考試，于上項書、雜史書出策論題，以觀用心。

十曰明治：《記》曰："儒有夙夜強學以待問。"然則達之所施，即窮之所學，諸子所以講明而習行之者，又豈可以執一乎？有兵戎之政，宜觀《武經七書》、《武經總類》；有刑名之政，宜觀《大明律》、《刑統賦》；有救荒之政，宜觀《救荒活民》、《荒政備考》；有治水之政，宜觀《河防通議》、《涇渠圖說》、《吳中水利》諸書。稽諸古而有據，行於今而允宜，毋立一時之虛名，期為不器之佳士。每遇考試，出一短策，以審其志。

十一曰考德：凡立志高古，持身端謹，居家孝友，接人謙恭，處鄉鄰和睦，有一者取一，有二者取二，載之考德簿，以示勸。

十二曰改過：諸生平日若有過差，痛加改削；凡為同門，尤宜箴規；己有過而不改，人有過而不規，皆非也。

十三曰作字：有志學書者，每日臨歐、虞、顏、柳帖百字。

十四曰遊藝：《傳》曰："游於藝。"聖人教人，且從事於斯，諸子進德修業之暇，或鼓琴，或習射，求造精妙。每月朔，鼓琴者援琴升堂，各鼓一操；每月望，習射者會集，備行鄉射禮，非時，不可泛弄。

十五曰會食：諸生在書院藏修，欲早晚放食，心勤者或苦道路之遠，志怠者或為事物所擾，不能如期而至，非專心致志之道；今不論遠近、貧富，皆不放食，但數人共一爨，其所用米麵醯醬之類，遇歸寧攜入書院，安頓所居齋舍，務勾五日之用，宜甘淡口，無事豐美；非故為是不順人情之約，蓋所望於諸子者多矣。

十六曰夜課：諸生就書院宿歇者，夜至二鼓盡方寢，晨于五鼓初即興，師氏或早或晚至書院；其用功者，飲茶一盞，以助精神；其不用功者，院丁扶出書舍，跪於階下，俟師氏回，始起。

十七曰考試：每月初二日、十六日考試，所作文字，詞理俱到者作一等，詞理頗通者作二等，初學可進者作三等；下三等者，加以夏楚。

十八曰遵守：書院之建，實出義舉，凡堂寢門廡，戶牖牆垣，井灶器皿，花木竹石，遇有缺壞損傷，即白師氏，會計修理，以圖永久，餘非所望也。

十九曰歸寧：諸生在書院宿歇，不可頻出，曆五日，放歸寧一次；前期日晡放，厥明赴書院；有家貧親老不可摘離者，不苦拘也。

二十曰給假：凡有冠婚喪祭之事，具假帖同家人稟請，俟允，然後行，毋得愆期。

谿田文集

[明]馬 理 撰
李月辰 點校
趙望秦 審校

點校說明

　　馬理為明代關學的代表人物之一，雖做官四十年，但真正到任履職而具體管事，不過十年而已，把一生的大部分時間投在學術研究和教育事業上了。所以，他的著述甚為豐富，主要有《周易贊義》、《書經疏義》、《詩經刪義》、《周禮注解》、《春秋修義》、《四書注疏》、《（嘉靖）陝西通志》及詩文作品的全集《谿田文集》等。可惜的是大部分未能傳世，今日所能看到的僅有殘本《周易贊義》，與多人合作的《（嘉靖）陝西通志》以及我們整理的這部《谿田文集》。

　　馬理在明代的名聲大、地位高、朋友多、關係廣，所以，有關他的生平及家世的文獻記載既較多，又易見。如喬世甯撰《馬谿田先生墓碑》、薛應旂撰《谿田馬公墓志銘》、李開先撰《谿田馬光祿傳》及萬斯同《明史》卷二八七《馬理傳》、張廷玉等《明史》卷二八二《儒林傳·馬理》等，都是有關馬理的傳記資料。再如韓邦奇撰《贈中大夫光祿寺卿馬公墓表》、呂柟撰《雲巖先生耆德官馬公墓志銘》、《馬母李氏墓志銘》等，都是涉及馬理家世的文獻資料。另外，如明清時期的《陝西通志》、《三原縣志》等地方志文獻中也有不少有關馬理事迹的記載。上述的一些傳記文獻，就附在今天所見最早版本的《谿田文集》中，而且，我們的這個新式校點本《谿田文集》，除舊本所已附之外，又附錄了一些有關馬理的傳記文獻，所以，在這裡只對馬理的生平事迹做簡要的介紹，讀者欲知其詳，則可徑觀這些文獻資料。

　　馬理，字伯循，號谿田，三原（今陝西三原）人，生於明憲宗成化十年（1474），八十二歲時，在明世宗嘉靖三十四年十二月十三日深夜發生的大地震中不幸遇難。馬理自幼聰明，青少年時期即能詩善文，研讀儒家經典，且已頗有心得。明孝宗弘治十一年（1498），考中舉人。因父親及生母相繼去世，為服喪守孝而耽誤兩次進京參加進士考試，所以，遲至明武宗正德九年

（1514），才考中進士。此後，馬理邁上仕宦之路，厠身官吏之列。最初擔任吏部稽勳司主事，不久，調至文選司。因與上司意見不合，請假還鄉。正德十三年（1518），回京復職，因極力勸諫武宗南巡，受到責罰。嘉靖三年（1524），昇任稽勳員外郎後，又在所謂大禮之爭中觸犯了皇帝而再次被責罰。多次遷任後昇為考功郎中，在主管考核京城及地方官吏的政績時，剛正不阿，秉公辦事，屢次拒絕頂頭上司及朝中權貴的人情關係，也因此而遭到明昇暗降的報復，於嘉靖六年（1527）調至南京任通政參議之職，到任後不久便請假離職而去。居家三年，起復任用為光禄寺卿。第二年又以病為由，辭職返鄉。十年後，复職為南京光禄寺卿，不久，申請正式退休，直至在地震中罹難。

《谿田文集》主要有兩種版本，一是明萬曆十七年張泭刻清乾隆、嘉慶間遞修本，一是清三原李氏惜陰軒刻本。

明刻清遞修本書前先為"明史列傳"、"關學編·谿田馬先生"、"谿田先生文集序"等文，後即"谿田文集目錄"。第一卷的首頁首行上方標"谿田文集卷之一"，以下各卷俱有此等字樣，僅改換其中的卷次數目。次行至五行的下方依次署"關中谿田馬理著"、"後學涇波雒遵選"、"宜興安節吳達可閱"，"三原知縣張泭校"。以下各卷俱無此等字樣。每半葉八行，每行十八字，雙邊。此本的版心頗有異於常見的古籍版心，即黑魚尾的上面有一細橫線，下面有一細線魚尾，細線魚尾下又有一空心圈，花樣較多，且其下又不標書名及卷次。另外，常見古籍的頁數是每卷自為起訖，而此本則除書前傳記和序文、目錄以及書後補遺這三部分的頁數是自為起訖外，正文部分的卷一至卷十所標頁數為統一序號，即由第"一"頁起，至第"三百六十二"頁終。此本的書前目錄亦異於常見古籍，甚不規範，如卷一至卷八，除具體列出每篇詩文的題目外，有的標文體名，有的又不標文體名，而卷九至卷十一僅標詩體名及所收詩篇數目，題目則一篇也不列出。卷十以前正文中的詩題俱自為一行，唯卷十一《野望》之後的詩題多非獨占一行，而是與前一首詩末句同在一行，二者之間僅空二字而已。凡此等等，頗具研究明代版本學史的參考價值。此本以文體分編，卷一為疏四篇；卷二為序二十六篇；卷三為記十四篇；卷四為書十一篇；卷五為行實一篇，墓志銘五篇，墓表一篇，祭文三篇；卷六為傳一篇，賦三篇，銘四篇，吟四篇，箴四篇，題辭一篇，曲一篇，說三篇，呈一篇；卷七為五言長篇十一首，擬古詩十三首，古風十五首；卷八為七言長篇二十三首；卷九為五言絕句二十二首，五言律詩四十首；卷十為七言絕句二百五十七首；卷十一為七言律詩一百二十一首。《補遺》後附有馬理九世孫三原縣學生馬錫朋題識："先忠憲學接橫渠，功著六經，其於聲律對偶之技，率不經意，然傳誦為式者，已遍於中外矣。聞生平闡道之作，晚年手訂一十二冊，剞劂力艱，後悉散亡。萬曆中，文豁張公宰治吾原，雅慕情切，旁搜遺文，刊為是集，迄今百七十二年，棗栗之存，僅有其半，觀覽者每以鈔補為苦。今歲，邑紳士先生相聚而言曰：'豁田馬先生者，後學之津梁也。惜全書不概見，而斯集又破殘若是，我輩之責也。'遂各輸金，照舊揭原本補刻其缺，不逾月而復成完璧矣。昌黎云：'莫為之前，雖美不彰；莫為之後，雖盛不傳。'諒哉！朋等愧感交深，書此簡末，以志不朽云。"可知馬理晚年曾親手編訂有稿本，但未能刊刻成書。萬曆年間，張泮為三原知縣時，欽慕馬理，於是搜輯遺文，刻成此書。一百七十多年後，書版散落大半，觀覽者欲得全書，必須鈔補。因此，三原縣的紳士出資修補，遂成此本。

　　清惜陰軒刻本的內封頁豎向分為三欄，左欄上端單行鐫刻"道光庚子鋟"五字，中欄鐫刻"豁田文集"四個大字，右欄上端鐫刻一"附"字，其下雙行分別鐫刻"補遺"、"續補遺"、"搜遺"等字樣。再下單行鐫刻"宏道書院藏版"六字。每半頁十行，每行二十二字。版心上端為書名，下有一細橫線、單黑魚尾、細線魚尾及卷次，再下標頁數，下端為"惜陰軒"三字。內封頁後依次為"豁田先生文集序"、"明史本傳"、"豁田馬先生"等文。後有"豁田先生文集總目"、"補遺"、"續補遺"、"搜遺"等，此目錄較之明萬曆十七年刻清乾隆、嘉慶年間補修本《豁田文集》中的"豁田文集目錄"要整飭得多，但也很簡陋，無詩文的具體題目，僅在卷數下標出文體名及所收篇數。且此目錄中的"補遺"、"續補遺"、"搜遺"與正文中的實際排序並不相符。第一卷的首頁首行上端標"豁田文集卷一"，下端署"邑後學李錫齡孟熙校刊"，第二行至第五行依次署"明三原豁田馬理著"、"後學涇波雒遵選"、"宜興安節吳達可閱"、"三原知縣張泮校"。第二卷至第十一卷及"補遺"、"續補遺"的首頁次行由上至下分別署"明三原豁田馬理著"、"邑後學李錫齡孟熙校刊"。而"搜遺"的首頁次行則署"明三原豁田馬理著"、"邑後學李錫齡孟熙編輯"，可見這一部分是由李錫齡新輯集的馬理遺作。此本的編排順序與萬曆本相同，只是在《補遺》一卷後多出《續補遺》與《搜遺》兩卷。《續補遺》包括序四篇，記六篇，墓志銘四篇，殿宇銘一篇，引一篇，箴兩篇，祭文一篇，經解十段；《搜遺》包括五言古風兩首，五言絕句一首，五言律詩九首，七言絕句十八首，七言律詩十五首，散句五句，曲五首，贊十一篇，題辭一篇，銘一篇，墓志銘五篇，書兩篇，序十篇，記五篇，傳一篇，祭文一篇，解三篇，論七篇。

《谿田文集》中的作品，不僅體裁多樣，且內容豐富。散文涉及政治、軍事以及社會生活的方方面面，詩歌更是包含送別、酬唱、述懷、詠史、山水、田園、詠物、題畫等多種內容。除詩文創作之外，馬理還對文學理論有一定的研究，他的文學觀在《全唐律詩序》和《涼全詩卷序》等散文中有所體現。馬理的詩文作品，不僅具有文學審美價值，諸如《榮壽堂賦》《菊谿亭銘》，還具有研究明代政治、官制、邊防、教育等方面的史料參考價值，如《增修河東察院記》《河東察院辦公所民居記》《送胡公節鎮榆林序》《保極書院序》《六泉書院記》《寧晉洨濱書院贍田記》《景行書屋記》等。

我們這次整理《谿田文集》，以《四庫全書存目叢書》影印明萬曆十七年張泮刻清乾隆、嘉慶間遞修本為底本，以陝西省圖書館所藏清三原李氏惜陰軒刻本為對校本。凡底本漫漶不清之字，即用對校本補全，并在[校記]中加以說明。因底本及校本的書前目錄甚為簡陋，根本沒有按目索篇的功能，所以，我們依據已校正的詩文題目，重新編製規範而詳細的目錄，冠於書前，以便於讀者的檢索閱讀。凡屬明顯的訛脫衍倒的文字，即據對校本改正補刪，出校說明。凡屬兩通的異文，只在[校記]列出，不改原字。凡遇避諱之字，缺筆者則徑直補足其筆劃；用同義字替代者，則仍保持不動，而在其字之後寫出被替代之字，並括上圓括號。另外，將底本書前的《明史》本傳及《關學編·谿田馬先生》兩篇傳記作為附錄，置於新校本全書之後。

趙望秦　李月辰
2017年2月於陝西師範大學文淵樓二段

目錄

谿田先生文集序 …………………………………………………… 401

谿田文集卷之一 …………………………………………………… 402
  上彌天變疏 ……………………………………………………… 402
  清理貼黃疏 ……………………………………………………… 403
  乞廣仁恩疏代作 ………………………………………………… 404
  謝恩疏 …………………………………………………………… 406

谿田文集卷之二 …………………………………………………… 407
  序 ………………………………………………………………… 407
    陝西通志序 …………………………………………………… 407
    長安志序代作 ………………………………………………… 409
    壽樂園序 ……………………………………………………… 410
    全唐律詩序 …………………………………………………… 411
    聖訓演序 ……………………………………………………… 413
    保安州保極書院序 …………………………………………… 414
    《孟姜女集》序 ……………………………………………… 415
    送方伯訥齋胡公節鎮榆林軍序 ……………………………… 416
    送方伯秋浦汪公陞湖廣巡撫贊理軍務序 …………………… 417
    送鮑公轉撫雲貴督師平蠻序 ………………………………… 418
    送王南臯榮轉留都操江之任序 ……………………………… 419
    送寅長蘇門高先生擢山西少方伯之任序 …………………… 420
    送上川洪先生致政還歙序 …………………………………… 421
    奉壽周府左長史加授三品服色槐庭王翁及誥封郭宜人七袠偕壽序 …… 422

送平陽推守劉西塘考績序 …… 424
興平北塢劉侯如京考績序 …… 424
涼泉詩卷序 …… 425
送司訓趙先生歸新都序 …… 426
平野遺思卷序 …… 427
送武子歸鄉序 …… 428
壽誥封許恭人七旬序 …… 428
送立齋張子擢留都戶曹正郎之任序 …… 429
送大司馬梧山李公馳驛榮歸序 …… 430
贈李寵發解陝西序 …… 431
贈侍御宋子考積獲敕命序 …… 431
送東塢子序 …… 432

谿田文集卷之三 …… 434

記 …… 434

六泉書院記 …… 434
聖天子設險除器以靖中夏記 …… 436
嵯峨山田廬歌記 …… 438
新修四皓先生廟記 …… 439
增修河東察院記 …… 440
河東察院辨公所民居及增廣學舍記 …… 441
陝西河東運司監察鹽政仰山尚公去思記 …… 442
河東鹽池重建忠勇武安王神廟記 …… 443
淳化縣新遷廟學記 …… 445
寧晉儒學及洨濱書院贍田記 …… 446
平陽府新建教場記 …… 447
明三原縣創脩清河新城及重隍記 …… 447
蒲城縣新脩城隍廟記 …… 449
景行書屋記 …… 450

谿田文集卷之四 …… 452

書 …… 452

與松石劉督府書 …… 452
寄河南巡撫古川葛中丞書 …… 453

與總制劉公書 …… 454
　　與呂涇野書 …… 454
　　與同年某書 …… 455
　　與呂仲木書 …… 456
　　答崔子鍾書 …… 456
　　答潞州義門仇時淳書 …… 457
　　上羅整庵先生書 …… 457
　　與林志道年兄書 …… 458
　　答薛孝夫書 …… 458

谿田文集卷之五 …… 460
　行實　誌銘　墓表　祭文 …… 460
　　南京戶部尚書平川先生王公行實 …… 460
　　南京禮部右侍郎涇野呂先生墓誌銘 …… 466
　　明封山東道監察御史北原李先生墓誌銘 …… 469
　　明封監察御史拙齋韓先生墓誌銘 …… 471
　　明褚孝子墓志銘 …… 472
　　明誥封淑人呂母李氏祔中大夫墓志銘 …… 473
　　明承務郎臨清州同知約齋張公墓表 …… 474
　　吊平山王先生文 …… 476
　　祭劉大參文 …… 477
　　祭張母任太宜人文 …… 477

谿田文集卷之六 …… 478
　傳　賦　銘　吟　箋　辭　曲　說　呈 …… 478
　　薛孝子傳 …… 478
　　榮壽堂賦 …… 479
　　雙壽堂賦 …… 480
　　酷暑賦喻中貴 …… 481
　　鄖陽巡撫察院去思堂銘有序 …… 481
　　榆林巡撫察院堂銘 …… 482
　　菊谿亭銘 …… 483
　　缾山銘為項襄毅公忠孫鴻臚寺卿錫作。 …… 483
　　與槐堂吟為涇陽四春元作。 …… 483

游燕子磯吟 與奉常牛西塘太卿、黄毅齋少卿同遊。 ……………… 484

東園吟 ……………………………………………………………… 484

鳳凰臺吟酬徐東園 ………………………………………………… 485

僉事箴 送喬三石之四川。 ………………………………………… 485

淺齋箴 御史大夫餘姚魏君，早名有本，冠字伯深，扁廠攸居，命曰淺齋。谿田陳人，繫以箴言。 … 485

涵齋箴 為太常卿蔡子舉作。 ……………………………………… 486

敬惰箴 ……………………………………………………………… 486

玉坡奏議題辭 ……………………………………………………… 486

醉太平曲四首 壽渼陂先生。 ……………………………………… 487

書半齋說 …………………………………………………………… 487

仙釋說 ……………………………………………………………… 489

跋文姬歸漢圖說 …………………………………………………… 490

乞建石渠先生祠堂 ………………………………………………… 491

谿田文集卷之七 ………………………………………………… 493

五言類 …………………………………………………………… 493

送李梧山 ………………………………………………………… 493

送兵郎吴雲卿自滇郡徙處州太守 ……………………………… 493

送選部王副郎歸長洲慈闈奉侍 ………………………………… 494

送張黄門擢平陽太守 …………………………………………… 494

送少方伯章調廣西 ……………………………………………… 494

送縣尉程公 ……………………………………………………… 494

題山陰府秋谿卷 ………………………………………………… 494

寄送戴中丞梁岡年丈還關中 …………………………………… 495

步韻酬子業再去都下，別親知 ………………………………… 495

送黄太泉北還玉堂 ……………………………………………… 495

南山一章，壽保釐西土傅公 …………………………………… 495

擬　古 …………………………………………………………… 496

感長別言贈洪府尹西淙還關中 ………………………………… 496

江東遇青門張子，送還維揚 …………………………………… 496

題《松下杖竹餐桃二翁圖》，壽衛輝張封君 ………………… 496

寄贈宜君縣幕謫仙方伯芹山陳公 ……………………………… 496

春日感懷自解，寄崔後渠 ……………………………………… 497

目　錄

　　秋日，村中書事 …… 497
　　題　扇 …… 497
　　題雪齋 …… 497
　　足秋雨轉成霖，選體為樊生口占 …… 497
　　足中秋微夜雨，為李生口占 …… 498
　　寄明府初亭程先生 …… 498
　　送巡撫應臺傅公應詔入朝 …… 498
　　送友人之任 …… 499

古　風 …… 499
　　秋風操送周白川調留都少司寇 …… 499
　　將進酒 …… 499
　　折楊柳_{贈金可卿。} …… 500
　　陌上桑 …… 500

古　風 …… 500
　　關山月 …… 500
　　送　別 …… 500
　　陽關引，送別 …… 501
　　別靳宗周 …… 501
　　長別離，為耀州李學正作 …… 501
　　奉壽菊莊溫封君 …… 502
　　七桂謠_{鈞州李逸庵配得周姬，誕子七人，半為縉紳，薦獲贈封，微言有作。} …… 502
　　蒲阪歌 …… 503
　　送高陵石學諭致仕還四川 …… 503
　　金露篇，奉壽錢母王太孺人 …… 503
　　送友人之任 …… 504

谿田文集卷之八 …… 505

七言長篇 …… 505
　　南山謠_{送東谷王子入覲。} …… 505
　　春日喜雪 …… 505
　　春　思 …… 505
　　春日，對花獨坐 …… 505
　　賀石渠先生天恩存問詩 …… 506

- 385 -

雨餘，春望 …… 506
題管平田太常所藏《九老圖》 …… 507
題金太常少卿春齋所藏張少卿允薦金筆所畫《蘭桂帶枳圖》 …… 507
寄康德涵 …… 508
贈熊必說自陝如楚 …… 508
贈慶陽太守代王年兄作。 …… 509
汾水辭代人壽絳州薛蔓德延。 …… 509
台山高送侍御李公自河東還內臺。 …… 509
送張士元赴會試因致問平川先生。 …… 510
送趙宗魯生子 …… 510
慈鳥吟 …… 511
來雁行，題顧中書亨卷 …… 511
別高一主簿 …… 511
巀薜山行 …… 512
條山行 …… 512
鴻山行，寅友伍君鎧號鴻山 …… 513
婺源行，贈張淶水全秋古德卿 …… 513
燕歌行 …… 513

谿田文集卷之九 …… 514

五言絕句 …… 514

雪屏十五首，為考功寅友趙子題 …… 514
送大理兩曲王子擢河南僉憲四首 …… 515
府尊胡公陞梟司憲副，提刑握兵甘肅奉送一首。 …… 515
捲簾 …… 516
月下獨行 …… 516

五言律詩 …… 516

和霍宰中秋對月十首 …… 516
惠濟寺，與九川參政、涇野太史會宿，後對山太史尋訪宿處有作，奉和 …… 517
步韻奉酬對山 …… 517
中秋日，滸西訪對山 …… 517
秋日，訪楊南里年丈 …… 517
同涇野讀白沙詩，次韻 …… 517

邊　報	517
秋　雨	518
秋　感	518
涉　渭	518
曲沃道中	518
憶劉子脩	518
吊大司成王順厓居憂二首	518
送高蘇門擢山西大參之任	519
邊處士幽居	519
送孟僉憲還湖南	519
送張侯三載考績	519
送上川洪子承致政還歙	519
送雒司諫拜四川僉憲	519
送順天尹王玉泉謫福建大參	519
送郭二簿半山以行還安陽	520
送任継周之裕州幕賓	520
挽八十四丈胡封君	520
壽對山姊張母	520
九月四日，壽茍學諭	520
賀脩武龐義士畫壽	520
送鄖陽驛孫宰之任	520
都下送徐判簿行還羅山	521
題惠果寺僧方丈	521
題觀音寺八裹老僧方丈	521

谿田文集卷之十 522

七言絕句 522

平川書院十詠	522
送平川先生入朝十離詩	523
夾江覽騰圖二十首	524
奉和息園雜興十有二首	525
題梅，和干川先生韻	526
秋日書事	526

讀史有感	526
睡起，月下獨步	526
春日獨坐	526
洞門讀《易》，偶見杏花	526
葵花吟，寄許少華中丞	527
秋夜獨行	527
清平調二首	527
移竹二首	527
遊迎祥觀，觀梅	527
柬康德涵，代從人借書	527
謝王仲機邀飲	527
登覽翠樓思親	527
陝西東司鹿鳴燕罷	528
雪　花	528
嘆　杏	528
過劉子明精舍，賦得寒字	528
聞驢鳴，偶成	528
觀　雁	528
九日薄暮，獨酌寄符尚玉	528
戩　薜	528
題峻山遠水漁舟並泊漁父共酌觀雁圖	529
題　畫	529
題《雪梅圖》	529
獨坐對葵	529
遣　興	529
題劉氏村居	529
山丹曉露	530
朝　餐	530
和平川先生郊行	530
學　道	530
獨　坐	530
雨　中	530

箴學子 …… 531

座中驚蝶 …… 531

和東郭涇野觀梅 …… 531

長安弔古 …… 531

咸陽懷古 …… 531

又長安懷古 …… 531

清川送客北征 …… 531

寄榆林邊備僉憲蔣公 …… 531

送少方伯崔公之山東 …… 532

寄贈李伯雨宰新城 …… 532

寄贈胡都憲世甫 …… 532

送高蘇門擢大參之任 …… 532

送商洛黃公擢憲副，分巡西寧 …… 532

贈姜大參 …… 533

贈陸大參 …… 533

贈張子魚憲副 …… 533

贈暢子實憲僉 …… 533

贈韓廷延大參 …… 533

贈陳伯行僉憲 …… 533

贈秦少參 …… 533

贈少司空張伯祥 …… 533

寄贈嶺南仇總戎 …… 534

寄贈留都致政楊總戎 …… 534

贈黃允吉憲副 …… 534

贈夏都閫揮使 …… 534

寄賀劉憲副平秦、蜀鉅盜二首 …… 534

寄賀漢中通府朱彥常平盜 …… 534

李通府鈇陞漢中二守 …… 534

酬漢中陳太守二首 …… 535

代贈耀州唐判 …… 535

寄耀州楊守 …… 535

贈江陵陳公分巡漢中 …… 535

寄漢中朱太守	535
酬漢中蔣通府	535
代贈漢中王貳守	535
寄榆林邊備僉憲范公	535
寄漢中董太守	536
送新授涉縣司訓張子允升	536
送袁司訓擢善化教諭	536
寄贈蒲州何學正鄉丈	536
代寄鳳縣司訓	536
贈王鳳泉重典西土學政	537
贈郭中翰諶	537
代贈郿縣學諭	537
代張生悌賀陝州徐司訓蒙臺檄獎勞狷介。	537
望道贈別涇野門人王季鄰六首	537
題《杭州湖山圖》代賀高陵劉秀才古四首。	537
謝涇陽霍宰惠紙	538
奉謝霍宰惠白黏新米	538
奉寄雙谿杭翁	538
託寶雞令寄白德潤 德潤好仙，故戲之。	538
題薛孝夫舞鶴軒	538
寄題張親家幽居	539
蒲城訪趙文學公遺事有感	539
次蒲城	539
蒲州道中	539
題虞帝廟廣孝泉亭	539
鐵牛渡	539
薰風巷	540
中條山	540
涑水河	540
聞喜別平川先生	540
烈女橋痕	540
次侯馬驛，觀屏風題姜女橋痕，因詢廩人，得土俗，復作一首	540

侯馬驛聞書聲 …… 540
思兄 …… 540
憶四弟 …… 541
晉文公廟 …… 541
過豫橋 …… 541
憶劉子明 …… 541
憶王以仁 …… 541
憶竇伯孝 …… 541
憶永寧 …… 541
憶王孟章 …… 541
過太平縣有感 …… 542
憶王儲秀 …… 542
憶汝堅 …… 542
汾河鳥 …… 542
過汾水，訪文中子 …… 542
訪薛文清公 …… 542
題淮陰廟 …… 542
太原爲史先生題畫 …… 542
題《孔明抱膝吟圖》 …… 543
題《子陵垂釣圖》 …… 543
《蘇武牧羝圖》 …… 543
題《太公釣渭圖》 …… 543
南谿十挽詩 蒲阪僉憲謝公號南谿居士。 …… 543
挽陳生政安 …… 544
爲雒生代壽應臺傅公 …… 544
寄崔都閫 …… 545
寄申都閫 …… 545
寄許五工部 …… 545
贈祝參政 …… 545
寄金州張太守 …… 545
喜任進士舜臣中春榜 …… 546
題冷泉逸人卷 …… 546

題平野卷	546
春日，過春山書屋	546
春日，過東郊書屋	546
《龐德公隱耕圖[一]》	546
悼亡妻	547
代南村郝氏寄贈西河老人八旬壽詩	547
送李秀才培還商州	547
送王秀才還商州	547
贈趙子觀秀才	547
酬賀商南白尹	547

谿田文集卷之十一

七言律詩

登太華，夜宿峰頂	548
黃　河	548
過裴晉公家，訪遺事	548
曲沃道中	548
重陽道中	548
秋　日	549
野　望	549
奉賡家父韻四首	549
賡張蘭軒次韓魏公吊淮陰詩韻	549
題《蘇武牧羝圖》	550
喜　晴	550
拚晴二首	550
重入浮山	550
夢金可卿	550
戒人逞忿	550
柬康德涵	550
聞金州盜	551
送受業師	551
三愛圃並蒂牡丹，奉介庵先生命作	551
柬金可卿	551

端　陽 …… 551
長春花 …… 551
中秋偶成，對月 …… 552
春夜，病中同涇野對酌，讀白沙詩二首 …… 552
題問川圖卷 …… 552
龍門洞和韻作 …… 552
玄谿孝隱 …… 552
洛陽懷古 …… 553
送角山詹公撫我甘肅 …… 553
賀沱濱貫公綏我西土 …… 553
寄奉甘州巡撫棠谿王公 …… 553
寄奉中丞禄軒劉公 …… 553
賀憲長少巖傅公 …… 553
送寇涂水由御史大夫轉亞卿 …… 553
寄華野洪司徒朔方餉邊 …… 554
寄贈光禄寅友山東巡撫彭公 …… 554
疇鄖陽巡撫龍岡張公 …… 554
寄劉西岩浙江督學憲使 …… 554
上閣綉衣 …… 554
寄四川憲副雲崖陳子 …… 554
贈嚴太守陞湘江大參 …… 554
賀殷憲副遷擢方伯 …… 555
寄寧備邊憲使西坡許君 …… 555
寄楚國寶中丞 …… 555
寄鄜延兵備憲副方公 …… 555
疇西寧孟東厓憲副惠詩 …… 555
奉送侍御劉公還新野 …… 555
送聞石塘擢南都司寇之任 …… 555
王老先生存問 …… 556
送馬長公還廣德 …… 556
送許少宰北上進表 …… 556
寄方山韓稽勳 …… 556

酬徐宗伯養齋	556
宋寅齋葉公還慈谿	556
寄贈甘肅佩印王將軍	556
寄叙州周太守	557
賀羅進士戶部	557
寄贈成都太守午谿李君	557
寄贈漢中通守朱彥常	557
送順德太守滄溟李先生	557
酬河東運同吳子	557
代贈渭南宰鍾山甄侯	558
賀耀州守李石屏采涼泉民言	558
送耀州趙太守三載入覲	558
送涇陽吳令尹連前任淳化通三載入覲，戲用北地，張繡衣見訪語贈之	558
送淳化畢二尹三載入覲	558
寄鎮安弋令	558
代賀咸陽王尹生第三郎君	558
送謝大尹考績	559
賀盧湖滕老壽躋七衷	559
為江浦滕生贈袁生父西墅老人七衷壽	559
賀處士滕翁壽躋八旬	559
壽浮岩徐逸翁	559
賀寧州劉敬之壽躋七旬	559
壽東郭張翁八旬有五	560
賀張內相壽躋七衷	560
賀許母壽躋六旬	560
賀時母八旬	560
壽韋大淑人	560
壽張母康太孺人七旬九齡	560
奉壽劉母太夫人	560
次呂涇野齋居漫興韻十首	561
答呂仲木	561
答沈文瀾	562

酬張水南學士城南道院別後見贈，方憶宿愛，忽辱新什奉和 …………… 562
送張守貞赴會試 ……………………………………………… 562
挽李東谿天祿 ………………………………………………… 562
送賀先生考績 ………………………………………………… 562
賀李秀才秋闈中式 …………………………………………… 563
再賀李寵發解秋闈 …………………………………………… 563
送張伯趙進士還武功 進士，友人張待聘子，康對山甥。 …………… 563
賀錢某行取辭風憲，授南曹秋官 …………………………… 563
賀李甥本綱恩榮冠帶 ………………………………………… 563
寄贈趙子堉陵外舅張披楊將軍 ……………………………… 563
贈迎暉賓松處士為鄉賓 ……………………………………… 564
題東園先生東園 ……………………………………………… 564
雨花臺奉和大司徒約庵周公常 字韻。 ……………………… 564
送母舅婦家 …………………………………………………… 564
謝人送石碑，代道士作 ……………………………………… 564
挽涇野 ………………………………………………………… 564
挽楊南里繡衣年丈 …………………………………………… 565
賀蒲州梁南渠生子 …………………………………………… 565
哭武功張緯秀才 ……………………………………………… 565

補　遺 …………………………………………………………… 566
　送康太史奉母還關中序 ……………………………………… 566
　捐資補刻姓氏 ………………………………………………… 567
谿田文集續補遺 ………………………………………………… 569
　游終南山序 …………………………………………………… 569
　周易贊義序 …………………………………………………… 570
　高陵縣志序 …………………………………………………… 570
　千金方序 ……………………………………………………… 571
　新立社學社倉社約記 ………………………………………… 572
　肇修東北二郭記 ……………………………………………… 574
　寧州復修郭城記 ……………………………………………… 574
　宸翰碑樓記 …………………………………………………… 575
　鄭公祠碑記 …………………………………………………… 576

- 395 -

昭慧院記 …… 576
明太史對山康公墓誌銘 …… 577
李石疊墓誌銘 …… 580
明山東參政趙大夫及配杜碩人合葬墓誌銘 …… 582
來槐亭封君墓誌銘 …… 584
明修荆山靈雲峰殿宇銘 …… 586
玉坡詩夢引 …… 587
履謙堂箴 …… 587
贈㙮子鏞衣箴 …… 588
祭楊斛山文 …… 588
易經解十段 …… 589
原捐資補刻 …… 590

谿田文集搜遺 …… 591
　五言古風 …… 591
　　有　感 …… 591
　　秋日，與管大夫鳳儀游城南名醫廟有作 …… 591
　五言絕句 …… 591
　　題扇面景 …… 591
　五言律 …… 592
　　送令歸蜀 …… 592
　　喜　雪 …… 592
　　送許少參之任湖廣 …… 592
　　峽石晚行 …… 592
　　張　弟 …… 592
　　新豐四首 …… 592
　七言絕句 …… 593
　　分襟橋二首 父馬靖岩公與友人別橋上。 …… 593
　　與良溫羅署丞 …… 593
　　題武處士二首 …… 593
　　夏聞布穀 …… 593
　　寄韓小山伯梁 …… 593
　　山居即事 …… 593

四　皓 …………………………………………… 594
　　子　陵 …………………………………………… 594
　　穆　生 …………………………………………… 594
　　題扇面景 ………………………………………… 594
　　高村早行 ………………………………………… 594
　　寄商南州劉守 …………………………………… 594
　　鄭泉二首 ………………………………………… 594
　　題潼關 …………………………………………… 594
　　題斜山 …………………………………………… 595
七言律 ………………………………………………… 595
　　望　山 …………………………………………… 595
　　送范憲副之任廣瓊兵備 ………………………… 595
　　和張副郎維約留別韻 …………………………… 595
　　閏臘月十五夜雪霽 ……………………………… 595
　　早朝乙酉歲十二月七日也。 …………………… 596
　　送范憲副赴任廣東兵備，便道省墓 …………… 596
　　風木餘思手卷爲用載題 ………………………… 596
　　戲答雒太博相招 ………………………………… 596
　　寄王大 …………………………………………… 596
　　集張用載宅，時葉內翰至 ……………………… 596
　　送耀州趙太守三載入覲 ………………………… 597
　　壽浮巖昝處士八旬 ……………………………… 597
　　別費先生 ………………………………………… 597
　　送喬景叔僉憲入蜀 ……………………………… 597
　　送劉時勤通府北官平定 ………………………… 597
　　散　句 …………………………………………… 597
曲 ……………………………………………………… 598
　　〔喜遷鶯〕送程某行取帳辭 …………………… 598
　　和昝御史〔清江引〕四首 ……………………… 598
贊 ……………………………………………………… 598
　　題孫處士像贊 …………………………………… 598
　　魯倡外父贊 ……………………………………… 599

張介贊 ·· 599
　　介婦贊 ·· 599
　　李處士贊 ·· 599
　　界方贊 ·· 599
　　馬班贊 ·· 599
　　班妻贊 ·· 599
　　李曾母贊 ·· 600
　　寇大備像贊 ·· 600
　　玉坡張公像贊 ·· 600
題　辭 ·· 600
　　澄城縣志題辭 ·· 600
銘 ·· 600
　　界方銘 ·· 600
墓誌銘 ·· 601
　　高夫人墓誌銘 ·· 601
　　姚安人墓誌銘 ·· 602
　　明敕封李淑人墓誌銘 ··································· 603
　　趙孺人墓誌銘 ·· 605
　　知春老人寇大備墓碣 ··································· 607
書 ·· 608
　　與康對山書 ·· 608
　　與呂涇野書 ·· 608
序 ·· 611
　　賀封君寇毅庵老先生晝壽序 ····························· 611
　　賀閻公見勞於侍御魏君詩序 ····························· 612
　　賀涇川處士壽官王君配碩人李氏年八旬榮壽詩序 ········· 613
　　送李軒瑞拜官南歸序 ··································· 613
　　雙壽序 ·· 614
　　送涇陽太尹吳君三載入覲序 ····························· 615
　　方山先生文錄序 ······································· 616
　　仇氏族譜序 ·· 617
　　商略舊序 ·· 617

目　錄

　　贈魏千戶侯序 …………………………………………… 618
記 ………………………………………………………………… 619
　　重修高陵城隍廟記 ……………………………………… 619
　　楊侯去思記 ……………………………………………… 619
　　憫忠祠記 ………………………………………………… 620
　　新建西寧忠節祠記 ……………………………………… 621
　　重修商州文廟記 ………………………………………… 622
傳 ………………………………………………………………… 623
　　崔文敏公傳 ……………………………………………… 623
祭文 ……………………………………………………………… 624
　　祭石渠先生文 …………………………………………… 624
解 ………………………………………………………………… 625
　　喪服解 …………………………………………………… 625
　　贈扶風令楊叔後 ………………………………………… 627
　　重修河北新城記 ………………………………………… 627
　　封建論 …………………………………………………… 628
　　戶役論 …………………………………………………… 629
　　兵防論 …………………………………………………… 629
　　河套論 …………………………………………………… 630
　　西域論上 ………………………………………………… 631
　　西域論下 ………………………………………………… 631
　　明故中順大夫浙江紹興府知府瑞泉南先生墓表 ……… 632
附　錄 …………………………………………………………… 635
　　明史列傳_{儒林門} ………………………………………… 635
　　　馬　理 ………………………………………………… 635
　　關學編 …………………………………………………… 636
　　　谿田馬先生 …………………………………………… 636

谿田先生文集序

　　正嘉間，涇野呂先生、谿田馬先生相與講明正學。涇野嘉懿，多就正谿田，而谿田雯華，涇野未嘗不推轂焉。副墨不云乎："馬理文章景明詩，當代斯文可讓之。"谿田先生文名赫著，厥惟舊哉。顧草牘散佚，久未鋟梓，景行者多遐思焉。

　　惟時原令張君文谿政成人和，暇綜文獻，彙藁成集。直指安節吳先生督蹉三省，博諏先明，雅意谿田先生，得是集也，喜命受梓，徵言于余，用序簡首。顧下里鄙陋，烏能贊一辭哉。

　　初，余諸生讀書窒衡，先生便過，側侍論文。先生曰："君子之脩穆行也，非以為躁也為之，於此成文，於彼近取潤身，遠取華國，又遠取化成天下，幹乾轉坤，不觀陶唐氏之風乎萬國協和，百蠻服從。"余問："何以謂之文也？"先生曰："紕纇除而經緯精，是以謂之文也。"三代盛時，率由帝道。漢文蔚然可觀，辟彊何以開其奧。唐文三變，良議不能矢其章。宋文奎聚，道學明昌，然幅幀隘擘，航舫不掉，尚可語條理乎？或謂抑氣數之故與？先生曰："氣運可諉，聖賢何為？往觀豐鎬，郁郁文盛。近如我師端毅王公非柄銓之成章乎？給諫張玉坡、原侍御楊斛山爵非口籥之成章乎？故辯議不可不為，辯議而苟可為，則士心正，吏習端，其與世道未必無小補云。若琱鏤藻繢，炫奇兢巧，君子奚取焉。孔子曰：'所信者目也，所恃者心也。'"先生之文，閱目契心，大雅君子諒自有達觀焉。

　　賜進士、中大夫、提督軍務巡撫四川、都察院右僉都御史、前吏科都給事中、兩朝侍經筵後學雒遵撰。

　　萬曆十七年六月吉旦刊。

谿田文集卷之一

關中谿田　馬　理著
後學涇波　雒　遵選
宜興安節　吳達可閱
三原知縣　張　泮校

上彌天變疏

文選司主事臣馬理謹奏：為自劾久病不職，乞加罷黜，以彌天變事。

臣由正德九年進士，十年四月，由本部稽勳司主事調今職，至十二月初，患病在家，及二十日夜，本司被火燒毀房屋。蒙聖恩察臣彼時門籍，開註患病，曲加寬宥。

臣竊惟天人一理，交相感通，善惡之積在人，災祥之降在天，變不虛生，惟人所召。今臣本部本司被火，求諸感應之理，昭然可見實臣不職，積惡之所召耳。

蓋吏部者，百官之首，而文選司者，又一部之首也。臣乃何人，濫居是司，故上天降災于臣，以示端于陛下。若曰是不能為有無，直可去之云耳。竊念臣職雖主事，然推擇大臣于朝，則保傅以上與聞其謀，銓選多官于部[一]，則科道而下與司其事，其任亦不可謂不重矣。使臣等果能日夕孜孜，殫心竭力，相與輔相尚書有為，俾朝廷進必君子，退必小人，賢者能者布滿中外，而野無遺佚，則百工效績，四海底平，而唐虞三代之治可期也。今海內官無善政，邑無善俗，人無善心，民窮而盜起，兵耗而備弛，譬若巖牆而無基，是之謂危；而執事者不自為政，柄斯下移，是非不明，賞罰失當，使人善惡莫知所從，譬若理絲而無緒，是之謂亂。夫使天下之危且亂者，官之不得人也。官不得人，罪將焉歸？實臣等不職之咎耳。今臣等所進未必賢，而賢者未必進。朝有倖位之人，野多考槃之士，如王雲鳳、吳廷舉、胡世寧、呂柟、李夢陽者，皆天下之賢也，臣等不能進。如陳天祥者，天下之奸也，臣等不能退。則臣等之莫為有無不可掩矣。語曰："危而不持，顛而不扶，焉用彼相。"此天之所以降災，臣等使其起處之所煨燼一空，而示以必可去之之意也。況臣自去冬以來，感受寒邪，始猶皮膚之疾，終成心腹之病。即今醫藥日久，而屢犯禁忌，延致表裏俱虛，患生多端。雖勉強支持，實轉加沉痼。夫以百官首領之司，以臣匪才，無病處之，尚萬萬弗堪。矧今百病叢軀，日加沉痼，豈應叨享天祿，妨賢而病國哉？茲者，雖蒙聖恩浩蕩，憐臣抱疾，曲加寬宥，然臣自內省，實為不安。

念臣自調任竊祿以來，弗能盡職，九月于茲，中心愧怍[二]，日帶厚顏，累欲陳乞，懼非時宜，作而復止。今天咎臣等，用啓陛下之心，是臣言之時也。故茲鳴訴，自首厥辜，伏望陛下覽納臣言，開日月之明，廣用人之路，放臣歸田，為民養疾，或別加黜責，以彰其咎。為人臣不職之戒，咨詢於眾，而進天下之賢，退天下之奸，更選賢能以充臣職，而益責其輔相尚書有為，則枉錯直舉，人心愜服而天變可彌，四海之內將去危就安，去亂就治，庶幾太平之可望矣。不然，臣知太平之無日也。

臣愚昧冒干天威，不勝戰慄之至。謹具奏以聞。

【校記】

[一] "官"，道光本作"宫"。
[二] "怍"，原誤作"作"，今據道光本改。

清理貼黃疏

吏部稽勳清吏司署員外郎事臣馬理謹奏：為清理貼黃事。

臣素多病，茲蒙聖恩欽升前職，除扶病謝恩，到任接管清理貼黃外，臣在任查得內外大小各官有除授者。該司付臣，臣為製黃貼之有升用者；該司付臣，臣為續黃貼之有考滿稱職與不稱職者；該司付臣，臣為續黃貼之有黜罪降調致事為民者；該司付臣，臣為續黃貼之或不續而拔之。蓋所以明賞罰，昭勸懲焉。

近日以來，若汪俊，若馬明衡，若朱淛，若李本，若林應驄，若呂柟，若鄒守益諸臣者，臣聞之朝野，皆以為忠於陛下者也。然皆以拂旨，或黜之，或降之，或囚之，而得罪各異。若桂萼，若張璁，若席書諸臣者，臣聞之朝野皆以為不忠於陛下者也。然以順旨，或升之，或起之，或內之，而承寵略同。是皆有關於臣，而為續黃拔黃者也，其是非若難辨矣。然臣考之孔子語："事君之道，勿欺也，而犯之。"則汪俊諸臣者有焉，若萼等則有欺而無犯矣。《易》曰："王臣蹇蹇[一]，匪躬之故。"則汪俊諸臣者有焉，若萼等則唯唯而異於是矣。《記》曰："事君有犯而無隱。"則汪俊諸臣者有焉，若萼等則有隱而無犯矣。孟子曰："責難於君，謂之恭。陳善閉邪，謂之敬。"則汪俊諸臣者有焉，若萼等則不恭而不敬矣。昔者，齊景公視梁丘據而歸，晏子曰："君所謂可，臣獻其否以成其可；君所謂否，臣獻其可以成其否。譬之五味相濟，是之謂和。若據譬之以水濟水，亦同耳，安得為和？"拂則為忠，同則為佞，由是言之，則俊等諸臣與萼等諸臣忠邪較然明矣。況俊等之見，非一人之見，舉朝之見也；非特舉朝之見，天下之見也。萼等之見，不過為干祿希寵之媒，一人二人之邪說耳。今臣承乏前職，坐視萼等一言之入，使宗廟幾于變遷，內閣元老、宗伯大臣皆相繼罷，言官又相繼貶竄，侍臣又相繼下獄。在內在外，百司執事，人人自危而咸懷去志。而彼三人者，方且揚眉攘臂，將以入朝就列。嗚呼！雖范雎之離間秦王母子甥舅以取相位，與夫蔡澤奪范雎之位之巧，何以異哉？所謂邪說橫流，壞人心術，充塞仁義，甚於洪水、夷狄、猛獸之災，慘於亂臣賊子之禍，所當辭而闢之者也。使臣隱而不言，但因該司付至而於諸臣貼黃從而續之拔之，其為不職不忠亦甚矣。為臣如此，將焉用之？又臣近於一二日間見有差往南京守備，太監王鏜者奏討長陵守衛軍士云云。

【校記】

[一]"蹇蹇"，原漫漶不清，今據道光本補。

乞廣仁恩疏代作

吏部尚書廖厶等謹奏：為議處久監囚犯以廣仁政事。

臣伏見陛下御極以來，省刑薄罰，開釋無辜，非因孝心所發，未嘗輕罪言者。囹圄罪囚如師夔、季敩，皆正德末年議擬極刑之人，迄今五年，未忍遽決。邇者，冬月臨刑，又蒙特赦暫免。其好生之德真與堯舜不殊，覆載同其大矣。臣待罪吏部尚書，蓋嘗叨與會審，請得以所見，推廣德意，為陛下言之。

臣謹案刑部揭帖，節略有云：師夔，陝西人，原任江西僉事。季斅，浙江人，原任廣西參政。正德十四年六月間，宸濠謀反，十四日，師夔并經過季斅及各官進府謝酒，被宸濠將孫都御史、許副使殺害，將三司等官及季斅綁縛監禁。本月二十一日，撰偽檄並安民偽榜，差校尉押脅季斅，質其妻子，使齎檄廣東等處至吉安地[一]，方被官軍拿獲。本月二十六日，又差官校周成等管押師夔安撫九江。至七月十五日，師夔脫走。訖二十日，官軍俘獲宸濠，師夔等亦各投到續疏紀功。孫御史開查季斅下家人李慶獲逆賊丁鎮仔等，謝御史開查師夔擒賊徒周成等各是實。後法司擬罪，比依謀反知情故縱律，斬決，不待時。緣所犯律無正條，法司比依，深於惡惡之意，此其情有可矜，此陛下所以每歲宥之，而未忍加刑者也。

夫見知故縱，臣謹案《漢志》有曰：孝武時，使張湯之屬脩定法令，作見知故縱之法，當時已為深矣。然知情故縱云者，謂素與同居親狎，法當首而不首，力能捕而不捕，釀成其惡者也。竊照師夔之於宸濠，素非親狎。季斅之在江西，本屬過客。俱因謝酒之行，偶值不軌之變，是禍機藏於笑談，干戈興於揖讓。若鳥在羅，則不首之罪可原；如魚觸網，則能捕之勢焉在？但師夔為之撫人，乏奮笏擊賊之勇；季斅為之齎檄，缺仗節死義之忠。是謂從賊，有乖貞節。然考諸漢之關羽，忠莫忠焉者也，亦嘗降賊於失利之日；唐之杲卿，烈莫烈焉者也，亦嘗迎賊於無備之時。涅而不緇雖難，可與倫污而後雪，則均口于不幸[二]。蓋奮翼多出於垂翅，圭璧或隨於泥塗，要在徐觀，未應概棄。故漢高不究沙中之語，光武悉焚王郎之書，奠茲小蠢，以成大業，良有內也[三]。再照夔受偽榜斅齎賊檄，一則管押而往，桎梏不離其身；一則押脅而行，兵刃恒隨其後。迹同陷阱，諒非甘心，勢若行尸，豈云得已。況師夔之往九江，管押者，周成也，既而夔復伺便擒成而奔於官軍。季斅之赴廣東，押脅者，賊徒也，既而斅復使人捕賊而白其心事。則報國之意終顯，脅從之迹益明。昔李白陷于賊中，由水軍之逼而釋；王維降于祿山，以朝天之詩而免。今夔、斅陷賊，雖與白無異，而擒賊，則視維有功。況同犯之人，多從寬宥，若獨處極刑，亦已過矣。《書》曰："殲厥渠魁，脅從罔治。"以夔、斅之事揆之，豈真為渠魁者哉？豈真知情故縱者哉？正亦脅從之流耳。伏望陛下念死者無再生之日[四]，斷者無復續之理，擴好生之德，特敕法司，將師夔、季斅原其脅從之情，寬比依之律，坐以減死之罪，放而流之，不復齒焉。則聖德真與堯舜比而仁恩既至，義亦盡矣。

且臣又聞之，昔元上太宗疾篤脉絕[五]，藥不能療，其臣有耶律楚材者，勸以放赦，已而脉生疾愈。近聖體違和，臣日夜不寧，展轉憂慮，忽記楚材之事，輒思芹曝之獻。今聖體雖就平復，而臣區區效忠之心未已，故敢昧死以前項事情為陛下言之。伏惟垂日月之明，察管窺之見，留神采納，幸甚幸甚！

【校記】

[一]"齋"，原漫漶不清，今據本篇下文及道光本補。
[二]"□"，底本此處為空格，而道光本此處無空格，據文意此處當脫一字。
[三]"內"，道光本作"由"。
[四]"日"，道光本作"因"。
[五]"上"，道光本作"主"。

謝恩疏

南京光祿寺卿臣馬理謹奏：為謝恩事。

臣先蒙聖恩，授臣光祿寺卿于嘉靖十二年十月間。臣偶患痰疾，具本奏乞致仕，蒙聖恩准臣回籍調理，候疾痊之日起用，欽此。欽遵外續，于今年十二月十一日復蒙聖恩，授臣今職。臣三月初十日聞命，即望闕叩頭謝恩外，於本月二十二日起程赴任，至四月二十二日渡江謁陵，二十四日早赴本寺衙門，望闕叩頭到任外，臣竊惟南陵視膳，重霄覆載之恩，北極瞻天，益遂割烹之願，尹志猶篤，顏學未忘，誠親見放勳、重華之風，敢自負陋巷簞瓢之節。臣又惟臣生於成化十年甲午，迄今正年七十。《禮》"大夫七十致仕"，今例京官七十致仕，與《禮》實同。臣自揣臣應事精詳、廉正公平，不如浙江周文興；明敏有為、文武俱優，不如朝邑韓邦奇；静正無私、屹若砥柱，不如懷慶何塘；遇事安和、中行無咎，不如榆次周鈇外。此濟時之才，足以却胡安夏者，尚濟濟在野，未易悉數。伏望皇上察臣衰老，放歸田野，取臣所言及未言之才，令該部斟酌，任而用之，則不出三年之間，虜患可消，內亦無虞，天下幸甚！臣隨於二十六日具本，二十八日差家人厶齋赴通政司投進謝恩，兼引例自陳，乞賜致仕。臣稽首頓首，不勝戰慄之至。謹具奏聞。

谿田文集卷之二

序

陝西通志序

雍人曰：往歲帝命，司馬獻臣撫我西土，司馬姓趙氏，名廷瑞，直隸開州人。詳《名宦志》中。於內靖外安之暇，念及斯文，乃會諸臺獻臺獻，謂巡按御史張氏名光祖、浦氏名鋐、周氏名南。詳《名宦》。及三司諸明諸明，謂布政使喻氏名茂堅、鄭氏名氣、王氏名庚，按察使陳氏名儒、張氏名問行，參政管氏名懷理、謝氏名蘭，副使楊氏名仲瓊，僉事張氏名文藻、徐氏名萬璧，都指揮僉事蔣氏名孝禮。其餘諸君子，俱詳見《名宦》。諏曰："昔在成化，端肅先明端肅姓馬氏，名文升，河南鈞州人。保釐茲土，肇脩前志，惟時臨川伍氏名福，時為提學副使。實執筆焉，逮今七十載矣。其後信陽何氏名景明正德間為提學副使。雖嘗撰述，識其大者而已。先今文獻，苟無所紀，後將何徵。"諸獻明曰："然。"爰用幣及書託涇野宗伯姓呂氏，名柟。逮余衰朽，續前二志。維時二人出所藏籍，萃諸時彥，就館竹林，冠萊公祠名，在高陵、三原二縣境上。議纂述焉。未幾，宗伯乃歸侍慈闈，尋罹內艱，繼應星殞，溘焉長逝，予如鵜喪厥翼焉。嗣是乃咨諸時彥，展才助余。彥乃觀象考籍，得茲土星文，當列宿之半、五行之二、雲漢之全，復屢得秦星所在。詳見《星野》。又察理考籍，得天下山川脈之所起、源之所發，為紀為絡，為條為列，分江分河，要會之處。河源，舊稱出於崑崙，今併江、漢、涇、渭，皆詳其發源之所。又考天下山川有二紀，有四列，皆以終南、秦嶺、太華為中界。在其比者為地絡，陰山陰川，其川為河，為北紀、北條、北列。在其南者為地絡，陽山陽川，其川為江，為南紀、南條、南列。脈之所發皆在西北，其會皆在華山之陰之陽。詳見《山川》。又參互考訂，得名山大川所在，昔所迷者，辨而著之。如甘泉，舊誤在涇陽境中；荊山，舊誤在富平境中；秦嶺，舊誤稱在于商州；終南，舊止稱在長安城南。龍首、少陵、杜陵、鳳原、黃山、畢原、石安、畢陌，舊皆析為數處，鎬水、潏水、交河，舊不詳所在，今皆註之[一]。詳《山川》。又稽諸古今茅土之頒在茲土者載之。詳見《封建》。復見諸郡邑之設昉于茲土，有因有革，有割有合。志者，或顧其一指，失其肩臂；或地在他方，冒名在此。史既舛謬，志益踵訛，悉加正焉。如富平，舊為頻陽懷德美原，舊史誤以北地富平為西安之富平，《宋志》因之，故以後諸志皆訛。涇陽萬年皆然，今皆正之，詳《建志沿革》。尋考河套西域，吾故疆也，具有城郭、物產在其土地，建置、沿革見諸圖籍，爰收而載焉。詳見《河套西域》。仍稽諸圣迹、古迹，布我疆域，輝耀山川，苾芳簡冊，爰別而紀焉。詳見《土地》十一、十二、十三卷中。續議茲土之獻，聖神為大。肇造彝倫，傳道開來，制厥服食、宮室、器用、書籍、禮樂。詳見《文獻聖神》卷中。舊或略之，而詳諸異端辭客之事，特表而著之，綴以蕪辭，繪高厚焉。續議茲土之文，經籍為大。舊或略之，而詳諸詖淫浮誕之文，乃載其要略，繫以管見。詳見《經籍》。續議茲土之獻，聖神之下，帝王為大。茲土之文，經籍之下，諸史子集可及，爰第而載之。繼索茲土名世之宦、鄉國之賢，雖人有崇卑、顯晦、剛柔之異，行有偏全之殊，為獻則一舊所遺者，悉登載之。西安古賢遺者，增入八百餘人。他府類是。但儲書未廣，昔賢之行未能博聞；又見任名宦，不書，尚疏略耳。嗣以茲土藝文孔殷非大車可載，乃擇其關治教者錄之。嗣以茲土人民，自古及今，屢有消長，詳著於編見戶口蕃息，在仁惠焉。至於物產，則黃壤之區、黍稷之美甲於天下，乃《本草》訓註、諸家農書，不別二物。夫性既不同，用各有宜，儻事君事親，誤羞湯藥，豈細故哉！故明以辨之。若夫釋、老二氏，實繁有徒，其栖止出處，不可勝算。考厥先師，具有妻子，故詳其源委，繫以鄙言，蓋厚吾彝倫，厚其徒焉。其徒聞之，靡不忻悅，可以見其情與治之機矣。乃若政事在茲土者，各詳本篇，稍見義例，他不載者，不勝載也，乃以鑒戒終焉。夫諸彥之意，其深矣哉。諸彥就館於嘉靖辛丑三月六日，散館於壬寅十一月望日。先授之政要者為笑齋龔子，名輝。見《名宦》。後校正者為鳳泉王子，名邦瑞。見《名宦》。督鋟梓者為吾守六泉吳子。名孟祺。見《名宦》。諸彥者謂朝邑教諭華陽雙應麟、富平訓導崇寧周文翰、三原訓導鮮州呂鳴韶、三原舉人賈守正、選貢張治國、高陵選貢劉守德云。

【校記】

[一]"註"，原漫漶不清，今據道光本補。

長安志序代作

　　長安，古帝王賢聖之域，謂之神皋，其有圖志，舊矣。愚承乏來守是郡，謂宜知先務也，詢諸名公，乃得《長安圖說》并其《志》焉。覽之，吾取其風俗之策焉。曰："其民好嫁穡[一]，務本業，有先王遺風。嗚呼！非周之世德，何以及此，其有得于思文，《豳風》之詩矣乎，《無逸》之書矣乎。於，美哉！其開國，其延祚，盡在是矣。"或曰："秦漢而下有遷人焉，駁矣，奈何？"曰："不曰世家好禮矣乎。觀夫宋元之儒所服行，信矣。今其居鄉之禮存，奚駁之患哉。駁而去之存乎懲，淳而還之存乎勸，是在吾有司焉耳。有都邑之策焉，吾取諸隋。以言乎坊巷，則畦分爾矣；以言乎公私，則區別爾矣；以言乎防革之法，則備矣。於，美哉！其得周禮之遺制矣乎。是故足以禁奸，足以保民。夫坊區不易別也，吾用其墉門之制焉，亦幾矣。有水利之策焉，吾代取之涇渠，其大者也，《圖說》悉矣。於，美哉！其誠所謂舉錘為雲，決渠為雨者乎，其得盡力溝洫之意矣乎。"或曰："是秦用富強者也。今沃壤無幾，而旱乾告災，奈何？"曰："譬諸雨暘[二]，極備凶，極無凶，志有之，時而引之，均而用之，小人盡力，君子盡心焉爾矣。今曲防者多，是謂極備能無極無者乎，況引之，或苟焉，安望其用之均也。所謂盡心者，是在吾有司耳。"夫志也，往迹庶乎昭矣，以徵諸載籍賢，於註疏，於人心，寧無悇乎哉。然或疏於古而密於今[三]，使經制不著而詳。夫不貞之度焉，僭也。志怪有餘而陳常不足，誕也。離者合之，奇者偶之，舛也。訓釋以為目而莫知網焉，散也。總持莊嚴，隋有寺焉；金仙玉真，唐有觀焉，而莫知其非，亂也。其諸子真之泉、崔郭之宅、老子之墓，尚有關於風教矣乎。《志》凡二十卷，宋龍圖學士宋氏敏求所著；并首《圖說》三卷，元行臺御史李氏好文所編。傳自藍田呂氏，月山張氏嘗校焉者也，要矣。然視張華所識已十亡七八，適今不傳，後又何賴焉。孔子曰："吾猶及史之闕文也。"謂疑信皆傳古之道也，是故刊諸郡齋以有俟云。

【校記】

［一］"嫁"，疑為"稼"之形訛。
［二］"暘"，道光本作"暘"。
［三］"於古而密"，原漫漶不清，今據道光本補。

壽樂園序

嘉靖庚寅春，臨潼主人營東園成，有渭川居士來謁主人，時方繹於先王，未之暇見也。明日，姑延客于園。客自西南隅入巽維門，再入重巽門，循女牆而東，有亭構柳陰對重巽者，劇舞亭也。亭畔有渠，自東南龍首而來，入宮牆而出柳下者，觀瀾渠也。沿渠而北而西，當兩垣之中，闢地而池，以魚鼈菱芡蓮藕者，讓川池也。有亭當中，環以池、通以橋者，歌薰亭也。入池登亭，南望女牆外，有奇峰重巒、崚嶒嵯峨狀如太華、終南、太乙、紫閣者，覆簣山也。越池而北，有亭四楹，翼然于萬花之叢者，太朴亭也。自太朴而北，有堂六楹巍然于松檜之林者，集雲堂也。自集雲而北，有亭在竹所，兩楹而前，一楹而後，狀如鼎足，而宜獨居者，保極亭也。觀已，主人曰："吾園何如？"客曰："吾既管窺之矣。夫巽遜而入也，德之門也。重巽深矣，德可量乎？夫入德，莫先於知止。知止者，莫如山。故為山於南，而曰'覆簣'焉。夫知止，斯可期於得。得斯樂，將不自知其手之舞之，足之蹈之矣，故託亭於柳而曰'劇舞'焉。夫得止，未易言也，在不息其功焉。物之不息者，莫如瀾，故渠曰'觀瀾'，寓自強之意也。夫自強，然後能下人。下人者，善之海也，故池曰'讓川'。夫下下者，必有所戴。戴上者，必歌其德，薰風，君德也，而著於水心，故亭曰'薰風'。夫歌德者，和順之所發也。和順積中，英華見矣。然君子衣錦尚絅，匪英華之貴也，故亭於華叢而曰'太朴'焉。夫反華歸朴者，為已之至也。夫然後日章而朋來雲斯集矣，故廣堂於松檜之間，曰'集雲'，見同人之樂焉。夫同人者，非私交也，所以保皇之極也，故亭於竹所曰'保極'，見尊君之至焉。"主人曰："《詩》云：'他人有心，予忖度之。'吾子之謂也。是則然矣。然疇昔吾園之成也，有君子過我，取其大而略其細，命曰'壽樂'，得乎？"客曰："美哉！取也。吾遺諭矣，其深有取於覆簣、讓川矣乎。孔子曰：'知者樂水，仁者樂山。知者動，仁者靜；知者樂，仁者壽。'夫仁者靜而似山，故樂山，其效也壽；知者動而似水，故樂水，其效也樂。此不易之言也。然其所以動、所以靜、所以樂、所以壽者，得無有本矣乎？夫山者，覆簣之積也。積而不可，以有加焉，斯已矣。故善動者，莫得而移之也，不亦至靜矣乎。故不騫不崩，悠久而無疆焉，不亦至壽矣乎。君子積善而仁，其效亦猶是矣。天下之水，源於川而委於海。夫海讓百川，而天下之水皆歸焉，惟其不自滿也。夫自滿無時，則其歸亦無時，故源泉混混，不舍晝夜。善禦者莫得而遏焉，不亦至動矣乎。故周流無滯，有至樂之象焉。君子讓善而智，其效亦猶是矣。"主人曰："仁且智矣，又何加焉[一]。"客倚琴而歌《楚茨》之四章，主人謝曰："是示我以保極之道在於祀也。"歌《初筵》之二章，主人謝曰："是示我以知者之樂在於祀也。"歌《信南山》之乱，主人謝曰："是示我以仁者之壽在於祀也。敬聞命矣，敬聞命矣。"客於是壽主人，主人醻之。於時客後入者眾，咸底於保極之下，返而燕于集雲[三]，覽太朴之華，即觀瀾而流觴，詣水心而歌薰，俯讓川，眺覆簀，婆娑于興舞[四]，然後由重巽而歸也。

【校記】

[一]"又"原誤作"人"，今據道光本改。

全唐律詩序

壺關張侯來，自翰林吉士宰吾三原。明年，政暇志於詩樂，乃閱唐人律詩，手自選取，多寡弗倫。若杜子美詩則全取之矣，其孟浩然、王摩詰、李太白、韋應物詩則訪於理而多取之，既成編矣。或人疑之，問於理曰："夫侯有大人之事，乃耽詩也邪？"曰："昔者堯、舜之治天下也，詩用言志，工用時颺，典用后夔[一]，總用神禹，以教胄子，以格頑讒，以和神人，以在治忽。而又省方觀民，敷言采詩，三代盛時，亦莫不然。何為大人而不耽詩乎哉？侯是舉也，匪徒自耽，將與吾民耽矣，惡乎不可？"曰："吾民有小人之事焉，乃耽詩也邪？"曰堯、舜之時，工人鳴球以詠，童者干羽以舞，君臣賡歌於朝。金、木、水、火、土、穀，正德利用，厚生之人，咸歌其事，鼓腹之兒、擊壤之老，亦皆有謠有歌。故當時九功勸，百神享，群后讓，鳳凰儀，鳥獸舞，堯舜之德於是為盛，蔑以加矣。何為小人而不耽詩乎哉？"曰："吾聞大儒蓋有薄詩而不為者，得無謂邪？"曰："儒莫大於孔子。孔子雅言庭訓不離于《詩》，曰：'《詩》可以興，可以觀，可以群怨[二]。'可以事父事君，可以言，可以授之政而達。以不學面墻而警伯魚，以可與言《詩》而許商賜。問曾皙詠歌之志，則喟然稱嘆；聽子游弦歌之音，則莞爾而笑。豈徒然哉？盖欲協和斯世如堯、舜時爾。故周流四方擊磬有心，絕粮七日而樂音不絕。及夫老而不遇，則刪《詩》正樂，以垂後世。然居嘗無故，即琴瑟在御，與人和歌。盖山木之音至於夢奠之辰，猶徹外塾。何為大儒而不為詩乎哉？"曰："吾聞儒者所取，唯古詩耳。唐人律詩，亦足取耶？"曰："唐人尚音其文詩，宋人尚議其詩文，故唐詩為有音也。其比興具，其聲律諧，當時被之管弦，後人取以咏歌，故律體工焉。雖有散篇去古頗遠，亦律之屬耳。若夫忠君愛國，辭本至情，吊古懷賢，言垂確論，有補史編，亦關風教，此其上也。其或意趣冲素，襟懷散逸，音節舂容，氣象閑雅，乃其配焉。至於咏物寫懷，渾成雄偉，蘭翠弗飾，海鯨是掣，斯其次也。外是則綺麗穠纖，奇巧險怪，斯為下矣。但當其時，上無觀風時颺之政，下鮮和順道德之人，故外重內輕，物交斯引，言不本德，樂難道古，斯其疵耳。間有高才之士，乃復老、釋是依，喪予懷珍朶頤，丐夫又焉用之？此知道之士，所以不滿夫人之所為也。"曰："進此，其何如？"曰："若宋儒之蘊，發以唐人之詞，其庶幾爾矣。"曰："儒者蘊美在中，顧不長於辭也邪？"曰："聖人之德極其全，賢人之學識其大。孔子之聖，一事一官，必問於人，一礼一樂，亦皆有師。俎豆之事，萍鳥之謠，無不識焉。故其為德之盛，如天地之所以為大，莫可測也。若夫賢人之學，何必然哉。知所當行，執而守之，之死不渝，亦成人矣。故顏子博學於文，曾子用心於內。則夫儒有不為詩者，非惡於詩而然也，用心於內而識其大焉。其道固如是耳。"曰："子言之天下之治，匪詩不興，匪樂不成。己則不能，而欲人為之，有是理邪？"曰："公輸子之為藝也，得之於心，應之於手，故使之為梓人，則指麾群工而奔走焉，為良梓人矣；使為工人，則循其繩墨而毫髮不爽，為良工人矣。餘則不然。群工之斧斤待梓人而後施，梓人之器用待群工而後備。故孔子之聖，委吏可也，乘田可也，攝行相事亦可也，從周之文可也，行夏時、乘殷輅、服周冕、舞韶樂，亦可也。賢者則不然。今使存乎我者有公輸子之藝，則梓人可也，群工亦可也。否則，吾為梓人而指麾群工焉亦足矣[三]。又何不能之患之有？"曰："是則然矣。予獨患夫唐律終非漢、魏古詩之比，好古之士恐不足以通之。奈何？"曰："所通殆有甚焉。"曰："何如？"曰："自其異者而言之，異方、異言、異時、異音。楚之語不通諸齊，越之音不通諸秦，都俞之文，非特湯武不得而因之也。楚之騷，漢之賦，宋之詞，元之曲，后夔得而知之哉？盖古今器物不同，事迹亦異，各據其情而文之，良不同矣。然本其大同者而言之，奚啻漢魏。今夫里巷有歌，其比鄰之人胥集而聽，或和焉；取薰風之歌、清廟之頌，援琴而鼓之，則學士經生聽者稀，和者寡，欠伸而思臥矣。豈夫人之情皆好不善而惡至善也哉？知與不知故耳。夫鼓樂于此，將以移風而易俗也。乃使聽者稀，和者寡，欠伸而思臥焉，吾孰與移易之哉？故農父、獵夫薅苗弋鳧之言，先王采之；蘋女、蘩妾拾翠條桑之辭，周公存焉，為是故耳。夫先王、先公豈不知夫聖智之人之言之為美哉？蓋白賁弗賁，斯為賁之本耳。故繪事後素，大羹不和，大音希聲，大禮無文，是皆先質後文，而重乎本也。由是言之，則夫詩者，又何不古之患哉。夫先哲導民，方其治功之未成也，必取夫前代禮樂用之，及治成則已。故諺有之曰：'得魚忘筌，得兔忘蹄。'此之謂也。今吾侯誠以是為筌蹄而導吾民焉[四]，使士興于學，農興于野，工商興于市肆。由是以言其志，以成其德，以樂其事，以勸其功，周乎四境，弦歌之声洋洋乎而盈耳焉，則夫武城之治，將不是過。他日觀風者以聞于上，入鈞天之樂而奏之，而又使夫四方則之，則功叙之歌與韶同情，又何漢魏之足云哉。他日或人見侯，道侯耽詩之美。侯曰：'吾慚所耽，非古詩也。'或人以君子之言語之，侯曰：'有是哉！今而后[五]，吾不慚所耽矣。'"

【校記】

[一]"后"，原誤作"後"，今據道光本改。
[二]"可以群怨"，案《論語》卷十七《陽貨》作"可以群，可以怨"。
[三]"焉亦足"，原漫漶不清，今據道光本補。
[四]"侯"，原誤作"候"，今據本篇上下文改。
[五]"后"，似為"後"之訛。

聖訓演序

聖訓者何？我聖祖高皇帝之訓，所謂教民義者是也。今曰訓者，臣子辭也。蓋皇極之敷言簡而盡，近而遠，易而難，萬世太平之要典也。昔天厭胡元穢茲中夏，乃誕我皇祖，一洗而清之，肆華夷復別，彝倫再叙，其大經大法所以佑啟天下後世者，詳矣盡矣。然茲聖訓，實其要焉。臣嘗莊誦茲訓，曰孝順父母，曰尊敬長上，曰和睦鄉里，曰教訓子孫，曰各安生理，曰毋作非為，總六言而已耳。夫六言以鼓舞一世，若甚簡也。然《易》之理，《書》之政，《詩》之情，《禮》之體，《樂》之用，《春秋》之法，無弗備焉。誠無攸不該包乎天下無遺道矣，不亦簡而盡乎？夫戶庭鄉里之行非遠也，然身必由是以脩，家國天下必由是以齊、以治、以平。民以遠罪，士以希賢，賢以希聖，舉足而道存放乎四海，優優乎而有裕焉，不亦近而遠乎？愚夫愚婦所易知也，所能行也。然與民由之欲博以濟聖神病焉，有能一日用其力于斯矣乎，未見力不足者。然至止實難。譬諸山海，登而彌高，望而彌遠，雖終身踐之，有弗能盡者，不亦易而難乎？是故自古迄今，天下國家循之斯治，違之斯亂，而城郭兵食不與焉，夫非萬世太平要典也耶？曰演者何？蓋自夫聖訓之垂世也。世皆欽遵之，而獻臣為甚。有註而行于巡撫時者，三原王端毅公臣恕是也；有贊而行于司寇時者，靈寶許太宰公臣瓚是也；有錄註及贊而又附以古今嘉言善行行于巡按時者，淳安御史唐子臣錡是也。故以"演"名書，凡三卷，計九十葉有奇，西安郡齋嘗刊行矣。於是涇陽李令束鹿臣引之重刊行者，志便民也。諸臣序之詳矣，臣理復贅言者，為重刊發也。

保安州保極書院序

　　保安城之西隅，故有尼寺，嘉靖間毀之為書院，學者集焉。蓋學宮所不能容，舉業所不能拘者咸在是矣。然不扁曰"保安"而曰"保極"者，志放勳也。或曰："放勳，皇上之功也。茲建學有司之事耳，恐皇上未聞，亦歸功耶？曰典有之，子未之察耳，何如？"曰："先是天下多尼寺，所在婦女蕩者萃焉，故男女無別，敗倫傷化，害不可喻。皇上在位九年，知斯害之大，敕令天下諸尼少壯者嫁人，老幼不堪嫁者所親收養，寺毀，改之為學舍，或廛或廨。異命一下，維時寺咸毀改，污俗新焉，夫然後天下之男女別矣。茲書院者，毀改之一也，有司之事耶？夫夫婦者，人倫之本也。男女別而後有夫婦，有夫婦而後有父子，有父子而後君臣、長幼、朋友胥此焉出，彛倫叙矣。於戲！男女別而彛倫叙，洪水抑而天下平，其功一也，有司之事耶？或曰："茲大同亂兵，再戕其將，正邊陲守臣治戎討逆之秋[一]，乃學校之教是申，不亦迂乎？"曰："夫亂正教之無素，人倫之不明耳。使教行而倫明，奚至是哉！昔孔子論政，謂不得已，寧去食以死，而信不可去。是言教化之急，甚于飲食，不可一日無也。可因亂而廢之哉？教將何如？君子曰：'道不遠人，惟茲彛倫。'君子明之，皇極是遵。庸言惟信，庸行惟謹。時善敦學，皇極是準。除尼興學，造端之義。皇極是則，察乎天地。毋談空玄，而行不然。時謂僧尼，倫其斁斁。於戲！戒之哉，戒之哉！"書院南北縱四十步，東西前廣十有五步，後廣十有七步。內前後堂各三間，堂前東西學舍各三間。未為直方大也，在後之君子拓之耳。時布上德意而總制于斯者，為兵部侍郎副都御史劉公源清；巡撫于斯者，為右僉都御史韓公邦奇；嘗提督學校於斯者，為御史胡子效才；巡按于斯者，為御史李子朝綱；分巡于斯者，為劉子某；先後效力於斯者，為知州張雲及董希曾云。

【校記】

[一]"陲"，原誤作"垂"，今據道光本改。

《孟姜女集》序

秦始皇時有孟姜女者，楚地澧人，范郎妻也，姓姜氏，行一，故曰孟姜女云。歸三日，范郎赴長城之役，姜女恒登臺望歸。今澧州有望夫臺，其遺迹也。望久不歸，則製為寒衣，躬往送之。方望時，臺傍有竹，以針刺葉，碎細如線。今其地竹葉，猶宛如線。然其地又有石如鏡，州人名曰"烈女遺鏡"。豈其望夫不歸，遂棄櫛妝具而不復用耶[一]？《詩》曰："自伯之東，首如飛蓬。豈無膏沐，誰適為容。"此之謂也。今二物並存，豈天留烈女遺迹以陰隲彝倫也邪？其送寒衣，自楚而北，經堯都，澮水漲而巨濟，則手拍南崖而哭，澮為之淺而可涉。今平陽侯馬驛南澮河南澨沙岸有手迹數十，自古及今，岸崩難以數計，而其迹不滅，亦天與留遺迹也。自是齋衣至城所，尋問范郎不見。人曰："此人從事力綿而功寡，吾大人執而埋之版築中矣。"烈女乃望城而哭，哭聲震地，城一隅為之墜焉。墜所雲霧之中，范郎見其像焉。烈女即其處而求骸，多不可辨識。乃嚙指出血滴骸，見指血滲入其骨不可拭者，知其為夫骸，遂負之以歸。蓋由君子濟渡，經雕陰而南奔也。時夫長白其事於主將，主將命騎追之。烈女至宜君山同官界所登山，渴甚，痛哭，地涌甘泉，濟其渴焉。今其地名曰"哭泉"。有鋪焉，亦以哭泉名其遺迹也。時烈女倦甚，不能奔趨，而追騎將及。忽山峰轉移遮路，若前無徑然。追者乃撥馬而反，於是烈女之難始脫。烈女由是南至同官水湾之所，筋力竭矣，知不能返澧，乃負骸置之西巖石龕之下，坐於其傍，遂瞑目而逝。逝後，同官人重其節義，乃即其遺骸塑雙像而祠之。其龕中石隙，祠人至誠以燭燎之，則有金釵出見，示神異焉。古今詩人過其祠者，罔不題詩祠壁贊美。然不著其為何許人。或曰："即《左傳》、《孟子》所載'杞梁之妻'。"後人辨其非是，是矣。然終莫詳所出。皇明嘉靖丙申，有澧人副都御史先嘗巡撫延綏李公如圭者移文同官縣學，令竪碑脩祠致祭，以裨名教，而後烈女顛末始明。然祀事未有簿正，不可常也。至嘉靖丁未仲冬，知同官縣事亢令慶鴻思勵風化，葺脩其祠，自備牲醴。祀已，仍擬於均徭差内擬僉廟夫一名，仍擬於徭内歲支銀三兩二錢，置辦清明及十月一日祀品[一]，乃申呈當道處分。時巡撫副都御史謝公蘭、巡按御史徐公祚、知西安府事胡公汝輔俱移文，依擬施行。夫然後烈女之祀典，庶幾悠久爾矣。或曰："烈女之行，誠不可泯。然竹葉爲之成線，山石爲之成鏡，澮崖著其手迹，長城爲之崩摧，山峰爲之轉移遮路，石嶺爲之涌泉，無乃好事者附會之與？"曰："史載石言于晉，舞于曲阿，飛于曲陽，山出于新豐，飛去于巫峽，飛來于杭。如斯變異，不可勝數。今見于方輿，豈皆附會之與？由是言之，烈女之貞心感天地動，鬼神變異，山川竹木，信非誕妄，明矣。"太史遷著《史記》，志秦漢事，荊軻以刺客得書，鄧通、韓嫣以佞倖得書，卓氏以貨殖得書，烈女乃遺而不録，致後人惑疑，此史遷之失也。則夫古今詩人詠歎其事，均有關於風化，胡可泯耶？今録其存者，刊而布之四方，命曰《姜女集》云[三]。

【校記】

[一]"擲"，疑爲"擲"之形訛。
[二]"辦"，原誤作"辨"，今據道光本改。
[三]"姜女集"，底本目録及本篇題目俱作"孟姜女集"。

送方伯訥齋胡公節鎮榆林軍序

粤若嘉靖庚寅春，我北鄙榆林軍闕御史大夫冢宰乃疏二臣于上，其一爲訥齋胡公。疏略曰："臣伏見陝西左布政使忠，宜興人，由戊辰進士授户部主事，歷員外郎、郎中。佐司徒制國用度支有功，陞廣西參政。貳方伯撫除猺獞，妥疆域維，裕調湖廣救荒活民，陞陝西右布政使至今，官内綏八郡士民，外歷三邊餉軍有功，諸御史大夫薦、二御史薦入肆。臣某舉才賢，惟帝時遴時使。"帝曰："俞，忠往欽哉。"於是錫命使至，曰："惟茲榆林我軍東連朔代，西接環慶，南衛關輔，北當匈奴。惟茲匈奴數弗靖，于我鄙，震驚我師，擾我耕桑，廢我樵牧。我民用咨，帝用是簡。爾爲御史大夫往鎮茲土，倚爾爲長城。茲往其善視我師，奠我邊鄙，毋俾叔虎專美有周，往欽哉。"公稽首拜命，翼日乃就道。於是藩城諸君子咸餞之渭上，野人則從而留之，曰："公宅心亶厚亶穀，敷政亶平，宜我士民。我士民祈淹茲數年，眾心實若結罔釋，寧無慰哉！"君子曰："毋然。比我關中歲凶，北鄙滋甚[一]，民流移，將士枕籍以殍。匪惟內憂，實外虞。皇上特側席任公，公宜遄往，其毋淹哉。"公曰："加之師旅，因之饑饉，今時則然矣。往將焉，攸為耶？"君子曰："吾聞昔哲人之撫士也，使寒者如燠，餒者如飫。張空拳者，莫知白刃之當乎前也。夫豈犒賞激之哉？在誠以感之云耳！夫民愚而神也，當為而不為，而有所託焉，不可罔也。所不當為而已焉，人孰尤之哉？能為而不為，與為之而無其實，不可罔也。所不能為而已焉，人孰尤之哉？夫然後膏之而勿屯焉，昔人剝削之事無弗革焉可也。饑饉之不足也，吾處之急於饔飧焉，不得已而授之，值昔人減值之事，勿復蹈焉可也，人孰尤之哉？若是，則饑饉吾無患矣，然後謹其烽燧焉。夫烽燧而臺，昔人非不訏謀而營也。有改作者，乃空其中以招寇，使得熏煨焉。我懼其毒者眾矣。假使司烽燧者十人二人自上而窺敵[二]，八人自下取土而實之，日以尺計，則經月而畢。使減其人之半，則經時而畢，而毒可遠矣。夫然後豫以教之。有難焉，使說以犯之[三]。又律以出之，丈人以率之，弟子遠之，左次以備之，時田禽而執之。則外攘內安，師中之吉可獲，將晝接蕃錫而赫有輝矣。夫師旅又焉足患耶？故曰'誠者，政之本也'。"公之僚友曰："公誠以待物，是故反覆及之。"公于是謝諸野人，而別君子，曰："美哉誠也，道其行矣，夫吾茲試矣。"

【校記】

[一]"北"，原誤作"云"，今據道光本改。
[二]"十"，原漫漶不清，今據道光本補。
[三]"犯"，原誤作"祀"，今據道光本改。

送方伯秋浦汪公陞湖廣巡撫贊理軍務序

嘉靖壬辰春季，上擢我左方伯貴池汪公為都察院右副都御史，巡撫湖廣，贊理軍務，蓋簡任之也。於是吏部咨西內降符，驗東內降敕，俾遄往行事焉。夏四月既望，公發西安，僚友及西安人士送者如蟻。大司徒劉近山氏、少司寇韓野田氏、憲長謝龍渠氏、少司馬蘇太乙氏咸在步灞水，公不能止，曰："珊無德於藩，勞先達公老如是，是芒刺我矣。"劉近山氏曰："公居上敬而恕，臨事辨而不私，民依而安，吏依而靜，吾藩若無事焉。如甚德，如甚德！"公曰："諺云：'無陟高視，斯顯矣；無遷喬聽，斯遠矣。'湖廣之任，吾懼夫視聽之攸歸也。"曰："其歸維何？"曰："所臨有君子焉，有庶民焉，有三軍焉。力小而任重，懼弗勝矣。"曰："君子亦不易臨矣乎？"曰："昔黃公躓于斯，頃諸公尼于豫，于時良不易也。"曰："公之道用其半，斯足已矣。"曰："其半何如？"曰："恕矣哉！公昔由南臺而北，乃攬轡而入關，於中丞嘗有合也。茲所如遇外臺，推吾心而施之，猶加乎其身也，孰其睽之哉？昔又憲副河南，復分守于茲，憲長于浙，將右轄于廣東，遂左轄茲，于中丞屢有合也。茲所如遇藩臬，推吾心而施之，猶加乎其身也，孰其睽之哉？"曰："施於庶民何如？"曰："吾赤子飢而啼，吾高粱弗能飽也；寒而號，吾狐貉弗能溫也；放逸而邪僻，吾恬養弗能安也。今民十室而九匱，啼而放逸者亦多矣。乃或令繁而徵急，視之如秦越焉，其能定之哉？盡自吾愛子之心而推之，罷諸不急之令、無名之徵，深文生事之例，一切擯之。懷之而為其慈母焉，臨之而為其嚴君焉。夫放逸之不戢，吾弗信矣。於撫民何有？"曰："施於軍務，何如？"曰："子弟弗恤使蕩析糊口焉，手足失養使風濕不仁焉，乃倉卒有患求捍而衛之必不獲矣。此祈父之詩，所以序於白駒、黃鳥之上，君子是以知威之風不可復也，何不戒乎。故君子愛人，自吾家而推之，皆子弟也；自吾身而推之，皆手足也。能無恤乎哉？是故讐可友之，逸可勞之，柔可強之，生可死之，靡不忘乎其初矣。於軍務何有？行見勞師之樂作，公子且彈冠有矣。故曰茲往公之道用其半，斯足已矣，又何懼焉？"公曰："斯一貫之道，君子終身行之有弗能盡者，予敢當之哉！思日孜孜而已。"於是爵行至而別。

送鮑公轉撫雲貴督師平蠻序

嘉靖己酉、庚戌間，蠻侵擾郡邑，雲貴撫臣屢綏之討之，未之怗也。辛亥，益熾，傷長吏。上震怒，咎撫臣，以綏我西土，副都御史鮑公往代之。時公如朔方防胡，偶簡命下，即旋旆南邁，於是西人咸垂涕送公。三原人曰："公昔贊憲我土，嘗以公得民，以明得民，茲保釐，又以寬得民，以簡得民，以惠得民。今棄我而督師，于南蠻知平矣。如吾民何？"或曰："伊蠻，槃瓠種也。其帥曰'精夫。'昔唐虞盛時，弗克遵化，要質之而已，命曰'要服'。夏商中葉，漸為邊患。周宣中興，命方叔南伐來威。平王東遷，即侵暴。自是叛服無常。今公往平，不亦艱耶？"原人曰："公以明公之心施諸寬簡之攻，惠斯溥而華夷服矣。於平是也，何有？"曰："蠻有種心，非其主則吠之，雖聖人不知尊也，服之不亦艱耶？"曰："昔秦置黔中之郡，郡此蠻也。漢改郡為武陵，收賓賦焉，賦此蠻也。威力亦足以制之，況於德耶？公宣雷霆之威以臨之，彼雖頑如犬豕，將蘇蘇而入于牢笠，不遑寧矣，何艱之有？"曰："蠻有谿洞如蛟虎淵穴，攻則沒而深匿，捨即出而噬人。驟討之，恐師老而未易襄也。"曰："神守設而龍制，由鹿媒而群獲。故漢時武陵諸蠻之叛，用零陽五里精夫破降之；漊中諸蠻之叛，募充中精夫破降之；澧中諸蠻之叛，募五里六亭之蠻破散之。吾以蠻攻蠻，得其淵與穴矣，何師老之有？"曰："蠻亦可用耶？"曰："板楯之蠻，武王嘗用以伐紂，漢高亦以為先鋒而定秦。故伐紂之歌，巴渝之舞，其人習焉。故東漢郡守恒率以征伐，馮緄、李顒諸人皆倚以立功。吾用之，正神守鹿由之類耳。"曰："靖之何如？"曰："撫我則后，虐我則讐，雖吾民亦然，而況於蠻乎？亦在撫之而已。昔程包《平蠻方略》有曰：'長史鄉亭，賦斂繁重，莫可告訴，以致叛戾，彼非有僭逆不軌之心也。但選明能牧守，自然安集之矣。'時用太守曹謙宣詔，即皆降伏。公茲往，盍自反曰：'吾郡守錢徭重與，政刑失與，武備闕與。不然，蠻何以至此？'乃文告以威之，運籌陳師以降之，服則用郡守布德政以安之，此靖之方也。"公記室聞之，白公。公笑曰："此正予之心也，原人其善揆予哉。《詩》曰：'他人有心，予忖度之。'原人之謂也。予請試之。"遂行。

送王南皋榮轉留都操江之任序

中丞南皋王公來撫我西土三年，於是江洋有戎，上曰："匪卿堯封，其誰何？"乃敕公往操江而靖焉。是日，公伯氏書至，曰："吾定興父老。"云。伯圻舉乙丑進士，歷官二十年，至副都御史，讓而弗居，乃遲十年而得故物也耶。又曰："吾弟信學而執善道焉。然剛方言無隱伏，與人瓦合而設機，則非所長。"公得書，笑曰："吾兄辭憾焉，實懋予，將使敦厚靡迁耳。"時甲午秋敕下，公拜而行。關中人士咸走至灞上，有攀輿而泣者，曰："昔驛站法弊，諸馬牛頭夫，實予疲農無告，而供役鬻產及廬，繼以子女不支，多逃亡轉徙以死。公來，乃均稅，募民以役，罷諸徵，由是我農人始甦。今公輒棄而去之，殆矣哉！願少淹，我農人將有請也。"語未竟，復有攀者，曰："昔潼關有禁，羅紵不通，我商人寇如鼠，如包苴而進，或午夜以泅，避諸患也。猶不免焉，暴于關，嚇取于市，私稅于局，或盡其貨而沒之。無聊，多丐食流落以死。公來，乃撤禁通貨，革兵將之暴而稅於有司。由是我商人始甦。今公輒棄而去之，殆矣哉！願少淹，我商人將有請也。"語未竟，復有攀者，曰："昔巑岈之盜[一]，穴山而居，出沒叵測，恒戕人磔人，毒我三輔。我三輔人無貴賤，咸俾夜作晝，乘屋惕號，無敢寧者。公來，令縣官率其鄰里屬戚，自内而攻之，巑岈遂空有遁者。由是吾三輔人民始安。今公輒棄而去之，殆矣哉！願少淹，我人民將咸有請也。"語未竟，復有攀者，未語而泣，公悽然淚下。大夫杖者前曰："止，若無困公，公義張而仁弛，恩威並行而弗背也，豈唯若屬而然哉！凡厥群工多士，庶史庶胥，有激有揚，有勸有懲，咸被厥澤，思并力攀。公顧上命，義不可宿，唯若屬而然哉。茲往，江洋盜平，爵言三錫，我西北長城，遹宜借公。公尚書而來殿我中夏，若屬其望塵自東仰以迎可也。"公改容，哂而謂曰："諸公欲總制我耶？吾見諸公及諸士民良不厭予，吾會且來矣。今茲江洋之政未之信也，其何以啓我？"大夫曰："離婁臨衢而問瞽耶？雖然，嘗有聞矣。夫兵有正奇，存乎號令；令有申覆，存乎練習。夫令必有陽，亦必有陰。陽虛而明，陰實而慘。夫訓陣訓戰，有期有時，有鼓有譟，有旗有幟，有砲有鏑，有鐃有鉦，士各有方，方各辨色，戎裝爛然，此陽而明也，正也。夫洪濤漫波，盜賊攸叢，渠嘗朴而誤人，我亦朴而誤渠。或下上而商，或往來而漁，局度不失而應援實多，或阱而發機，或餌而舉鈎，此陰而實也，奇也。無奇非正，無正非奇，奇正交作，陰陽叵測，夫然後戎醜靖而戈可止矣。"或曰："吾鎖江而關，使驗引而放舟，亦一策也。"大夫曰："彼越人而獲引，奚別焉？吾截江有鎖，足以殿邦，亦存乎仁義而已矣。"公曰："善。"於是攀者釋輿，杖人盥，獻樂及《陽關》之亂而別。

【校記】

[一]"岈"，本篇中均誤作"粪"，今據道光本改。

送寅長蘇門高先生擢山西少方伯之任序

嘉靖癸巳四月，吏部司勳大夫祥符高公蘇門先生子業有山西藩司大參之擢焉。五月上旬乃啓行，及郊多餞者，有太常氏、光祿氏、司務氏、選部氏、司封氏、司勳氏、考功氏、都人士咸在。考功氏以上皆天官之屬，昔今之寅恭友也。都人士曰："夫子，天官大夫也，乃外擢無愠色，器難量矣。"又曰："夫子，吾得其文學焉，博而雅，麗而則，吾求其匹於前聞人，不多得也。茲往登高而賦，於三晉其有輝矣。"選部氏曰："夫賦咏，吾不知，吾知陞授之事焉。夫賢者在官，猶喬松之於蒿也；能者在職，猶利錐之處囊也。無弗見者，見則吾有司行事焉。夫子勉諸，吾事其及之也。"司勳氏曰："虎豹之文所以別犬羊也，鳳鳥之彩所以別鳶鴟也，故君子有散衙之加焉，所以別小人也。其等級燦然，文彩昭矣，勸道備矣。茲攸司也，以吾属之陋而步其塵，其能忘文彩矣乎？然有非所可幾者，是在吾子。"司封氏曰："夫孝者，忠之所由生也；忠者，孝之所由全也。故大孝必忠于其君，大忠必榮及其親。故封與贈與有榮及二代者焉，有榮及三代者焉，文彩而已耶。孝子之心，於是殫矣。夫是典也，吾属與有司焉。夫子勉諸典其及之矣。"考功氏曰："是豈徒哉？在立功焉耳。功成而考而最焉，語陞授可弗求而得也，語散衙可弗求而得也，語榮親以及其三代焉，可弗求而得也。茲吾儕之攸司，亦昔夫子之事也，可忘所事耶？"司務氏曰："若是，則夫子于冢宰相為儀，愚其擯之矣，後堂其所也。"光祿氏曰："若是，則闕左有白器之設，有祇待之燕，天子其將命我，我其語諸大官之属而供事矣。"太常氏曰："若是，則譽望隆焉，東夷其知之也，西戎其知之也，南蠻、北狄其知之也。其有話言，吾館人能譯之，吾將使譯以語夫人矣。"高子拜曰："諸君子望我厚矣。叔嗣雖不敏，敢不自強以副所望哉。"於是太常氏而下，咸酌膳獻賓，賓亦酢主人，至都人士而別。

送上川洪先生致政還歙序

癸巳之夏五月，大夫上川洪先生致政于宗伯，買舟而還歙。維時都下親舊咸郊送之，有司寇氏曰："於！承志言歸于徽，無案牘之勞，朝參之儆，中其寬矣，得無山水之樂矣乎？"上川子曰："伊無似守，有先人之遺廬在焉。以言其廬，則北有七峰，南有月山，碧岑左盤，蒼岩右繞，或當窗疊翠，或排闥送青，或黛色臨軒，或嵐光入室，或啣日吐月，或樓霞臥雲，呈奇獻秀，狀難具述。西岩之下，乃多青冥石室，前人謂之'仙俯洞天'。東岑之麓，乃有綠波環繞，昔賢名為'金山蓬島'。其中則有洪源之水自岩而來，東過月山，又東抱岑而逝。水北峰前，村居之隅，則有修竹萬竿，其間嘗編草為亭，名曰

'君子';復有喬松千株,其下嘗葺茅為庵,扁曰'大夫伊斯歸'也。蓋將釣於斯,樵於斯,浴于斯,風於斯,咏歌於斯,以終此生矣。"司寇氏曰:"吾子荒樂有五,加以三孝,良無愧矣。倘以切磋之詩,日三復焉,則山川之美,豈特是耶!"他餞者曰:"三孝何如?"曰:"夫子恭靖公之嗣也。夫公之學,人所知也。夫子述之乃維肖,故較藝於鄉,銓試于部,賓興弗能釋焉,選首弗能釋焉。學不辱先,非孝而何?夫公之政,人所知也。夫子述之乃維肖,故授以宗伯司務,晉輔冢宰,又晉為宗伯副郎,當事祠祭,又晉為大夫,佩印精膳,罔不攸宜。維時郊廟多祀,陵寢有告,四夷使臣有勞、有燕、有賞,夫子董之,悉當上心。政不辱先,非孝而何?夫公之行,人所知也。夫子述之乃維肖,故夙夜在公,知有公事,不知有他。故日與文選、考功氏處,人無議焉;日與驗封、稽勳氏處,人無議焉;日贊冢宰、少宰、宗伯行事,人無議焉。行不辱先,非孝而何?"曰:"三孝備矣,又何加焉?"曰:"夫孝道之本也,德之至也,豈易言耶?故申生恭也,非孝也;曾子可也,非至也。大舜為法於天下,可傳於後世,斯人子之道,為無憾焉耳。夫三不辱先,夫子之孝也。由是蹶蹶不畫而日勉焉,則德崇道大而不自知矣,其去夫無憾之道,寧不庶幾矣乎。夫然後寫情于山水之間,斯所如而獲令名天下,後世將有思其人而不見,繪之而為圖者矣。夫莘野、傅巖尚矣,其次若嚴灘、商山民,至于今丹青之麒麟、凌煙,未必若是其顯也,可不戀耶?"曰:"夫去位之人,亦可以政言耶?"曰:"孔子非去位者耶?曰施於有政,是亦為政。蓋在朝在野,地雖不同,政則一耳。故鄭範垂於浦江,呂約行於關中。其至也,則孔子之政,於禮而知之,百王不得而班焉。非去位者耶?"於是太常氏而下皆曰:"然。"上川子曰:"唯唯。"乃受諸餞,爵而飲,醉而別。

奉壽周府左長史加授三品服色槐庭王翁及誥封郭宜人七袠偕壽序

癸巳秋,鴻臚序班,耀州瑣生復于愚曰:"京師有完人焉,子聞之乎?"愚曰:"夫鄉野之人[一],其朴未散也,完嘗聞之矣,他則未聞誰與完者[二]。"曰:"子不見守貴之堂尊之翁之為德矣乎?"愚曰:"是余同年鴻臚太卿王君汝立之翁也,愚嘗登堂而拜之矣。何如?"曰:"翁少孤,依于母氏食,貧而學,集蓼茹荼,屢困而踣也。乃卒亹勉而立業焉,卒登己酉鄉舉、丙辰進士,以成功名，非完而何？"曰："夫科第則完矣，願聞其他。"曰："翁初相壽王長史，継事周王，先後在公三十餘年。撫按未之或劾也，吏部未之或黜也。釋褐而出，乃晝錦而歸，猶白璧之無瑕也，非完而何？"曰："夫官則完矣，願聞其他。"曰："翁事壽王，朝夕懇諫，王深嘉納，乃好賢樂善有西京獻王之風。及事周王，王方幼冲，翁輔以講讀，王乃懋學，令德夙成，人稱忠焉。壽府私人或以賄敗，事聞於朝，究詰其辜，翁獨無坐。人稱周之甫田侵損於民，事聞於朝，命釐疆界，翁苻其事，無陂不平，人稱公焉。比于解組，鮮或玷缺，非完而何？"曰："是謂行完。行者，人之實也。實乃完矣，夫又何求？"曰："翁事壽王，王甚宜之。去而之周，王心未寧，問遺不絕。逮事周王，王又宜之。翁而之田，王心未寧，問遺有加。君臣相與，有始有卒，無或間也，非完而何？"曰："忠貞在臣，合否在君，君臣相遇，庶合無間，是完福也。"曰："翁之仕也，三命受服，及于三品，善養有祿，褒榮有典，有贈有封，先則光矣。訓子若孫，或為國卿，或為邦彥，俊秀滿前，後則裕矣。是殆亦完福也與？"曰："福止是耶？"曰："翁之少也，鄉黨親相交相與焉；今謝政而歸，親則猶夫初也，相亦猶夫初也。翁日與之弈棋飲酒，遨遊咏歌，益加密焉。況翁及夫人並年逾七袠，偕老如願，童顏鶴髮，胥宇高堂，斑斕滿目，其樂無疆，是殆亦完福也與？"曰："完德在人，完福在天。人苟完矣，而天或不應，是故顏貧而夭，曾老而鰥，希文孤而祿，君實獨而歿，福皆未之完也。翁獨修乎人，而應乎天，若種而收，若呼而應，無或失焉，信完矣。夫然以予揆之，翁之心猶未然也。"曰："何如？"曰："夫翁膝下之彥不見在朝者乎？在庠者乎？夫朝有職焉，庠有業焉，職脩斯慰苟替焉，不甚則悔，甚則尤，翁之心從而缺也。業脩斯慰苟替焉，不甚則恥，甚則辱，翁之心從而缺也。夫是之謂未然。"生明日升堂，以告太卿。太卿曰："是道中之責也。"生識之。及冬十二月，當翁誕辰，太卿率諸弟子偕親賓稱壽，遂使生揚觶翁廬，胡而呼曰："道中今而後，其毋廢斯觶矣夫。"

【校記】

[一]"鄉野之"，原漫漶不清，今據道光本補。
[二]"聞誰與"，校補同上條。

送平陽推守劉西塘考績序

平陽西塘劉先生者，洛陽人也。嘉靖庚戌，臚傳進士。已，拜平陽府推官。歲乙卯，脩職殫厥心，三載餘矣。當北征考績，贄以行太守、肯堂王公率僚屬及在官士庶人薦之，賦《九罭》之首章，及三章，先生曰："公以繡服厚望贄，期弗歸也。贄志不及是，惟冀復歸，就德輝發矇聵耳。"太守曰："予見察院考君'上上'語矣。"曰："天下國家之事，無不經理焉。是語所學也。"曰："立身行己之道，無所愧怍焉。是語厥行也，是政之本也。"又曰："推讞則冤滯雪焉，稽查則積敝清焉。"又曰："攝政則民安而士悅焉，佐政則上嘉而下從焉，是語政之善也。是皆載于公牘，達于部矣院矣。"又聞喜沈令維藩、安邑李令瑜曰："君平巨盜而諸邑安，又立法互察而莠民絕。民將肖像構祠以報德焉，茲路有口碑，亦將傳於京矣。今朝需風憲甚急，彼當路以人事，上乃不君之推，而誰推哉？"先生曰："贄志不及是，唯歸復是望。茲遠違，未知德行，其以教我。"太守曰："吾見君驄在御矣，裝帶霜矣。茲往入烏臺，其益殫乃心。袞衣有闕，盍思補之。當佇咨謨，盍啟沃之。棟隆無他，盍贊任之。或撓不支，盍贊易之。舟楫岸艤，盍急帆之。璧玉清蠅，盍即滌之。野有遺賢，盍思進之。朝有倖位，盍思退之。田有良苗，盍培溉之。田中有莠，盍耨薅之。夷狄肆患，進將平之。楊墨塞途，公言距之。道行明光，盍晦處之。位陟崇高，盍謙下之。此寅恭之情拳石于喬岳之巔也，君其懋之哉。"先生曰："此君子之用也，贄也體之則無如之何？"乃賦《杕杜》。太守曰："察院不云乎，君體具而用周矣，臨事其毋讓。"乃賦《裳裳者華》之卒章。遂洗爵三獻之比酬也，諸寅嗣獻之旅酬，既乃別。

興平北塢劉侯如京考績序

嘉靖庚戌秋，曹人北塢劉侯尹興平三年矣。於是取公牘，辭神及人，將赴考功部焉，興平人士咸餞之。侯曰："賢竊祿於斯[一]，久矣，乃無功考焉，恥也。"父老曰："吾邑有徭役不易均，有里甲斂如篸，有主文弄法于官，有在官庶人積年而噬人，諸弊作，民日削而亡矣。侯至而陳於長，得因革焉。於是而大均我徭，揣厚薄察，煩簡參伍，以斟以酌，務挈矩焉，究諸冗費而裁，盖歲省千金以上。往年里甲日支之外，又有總支四人，名曰'鄉頭'，半月一易，盖歲費四百餘金。外是，又有祠祭飲燕之額，凡費一百七十餘金。侯皆革之，而有穀處焉。由是吾民之亡者集矣。是非功耶？至如民有争訟，以中正判之。失孝友者刑，使孝友而止。失親睦者刑，使親睦而止。有不刑而發蒙者，民遵教焉。是非功耶？其有贖刑之金，即登簿附卷，上下秋毫無得而私，以是節財。是非功耶？"諸生之師曰："侯下車興學造士，取氣節，重德行，不屑屑於文藝。其有辭氣畔于道者，必法言以諭之。脩正之士，則遇以殊禮，重休牽之復焉。有婚喪不能舉者，必為之助，給行者必贐；有歸而不能至者，聞即使人迎歸之。士由是勸懲者眾。是非功耶？"御史吉氏曰："來獻聞，吾侯門[二]絕苞苴，諸刑之贖，雖片紙斗粟不私。常祿之外，食邑之水而已。此其廉也。民有過失而麗于刑者，恒誨而宥之，若赤子匍匐入井而怵惕以拯焉，其故者則否。築城鑿池，高險堅深，如吾藩城。然使民必以農隙，復節愛其力，三役而三休焉。其租庸及犯刑人，唯揭名于門，令自至四境之內，無一叫嚚而璪突者。此其仁也。侯邇不私親，遠不遺賢，心如鑑衡，物來順應，有所聽理，訖富訖威。此其公也。凡民之事，以身勞之，暑不張盖，夜嘗繼日。此其勤也。是非功耶？"司訓姜氏曰："昔西山真氏以廉仁公勤為官箴，其先得侯之心與？"侯笑曰："有是哉？諸君譽之過也。"從吾遊者李生、張生以其事白予，予曰："侯行如考功，考最必矣。然考功，予昔承乏而視篆焉。見夫述職而至者，較其績而品之，其等三，其目九，黜陟於是奠焉。其有趾弗壯而履無錯者，則以大行而期之。盖曰向道之心篤，干祿之念泯也。非任重而道遠者不及此，故於所奠之外尤加重焉。是故奠而有行，一行諸選部而晉以右職；一行諸封部而封厥父母，有上封三代而下陰子若孫者，此考最者然也。否則，茲二典弗與。"二生歸以白侯，侯曰："先生命我矣，此亦賢[一]之志也。"遂別眾以行。

【校記】

[一] "賢"，疑誤。
[二] "門"，道光本作"闡"。

凉泉詩卷序

史習子問守令之道，曰："嚴以集事，道與？"君子曰："赤子匍匐而入於井，出從而撻之，嚴父不為也。"曰："弛刑以得民，道與？"曰："赤子以刃而加諸人，恬然而視之，慈母不為也。故嚴刑斯事集，事集斯民散，是揠苗而求穫也。弛刑斯民玩，民玩斯事廢，是操刀而自割也。是以君子弗屑焉。"市鸎子曰："小不事乎大不智，而不可行也；大不事乎小不仁，而不可行也。夫難保而易失者位也，致惠則存，致恭則圖，可不務乎？"君子曰："恭，德之聚也；惠，德之施也。恭惠幾矣，務則不可。故務惠則私，務恭則諂，諂則狗欲，私則背理，背理狗欲，夫奚不至焉，是弋心之所生也。是故太甚弋財，其次弋用，其次弋位，其次弋名，其次弋功，功亦幾矣，然非道德者所屑為也。夫弋不自勝，必繁有媒，媒各有弋，是故弋上則奪，弋下則殘，前覆後軌，敗弗驀矣。"華林逸人曰："自吾之有聞，知閱人也，今老矣，吾得吾趙守焉。自吾守之來吾郡也，吾見其事上以恭而有禮焉，臨下以惠而不私焉，嚴而不迫，寬而以制，其庶幾道德之士乎。於吾民有父之尊焉，有母之親焉。《詩》曰：'愷悌君子，民之父母。'其吾守之謂乎？"凉泉陳人曰："始吾守之至也，吾見其以智數則不能，以深文苛法則不能，以弋財弋用則不能，以毀淫祠而興夫校也，攻乎異端者且病焉，吾懼其績之弗易立也。今六事之舉則然矣，故期歲而瑞麥生焉，再期而嘉禾生焉。其循理而行，不求人知，而天且知之者與。向夕之夜，有蒭蕘而過我者歌君事焉，予援瑟而寫之中律呂也。明日有和之者，予次而存之，為若干什云。"

送司訓趙先生歸新都序

嘉靖乙卯，新都趙先生以經學訓我三原者，二年矣。其監司則宜于上，其同寅則宜于中，其諸生則宜于下。《詩》曰："無惡無射，時則然矣。"春三月，忽浩然有歸志。古語曰"解組誰逼"，先生有焉。于時諸生固留之不可，僚友固留之不可，吾原卿大夫固留之亦不可。於是僉尊俎于南郊餞之，曰："先生茲歸，無乃以居蠱之外，理亂不聞，寵辱不加也耶？"曰："然。"餞者曰："春深霜雪，冬深震電，天道則有變異，人情則多翻覆。毋曰吾以老歸人所老也，然遇不爾老者，則道窮。毋曰吾以賢歸人所賢也，然遇不爾賢者，則道窮。毋曰吾居林之下內省，不咎邦之大夫不非，可以遠恥辱也。然頑讒興焉。孔子有武叔之毀，孟子有臧倉之譏，曾子誣以殺人，申生信以毒父。是故夜光之璧可棄于蒼蠅，喬木之室可視為土芥。有當世不明，終古不明者，誰其白之哉？巫山原不奔于襄王，太華原不私于陳生，織女原不嫁于牽牛，誰其白之哉？是故孔子不安于魯，乃之齊、之衛、之匡、之宋[一]、之陳蔡，為東西南北之人焉。然沮於晏嬰，畏于匡，桓魋欲殺于宋，絕粮於陳蔡者七日，幾不能生。所合志者，惟一蘧伯玉耳。夫孔子非可惡射之人，然尚多無妄之辱如此，況夫晚學後人欲安居而免辱，其然哉？先生斯歸，盍慎之慎之。"先生曰："慎則既聞命矣，某敢請益。"於是杖人賦《燕》之首章。先生淒然曰："予戀杖屨，實亦不忍釋也。"乃賦《雄雉》之三章及亂。先生曰："蜀雖遠，予將有魚雁之音焉，若夫德行則不敢不勉。"乃賦《考槃》之首章。先生曰："澗則槃矣，愧無蘊不自寬耳。"乃賦《十畝》。先生曰："閑泄我所欲也，恐履弗逮，將日懋焉。"乃賦《鳲鳩》之亂。先生曰："表正國人，誠夙志焉，患力不足耳。"於是餞者以序壽賓，至胥，醉而別。

【校記】

[一]"宋"，原誤作"宗"，今據道光本改。

平野遺思卷序

予少時，與玉坡張子遊平川先生之門，見平野君；間謁乃翁憲長公于靖庵，見平野君；間侍先師王端毅公于石渠，見平野君。蓋平野君於端毅公為內姪，於靖庵公為從弟，於吾師平川先生為內兄，於吾友玉坡子為再從父也。友予，予益狎見平野君而致敬焉。平野君亦以師友故，誤知予而禮貌之也。當時平野君每春秋佳時與客遨遊，或舉白於紅芳之間，或手談于綠蔭之下。此外，恬然若無所營也。心竊慕之，然方致力于所業，末之能及也。余東隣王氏七十而力穡，早作而夜輟。南隣馬氏八十而為圃，冬糞而夏汲。予憫焉曰："胡不平野君？"皆曰："予不暇，予亦不知所謂。"後平野君歿，取其志而讀之，見吾師語其居家之理之善。予於是始知平野君之自適，非偶然也。後數年[一]，吾鄉有萬金之子二人焉，其策肥而衣輕，僕御而遊，吾所見也。然三年而亡其所御，五年而亡其所策，七年而忘其所衣，十年而幾乎丐也。問之，則皆荒於遊而無所營焉。予於是始知平野君之自適，非偶然也。彼二老者所為，莫之代焉，信不暇矣。方平野君在時，其所事若不知而裕焉，其所育若不知而裕焉，其所任若不知而裕焉，夫豈誠無所用心者哉？夫既然矣，由是而紅芳綠蔭焉，夫奚不可？浴沂之志，孔子取之。予於是益知平野君之賢，而善自適也。今吾鄉之芳蔭具存，惜平野君邈矣，百爾君子，有善自適者，不亦善乎，不亦善乎。

【校記】

[一]"後"，原誤作"后"，今據道光本改。

送武子歸鄉序

歲舍辛酉，日在昴[一]，武子將歸自金陵，多士愛弗忍擯越，厚集于江之濱[二]，俶用酒爵行客，賦《蒹葭》。武子逡巡拜曰："威無以堪此。"賦《陟岵》，武子拜曰："茲威之所以不遑處也，吾子重有貺，敢不拜貺？"賦《十畝》，武子曰："威之願也，敢不祗需？"遂賦《鹿鳴》，杖者曰："美矣，志哉！敢不敬答？"遂再賦《小宛》之亂，武子曰："威有逸癖。曩在邊陲，與戎狄龎處時微籍，用慧加毅懼沉越罔克服誨，于今誨曰：'尚惟栗栗小心，維時罔腧，其為周行。'古之人有言，曰'為高因丘陵'。茲慮微威之丘陵，恐無庸發厥萌肄覆剪。"杖者曰："怫哉！昔堯舜暨厥臣皋、夔、稷、契、伊、傅、周、召罔不原小心克對上帝，原小心作元祀，故不敢侮于鰥寡，失于臣妾。暨厥後王逸，罔克小心，時庸墜無疆之丕緒，自時後人滋逸，罔克小心，祗自速辜，亦罔或攸逸。於戲！爾無庸易厥臧獲，時自速辜，爾毋庸易厥子姓，時自速辜，惟弗用謂辜斯允罹辜罔逸又焉，往非木暨谷且冰哉。"武子謝不敏。杖者曰："毋懋哉。"

【校記】

[一]"昴"，原誤作"昂"，今據道光本改。
[二]"濱"，道光本作"濆"。

壽誥封許恭人七旬序

曲沃許恭人者，應天府丞沸泉先生配，少泉柱史母也。少泉子俤謂理曰："承華母恭人，今年七十襈矣。茲四月十有四日屬母誕辰，敢求壽之道焉。"又曰："母恭人事王父王母善，徯志以養，相家君學及仕，入孝出忠，訓承華兄弟子孫以祖父之道，華未之能由也。母劬勞甚矣，敢求壽之道焉。"愚曰：

"理耄矣,其何知,無已,其遵母訓,率莊簡公之忠矣乎。"伻曰:"忠矣,又何加焉?"曰:"無已,其遵母訓,率由沸泉公之孝乎?"曰:"忠孝何如?"曰:"莊簡之事君也,隨寓陳力,思不出位,見幾而作,好爵辭弗縻。夫子曰:'大臣以道事君,不可則止。'公實有焉。彼武安、淮陰雖功蓋一世,止道不知,弗若公之完也。夫恭人之望不在是耶?沸泉之事親也,體心以盡其忠,步武以顯于世,刑于妻子,至于兄弟。夫子曰:'立身行道,揚名顯親。'沸泉有焉。彼吳起、溫嶠雖功成名遂,而作非其道,未若公之完也。夫恭人所望不在是耶?柱史誠由是繩厥祖武,其受命而出與,則率由莊簡公之忠,如夫子之訓,無外慕焉;誠由是踐厥先猷,其將諗而歸與,則率由沸泉公之孝,如夫子之訓,毋自畫焉。斯忠為精忠,孝為大孝,顯揚有終,旋吉必矣。誠如是,恭人斯心慰而色康,福壽其可量耶!是在柱史四月幾望,壽筵斯張。是日也,恭人視諸柱史兄弟及孫曾五十餘人,縉紳生員祿養者半皆緋袍藍衣,分行成列,獻爵捧羞膝下,笑而撫之。嗟!皆考妣暨兩人積善所獲,不亦樂耶,不亦樂耶!諸賢恭人耽樂如是,盍亦脩諸完道,以慰其心哉!"伻聞,請筆之牘,愚于是乎書。

送立齋張子擢留都戶曹正郎之任序

立齋張子之之留都也,吏部司務氏陳子、王子問曰:"夫張子不寶金玉而寶善言,乃深有望於子之言也。盍語諸?"理曰:"其孝乎?"曰:"張子,定遠之彥也。其王父舉進士,無祿,封君大人。舉進士,無祿,而有俟于後之人,弗瞑目焉。張子乃嗣服,故選舉于鄉而先志慰焉,厥後迎母氏于宦所,承顏而養之,鄉黨有稱。夫子曰'孝',是則張子爾矣。敢問孝矣,又何加焉!"曰:"其友乎?"曰:"皓、亘聞諸張子曰國紀、國維兄弟之孤也,思庭訓在耳,麗澤而學,故幸而均成名焉。乃翕和而養,其政若事,亦講而行之,猶夫學也。茲皆鴻漸而南將,雁行而承顏,仕學而麗澤,其樂孺又何可言?夫子曰'友',是則張子爾矣。敢問友矣,又何加焉!"曰:"忠矣哉。"曰:"夫張子筮仕兵部為司務,夙夜在公。乃後調吏部,夙夜在公。乃擢武選員外大夫,夙夜在公。乃今擢南都戶曹大夫,乃又將罔不在公。夫子曰'忠',是則張子爾矣。敢問忠矣,又何加焉!"曰:"一以貫之耳。"曰:

"一貫聖人之道。聖人之道，天也。張子幾與。"曰："天人之殊在安勉焉耳，夫孝道之原也。故兄弟弗友，友而弗至，非孝也；事君弗忠，忠而弗至，非孝也。孝斯至矣。"乃遂賦《小宛》之四章，曰："何如？"曰："焉有兄弟不友而不忝於父母者乎？信哉友也，其孝矣夫。"乃賦《常棣》，曰："何如？"曰："孔子讀是詩矣，曰'父母其順矣乎'。夫父母不徒順也，信哉友也，其孝矣夫。"乃遂賦《采菽》之四章，曰："何如？"曰："左右率從其道之行與蓋其忠有以先之也。夫事君而殿邦，忠孰加焉！親其有不順者乎？孝矣哉。"乃賦《采菽》之亂，曰："何如？"曰："《采菽》，君子志矣，宜福祿之膍之也，其即所謂優游者乎？夫然後不遑之患免焉，親其有不順者乎？孝矣哉。"明日，二子語張子。張子曰："夫谿田子之言，非無稽也，望我厚矣。國紀雖不敏，敢孤所望哉，敢孤所望哉！"

送大司馬梧山李公馳驛榮歸序

嘉靖初，梧山李公受知於上，由少司徒而陟大司空、大司馬者七年矣，乃上疏乞骸骨焉，不報。三疏乞之，亦不報。乃引疾堅臥，四疏乞之，上重違公意，特賜允焉。翼日，公望闕謝恩已，遂辭諸僚友，馳驛以歸，遵恩詔也。於是中府魏公、南和伯及諸縉紳咸餞諸江滸。有縉紳曰："聞公在昔，逆瑾用事日，免官於家，嘗僦屋而居，稱貸而食。及起而為憲副，猶寒素也。今解組而歸，為子孫計，得無不足矣乎？"公曰："吾不為子孫計也。"南和伯曰："予聞公昔在刑曹，直道而行也，權貴內仇而謫判湖岳，夷酋外仇而潛伺火攻，非絳袍神見，公灰燼矣。粵若縉章于隨而南寇盪平，贊憲于秦而西戎攸伏，肆備兵山東，鼠盜屏迹，提憲滇南，洞蠻授首，都臺所至，饑饉生全，及晉陟司空則溝洫盡力，簡授司馬則留務殫心，凡厥樹勳之秋，皆其競惕之地也。今乃釋重負矣，徜徉于山水之隈，放情于詩酒之間，黜陟不加，理亂不關，知公樂也。"公曰："雖然，予請益焉。"魏公曰："予聞古之大臣，居朝廷則心在于閭閻，處畎畝則心在于廟堂。故卿大夫致仕為國老，為鄉老，天子于朝有存問祝養之典，大夫于鄉有就謀僎燕之禮。而大臣者，雖退居草野，乃心罔不在王室也，故朝衣朝冠，吉月而朝，猶夫立朝時也；立訓立範，垂示后裔，猶夫輔政時也；表正鄉閭，補裨風教，猶夫在公時也。信若是也，公豈須臾而忘朝廷哉！"公曰："魏公望我厚矣，教我至矣，予服膺而西也。"於是拜受魏公觶飲，又歷受諸僚友觶飲。遂受几坐，盡歡而別。

贈李寵發解陝西序

涇陽李寵因兄寀而侍予，予授以從兄之道焉。久之，駸駸乎猶夫兄也。予復授以親友之道焉。久之，駸駸乎猶夫友也。予復授以尚賢之道焉。久之，駸駸乎猶夫賢也。予曰："寵其不畔矣。夫他日提學大夫見之，曰：'美哉！茲其賓興矣乎。'吾不復課爾矣。"既而，寵三往而三弗遇焉，蓋歷十年而後錄于有司，冠多士焉。於是諸宗咸喜，其諸父詎曰："吾宗商有之，賈有之，農圃有之，掾而達者有之，乃學而有成者自寵始，吾宗光矣。吾邑自趙公、翟公後經元有之，進士有之，舉者多矣，未有發解繼二公者，今亦自寵始，吾邑光矣。寵於夫子之道不辱，夫子寧不喜耶？其何以教寵？"予曰："予一喜而一懼焉。"曰："夫子所謂懼者，何也？"曰："盛名之下，眾目所歸。夫眾目所歸，豈易處耶？今而後以寵之才，使加勉焉，日有所進。進諸宗伯，冠多士焉；進諸大庭，冠多士焉。吾知難處益甚，是皆在我而不在人，眾目所歸而已哉。故自高者危，自滿者虧，自是者非，自明者夷，皆名之招也，不期而來也，可不懼哉？故陳人居，此狼狽而失常者，斯多矣。於戲！天下後世之事繫吾身者，科名而已哉。故高才高科，君子得之為不幸焉，可不懼耶？故君子不以外而動其中，不以震而喪其真。夫名者，實之賓也，猶夫皮之毛也。名由實而得，實緣名而喪旃，將焉用之哉。《傳》曰：'皮之不存，毛將焉附。'此之謂也。孔子曰：'以約失之者，鮮矣。'又曰：'謙，德之柄也。'《易》曰：'素履往無咎。'寵其三復斯言可也，三復斯言可也！"

贈侍御宋子考積獲敕命序

歲己卯，西岩宋子還自浙，授簡于冢宰，冢宰乃復于帝曰："御史臣廷佐昔將簡命，敷天之威于晉、于越，罔不祇若，越茲三載。肆臣庸列，乃祇敷用，聞厥黜陟，惟明明后。"帝曰："御史，朕嘉爾庸錫命攸宜，嗟爾濟美，無庸顯親，惟爾躬，逮爾述，其偕命哉！"御史謝，受命。翼日，僚集御史賀羹薦。華州束子進曰："郊聞人曰：'世嚴惟御史。'余惟御史上下是正，匪端本其行哉。惟公敏哲肅艾[一]，邁越有眾，昔在井疆，相厥細民，惡衣惡言，若蒙不潔，爾躬弗滌，民用攸威，晦若茲，矧厥明哉。諺曰：'奠爾基，毋虞爾墉，豐爾本，毋恤爾末。公忱若茲，敢登茲康，爵用懋享。"宋子受爵，曰："佐敢當是哉！"已，鄠杜王子進曰："峰聞諸人曰：'世達惟御史。'厥有猷，為中外罔尼。予惟曰有資否？其行哉？惟公敏而嗜學如食，用博識多聞，積中資深，為疏若檄[二]，若決沛川，若津而梁，若耕而耜。茲公攸達用休，敢登茲康，爵用懋享。"宋子受爵，曰："佐敢當是哉！"已，武功楊子進曰："中聞諸政在知務，得用奏功，失用罔功，故萬務畢陳，君子時擇焉。是故君子不重以屑輕，不小以害大。故內以正君，外以正官，殫乃心力，視厥攸居。茲御史已惟公自外而內，冢宰曰'得體'，實誘我衷，遺我典則，匪知務若時哉。敢登茲康，爵用懋享。"宋子受爵，曰："佐敢當是哉！"於是理亦降洗升酌，祝曰："惟昔公大，理考公暨公端毅舅公，弼我列聖，咸丕有令績令聞。其在關中曰二老，其在四方曰惟帝獻臣，念惟我明後人，念昔獻臣有攸頌，實莫敢後我二公，公其勗哉。理敢敬用茲康爵乞休享，俾天下曰：'有父有子，有舅有甥，由茲爵。'於是宋子受爵，進筵端酬，乃考公舅公，退筵末飲。

【校記】

[一]"艾"，道光本作"乂"。
[二]"檄"，原漫漶不清，今據道光本補。

送東塢子序

河以北稱任丘邊氏，邊氏之仕者數十人，其顯于時者五世矣。郡大夫曰："予入其里，過其門而不識，信哉，其足稱也。"邊氏之良稱季子焉，季子政事視司徒孟氏兄弟也，文學視太史仲氏兄弟也，故邊氏之良稱季子焉。季子為東塢子，東塢子初為司務氏，贊冢宰。冢宰之門，四海之內，百官之眾，咸受事述事焉。東塢子為正其儀、達其政焉，翕受于上，敷施于下，無弗辨焉。已為主，客氏贊宗伯。宗伯有寺人之聯事，有諸夷之馭事，時點夷入侍，寺人傳憲，召對不時，宗伯病焉。東塢子為治之，為便便於朝，明明於公，於是宗伯仗焉，而日用休矣。東塢子乃為山東憲僉氏，蓋冢宰之門之友以諫病，未之能贈也。病間，司務氏乃徵贈焉。考功氏曰："夫憲僉氏者，分巡之官也，分守之監也,天下之要官也。"曰:"何如?"曰:"國之本在民,民之安危在守令,守令之賢否在守監。故守監賢則所取如其人,其不賢則所取如其人。語其上有憲大夫焉,有藩伯大夫焉,二大夫之車不出境。有都御史焉,有御史焉,二史之去取資守監。有冢宰焉,冢宰之去取資二史。故曰守監天下之要官也。"曰:"其道何如?"曰:"於守令之賢者任之,尤者予之舉之,有誣焉衛之,其未然者教之,甚則讓之去之。有遺焉索之。我毋與其政焉,可也。"曰:"賢否焉攸定邪?"曰:"維天生民,降若形性,育之教之。命曰相天,是謂政本,不可緩也。吾履其地而察之,周于民而詢之。其所居在是,所行在是,所日孜孜在是,績又明明在是,他未善,取之可也;若所居非是,所行非是,所日孜孜非是,績又貢貢非是,他有善,勿取可也。夫是之謂良守監,否則亦具監焉已矣。東塢子出於儉素,人不易識之門,蓋不徒於伯氏為有觀也。故語諸政事則良,語諸文學則良,語諸為司務氏則良,語諸為主客氏則良。於戲!非有本,能如是乎?今去我而東矣,由是而占之,則其為良守監也。信矣,信矣!"

谿田文集卷之三

記

六泉書院記

出鞏昌城東之南，面坎而臨流，有書院焉，曰"六泉"者，以地之名泉名也。谿田馬氏見其圖而嘆曰："美哉，規也！作者之意，其深矣哉。"按圖，書院前有二門以表焉，左以表街，曰"振民"，右以表坊，曰"賦物"。蓋謂風化蠱矣，治之不可以他求也，必振民焉。蓋振民則體山風之象，建學立師，鼓舞吹噓，而歛藏枯槁者，無弗敷榮之矣。振民又不可以狹小為也，必賦物焉。蓋賦物則體洪鈞之德，乾道變化，各正性命，而含生稟氣者，無弗曲成之矣。此教學之大端也。由二表之間涉橋逾流而南，是為書院外門，一曰"涵育"。蓋謂君子之設科也，如海斯涵，如春斯育，無清濁，無小大，無高下，苟自進而至者，無弗容焉。示教不擇人而施，有如是耳。由涵育而入，二門三，中大門一，曰養正師所由也。養正者，作聖之功也。夫天地之道，貞觀者也，君子施教，體是道焉，則被其化者，如木從繩，如金在範，方圓平直，無弗如意，狂可作聖，變且化焉。氣稟之拘，不足論矣。此師之所以教也。傍小門二，左曰"忠信"，右曰"篤敬"，弟子之所由也。夫忠信，誠也；篤敬，敬也。謂再三而瀆，怠肆而惰，皆自絕之流，不足與進是，故以誠敬為入門。蓋篤信好學，尊道敬業，夫然後造詣莫量，此弟子之所以學也，由養正而升，為堂一，為間五，曰"精義"者，蓋示學者以明道而為先也。明道，不外于格致精義而入神，則格致之功至無遺憾矣。此師之所以教也。然格致之功有二，曰"物理"，曰"人倫"是也。于物而觀之，于人倫而明之，以極于明察焉，則大舜之知，于我無間義，其不精矣乎。故左齋曰"觀物"，右齋曰"明倫"，是之謂耳。此弟子之所以學也。由"精義"而入，為堂一，為間五，曰"安仁"者，蓋示以明乎道者，不可以知者之見而自畫也。必仁以體之，閑其邪而存乎誠，由勉而利，至無欲而好，無惡而畏，中心而安，則從心所欲，無適非仁，動靜之間皆堯舜之道矣。此師之所以教也。然入仁之途甚眾，其大者有二，曰乾道、坤道是也。其上者克己而復禮，乾道也。九二之德，顏子之事也。其次者主敬而行恕，坤道也。六二之德，仲弓之事也。誠能從事於斯，則天下歸仁，邦家無怨，仁其達之哉。故左齋曰"克復"，右齋曰"敬恕"，是之謂耳。此弟子之所以學也。由"安仁"而入，有池焉，蓋有活水自左右亭而來入垣，而謙益于斯者也。池上有橋，逾橋有樓，重檐而臨池，曰"靜觀"，蓋詩于此，書于此，弦誦于此，鳶于此，魚于此，仰觀俯察于此，觀民觀生于此，是謂大觀。然非靜則中有所蔽，近且小也，故曰"靜觀"云耳。常以是觀，則物皆自得，我亦自得，上下同流而無間矣，夫義精仁安道亦至矣。猶靜觀者，何易終未濟之意，惟日不足之心也。若曰望道，猶未之見耳，道已至矣，望之而猶若未見。夫君子其有休息之時哉。蓋仁以自任斃而後已，此至誠無息純亦不已之學，師之所以教也。由忠信而入，歷觀物而上，至精義，左縈而入敦德之門，有巷焉，列三館，以六德名，曰"知仁"，曰"聖義"，曰"中和"，皆坎向如堂，為間為戶各八，為門垣各一，區以別也。由篤敬而入篤行之門，巷舘亦如之，以六行名，曰"孝友"，曰"睦婣"，曰"任恤"，其所向其間、其戶、其門垣，區別亦如之。夫六德，體也，明道之所蘊；六行，用也，體道之所發也。蘊而發焉，內外合而體用備矣。此弟子之所以學也。"六德"之後，臨流而有亭，曰"日新"，所謂左亭者是也。為間三，為戶一，為門垣如舘。曰"日新"者，蓋六德既備而猶日日新焉，期大畜也。"六行"之後，臨流而亭，亦如之，曰"時省"，所謂右亭者是也。為間、為戶、為門垣亦如之。曰"時省"者，蓋六行既備而猶時時省焉，期旋吉也。此弟子之所以學也。師誠如是以教，弟子誠如是以學，則真儒其不濟濟以出天下，其不皥皥以治者，吾弗信矣。故曰是書院之建，其規美，其作者之意深，如是矣。始于嘉靖乙未三月，是年秋八月乃落成云。

聖天子設險除器以靖中夏記

聖天子在位，乃武乃文，恒留心聖學，亦無忘邊備。嘗顧我西土，奄有三邊，乃屢命大臣開府固原，總制邊事，纘舊服也。嘉靖十五年，乃簡命右司空臣劉天和為左司馬兼都察院右副都御史，總制邊事。三月，天和至，上封事有請，上命設重險以衛內，除戎器以備外。天和于是有乾溝、乾澗、諸女墻壕堤之設。蓋延寧間原有二邊城，東枕河，西過套地東古城諸城，又西過東勝州紅鹽諸池、蓮花諸城、駱駝山、卯孩水，至定邊墩止，凡袤千二百餘里。成化間，延綏撫臣余子俊所修定邊墩又西過花馬池舊城，又西至橫城堡，幾三百里。成化間寧夏撫臣徐廷章所脩，是為大邊。東枕河，起焦家坪，西過神木諸堡，又西過榆林城，又西過乾溝、乾澗，至三山饒陽水堡，袤視大邊亦撫臣子俊所脩。饒陽起暗門，西過甜水堡，過響石溝，過徐斌水、青沙峴，至靖虜花兒岔，西至河止，凡千三十里，弘治間總制臣秦紘所脩，是為二邊。乃後大邊城西橫城堡側，虜數入，時聖上在位，乃命先總制臣楊一清西趾河，東接大邊，築新城，凡四十餘里。後大邊內清水至定邊營一帶，虜復數入，聖上又命總制臣王瓊南枕乾溝，北過定邊，又西過花馬池北，又西過清水營北，接新邊城，築二百三十餘里。後花馬、定邊營所，地鹻城惡，虜復數入。聖上又命總制臣唐龍中改築城四十餘里。後乾澗、乾溝虜復數入，聖上又命臣天和北起乾溝，南過乾澗，接二邊，築六十餘里。總三百里許，號新大邊城。復于橫城至乾溝增葺內外女墻，墻復挑築大壕、堤各一。堤內地給將士，樹藝果蔬圃之為險，復挑築小壕、堤各一。定邊一帶復增敵臺及守兵，乾溝、澗增劳池水窖，其山增營盤。復脩徐斌水新邊為堡，據鐵柱梁家諸泉水，是謂重險。蓋取諸豫也。聖天子命之下也，天和于是得有輕車、強弩、諸火器、短兵用器之制。強弩準《周禮》夾庾唐大弩法，及唐宋強弩、神臂，及先朝弩制。擇弓人為弩，凡三等，凡射及三百步殺禽者為上弩，及二百四十步殺禽者次之，及一百八十步殺禽者又次之。一百八十步殺禽者，虜射百步以上弓廢；二百四十步殺禽者，虜無弓可支。火器曰"佛朗機"，曰"七眼鎗"，曰"三眼鎗"，曰"旋風砲"，曰"神機箭"，凡五種。凡鎗、箭皆易以鉛子，利便故也。佛朗機者，近年聖上得之南海蠻夷者也，外有鵝嗉項筩，內有提砲，盛鐵心鉛子數多，一發輒貫人馬數重，可屢發，最為利便。又審的省度，巧中如射，其迅烈神妙，難以具述。然造法邊工未諳[一]，上嘗命工部造之以畀諸鎮，此中國長技，古所未有。凡火器之法，當者如迅雷震躬，諸兵盡廢。短兵則斧、鎗、刀、鉤，凡四種。用器則枕钁、鹿牌、面覆、車帳，凡數種。輕車之為制也：其輪隻，其足四，其前二足行懸而住立；前獸面牌一，為孔四，以安諸火器；其傍挨牌，左右各一，着裙有樞，戰則轉前以蔽矢；夾輪箱二，輪後箱一，載戰具用具；三牌間建斧、鎗、刀、鉤諸兵六，轅二，後向一人推之，前設橫木，二人翼之，前挽者一人一車輪。推挽者共十人皆戰士，遇敵則四人自內以發火器強弩，短兵接則六人舉斧、鎗、刀、鉤突出破敵；遇泥淖險阻則四人舉以越，雨露則帳以覆之。凡此皆中國長技，虜之所短。古雙輪大車服騑用馬一，車非百金不行。茲輕車一乘，約費二金，餘凡大車有死地十，故善御者困且矢及無蔽，故敵人善射者獲茲輕車，通重一百五十斤，唯四人推挽兼舉，無險不越，凡塗通騎者可進無死地，且戰于三牌之內，患不及焉，故利用優乎大車。凡大車載御士持弓矛，戰士二敵亦如之，唯勇巧者勝，勝負決于倉卒，未可億而中也。茲輕車戰用佛朗機一，用七眼、三眼鎗各一，用旋風砲一，用神機箭三十，弩二，虜勇巧俱廢，無兵可支，勝負可預決。其視一弓一矛戰者，利害相遠甚，是謂戎器，蓋取諸萃也。凡師出百車為營，用步兵千，騎兵二千，車用火器凡五百，強弩二百，騎每隊用佛朗機五、三、七眼鎗五，強弩十餘，弓矢翼之，計騎用火器凡四百，車騎火器凡九百，強弩凡六百餘，弓矢凡一千五百。車騎、火器、弓弩交發，如霆如雷，無眾不克，無勍之不摧矣，是謂之陣，蓋取諸師之臨也。戎器成，發諸三邊，將徐教以陣法。然倉卒遇敵，已可施用。前丙申歲冬，寧夏將臣巡邊，虜萬騎倅纛薄我，危急用車據山口獲免。時甘州有虜數萬，轉掠山丹，永昌將臣姜奭逐之，虜忽大集圍擊，用百車為陣，火器、強弩四發，虜傷無算，遂疾驅出境。丁酉春正月，虜數萬夜至寧夏城外，昧爽將臣王勋偶出被圍，車進輒解。是月，定邊有警，將臣任傑往禦，延綏餉軍僉事臣須瀾單騎常服驅百車從，偶遇虜，以車禦之，我眾無損，獲首級四十還。秋八月，寧塞兵五百遇虜八千圍之，騎衝我者五十步，衝者四，每衝，用火器、強弩禦之，虜死傷無算。卒紅甲虜酋率眾來衝，我用機器斃之，又斃他馬，遂皆痛哭而遁，我兵保全以歸。是月，虜四萬至乾溝，邊臣帥兵三千，用車架女牆發火器、強弩擊之，虜人馬斃者無算，即遁去。其戎器隨用隨效如此。使由是教演陣法精熟，據所設重險而用，夫何三邊不清，胡虜不攘，我華夏不奠之足患哉！今戊戌春，聖天子在位一十有七載矣，固原兵備副使臣王邦瑞親見我師以全取勝，乃喟然嘆曰："聖天子制作中國長技，前古未有，其神功天威，臣邦瑞習聞之，然不可泯也，宜告諸邊臣，俾世世嗣服不忘。"乃祇託光禄卿臣理記，理是故不辭，謹齋沐記之。其所造器有可圖說者，附之于下方云。

【校記】

[一]"法"，道光本作"去"。

嵯峨山田廬歌記

清、冶二水之交有山焉，曰嵯峨。其上有唐陵及佛寺在焉，其下延袤數十里，則民廬及田也。其山去秦藩百里而遙。正德間，有詭於王者曰："渭水之陰，涇水之陽，有草萊之墟焉，辟之而入於王甫田也。"又曰："金粟之西，九嵕之東，有草萊之墟焉，辟之而入於王甫田也。"蓋左右聽之，王不知也。然涇、渭之濆，漢之諸陵實在焉，舍是蔑有弗田者矣。金粟、九嵕之間，唐之諸陵實在焉，舍是蔑有弗田者矣。時瑾、彬諸逆交訌于內，比黨作慝於外，咸指正為邪，指非為是，天下莫能與爭也。于時峨山之僧有懼重法者，冀其免也，詭以山而獻王。蓋左右聽之，王不知也。是故指山陵以為田，而人莫敢矯其非，則度人度之前，封人封之于後矣。指民廬以為田，而人莫敢矯其非，則度人度之前，封人封之于後矣。指民田以為苑，而人莫敢矯其非，則度人度之前，封人封之于後矣。民為是懼而賂之，乃賂諸度人、封人而弗得免焉，乃賂諸左右而弗得免焉，乃訴諸當路者亦弗得免焉，雖諸民亦自謂弗得免焉已矣。他日參政畢公至民劉瑞、蔣綸率諸田廬人訴之，生員張耀、曹尚志率諸田廬士訴之。畢公稽諸圖籍，曰："信如士民言也。"遂以復於王。王曰："參政言是。"左右曰："不然。山寺石記有之，寺為吾藩佛堂，此左證也。"參政曰："不然。記在是云'金大定九年建寺'，稽諸石記，誣可徵矣。"左右曰："不然。昔吾王建國，我聖祖皇帝賜以苑囿，固此山也。"參政曰："聖祖制律，有曰'凡帝王陵寢，毋樵毋耕，犯者有常刑'。山有唐陵，何可苑也？稽諸律，誣可徵矣。"左右曰："昔吾王建國，聖祖皇帝賜以牧地，固此山下田也。"參政曰："凡牧地不税，税地不牧，具載圖籍。今山下之田無弗税焉，又何牧也？稽諸圖籍，誣可徵矣。"王曰："罷，參政言是。"由是山下之民聞之，咸祝王曰"千歲"，繼而歌曰[一]："我民無田，維公賜之。我民無廬，維公畀之。父母生我，公則食之。"蓋又以頌參政云。參政名昭，字應章，山東新城人也。復歷官布政使，陞山西都御史。

【校記】

[一]"繼"，原漫漶不清，今據道光本補。

新修四皓先生廟記

漢逸民四皓先生，曰東園公、夏黄公、綺里季、甪里先生者，故秦博士，列國人也。秦在列國時，獨務農講武，有先王遺風在。治忽者審其樂聲，知將繼周，先生彈冠其國，典守經籍，得非所學在是，將以經綸也耶？及秦用鞅、斯之徒，遂相將隱去商洛山中，鴻冥鳳栖，採芝考槃已矣，得非陰長陽消，天地閉塞，不可以有為也耶？先生既去秦，于是廢井田，毁學校，坑殺儒士，焚燒經籍，天下遂大亂。於戲！先生一去，而世變乃如此，夫朝廷一日可無斯人也耶？逮漢高龍飛，網羅人傑，鷹犬虎士，以滅秦蹙項，加威海内。海内英雄，雖仇依島處，隨所招麾，咸不寧而來，無敢後者。然卒有不可屈者，天下唯四先生而已。蓋先生有師傅帝王之道，而高帝無先學後臣之心，故王佐之賢不可致耳。比帝晚年溺愛戚姬，欲立所出趙王如意而廢易太子，羣臣諍莫能得，吕后用留侯畫計，禮聘先生。比至遭黥布之變，帝使太子將兵，此又一危也，賴先生謨猷獲免。帝破布歸，疾甚，欲必易太子。太子乃燕帝，四人者從，帝異而詢其姓名，大警，謂戚姬曰："太子羽翼既成，矰繳焉施。吕氏真而主矣！"遂做鴻鵠之歌為楚聲，使姬楚舞數閱，涕泣而罷。由是君心以格，彝倫以明，私愛以割，國本以定。嗚呼！少海涸而益之盈，蒼天缺而補之完，先生一出，豈小補也耶？厥後帝沒，太子繼位，是為惠帝。惠帝報先生德以三公，皆不受而去。先生既去，吕后肆虐，卒酖殺趙王，人彘戚姬，遂致惠帝震駭，喪志而沒。由是吕氏益橫，以陰當陽，俾夜作晝，螟蛉國儲，朵頤漢鼎，天下又大亂。嗚呼！先生一去，世變又如此，夫朝廷一日可無斯人也耶？於戲！先生遯非忘世，頤弗舍龜，屯而建侯，蠱而尚志，豫而介石，艮匪裂夤[一]，言足濟時，誠能動物，未可以一德名也。厥後君平、子真、嚴光得先生之艮而射隼之鮮無徵，穆生、兩疏合先生之介而康侯之晉未著。求其一出一處，合聖人之道而能濟時以保身者，先生之外，不多見焉。於戲！先生其猶龍乎？時潛而潛時見，而見躍而不亢，遊而不淵，非龍而何？世謂高帝溺冠嫚罵，輕侮儒生，盖非先生之流耳。使果先生者流見且弗得，得而輕侮之耶！于此見當時儒者，皆遊說之徒，帝之明不可欺。先生之為儒，信非體用，弗備外貢，而內蒙者矣。然先生不可得致，則漢之所以不三代者，寧不在是也耶？先生事迹，人有疑者，愚辯之碑陰。先生舊有廟在商州城西，歲久頹廢。嘉靖間，撫治商洛少參平定郜公來謁先生，病之，爰改築大垣為磚門，葺舊堂而新之，又增建新堂一所，復得畇田若干，以供祀事。夫然後商人及往來時獻，咸知尊禮先生，益仰止焉。工始於丙申冬月，迄丁酉仲春。落成時贊之者，商州守峕嵐任継芳也。

【校記】

[一]"裂"，道光本作"列"。

增修河東察院記

河東舊有察院，創於成化壬辰，葺於嘉靖乙酉。增修之者，則今侍御李台山公也。公嘉靖甲寅秋至河東，視察院大門棖短檐低，不堪揭扁，病焉；視檐外即面墻障蔽，僅可旋馬，三藩人以事至者無容足地，病焉。欲有為，然未之暇也，乃以鹽務為急而日從政焉。察鹽法或疏，則廣詢博諏備舉之，鹽官或勤惰賢否不齊，則獎劳之，懲戒之，去之。鹽商不集，則多方招徠之，鹽城有穿逾醜[一]，則增城高四尺，重棘以衛之，復設保甲，晝夜巡邏。南城傍山盜多，則尤嚴防之。鹽丁不均，有加差，多逃亡，則按籍別等，則派之，其買馬貼軍諸加差俱免之。鹽城外有卓刀、姚暹諸渠，潦水泛溢衝城，大為鹽害，則疏鑿深廣之。於是逃亡歸，鹽丁集，正丁之外有餘丁，以待用矣。商賈集，池鹽流通與淮浙等矣。於是增料至二百餘座，歲增課銀至七萬餘兩。其鹽供陝西、河南、山西三藩，官民不勝食矣。其外抵補山西民粮，增鮮十數萬矣，其功效加此。公復儲贖刑之粟若干，偶值歲歉，即發倉賑不足，則五六發倉賑邮，民生全者甚眾。河東書院舊以六德六行名號，凡二十號，公增以詩、書、禮、樂四號。舊生徒凡四十人，公閱拔二州十縣髦士，共九十四人教之，五日為一講說，一月一試，每初四、十四、二十四則課三場，文如鄉試，然雖大風、大雨、大雪不輟。於是諸生競辰勉學，所造不可量矣。諸生乘暇進曰："公前所病者，今可有為矣夫。"公曰："諾。"乃令有司呼當門居民審之，曰："居遷孰安？"僉曰："冰霜臺隅，吾儕小民跼蹐頻蹙于斯久矣。儻官府有大作，俾就安宅，則非徒斯今安，子孫世世利也。"有司以白公，乃於城中隙地畀之，更以所費補之，復以官田予為世業，民欣然從已，撤墻以去障蔽，除道以通往來。大門易其材，增高四尺，扁曰"察院門"。南五丈許，移植楔樿門一，扁曰"御史行臺"。又南二十丈許，植大楔樿門一，高四丈一尺，闊四丈六尺，扁曰"三藩風紀"。又南七丈許，樹門屏一，高三丈，闊七丈，東西墻建榜房各一十三間。房後地東西各四十丈，左院一所，房三進，各三間，扁門曰"東茶房"，右院一所，房如左，扁門曰"西茶房"，以待有事於臺者，且止所也。察院門東如前門，一扁曰"激揚"，西門一扁曰"貞肅"。次"激揚"，右門一扁曰"間世鳳麟"，以表書院前所造就科甲之士。次"貞肅"，左門一扁曰"一時桃李"，以表書院公所造就新科士也。察院門內舊有冰蘗堂一，退思堂一，存竹、憶、梅軒各一，見闕樓一，觀德圃一，皆葺而新之，煥如也。夫然後出入是門，登其堂者，肅然而敬心生焉。於是運使王子三接為狀，以致仕延川令予友王子世相為价，問記於予。予曰："台山公前令沛有善政，贖刑以穀，年饑而蒸民足食；掘地得金，學脩而諸廢亦興。司馬默庵吳公會撫按疏聞于上，上令通行天下，永為令式。其民則建立生祠，歲報祀焉。矧茲鹽政阜財足國，代稅蘇民，又賑饑育才，悉法所當書，可湮沒之哉？爰筆其大略，以告後明云。台山公名禎，字厶別，號台山，江西新昌人也。

【校記】

［一］"逾"，道光本作"審"。

河東察院辦公所民居及增廣學舍記

解州之東安邑西鹽運司城君子有攸芋焉，河東巡鹽柱史察院所也。其南為條山，為鹽池，池東西廣袤百二十里，遙自條山下瞰，如湖如海，如堆瓊積雪，即此池也。伏羲制字時謂之鹽帝，舜歌薰時謂阜民財者，即此池也。故今鹽生必待夫薰風至焉，天下產鹽所博矣。神農以為藥物，療民疾者取此，他不與焉。此天地風日所生，非勞人力煎煮，生生無窮，取用不竭，以故陝西、河南、山西三省君子小人皆給食焉。是故天下鹺政有司凡六柱史監臨者四，然皆居會城，或往來巡察，其專厥攸居而所蒞廣遠者，唯河東為然。凡及瓜入覲則三省佩印大夫及郎官教職，皆得而賢否之。於戲！茲任不亦重耶？察院舊在市廛民居中，凡聽政則市民喧囂，或家人婦子嗃嗃嘻嘻於外，甚非肅政之所，民亦沮如惕如，不坦夷也。柱史台山李公下車聽政，病官混淆，令有司咨詢民情便否？僉曰："眾不安於此久矣。但大作乃上益下事耳，小民其何能為。"乃審咨之其情同，於是令各給隙地，資其用而遷之，如隋城辦官府民居之制。於是政肅民便，上下各得所矣。察院舊有書院，前柱史理窗友西渠張公之所營也，河東郡邑發科及第之士，多此出焉。至是，公又博選諸庠髦士卒業於中，士視昔三倍焉。民歲饑即發倉賑濟，境無流殍。遇旱即齋沐積誠禱雨，檄有司行事如其情，斯禱無不應，田禾池鹽俱生民歌頌焉。舊察院門外僅容旋馬，乃廓東西二十五丈，南北三十丈餘，始東西為榜居，各一十三間。南設屏，高三丈，長八丈許。次建綽楔門一，扁曰"三藩風紀"。又次門，一仍舊貫而南移之也。東西如門各一，曰"貞肅"，曰"激揚"。又門二，以榜書院科第士姓名，亦激勸之方也。門樓卑而高之，左右碑亭二，亭後茶房各一，以為諸參者見者且止所也。書院增廣齋舍倍前，用皆資諸贖金，民無取焉。工始於四月二十一日，七月終落成。於時河東運使王君三接問記申之以致仕，延川令王子季鄰簡書，理亦食鹽人也，故耄以言。柱史名某字某，新昌人，號曰台山云。

陝西河東運司監察鹽政仰山尚公去思記

嘉靖辛亥，仰山尚公蒞條山，監察河南、陝西、山西鹽政。明年壬子，害除利興，廢舉吏，戢民安，士彙征，公于時攬轡還臺。明年癸丑冬，安邑人參議胡諧、延川尹王世相書謂理曰："仰山公去吾河東久矣，人思之弗忘，敢托吾子記之。"理曰："思狀如何？"曰："公清介安節，身昭儉德，故裁省供應而民從之，禁止諸服飾奢僭而民從之，故民不至于饑寒。思公儉德，官吏貪酷頑讒誣罔強衆橫逆皆為民害，公乘時考察而黜之，受辭訊鞫而戍之、遷放之，而良民安。故思公除害之德，其監乎鹽政也。鹽生之日，則躬詣池所，辰入酉出，總理微密，防範周至，布以恩威，故鹽丁子來，竭力從事。又招傭饑民效勞受犒于役使之中，寓賑養之意。以故萬億垂死之人，活于饑饉之時。以至在官牙行、店戶、秤斗、人役，御之有道，莫不輸誠效力，好義終事。以故徵十年之逋課，數月而完；補億萬之邊餉，期年而足。又疏通鹽法，商人報買，隨令掣支，凡驗放濡滯、那移需索、作奸犯科必刑。又斷絕私鹽，以除公害商害。以故商人思公，諸在官庶人思公，諸足餉之人思公。粵若薰風應候斯中池阜財，此不先不後時也。公來之次年仲春之時，池偶呈祥，鹽花射日，堆瓊積玉，萬頃爛然，於是取之不窮，用之不盡，苟非和德昭格，何以臻此？此池人商人所以異而思公。壬子秋月不雨，禾苗槁矣。公反躬自訟，積誠[一]籲天，三日而澍雨滂沛，四野霑足，禾乃大熟，此農夫農婦所以感而思公。禁諸少年交遊非類，賭博群飲，諭以生理，導之孝弟，而犯上作亂之事不為。德教如是，此父老所以思公。修葺書院，遴諸郡邑髦士朋簪講習，復延師儒誨之，給以筆札，豐其館穀，又躬臨課試，以勸以懲。以故壬子鄉試舉者一十五人，解元及詩禮經元皆出其門。癸丑會試，門下又連進五人。教有明效如是，此諸生所以思公。縉紳之家，脩其坊門，周其匱乏，或米肉薪炭以給寒士，有不能衣履者則衣履之，有不能婚葬者則助以舉之。此縉紳士人所以思公。鰥寡孤獨之人，則廣蓄之，衣食之，必備必時。病患之民，則儲藥任醫療之。囹圄罪人，則釋諸無辜而恤諸繫刑。此窮民、病民、諸麗刑之民所以思公。"理閱書已，歎曰："微公德澤不洽于人，人其能如此哉？詩曰：'心乎愛矣，遐不謂矣。中心藏之，何日忘之。'其斯之謂與，是不可泯已。"遂援筆記之。尚公，名維持，字國相，號仰山，汝寧羅山人，嘉靖庚子中河南解元，辛丑連登進士。高祖仲賢，元末進士，值政亂，隱居不仕。曾祖禔，正統己未進士，授南臺御史。公則繩厥芳武云。持書而徵記者，則衣巾生王世相姪鶴松也。

【校記】

[一] "積誠"，原漫漶不清，今據道光本補。

河東鹽池重建忠勇武安王神廟記

河東池神廟東，古有關王神廟。關王舊號"義勇武安王"，我皇明正德間，武宗皇帝更為"忠勇武安王"矣。河東古老相傳，地志亦載之，謂昔宋時蚩尤作祟，變池鹽為洪濤，經歷八載，課鹽不成。當時朝廷禱籲於王，王用神兵除祟，池鹽復，故民到於今利之。以故此地有廟，所以報祀王也。嘉靖甲寅秋，敕命巡鹽御史台山李公至謁王，見其廟貌陋甚，嘆曰："王，天地之浩氣也。昔漢室垂亡之日，非世無撥亂才也。然荀彧之儔，則佐操篡弑；周瑜諸人，則輔吳僭竊；其能明綱常大義、擇善固執者，唯王及孔明二三人而已。王知昭烈帝胄，可續漢統，委身於樓桑布衣之時，以持危扶顛為心，衛主于造次顛沛之際，雖萬死一生不恤。至曹操義王，以恩結之而弗能留；孫權畏王，以婚結之而絕之甚。卒致心如天日，威鎮華夏，關輔人民，往往遙應，曹操遂欲遷都避難。此漢賊可平、王業幾復時也，不幸陰為孫賊所圖。王身殁而神存。王既云殁，曹丕稱帝，權亦僭竊。使王無恙，二賊敢遽如是哉？故君子謂王身存漢存，身亡漢亡，非虛語也。厥後孔明先後出師，為漢討賊，雖大義昭彰，然賊已深根固蒂，牢不可拔，非若賊勢顛危王之時矣。孟子曰："浩然之氣難言也。"其為氣也，至大至剛，以直養而無害，則塞于天地之間，王實有焉。蓋天地正氣，本自浩然，在人則集義所生，苟行一不義，內省有咎，氣斯餒乏。王好學慎獨，守死善道，行無不義，俯仰無愧，故其氣充塞天地，莫可屈撓而限量之也。先明嘗謂是氣在於天地則為星辰，為雷霆，為河岳，在人則為聖賢，故巾候本于岳降[一]，傅說殁為列星。今道書所載，有圖有說，亦云王為雷神，孔明為雷師，凡鬼魅妖邪為人祟者，巫人禱請則雷霆震擊，王實在焉。此亦理之所有，非誕妄也。今胡虜犯塞，吾將士禦之，雖衆寡不敵，王嘗見像陣前，虜即敗衂遁去。此王神常在宇宙，衛我綱常，驅除逆醜邪祟，一如在漢日也。池所報祀，宜矣。況王家池南常村，固鄉賢也。河東鄉賢，其好學慎獨，集義善道，養成充塞天地之氣，未有如王者。後學宗師而祀之，可因陋就簡乎哉？"嘆已，乃曰："此禎之責也。"乃卜諸附廟隙地，廣袤數畝，繚以周垣，垣用瓦甓。螟蛉之前，構大門三間，南向，懸扁其上。次為儀門三間。北築臺崇，構殿堂三間，接以夏屋，殿下東西各為廡三間，肖像殿內，飾以金碧，儼然如生。人瞻仰之，肅然凜然，而敬心興也。廟門有古柏二株，蔽芾凌雲，不知植于何時。台山公相地建廟偶門於此，若新植然，亦樹有所待而神啓其衷與？廟建於某月某日，落成于月日。台山公姓名見前，字某，號曰台山，江西新昌人，效力者為運使王三接、安邑令李瑜，狀其事者為致仕延川令王世相云。

【校記】

[一]"巾候",道光本作"申侯",似為"申侯"之誤。

淳化縣新遷廟學記

粵昔淳化在洪武盛時,建學縣治之右,門臨通衢,當時士樂於學,多顯者焉。厥後,令有李仲賢者以學為神祠,而遷於南城之下,後又壞而不加葺也。是士蕩析廢學而鮮成名矣,故淳化之人,小大咸怨。小人曰:"昔吾學美矣,由李令遷之,使吾士居面墻之下,遷喬而入幽,抱陰而負陽,惡乎不蕩析也?此風水之咎也。"君子曰:"昔吾學美矣,由李令迁之[一],使吾士居面墻之下,藏修焉而非其宜,游息焉而無所適,惡乎不蕩析也?此有司之咎也。"故君子小人異言而同情焉。正德甲戌,臬司大夫何公至淳化,謁廟視學而病焉,淳化師生以眾情告之。公曰:"吾意也。"乃為身相地焉,乃得縣北廢倉及城隍廟地,曰:"於此建學,如是如是,善矣。"時令未之能行也。歲庚辰,令缺,丞畢氏至,謁廟視學,病焉。學諭王氏以往事告之。丞曰:"令在,吾不可專,今誠吾責矣。"于是學諭贊之,丞任之,乃白於當路,咨於有眾。乃取薪於山,以甄以然;取材於巔,以棟以枅;取石於川,為礎孔堅。作廟淵淵,為堂為廡,為舍聯聯,如翬斯妍,如鳥斯騫。凡數月而訖工矣。丞又曰:"廟學之前無通衢焉,未善也。"乃悉召諸居民,謂曰:"若屬後園壖地若通以為衢,則士利于行,而爾輩亦利于廛矣,如何?"皆唯唯。於是悉取其壖,為衢為廛,如矢如弦,往來翩翩,士民攸便。凡數日而訖工矣。於是小人觀之樂焉,曰:"美哉!陰陽順矣,風水萃矣,士於此不成,吾不信也。"君子觀之樂焉,曰:"美哉!藏修宜矣,游息適矣,士于此不學,吾不信也。"丞乃落成而進諸士曰:"夫廟學非地而不遷,有司之過也;遷矣而不善,有司之過也。士集而不教,師長之過也;教矣而不善,師長之過也。今王先生善教,而丞亦苟焉以塞責矣。乃或于此不學,學而不成,將誰責乎?"諸士咸曰:"此諸生之責也。"峨山逸人曰:"夫迁學、迁居一也。吾聞昔有築室而迁者,迁貨而忘其妻。又有病慾而迁者,迁居而忘其心。其亦不善遷矣。故迁心為上,迁身次之,迁居為下。是故君子擇所遷而遷也,故遷善于鄉,弗自足也,而進之于國。遷善于國,弗自足也,而進之天下。遷善天下,弗自足也,而進之古人,斯善遷矣。"學諭王氏聞之,曰:"小子聽之,夫命爾矣。"何公者,名天衢，家道州人。昔相地時，為關內道副使，今河南都御史矣。丞名經，井陘人。學諭名継，某人也。

【校記】

［一］"李"，原誤作"宋"，今據本篇上文及道光本改。

寧晉儒學及洨濱書院贍田記

愚聞君子用財以義如其義，雖千駟萬鐘不以為泰，苟非其義，則一介不以與人。昔范文正公以義田贍鄉黨，以所居為學舍，義矣。寇萊公以所居為僧寺，崇異端，不亦失義也耶？愚見今洨濱蔡子用財，有范之義，無寇之失焉。蔡子名靉，字天章，號洨濱，初學于恒山張子，凡十有八年，登乙丑進士，授行人，擢監察御史。復學于甘泉湛子。後巡按河南，行所學，激揚有聲。及退居林下，幾二十年，日用服食，悉從儉約，積有贏餘，徐徐置田。因鄉里田賤，遂置義田十有九頃。先嘗構洨濱書院，受徒講學，是則割田七頃二十畝為儒學贍田，復割田一十九頃為書院贍田。蔡子曰："儒學贍田，以給生員婚喪，以資寒儒問學，托以公處之矣。書院贍田，則一以祀先合族，一以周給親故，一以教誨後學。凡祀先，有祠堂之祀，有墳墓之祀，俾宗子主之[一]，學者相之，司計者出所貯供用籍之。祀畢，則享胙頒胙有常儀。凡周給親故婚喪，助給親疏有差。其貧乏不能自養者，月給粮有差。凡教誨後人本族子弟，俱在書院進脩，其延師之禮，飲食之類，悉給之，務足用。其外族學者，如之。故舊子弟有家貧來學者，給亦如之。嗚呼！賢者富而好禮，積而能散。蔡子為贍田如此，非好禮能散者耶？愚見他鄉有富者積粟幾萬石，賓至有餒則飯之，否則，雖往返百里不飯。後貸粟於人，遇凶歲無償，遂餓死。又有貴者嘗多取以歸，居不安，則一飯萬僧，乞延生，未幾見怪死。嗚呼！鄧通、梁武咸餓死，非極富極貴者耶？蓋富貴而不知義，徒遺天下萬世嗤耳。故君子於蔡子深有取焉。或曰："蔡子惟不試，故能行其義如此，使鴻漸而大授，將霖雨天下，悉啻是耶？惜哉！晉而摧也。"丈人曰："不然。君子聞道大行則澤乎四海，開來則澤乎萬世。推蔡子開來之心，蓋不但志於澤夫四海已也。奚惜哉，奚惜哉！"

【校記】

［一］"俾宗子"，原漫漶不清，今據道光本補。

平陽府新建教場記

國家郡邑皆設立學校以明彝倫，教場以脩武備。平陽之有教場，舊矣。新建云者，監司僉憲大夫乾谷辛君之所營也，實有取焉。蓋前次丙申，逆賊張世朝之變，幾失平陽，幸而奠。明年乾谷至，視學，曰："邦有人焉。"乃觀民，曰："唐風未衰，未可移也。"乃閱武備，曰："弛矣！弗亟張，民焉綏耶？"乃相教場于舊所，曰："兵，陰事也。乃練諸南薰之城，違天道矣。又阻而隘，隘不足以合衆，阻則莫之能益也，失地利矣。又地遠往返，勞拂厥士心，失人和矣。乃姑教之。"乃相卜城西汾東地食。又明年，乃改作，乃奠其地而垣之。乃門乃中為將臺，乃八表其外為陣地。表外北隅仍門垣之。為監司堂及後堂各一，為左右廊各二，為府衛縣學廳各一，各若干楹。外為懸扁大門一，四楹。是故于天道順，于地利得，於人心協，一舉而獲三善，是謂有取。蓋取諸革也。於是而製旗皷，備器械，退老弱，選精銳，成師旅焉。於是而三令五申，教之陣法。將居中堅，招搖在上，鉦鼓居下，左右前後，各司其局，聽皷而進，望旗而趨，聞金而止，伐次有數，進退以制，不失尺寸，此正法也。正法既閑，三令五申，教以變法。聽皷而進，望旗而趨，或合或離，或聚或散，或方或圓，或翼而張，或首尾而應，分番出沒，更互戰守，俾勇者搴旗，壯夫守之，凡三搴三守，聞金而止，各復厥初，毋失尺寸，此变法也。夫然後賞罰加焉，務期精熟，使威動如雷，靜安如地，是謂有取。蓋取諸豫也。方改作而訓練不廢，經營于戊戌春初，至冬訖工，而訓練亦熟，足禦侮，足消患矣。是故不可無記，故臨汾趙尹托予記之。乾谷，吾關中耀州人，名珎，字國聘。相是役者為知府鄔紳、同知劉崇雅、推官焦璉、平陽衛都指揮李忠、指揮崔憲、崔崇、錢鐘及趙尹統也。

明三原縣創脩清河新城及重隍記

三原，今縣治有城，在清河南。元至元時，自東原下，舊縣徙此，其城蓋徙時築也。清水出耀州石門山，其陰為三水，其陽東泉為清水源，其西泉為淳化冶水源。清水東南流數十里，濁水自東出為清水，又東南流百里，至中原村。其西望冶水為西原；其東抵濁水為中原；濁水東抵趙氏河，又抵唐獻陵東断原，所為東原，蓋三原所由名也。清水又南流，至三原護軍城東，又南為耀州巴杜，為吾原義河毛坊。毛坊里杜寨，杜寨三面皆巨豁，義河南為鬼谷，北為石堡，巴杜有懸崖石洞數十，可居，蓋毛氏兄弟建忠時，居人避兵所也。杜寨則其立柵處云[一]。清水又東南流，至湯杜，蓋湯孫亳王所居，今訛為楊杜里矣。有峨山，竇氏裔居此。又南至第五村，漢第五倫裔所居。又南為閆村，三原社倉所也。又南為谷口，元義士李子敬裔居此。子敬創立學古書院，延師教士，以忠信招商，三原之人材與商旅集，由斯人也。東為濁水谷口，唐長孫文德后家在此，元冀國公郝天挺塋祠俱在此。又東則舊縣遺址在焉。西為堯門山、荊山。荊山，今為嵯峨山矣。又西為冶水谷口，冶谷南為鼎州，昔黃帝鑄鼎所也。清、濁二谷南為焦穫，詩曰"整居焦穫"即此，今訛為焦吳里焦吳村。理聞諸王端毅公云："清水自谷口南流至豆村，折而西，經涇陽孟店鎮，西為靖川，唐李衛公庄在此。"清水又折而南，至吾原留芳里，冶水自鼎州來，至荊山異隅入焉。清水又東南，過張御史塋，東又過張孝莊塋，王端毅公、康僖公塋，東至龍橋。其南為今縣治城，即前云元時所徙築城也。城肖鐘形，北阻河，河深十丈餘，巖險可據守。其北居民與南等，自國初迄今，多縉紳髦士家，然無城，民自昔至今患焉。弘治末，河套虜蠢，王端毅公謀於當路，築此城未果。正德間，關東蜀川盜起，套虜復蠢，王康僖公復謀築于當路，移有檄矣。時榆次王令任事，為庶民所沮，弗果城。後虜入山西平陽，窺關中。關中守巡率兵東禦于河，三原士夫胥約理復謀築于當路，亦移有檄矣。時寧陽閆令任事，為涇陽田廬茲土人所沮，又弗果城。嘉靖丙午，虜奸細人入境，窺我會城，及三原官絡繹獲之，知侵盜有期，三原人士謀築益劇，然未敢白也。時畹谿謝公保釐我土，急移檄督築此城，乃先主之以府官，申之以守巡，有沮者輒令刑以徇。時王令任事，遂令處夫役，度基趾，分工舉事，同日並作。蓋閱月而城畢，又二十餘日，而城上女牆樓堞外重隍舉畢。城周三千步許，崇二丈五尺，下闊三丈許，女牆崇七尺，上有垛口。南北東西共設四門，門各有樓，東門樓為壯麗，設敵臺，凡二十七所重隍，各闊二丈五尺，深如之女牆。垛口凡一千五百餘口，設神機火器，數如之南城。今增葺高厚如新城，外浚重隍，深廣如之南。西關外復令築城，西環民居，東樓城外重隍，深廣如前，諸垛口各設神機火器如前。兩城設，於是虜聞之驚愕，昔南侵謀遂索索然寢矣。蓋三原天下商旅所集，凡四方及諸邊服用率取給於此，故三原顯名於天下，雖狄虜亦窺伺焉。三原固，則虜南向志灰，夫關中之城亦多矣。君子謂三原斯城所保為大，不其然耶？城成，民悅而歌曰："嗟雙城兮重隍，巖巖兮湯湯。交相翼輔兮宛鴛與鴦，神機設兮雷電斯莊。一夫發兮萬夫莫當，胡虜聞兮魂驚膽喪[二]，吾民眠兮永無夜尨。"歌已，商人亦悅而歌曰："原昔有人兮可因可宗，謀忠交信兮心與面同。貨泉可託兮有始有終，集吾遠人兮給如蟻蜂。忽聞虜患兮懼失所憑，今環金湯兮憂慮頓空。誰實為之兮念唯謝公。"歌已，士夫咸悅而有歌，其略曰："嗟吾原兮商旅雲依，百貨業兮四方攸歸。世資服用兮虜亦睥睨，肆我先明兮謨謀孔諧。保障時營兮屢作屢尼，天啟谿公兮言恤我哀。金湯時環兮永脫我危，吾原既固兮胡將焉窺。陸海天府兮爰斯免災，嘆茲謝功兮吾民永懷。"于是原民既礱石以紀事，又建祠以報公功云。公名蘭，字與德，號畹谿，嘉靖丙戌進士，由監察御史歷副都御史，山西代郡人也。王令名鳴鳳，保定宛縣人。王令去，進士富順甘令茹継之。爰徵記豎碑，以順輿情云。

【校記】

[一]"則"，道光本作"前"。
[二]"胡虜"原漫漶不清，今據道光本補。

蒲城縣新脩城隍廟記

蒲城舊有城隍神廟，嘉靖丁未，寶坻邵侯來宰邑，始謁神視廟，陋且敝矣，乃圖增葺之。閱三年，底績。蓋于廟門建坊牌一座，榜曰"福善禍淫"，二門內建侑享樓一座，榜曰"衍神正殿"。舊五間葺新之，前建獻殿五間，內增金碧暖閣一所，外葺東西廡各三間。廟貌於是巍然煥然，入者不戒而肅矣。廟成，乞理記。理按城隍，於《易·泰》之《大畜》有之，蓋自肇建城隍以來，宜有其祀，乃無文，逮我皇祖祀典始著。嗚呼！門戶井竈中霤皆載祀典，而城隍所保為大，可獨無祀耶？宜我皇祖制禮，於神祀為獨詳也。稽諸《唐縉雲遷神廟記》曰："城隍神，祀典無之，吳越有之。風俗，水旱疾疫必禱。乾元二年，縉雲秋七月不雨，令李陽冰與神約曰：'五日不雨，焚其廟。'及期大雨，四境告足。陽冰率吏民自西谷遷廟于山巔，以答神休。"夫城隍神廟在于幽谷，復遷諸山巔，俱無謂與。後唐清泰元年，詔杭州、湖州、越州城隍各加王號，然號曰"保寧"，曰"安城"，則因兵亂境安，報謝神佑而然。其神廟亦因其俗有之，嘗禱祀如陽冰所記，非神居其所而天下通祀之也。我皇祖戊申洪武元年，掃除胡元，潔清中夏，詔封天下城隍之神，在應天者稱帝，在開封、臨濠和滁者稱王，在各府州縣者稱公、稱侯、稱伯。然改革之初，尚有因也。三年庚戌，詔定岳鎮海瀆，俱依山水，本稱城隍神號，一體改正，在縣者皆曰"某縣城隍之神"。四年辛亥，特敕郡邑里社各設無祀鬼神厲壇，每清明及立冬朔日致祭。以城隍神主祭，鑒察官吏人民善惡，以貽福禍。復降儀注，凡新官赴任，必先謁神，與立誓約，期在陰陽表裏以安天下民。嗚呼！聖制如是，則城隍之神名號既正，祀復得所，非千古曠典，至是始正而無闕與。官到任而與神約，則作善作惡之民，官有刑賞不及者，神必禍福之，弗得而漏也。豈惟民哉？使官省有咎，以致惡射於人，則神必厭之。神或失職，以致復隍之禍，則官於神亦豈得而禋祀之哉？邠侯治蒲，李生應芳曰："侯清正無取，其不違神約可知，是故能敬神廟云。"夫官賞善罰惡，陽之政，官之職也；福善禍惡，陰之政，神之職也。官之明不及神之察，故賞罰或有遺者，而禍福不爽，是之謂陰陽表裏以安民也。夫民安則境安，境安則神之祀可常享，官之祿可常保矣。

景行書屋記

景行書屋者何？休寧太學生胡孺道所營奉祀，其師祠也。其師為誰？高陵涇野子呂仲木也。涇野自遊太學，日聞道，卓立不惑，惟以闢邪踐迹為事。其及第後，官脩撰時，侍經筵，輒追諫于上，上為動色。後以直諫謫解州判官。以斯文□任學比雲集[一]，子每授以所學。後歷擢南京吏部考功司郎中、尚寶司卿、北雍祭酒、南禮部侍郎。海內英才大集，有科道部屬之俊在焉。子悉授以所學。時有儒鳴達磨學者，子力闢之以明道。南京時，授徒鷲峰寺中，蓋孺道在焉。其侍郎時，夏公謹在內閣，霍渭先為南宗伯，二人交相傾也。霍嘗詢夏過惡，子弗答，而語以所長。他日，夏詢霍過惡，子弗答，而語以所長。故霍以子為黨夏，夏以子為黨霍，交惡子也。閣臣任丘李歿，渭先託祭文子辭，曰："柟未知其人。"繼永嘉張歿，渭先復□□□□辭[二]，語如前。渭先乃疏張行迹授曰："此三代而下絕倫相也，子弗知耶？"子答書曰："以子之才，使明邪正一變而為正人，有何不可？乃不然，惜也！"子後為渭先所深嫉，乃居之燕然。此皆孺道及諸賢所見，聞故咸中心悅服。"嘉靖甲寅七月朔日，日食。是夕，大星殞高陵，涇野卒。孺道蓋先至高陵侍疾，遂視殮殯而執喪焉。他日，歸營茲祠屋以祀，名曰"景行"，蓋取詩人"仰止景行"之意，欲尊所聞行所知也。嗚呼！非師淑人以身弟子，篤信好學，能至是耶？嗚呼！涇野，予輔仁友也。其卒也，孺道事予如其師，故以祠記託予。祠塋于歲嘉靖己酉九月九日，落成于庚戌七月七日[三]。其間所建堂齋亭軒池樓規制，美善詳《他賢記》記中[四]，茲不著云。

【校記】

[一] "□"，原漫漶不清，道光本此字為墨丁。
[二] "□□□□"，此四字原漫漶不清，道光本此四字為墨丁。
[三] "七"，原漫漶不清，今據道光本補。
[四] "詳他"，校補同上條。

谿田文集卷之四

書

與松石劉督府書

頃楊環回，聞盛德納福之詳，無任欣慰，恭審席未及暖，遽獲戎捷，茲平胡殿邦之明徵也。續聞麾下又造戰車戎器諸物，是又非常之舉，匈奴聞之，想遠遁北漠，無敢南向爾矣。某竊聞之友人施彥方云，孔明陣法，用車及步、騎三合為一，一衍為八。車嘗外衛，以防挫衂，步、騎在中，出奇制勝，分番進退，以休以食，以攻以戰，循環無端。若多設服色，更易以出，則敵兵神之，莫我測矣。此可以少勝多，多多益善，少亦無敗。平居教演，分則習技，盡吾所長，合則習陣，乘彼之短。今執事大獻，殆將出是矣乎。然謂吾所長者，中國長技是也，民間閑民與夫山僧實多習而能之，將士則鮮有知者。若廣招此輩，擇其尤者教習將士，不時閱試，技期熟閑。夫然後兼軍中火器神弩參而用之，演成陣法，徐以節制之法，行吾仁義之師，則匈奴不足平也。今戎器幾備，所宜講者，教演而已，涇渠水利[一]。執事昔嘗治之，某忝紀載其事惜元功未續，忽經大水，遂致壅塞墮績。昔項公巡撫關中，經營此事，穿鑿大龍石山為渠"廣惠"，以引涇水，鄭、白之下，莫與比倫，厥功偉矣。惜公還京師，厥功中輟，深以為恨。其後滿四作亂，公再入關，復營此事，擇人督工，則楊方伯者其人也。惜功垂成，公又還，楊亦陞去。楊嘗嘆曰："龍山洞中有門限隔石，及臥牛賊石未去，使斯功不永世者，余之恨也。"今涇水入渠，吞而復出，又泉水大半自渠入河，如楊之恨。後正德間，宋豐利渠壞，巡撫蕭公鑿山為渠，名曰"通濟"，以上接元渠，以及廣惠，下達白、鄭，以代豐利，功亦多矣。惜董工之吏被工欺罔，渠視上下石底，猶高四尺而止，自岸上視之，殊不辨識，故所通泉水不多，為利薄也。今諸縣受委，相視此渠，將復施工。某念執事之意，殆有甚于項公者，可忘白耶？倘移檄該道，如項公故事，使鑿龍山洞石及通濟石底，又脩砌諸渠石岸，并防潦水石橋，仍該立淘決淤淺間，民以為經久。又取元人擬均三限水法，俾管水同知守而行之，則功肩鄭、白，血食萬世。項且讓公，他賢不足言矣。夫如是，某當與二三鄉耆伐仲山之石，以大紀元功，以告後世，不但如前所云也。設失時不圖，懼前功盡墮。今相視者，恐終草草，訖于泯泯爾矣。如何？外此更聞留意析津漕事，此亦不世之功也。伏惟次第營為，幸甚，幸甚！

【校記】

[一]"涇"，原漫漶不清，今據道光本補。

寄河南巡撫古川葛中丞書

伏見執事膺保釐中州新命，我西人未暇私恤，深為朝廷得人、為中州得人慶矣。然愛莫助焉，敢有管見為門下陳之。頃北虜侵我畿甸，滿其鼠狗之欲而去。度其事勢，後必復來，盍疏聞於上，外守隘口，使無路以入，內獲通州儲粟及山西煤道，則畿甸之民庶可安枕。不然，使虜得竊入，據我二境，不出月餘，則京師必拆屋而爨，儻又少淹，則雖有深計之士，其柰誰何？京師有慮及此者則已，否則須及時言之，且今中州大患，在於河北，執事盍於彰、德、磁州率二三智勇之賢，造諸戰車火器，選深曉武藝之士教習短兵，練成陣法以防之。如畿內有警，結陣而進，以掃滌首醜可也。竊嘗玩潛需卦六四一爻，頗得先儒未發之意。蓋《需》已及《坎》，切近於五，是當時任事之臣，非需郊需沙避世避地者論也。故宜無所退避，直需殺傷之地，此忘身狥國、見危授命之時，亦其當然之理也。此誠如是，則上可濟君，下足保身。此坎穴可出九五之酒食之樂，不期而享之矣。不然，臨難而苟免，則為五之罪人，血不在外而在于內矣。昔滄源與理同官，朝夕講《易》，及《需》此爻，理語此義，滄源固守程朱柔退之說，未之信也，是以禍及。伏希即事体察需血象義[一]，幸甚，幸甚！

【校記】

[一]"体"，道光本作"休"。

與總制劉公書

頃大同軍士肆逆，主上特命吾兄出師討之，又以閫外專制之事寄之，他無掣肘。此固吾兄忠勇著於朝野之驗，亦廟堂之善任使也，成功必矣，成功必矣！但逆醜飽燠，養銳於內，我師露宿，眠霜臥雪於外，儻彼乘隙而來侵犯我師，或肆蜂蠆之毒，此一可防也。若夫城破之日，天吏逸德，如火斯烈，使玉石俱焚，空此邊城，難以控虜，此二可防也。萬一此醜冒圍而出，如前流賊刦掠地方，毒痛海內，此三可防也。或北走沙漠，勾引胡虜，聲東擊西，犯我邊塞，使我師疲於奔命，此四可防也。若又不然，梟鳴東向，犯我六師，則我師手足之疾不暇顧，惟腹心是護，此又患之大者，五可防也。凡此須求萬全之策，使逆醜短長之命，制之在我而不在彼，始可以言師矣。如何？理又聞出師之義，貴剛中而應戒弟子輿尸，今既合所貴而免所戒矣。但吾兄不患不剛，惟患剛或過乎中耳。理林野病夫，行且入關，藥物是須而已。身不知恤，乃謀及國事，祇見其不知量也。然有一得之愚，未敢妄陳，略述多端防患之事，萬全之策，覬吾兄熟思而自得之耳。舊詩一章，非關今日之事，值李生斷事，謁便奉上，亦取以張吾軍也。不盡不盡，理再拜。

與呂涇野書

昨得教，開示曚瞶多矣。然有鄙意未盡布者，欲輒復之，似號咷多而笑少，類於朱、陸之辨[一]，故不復請益。茲再得教云禮以喪而廢祭，不以祭而廢喪，發揮鄙意殆盡，見執事玩經之深，體驗之密，真有道君子可就正者，敬服敬服。然謂大祭在北而不在南，又云今兩京禮部遵行定式，先期告示，皆云喪不與祭，尤宜據守，未為失也。據此，所謂喪者，乃諸侯以下喪耳。較此，大忌將無同與？夫是忌也，普天率土，罔不攸同，無上下之分，亦無南北之間。若為有喪之人據而守之未失，則恐天下之人何域何人非宜據守之者？由是言之，則所謂並行不背之教，似明而未融。如何？如何？理昨有觀其會通以行典禮之說，教云引證未當，理按《易·繫辭》解云：會謂理之所聚不可遺處，通謂理之可行無所礙處。如庖丁解牛，會其族而通其虛也。蓋謂朝覲禮也，如偶遇日食，則朝禮遇會而有碍，而所通在于救護。婚姻禮也，男女在途，而男女之父母殁，則婚禮遇會有礙，而所通在于喪禮，如衰絰而執喪禮也[二]。偶敵兵在境，則衰服執喪有碍，墨衰而即戎可也。如此之類，皆禮之變經而權，皆所謂觀其會通以行其典禮者也。而執事謂引證未當，豈理未諳經旨而經乃別有說耶？理遇執事，可半言而相解者，乃勞累牘。豈義理所在，不容毫釐含糊，必欲直窮到底也耶？ 執事在此，理今夏尚未渡江，經籍可謫論者尚多，此姑置之如何？惟推誠教愛，故敢妄言，罪罪過過。

【校記】

[一]"於朱陸之辨"，原漫漶不清，今據道光本補。
[二]"經"，原誤作"經"，今據道光本改。

與同年某書

久不得書，未審起居何似？理積惡，俾天降割于母氏不少延，恨不即從於地下，餘何足道也。同年党斯馨者其為人，吾子之所知也。去歲詣理，吊且別曰："吾兄在嶺表，吾父老且病，思吾兄，遠莫致。今茲我將致之，而一與子訣。"已而至維揚，束理曰："汝蘭出門所至，率不值一丈夫，今將貰舟過淛[一]。"云。理覺其言之謬也懼，篋而藏之，不敢以告人。未幾，聞有口禍。今年春，乃翁誠庵君殁，不克葬，鄉人客閩淛維揚者，交以訃至，云去歲斯馨至閩三水口死，其兄繼死，其僕二人亦死，一人病且死，逆旅主人已聞諸官，相其屍，寄諸南臺，其遺貲無誰典收，頗有不逞之徒窺覬而欲竊取之者，俾家人速以來。初疑其訛言，已而信矣。於戲！斯馨言猶在耳，而至是耶？理猶重惜其死無後，其兄亦無後，其家惟餘一母、一妻、一嫂、一弟在，貧無聊，而徵債之家日呼其門。外有不歸之骨，內有不舉之喪，遠財不可致而近飢無以療，其逋負於人者，姑置而勿言可也。追憶往昔，為之泫然。又自惜其德薄力綿，徒切咏嘆而卒莫之助也。詩曰："每有良朋，烝也無戎。"理之謂矣。奈何，奈何！念惟吾子居有力之地，其慷慨大節，聞義勇為定於久要而見於今日者，尤出於常情萬萬。今聞平日燕游之人有禍如是之烈，能不一動其心哉？其弟之在者名汝薰，少不更事，自春首謀歸兄骨，自惟單弱，兼畏浮議，不敢獨往，逗遛抵今，而欲攀緣親舊以行，皇皇四顧，左號右呼，而莫誰應援，亦可憐已。卒以妻族李氏子僅私許之挾，以北為商於都下，始轉而之南，然亦未可保也。行將過吾子而欲引首一哀鳴焉，不識吾子其亦憐之否也？如或軫念，為之少加憐恤，使渠外歸不歸之骨，內舉不舉之喪，遠獲已棄之財，近蘇無告之人，則吾子之德德于人也。夫豈特党氏，亦豈特被及党氏死者不可作已，無可責而特可哀焉。理是以當齊衰之中，未遑他恤，竊比諸曾子吊子張之義，而有是言也。惟吾子圖之。

【校記】

[一]"賷"，道光本作"買"。

與呂仲木書

呂栖之沒，理緣多病，東行吊之有其意而無其辭，然終當有其辭也，不知吾子亦嘗有辭乎否？高廷璽輩來，承教與之處，然講論但有其端而已，未能諄悉，亦緣多病故也。再玩前書，足見應醻之際，寬裕不迫，無任欣慰。但所謂是非云者，則未免有載鬼見豕之疑。意者，出於矜持太過，而失之忿厲然耳。若是，則似非君子之所可忽也。理竊以為是非之來，未必皆實，而吾之親且舊者不可改，苟以為實，則不期其改而漸改之矣。實不實不足論，改不改則吾德之升降繫焉。況保乎國家天下之大，亦未必不由于此者，誠非君子之所可忽也。如何？如何？理年來寡陋，荒廢無進，倒塌殊甚，亦惟不時教藥是望。

答崔子鍾書

白天澤來，辱書且承念及老親，惠以暑來仰事之具，為愛深矣。索居來，殊無進益，多思易怒之箴，誠中理病，即為吾子改之，尚敢諱疾而忌醫也。然吾子自謂有所不立，豈真亦有不立者耶？抑臨事之際，或見之未真，故執之弗固，始而疑，既而悔，茲有似于弗立耶？若是，亦未為大害。所可患者，第恐心知其有可立者，而自不肯立耳。若夫謂事變之來有難處者，似又不然。大易之道，莫亨于屯、坎之時，莫不亨於豐、豫之日。故君子隨其所遇，無問富貴貧賤、福澤憂戚，到手都成佳境，蓋為此也。要之，不越于心，亨有孚而已。鄙見如此，如何？尊叔處，草次不敢奉書，無任瞻戀。儻定省之暇，叱名一致問安之意，榮幸多矣。仲脩、敬臣諸友，聞各居一方，希乘便一通問也。餘惟不時諄誨是望。

答潞州義門仇時淳書

向南都時，承不鄙使時閒來問書院從祀先賢事，時柏齋、涇野及理各據所見答之，理乃即所問答而為記焉。及北歸以來[一]，乃再辱問行事儀節，理爰稽諸典章而筆之，其諸典章所不載者，則采諸經史曲禮，合之而著節焉。竊又徐思向所答問，殊未詳也。蓋謂時賢既祀，則漢初諸儒，乃先儒所謂釋奠可為先師者，可不祀乎？於是擬祀伏公、高堂公、毛公、孔公、鄭公諸賢。諸賢既祀，又思漢儒醇莫醇於董子。當秦火之後，漢帝能表章六經、罷黜百家者，實自董子發之。其言朱子取為白鹿洞教規，乃漢之儒宗，固不可不祀也。夫漢儒既祀，若子夏、丘明皆親炙先聖，始為傳註，以開後學者。況子夏居魏西河，又鄉先賢也，可不祀乎？夫傳經先儒既已祀矣，若胡氏《春秋》、蔡氏《書傳》，見列學官，可不祀乎？沖素之祀，師其範也；宣義之祀，遵約儀也；虎古之祀，為修範也。若端毅之註聖教，見今率由，可不祀乎？故僭擬從祀諸賢於儀節之中，而又歷叙其傳經、釋經并有裨於雄山風化之功，而又列其行實，及他賢評議別為附錄以附其後，以見僭擬之意，俟採擇焉。噫！從祀大事也，皆所以崇德而報功也。儀節者儀也，非禮也，斟酌損益，不失乎先王之舊，而宜于人情，合於土俗，斯可矣。承三問下及厚意，不敢虛辱。然管中之見，未敢以為是也。更冀昆玉斟酌損益，與君子定而行之，幸甚，幸甚！

【校記】

[一]"北"，原誤作"比"，今據道光本改。

上羅整庵先生書

六月十一日得去歲十月二十七日手教，并賜至先塋碑文，理不勝感慰。念昔致書門下，謂達尊執事逾從心之年，當此邪說橫流之日，身任斯道之重，寒門微事，恐未易劳也，今乃以載道之文，惠然遠錫。於戲！非道充諸身不自知耋，又憐念句學之士，肯至是耶？今而後知先人幽潛之迹可以傳世，與斯文同不朽矣，何幸，何幸！續得答人語良知書二篇，先貴鄉學者傳其師說如此，理嘗詩以闖之，不意尊意正如是也。夫良知者，即孩提之童良心所發，不慮而知者也，與夫隱微之獨知異矣，與夫格致之後至知則又異矣。其師曰"此知即彼知也",又以"中途有悟,如夢斯覺"為言,此真曹谿餘裔。其師如此,徒可知矣。乃又以其所見,非程朱之學。夫程朱釋經之言,自今觀之,千百言中,似亦有一二誤處。然語其體認宗旨之真,持守斯道之正,續孔孟既墜之緒,闢佛老似是之非,則千古不可泯滅,可遽輕議之哉?今乃往往是陸非朱,又復陰主僧說,排吾儒焉。於戲!此亦欺人自欺已矣。昔唐虞之時,深疾讒說,恐驚我師。故侯明撻記書識工颺,若驅洪水猛獸,不敢緩也。及周末老莊氏出,讒慝又作,賴孔孟相繼明道,彼如螢火在晝,無能輝焉。自漢以來,又增佛教,孔孟不作,二氏遂熾。由是迄於宋,世唯讒慝是崇,雖人主宰相,鮮有不宗師焉者。天下之災,視諸洪水猛獸,害人尤甚。幸而茂叔輩二三君子迭作,極力闡闢,然後吾道復明。至今三尺童子通句讀者,無不排斥二氏,知趨向焉。非斯人之功,而誰功?於戲!辨苗莠而鋤之,以粒食後人,良亦勞矣。今乃復拾鋤去之莠,播而種之,以亂我苗,其亦不知唐虞之政,孔孟之教,斯人之功矣夫,其亦不知斯害之大矣夫。我夫子闢而闢之,良是,良是!使微夫子言,愚聞之,亦潛有說也,不盡,不盡!

與林志道年兄書

伏聞達尊素翁夫子薨逝,不獨吾兄人子悲痛,天下道義之士一聞訃音,咸傷感嗟悼,往往有潛焉而出涕者,豈我達尊夫子大有惠澤被斯人哉!亦惟清風高節,師表一世,故人皆仰之,如太山北斗耳。不然,彼崇高爵位加于一世,及功名之顯盛者亦多矣,胡天下之心不歸于彼而歸此耶?理嘗經故晉之墟,見晉君俱無祠,雖伯者之盛如文、悼亦無祠,獨恭世子之廟在焉,而晉民至今歲時祭之不衰,以此見功利在人之淺,德之入人深也。今有我素翁夫子之風節,則夫天下道義之士雖欲忘之,亦安能忘之哉?天下且然,況于通家者哉。此理聞訃以來,所以此心一日而未嘗不在痛也。茲值黃後峰先生弟叔開便,謹具帛一端,祭文一通,敢託吾子使者焚帛讀文于我夫子神靈妥右之所,俾此微忱,得以上通,以從諸天下之士之後,幸甚!

答薛孝夫書

年中風,再得書再聞興起之詳,為慰不淺,然有倦仕之說,則非所欲聞也，何者？君子利不加勸，鈍不加沮。今吾子一有不利，輒思歸田，平生所期，似不如此。況先訓明明在籍，二親侍養在堂，師友箴言在耳，而所學在心，何可負也？逆順異境，吾道一也，願吾子安之，如何？安之而道行，謗明而恥雪，或仕或止，唯所之焉，可也。他有不合者，願唯以誠動之，負塗說弧之說，吾子體之熟矣，望益勳而玩焉。不盡，不盡。

谿田文集卷之五

行實　誌銘　墓表　祭文

南京戶部尚書平川先生王公行實

　　先生姓王氏，諱承裕，字天宇，號平川山人。晚年號樂休道人，學者獨稱為平川先生云。故櫟陽司馬村人，其遷於三原者，自夫高祖始也。高祖諱彥成，號安止。曾祖諱惟真，號恒齋。祖諱仲智，號西園翁。皆以父太師端毅公貴，累贈光祿大夫、柱國、太子太保、吏部尚書。高祖母張氏、侯氏，曾祖母張氏，祖母周氏，皆累贈一品夫人。父諱恕，字宗貫，號介庵，晚號石渠，又號一齒道人。正統戊辰進士，由翰林院庶吉士、江西提督學校、布政司右布政使，歷官光祿大夫、柱國、太子太保、吏部尚書，卒贈特進、光祿大夫、左柱國、太師，諡端毅。其學行政節謨猷具載國史列傳及家乘。母盖氏、張氏皆累贈一品夫人，文氏封一品夫人，張氏累贈太淑人。先生，太淑人出也。先生由成化丙午鄉舉，弘治癸丑進士，歷任兵科給事中、吏科右給事中、刑科左給事中、吏科都給事中、太僕寺少卿、本寺卿、南京太常寺卿、戶部右侍郎總督倉場、本部左侍郎、南京戶部尚書。嘉靖己丑致仕。

　　成化元年乙酉三月初五日寅時，先生生於河南宦邸，盖端毅公巡撫日也。方兒時，即重厚如老儒，恒端坐不妄言笑。年七歲，作《屋隙》詩，略曰："風來梁上響，月到枕邊明。"又作先師孔子木主，朝夕拜之，春秋則於太淑人所取錢十數，文具香果，齋而祭之。其齋之銘曰："齊不齊，謹當謹。萬物安，百神統。聖賢我，古來胎。齊不齊，謹當謹。"太淑人廉知之，以白端毅公。公喜曰："此兒足繼志矣。"十三，有危疾，自謂不起，乃出所作《童子吟稿》，以永訣父母。盖端毅公始見所咏，不勝悲喜，疾乃尋愈。十五時，在南京從莆田蕭生學，蕭令侍立三日，一無所授。先生歸告端毅公，曰："先生待兒如此，謂不足教耶？"公曰："善哉！教也，真汝師矣。"先生由是益尊師樂學，遂深造焉。十七，遇端毅公誕辰，著古賦以壽之。十八，端毅公巡撫南畿，為廳事於會同館，闢地得古銅器，公考古以鼎硯名，命先生著記。記成，吏部尚書王公偰、刑部尚書張公瑄、禮部尚書耿公裕見而皆題跋，以卿相與之。時所著有《進脩筆錄》，崇仁吳正郎宣偶見而題之序焉。癸卯年十九，應鄉舉，提學副使戴恭簡公珊試其文，即以發解許之。既而不果，戴公惜焉。甲辰年二十，作"太極肇判、乾坤攸位、迺旋迺轉，陰陽行焉。由是生生化化，萬物咸備，而人生於中，得元亨利貞之理，為仁義禮智之性理也者。默默然，無形可見，無聲可聞。然賦之於人，非動乎其未賦之先，蓋靜之謂也。人之有性，猶天地之有理，未感而見之於外，徒深以存之於內，則失其變化之機矣。是故象勞兼樂，所謂法天而不載者也；象安兼壽，所謂法地而不覆者也。斯皆常人之為。若夫動靜以時，無所逆焉，則與天地為一矣。嗚呼！其聖人哉。"說出，一時名公咸傳覽焉。丙午年二十二，鄉試中式。是年，端毅公命完婚，乃著《婚禮用中》一書，呈覽與可，乃執而行之。丁未，孝宗登極，召起端毅公為冢宰，先生侍行。端毅公察其無私，令終日開門延賢，與一時縉紳交接，比退食叩其所聞，則一時人才文藝武略，悉得其概。乃識而用之，多稱厥職，故銓衡之政，號明而不私。蓋先生實有力焉，然苞苴不通，亦海內所共知也。癸丑，登毛澄榜進士，觀政禮部。五月，端毅公致仕，先生請從歸養。有暇，溫故於學道書堂，士多就之，堂至不能容。遂設科於弘道書院，四方從遊者益衆。先生教以宗程、朱以為階梯，祖孔、顏以為標準，其詳見於都御史和順王公雲鳳之記。時先生以師道自居甚嚴，弟子咸知敬學，故自樹而成名者，若秦參政偉、李副使伸、張給事中原、李同知德明、劉推官德學、張治中秉正、雒參議昂、張僉事彥杲、郝副使世家、秦知府鎬、趙主事瀛、來御史聘、張知州時芳、潘知縣汝壽、秦知縣寧、張知縣元相、李知縣良心、李知縣應霑、趙知縣儒、賈知縣朝、王知縣朗、張進士文卿、舉人党汝蘭、張時雍、王明、王朝、王佩、來賀、楊廷亨、李結、選貢楊子美、張龍、李邦傑，及理屬頗衆。自是三原為西安右邑，稱多士矣。乙卯四月，授兵科給事中，有時政先務等疏，言皆切中時弊。己未，給誥命移封繼母文氏為一品夫人。冬，周府冊封，先生充副使。庚申冬，肅府冊封，再充副使。凡冊封，王有常賻，先生皆不受。周府乃以美石餽之，亦不受。辛酉冬，奉敕清理山東、河南屯田，釐正甚多，軍民咸稱快焉。甲子七月，陞吏科右給事中。乙丑三月，陞刑科左給事中，有延訪、圖治等疏。武宗登極，欽賞紵絲一表裏、花銀六兩。是歲，端毅公年躋九十，朝廷遣使存問，先生亦奉敕給賞陝西諸邊將士過家壽親拜特恩焉。先是給賞者率委官行事，多被侵欺，先生乃親歷諸邊，一一唱名散給，士沾實惠，皆歸德朝廷。丙寅改元，事竣還朝。丁卯三月，陞吏科都給事中。時逆瑾專橫，群工多出其門，先生遠之。又上疏乞進用君子、退黜小人及諸不法事，瑾怒，罰粟三百石輸邊。戊辰，充會試同考試官，取進士三十五人，皆名士，後咸膴仕，有為太冢宰者。初，先生自兵科給事中至都給事中，立朝正直忠厚，著名一時。然清慎，日用不足，端毅公知之，歲以數十金資焉。是年四月二十一日，端毅公卒。時先生在官，端毅公有遺教焉，令孫輅籍以畀之。五月，先生奔歸，痛甚。已視籍教，彌痛。自是佩教終身焉。喪葬依文公家禮及高氏厚終禮行之。己巳六月，繼母文夫人卒。壬申，服闋。十二月，復除吏科都給事中。有勤政、視朝及論任將等疏，皆為治之要、軍國之急務，上嘉納之，邊將有進退焉。癸酉正月，陞太僕寺少卿。三月，給吏科都給事中，敕命封母張氏為太孺人，配張氏為孺人。六月，奉敕勾當延、綏諸邊公事。事畢，奉母如京就養。十月，奉命點視京營馬匹，視所損耗肥瘠，罰各當罪，人稱明焉。丙子正月，給太僕少卿，誥命進階中憲大夫，張太孺人加封太恭人，張孺人加贈恭人，繼焦氏封恭人。八月，陞本寺卿。時上於內苑教習武事，先生乃潛有所備。一日上將大閱，偶降旨用戰馬二萬，先生即以應命。大臣驚曰："方旨下時，吾儕失色，懼倉卒無備，見公委蛇，疑之。今事乃稱旨，豈公有先見而備之耶？抑此外尚有餘馬否耶？"先生徐曰："止餘四萬匹耳。"諸公咸嘆服。丁丑十二月，陞南京太常寺卿。戊寅正月，上疏乞恩祭掃，奉旨馳驛以歸。祭掃畢，十月赴任。時上南巡，先生即祗具牲帛祭品，儲以待祀。或曰："上方用武，無暇於祀，何以備為？"弗聽。及上至，奏祀皆行之，言者愧服。當祭之先期演樂，先生自旁觀之，於三百人內呼聲容失節者數人，罰之，衆稱明焉。己卯，宸濠作亂，欲趨南都，大臣分城以守。先生分守通濟門，乃與家人訣別，登城誓死守之。會有逆黨造成甲兵，藏諸槨內以應賊者，先生覺而發之，處以極刑，都城肅然。十二月，張太恭人卒，先生守制西歸。壬午，今上即位，改元嘉靖，論御賊功，賞銀三十兩，紵絲三表裏。七月，復除南京太常寺卿。癸未四月，陞戶部右侍郎，即奉敕提督倉場。舊有公堂歲用銀千兩，該司白先生，命貯庫無取。十一月，繳敕還部。十二月，奉旨視大祀犧牲。甲申正月，大祀分獻西嶽華山之神。八月，奉迎睿宗獻皇帝神主到京，欽賜紵絲二表裏、銀十兩，冊上兩宮徽號，欽賜紵絲二表裏、銀十兩。九月，言官論禮部尚書席公書先賑濟事不明，命先生勘之，乃勘得應處雜犯死罪者五十人，應徒者二十二人，應杖者二百二人，應笞者知府以上官二員，應參者十二員，應紀錄者六員，內究問畢知府以下等官共七十二員。乙酉正月，事峻至京，蒙欽賞新鈔一千貫，羊一隻，酒十瓶。及朝見復命，又蒙賜酒饌。初，先生行，言者謂"事宜深究"。或曰"事干親臣，為先生謀，宜姑息之而已"。或曰"姑息失職，秉公失利，宜兩無所傷可也"。先生舉弗聽，一以直道處之，故功罪昭然，卒當上意，士論歸焉。十月，先生歷俸三年考績，給誥命進階通議大夫，加贈母及二配皆淑人，廕男轄為國子生。丙戌四月，欽賜睿宗獻皇帝睿筆大書"清平正直"四字。五月，欽賜《文獻通考》一部百冊。六月，欽賜《敬一箴》一軸。七月，欽賜御製《洪範》篇一帙。是年冬，充正使持節韓府冊封，辭賵如前。丁亥四月，陞南京戶部尚書。及赴任，該司送命下皂隸俸銀若干兩，先生不受，令備諸脩理公用。南京故事，食時入衙視事，未午，輒散去。先生乃平旦入衙，午後方散，一時南京諸卿佐皆早衙而晚散焉。在部二年，所積羨銀至四萬八千餘兩。奏准天下罪犯贖金俱納粟穀，以備賑濟。又各處鈔關商稅羨銀，舊聽所在公用，故多侵尅。先生奏同正銀解送，國用以饒。又查革私充官機匠四百餘人，歲省糧四千八百餘石。又查南京諸倉應祀神祇未祀[一]，奏准於烏龍潭倉建立祠宇，歲時舉祭。又查南京自正德辛巳至嘉靖戊子各處稅糧多逋，乃移文都之，甫半載，糧絡繹至，盈一百七十萬石，乃作竹囷貯之，倉廒充焉。五月，上賜聖製燕弁冠服、忠靜冠服、圖說二冊。己丑八月，致仕。先生自始仕至致仕，恒勤於公事，所在得體，清正無惡，當時稱其濟美有范忠宣公、繼文正公之風。謝致家居，惟以讀書教人為事，優遊十年，論薦者眾。御史唐錡疏曰："古心直道，偉然有其父端毅之風。居家教人允矣，為是邦名德之望。"御史馬敭疏曰："言動有古人之風，操持無一節可議。"巡撫都御史寇公天敘會同御史王儀疏曰："學識博雅，器宇弘深。官居八座，不改韋布之舊；行年六十，尚存赤子之心。喜怒不形，寵辱不動，久負公輔之望，實為廟廊之才。"總制三邊尚書劉公天和疏曰[二]："純正之學術得自家傳，端謹之操履成於涵養。德器簡重，而喜怒不形於辭色；學問弘邃，而見聞博洽乎古今。當官則以正直忠厚為本，居家惟以讀書講學為事，且明習累朝典故，真有大臣之度者也。豈惟全陝之人望，實乃當代之名流。"時稱為名言。今年五月十六日感疾，至二十一日午時卒。時偶有烈風雷雨之變暝，頃晴霽。遠近赴弔者絡繹不絕，弟子諸大夫庶士哭奠如私親。

先生廣額豐頤，鼻如截筒，耳垂有珠，重頷美髯，貌丰而澤，體厚而胖，居嘗威重，端嚴若神。然溫乎可親，又栗然而不可狎也。性篤孝，能悅親養志，故端毅公愛之特甚。又善事諸兄，諸兄皆殊常友之。或有弗念鞠子哀者，亦承以恭遜而已。時序祀先唯謹，女兄適仇氏，行年八十，孀貧，先生率子姪不時餽遺養之。誨諸子姪以道，有不率教者，則反躬自責，令其愧恥。雖僕御有過，至內竊而敗，亦薄示懲戒，許其自新，務以德化，不深咎焉。與人交，即之弗親，遠亦弗疏，淡淡若水。然心平氣和，周而不比，恭而有禮，忠信無偽，寬柔有容，故與之交者，無弗敬愛。自少喜慍不形，諸老嫂嘗試之。暑月，先生如廁，必置扇外舍廡間，使婢藏之，出視無扇輒往，及三置三藏之，則不復置扇而終無慍色。諸老嫂相與笑曰："七叔量大如海，探之不見其底，其將鼻吸三斗醋耶！"蓋自其少時，即有相臣之量如此。平生足不由徑，口無莠言，量衡之器不持，宮體之辭弗嗜，然矜而不爭，嚴而能泰。長安高御史胤先與游，久之，贈詩以堯夫、正叔與之，蓋服其和粹嚴正不易及也。自少樂多賢友，端毅公尤夙以尚友之道誨之，故一時海內明賢無弗接者。以故聞見甚廣，尤多識先朝舊典逸事，待叩而應，否則深藏若虛，一時博洽如王文莊公之屬，猶敬畏焉。陽明王氏考功日嘗就問《大學》之要，語之，明日謝焉。又問《中庸》之要，語之，明日謝焉。今王氏書不著而有他說，豈記者偶有誤耶？善接引後學，因材以篤，又廣擇髦士，俾各教學，以訓蒙士，俟厥有獲，則授所未聞，故師逸功倍，學而成立者眾。先生自始學好禮，終身由之，故教人以禮為先，凡弟子家有冠婚喪祭之事，必令率禮而行。又刊布藍田呂氏《鄉約》、《鄉儀》諸書，俾鄉人由之。又表章先哲如毛氏建忠、李衛公靖以文武濟時，楊元師子江樹勳於國，邑令朱春夫婦死節，或立祠致祭，或撰記署扁建碑，皆顯其忠義，激勸後學。故三原人士多所勸法，動皆由禮。凡酒壚茶肆，足不屑履，雖官府公所，亦稀至焉。鄉亦鮮作佛事，士風民俗為之貞美，多先生之力也。

先生為文未嘗構思，每攬筆為之，比成，亦不復雕琢，弟子侍數十年，未嘗見其苦思而撰述焉。其于詩賦亦然，蓋不以辭章自居，而所重有在故耳。書小楷入妙，善用懸腕直鋒，書多變化在歐、顏間。大書結構如端毅公，而精神氣象稍異。行法鍾、王，入能篆宗玉筯[一]，八分所至在唐韓、蔡間。唯不喜草書，謂去六書遠甚，不可傳耳。善琴，暇必操縵適情。喜潔，所在有弗灑掃焚香，盛服以居，不自安也。好古，凡服食器用茶湯之品，皆倣古為之，喜與客共，不自私焉。所著有《論語近說》、《論語蒙讀》、《談錄漫語》、《星軺集》、《辛巳集》、《考經堂集》、《庚寅集》、《諫垣奏草》、《草堂語錄》、《三泉堂漫錄》、《李衛公通纂》、《厚鄉錄》、《橫渠遺書》、《太師端毅公遺事》及前《童子吟稿》、《婚禮用中》、《進修筆錄》、《動靜圖說》，共若干卷。

先生初配張淑人，乃孝誠處士女，廉憲靜庵先生從妹，張給事中原再從姑，封贈見前。慈惠靜敏，有幹理材，先生自仕學之外，一切家事悉淑人治之，無關心焉，蓋不但內助而已。繼配焦氏，秦府儀賓焦淇配南安郡主第四女，善尸饔，封贈亦見前。再繼林氏，總兵林盛孫女，通琴書經義，聰慧容德過人，甚宜先生多講談焉。其卒也，先生思其善，痛甚，見《林壙志》，先生所自著也。三繼尤氏，西安後衛指揮尤銳女，閑內範。子男四：輅，舉人，娶李氏，皆先卒；輶，恩生，先卒，娶郝氏；輦，恩生，娶秦氏；輿，儒士，娶張氏，繼翟氏。女一，適國子生秦淵。皆張淑人出。孫男二：逢陽，邑庠生，聘秦知府鎬女，殤，繼聘理男希古女；逢夏，幼，皆輦出。孫女四：一適國子生秦從師，一適布政司知印李繼，一許適張僉事彥杲子鈿，皆輅出；一尚幼，輦出。

先生生卒歲月日時見前，享年七十有四。茲輦、輿將圖葬于西園祖塋東林震位之兆，蓋三淑人先葬所也。葬既有期，盍為永圖，是以區區後學小子摭所聞見，著為《行實》。惜寡陋不敏，得其粗迹而已。其于先生精義妙道，實概乎未有聞也，然于先生立朝正直忠厚之風、嚴正和粹之氣，殆亦庶乎未之掩焉。伏惟立言不朽，君子命諸侍史采而筆之。

【校記】

[一]"衹"，疑為"衹"之形訛。

[二]"總"，原漫漶不清，今據道光本補。
[三]"玉"，原誤作"王"，今據道光本改。

南京禮部右侍郎涇野呂先生墓誌銘

呂涇野先生者，諱柟，字仲木，高陵人也。學行為世儒所宗，稱為涇野先生云。弘治辛酉，登鄉舉第十。正德戊辰，宗伯舉第六，廷試，賜狀元及第。歷官翰林院修撰、解州判官、南京吏部考功司郎中、尚寶司卿、太常寺少卿、國子監祭酒、禮部右侍郎，致仕。由考功至侍郎，率官于南，其在于朝者，惟修撰及祭酒而已。按呂氏本太公望後，宋時有諱世昌者，居高陵。其後幾世生彬卿，彬卿生八，八生興，興生貴，貴生鑑，鑑生溥，號渭陽。渭陽公配宋氏，實生公。初，彬卿祖葬時，壙有聲如雷，卜云兆顯六世，至是公生，竟以道鳴世，符卜兆云。公之貴也，祖考、考俱贈如己官，祖妣、妣俱贈淑人，繼母以其存封之，異其妻為太淑人，妻李氏封淑人。

公垂髫入學，輒有志於聖賢之道，夙夜居一矮屋，危坐莊誦，祁寒盛暑[一]，不越戶限，足寒則藉以麥草而已。年十四，應試臨潼，貧不能僦館，宿新豐空舍，夜夢老人自驪山下，謂曰："爾勉學，後當魁天下。"明日試，獲超補廩膳生。母宋卒，哀毀骨立。既祥，受《尚書》于高教諭儔、邑人孫行人昂，又請益于渭南薛氏，又屢為督學遂庵楊公、虎谷王公所拔，入正學書院，授以所學。復友諸髦士，由是見聞益博。嘗夢見明道程子、東萊呂氏就正所學，益大進。鄉舉後，入太學，擇諸嚴憚執友僦館同居，始輟舉業，日以進修為事。時衆以為迂，諱而弗恤。更歷五祺，踐履篤實，光輝外著，而諱者益親。雖自謂立且不惑，其可庶幾已矣。會孝廟賓天，與執友哭臨，聲出淚下，通國異而譁之，弗變。孫行人歿，衰絰哭拜弔者。武宗正德三年戊辰，廷策以仁孝對稱旨。前期賜冠服帶履，至服習容觀若固有。然明日有竊政中官來賀，卻之。祿入祀先，祝稱某之子某，何太史粹夫稱禮韙之。凡父母書至，拜使者而受之，退而跪讀。餘親友書，受讀有儀。期功緦親訃聞，必為位而哭。凡餽遺，非禮不受。在官二年，竊政人橫甚，西夏亂，公疏請上入宮御經筵、親政事，則禍亂潛消，內外臣富貴可常保。竊政人惡其直，因嘗卻賀禮，又不往見，欲殺之。乃乞養病，歸，其人使校尉尾之，至真定不得其過而返。抵家數月，其人淩遲死。公家居侍渭陽公，渭陽公間怒責次子梓，逃，公跪受朴，怒輒解。臺諫累交薦，起用入朝，上《勸學疏》，略曰："昔周文王緝熙敬止，咸和萬民，斯享靈臺之樂。元順帝廢學縱欲，我太祖皇帝一舉而取之。"蒙嘉納，遇乾清宮災，應詔陳言：一曰逐日臨朝聽政；二曰還處宮寢，預圖儲貳；三曰郊社禘嘗，祗肅欽承；四曰日朝兩宮，承顏順志；五曰遣去義子、番僧，邊軍令各寧業；六曰各處鎮守中官貪婪，取回別用。又累疏，勸上舉直錯枉，不報，復引疾歸。西安秋旱禾稿，公白當路，獲薄征。友人張御史仲脩巡鹽，建河東書院，請定三晉應祀名賢。公論孔、顏之學，指漢、宋貴言踐行之失，定之。渭陽公病，公侍湯藥，夜不解帶，履恒無聲，歷一年，鬚髮盡白。丙子五月，渭陽公卒，公哀毀嘔血。妣宋先殯城東隅，至是啟柩，失其一指，公籲天慟哭，復得遂合。葬時大雨，公徒跣擗踊泥淖中，觀者感泣稱孝。既葬，居廬哭無時。陝西鎮守太監廖氏賕以金幣，卻之。有客託交遊，遺三百金求書。公曰："人心如青天白日，乃視如鳥獸耶？"交遊慚而退。今上登極，起用。明年，改元嘉靖，復館職，纂脩《武廟實錄》，經筵進講，值仁祖淳皇后忌辰，公口奏宜糝，淡服，易緋，罷酒飯。癸未會試，充《書經》試官，得名士二十餘人。嘗上疏勸學，略曰："學貴知要而力行，故慎獨克己，上對天心，親賢遠讒，下通民志，伏望皇上尋溫體驗。"甲申四月，奉旨脩省，以十有三事自劾。疏上，謫山西解州判官。至解，值解守歿，公視篆為理後事，甚悉。乃首省窮民，以贖刑帛絮及米肉給之，又審丁繇重于他邑，力白當路，均之。于時解及四方髦士從遊者衆，乃即廢寺，建解梁書院，祀往開來于中。又令諸父老講行太祖皇帝教文，及藍田呂氏《鄉約》，文公《家禮》。又以小學之道養蒙于中。有孝子、義士、節婦，咸尊奉詔旨，題表其門。復求子夏之後，訓諸學宮，建溫公之祠，而校序其集。築堤以護鹽池，疏渠以興水利，桑麻以導蠶績。於是士民各安其業，有古新民之遺風焉。御史累薦，陞南京吏部考功司郎中，州人士民感泣而送之河干。既去，則豎碑於州，識遺愛焉。至留都，日親吏事不厭。陞尚寶司卿。南士從遊者益衆，乃講授于鷲峰寺中。壬辰，陞南京太常寺少卿。朔望，命道士演樂禁俗裝。時閣臣張再起，留都大臣多遣人迎候，有約公者，以他辭辭。時閣臣甥亦仕留都，衆與結好，公禮接之，外無交言。閣臣累欲退公，未果。會復以病歸。乙未，陞祭酒。首發明監規，上疏申明五事，上皆允行。公教人以正心脩身為本，忠孝為先，日以所嘗體驗經學授之，又禮以立之，樂以和之。監中諸生雖衆，公吊喪視疾，哭死勸善，恩義無所不至。於是六堂師生皆心悅矜式，諸公侯子弟亦樂于聽講，以至監外進士、舉人、中官沈東之流亦胥來問學。尋陞南京禮部右侍郎。百官謁孝陵，着黲服，寅長霍曰："盍着緋？"公曰："望墓生哀，服黲為是。"衆從。寅長為蔡生請鹽商墓誌，拒之。前閣臣病歸者死，寅長約同祭，徵祭文，不可。寅長乃疏閣臣十善于公，公答以書曰："公才如此，儻不阿私黨姦，則一變而為正人，有何不可？"寅長銜之。己亥春，聖駕將躬視承天山陵，公累疏留之。署南京吏部事，乃疏薦文武數人。公連年入觀，表賀聖節。再過河南，見餓殍盈塗，語所在瘞之。後值奉先殿災，自陳，乃獲致仕云。公初入禮部，見寅長霍懸榜都市，曝閣臣夏愆，公諷收其榜。已，詰榜外事，弗答，以善語之。至是，屢語不合，又所浼不從，復有"一变為正人"之語。公之兩入觀也，夏累詢霍愆，公弗應，以大臣當容才答。故霍疑公黨夏，夏亦疑公黨霍，霍陰為揭帖短公于朝，夏亦陰外公。故霍死，夏去，公之心卒莫之明也，故仕止此。

公事繼母侯孝養備至，侯畏風寒，公為艾褥進，乃安。辛丑秋後卒，公哀毀殯歛盡禮。壬寅六月，公左臂患廱，至七月一日亥時卒。公生于成化己亥四月二十一日午時，至是享年六十有四。是日日食，至亥分，有大星殞華陰，遂卒。高陵人哭為罷市三日，遠近吊者以千計，解梁及四方弟子聞訃皆為位哭。

公體貌豐厚，方面微髭，輪耳海口，目光有神。平居端嚴凝重，及接人則和易可親。性至孝友儉樸，室無婢媵，事叔博如父，姊劉貧，嘗分財濟之。歲饑，宗族有飢者，則分祿贍之。痛外祖乏嗣，每展墓流涕，從舅宋瑾流同州，特尋訪迎還。平生未嘗干人，亦不受人干謁。不置生產，既歿，家無長物。嘗以誠敬自持，言必由衷，行必由道，門人侍數十年，未嘗聞見偷語惰容。與執友處，唯以規過輔仁為事。自少至老相嚴憚如大賓，未嘗有一語相狎，一事私相囑也。所著有《四書因問》、《周易說翼》、《尚書說要》、《毛詩說序》、《春秋說志》、《禮問內篇外篇》、《涇野文集》、《詩集》、《宋四子抄》、《釋小學》、《釋史館獻納》、《南省奏稿》、《上陵詩賦曲頌》、《寒暑經圖解》、《渭陽公集》、《史約》、《監規發明》、《署解文移》、《高陵縣志》、《解州志》、《漢壽亭侯集》、《魏氏》、《宋氏族譜》、《詩樂圖譜》，共若干卷。

公配李氏，封見前，南京國子監典籍崇光女，有淑行，內助居多。存生男子二：即田，乙酉科舉人；昀，蒙廕為國子生。田娶桑氏，繼劉氏、張氏；昀娶張氏，継王氏。孫男二：師皋，田出；師韓。孫女二，俱昀出。

田、昀以甲辰七月二十四日葬公於邑城艮隅，渭陽公墳之左。公之卒也，理率諸門人哭而殯之。已，乃使田如京師託求名世君子言，刻諸壙中及墓隅，不圖未之獲也。時理在南都，田乃不遠萬里之理所，以嘗使求諸人者還相託焉，是故志而銘。銘曰：

愚考先明，自孟子歿，漢有經史辭賦之學，晉、唐人攻書及詩，宋多文士，然據其言行，考所見聞，見道者鮮。唯董仲舒為西京醇儒，然災異之說，駁雜亦甚。東漢之末，唯孔明卓然特立，可以與權管寧以潛龍為德，確不可拔。兩晉人材，有不為流俗所染、異端所惑、安貧近道者，唯陶潛一人而已。李唐杜甫之詩，韓愈之文，為不背道，然甫有啜人殘杯冷炙之悲，愈有相門上書之恥，況愈闢佛老而復友其徒，任道而牽情妓妾。杜、韓如此，自餘可知。趙宋文士蘇、黃諸人，皆宗尚佛教，呂、文諸賢，率事僧參禪，唯濂谿周子學得其精，康節邵子學為甚大，二程兄弟、橫渠張子學為至正，晦庵朱子能継諸賢之緒。自元以來及今，見道而能守者，唯魯齋許氏及我明薛文清公數人而已。公則為漢之辭賦，懷其史材，傳其經學，而無駁雜之失。工晉人之書、唐人之詩、宋人以上之文而多明道之辭，醇如魯齋而傳舊之功則多，貞如文清而知新之業則廣。蓋其學詣周之精幾，邵之大得，程、張之正，與晦庵朱子而媲美者也。於戲！涇渭之汭，神皋之墟，邑城艮隅，葬我鉅儒。於戲！其無虞哉。

【校記】

［一］"祁"，原漫漶不清，今據道光本補。

明封山東道監察御史北原李先生墓誌銘

北原先生者，諱明，字德彰。先平涼人，洪武初，戍西安後衛，屯田三原，故今為三原豆堡里人也。曾王父諱三，配柳，生忠。忠配王，生英。英早樹邊功，中年為義官，配鄭。是生先生。體貌秀偉，鬚髯美多。由咸寧廩膳生輸粟，遊太學，登選集。後以孟子伸貴，封山東道監察御史。晚號北原居士，學者固稱為北原先生云。

先生之少也，食於母而求固焉。母鄭道古而責之曰："汝為口腹人邪？"先生恥而輒改之。比長，乃居豐而約飲食衣服，不厭菲惡，若性然矣。初出，就傅學，慎而不群。既為咸寧諸生，益切問近思求斯之知而行焉。每于小學，玩而體之，及御史侍學，亟以授之，曰："是書雖小子之學，而大人之事備焉。聖學階梯，莫切於此，可不務邪？"他舍生或迂而笑之，先生益篤志不變。其後望益著，於是亡不敬畏之矣。先生學既崇本務實，故其為辭或不當有司意，故累試不第。會輸粟例下，親且老，先生曰："是與科第出身異，然由是祿仕，以報君親則同。"乃就例，罷科舉學。後選未及，而親終及矣。而當封，曰："吾志在行道，中乃為親求祿養，今復不逮養，與吾身自祿養，孰若教子使行吾志邪？"乃棄選就封而誨伸[一]，故伸官所在有聲，而先生之道為光也。先生檢身以約，非禮之地終其身，弗誤而入焉。嘗躬耕以養，自太學歸，益力田以養。比內外艱喪，祭以禮，弗事佛飯僧，宗人以為有愛也，久而乃是之，胥效焉。事二兄璺、聰敬而讓。擇人而與之，謙而恭，大門之內無雜賓焉。交際寧過辭，無過受也。御史之巡關也，先生自京師歸，諸抱關太監、將軍交贐之，諸郡邑長吏交贐之。先生曰："是為吾兒，非道禮之交也。"舉弗受君。常莊而不肆。其疾也，賓至必脩容而見之，終日言而弗畔也。其治家也，儉而敏、嚴而則，入其門，閴若無人。環其閭，歲時之戲具莫設焉。御史之舉進士也，於是而免夏楚矣。御史曰："先子之學，德行以為本，才知之，便求行之，而於記誦文辭，弗尚也。雖未得志於世，而恒自足焉。"理友御史數侍杖履，信不誣矣。

先生初配薛，生男女七。男伸、价、侃、儋。伸娶張氏，由弘治壬戌進士，歷官臨汾知縣、山東道御史，今知嘉興府事。价娶張氏。餘殤。女孟李適張元忠；仲李適焦得中，殤；季李適楊璉，嫠矣。孫男女十四，伸出者十，男七，五存曰璺、庇、陰、育、立，二殤曰嘉會、嘉禎。璺，生員，娶賈氏，女三，孟適潘輪，仲計嫁楊萃，季殤。价出者四，男二，曰襃、宣，女二，殤。薛端一誠莊，溫良慈惠，精諸女紅而加勤焉。先生學，諸閫內事，薛治焉。事舅姑悅，故先生獲肆力學也。先卒，贈孺人。繼配雒，存。

先生生景泰四年三月四日亥時，卒正德十一年十二月十日子時，壽六十有五年。孺人生景泰二年正月四日子時，卒正德二年十月四日未時，壽五十有八年。越正德十三年二月二十七日，合葬越北原里居之西田，從義官公遷葬塋之次也。理實銘。銘曰：

浮山之北，濁水東，趙水西，茲維北原先生之幽室，於後之人居於斯、經於斯，其毋樵毋蘇毋亡所式云。

【校記】

［一］"乃"，原漫漶不清，今據道光本補。

明封監察御史拙齋韓先生墓誌銘

韓拙齋先生者，自謂不知何許人，亦無名，稱平生無他能，唯一拙而已，故自號曰"拙齋"，晚年更號曰"拙翁"云。少尋師問學事，繼母氏，欲其輟業以耕，遂終身畎畝云。嘗曰："耕有道焉，先時而為之，則先天而不可為也。後時而為之，則後天而不可為也。吾先天則不能，後天則不敢，有弗動，動惟天而已矣。"故嘗耕於北山，其田有雲低照有月時者，皆良田也。其穡異于他穡，蓋得相焉。田父悅其田，往往問耕，輒以方授之。或問市廛及官府事，則笑而不答。農暇，展書誦習，或獨樹下自唱自和，欣然自得，若不知人世之有憂也。一夕月下獨酌，吟曰："片月在隴頭，一犁老此身。"有書生聞之，曰："此隱者也。"就而問之，則諱所吟矣。有田父就之，即開尊與飲，或招之飲，亦就而不辭。然居如泥塑人，不苟言笑，可敬而不可狎，人亦不易親也。與人交，雖三尺之童亦不忍欺，故鄉人咸孚其信義云。正德間，有司強之為忠義官。嘉靖初，以子貴，封監察御史，然居嘗着巾野服而已。子御史問以御史之道，特舉程子封神子之言以告之。問以他御史事，不答。嘗誨御史曰："汝寧無名，不願無誠。"御史蓋謹識之而不忘云。生于某年月日，嘉靖十一年二月十六日，壽八十三歲，無疾而卒[一]。之頃，啟其手足，示子孫焉。既卒，顏如生。御史謂人曰："吾父，山林不能使之野，城市不能使之浮，屈不知辱，伸不知榮，蓋有不易之操焉。"谿田生曰："昔君平、子真栖遲衡門，農卜以隱，而名震京師。公孫、安石皆官至丞相，布被垢衣，人至于今病之。故曰：求名而名不可得，逃名而莫之能避焉。嗚呼！拙翁先生躬耕慶陽而聲聞朝野，吾不知其為何如人，其殆君平、子真之徒與。愚考翁家乘，蓋諱偉，字宗威，先蘇州吳縣人，後遷陝西長安，今戎籍屬慶陽衛者五世矣。曾祖諱敬，生義。義生英。英生五子，一曰俊，二曰傑，三即翁，四曰柰，五曰演。翁配張氏，封孺人，生三子：孟曰茂，娶李氏；仲曰奕，即御史，先中弘治辛酉鄉舉，正德甲戌進士，後以四川僉事侍養，不復仕云，娶劉氏，封孺人；季曰勉，忠義官，娶周氏。孫男五人：曰遇春，生員；曰向春，生員；曰孟春；曰長兒；曰季冬。翁卒之年八月九日，茂及御史葬於慶陽西原安家嶺之廟腰云。理，御史同年進士友也。御史雅不喜泛觀書，自謂獨抱《周易》一卷而已，蓋自四聖之文外，先儒之言不復視也。好靜居，與人有不合，無後言。理以是重之，蓋有翁風云。其葬翁也，託以銘壙，故弗辭。銘曰："慶陽之墟，奄有拙翁先生，使士皆如斯，塵絕風清，天下焉不平哉！"

【校記】

[一]"疾"，原誤作"疢"，今據道光本改。

明褚孝子墓志銘

褚孝子者，諱鏞，字宣玉，涇陽河下里人也。祖孟昇，配李氏，生珪。珪嘗為鄉貢士，遊太學，有孝行，父歿，廬墓三年。配潘氏，生宣玉。宣玉三歲時，隨人至邑，遇宋宰于途，磬折而立。宋宰見而異之，曰："誰氏子也？"孝子對曰："褚秀才子。"宋宰益奇之，遺以紙筆，曰："孺子可學矣。"稍長入學，性仁孝，于虫豸有不得所者，必加憫焉。嘗歸自學宮，見族中少年有繫一鵲者，曰："此雖微物，其好生猶吾心也。"即贖而放之。他日，母疾，宣玉求諸名醫診療之，弗愈，乃手取其糞而嘗之，即語諸內曰："吾聞昔人云：凡人糞微苦則生，甘則死。今吾母糞苦，其得生矣。"後果愈。比其歿也，哀毀逾禮。既葬，廬墓如貢士君。除服日，有群鶴飛集屋上，久之乃去，說者謂為孝所感致。由是遠邇稱為褚孝子矣。孝子美容脩髯，齒如瓠實。加以問學近裏知要，有所撰次，恒以理為主。為辭不蕪不蔓，秩秩有章。予嘗得所著，每愛而畏之。又聞有行如彼，謂青紫直可俛而拾矣。乃久而未著，雖諸同遊士亦多不相知者，惟孝子嘗毅然以文章為己任，弗自貶焉。正德庚午，孝子年三十七矣，試于憲學大夫。大夫一讀其文，即驚曰："是何如人？"乃諸群聚中諦視之，遂以冠多士焉。明日，延墊齋賓之臬司，諸大夫子弟多從之遊者。由是三輔之士，皆知有褚宣玉矣。宣玉中年，號文川居士。是年秋，登鄉舉。明年，禮闈試不弟，遊太學，諸新知者僉謂文川當大魁。多士行，其所學不泯泯已也。既而歷一紀不弟，年四十九歲而卒。嗚呼！豈非命？！方文川初舉，日常至村居投贄于予，予亦就所居拜焉。文川之遊太學也，族子有以進士為畿內令者，入覲，謁文川。文川每莊以蒞之，與諸從子無異。同遊者曰："君少加和氣，則太學之資可不勞而足，焉用莊如是？"文川曰："夫人不患無資，而患無禮焉。禮儀不脩，倫理有失，則夷虜而已。焉用資為？"予聞而益重文川。文川甲戌不弟而歸也，予詩以送之，期于峨山之下共講學焉，乃不意四十九而卒也。嗚呼！豈非命哉？文川生于甲午成化十八年八月十三日戌時，卒于壬午嘉靖元年九月二十八日戌時。配張氏，生一子伯淵，入學，世其業矣。貳室白氏生三子：伯浩、伯沽、伯淪。伯淵娶趙氏，生二子：獲麟、應麟。文川所著文，涇陽士人多傳誦之者。其卒之明年十一月初六日，伯淵乃葬于仲山之東先塋。銘曰："艱乎尔𥎊，悠悠尔功，乃尔以終天胡夢，豈將明于尔躬尔嗣，乃融也耶。"

明誥封淑人吕母李氏祔中大夫墓志銘

嘉靖庚寅秋七月既望，慶陽太守真定吕仲立斬衰絰過我，稽顙而拜，泣而曰："阼積惡，乃於茲四月二十有三日禍延先淑人，痛何可言！先淑人生於天順丁丑，少先考二歲，至是纔七十有四年耳。生不肖兄弟男四女四，孫男一，孫女三，曾孫女二。不肖兄弟卜以今年九月四日啓城南滹沱河陰先中大夫參政府君壙而祔焉[一]。先君葬日，熊峰石翁銘，茲敢以先淑人銘累吾子！"語已，復泣，述淑人事詳理惟太守暨叔鈞參議[二]，俱理甲戌同年進士友也，有兄弟之義焉，爰不辭而銘。銘曰："欒城迤北滹沱陽，言言真定城臨隍。衛人李氏戒庵父，昔年戀學鳴邑庠。邑中時有吕贈君，志同道合才相當。父生淑人君生哲，天作之合文成祥。李父諱鑑，號戒庵，真定衛人。早遊真定縣學，有才名，配史氏，生淑人。吕君諱諒，真定縣人。少與戒庵同遊縣學，又同志也。配張氏，生參政公，諱賢，敏而勤學。戒庵每器重之，遂以淑人妻焉。君後以參政公貴，贈兵部郎中，張封太宜人。淑人歸相良人，學月霄時認朝陽光。夜分女紅伴書燭，餘力百具供文房。六載良人遂鄉舉，十三年醉瓊林觴。淑人之歸也，時參政公方為諸生力學。淑人常雞鳴先興，然燈以需，深夜則執諸女紅以待，百爾供具，咸不戒而備。參政公由是學六年，當成化癸卯，中順天府鄉舉。又七年，當弘治庚戌，中錢福榜進士。地官服勤直逾紀，參政三晉人稱良。論功內助實居半，封章三錫勞亦償。參政公由户部主事歷陞員外郎、郎中，在户部凡十有三年。陞山西布政司右參政，所在有賢聲。盖淑人內助之，功居其半焉。公主事考績日，淑人封安人；郎中日，加封宜人；子知府阼評事日，推恩加封淑人。中大夫云者，參政公散官也。舅姑平生事以質，時將過舉敷肝腸。姑嚴諸婦動獲咎，獨緣不欺反優容。淑人平生事舅姑以實而不忍欺，或有過差，必實告於姑。姑張太宜人治家嚴甚，諸婦動遭嗔責，惟憐淑人，曰："是誠事我，故所為雖不當意，亦優容弗厚望也。"見豕負塗娣姒睽，無何遇雨于包荒。淑人處妯娌，讓而不爭。兩娣或鉏鋙失和，必相爭于淑人前。淑人各舉其善而揚之，其所否者，則引咎于己，謂所致而然，故兩娣往往釋號咷而笑焉。山木樛屈任葛虆，他雛弄瓦勤渠將。曲用繩直從即休，言或合義聽如簧。妾許氏有過失，即時正之，改過斯已。至議處家政，如其言之義也，輒欣然納之。否則，雖知府、參議言弗聽。許生女，甚鍾愛，及嫁裝送之，不異所生，甚或過焉。兒女鍾情慈莫比，違即春日零嚴霜。早晚供給從師學，入官猶懼職葉荒。夙訓諄諄令自立，青蚨不為潛私房。淑人甚愛諸子，然稍違教範，輒笞責之不惜，各及時遣就傳受學，給其日用，課其所業。故陣、陶皆進士出身，官至慶陽知府，陶至山西布政司參議，福、祿方未艾也。嘗有疾，陣、陶侍湯藥，每不自安，曰："爾輩食祿于公，乃侍疾私家，職業不亦荒乎？爾毋然，夙夜在公可也。"雖陣、陶以言慰，終不宴然。妯娌同居日，嘗戒諸子曰："業在自立，毋仰老身，有財惟公用，斷不私積為爾輩計。諸子方少時，亦未知淑人所處之為公也。及長，且貴，乃知之，而稱嘆云。樂矣服食仍如約，周親却管衣及粮。淑人自奉儉素，既貴，公服之外，服飾亦如常時。然於內外親黨窮乏者，則白諸參政公，時周濟之。母史氏歿，事繼母張氏、庶母吳氏猶夫母焉。秉性寬柔犯不校，當筵里嫗從凌襄。淑人性寬厚柔順，雖有犯者不校，嘗與里嫗會席，被其詆侮，直受之不報，退亦忘之，不復記焉。水陰茲同君子宇，厚土難埋淑德芳。男子四，長陽為七品散官，先卒；次即陣，正德九年唐皋榜進士，今以慶陽府知府丁憂；陶亦正德九年進士，今以山西布政司參議丁憂；次際縣學生。

【校記】

[一]"政府君壙而"，原漫漶不清，今據道光本補。
[二]"淑人事詳理惟"，校補同上條。

明承務郎臨清州同知約齋張公墓表

約齋張公者，故三原龍橋鎮人也，諱尚文，字宗翰，別號約齋。甫七歲，父散官君鳳將遣就傅，携之先世影堂，指而謂曰："此爾八世祖諱貴者，當今承安之末，能以誠孝感賊，免親於難，所謂孝義府君者也。"又指其次曰："此封涇陽縣子府君，配李，贈涇陽縣君，爾七世祖也。"又指其次曰："此清河府君，諱世昌，起家敦武校尉，脫思麻路新附君上千戶，佩金符，贈涇陽縣子，加贈至兵部侍郎、騎都尉、清河郡伯，配楊，贈宜人，加贈至清河郡君，爾六世祖也。"又指其次曰："此廉訪府君，諱徽，初授江南諸道行御史臺監察御史，歷陞雲南道肅政廉訪司僉事、奉政大夫、嶺北湖南廉訪司副使、浙江行中書省左右司郎中，爾五世祖也。"又指其次曰："此少參府君，諱恒，我皇明初，授國子典簿，至廣東參議，爾四世祖也。"又指其次曰："此吾父處士府君，諱銘，雖隱德弗耀，然夙嘗問學，有先人之遺風焉。"公曰："阿爺服不異於先人，官豈封耶？贈耶？"曰："生以子而顯者謂之封，死而顯者謂之贈。故六世叔祖世榮之貴也，而涇陽府君封焉；廉訪府君之貴也，而清河府君贈焉。吾失學，入粟公家，獲七品散官耳。欲生而封，惟汝學則得之。汝能勉乎？"公曰："唯唯。"蓋自是授書于傅，日誦習不怠，出遇群兒嬉，不復與伍矣。正統庚辰，年十三，入縣學。其後散官君竟以公貴獲敕封徵仕郎、左軍都督府驍騎、右衛經歷司經歷，君配李贈孺人，公生母常亦封孺人，如所期望云。公入學越三年壬午，遇例入太學，在太學凡十一年，乃登名選籍。癸卯，選左軍。壬子，陞山東武定州同知。中丁外艱。戊午[一]，起復補臨清。壬戌，以母老，乃謝事歸。公在官有暇，即取律條疏議而莊誦之。家人曰："誦是何為？"曰："正己正人，皆在是耳。"居武定，無何，長山令缺，上官使公攝之。一年，吏獷牙而民稱惠焉。歸，囊無長物，圖書而已。時都御史熊公鮮其介而獎之。未幾，以喪歸，熊公使人賻焉。臨清日當路，以邊塞方禦虜，擇可總餉者，而屢使公。公往，事輒治而獲勞焉。州有屠將屠牛，牛聞公辟人而過，即奔逸跪道中，公詰知其狀，遂罪屠，而飯牛于官。人咸異之，曰："非公，公正能致是耶？"公事親孝，初至武定，即遣人迎封君，不就，則分俸以養，封君乃答書而戒之，曰："汝何以分俸為哉？吾聞親民之官為民父母，當愛民如子。"又云："愛人一文，不值一文，汝能體吾之心。古訓是式，清以立身，惠以愛民，是謂忠君，孝在是矣。不然，雖日羞牲鼎於吾，吾不悅也。"公得書，遂書諸屏而顧諟焉。由是職益脩，而日有聲矣。然封君自是獲祿養數年。其卒也，公時以事寓留都，聞，三日不食，哭北奔歸，在途苦塊，猶夫館也。他日，事常孺人，飲食必躬親羞之。比補任，即遣子元輔迎之臨清。時孺人已年躋八袠，公朝夕承顏。遇誕日，則拜舞於膝下，諸寮友咸感動加敬重焉。歸田，以家事傳元輔，嘗出入乘小車，與親朋遊樂，或數為禮會，以適志焉。然居常雖無事，必昧爽而興，衣冠而坐，飲食非因賓祭弗腆，衣敝垢不棄，瀚補之而已。潤里先塋，先朝古木豐碑在焉。時其門垣壞則葺之，古木或槒，則以遠山松楸以易之。碑有經兵燹失者，則求名公言以補之。孫女許吳孟，貧不能娶，則語諸媒氏，使謂孟曰："夫貧者不以貨財為禮，盍擇日，吾裝而歸孫。"有祝副使者聞，特賢而獎之，使有司紀其善焉。配董氏，封孺人，溫厚閑靜，克相內事。側室郭氏、陳氏，育子一，曰元興。所立嗣子一，即元輔，為秦府典膳姪也。女四：一適劉鉞，一適仇廷朝，董出；一適馮臣忠，郭出；一適李時陽，陳出。孫男二：從虎，元興出；從耀，元輔出。孫女二，一郭世強，一即吳孟堉也。公生于正統戊辰八月晦日，終于嘉靖己丑二月五日，壽年八十有四。豟田馬氏曰："公昔於先塋之前道南東偏，後枕白渠，前面先塋，自為玄室，即躬託斯文，欲親見工人勒石封所。從弟宗學處士、從子元相縣尹及從甥郝僉事世家屢為介焉，理讓而諾之，殆二紀矣。公頻年徵索，今奄謝世而諾言斯踐。於戲！而今而後，其事定矣。夫予亦不敢負所托矣，公其瞑目也耶！"

【校記】

[一]"戊"，原誤作"戌"，今據道光本改。

吊平山王先生文

於戲！自夫學之不講而斯道之不明也，世之人莫不以窮為辱，達為榮也。乃若君子則不然，退有考槃弗諼之樂，進有摧如羸角之懼，故嘗需沙以寬，見險而止，坎窞不入，而欲其離之黃也。故遇則汲汲皇皇，思兼善乎一世，否則容容與與，思不出位以自藏也。於戲！學不講而道不明也，世豈多斯人哉？乃若郊之君子則有之。方其幼而學也，乃求夫攻《易》之師而往從焉，乃求夫攻《書》之師而往從焉，乃求夫攻《詩》之師而往從焉，乃求夫南山之深、北山之幽而往肄焉。學思問辨，唯恐不加詳也。及夫道之成，壯而可行也，則入朝而陳其善，就養以淑夫人，使夫僻陋廢學之區，知夫學焉，矇瞶昏冥之人，聞夫道焉。兆可行矣，乃齎志而弗得償也，則道為重，穀為輕，吾知奉親以歸，承顏膝下之為樂。雉鼎雖美，不朵頤以思嘗也，至若退而老於鄉也。反之，吾身於為臣之道而無愧焉，於為子之道而無愧焉，於進退之道而無愧焉，則登山臨水以暢其懷，呼朋逐友以宣其情。蓋浴沂詠歌之懷，與物同春，克周上下，無少欠缺，自不知夫年歲之短與長也。乃刑于婦子，婦子同一心焉，將有攸為於碩夫人，實與之唱以和，頡以頑也，逮夫蓋棺之後，而夫人者猶能視死若生，視亡若存，不以子之顯為樂，而樂其清，樂其忠且良焉。蓋遵夫君子之道，歿世而不忘也。於戲！世豈多斯人哉？非其講學之有素道之明，能如是乎芳哉？今則已矣，墓草芊芊長矣，嗟嗟君子，愚弗得近而即遠而望矣。戊子之夏言歸，自南經葉及汝過問津之墟，感夫子之在世若鳳鳥之欲舉而未翔也，悵然興懷，爰為辭以吊之，蓋有志於君子之道而不自量也。

祭劉大參文

昔歲星之在戌，聿卜鄰于京師。爰過壁而覯止，乃締交而相宜。忽超擢而行邁，動別緒之如絲。幸棠陰之不遠，聊入關以駐麾。荷當事而明決，仰臨民而仁慈。予丙子而南還，欣會晤而矢詩。曾度座而夜講，實同聲而吐辭。諒所存之大中，肆祈義之不陂。彼曲說而辭費，終暗昧而支離。逮戊寅而北上，言在耳而日惟。比庚辰之再返，遭內艱而漣洏。嗟訃音之未達，倏吊奠之多儀。胡相違之未幾，輒來信之可疑。紛走伻而問訊，果盖棺而騎箕。正沉痾之方劇，驚覆藥而涕洟。痛哲人之德崇，恨孤幼而位卑。敬陳辭而致奠，尚昭格而來茲。

祭張母任太宜人文

維靈稟賦純懿，玉如臧兮。歸于哲人，維德行兮。相厥仕學，警有常兮。金吾禁嚴，治郡良兮。載穀爾嗣，益顯揚兮。歷歷中外，教弗忘兮。位晉方伯，愛遺棠兮。政敷勳立，養輝煌兮。云胡邁疾，竟弗康兮。令月吉辰，歛冠裳兮。朝野聞訃，奠紛麗兮。理友爾嗣，銘幽堂兮。遙致牲醴，列芬芳兮。冀靈來格，神洋洋兮。尚享！

谿田文集卷之六

傳　賦　銘　吟　箋　辭　曲　說　呈

薛孝子傳

薛孝子章，字上達，河南閺鄉苞原里人。父立，母栗氏。正統十年春二月甲子生。越天順八年，年二十，入于學。成化三年，烝增廣生。六年，烝廩膳生。十年冬，薛栗卒，廬于墓。十一年秋，鄉大熟。十二年春三月，廬楹木生有黍，生于廬前，一本六莖，穎六十有四，有禾双穎，叢生黍傍。夏四月，有兔來宿于廬，翼日去，秋大熟。十三年春，鄉父老悉勞孝子于廬，曰："孝子之在此也，不特草木鳥獸見瑞于斯廬而已，而吾鄉數十里雨暘時，田禾豐家，遂有年之樂者三年矣。"遂白狀于有司，有司疏奏于朝，下其事宗伯，宗伯受而藏之。弘治七年，有司復疏孝子于朝，疏下宗伯，復藏之。十二年春，有司以孝子應歲貢士，夏五月入太學。十三年春二月，禮部災，凡部之蓄悉殲焉，獨孝子暨節婦一、烈婦一疏匿頹壁下存，於是宗伯驚。秋八月，始請于帝，獲表其閭，曰："生員薛章孝行之門"。孝子弱而淳朴，長弗渝事親。以質不以文，嘗携其子守性客京師，見其字畫有巧習，輒戒曰："是固不可誠實而為之邪！"亦足以見其為人矣。贊曰：

茫茫斯道，其大如天。雖則渺沔，實維一源。一源者何？為子克孝。孔授于曾，聖學之要。或彼多脩，越茲小忒。善盖斯世，亦曰民賊。悲哉叔世，而重文辭。志蠱心馳，知茲鮮而。嗟乎薛君，匪文伊朴。道之真源，獨能有覺。一誠格天，暨厥草木。被于鳥獸，重錫爾族。乃若賓興，而敦斯科。孰謂斯世，有不太和也哉？

荣壽堂賦

　　維斗枋扱于孟陬兮，維坂有梅。維北風搖落黃華兮，雨雪其來。爗于旄星言其揭兮，在河之隈。儼宿戒之維耆碩兮，豈伊異儕。荷皇仁之均覆載兮，實繁異數。曰正位之崇兩宮兮，載施雨露。閶闔閭之騰彩鳳兮，橫翺四海。溢歡抃溢于黎氓兮，澤洽眉壽。有嚳在庭兮，有酒盈觛。有腊及魚兮，有牲在俎。皷鐘考皷兮，於樂泮水。侯誰在矣兮，楊仲孝友。維茲楊仲兮，實多受祉。重沾覃恩兮，黃髮兒齒。豈期桑榆兮，自天有殞。彈冠縮緌兮，環列孫子。嘅王道之易行兮，釋觀鄉其靡由。顧下土之宏博兮，胡皇澤之易周。耿丹青之不磨兮，垂聖謨於不朽。想當時之經綸兮，竭心思其繹紬。既禮儀之蔑不備兮，固先生之令教。又所推之燦有章兮，斯中庸之達孝。茲姬公之相王兮，時有來於鳴鳥。感孔子之興嘆兮，想形容於夢覺。粵于茲其互舉兮，豈一時之令典。稽簡冊於往昔兮，蓋千載而僅見。何吾皇之獨盛德兮，寫淵衷於一旦。諒大河之泛濁流兮，欻澄清而如鑑。伊此典之獲一遘兮，誠亦榮也。矧閭閻而昭重光兮，又何馨也。嗟夫人之臥泉石兮，歷七星也。使東作之罔勤勞兮，胡西成也。讀《无逸》之知聖王兮，聿多壽考。率徐徐以驅四牡兮，從容周道。羌後人之紛夭札兮，鮮或耄老。策逸足之惟橫鶩兮，迅於飛鳥。是在人之淑慎厥德兮，壽斯攸歸。吾嘗以是而求諸古今兮，誠越百世而無違。彼瑟然之玉瓚兮，信黃流之攸注。抑顏、跖之反常兮，殆千林之一枝。若家君之老壯一節兮，詩書是研。時無逸有合於古兮，肆康強其有年。越推德既于鄉邦兮，襲燕衣而弁冕。用是而揆之斯翁兮，殆隱德之必然。歲辛酉而予遊辟雍兮，賴良朋之挾輔。菀蒲坂之殷松柏兮，慊蔦蘿之攀附。窺舜迹而探禹穴兮，挹首陽之清飇。攬餘芳之周四郊兮，得薛氏之新圃。時予諳蒲俗之淳麗兮，厥有自來。聞斯翁之耆德兮，亦復奚猜。越千載之遼邈兮，遺澤宛在。況親炙於薰風兮，宜如何其。亂曰：

　　原有桃兮隰有莎，渚芙蓉兮陽鳥攸過。有美一人兮山阿，紉蘭衣兮佩芳芷，人不知兮容与。門依依兮榆桑，璀燦燦兮夕陽。積翠凝煙焉兮山色蒼蒼，望浮雲兮飛揚。

雙壽堂賦

沿大江而東下，泳碧波而滉漾。鑑輪奐於清莹，仰高堂之宏壯。艤予舟而借問，云君子之攸創。造宮牆而流目，駭庭陛之供帳。儼容與以當奧，宛弧南之謫降。藐彷彿以同牢，睹上元之雲髦。紛堂下之褊襹，麾舞袂而飄蕩。卬心乎其愛矣，嘅形容之莫狀。感漁人之告予，指庭槐之鬱茂。曰斯公之強矯，俪曲逕而遵路。泊斯姥之窈窕，矧話言而諧叉。羌駢車以前邁，餘蘭茝之襲後。肆膝下之育賢，奪山川之灵秀。蚕矢力于經帷，羅百氏而痛究。誕蘊積其如廛，隨有索而即售。發英華於簡編。燦霄漢之列宿。匪伊人之辟易，俾鬼哭而神妬。動清問於海隅，聞半齋而虛右。際雲衢之小亨，挹芳桂於歸袖。慰青襟之雅懷，屬綱常以國胄。逮晝錦之輝煌，適遲日之方富。捧綸綍以言還，躬甘旨而稱壽。汲清江以洗觥，舞明月而載侑。信人間之荒樂，實吾生之稀邁。予曰斯堂之樂，固如是乎哉？漁人曰未也。若夫薄冰泮，條風鳴，門垂柳而依依，鳥出谷而嚶嚶。闌煙橫而暝渚，山雨過而滌屏。籬有舟兮堪繫，烏眠沙兮不驚。竹侵階兮房櫳，碧花撲筵兮尊酒紅[一]。上高堂兮問所欲，進一觴兮祝千齡。此斯堂之所以樂其壽考者一也。至若鱮來上流，梅熟前浦[二]，畫舫棹兮人競龍，碧筩吸兮門懸虎。荷遞香而邀軒，雲列峰而當戶。執素張兮頓驚秋，薤簟口兮溢忘午[三]。此斯堂之所以樂其壽考者二也。若乃橘柚垂金，香稻炊雪，水偃蹇以青蔥，華冷艷而孤潔。鱸魚肥兮絳縷䐑，羊羔嫩兮玉肪截。螯未吟兮灰已和，裘初展兮煖生銕。此堂之所以樂其壽考者又多方也。爾乃佳節令辰，天清日朗開新宴，羅繁響，携婉孌之諸幼，侍夔鑠之几杖，或崇阿而命駕，或遠谿而盪槳，信遊倦而甫還，託餘興而猶賞。此斯堂之所以樂其壽考者，又非予之所能悉也。予曰嗚呼異哉！自古人之不可作兮，予嘗眺九原而悲傷。睹時俗之澆薄兮，亦墮淚而淋浪。謂遊者之既邈兮，而來者其云亡。幸今辰其何辰兮，竊有慰於斯堂。漁人聞而俯首，曰咦者三，乃扣舷而為《三噫之歌》。歌曰："噫！孰虞兮孰唐，孰軒、羲兮孰黃。噫！迪惟茲兮秉彝之良，實維兮周行。噫！嗟夫人兮胡為乎，挾策亡羊。"客有和之者，歌曰："矗矗兮高堂，渺渺兮澄江[四]。信夫人兮，允無悔于厥行，諒所存兮，固將借江水而流長。"歌闋，漁人鼓枻而去，客亦招予登舟，放棹而歸。奄歲月之迥隔，而斯堂至今猶宛然在目。

【校記】

[一]"撲"，原誤作"樸"，今據道光本改。
[二]"浦"，原誤作"哺"，今據道光本改。
[三]"□"，底本原脫此字，而道光本此處有一墨點，今據補。
[四]"兮澄江"，原漫漶不清，今據道光本補。

酷暑賦喻中貴

時維陸月兮，序屬暮夏。爰茲祝融兮，而惟彼炎方之是駕。鞭彼火龍兮，而匉然無處無假。其肆彼熾兮，何忠良而如嫁。其爍此下土兮，而權威者則于誰而不御。於乎斯世斯人兮，何無辜而冒其痛。以之在位元卿兮，敢不懼其烈而垂顧。其餘百爾執事兮，惟甘心于其荼。士于焉而倦學兮，農無意于耘耡。工于焉而亡器兮，商以之而廢其塗。噫嘻！其孔虐兮，非彼蒼莫之爾逌。吁哉彼蒼日兮，奚知爾如是其屠。慨彼宇中之彥兮，疇能揮而能。毋將隱之林泉兮，恐烈焰之亦徂。既升之高閣兮，亦未見其果以為蘇。禽弗翔兮獸匐匐，草其萎兮木其枯。雖儀、秦兮，與爾失其謀。而良、平兮，則於爾其智疏。莊周兮莫能於蝴蝶而依稀，宣父兮豈能會周公于模糊。世雖有酷吏兮，非爾而能儔。如彼妬婦兮，則亦莫之為徒。奈何其竟長而未消兮，使吾徒喪氣而悲夫。嗟彼蒼兮，盍哀我人。盍驅金風兮，而播之九垠。其殄彼大威兮，而悉蕩彼根。俾我四方兮，而再樂天恩。

鄖陽巡撫察院去思堂銘有序

寅翁葉公之還慈谿也，將發，南有歌者，辭曰："江之水兮洋洋，混七澤兮三湘。鯨鯢兮縱橫，朱衣來兮斯藏。忽言還兮誰詒，我慶其亂也。"復北有歌者，辭曰："嵩高兮廬岑，連伊、汝兮寧闋。獷時嗥兮梟吟，豸之來兮乃瘖，忽言還兮誰恤，我喑其亂也。"復西北有歌者，辭曰："南山兮有飆，北山兮有埃。絳騶來兮兩諧，境肅清兮春回。忽言還兮誰知，我瘐聞者知。"公嘗南奠湖、湘，北奠中州、商洛，西被嘉江、漢川，故其人皆有感而歌焉，思挽公也。於是鄖陽都司有王元祿者知公疏請得旨，不可留也，乃託諸田人使銘公堂，寄民思焉。銘曰：

郎有穹堂，侯度侯修。風雨其庇，三楚二周。誰則攸芋，嘉興寅翁。丙午鶴來，丁未乃奘。於芋寅翁，肇尹石埭。再令新建，天恩寵賚。召入中臺，志殷沃啓。懇悃納忠，務存大體。出按方岳，克振紀綱。袞然範世，節氣文章。爰擢憲副，晉長臬藩。身能軌物，道益赫喧。乃陟中丞，來茲郇陽。朝夕斯躋，綏我三邦。三邦在昔，川惡山巖。蓮社米賊，殲復用餤。我翁至止，先正厥經。俊民不回，群黎有型。干旄所指，先厥城隍。弗告自邑，險設金湯。征車所如，于庠于軍。政教孔明，乃武乃文。載驅載馳，咨詢元元。勞一勸百，刑一戒千。孰敢不戢？敢或作慝。毋偏毋陂，皇極是則。庶官攸臨，有激有揚。孰敢不欽，以清我疆。我疆清只，公乃言還。田老銘堂，以告後賢。

榆林巡撫察院堂銘

嘉靖乙巳，我中丞張公晉南司徒于時鎮我榆林，幾三載矣。穹堂在鎮，遺愛攸存，谿田鄙人，爰筆銘言：

雕陰郡北，黃甫川潯，古連城南，號曰榆林。茲為大鎮，爰設中丞，察院攸芋，中外是憑。維茲鎮人，忠勇無敵，先賢所培，四方為的。昔成化間，長殘政舛，衆譟而前，遁逃以免。邇有少年，上慢下瘠，自入幽谷，偷生猶昔。嗟嗟赤子，化為豺狼，如波斯隤，湍不易防。幸我中丞，南豁張子，時由中州，旬宣至止。仁聲所及，如夜斯旦，彼醜而蟻，風行水渙。相彼逆鳥^[一]，春矢好音，彼夕而仇，朝生友心。霜霰時集，震雷時轟，物各反初，禁戢令行。一矢不遺，一刃不赤，坐使我境，安如磐石。我境既安，我衆戴德，君子盡心，小人盡力。彼虜匪茹，鼠竊是紐，薄言禦之，執訊獲醜。餘醜喙息，我師凱還，露布獻俘，喜動帝顏。帝曰爾聰，內安外襄，嘉乃丕績，內陟爾康。維南地曹，國用攸營，晉爾司徒，率屬佐卿。公卜南轅，干旄載舉，泣我將卒，懼我士女。遼有梟鳴，一豸可息，輪視虱蟣，幾迷我域。大同之蠧，或昧知臨，喪師損威，費我億金。遁逃入胡，至今為癰，誰其靖之，釋宵旰憂。爰知我公，厥績靡京，公去堂存，我是用銘。

【校記】

[一]"鳥"，道光本作"鳥"。

菊谿亭銘

九天潢派，第一藩封，種菊臨谿，號以表衷。號意何居？百華春妍，早發先萎，饑不可餐。蟋蟀在床，白露為霜，百卉俱腓，菊乃輝煌。燦燦五色，鮮鮮如拭，豈唯可觀？亦可以食。柳絮隨風，桃花逐波，唯此佳色，卒老在柯。觀以尚德，食以永年，年永德崇[一]，希聖匹賢。嗟嗟谿哲，樂善靡京，構亭環菊，周思陶情。丁未冬日，谿亭告完，白諸田人，銘以俚言。

【校記】

［一］"永"，道光本作"求"。

缾山銘 為項襄毅公忠孫鴻臚寺卿錫作。

粵若檇李，項氏稱賢。有斐鴻臚，號曰缾山。缾山伊何，古酒務坊。務寖缾隨，積為山岡。為山奕奕，有峰有麓。項氏焉依，實繁有族。缾亦微只，積乃崢嶸。爰識喬嶽，拳石所成。嗟嗟鴻臚，號有深意。學優入官，念祖襄毅。巖巖襄毅，世所同欽。勳著華夷，根于寸心。仕留訓辭，歿垂遺言。望諸雲來，約以寡衍。嗟嗟鴻臚，實繩厥武。齋顏缾山，美墻在睹[一]。嗟爾後人，慎毋汰旅。動稱海岳，及聖與天。尚毋緣缾，思遊醉鄉。時謂不肖，背厥義方。德欲日積，思山與京。言則訒如，守口視缾。我銘缾山，諷其與茲。諷將何為，襄毅是師。

【校記】

［一］"美"，道光本作"羹"。

與槐堂吟 為涇陽四春元作。

鐘山之陽，王謝有堂，謝堂累仁，樹槐鬱蒼。嗟此鬱蒼，虛星之精，君子樹旐，與槐是名。維此槐堂，積書汗牛，君子于斯，夙夜講求。講求何需，洙泗虞唐，日切月磨，道精且詳。程尋顏樂，開斯能信，或躍在淵，審焉斯進。槐堂花發，君子道神，連級以上，步月拱辰。乃履柏臺，乘驄畿甸，爰掌斯文，士丕於變。爰入玉堂，世傑其伍[一]，懷玉生神，翰驚風雨。復典斯文，百越道輝，士乃歌吟，魚躍鳶飛。三典斯文，于我周京，士咸瞻依，化雨春風。壬子之秋，我涇小縣，八翼齊翔，況諸他彥。小明未融，浴新尚垢，君子有作，如雛失母。君子焉作，于彼浙疆，歛此範模，芨彼甘棠。中行泰階，知將允升，樹槐之祥，斯其可徵。嗟嗟小子，有槐在心，何日何夕，依槐憩陰。

【校記】

［一］"世傑"，原漫漶不清，今據道光本補。

遊燕子磯吟 與奉常牛西塘太卿、黃毅齋少卿同遊。

吳兒談靈谷，客子獨憐松徑綠。江南語牛首，遊人還把木末酒。暇日逍遙燕子磯，山川始覺眼中稀。星言夙踏牛弘路，路上仍逢黃叔度。初登大觀亭，睥睨觀音閣。隔江見浦口，已覺襟懷豁。雲表人樵江心松，浪裏罾漁龕內託。海客樓船轉山腳，石崖屈曲牽鐵索。喦花江寫光灼灼，文鱗時上花枝躍。虎狀鹿形諸物錯，團團海月出堪摸[一]。此時牛公逸興發，便攜黃子緣崒屼。我有謝公屐，不畏蒼苔滑。躐蹬攀藤倦，暫就石坪歇。山花向客笑，風送香馞馞。左轉青松徑，右盤黃茅岡。臨深履危須自力，度險着夷方扶將。行行始及顛，坐石愜瞻顧。正爾長江淨如練，何物寶鑑生霾霧。黯黯不分萬里流，忽忽失却千尋樹。足底雲稠龍時吟，尊畔風鳴虎可懼。洪濤撞撼山疑動，大塊烏黑兩愁汪。覽勝猜將海若驚，探幽恐犯馮夷怒。不爾當緣二子豪，詩令鬼哭神嫉妒。欲下即防足墜空，兀坐不甘形比塑。移時混沌開，蒸液忽若掃。俯視芊豁清，仰可摘參昴。依稀下見江妃宮，分明遠察秋毫秒。逝者西來還滰滰，中央幾點髻山小。帆檣來往輕於鳥，流目瞥見木葉藐。灣舟帶煙宛村坊，牧犢依岸真蠕蠆。群峰離舞復合翔，一派弓曲仍環抱。西望包含盡衆流，東看神委裹三島。虎踞龍蟠信此雄，鳥飛難逾金湯寶。水色嵐光染不成，一幅畫絕王維好。願求吉士實石城，坐鎮江山同天老。

【校記】

［一］"摸"，道光本作"模"。

東園吟

西瞻大功坊，東涉秦淮水。彬彬大功孫，倚嗟築園美[一]。門當舊朱雀，修竹宛如闠。迤北檜繚垣，曲徑西通垝。山陰起穹堂，堂背池遊鮪。池陽峰連雲，花卉紛宓傀。峰東敞水閣，隄柳濃蔽晷。園無東山姬，輝輝漆星軌。主人有高情，客至輒陳篋。石城有此翁，江山增妍媺。別來六易星，夢入茲園累。頃得隔年書，拜讀如諾唯。爰寄樵漁辭，彌月期通匭。

【校記】

［一］"倚"，道光本作"猗"。

鳳凰臺吟醻徐東圃

石城鳳凰臺，今屬東園翁。園翁愛種竹，更植朝陽桐。時引來儀侶，亦招翔集雄。或偕稷與契，或群皓及松。予昔陟其楯，叩栖彩翿叢。西看三峽近，東睨二滇通。歸憶竹梧所，相將幾噰噰。

僉事箴 送喬三石之四川。

三原之北，兩峪之間，乃出三石，耀我山川。厥耀維何？既博且雅，放厥文辭，追逐班、馬。年二十餘，鄉闈一鳴，三秦豪傑，莫之與京。戊戌之春，殿庭奏言，匪賁其辭，幾獲兩元。乃官于南，乃佐司徒，由是聲名，動于兩都。言考厥績，最公最廉，爰晉西蜀，命列憲僉。厥職維何？明法守律，五教自天，身其輔弼。弼教維何？虛心用情，若鑑斯空，若衡斯平。衡鑑之下，輕重妍媸，雖曰區別，人無怨咨。弼又維何？恕以求仁，凡有攸刑，如加乃身。虛平而恕，公是公非，訖富訖威，仁亦庶幾。弼又維何？父子或臻，動以孝慈，使彼有親。上猜而虐，下乖以貳，宜動彼天，歸之于義。閨宜肅雍，不肅斯凶，弼期有別，罪厥所從。凡厥彝倫，叙明敦蒙，皋陶善弼，四方動風。時有古今，性無彼此，皋何人哉？希之則是。吾道可盡，上慢斯摧，翼翼文王，小心若隮。所以君子，敬崇其長，有謨有猷，推讓于上。皓八之亂，穆令攸格，宸濠之敗，王冕實獲。唯不知讓，賞反不與，豈伊人愆，德柄弗御。君子于何，恭遜是戀，凡有攸行，遜諸憲副。矧伊司尊，矧伊撫按，罔不遜恭，道其炳煥。恭遜之行，至近而藐，古孰行之，唐虞先覺。

淺齋箴 御史大夫餘姚魏君，早名有本，冠字伯深，扁厥攸居，命曰淺齋。谿田陳人，繫以箴言。

越有君子，古人與儕，字云伯深，號曰淺齋。厥淺云那？學有本根，極深研幾，道義是門。淺又云那？由明而誠，無事安排，泛應利行。淺又云那？言行平常，龍德正中，厥施可疆。淺又云那？平易近民，時謂乾道，人皆可親。淺又云那？簡而易從，時謂坤道，動即有功。淺又云那？心無隱伏，坎窞時遠，自求多福。國有大謀，社稷攸關，遴非庸違，時義乃安。振振君子，顏齋意邈，我益忠告，告以聖學。

涵齋箴 為太常卿蔡子舉作。

溫溫太常，賦才罕儕，志在濟時，以涵扁齋。厥涵維何？博學無方，經史子集，大畜以藏。涵又維何？畜德于身，一至九德，肀脩咸新。涵又維何？厚德以載，包荒不遺，納汙如海。涵又維何？相君造命，達伊才賢，崇我彥聖。涵又維何？積德累仁，保我國家，子孫黎民。涵又維何？虛中涵極，靜陰動陽，時萬時億。

敬惰箴

夫學之得失，敬與怠之間而已矣。其敬維何？歛衽以居，敬之敬之，不物以移，彼不爾者，中心外馳。敬又維何？收其放心。敬之敬之，道不遠人，彼不爾者，何以脩身。敬又維何？內外交養，敬之敬之，賢人以上，彼又失者，人而草莽。敬又維何？終日乾乾，敬之敬之，是謂大賢，彼又失者，匪犬伊豵。敬又維何？安厥所止，云誰與儔，堯舜孔子，彼又失者，胡不遄死。嗚呼敬哉，可作聖哉！嗚呼怠哉，誠足戒哉！

玉坡奏議題辭

玉坡張子諱原，字元，公字士元。世家龍橋，忠孝之門。王父純孝，公祖諱昶，字世宏，諡孝莊。如詩如祥，百里夜漁，朝進鯉羹。靜翁宰邑，乘驄驄憲，公考諱曉，字光曙，號靜庵，官至憲長。猛虎伏辜，莠民胥遠。玉坡嶽降，玉閨冰瑩。十歲摛文，二十冠英。總角能賦，書工銀鐵。達官宿儒，環稱二絕。即席矢詩，揮翰如飛。千家屏障，鸞翔鳳輝。四十造朝，對策丹墀。賜列上第，天子所揆。乃授黃扉，吏科司諫。居席未溫，責難陳善。欲屏嬖倖，進諸忠良。補天幾完，竄謫鬼方。厥謫伊何？新添馹丞[一]。職如抱關，責輕易勝。立朝三月，佩玦八春。髦士雲集，豹變蠖伸。聖皇御極，大明中天。乃懷忠貞，賜環以旋。命直兵闌，轉戶禁扃。大烹以養，甫及二齡。前後所上，四十封章。葵藿之心，頃日未央。唯邦有道，子危行言。成仁以終，不負所天。嗟嗟仁成，封章在茲。太宰著序，憲副梓之。念昔玉坡，同甲同窗。又同釋褐，知子頗詳。言覽遺書，泪殞如泉。爰題蕪辭，畀爾後賢。

【校記】

［一］"馹丞"，原漫漶不清，今據道光本補。

醉太平曲四首 壽渼陂先生。

和風颭柳，烟慶九九，壽年王平，張果效時。鮮老先生，笑頷揮毫，曾壓王堂，彥和壁翻。受青蠅點，桃花隨水，罷春妍看，南山霧捲。

薰風送午，涼進九九，壽觴蟠桃，紅映岳蓮。香老先生，燕享五樓[一]，脩出鼙飛，狀一般傾。陷却偷樣，漫天柳絮，亂飄揚充，南山蓋壤。

金風清爽，人喜九九，誕臨金盤，露釀菊華[二]。新老先生，燕飲玉堂，金馬廷英，俊鴻儒彥。士交接飲，一時昌曲，導環辰著，南山睡穩。

朔風動北，陂薦九九，壽羞梅花，香撲酎滑。柔老先生，旨否鼎餗，味識調和，透銓曹熟。試平均手，讒人難掩，濟時猷共，南山耐久。

【校記】

［一］"五"，道光本作"玉"。
［二］"露釀"，原漫漶不清，今據道光本補。

書半齋說

理少不達於學，而聞世有全人，心慕之而問於鄉大夫。大夫曰："學焉耳矣，學之綱有二：一曰通以會之于心，二曰能以措之于行。行其目有九：一曰儒，二曰吏，三曰佛，四曰老，五曰言，六曰貌，七曰技，八曰藝，九曰文。君子脩此九者，故全也。"理以為至言也。他日，直於先生，先生曰："夫誰以語子也？謬矣！謬矣！夫所謂儒者，何也？"曰："彼謂著述訓詁以淑人者也。吏者何？治人者也。彼謂精於法律者也。佛、老者何？所謂異端者也。彼謂不雜則不兼，不兼則不備也。言者何？身之章也，脩其辭之謂也。貌者何？威儀之謂也，欲其文之不可選也。技者何？能也，百工之事也，不雜不備之謂

【校記】

[一]"太",原誤作"大",今據道光本改。

跋文姬歸漢圖說

右《蔡琰歸漢圖》,乃光祿毅齋劉公家藏者也。有執節而導者,執旗而從者,其所謂"漢使迎我,四牡騑騑"者耶?中有女子抱兒馬上,復顧一兒泣,徘徊不進,此盖琰也。其所謂"泣抱胡兒,淚下沾衣"者耶?"一步一遠而足難移"者耶?傍有胡婦,抱兒馬上,兒跳擲欲墮,有不能離母叫號之狀,其所謂"頓而復起追持"者耶?前有乘馬女子三人,一顧琰母子,停馬而待,一遲遲行,一畏寒以兩袖籠耳,豈操遣女使迎琰因伴以起處者耶?畫有意態,與尋常出畫工手者不同,其果元人趙仲穆者所為,非贗本耶。夫畫之工,琰之事無足言矣。毅齋者,君子也,乃收而藏之,又索言於予,豈無謂哉?盖將以著其才之美而致惜也,節之失而昭鑒也,史之誤而宜正也,操之厚施得衆而極其強也,漢之昏弱而趨于亡也。何也?琰聽琴而知斷弦之音,受札而書胸中之籍。其《悲憤》、《胡笳》之作不求工,而工出昔文士之右,信美才矣。然其見知於人也,以是而其遺臭也。又以是焉,將焉用之?觀琰他日蓬首垢面泣救夫祀,情辭懇至,致座客驚嘆,操為憫惻,祀得不死,及辭吏侍書之事,其於倫理可謂篤厚,男女之別可謂嚴矣。然昧於一醮之義,至有三夫之歸,彼共姜《柏舟》之詩,共姬待姆之傳,豈其誦習而未熟耶?琰也如是。脩漢史者欲明其事,當并采其辭而載之,或附於邕傳之後,或別立閨秀一門,或紀於匈奴傳中,以見漢室之亂,雖縉紳之家不能相保,亦《詩》存"中谷有蓷"之義,奚為不可?乃不其然,為立列女一傳,而附於取義成仁諸女士之後,使後之觀者靡所勸戒,得無誤耶?操之為人,人知惡之,然一念朋友之情,至於千金不惜,贖一女子,其所以固結人心[一],得其死力者,良有在矣。當時使為漢主者,稍明大義,又得人以輔之,仁以發政,禮以馭臣,以漸攬政柄,操雖奸雄,當知戢矣。乃不其然,使琰沒於胡,彼得歸之,祀犯極刑,彼得生之,曰威曰福,皆自彼作而略無與焉,剝廬之凶,能無及乎?愚故曰:君子於是將以著琰才之美而致惜也,節之失而昭鑒也,史之誤而宜正也,操之厚施得衆而強也,漢之昏弱而趨於亡也。故君子之道輕才而重節,先經而後史,抑強臣而示之良,扶弱主而示之明,主明於上,臣良於下,而上下交焉,則室家相慶,

《茉苢》之詩作矣。若琰當斯時，必采蘋采藻以有事，且自賦矣。其有不幸者哉，其有不幸者哉！

【校記】

[一]"人"，原漫漶不清，今據本篇下文及道光本補。

乞建石渠先生祠堂

呈為崇德報功，以補助風化事。竊見前太子太保、吏部尚書、贈太師、諡端毅王公某以忠信剛毅之資，而充之以沉潛縝密之學，默識力行，罔事表暴，以多問寡，能問不能，不由隱怪，直趨平易，渾然之中，脉絡燦然，居若無為，動期莫禦。嘗謂學者讀書所以明夫道，而聖賢之道不過在于日用行事之間而已，初非遠于人也。若其所誦說者如彼，而所行却只在此，所言非所行，所行非所言，則不惟所行有不合於聖賢之道，而聖賢之道亦恐非其所言。某也則不然，必以所讀之書而施諸所履之行，即以所履之行而驗諸所讀之書，不必求道於聖賢而惟求之於吾心，如求之吾心而愜驗之吾行而安，則以為聖賢之道即此而在，否則未敢以為是也。"公之為學也，蓋如此。及夫出而佐理，其道彌光。起家理寺，獄推平反，出為郡守，撫宇稱能，晉長名藩，旬宣著績，逮持臺憲，朝野聞名，比歷部曹，宗社倚重。或總理漕河，或倅司邦賦，或內撫流民，或外安遠人，或出領戎機，或入參留務，或上兼宮保之任，或下行端揆之職，敭歷中外五十餘年。或賑饑而救荒，或平亂而弭盜，或舉直而措枉，奇勳異政，未易殫述。至如佐我列聖，補闕拾遺，闢邪翼正，禁姦保民，正色危言，罔避鈇鉞，奏草具存，至今讀之，令人毛寒，非徒批鱗逆耳，敢言當世所不敢言，而就事論事的當、剴切憂國愛君之誠溢於言表，君臣道合，諫行言聽，每收回天之功，有由然哉。逮夫歸田以來，不問生產，閉戶讀書，學益上達。易簀之夕，猶不釋卷，望道之心，死而後已。所著遺編，動盈篋笥，有《石渠意見》四卷、《拾遺》二卷、《玩易意見》一卷、詩文十卷、《歷代諫議錄》一百二十卷、《漕河通志》二十卷、《奏議》二十卷。居鄉恂恂，立朝蹇蹇，矜而不廉，簡而不傲，剛而不虐，和而不同，孤忠大節，當代罕儔，盛德高名，華夷均仰，誠昭代之大賢，而有光史編者也。故一時公卿大臣舉加崇讓，有或稱為皇明之正人者，有或贊為中流之砥柱者，有或目為社稷臣者，有或以為勇於聞善如子路、好學不倦如衛武公者，有或以為重厚若周勃、清儉若楊綰、峭直若韓休、剛果若寇準者，有或以為憂天下之志如范希文、濟天下之才如司馬君實、直諫如汲長孺、惠愛如鄭子產者，則公之為人，蓋可知已。乃於去歲五月一夕寢疾，星月交輝，忽焉晦冥，雷風大作，飛石折木。已而公逝，旋復開霽，則公之考終氣還，造化所關，非細視前世大聖大賢之歿之異若合符節。于時訃聞于朝，聖天子念惟累朝耆舊，德望素隆，不勝感悼，為之輟朝，特加增謚如左，遣官營葬致祭，郵典有加於公之功之德，良不負矣。生等竊惟古者鄉先生歿，則祀于社。又嘗讀祭法有云，聖王之制祭祀也，法施於民則祀之，以死勤事則祀之，以勞定國則祀之，能禦大災則祀之，能捍大患則祀之[一]。乃若公者，其為鄉之先生，無容議矣。而其學行之純之德之懿，海內人士爭相矜式，斯可謂法施於民。其自入官以來，所在著績，斯可謂以勞定國。其賑饑救荒、平亂除盜，與夫禁姦保民等勳，不可不謂之禦災捍患。況在國典，凡名宦鄉賢所在，並許立祠奉祀。若誠意劉公、潛谿宋公、忠宣黃公、文清薛公莫不有祠。近若公所推轂者，莆陽惠安彭公所銓註者，我關西在中李公輩，亦皆有祠。稽之古訓，既如彼考之聖典又如此，參之時賢之得祀者又如此，今以我公之功之德，歿已逾年，祠猶未立，於我鄉人後學之意，誠所未慰。矧昔公之在荊襄也，而荊人繪像以祀；在滇南也，而滇人立祠以祀。夫其生也，猶得以祀之於四方，而其歿也，顧不得祀之鄉祠，殆無是理。誠惟我後學小子之責無容諉者，緣係補助風化事，理未敢擅便。今來具呈，如蒙准呈，乞賜明文示下，本縣聽令。鄉人建造祠宇，每歲春秋得以祀公，以伸崇報之意。庶使後學君子有所瞻仰興起，其於國家激厲士風、化民成俗之助，不亦多哉！理合具呈，須至呈者[二]。

【校記】

[一]"捍"，原誤作"埠"，今據本篇下文及道光本改。
[二]"者"，疑為"省"之形訛。

谿田文集卷之七

長篇古風

五言類[一]

送李梧山[二]

梧老綏南甸，楓宸鮮百憂。履祥元自吉，勳烈幾人儔。翰院文如白，刑曹獄折由。人嫌矢直謫，神護火驚酋。南寇平随政，西戎叙憲猷。喪遭逆瑾仗，官免儗居浮。原憲貧非病，顏回道不憂。燕齊塵倚靜，滇海浪憑收。車去河南雨，節來江表秋。□鋒發屏翰[三]，擐甲視蜉蝣。諜繫轅門綆，賊摧幄幕籌。武皇乘駿逸，戎事比毛稠。謝傅棋聲靜，萊公博興幽。渠開白鄭利，澤遣楚吳周。司馬恩方渥[六]，還山駛莫留。潛尋黃菊賞，良逐赤松遊。廊廟白頭去，閭閻翠黛愁。江頭無限意，花外望仙舟。

【校記】

[一]"五言類"，道光本作"五七言古詩"。
[二]"送李梧山"，道光本此詩題後有一行小字："排律誤入古體。"
[三]"□"，原漫漶不清，道光本此字為墨丁。

送兵郎吳雲卿自滇郡徙處州太守

西方有吉士，敬業夙無愆。賓興初備服，已冠三秦賢。釋褐燕宗伯，僉擬玉堂仙。分符佐司馬，猶望持衡銓。入帷贊戎政，坐覺邊塵湔。迻擢群情拂，內徙倏夷然。如渳覃仁澤，知自窮民先。遲君萬里道，行行勿紆延。

送選部王副郎歸長洲慈闈奉侍

南陔久不作，髦士穀心長。北來見之子，所撰殊尋常。銓曹豈不要，陟屺心皇皇。將諗疏夕入，朝許還高堂。裝出潞河道，薦伸羅成行。茲歸介眉壽，朝野稱王祥。願言以此懷，化作忠肝腸。

送張黃門擢平陽太守

張子同年友，中剛外則溫。昔居青瑣闥，所白多至言。時令窺伺徒，知有君子存。今守平陽域，立政非無根。況值陶唐氏，遺民風俗敦。會從客讀書，獲聞令不煩。

送少方伯章調廣西

昨日泥滑滑，今辰雨不止。看君在□□[一]，如隔幾千里。知君如良玉，外璞中含美。鑑者或不識，翻用朱奪紫。檀車置有時，鼎膏豈常否。人情多怨尤，吾道原弗爾。詰朝別城隅，相期在敬履。遙遙遵長途，時寄平安紙。

【校記】

[一]"看君在□□"，此五字原漫漶不清，"看君在"三字據道光本補，"□□"二字道光本為墨丁。

送縣尉程公

虎豹源巖居，山隈藜藋昌。蛟龍潛重淵，遠水魚洋洋。時屬三輔窮，黔首巾偏黃。桓桓浮山傑，來我華池疆。受檄剪荊棘，當道驅豺狼。提戈方在郊，四境武已揚。月黑戶忘閉，犬睡花陰香。江漢湍宗海，鳧翼天門翔。攀留恨無力，引領心徒長。願言慎所之，僕御焉不藏。下土人調饑，早發白榆鄉。

題山陰府秋谿卷

露下天潢澄，鑑開人寰沐。潦盡灘石出，氣斂蛟龍伏。望望渺無際，汪汪渤澥漉。主人戒遊艇，臨深閉巖屋。停橈愛徐進，帆風重幾菽。崖菊耀金枝，嶼竹森蒼玉。風生虎嘯林，月出鳥鳴谷。洪纖時物錯，保和各自足。金颸動木末,筋骸頓清淑。往返了無事,琴餘展書讀。却看塵中人,兢利真蠻觸。

寄送戴中丞梁岡年丈還閩中

具員銓曹日,寅恭集同年。中有梁岡子,敏出閩哲先。簿書日多暇,文會邀時賢。左笑奕局捷,右贊雙陸嗚。俊逸才何似,絕壁石難緣。別來奄七載,晉如月弦圓。胡為賦歸與,蠅壁令人憐[一]。去國知安焉,會向雲衢旋。

【校記】

[一]"壁",道光本作"璧"。

步韻酬子業再去都下,別親知

昔在甲申歲,涉川誕即康。嗟茲弁髦質,幸逐群鷥翔。親賢自逸豫,惜此良辰長。聯床就三益,登樓忘其鄉。天胡不德予,聚散令無常。重來席未溫,忽別各天方。送君晉陽道,三酹祝茲行。盍思群居日,彼此休猜防。公餘即有為,胥懋期無疆。夜分或匪懈,榮名非所望。事變信叵測,安處良何傷。久要固如此,千秋願勿忘。

送黃太泉北還玉堂

憶昔龍飛初,識君白玉除。持莛扣霜鏞,響答曾無虛。未測襟懷內,深藏幾車書。大畜既如此,況復心如蘧。正宜應昌曲,誰遣離騷居。從君下閭闔,我亦明農澳[一]。奄乎二十載,重逢荷益余。君今勞夢卜,賜環承明廬。離間人長逝,清燕泂不疏。文德茲誕敷,武備當何如。送君龍江曲,意與東流俱。

【校記】

[一]"澳",道光本作"漁"。

南山一章,壽保釐西土傅公

節彼南山高,連天蟠宇宙。為霖良苗滋,飛霜稂莠榯。桑園鶪變音,麟域鳳將鷇。邇值正陽辰，節届降申候。藹藹周原人，踖踖疾奔走。爰陳不騫詩，清印并輿宿。

擬　古

曉發衡茅下，矢言待遠遊。驅馬周行去，寧從曲徑由。風露祇自知，村店少淹留。空山怪鳥啼，踽踽行且謀。珍重匣中劍，拂拭泉欲流。心急道愈遠，志健亦難休。諒彼南征人，薄暮相與儔。

感長別言贈洪府尹西淙還關中

山居飫芳聲，涉淮見墨迹。幸親覯古人，論交期莫逆。誰憶入石城，君乃臥床席。琴軒時一就，霹靂空懸壁。君今賦歸來，感予益自惜。平生鐘期心，而今邈難宅。更聞長別言，令人戀益劇。飛鴻漸雲衢，前途諒非窄。颶鳳自有食，鴟鼠焉足嚇。望君如鴻鳳，所向足夷懌。

江東遇青門張子，送還維揚

青門有良士，實我三川英。行年甫弱冠，鄉傳孝子名。時賢多新贈，詩計萬章盈。出門晚鴻漸，謂愜雲衢征。誰揆舉輒集，來盡圖南程。維揚郡非惡，幕賓擇亦精。況復守及佐，一時皆賢明。亨塞非所患，貴在心相傾。不聞虞書言，鬼神感至誠。觀玩同人易，笑取號咷生。

題《松下杖竹餐桃二翁圖》，壽衛輝張封君

相彼蓬萊松，遙隔東溟流。斧斤不可嚮，擬議誰能求。蒼蒼傲霜雪，千載為春秋。朝槿及夕菌，彭殤難同謀。嶽神獲其實，降種通津丘。冉冉歲月駛，丸丸雲表脩。金闕望梁棟，玉堂資楹桴。信哉廊廟績，付諸兒孫收。寥空寡徒侶，時接鷗鵬遊。尺天饒雨露，風晴多吟謳。唯伊杖龍客，超海餐桃儔。乘雲就遊衍，早晚作朋鳩。

寄贈宜君縣幕謫仙方伯芹山陳公

江東枇杷榮，得君旬宣書。華陽櫻桃熟，聞君縣幕居。湯谷生寒冰，申申

容貌舒。嗟嗟戎葵花，赤心老傾如。堯天晴景懸，容光照無餘。賜環在旦暮，促裝勿徐徐。

春日感懷自鮮，寄崔後渠

晨興經上林，有鳥悅春陽。和風送好音，交交互酬倡。感之思麗澤，振屐追前芳。前芳不可見，念我昔同堂。同堂復遠而，有曲誰為央。焚香理陳瑟，一調反再囊。逝者嗟莫彌，征邁期蘭香。蘭香諒無閒，仳離亦何傷[一]。

【校記】

[一]"仳"，原誤作"芘"，今據道光本改。

秋日，村中書事

萬里明如洗，千林暝色空。野外稀人迹，城中小徑通。鳥時入屋裏，菊自放籬東。過嶺隨樵子，臨灘遇釣翁。寒衣擣秋月，牧笛弄晚風。王室幸無事，閒居數過鴻。

題　扇

結茆青崖隈，地僻人迹罕。獨坐掩岑寂，主人芰荷短。遠山列畫屏，顏色分深淺。可愛綠映紅，花木眼前滿。更喜芭蕉葉，顛倒抽書卷。蒼苔亦自家，休教蒲輪碾。

題雪齋

北風合同雲，雨雪鳴屋瓦。富兒戀重裘，當爐仍尊斝。嗟彼杜門客，盡日白屋下。尋師朝典謨，尚友夕風雅。深造多自得，操觚閒揮灑。撰成陽春曲，高歌和彌寡。羅胸煥星斗，冰徑稀車馬。心迹謂天知，丹青已圖焉。

足秋雨轉成霖，選體為樊生口占

秋雨轉成霖，陰陰晝常晦。四野多嘉穀，浸淫就蕪穢。始知非為虐，今疑不是惠。茅檐達夜鳴[一]，似滴農夫淚。吾亦為國憂，中宵不能寐。願言祈彼蒼，護我公家稅。

【校記】

[一]"檜",原誤作"詹",今據道光本改。

足中秋徹夜雨,為李生口占

中秋徹夜雨,一雨旬日許。門外泛野群,庭畔喧蛙鼓。泥塗不可行,桂玉愁羈旅。田禾荐遭傷,國用將安取。丈夫為世憂,瑤琴塵不理。朱樓何處兒,羔酒酣歌舞。

寄明府初亭程先生

昔當正德初,公來宰我疆。十旌下寒素。德禮消豪強。鞭人三五蒲,禁令無或妨。公庭綠草蕪,開閣飄蘭香。家君時向耄,敎學雲岩藏。無何遽長逝,風木孤徒傷。勞公生賓燕,歿乃哭聲長。臨祖仍牢奠,步送色淒涼。緋路不知遠,增我丘園光。公陟內臺肅,所在飛嚴霜。服驄有逸步,儕輩悉奔忙。予時實承乏,薄書冡宰傍。公適贊臺長,協宰毆豺狼。豺狼生羽翼,搏噬窮善良。愚遠便潛匿,公邇難隄防。當臺裂繡服,遣戍鐵嶺場。遲遲十五載,方得還榆桑。戍中多著述,遼海俱輝惶。同謫諸英傑,十存一九亡。亡者不可作,存者裂肝腸。虜醜近南入,似蹈無人鄉。聖明恒仄席,推薦積封章。愚頃共廟薦,遲公登朝堂。衰老知止息,高明其奮揚。謨猷試抑省,具在猶未戕。方叔茲徵用,蠻狄看威襄。

送巡撫應臺傳公應詔入朝

庚戌仲秋辰,朔風來甸服。笳鳴羽林軍,馬食天厩菽。帝念傅岩賢,堪雪千古辱。爰自保釐疆,授以司馬祿。十月霜雪途,君征不待僕。行將視六師,鷹揚應武曲。將擇藥師才,車理偏箱轂。更求子江流,能飛火器屬。次延藝精師,教習短兵熟。技成演律師,縱橫如所欲。敵遠火器攻,鋒交短兵促。神機自遠發,炎噓那敢觸。飛槍偶爾出,胡焉措手足。敵圍從中擊,所向卵逢碌。虎賁萬夫齊,足夷獼狖族。凱還廟策勳,畫可麒麟續。應有鴻帛來,從天降草屋。

送友人之任

朝遊歷山陰，暮遊歷山陰。豈無他人者，之子知我心。曠埜參寥廓，涓滴滀海深。發迹向平田，何必躋遠岑。遠岑有時躋，而惟在酌斟。薰風泠然來，无忘太古音。愛彼山上雲，卷舒別晴陰。亦有岩間石，特立粹愈金。稅駕長松下，相看幾兩瘖。君今新拜命，弃我在故林。昔為檜與筠，今作商與參。離合諒不常，其能恝懷襟。問君何所適，駕言浙江潯。一官復何為，簿書諧且欽。在彼眉或顰，之子意不今。曰位豈為卑，而我或莫任。曉出辭丹陛，夕歸弗突黔。愧我乏旨蓄，獨贈故山琴。願子時一弄，佳趣想盍簪。還遣一心靜，從教庶事侵。此外那復知，饑食倦則衾。明朝憐我孤，莎雞鳴寒砧。

古風

秋風操送周白川調留都少司寇[一]

秋風兮薄林，雁南征兮蠻吟。有美碩人兮囊琴，望金陵兮駸駸。捲掄材兮春心，海襟將淑問兮欽欽。弼彝教兮其諶，其壬還九宵兮為霖。惜奄暌兮岨嶔，紛其來兮士林。載金莖兮頻斟，望清流兮遠岑。孔懷兮好音，亂別緒兮靡禁。

【校記】

[一]"秋風操送周白川調留都少司寇"，道光本此詩題後注有"騷體"兩小字。

將進酒[一]

將進酒，酒如潤花香撲撲，流鶯囀芳草，茸茸侵座軟，諸父良朋俱不遠。君不見，薤露朝易晞，蜉蝣不待晚，人生有酒不為樂，光陰不為閒人緩。又不見，醉鄉徒樂忘返，嵇康母死猶一斗，劉伶妻惡還一石，吏部何以振朝綱，艾子何以作師範。酒池牛飲竟何如，陷人德慚未盡善。豈如吉甫匡王國，有酒高堂孝友滿。大禹所以疏儀狄，周公有誥垂青簡。將進酒，酒可已，莫待東方明月起。

【校記】

[一]"將進酒"，道光本此詩題後有一行小字："十三首七古。"

折楊柳 贈金可卿。

折楊柳，折楊柳，銀船滿泛梨花酒。栗留紅樹不堪聽，美人馬上俄分首。十二樓中三千人，回頭滿眼空老醜。折楊柳，得對美人能幾久，天涯一字抵千金，何如亭上揮愁帚。折楊柳，美人顏色嬌且懰，我愛美人自古多，親曾記得誰與某。厥初美人陶姚家，姒子二家復不偶。西方美人琢玉章，膝下嬋媛雙瓊玖。泣麟美人益殊絕，混沌鑿來都未有。七雄以後美人稀，珠簾高掛空嫫母。瀍洛關閩有傾城，趙家閭闠增山斗。罕山美人晚膏沐，三晉聘婷實巨拇。愧我曾無好容顏，香奩幸托相親友。美人一朝棄我歸，麋鹿何處紛驚走。折楊柳，欲別不別重握手，幽懷難瀉懸河口。白衣翕歘成蒼狗，異日相逢何處所。

陌上桑

烈女不再醮，良馬無重鞍。妾家雖貧賤，貧賤妾所安。妾身雖勤苦，勤苦妾所甘。君家氣勢自莫攀，君家黃金自丘山。妾心比鐵鐵不如，妾心比冰冰不寒，妾頭不如妾心堅。

古　風

關山月

征人離家十年久，阿母來時已白首。戰士朝出暮不歸，老人暮死朝還走。塞上狼煙信音稀，兩地相猜有不有。交河秋高寒冰結，陰山六月恒積雪。擒賊豈怕皮肉皴，報國馬鞍常帶血。歸期未有心腸熱，明朝又是清明節。一聲胡笳何處發，黃昏愁見關山月。

送　別

南山青，北山赤，與君相交非一日。憐君才華人莫比，筆鋒倒瀉三峽水。別君來春復秋，憶君摳衣鳳凰樓。英雄反被功名誤，誰料才作闌陽簿。似君才華且如此，丈夫那可論平素。伯淳所以不辭溴陂行，晦庵所以躍馬同安路。別君去，不須悲，為君先脫紫綺裘，為君次觧黃金龜。金臺剩沽秋露醁，瑤琴寶瑟錦屏開。與君爛醉西風裏，富貴功名聽自來。

陽關引，送別

谿上垂楊垂着岸，紫騮馬嘶垂楊畔。金盤玉筋不能食，蜀琴趙瑟空長歎。空長歎，歌聲咽坐上。有客人中傑，腰間寶劍吐虹霓，懷裏明珠墮秋月，一朝携取遊帝闕。會看帝用照千里，會看帝用除妖孼。此珠此劍天下絕，明朝里閈嗟空虛。眼底誰能輕訣別，葡萄酒，蓮華甌，幾番欲舉仍淹留，未破心中悶，只添眉上愁。夜合花逐芙蓉開，先生今去幾時來？鳳城諒多皇華使，好帶平安音信回。八月秋高涼風起，階前黃葉落屋裏。悵望何須澧水蘭[一]，隔窗先聽芭蕉雨。

【校記】

[一]"蘭"，原誤作"闌"，今據道光本改。

別靳宗周

清谷堂前君別我，我親漬米君炊火。清谷河邊我送君，君執薄酒我執葷。把酒情偏怯，把手與君說。此時與君別，相逢何時節。龍橋洲畔日卓午，楊花滾滾如雪舞。征鞍西去九峻青，黃鸝枝上聲聲苦。

長別離，為耀州李學正作

長別離，別離苦已矣。吾父不復睹鞠育，恩深那可數。滄海非闊天非普，恨我讀書如畫虎。僅戴儒冠薄繫組，峨眉遙望東西塢。馬上迎來班衣舞，土門深處山如堵。松濤滿澗花香塢，薦紳往返日三五。葡萄滿甕傾鸚鵡，才擲黃金得幾縷。患在膏肓藥無補，淹淹忍見歸黃土。有子有子泣呼祖，有妻有妻為翁痡。恓惶慟我將何怙，嬰兒聲裏涕如雨。書到家鄉人應瞽，斷腸腸斷今作古。丹旐明朝西入岵，雞頭關外烏江浦。野猿隔岸啼成伻，劍閣一行胸一拊。長別離，別離難已矣。吾父不復看，令人聞之摧心肝。天長地久有時闌，眼中之淚不可乾。

奉壽菊莊溫封君

君不見，菊莊翁成都有莊，託菊叢秋來華放。種已別杯酒，時行雲錦中。酒酣却憶邊郎年，寸心比石石可遷，馬飽嘶風士飽嬉，彼饞碩鼠徒紛然。異日參藩歷溱洧，回頭二紀如流水。行露不沾早夜衣，人家半住棠陰裏。一朝即戎戎成擒，審釋却收良民瘼。道之不行官何為，仰天笑賦歸來吟。歸來種槐還種菊，鐘英愷悌原干祿。推封已涉少冢宰，故舊益親燕集熟。供具日炊菊水香，登臨慣試筋力強。杜甫谿頭林塘幽，君平簾內光陰長。重陽才過二伏時，計是菊翁初度期。此時菊莊菊正放，曦暉剛照天若私。橙子垂金楓林頰，西風薄美宜鱸羹。鶯花盡處幽芳發，松露零時山月明。憶昔姜公逢文王，翁今封拜年相當。星象忽驚太史奏，南極乙夜朝虛皇。烏帽鶴髮新有時，野服還綸巾恬養。直教容色潤行處，山輝水亦春。俸金年年充酒資，漢之兩疏真吾師。子雲投閣玄安在，李斯憶犬悲亦遲。笑矣乎，悲亦遲。將奚追，荒原高塚空纍纍。狄公亦向周室老，古今幾許豁雙眉。吁嗟乎！豁雙眉。英雄出世其然否，懷抱恬時應自知。

七桂謠_{鈞州李逸庵配得周嫗，誕子七人，半為縉紳，薦獲贈封，微言有作。}

君不見，潁川荀氏生八龍[一]，燕山五桂髣髴同。前史書之光簡冊，至今山水增深崇。又不見，鈞陽李老龍門裔，絳侯之孫擇作配。祚胤如荀少一龍，鐘英似竇多雙桂。一桂擎天天知尊，霜飛海岱肅乾坤。帝遣河汾訪堯舜，黃堂鼓舞平章民。二桂微垣化司中，秋官御史憑折衷。一朝參掌銀臺印，皇天耳目屬聰明。三桂入雲亦羽化，玉霄鴻漸官分夏。職方曾籌四裔師，宮車仍管六龍駕。自餘諸桂枝條嫩，勢欲凌雲爭尺寸。大者翼藩賓所依，小者出林香遠噴。七桂一叢四海稀，二人相視目生輝。闈里珠冠射霞珮，堂上荷衣換繡衣。清廟新成鴻恩溥，春光正照銀臺午。丹鳳啣書五雲來，滿堂燕喜還悲苦。孺人忽作太宜人，誰億封君是贈君。班衣膝下成佾舞，龍誥松前和淚焚。七孝從今競顯揚，歲看鳳鳥啣麻黃。雲鶴晝下集衣裳，扶掖聖主儕虞唐。元愷明明同其方，桂龍洵美焉足藏[二]。

【校記】

[一]"潁"，原誤作"穎"，今據道光本改。"八"，原誤作"入"，今據道光本改。

[二]"洵",原誤作"洵",今據道光本改。

蒲阪歌

君不見,昔虞舜居蒲阪,至今遺澤薰風遠。老嫗將孫掩面行,商人罷市出書卷。又不見,峨山居士樂唐虞,有時擊壤聊自娛。春風吹入蒲人耳,其人不愛玉與珠。客子良臣李虞卿,十年為客峨山中。峨山一朝動行色,山人戀戀如弟兄。弟兄往往索我語,我欲不語難硜硜。條山之下湖水饒,湖中可漁山可樵。他日湖山容我住,之子期來舞箾韶。

送高陵石學諭致仕還四川

君不見,銅山弄臣富莫比,行雪先生屨無底。又不見,秦相生殺隨其手,堯夫調燮憑杯酒。眼前富貴幾能康,賢人宇宙獨輝光。所以英雄別有撰,簞瓢陋巷樂無妨。錦川美人石子畫,六籍早向雞窗究。博物勤從漢注求,約言志出關閫右。展惠入官卑不羞,唐虞道在时歌謳。隴右東風送時雨,川分桃李爭妍稠。玉樓人去陽陵虛,之子西來皋比居。驅策群才未容倦,指室期底涇賢廬。分祿曾周貧儒葬,兼聯士女資其養。秋風偶動蓴羹思,歸來辭賦舟輕颺。我昔初官天曹裏,腐迂未識簪紱美。志違拂衣便啟行,徵時五仕還五已。看君行藏與我同,林泉此去知從容。漢宋迄今儒有述,相與折正休辭慵。棧閣西征牛女上,雲中袖拂星辰奕[一]。鴻雁來時好寄書,平安早慰人懸想。

【校記】

[一]"奕",道光本作"爽"。

金露篇,奉壽錢母王太孺人

金莖露何瀼瀼,大官採釀成瓊漿,人間酒醴失芬芳。錢君若水瀛洲仙,文華侍書承恩偏。尋常籛分斯邕出,上尊敕賜鴻臚宣。衆謂此尊介眉壽,天階拜舞歸遺母。母在高堂甫七旬,熊丸罷理宜滑滫。尊到明禪邀鄰嫗,香生閭里宣宮羽。繞膝孫曾舞袖翩,史家占說德星聚。嫗言姥是文中胄,內則服習元從幼。吾儕曾嗤學何為,豈知種範因兒收。玉罍飛兮金瓶空,霞裳輝映春顏紅。世間萬事隨和風,即今敷言綸綍同。代書知錄仙郎功,金莖應有千尊賜,謝壽慈闈歲呼嵩。

送友人之任[一]

蒲有河，鄭有華，吾朝而出遊兮，幸而與子同車。山有榛，隰有萩，吾暮而出遊兮，幸而與子同舟。子繽紛兮佩芳芷，遺予蘺兮江渚。江之渚兮杳煙，霧悵前途兮滋脩阻。黯窅窅兮愁人，羌班班兮馳騖。冀春花兮秋實，懼落英兮委露。予需子兮椒丘，子遲予兮蘭洲。或愆約兮不至，空相睇兮悠悠。月出兮皎潔，顧蒼溟兮光瑩。徹放桂棹兮皷蘭，枻望美人兮薄冰。雪葺霞室兮雲宇，樹玉芝兮瑤草。期與予兮長年，與美人兮偕老。余既與子兮成說，子胡為兮輕別。朝而足兮暮而羽，舉而諧兮鈞天帝。所遺余獨猶隔兮，美人。歲忽冉冉兮，壽考。彩鳳兮翩翩，虯車兮螭驂。仰視子兮莫及，濕予襟兮涕漣。

【校記】

[一]"送友人之任"，道光本此詩題後有："騷體"二小字。

谿田文集卷之八

七言長篇

南山謠 送東谷王子入覲。

南山冥冥入顥穹，下窺河伯湘娥宮。東風吹動千岩卉，早晚香撲三峨中。主人王喬我所羨，住來幾時絃歌遍。呂岩王平隻鶴集，郎吟往往驚雷電。嘆我無緣空有情，夢魂時赴行廚宴。清渭滔滔日東流，南山依舊白人頭。青冥望望鳧飛去，他日看山誰我留。

春日喜雪

二月春深雪皚皚，洞裏桃花開不開。呼童幾度階前掃，旋復沒我當窗草。黃鸝枝頭更不語，減我春色三分好。農父傳說麥抽節，此時亢陽子不結。掀髯笑詠把酒盞，任渠春色十分減。

春　思

東風二月深著力，桃李一夜皆春色。黃鸝隔窗啼一聲，令人屋裏坐不得。杏花村裏紫騮嘶，酒旗高掛綠楊枝。遊人半醉半醒時，緩轡垂鞭任所之。春郊何處不相宜，明朝亦欲出門去。愧我猶慚少杜詩。

春日，對花獨坐

春雪霏霏著地消，洞中妝出桃花嬌。東風楊柳擺折腰，黃鸝全不惜羽毛。我亦凭几洞門坐，山高下見遊人過。去年此時客帝京，今年此時住岩扃。明年此時知何處，嘆息人生等浮萍。此時有酒莫辭酌，明朝門外看花落。

賀石渠先生天恩存問詩

石渠翁初年號介庵，晚臥東軒時玩易。俯仰天人兩無慚，憶昔曳履上紫宸。滿朝指稱社稷臣，壽光劉公素不阿。特說國家百年餘，要知正人公一人。姓名豈獨聞童兒，九夷八蠻誰不知。歸田我曾侍几杖，却疑汪汪之陂人。莫窺二十年來瞻望頻，一團和氣只如春。漢朝祇憚汲長孺，伊洛誰識程伯淳。砥柱峰頭秋月明，為舟為霖都不驚。却向雞窗攻課業，時將邇言問書生。等閒聖學口不齒，口雖不言行則是。安成若匪邵堯夫，焉得如此無查滯。初春天氣早晨時，梅花半吐北窗枝。東風吹山入平地，誰遣遞鐘弦朱絲。正好調燮況眉壽，早歸爭奈讒人妬。讒人昔妬今安在，看公福履還如舊。去年九旬仍有奇，安否直教聖主思。遣使宣敕特存問，謂公合有謨猷裨。治公不辭方今官家富春秋，近要平章遠要柔。知公拜賜心懷憂，聖德直與堯舜侔。公當再壽一百週，重霑恩典睡齁齁。

雨餘，春望

東風嫋嫋雨初晴，啼鳥不住喚人行。洞門試出双眸䁩，東君幾時來駐旌。洞裏貪書殊失迎，川原秀麗怪未經。人家都住蓬與瀛，若箇丹青畫不成。彷彿却猜夢裏瞠，直下誰家紫翠層。疑有碧桃與紫荊，緣墻累木薜荔藤。雞犬不見但聞聲，門前著地楊柳冥。楊柳梢頭有啼鶯[一]，向隅一村清更清。松檜千章遮戶聽，一株不栽櫸與檉。嚴整如別甲乙丁，又如蕭何較法精。曹參代之不敢更，又如亞夫細柳營。貔貅百萬肅簪纓，向隅一村實可憎。村前村後綠水縈，水中漠漠鋪蒲菱。枕谿幾箇小茅亭，亭畔幽花敷茲榮。赤者如雪素如瓊，團樹花邊長亭亭。池塘聞說魚鱉腥，壁間想掛打魚罾。向隅一村更可憎，鑿岩為室柴為扃。院裏茅屋蓋幾楹，茅屋上頭山崢嶸。山頭文雉飛且鳴，狐兔相逐蹤復橫。桃花無數護門庭，人家恍在赤霞城。門前有水白如綾，水中流出落花英。人間誰謂非武陵，向遠諸村視不精。但見黑樹煙霧騰，描繪亦堪死丹青。平郊綠者秾蒼興，赤地相間綺縠生。誰家嬰兒脫彩綳，棄却袈裟何處僧。千官早朝錦繡明，東澗水從洞口經。水面飛浮有鳰鶄，沙上鳧鷗睡不驚。醒者刷羽或梳翎，鷺鷥不飛亦不鳴。窺魚有如守田丁，西澗水向東南頃。是名濁谷仍復清，白鳥紛紛布沙汀。岸隈漁郎欸乃聲，蓑衣短短不掩形。頭戴笠子大如棚，其釣維何若有爭。料應得魚釣不平，北山凸凹牧兒登。山頭相喚山底鷹，不逐羊群鬭草蓬。羊群入田喫蕪菁，主者築墙聲陝陝[二]。遙指怒詈氣甚獰，樵者誰子下峻嶒。肩頭柴擔弛還勝，後來二子柴擔輕。驅驢相和歌黃鶯，前者却行傾耳聽。田中人叱黃犢耕，誰家貧女拾菜莖。衣裳藍縷手托嬰，彼何人斯醉不醒。行來西歌仍東傾，道上罵人口不扃。忽然倒臥頭髼鬠，扶者不勝休其肱。南望群山列翠屏，近者色重遠者輕。南原堆者漢皇陵，昔日何如今榛荊。陵前涓涓渭與涇，誰謂其廣不容繩。乾坤浩浩天宇清，王道蕩蕩天下平。萬彙熙熙足飽瞠，極目傷神聊閉睛。洞門擡頭忽我驚，見一老父瞶又盲。菜色為面身鵠形，鶉衣千結絲相縈。云說我即是處氓，疇昔策肥更著輕。縱酒耽花非所營，五七年來家業傾。我身雖在等浮萍，身常如雪腹雷鳴。我聞此言雙涕零，邀來與共簞瓢饗，戚然登眺無復情。

【校記】

[一]"捎"，疑為"梢"之形訛。
[二]"墙"，原誤作"濇"，今據道光本改。

題管平田太常所藏《九老圖》

老夫朝訪平田翁，堂上隔簾見諸老。就中朱衣伸卷書，筆勢翩翩似行草。瞪目疑神用意深，意在筆前期大好。世間萬事那復知，得趣忘言覺自寶。左右三翁是誰某，或坐或立齊俯首。啜茗先生睨若癡，毫端共詫蛟龍走。回首何人笑欲顛，角巾幾墮扶兩手。携卷憖翁封盧胡，提筆罷書自嫌醜。長眉老子來何遲，離席鬋迎揖讓久。七箇廬兒環左右，操杖磨墨事咸妥。一箇擎盤一捧壺，一持簫跪吹爐火。兩見却立待主呼，無事有言戒倚跛。細看諸兒見主翁，氣象分明非瑣瑣。觀書情高舜與徒，善在取人何必我。方羨諸翁道相尚，忽驚松樹生堂上。兩株合鋪數畝陰，一幹孤撐幾十丈。曉霧不收龍倒垂，漫空疑落濤聲壯。天際雲頭見碧山，岩邊花外列青嶂。西看鷺嶺東蓬浪，萬里一程歸柱杖。到此良工信苦心，殆將造物為情況。吁嗟乎！耆英諸人世有無，有之吾與同疏放。

題金太常少卿春齋所藏張少卿允薦金筆
所畫《蘭桂帶杚圖》

步虛昨入南天門，微垣笑與金仙言。金仙坐我鬱儀下，几畔生生琪卉繁。

廣寒桂樹香撲撲，就視驚疑非草木。銑幹鏐枝世所無，騰輝迸彩奪人目。崇蘭秀發長庚側，叢叢盡是沉銀色。紫磨入眼光閃爍，花旋神悸看不得。金仙之友張子房，赤松相伴時尋芳。神筆妙奪天工巧，仙物却在仙人莊。仙物仙圖兩相向，乍見誰識物圖樣。我亦呆看杳難分，但覺身在諸仙行。看圖學種法先授，九畹千株期爭茂。青山誓對黃離光，紅塵無夢僕僕驟。君不見，月桂庚蘭不易植，傍看却苴黃金棘。造物含宏良莫測，裁成君子盍庸力。

寄康德涵

架上荼蘼堆白雪，門前緋桃潑紅血。楊柳搖金鶯亂啼，海棠風吹黎花月。美人一別音容杳，春光滿眼空懊惱。良夜迢迢蝶夢醒，子規啼殺天難曉。忽憶去年八月裏，經塔寺前祠堂底。約我當秋攀桂回，明時共作蒼生雨。誰料凡鳥鷟先傷，芙蓉亦羞桃李場。遂令天荒盟亦寒，抵今參商空斷腸。曲水流觴蘭亭樂，常記子正符兄約。子正尚玉曾有此約。塵鞅倥傯難擺脫，翻嫌天地寧馨潤。近聞歲寒諸君子，文辭倒謝三峽水。案上風雲日益積，愧余寡陋奚足齒。天地無窮日月長，回看來歲又槐黃。大鵬已老摶風翮，羊角九萬準翱翔。但慚斥鷃非匹儔，東隅既逝猶可羞。惟有此心堅似鐵，還期泰獄與同遊。

贈熊必說自陝如楚

曾聞贈行率以柳，弱柳青青胡能久。曾聞贈行率以金，黃金難將貧者心。曾率贈行率以詩[一]，詞詩巧弄風雲姿。曾率贈行率以淚，淚灑陽關兒女態。君今荊襄去，我向長安送。不可不贈無可贈，家有鐵面尚書公。更有宣城毛刺史，玄香太守松滋侯。褚國剡州知白子，願言把以贈君行。蟾蜍錯刀何足齒，堪比登雲梯，致身霄漢如登蹺。堪比五色線，補袞強於錦繡段。堪比從龍雲黔，有時能沛蒼生霖。堪以參廖廓，用之可述亦可作。君不見，春秋闕里泣麟翁，用著六經垂無窮。又不見，濂洛關閩數姝子，繼往開來多以此。別後切毋泛交人，定須四子長相親。別後交朋擇可否，還須四子為執友。衣絲食粲稍閒暇，惜金秉燭同居守。休將勢利間交情，勿以聲色成掣肘。明窗時擬結金蘭，靜室詎宜輕分手。直到秋水真不足，望洋太山端底成。培塿我用表深情，君用圖不朽。

【校記】

[一]"曾率"，在道光本本篇詩中，此二字均作"曾聞"。

贈慶陽太守 代王年兄作。

霜林醉瘦秦川晚，籬菊弄色搖金盞。慶陽使君思蓴羹，轍下紛紛黃白滿。我為使君歌犬睡，花陰民袴多秀句[一]。時聞松下哦，我為使君悲。懷抱忍將赤子違，他日飢寒當告誰。有琴為君攜，有鶴為君籠。琴鶴一別何由逢，行藏長在吾目中。請君再盡陽關酒，攀留無耐脫人手。準擬歸息棠樹陰，不須浪贈長亭柳。紅塵駐看小車行，為敉羊腸第一程。征鞍回首載愁去，一路寒蛩空泣聲。

【校記】

[一]"句"，原誤作"旬"，今據道光本改。

汾水辭 代人壽絳州薛蔓德延。

汾水北來西入河，其曲其訥山嵯峨。咸陽有州古名絳，鐘生賢俊從來多。昔年汾澍賡歌起，人家先在平章裏。五伯興時唐風微，老人猶動麟經紀。吾師泰介陶公厚，皇明一代推山斗。印友汾亭肖若翁，忠貞報國亦不朽。薛卿德延奚仲裔，陶門韓宅結兄弟。四海一生足迹周，三原住久如別第。早從恭介學稽古，暇偕印友臨石皷。韓守不耽蟲鳥文，書窗共取絲桐撫。四繡巖龕水雲深，雲中鳥道難捫尋。德延覓送陶韓書，飛緣絕壁來攜琴。攜琴岳泉手自澣，足臨隴斷却羞懶。流水高山貪暢懷，年光忽屆六旬滿。陶韓諸君數伻鴻，徵詩要壽攜琴翁。我識斯翁頃亦熟，不辭賦咏嫌非工。君不見，相門如沸賓客多，一朝時去堪張羅。此翁布衣勢如杕，君胡始終相寅和[一]。汾曲山前山卉芳，襄陵酒賽金華香。幅巾野服散仙集，吠鳴昔比權門觴。

【校記】

[一]"君胡始終"，原漫漶不清，今據道光本補。

台山高 送侍御李公自河東還內臺。

台山高兮仰彌高，上接翼軫薄青霄。下臨湖海三峽濤，地靈昭代鐘人豪。長途任重輕如毛，割雞沛縣操牛刀。饑年寒日無啼嗷，至今時宰啜其糟。乘驄衣豸臨中條，霍山嵩華齊驚搖。薰風吹海苗瓊瑤，晉秦豫士拽車艘[一]。惟膏藜藿均和調，行驅旱魃雨隨軺。歲無凍餒興歌謠，民鄰公所心如焦。別厫攸居各安巢，行臺冰靜絕紛嚻。門堂室序堪圖描，別亭離館安群僚。後明相繼思勳勞，先賢扶漢忠烈昭。正氣充塞乾坤饒，神為霆震除山魈。護儂中夏貊蠻撓，鼎新廟貌翬棘喬。民安神妥儲無耗，境有遺賢飛干旄。講學論政忘昏朝，學舍增葺育時髦，吉人藹藹扶神堯[二]。瓜時旋駕聽蕭韶，攀轅遮道人泣號。願公自玉憫吾曹，驄來還憩甘棠郊。

【校記】

[一]"拽"，原誤作"桟"，今據道光本改。
[二]"藹藹"，原脫一"藹"字，今據道光本補。

送張士元赴會試_{因致問平川先生。}

北風漸漸吹栗冽，園林疏疏木脫葉。赤亭道口客嘆息，昇仙橋邊人去捷。紫騮暫繫垂楊下，郵亭祖餞紛車駕。羨君蚤斫秋桂枝，寶劍腰間光照夜。平川先生別來久，因君為問平安否。彌縫事業復何如[一]，若訊匪才云腐朽[二]。方今四海混書車，英髦都收帝王家。況君席珍尤無瑕，青雲得路信不賒。此別風月誰共賞，江湖夜雨應思想。明年知君是大吳，林泉竚聽春雷響。

【校記】

[一]"彌"，原誤作"緬"，今據道光本改。
[二]"訊"，道光本作"訊"。

送趙宗魯生子

吾邑何在清豁谷，緬想先賢多香躅。滔滔今見士習別，执袂披肩時胥觳。幼而不學有餘師，豈伊自戕且人讟。登天之基付燎毛，多少華屋更破屋。卓哉吾友我獨知，金吾之孫隱君鞠。從來力學元自好，況復天資本質木。莊雅不徒鄉黨愛，忠告時聞我實服。此後此學諒無倦，乃翁乃父尚奚媰。年垂三九未有出，世寡兄弟正愁卜。正德二載孟春月，深閨忽產荊山玉。提保豈徒君家喜，頌禱偏教親舊親。婉孌眼看誦書史，鵠雛不類梟鷟鵂。好脩還遵先烈矩，繼述不作前人惡。此日與君應未老，一尊時對峨山麓。

慈烏吟

有鳥有鳥名慈烏，夜夜啼我屋南陬，靜聽似是失母雛。一更啼上山月孤，二更人靜悲轉紆，三更四更尚云可，五更那忍聲鳴鳴。黃昏孤兒聞一聲，破曉血淚及百壺。嗟哉為物尚如此，況是人兮天壤徒。河陽潘公性純孝，童年行與黃香符。霜風一夜靈椿摧，慈竹堂前相繼枯。天荒地老恨無極，二十五月隙中駒。千回百轉愁腸結，泣盡継以時賢咻。發自金陵來蒲坂，蒲坂主人我田蘇。託我續貂意勤懇，嗟我亦嘗內艱荼。九泉恨不侍親側，聞君此意倍增痛。人生不幸有如此，飲泣為作慈烏辭。

來雁行，題顧中書亨卷

今代何人善楷書，都下新稱顧來雁。為問茲名何所因，答云事紀甘泉卷。維時吾皇正右文，天葩時敷南薰殿。侍書儒臣集若林，臣亨揮灑獨稱善。穿碑礱成載典謨，直卿雄秀公權健。鐵畫銀鉤睿藻輝。龍翔鳳翥天言羨，是日肅肅陽鳥來。層霄直下君庭院，馴狎不殊棲杙雞。依人還似巢梁燕，占者會云吉有祥。倏看之子膺天眷，明日書銜御筆題。中官捧出交邦彥，邦彥為龍喜欲狂，講臣學士色驚變。君不見，陵川郝氏如梁汴，蹼足書收忠節傳。又不見，風山卦象卑高辨，仕路升沉列貴賤。咄爾忠勤主已知，從容鴻漸勞誰薦。又不見，候雁不來來早宴，遠人向背明如電。適子承恩此投栖，萬方來賀徵邦奠。願君葵心傾無轉，執業臨池那有倦[一]。元宋焉酬尚友情，東京直與中郎面。西苑南城宸翰多，商彝周鼎憑渠遍。

【校記】

[一]"執業臨池那"，原漫漶不清，今據道光本補。

別高一主簿

易別北行風颺颺，玉泉山陽路縈迴。我向幽州訪古迹，牧兒為指黃金臺。金臺蕪沒半崩壞，嘆息古人今不在。昭王當日重郭隗，門外明朝樂毅來。夜來臺上拜賢佐，明朝袖手敵國破。臺上芃芃青草多，國中忽聞擊筑歌。人悲昭王不可作，我道金臺宜蕪沒。不禮真儒禮武夫，無乃方寸未開廓。所以事業不足驚，兩世之後社稷傾。我向臺邊送客行，回颷吹雨狐狸鳴。臺上弗留孟軻迹，登臨何以慰我情。方今聖主卿真儒，似君豪俊盡羅漁。笑我未是知務徒，碌碌空讀萬卷書。征雁嗷嗷依遠沙，撩人情緒亂如麻。送君遠去作循吏，煙雨金臺聽暮鴉。

巀嶭山行[一]

清谷之西冶谷東，有山曰巀嶭。冥冥上與青天通，大山之腹小山起，爭高不及亦磨空[二]。重山之間有石穴，縈巒絡麓蜂房同。萬轉千盤磴緣壁，十陟九返岡入穽。稚子峰頭聊投石，千夫喪氣凋顏紅。此山此穴盜曾據，如虎憑隅鯨得潨。東搜韓魏車西索，巴蜀胴殺人如刈。原隰蓬猛將提兵，幾深入押奎歷壁。羞無功，寅卯之年茲醜橫，白晝通都飲椎幢，關輔十年希蓋藏，公私遭此益貧窮。有客當官朝陳辭，日中元喪啼兒翁。鄉鄰守望或宣力，呼名嚇走完其躬。無論同堂從翁父，仇即肢節投諸衕。里黨翻令轉親密，經過釃酒張筵𦯔。稍遠人家夜無寐，屋為床榻腰刀弓。壬辰節鎮王公至，安民有道先除戎。提兵陰授錢宰策，揮戈仍託程尉忠。犄角勢成師出律，上兵未戰先謀攻。初昏銜枚四山入，雞鳴分布貔貅終。我山我谿非彼有，罦羅密布翼難翀。豈無屬戚與鄰里，悉予牙爪及睛瞳。此賊昔嘗偽樵牧，負乘充商妝僕僮。或伏絕壁猿猱窟，日斜餉婦潛捫葖。我目四明疇能蔽，遭予爪士如拾茙。三日獵山淨豺虎，一朝俘獻悅宸衷。屋屋無人歸枕奠，寸寸有犬眠如羌。壯士爭釋佩犢貴，佳人笑采苤苊。田家酒熟鼓逢逢，凶年相慶渾如豐。一方用士且如此，況復廊廟驅羆熊。即今聖主羅群雄，任賢重見勳華風。四海行看戶不閉，樂奏騶虞歌五豵。

【校記】

[一]"嶭"，本篇詩題和正文中均誤作"巢"，今據道光本改。
[二]"磨"，道光本作"摩"。

條山行

條山東入蒼溟裏，尾歸無極見頭起。頭起摩空黃河湄，根連太華伏濁水。太行峰接日月宮，王屋洞與蓬萊通。萬里巉岩狀難寫，或言天地脊梁同。雲岑似鳥飛還住，羽客如麻時相遇。中有髯翁號聃翁，群仙行坐獨尊異。聃翁昔入紫微垣，玉皇許暫充納言。列宿非翁那敢見，幽谷却借天日暄。茲翁變化良非假，朝尹神州夕司馬。春官為龍返銀臺，萬神日領隨鳴啞。天狼忽傍天樞明，張弧欲射愁天驚。日穀時看扶魑魅，葵心傾阻千鐘輕。青牛駕出勾陳傍，祥呈紫氣霄增光。關尹遙迎駐颷馭，翠微聽語玄言長。玄言時將道德播，忽數流光八旬過。人間萬事付兒孫，山中別有乾坤大。初度筵隨元日開，仙郎紛自玉宸來。舞筵休問春深淺，千度蟠桃着花才。

鴻山行，寅友伍君鎧號鴻山

鴻山翠出南斗傍，秀壓三閩磨穹蒼。雷雨時興妖魅絕，唯有威鳳和雲翔。鳳翔愛與麒麟伍，曾上虞廷應韶舞。帝憐潮陽民阻艱，特遣銜書拯其苦。潮陽才集蒼生歡，赤兒依母忘飢寒。何物青蠅點白璧，生教母子拆離難。浮雲尋散天日揭，孤矢却射狼星滅。韶簫還召鴻山鳳，鬼蜮潛踪海寧潔。

婺源行，贈張淶水全秋古德卿

婺源自古出賢良，立德立言垂休芳。皇明有人號秋古，一片心如江水長。負笈曾遊吾友門，立雪踏冰覺春溫。賓興南宮稍蹭蹬，開來卻坐皋比尊。奎光遙應昌曲明，文場迭聘專權衡。所經題品人生翼，聯翩飛上朝岡鳴。弟子昇騰師從政，帝遣淶邑司民命。琴罷桑田問所瘼，弦歌境起風塵靜。陽陵趙生頻子訴，涇川學士昔雲霧。身後陳徒半許行，唯有秋賢心似故。君不見，江河之流雲漢長，蹄涔水激尋尺央。婺源時賢有秋古，後覆誰謂不前覆。

燕歌行

秋風凄凄木葉黃，秋月瑩瑩滿地霜。蟋蟀叫我砧杵傍，丈夫為國戍朔方。人生不如鴛與鴦，塞上秋來南雁翔。征人仰看懷故鄉，故鄉父母誰與將[一]。念我從軍在與亡，胡騎奈何羶我疆。吾君寤寐憂不忘，君憂能為君分恙。和淚與君縫衣裳。

【校記】

[一]"故鄉父母誰"，原漫漶不清，今據道光本補。

谹田文集卷之九

五言绝句

雪屏十五首，為考功寅友趙子題

其一
大理郡城中，西看山峻起。城市人家幽，青來窗戶裏。

其二
西山望不極，景色異昏曉。行客展丹青，十程猶未了。

其三
大理西山秀，厥名號點蒼。中峰出異石，白質黑文章。

其四
點蒼十九峰，獨有中峰尊。左右諸峰列，伏如兒與孫。

其五
中峰不可上，夏雪仍熒熒。下有玉人居，顏齋號雪屏。

其六
雪屏左右峰，齋瀉銀河低。落地成流川，名為十八谿。

其七
谿合自龍首，出從龍尾艱。重關暴客絕，人始樂谿山。

其八
谿匯點蒼下，中涵島嶼多。浩浩如滄海，是名為洱河。

其九
河曲多村落，村村異卉繁。遊人行且問，是否桃花源。

其十
谿上春峰淡，良工畫不如。屏雪驚人眼，瞻依競卜居。

其十一
谿蓮映日紅，峰頭鳥下浴。但見中峰人，閑傍蓮濯足。

其十二
炎日爍金流，納涼人擇渚。唯有屏間雪，耐寒復耐暑。

其十三
中峰顯造化，霖雨蘇多方。秋風期皓首[一]，扇播黃花香。

其十四
雪屏不可階，白賁誰能測。唯有歲寒時，真純出本色。

其十五
仁人樂在山，知樂川潺湲。君子諒聞道，寄情於兩間。

【校記】

[一]"皓"，原誤作"浩"，今據道光本改。

送大理兩曲王子擢河南僉憲四首

吳地愁將母，秦雲望斷腸。遷官鄰雍土，迎養慰王樣。
檄典中州憲，客來南國傳。竊窺君茹菜，日費二文錢。
御史明如鑑，秋官湛若池。獄歸君子折，輕重始無私。
純孝關西客，公廉世所知。今持中土憲，焉往不攸宜。

府尊胡公陞臬司憲副，提刑握兵甘肅奉送一首。

孔蓋臨京兆，鳳弹豸角冠。鳩隨淑氣化，猶畏霜風寒。

捲簾

隔簾山色好，捲簾山色真。忽愛簾初捲，山色雨後新。

月下獨行

手倦書齋鎖，夜長人盡臥。空庭得伴稀，天地月明我。

五言律詩

和霍宰中秋對月十首

入宵看碧落，滿目吐銀蟾[一]。雁字邈猶識，烏啼久不眠。代明誰見聖，坦道我登仙。為愛鳴琴宰，柏焚子夜煙。

把酒邀明月，揚輝正仲秋。遙臨臺沼上，徐與冠童遊。俯仰得新樂，行藏憶舊羞。放言令是未，聊和浴沂謳。

雨後中秋月，天清真倍明。賓朋皆自樂，魚鳥亦人情。星沼潛難定，風林睡自輕。却思同志客，千里久寒盟。

今夜家家月，清光滿碧霄。昔人曾燕集，我輩亦賓僚。流景傷難駐，良朋恨獨遙。相逢莫憚醉，風色漸蕭條。

望夜月偏白，中秋人廢眠。池星疏點漢，花露密侵筵。垢盡真通道，川同豈是禪。誰觀盈滿像，時玩地山篇。

不識金雞曉，仍看玉兔新。詩成君劇樂，賞逼我驚神。吾道今誰寄，斯文代有人。良時亦遣興，流景未須頻。

愛月同諸子，開尊及仲秋。嗤予觀物拙，念爾聚星稠。鳴鶴巡筵舞，吟螢與客謳。登臨各自適，不比仲宣樓。

天上月無憾，人間酒合歡。琴來聽友弄，詩就倚樓看。池鳥踏星宿，荷珠簇露盤。茲遊良有得，竟夕少爭端。

今夕宵中月，晴天分外明。能通賢哲志，亦暢古今情。梁上無人在，城頭空柝鳴。因思君子惠，尊酒欲持傾。

南漢列虛宿，東林滿月華。空庭見落葉，疏樹起鳴鴉。露竹光堪摘，風花影易斜。龍泉何處在，埋沒氣如霞。

【校記】

［一］"吐"，原誤作"土"，今據道光本改。

惠濟寺，與九川參政、涇野太史會宿，後對山太史尋訪宿處有作，奉和

野寺曾遊地，高軒此日過。山僧迎徑竹，砌鳥上煙蘿。境靜諸塵息，心清萬事那。經行聊榻處，應問客如何。

步韻奉酬對山

訪舊秋將老，盍簪興自長。星乎相會聚，月乃假輝光。吟撼三川動，情如點浴狂。看君真有道，不比漢京房。

中秋日，滸西訪對山

為念平生友，西來一見之。論文及六籍，取善更多師。翻舞清秋節，尊傾白雪辭。相親貪受益，忘却鬢蓬絲。

秋日，訪楊南里年丈

不見楊夫子，涉涇至渭將。迎賓輿出郭，設燕士刲羊。正值中秋月，連傾子夜觴。知君元好道，垂白語蘭香。

同涇野讀白沙詩，次韻

有客同良夜，青燈檢白沙。刪後新成調，筆端細著花。芬香羹氣味，汨沒野人家。爛醉高歌裏，非關泛盞霞。

邊　報

昨夜聞邊報，憂除喜欲狂。將軍一出塞，醜類走群羊。禹貢烟塵息，堯天日月長。書生無與力，俛首拜旻蒼。

秋 雨

秋雨墜銀絲，檐前滴復傾。山峰看不見，渚陂坐來平。鄰舍乞薪米，行人阻去程。師在太行路，關山無限情。

秋 感

王事今何如，久無信息通。飄風摘敗葉，細雨響疏桐。衰老連天草，悲泣遶砌蛩。夜睡恰才看[一]，哀鴻聒耳聾。

【校記】

[一]"看"，道光本作"著"。

涉 渭

清秋涉渭涯，清渭正漣漪。水底覺天動，舟中見地移。向空排雁字，當鏡躍魚兒。不敢言涇濁，防人說是非。

曲沃道中

五夜衾如鐵，征夫又早催。霜凝鬢作雪，風過耳成雷。道路人難合，塵沙眼可開。別家六百里，憶殺得書來。

憶劉子脩

柳條一度折，蕖葉幾回新。詩句錯知我，文章不讓人。鶯囀峴山頂，花香清谷瀕。應有好懷在，歸來許共論。

吊大司成王順厓居憂二首

夫子瀛洲傑，平生滿腹憂。牛弘心友弼，李密色承劉。銓部昔乘暇，遺經共講求。別來蘭臭在，相憶夢偏稠。

蘭室容儂坐，雪舟入夢頻。聽琴如昨日，麗澤更何辰。祥孝艱多歷，密情表未陳。虛舟橫野渡，甚日濟斯人。

送高蘇門擢山西大參之任

高子中州傑，文章擅大家。鯨魚今掣海，鸞鳳舊群鴉。征邁心猶狀，盤紆路不嗟。干旄忽趙魏，方俗定勳華。

邊處士幽居

曉度清河曲，春臨居士家。庭軒皆竹木，城市亦烟霞。琴斷鸞還續，荊萎雨復花。功名慵似我，欣就話桑麻。

送孟僉憲還湖南

天上拾遺客_{僉憲先為兵科給事中}，湖南衣豸行。手曾扶造化，身正繫綱常。華屋容人住_{僉憲京師有房嘗借居}，荒村憶節光_{出使關中日嘗造村居}。乾坤浮水國，民物看舟航。

送張侯三載考績

玉堂天上客，白雪郢中吟。將鶴來三谷，停驂弄一琴。村厖入夜靜，庭草信春深。奏績人多恤，離筵酒細斟。

送上川洪子承致政還歙

何處旁行得，津頭路不平。青山回首望，素日少人爭。俯仰愜吾意，登臨盡物情。醉和峰月臥，誰復聽雞鳴。

送錐司諫拜四川僉憲

六月炎燠毒，連雲蜀道難。聽琴之子去，有曲向誰彈。榻畔戎方蠢，懷中兒未安。平生經濟志，今日為君殫。

送順天尹王玉泉謫福建大參

河邊宵待漏，門下日聯班。習倚葭邊玉，深知地下山。孫膚今日事，猗較舊時顏。韶樂懸宮合，來儀看鳳還。

送郭二簿半山以行還安陽

郭簿汾陽裔，田廬尚華州。雁行曾麗澤，星聚幾同遊。枳畔栖鵷穩，客邊笑燕稠。看君非管器，繩武志應酬。

送任繼周之裕州幕賓

念子已髦鬖，謁予總角才。明經奪父志，折桂負兄才。入幕安增重，為賓嘉莫猜。參謀登眺處，應不愧銜杯。

挽八十四丈胡封君

耋壽三陽老，仍將六籍尋。開來曾有績，造物本無心。膝下棠難剪，階前雪易禁。山頹歌亂日，地動起哀吟。

壽對山姊張母

車門何處是，翠棘渭西城。堂上一萱茂，階前五桂榮。舞侑金莖露，歌添烏髮羹。曹家兄弟在，不說謝王庭。

九月四日，壽苟學諭

佳節重陽近，新秋上壽端。尊開菊放日，春借杏花壇。多士心先醉，六經道未闌。看君饒富貴，誰謂坐氈寒。

賀脩武龐義士耋壽

覃懷龐處士，種德久埋名。子肖施舟麥，妻從鮮佩珩。八旬鳩在杖，偕老爵同擎。膝下看麟鳳，層層舞隊明。

送鄖陽驛孫宰之任

三路設關域，朋尊送客行。星馳龍臥處，馬繫鹿門莊。莅事無多囑，宅心在一臧。雲衢舒老眼，為看邁言長。

都下送徐判簿行還羅山

彼沃羅山邑，申邦美莫京。士勤業總易，女靜葛偏精。橙樹村村黑，池塘處處明。君歸聊案牘，應和宓琴清[一]。

【校記】

[一]"宓"，道光本作"虑"。

題惠果寺僧方丈

涇陽惠果寺，傳是符堅宮。世代幾多易，人情有所崇。樹接蓮峰雪，花滋鄭國洪。幽齋無事客，焚柏弄焦桐。

題觀音寺八袠老僧方丈

曾借禪房住，知君無是非。參時同上殿，齋罷獨關扉。開卷輒三藏，栽松已十圍。相看雖異術，機事却同違。

谿田文集卷之十

七言絕句

平川書院十詠

攷經堂
攷經堂上惜分陰，費却絕編一片心。屈指良朋三五輩，杏花紅後到于今。

弘道堂
道兼費隱大無垠，列聖能弘迥出群。竊恐此身弘不得，還將張主付天君。

清風軒
軒外清風掠地來，綻紅舒綠拂塵埃。年年落葉堆門合，賴有竹梢掃得開[一]。

明月庵
一庵小構在煙霞，入夜月明趣倍加。絃誦聲高宿鳥定，一池水浸四時花。

清谷草堂
蕭然茅屋枕清流，道眼時看一帶秋。坐穩綠陰閒裏趣，雙雙飛過鏡中鷗。

崟峩山房
結廬山下倚崟峩，雨後晨初看碧螺。峰帶殘陽村落晚，絃歌歇處聽樵歌。

凝墨池
池邊龍尾洗松烟，池面墨雲覆碧天。竊擬一朝雷雨作，沛然沾漑足千川。

詩亭春光
亭前手種四時花，春事無端詩思奢。秋去冬來疑冷落，春光又早在梅華。

檜林夜誦

種檜成林作怒濤，風停夜靜書聲高。青藜然火夾林起，疑是星河落九霄。

楸巷夏絃

滿巷楸陰罷講餘，聞蟬三弄足歡娛。南風一陣精神爽，不必乘涼向舞雩。

【校記】

[一]"梢"，原誤作"稍"，今據道光本改。

送平川先生入朝十離詩

雲離山

濯然素練掛巖巃，時鮮從龍飛上空。眼底升天留不住，會看雷雨遍寰中。

水離泉

一派活波滾滾傾，滿潭竹葉照人清。沿流處處沾膏澤，到海鹽仍和鼎羹。

鳳離梧

五彩文身衆眼明，九苞德備舊馳聲。丹山飛到虞廷上，頓覺人間是太平。

鶚離籠

拳老瞳明力更加，百禽曾不共生涯。雲霄此去應難肯，些小功勞報主家。

鳥離巢

慈禽何事出雲林，想是潛懷反哺心。臨舉啞啞飛不去，鳥中誠矣有曾參。

田離主

看看嘉穀長來高，指日明堂伴太牢。何事主人拋棄得，滿田從此茂蓬蒿。

瞽離相

有杖無眸未解扶，多虧岩電引前途。于今跬步皆坑陷，何日摩拖到大都。

兒離母

膝前提抱盡朝歡，乳裏離懷半步難。鄰嫗縱然相照顧，萱堂寂寞淚闌干。

女離姆

女紅指教荷多方，昨日猶傳婦道詳。窈窕行藏何處也，燕飛時節斷人腸。

僧離師
門掩落花春色深,別師出寺悶難任。傳來衣缽誰收拾,肩上一條擔子沉。

夾江覽騰圖二十首

其一 二友就次
山館松林鳥徑通,千巖萬豁入雙瞳[一]。却看宣聖師常在,不出同行兩伴中。

其二 崇山觀樵
萬仞山頭斧得薪,穿雲入霧濕衣巾。他山君子遙相識,不是塵中壟斷人。

其三 登山尋訪
登登鳥道緣雲上,色色花香隔岫噴。中有幽人知客意,特教童子候開門。

其四 隔澗眺望
碧岑登罷出雲庵,閒立芝坪望別龕。無限新詩圖畫裏,煙霞踏遍未為貪。

其五 岩頭觀瀾
孔子登山小四夷,觀瀾仍歎逝如斯。道人不識公侯貴,但坐峰頭效仲尼。

其六 空山寺觀
山頂飛樓樓下山,山根如海碧濤環。道人不在山虛寂,風月一時閒復閒。

其七 江舟就岸望岩見寺
他山樓閣插雲岑,曾在其間幾弄吟。淑氣催人逸興發,輕舟飛過海濤深。

其八 江頭寺外凭欄觀魚
江畔扁舟繫柳灣,蓮池魚躍鳥綿蠻。乾坤春滿人誰會,道在凭欄指顧間。

其九 山寺逢僧
身入岩雲第幾層,山門迎客遇雙僧。雙僧為說六塵語,不識儂心是玉冰。

其十 登山觀口指示人世
鳥道穿雲歷翠微,星躔接處有柴扉。市頭將相乾坤窄,始覺芝岩遁客肥。

其十一 觀鵝
折屐先生喜樹勳,鵝池閒殺右將軍。却攻一藝鳴千古,肇出龍跳虎臥文。

其十二 釣舟

孤舸晴江風浪平，朝衣不着覺身輕。縱然詔賜黃金印，鮮綬還歸釣月明。

其十三 春田課耕

夢見勳華道在身，心無外慕但耕莘。時人不識為霖客，認作樊遲稼圃人。

其十四 松臺喚鶴

解組歸來採蕨薇，煙霞還着舊荷衣。五侯七貴不知友，隔澗撥雲喚令威。

其十五 拜送飛仙圖

畫圖人世有飛仙，此事非真休浪傳。吾道真聞非億料，許君白日鮮翀天。

其十六 松下問童子圖

芝岩訪友洞雲籠，松下莎間問睡童。童子應門無遠見，不知琴客是仙翁。

其十七 雪江獨釣

千山無鳥九衢迷，獨釣寒江蓑笠低。却有非熊偏入夢，畫圖留與傅岩齊。

其十八 童子抱琴雙鶴來翔圖

囊中欲出七絃猱，雲裏忽來二雪毫。二雪七絃知我意，時將顏樂共陶陶。

其十九 題山亭獨坐有人前跪圖

水際山亭耳目清，世間榮辱久無驚。鄉人不識身解組，得失時來就決平。

其二十 題喚渡圖

步到江頭舟艤津，鷓鴣啼歇四山春。風停浪靜徐徐濟，不是需泥致寇人。

【校記】

［一］"豁"，道光本作"壑"。

奉和息園雜興十有二首

桃李園中爛雪霞，芙蓉門口錦屏遮。只將獨樂題園榜，却有閑人來看花。
提甕澆園不記春，飯蔬緣學仲尼貧。飯餘還許鄉鄰拾，恐有亦甘草茹人。
納涼着屐踏平蕪，十畝陰濃亦自娛。散步卻思折齒客，遞膚詩在誦來無[一]。
水面花開舟楫通，綸巾羽扇歌薰風。清吟盡日不知暑，諒是谿頭無極翁。

燕語鶯歌麗日遲，單衣童冠試相宜。曾翁春興良非淺，杜曲遊人恐未知。
鳳凰臺北駟門輋，春在君家棣萼肥。正喜槐陰足遠庇，那愁無地着潛飛。
松林濤應中丞衙，菊徑輝迷司寇麻[二]。縱使門前植五柳，不妨原是種槐家。
木奴晚見黃金色，綠竹時依碧玉叢。却笑主人真大受，洞庭淇澳在胸中。
翠禽飛處臭蘭苔，黃鳥歌時媚藥苗。珍品却憐香色正，尋常不變艾和蕭。
池臨園卉卉臨池，水陸花繁貫四時。客到神怡多所詠，陽春獨惜主人辭。
鳳翥朝陽早作賓，龍蟠却傍茹芝人。賡歌正屬蒼顏老，曲調時聞白雪新。
北阜玄湖淑問歸，東橋晝錦有容輝。江天霖雨隨車落，來往紅塵不着衣。

【校記】

[一]"遜"，道光本作"孫"。
[二]"徑"，道光本作"經"。

題梅，和干川先生韻

北帝行威萬木摧，窮郊獨首百花開。銀葩鐵幹一枝子，露出乾坤造化來。

秋日書事

樓邊征雁耀霜翎，軒對黃花戶不扃。吟到黃昏還獨坐，又隨明月向前庭。

讀史有感

林間人似一輕鷗，閒立蒼茫古渡頭。遙見拍天雪浪裏，沉來幾葉是虛舟。

睡起，月下獨步

燭炧香消戶已扃，夜深人靜睡初醒。獨憐一樣中天月，簾里不知簾外明。

春日獨坐

疏疏微雨浥香埃，小院庭深花半開。草色一簾春晝永，黃鸝啼過短墻來。

洞門讀《易》，偶見杏花

東風門外幾時來，紛紛蜂蝶短墻隈。洞門閒出持周易，紅杏和鶯滿樹開。

葵花吟，寄許少華中丞

六月葵花向日遲，東君相背幾多時。良颷信報三庚伏，猶自傾心了不知。

秋夜獨行

鳥棲落木響空階，獨自開門步翠苔。貪看一天星斗爛，隔牆滾過月明來。

清平調二首

天上日光午不斜，仙人分住玉皇家。從來典籍勤收拾，閒種蟠桃看着花。

閶闔薰風下界春，蒼生魚鳥是閑身。靈臺早晚無多事，笑指遊麟問舊人。

移竹二首

浮山居士愛林泉，謝却紅塵住洞天。近喜此君相伴得，醉和烟雨到窗前。農書云竹有醉日。

此君此夜到窗前，天有清風地有煙。身恰齊腰年所小，帶來仍喜子孫賢。

遊迎祥觀，觀梅

匹馬長安第幾回，客中忽憶舊時梅。芳心欲探春消息，特地迎祥觀裏來。

柬康德涵，代從人借書

不把牙籤負擔頭，客中零落舊交游。雞窗擬欲重相訪，為我殷勤問鄴侯。

謝王仲機邀飲

龍首渠邊樹影斜，步隨流水到君家。腐迂多謝偏知我，祇共葡萄不共花。

登覽翠樓思親

應舉離親不自由，看看客邸住經秋。崟峩山頂疊雲葉，極目傷神覽翠樓。

陝西東司鹿鳴燕罷

碌庸凡事且随人，小就功名底為親。畢竟這些身外物，何緣能動道人心。

雪　花

冷風吹綻蕊繽紛，飛放漫天世不群。竚看芳殘結子事，熟梅時節隴頭雲。

嘆　杏

兩株紅杏傍檐牙，占斷春光居士家。何事幽禽欺負得，夜來啄却數枝花。

過劉子明精舍，賦得寒字

我既赤窮君復寒，相逢蔬水即成歡。對床夜話攢眉事，直是明誠兩字難。

聞驢鳴，偶成

結廬迥野近青山，門掩落花盡日閒。昂首數聲庭草綠，自家意思一般般。

觀　雁

霜天不釋放黃花[一]，雁過樓前字字斜。塞上狼烟今息否，好傳帛書到官家。

【校記】

[一]"不"，道光本作"木"。

九日薄暮，獨酌寄符尚玉

綠醑盈缸對影傾，黃花滿徑自吟賡。飛將幾點籬鴉晚，照遍千山夜月明。

巉屵[一]

巉屵吾家舊畫屏，直從阿祖到書生。大父靖川先生呼巉屵為畫屏山。尚書白占作筆架，惜愛心中似不平。介庵先生呼巉屵為筆架山。

【校記】

[一]"辥",此篇詩題和正文中鈞誤作"業",今據道光本改。

題峻山遠水漁舟並泊漁父共酌觀雁圖

山容壁立水容寬,釣得魚兒足共歡。罷棹菰蒲深處泊,一聲寒雁鏡中看。

題　畫

雲山疊翠雨痕新,樓閣參差不見人。獨共漁郎撐小艇,松陰一醉甕頭春。

題《雪梅圖》

衝寒冒雪放瓊英,全不趨炎類世情。受盡風霜多少苦,到頭有用在調羹。

獨坐對葵

書齋兀坐寂無譁,飢自尋餐渴自茶。竟日幽階誰是伴,赤心人對赤心花。

遣　興[一]

當窗疏竹搖新綠,遶砌閒花舒小紅。獨坐南風深院靜,蕙蘭香散玉丁東。
綠蔭一編手倦餘,花香草軟步仍舒。回頭遙見清風到,楊柳谿邊翻我書。
幾朵好花開砌畔,一雙幽鳥語林端。葦蘿半啓柴門小,突入終南萬仞山。
盤裏青黃杏子酸,兒童笑把酒瓶般。石榴未老牆頭色,又得戎葵幾朵看。
清谷河邊弄碧波,清谷河底見嵯峨。偶將山色和天色,就地掬來一掬多。
綠樹陰中看碧瀾,濤聲汩汩半空寒。誰言人世愁攢火,身在龍門砥柱間。

【校記】

[一]"遣興",道光本此詩題後注曰"六首"。

題劉氏村居[一]

嶻辥山隈清谷邊[二],花開如錦柳如煙。劉家別墅新遷處,誰識人間另有天。
羨君家住白雲團,屋上濤聲入耳寒。花徑開尊客座合,青山把作畫屏看。
君家住處號留坊,去去苔侵曲徑荒。滿院綠陰籠坐合,數聲啼鳥帶花香。

一村幽僻礙煙霞，臨水登山路不賒。客到佇看看佇許，祇防傳與畫工家。村環小裏渠中水，人種清河鄉外田。若箇妝成圖畫裏，只堪延佇不堪前。

【校記】

[一]"題劉氏村居"，道光本此詩題後注曰"五首"。
[二]"僻"，原誤作"辥"，今據道光本改。

山丹曉露

早起花枝宿露饒，妝添春色幾分嬌。誰家兒女悲殘月，和淚遺來金步搖。

朝　餐

東廊日影閣檐端，案上殘書倦復看。學子不來雞唱午，青藜自採辦朝餐。

和平川先生郊行

巀嶭山頭日欲斜[一]，清河灣口有人家。一聲牧笛前村黑。匹馬香風處處花。

【校記】

[一]"嶭"，原誤作"辥"，今據道光本補。

學　道

學道常慚見未真，書窗弱質打精神。曉來俄把菱花照，端得緣渠瘦了人。

獨　坐

新篁遙綠映書龕，嫩草爭抽碧玉簪。兀坐不知春去久，山丹開罷又宜男。

雨　中[一]

山莊細雨掩柴門，病上身來易斷魂。花發滿庭空自好，杜鵑聲裏過黃昏。窗間細雨飛輕塵，獨坐吟哦似病身。泥落屋梁來燕子，烏衣濕却語頻頻。

【校記】

[一]"雨中"，道光本此詩題後注曰"二首"。

箴學子

力學撐舟上水如，中間些子不容徐。蹉跎莫遣沿流去，四月于今不讀書。

座中驚蝶

半醒半睡眼慵開，蛺蝶飄然撲面來。翅粉和香塗我面，應知新向花間回。

和東郭涇野觀梅

座上雪花撲酒杯，庭前爆竹喚春回。天公知我求三益，竹畔松前故放梅。

長安弔古

不到長安幾十春，舊家梁燕入新鄰。黃金塢在花狼藉，時有揮鋤種菜人。

咸陽懷古

咸陽原上望秦中，渭水依然帶故宮。指鹿臂鷹人惡說，青山惟愛茹芝翁。

又長安懷古

銅山錢客殍辭君，金塢遊人隕令聞。何似春巖聽鳥客，不關人事但耕雲。

清川送客北征

清川花底好聽鶯，何事南來又北征。歸遇故人如問訊，為言挾冊尚書生。

寄榆林邊備僉憲蔣公[一]

鴛鴦湖畔犬羊眠，穢我堯封禹貢天。文命看敷元愷在，叙歌應入鳳儀絃。卯孩誰遣旄頭搖，向日時聽犬吠堯。一曲簫韶蠻狄服，只將淑問付皋陶。

【校記】

[一]"寄榆林邊備僉憲蔣公"，道光本此詩題後注曰"二首"。

送少方伯崔公之山東[一]

二月春寒陰復晴，綠楊花外囀流鶯。渭城誰唱陽關曲，一枕棠陰夢不成。水玉金臺照客清，重逢何處渭南城。年來怕聽陽關曲，腸斷秦人是此聲。

【校記】

[一]"送少方伯崔公之山東"，道光本此詩題後注曰"二首"。

寄贈李伯雨宰新城[一]

世路年來陷阱生，論心吾黨見君平。朝天會報新城政，臥轍應牽慈母情。年光滾滾逝如車，香徑初遊見落霞。寄語龍門握柄客，長春應護一欄花。

【校記】

[一]"寄贈李伯雨宰新城"，道光本詩題後注曰"二首"。

寄贈胡都憲世甫[一]

可泉居士玉堂仙，政事文章世所傳。近報休休綏海嶽，却無他技任才賢。胡子文章世所都，黃河華嶽是規模。都臺却歛峰濤氣，化作甘霖萬物蘇。

【校記】

[一]"寄贈胡都憲世甫"，道光本詩題後注曰"二首"。

送高蘇門擢大參之任[一]

三年語笑甫蘭香，一別呼驚七載強。病老能禁幾七載，如何人事又參商。文星昨夜入汾陽，曉日都門泛別觴。同是一般三晉域，知經軒過有輝光。

【校記】

[一]"送高蘇門擢大參之任"，道光本詩題後注曰"二首"。

送商洛黃公擢憲副，分巡西寧[一]

黃鳥嚶嚶楊柳垂，棠陰濃覆李桃枝。陽關一曲桑園暮，萬豁千巖總寄思。桑園麻澗指前旌，遙望湟中算去程。到處桑麻應似此，棠陰來雁好傳聲。

【校記】

[一]"送商洛黃公擢憲副分巡西寧",道光本詩題後注曰"二首"。

贈姜大參

夫君醇德似淵深,秦越難逢幸盍簪。今日玉霄看返轡,東南隨處是甘霖。

贈陸大參

聞道君家棣萼香,三株齊發向春陽。一株帝種峨嵋麓,化作棠陰滿蜀涼。

贈張子魚憲副

東曹詩聽杜陵吟,西蜀文看史漢深。何事襄琴來又去,不留一曲向知音。

贈暢子實憲僉

知君懷抱貯陽春,到處將春散及民。寄語齊民還訝否,三春豪傑是斯人。

贈韓廷延大參

軺軒南鶩路迢遙,德政如春雪著消。聞道蠻方非向日,棠陰不見賣爺苗。

贈陳伯行僉憲

同藩同郡復同鳴,識得雄才衆莫京。晉接還看湘漢去,一天霖雨慰蒼生。

贈秦少參

曾乘驄馬下層霄,踏遍西江山嶽搖。今日旬宣及海岱,一天霜氣却春朝。

贈少司空張伯祥[一]

昔君辛酉上天衢,多少英才共步趨。三十年來人不見,康侯元只是醇儒。
先生辛酉步雲衢,豪士談鋒刺客迕。今日鋒隨人折盡,光前蔭後是醇儒。

【校記】

[一]"贈少司空張伯祥",道光本詩題後注曰"二首"。

寄贈嶺南仇總戎

將軍開府令嚴明，不似由基恃藝精。文學時將脩武備，嶺南今日亦長城。

寄贈留都致政楊總戎

將軍投老棄孫吳，舊學溫尋道不孤。況說常收山每稔，清時寧作種瓜夫。

贈黃允吉憲副

先生寡過文師蘧，醇德無瑕玉不如。閭閻分符霖雨布，蒼生隨處是華胥。

贈夏都閫揮使

將軍殿國用訏謨，常笑由基是一夫。燕喜侯同張仲飲，不妨顏孟却孫吳。

寄賀劉憲副平秦、蜀鉅盜二首

秦蜀山長斷客行，將軍提劍喪元輕。先是都指揮王深入征勦敗歿。赤眉何似風燈息，為觸希文腹內兵。

豺虎依山勢莫嬰[一]，元戎探穴殞身輕。先生袖有如椽筆，一掃秦蜀千里清。

【校記】

[一]"嬰"，道光本作"攖"。

寄賀漢中通府朱彥常平盜[一]

豺狼當路斷人行，閫將身殲動玉京。誰掃蜀秦千里淨，晦庵元不是書生。

狼星春首犯天弧，將死戎張士益孤。向晚却虧元晦在，筆鋒一掃赤眉無。

【校記】

[一]"寄賀漢中通府朱彥常平盜"，道光本此詩題後注曰"二首"。

李通府鈇陞漢中二守

川原落木望中癯，遙指前山是客途。四境民蘇室似罄，行旌何處引醇儒。

涇川話舊幾燈殘，掣肘論愁億萬端。堂上今聞陳實在，出門應忘路行難。

酬漢中陳太守二首

蝶夢月窗遠集嵩，開門霜徑有來鴻。南邦太守遙通刺，不是陳蕃是仲弓。
峩山涇水有樵漁，迹似遊巖意却疏。聞雁仲弓應念說，懷人不見見詩書。

代贈耀州唐判

玉磬山輝接晚霞，千村尨靜但鳴鴉。客來把酒長松下，笑指東岩翫月華。

寄耀州楊守

伯起淹淹守渭陽，移官立馬患空囊。同寅賴有筆峰在，為說休愁歸路長。

贈江陵陳公分巡漢中

朱雀橋邊盖屢傾，紫芝巖畔密班荊。德星只在銀河側，下榻無因空寄聲。

寄漢中朱太守

元晦別來幾易星，精金良玉想儀刑。紛紛蘭蕙皆蕭艾，唯有南山似舊青。

酬漢中蔣通府[一]

漢中別駕筆鋒銛，原是明時蔣孝廉。雲棧鮮憑千里雁，菊花時節問陶潛。
陶潛本是山中客，才入紅塵便憶歸。玉笋班人遙問訊，秋空千里一鴻飛。

【校記】

[一] "酬漢中蔣通府"，道光本此詩題後注曰"二首"。

代贈漢中王貳守

鳳凰鳴處淨豺狼，桃李風吹滿郡香。賑活殍民難記數，都懸容像祝焚香。

寄榆林邊備僉憲范公[一]

往歲蕭墻種禍秧，陳摶眠榻漏聲長。籌邊今有希文在，人睡蓮峰頂上香。

榆林甲士號精兵，忠勇防胡世莫京。子厚在邊新靖難，希文來佐更長城。

【校記】

[一]"寄榆林邊備僉憲范公"，道光本此詩題後注曰"二首"。

寄漢中董太守[一]

江左歸來半載餘，漢南懷客未通書。菊窗繁露忽開卷，孔思顏情見仲舒。鳴鶴庭中鼓一琴，絃歌聲起漢江潯。美人只在南山外，鴻雁不來雲樹深。天厨紫笋出閩中，品入關南味亦同。近怪衰翁差有睡，誤將木葉試松風。

【校記】

[一]"寄漢中董太守"，道光本此詩題後注曰"三首"。

送新授涉縣司訓張子允升

學易伊誰道在身，知君溫故久知新。涉城此去聽消息，無限春風座上人。

送袁司訓擢善化教諭[一]

雪裏梅香酒杯寬，高歌無奈渭城殘。龍橋別去應思士，野草閒花夢不看。三原髦士如珪璧，多少工夫琢得成。琢得成時人又去，清河東逝是離情。亭前行色感驪駒，尊外僕夫總若癯。君到長沙應憶我，十年相見輒唐虞。

【校記】

[一]"送袁司訓擢善化教諭"，道光本此詩題後注曰"三首"。

寄贈蒲州何學正鄉丈

君子身貧道不貧，爰將微祿慰慈親。傳經正及傳心日，立愛先收善養人。

代寄鳳縣司訓

鳳城司訓心如石，善教仍周磬室生。座上行看風雨過，光天耀日李桃榮。

贈王鳳泉重典西土學政[一]

夫子絕編在洛陽，入關曾種李桃香。而今重引橫渠派，應得流如洙泗長。
河汾之域有名儒，俯仰常將道自娛。重入關中何所事，欲教洙泗接唐虞。

【校記】

[一]"贈王鳳泉重典西土學政"，道光本此詩題後注曰"二首"。

贈郭中翰諶

八分遺法世誰攻，下筆看君近蔡邕。我向上林舒眼望，百花園裏見青松。

代贈郿縣學諭

太白山陰舊所遊，于今不到五春秋。橫渠聞有皋比客，桃李花香院落稠。

代張生悌賀陝州徐司訓蒙臺 檄獎勞狷介。

河浪滔天瀉莫支，一泉脉脉自漣漪。清谿莫道無人識，已有觀風使者知。

望道贈別涇野門人王季鄰六首

河東王子玉如溫，雪裏曾遊涇野門。秋日曉臺同望道，秦川看徹自山村。
王子東來蒲阪津，為言涇野舊尋春。明朝策馬始平去，又逐橫涇綠野人。時季鄰自三原訪武功對山康子。
聞說河東有利津，紅塵十丈解迷人。誰知嶽瀆英靈在，放出蓮花水上新。
涇川呂子南征客，追者誰與是季鄰。雪後春深遙問路，涇川還覓共遊人。
黃菊開時客在門，烹雞炊黍共山根。美人曲罷攜琴去，何日茅齋更拆尊。
雞翁性僻懶開門，終日眠雲綠樹根。有客攜琴來奏曲，雞窗不覺是黃昏。

題《杭州湖山圖》代賀高陵劉秀才古四首。

峰來鷲嶺虎岩高，潮入錢塘海立號。誰寫此圖遺彥士，要令筆出鉅峰濤。
西湖罿棘精忠廟，門有奸邪許客批。寫贈詩髦何所為，獨知期爾辨毫釐。

花底山光翠欲流，峰頭歌吹待星收。遲君動靜相涵日，誰道湖山是勝遊。登壇戒士機心重，弄艇潮人巧欲呈。唯有湖山遊息客，不關營利不關名。

謝涇陽霍宰惠紙[一]

一色雲箋玉不如，朝隨風雅到茅廬。山中知我無多事，欲著人間覆瓿書。玉版鏘鏘二百餘，飛隨白雪到蝸居。君應猜我眠雲暇，幕瓿無巾要著書。

【校記】

[一]"謝涇陽霍宰惠紙"，道光本此詩題後注曰"二首"。

奉謝霍宰惠白麪新米[一]

瓠口誰將玉作塵，霜秔初熟未嘗新。詩仙得此笑無用，併與煙村火食人。雲表金盆碾玉塵，香秔出碓賽霜新。真仙蓄此良無用，笑寄觀需酒食人。

【校記】

[一]"奉謝霍宰惠白麪新米"，道光本此詩題後注曰"二首"。

奉寄雙谿杭翁[一]

不見雙谿釣月君，筆端何處起風雲。斯冰鳴後六書絕，誰識先倉鳥迹文[二]。松雪今人號右軍，俗書姿媚轉紛紜。江南誰識雙谿老，筆是商周鼎鬴文。

【校記】

[一]"奉寄雙谿杭翁"，道光本此詩題後注曰"二首"。
[二]"倉"，原誤作"蒼"，今據道光本改。

託寶雞令寄白德潤 德潤好仙，故戲之。

不見陳倉白玉仙，雲衢西望有鳧翩。緘書為問還丹熟，一日看花幾洞天。

題薛孝夫舞鶴軒

行過千山與萬陂，匱中良玉未曾遺。江皋不作《離騷》怨，惟有軒前舞鶴知。

寄題張親家幽居[一]

山圍水遶雜煙霞，古木森森公藝家。丹鳳不來紅日近，一庭春色紫荊花。閉戶頻抄金穀方，驂鸞直欲謁天皇。化身還作化家計，蘭桂滿庭春自長。

【校記】

[一]"寄題張親家幽居"，道光本此詩題後注曰"二首"。

蒲城訪趙文學公遺事有感

主聖臣賢擬見招，蒲輪碾下九重遙。高宗傅說難專美，大筆還當紀聖朝。

次蒲城

離家信宿次蒲城，明日從師破站行。馬壯路平人更穩，老親誰為寄歡聲。

蒲州道中

野次山行幾日強，慣于馬上見荒涼。泫然淚落蒲關道[一]，風景依稀似故鄉。

【校記】

[一]"關道"，此處原為空格，今據道光本補。

題虞帝廟廣孝泉亭

趣裝西過首陽路，繫馬東看廣孝泉。虞帝廟西有一巷，表曰：首陽正路蓋即詣，首陽山夷齊祠之路也，廣孝泉在虞帝廟中，泉上有亭，人傳即舜所浚井也。身是離親赴闕客，一心雙感淚潛然。

鐵牛渡[一]

當日明皇纜錦舟，錦舟爛盡鐵牛留。人生莫作千年計，百歲相看水上漚。黃河兩岸鑄鐵牛，唐家天子繫龍舟。錦帆蘭棹今何處，蘆荻洲邊空自漚。不拘聲律。

【校記】

[一]"鐵牛渡"，道光本此詩題後注曰"二首"。

薰風巷

蒲州城裏薰風巷，過客須經莫嘆嗟。一曲南風人盡樂，當今天子即重華。

中條山

蒲坂西收華嶽青，插空蟠地見孤撐。世人莫訝无頭尾，不盡鐘蕃到處名。

涑水河

涑水河邊驛路通，路傍馬上問兒童。兒童往往遙相指，南岸人家司馬公。

聞喜別平川先生

離親千里共師來，中道明師弃匪才。西望長安五百里，涑川比去獨徘徊。

烈女橋痕[一]

寒衣泣把送良人，塞外風霜孰爾親。澮水東流和淚下，橋邊千載腕痕新。
烈女哭夫過澮何，南巖留得掌痕多。人傳天外垂遺迹，任是巖崩竟不磨。

【校記】

[一]"烈女橋痕"，道光本此詩題後注曰"二首"。

次侯馬驛，觀屏風題姜女橋痕，因詢廩人，得土俗，復作一首

郵壁分明表孟姜，廩人為我說遺芳。至今澮水河邊女，悲至啼時面麗墻。

侯馬驛聞書聲

日暮宿投侯馬驛，鄰家時聽讀書聲。華池遙想門墻士，夜永如年趲課程。

思 兄

常見綺野家居日[一]，離合無常未切情。一上路來不覺得，客中徒謂他人兄。

【校記】

[一]"見"，道光本作"思"。

憶四弟

忽憶家中小弱弟，別時送我出村來。八齡未解囑言語，手托兄行淚閣腮。

晉文公廟

小白云亡諸姬傾[一]，諸侯束手盡歸荊。當時天下無人在，王室誰存祭與名。

【校記】

[一]"云"，原誤作"雲"，今據道光本改。

過豫橋

客伴先驅不可招，北風凜凜路迢迢。衰楊枯木離人淚，匹馬登登過豫橋。

憶劉子明

出門煢孑倚交游，手把木桃誰可投。憶殺谿田村處士，子明眉宇見無由。

憶王以仁

草有芝蘭木有松，碌庸長得仰休風。瀨陽別後音書杳，崇德崇來幾許崇。

憶竇伯孝

高縣河邊淚滿巾，蒙城路上憶交親。眼前東西南北客，誰解慈仁更愛人。

憶永寧

松澗賢人路永寧，金蘭與我結平生。而今阻隔關山遠，旅次聞砧敲月明。

憶王孟章

忽憶渭谿王處士，平生雅趣在琴詩。頻年如水月明夜，清谷堂前訪我時。

過太平縣有感

嘗思前代兵爭日，野徑荒城白骨勻。路入太平躍馬過，忽驚身是太平民。

憶王儲秀

與君相友更相親，相別相思易斷魂。歇馬郵亭獨自坐，疏星淡月幾黃昏。

憶汝堅

柱國賢孫王汝堅，禪房餞我泛銀船。相思未有相逢日，到得相逢定隔年。

汾河鳥

滿頭白髮親何在，兩腳紅塵日未休。征鞍羨彼汾河鳥，水面飛浮得自由。

過汾水，訪文中子

汾陽山路亂重重，榆柳如麻夾路濃。偶憶當年文中子，河邊無處覓遺蹤。

訪薛文清公

先生汾水河邊住，我訪先生過水涯。北抵平陽八十里，幾回立馬問人家。

題淮陰廟

五載握兵四海同，回頭頸血濺袍紅。長陵月夜渾蕭索，自是人人說沛公。

太原為史先生題畫

松陰着棋

澗外松風瀉午濤，相逢舉子並時髦。誰云當局渾迷睫，隔是行來著著高。

秋江漁舟

紅葉江頭報早秋，琉璃皺上弄漁舟。孤蓬棹入菰蒲裏，只載新詩不載愁。

瀑布圖

鳥寂山空花自芳，雨餘谿豁帶新涼[一]。行人頭上分明見，界破芙蓉白練長。

尋幽圖

閑裏尋幽出洞天，長松脩竹鎖柴關。杖藜剛步谿橋外，回首白雲占却山。

梅福隱居

潛入吳門變姓名，執鞭人裏寄餘生。妻孥袍笏非難棄，難在謳歌漢宰衡。

楊　雄

楊子摛文頌莽時，著書猶欲比宣尼。憑誰為問田恒事，沐浴曾朝知未知。

題《孔明抱膝吟圖》

銅雀臺飛障日塵[二]，烏江檝發亦迷津。英雄誰獨識權字，松下長吟抱膝人。

【校記】

[一]"豁"，道光本作"壑"。
[二]"雀"，原誤作"爵"，今據道光本改。

題《子陵垂釣圖》

矢射高墉隼已空，雲臺壯士總論功。鴛行鵠立非吾事，合着羊裘釣澤中。

《蘇武牧羝圖》

北海牧羝羝未羔，饑餐氈雪望神皋。律陵說得黑頭白，臥起嘗持漢節牢。

題《太公釣渭圖》

八十漁翁住渭川，可曾終日得鱗鮮。只因一夕非熊夢，釣得周家八百年。

南谿十挽詩 蒲阪僉憲謝公號南谿居士。

鳴謙邂逅

王屋山摧風力勁，馬頭雪擁澗溝平。鳴謙夕遇南谿客，詩酒曾教五夜明。

金臺談經
休將注腳論遺經，憶在金臺倒玉瓶。四十年前人醉處，有無名氏與君醒。

姑蘇惜玉
辭君初判姑蘇郡，哭母輒奔廣孝泉。夾岸吳兒隨舸說，惜茲懷玉又空還。

保寧平賊
錦水巴山遍赤眉，生民無計避艱危。保寧通府河中客，觲戮鯨鯢似折枝。

寧羌去思
寧羌守葬首陽雲，在日牧民有令聞。墓木近傳堪作柱，郡碑猶打去思文。

南曹陳情
南曹初折單辭獄，北闕輒陳外補情。敕下改官人盡說，仁親報國兩成名。

東兗治河
分堂治兗雖稱佐，受命塞河卻自殫。瓠子歌成禋祀日，天顏遙喜兆民安。

江西幹蠱
南昌變後事難平，當路無人罟擭盈。謝子獨來民恨晚，亂邦猶得政刑明。

學徒傳經
南谿山屋入煙霞，語笑生香日日斜。聞道至今春未老，李桃花下又生花。

女郎應辰
賢哲無人繼後塵，古今幾許福齊臻。女郎誰似南谿富，從子名來到亥辰。

挽陳生政安
山下梧桐傍竹高，庭前雛鳳幾驚猱。而今往事渾成夢，猶憶輝輝五色毛。

為雒生代壽應臺傅公[一]
帝弼南來江漢陰，御風北過玉山岑。即看蓮岳舒仙掌，鮮布金天際物霖。
說老南來惇物陰，雨餘霜逼細蟲吟。岳神河伯齊稱壽，共喜于時惠澤深。

【校記】

[一]"為雛生代壽應臺傅公",道光本此詩題後注曰"二首"。

寄崔都閫[一]

筆底龍蛇帶霧旋,胸中雲鳥俟時翻。將軍不出營邊柳,清得麟遊鳳翥天。元凱學文久著名,藥師韜略遠傳聲。涇原何事無塵到,北斗旗懸細柳營。

【校記】

[一]"寄崔都閫",道光本此詩題後注曰"二首"。

寄申都閫[一]

細柳將軍駐渭城,河陰胡騎妄縱橫。華池若遣司旗鼓,囊笞諸酉次第平。細柳將軍算入神,師方山岳更嶙峋。若教出塞麾雲鳥,畫入凌煙貌逼真。

【校記】

[一]"寄崔都閫",道光本此詩題後注曰"二首"。

寄許五工部[一]

馬首崤函鳥道長,山花開處遇旌陽。而今又是花時節,夢繞碧桃千樹翔。南野真仙丹在身,緱山相遇便相親。翀霄煩與圖南說,我亦蓮華峰睡人。

【校記】

[一]"寄許五工部",道光本此詩題後注曰"二首"。

贈祝參政

甘泉烽火徹雲林[一],天府人家半不禁。我欲移居尋處所,山陽欝欝有棠陰。

【校記】

[一]"烽",原誤作"風",今據道光本改。"雲",原誤作"云",今據道光本改。

寄金州張太守

橫渠何在在金川,人住澄江杲日邊。我避胡塵欲卜築,絃歌聲裏望分廛。

喜任進士舜臣中春榜

從容人物帝家臣，筆下生花信有神。昨日丹庭獨對罷，醉歸占盡杏園春。

題冷泉逸人卷[一]

丞相街頭憶犬羣，將軍身隕眷隨塵。誰知五色瓜田畔，尚有石泉嘯咏人。街頭將相魄魂分[二]，泉上人眠鷗鷺群。識得吾師先有覺，常將富貴視浮雲。

【校記】

[一]"題冷泉逸人卷"，道光本詩題後注曰"二首"。
[二]"分"，原誤作"兮"，今據道光本改。

題平野卷[一]

理亂無神空有聞，不應身傍九重雲。而今始識青山骨，却憶當年平野君。楊柳谿頭罷問津，桑麻影裏夢全頻。青山借問老還未，誰是紅芳綠蔭人。

【校記】

[一]"題平野卷"，道光本此詩題後注曰"二首"。

春日，過春山書屋

停車偶入春山屋，門外桃花水正香。室內主人邀客坐，曉談周易至斜陽。

春日，過東郊書屋

東郊暇日往尋春，策杖疑看畫裏身。行到煙霞難畫處，扣門忽遇釣鰲人。

《龐德公隱耕圖[一]》

一犁春雨鹿門東，看破浮生總若空。先主不知田舍意，幾回勒馬促朝中。

【校記】

[一]"德公"，原誤作"公德"，今據道光本改。

悼亡妻

一榻移來又向東，孟光何事棄梁鴻。而今獨對孤灯夜，誰信愁腸似轉蓬。

代南村郝氏寄贈西河老人八旬壽詩[一]

隴上耕田伴月孤，何曾廊廟夢之乎。之乎君子愁無奈，問識山翁此趣無。塵世紛紛事多端，蓮峰酣睡老陳摶。八旬不識事朝禮，閒拾雲中紫芝餐。

【校記】

[一]"代南村郝氏寄贈西河老人八旬壽詩"，道光本此詩題後注曰"二首"。

送李秀才培還商州

不見謫仙十載強，羅江人說在琴堂。一朝茅屋班荊話，却是同胞到雁鄉。

送王秀才還商州

丹涯髦士入煙蘿，遠就寒門氣色和。子濯偶逢曷劇愛，穿楊師是尹公沱[一]。

【校記】

[一]"沱"，道光本作"佗"。

贈趙子觀秀才

王父脩辭曾待詔，若翁染翰侍文淵。玄穹世作玉樓記，髦士休辭鐵硯穿。

酬賀商南白尹

梟令西飛用里疆，鄉關巡視半逃亡。春風忽送千岩雨，接淅人征返故鄉。

卷之十終

谿田文集卷之十一

七言律詩

登太華,夜宿峰頂

華嶽金天俯西周,暮年遊歷夙心酬。丹梯緣壁三千仞,石磴盤雲幾百週。紅日厓根雷電合,蒼龍岊上鳥猿愁。夜來沐浴峰頭臥,玉女盆漿濺斗牛。

黃　河

雷霆轟烈瀉龍門,曲曲還如禮數敦。須向源頭看滾滾,休于波面訝昏昏。涵流端不擇群小,赴海獨能急至尊。猶有功勞堪紀處,華夷別白在乾坤。

過裴晉公家,訪遺事

聞喜北征五十里,山腰籬落晉公家。祠堂趨謁莓苔合,譜牒索看魚魯差。人悍言多不鮮事,族貧坐久可能茶。惟有縉紳來往過,鳳凰原下幾迴車。

曲沃道中

客伴先驅逝莫追,揚鞭問路獨行遲。夢驚暗想膝前樂,愁劇忽成馬上詩。郵亭斜月穿窗處,官道北風披面時。心憶老親應憶我,我懷那可遣親知。

重陽道中

一上長安歸計賒,偶逢時物嘆年華。龍橋南去初耘豆,雁塔北來已刈麻。客底經秋欲白首,籬邊九日負黃花。思親忍憶黃昏句,糊眼魂歸綺野家。

秋　日

池塘皺綠弄秋波，老得蘋洲鬢似嶓。病葉無風還自墜，寒蛩得露更聲多。賓鴻將子投前浦，野菊緣崖長上坡。共喜西疇農事遂，村中時唱太平歌。

野　望

太華西北巇崢東[一]，無端風景四時同。山畔隴蜀天剛近，水下越吴海共通。花發犬眠紅影裏，鳥鳴人度翠微中。眼前物物供吾樂，尊酒何勞判射洪。

【校記】

[一]"崢"，原誤作"孼"，今據道光本改。

奉賡家父韻四首

崟岌山下愛騎驢，朝釋長鑱暮荷鋤。臥穩黃齏一箸後，詩成綠醑兩杯餘。醉嗔野鶴頻來往，閑看巖雲自卷舒。卻笑許公窮不慣，朱門終日曳長裾。

吾愛吾廬傍翠巒，蒼松澗下好盤桓。門墻桃李姸三世，庭砌斑斕說二難。債負兩般詩共酒，貧挑一擔餓和寒。荷蓑蚤晚碧波上，閑與白雲爭釣灘。

分襟橋畔樹森森，水遶龍華燕尾分。星夜釣殘潭底月，梅天割盡隴邊雲。擔頭薪稇越巖砍，牛背笛羌隔岸聞。詩債償來無箇事，長隨酒伴過花村。

紅塵曾不會奔波，物理窺開受用多。未憇地前思憇地，既如何後待如何。薜蘿門外谿聲碎，花柳村圍山勢峨。半碗黃齏居士飽，等閒遐必更多羅。

賡張蘭軒次韓魏公吊淮陰詩韻

一噓炎燼五年成，回首將軍就鼎烹。辭蒯把來為證左，黨陳非實便分明。未央羨中雌鳴計，隆準難逃鳥喙名。秀句夜來翻不厭，燈前清淚落吟声。

揚鞭指顧漢基成，逸鹿沐猴次第烹。渠受功劳忘大德，史無分曉冒污名。千年魏國是知己，再得蘭軒為辨明。地下英魂如有覺，冤声應換作歡声。

題《蘇武牧羝圖》

中郎天漢使羶羯，十九年餘仗漢節。征鴈未傳上林書，牧羝嚙盡北漠雪。玉山盖已輕如毛，丹府殊能堅似鐵。誰道双凫分首處，南翔悯悵淚成血。

喜 晴

仲春一雨連三日，忽放陽和宇宙開。洞口風花迎我笑，枝頭乾鵲報人來。學簧半就鶯声澀，曬粉全乾蝶翅回。聞道不消寒食下，秾蘚鴉入已難猜。

拼晴二首

二月蟬連雨雪殷，俄瞻紅日未堪忻。蒸將地下渾成氣，飛向天邊又作雲。青穎只愁遭水浸，黃鶯爭惜傍花聞。伊誰能掃頑陰退，為御螭車上帝閽。

一陽初動盼春來，春到誰知心事灰。惡雨陣打嬌鳥去，狂風狼藉好花開。門前楊柳乏詩興，窗外芭蕉是恨媒。他日晴光依舊好，池蛙鳴殺耳慵回。

重入浮山

才是出山又入山，山中習靜少人烟。豈能學問高天下，但用功夫在這邊。風過池塘波未定，雲收河漢月初圓。幾回却自閑評駮，大隱無成已半年。

夢金可卿

花外黃鸝有好音，東風吹動故人心。一載別君影不見，三春勞我夢相尋，形容祇向逢時瘦，義理益從畏處深。覺後攬衣中夜坐，隔囱月色爛如琳。

戒人逞忿

眼前興廢轉如輪，秋葉春花莫認真。一炬慢然心裏焰，二毛爭惜鬢邊銀。皇王帝伯今安在，社稷山河古換頻。不信咸陽原上看，龍爭虎鬥盡埃塵。

柬康德涵

才送春歸夏又過，黃金寸寸暗消磨。彈殘翠帶垂楊柳，剝盡紅衣老芰荷。

秋到梧桐山館寂，夢回蝴蝶月窗多。終然眉宇無由見，雁去魚來奈子何？

聞金州盜

羽書一夕報長安，臣子心中自不寬。螢案忙投定遠筆，龍媒欲據伏波鞍。鷹揚未去掘巢穴，鼠類何時裂腦肝？苜宿盤中舊喫飲，夜來不似昔時餐。

送受業師

乾坤大道浩無涯，不有淵源總是差。游酢一朝門外雪，馬融幾載帳垂紗。文章始信屬枝葉，富貴還知視葦芨。今日吾師別我去，龍門深處想英華。

三愛圃並蒂牡丹，奉介庵先生命作

舊說楊家百寶欄，迄今三愛千來年。呈祥合比雙岐麥[一]，論色還強並蒂蓮。盡日迎風爭富貴，有時和月幾嬋娟。恁般後樂亭前趣，愧有蘭苕翡翠篇。介庵先生西園有三愛圃後樂亭。

【校記】

[一]"岐"，道光本作"歧"。

柬金可卿

日月中天大道明，多虧列聖啓群蒙。泗波流處一源碧，壇杏開來千載紅。岱嶽峰高人共仰，孔墻宮廣路終通。這條擔子休輕棄，硬着脊梁荷上躬。

端　陽

山頭悵望水雲鄉，家在雲間節令忙。門外應時幾股艾，堂前侵曉一爐香。人斟蒲酒春難老，日射榴花景漸長。嘆我遠游緣志學，不知今日是端陽。

長春花

桃李着花亦着花，芙容華謝枝還華。秋籬菊放金兼錦，臘月梅開雪落霞。艷色永宜當戶牖，香風長擬到鄰家。黃鸝自是薄緣者，錯語春光竟有涯。

中秋偶成，對月

一年一度望嬋娟，恒雨恒風正黯然。剛到良霄如我意，忽升晴魂向人圓。纖塵天宇潔如拭，孤羽林稍見亦全[一]。坐午桐陰成獨嘯，幾人相對幾人眠。

【校記】

[一]"稍"，道光本作"捎"，疑為"梢"之形訛。

春夜，病中同涇野對酌，讀白沙詩二首

病眼模糊認暮鴉，同心人語隔年華。弄丸時出成風手，極目春生造物家。元氣世間難盡泄，韶光門外正無涯。去來好趁身猶健，對臥蓮峰品月花。

有約有約筆塗鴉，曰歸曰歸鬢著華。既然掘井同嘗水，可似行僧不到家。沂上飛仙先我舞，天邊野馬即誰涯。旋轅吾黨只遵路，肯說還丹及雨花。

題問川圖卷

漁浦春芳點綠莎[一]，江村晨蜀喚征輪[二]。臨流不見操舟者，望道還思登岸人。風定遠山呈近渚，煙開翔翼下游麟。需沙鷗鷺律知我，聽賦伐檀鎮自馴。

【校記】

[一]"莎"，道光本作"蘋"。
[二]"蜀"，道光本作"獨"。

龍門洞和韻作

浮生半覺黃粱夢，幾度龍門欲作僊。風靜一輪丹井月，霜寒萬里醮忙天。鶴猿有意供役使，麋鹿無心任往還。地古不留俗客駕，泉聲相送到山前。

玄谿孝隱

悠悠舍影漾谿流，短短班衣老一丘。供饌自來冰下鯉，忘飢却有水中鷗。靜觀碧落心俱空，久撥丹炉志欲酬。聖世聿無廉孝辟，任君甘旨盡春秋。

洛陽懷古

馳來車馬洛城外，荒塚連雲滿北邙。黨錮能教漢業墜，清談觧使晉朝亡。山川形勝還依舊，煙火人家幾変常。遙指兒童牧馬地，逢人說是舊宮牆。

送角山詹公撫我甘肅

三山日曉送飛旌，萬里陽關指去程。天府行經牛女宿，神皋路繞鳳麟城。琴書鮮處天應近，尊俎陳時境自清。方叔歸來重奏雅，凌烟不說畫圖榮。

賀沱濱賈公綏我西土

經年河岳擾蒸民，今日華夷付一身。麟鳳域中分雨露，鴛鴦湖上靜風塵。雀旗指處胡笳息，豸繡行時漢吏循。却恐憲邦承簡命，渭城人泣送征輪。

寄奉甘州巡撫棠谿王公

金城星使玉關還，為說翱翔路八千。北聽笳空閒鳥陣，西通琛貢罷狼煙。士騰彩筆篋開鼓，人斂黃雲水護田。學校本緣明道義，安攘誰識自歌絃。

寄奉中丞禄軒劉公

不見鞭蒲計數秋，祁連西望暮雲悠。學興營堡絃歌發，塵靜郊坰稼穡稠。木出酒漿筵易肆，水盈田隴盜難謀。虞廷指日徵賢佐，淑問遺人涕泗流。

賀憲長少巖傅公

敕監文武簡名臣，爰得當朝攷績人。曾向百官別殿最，亦于四海佐平均。甘棠陰裏刑期措，細柳營中道得伸。佇聽井天陸海域，還歌豳頌二南新。

送寇涂水由御史大夫轉亞卿

橋門風雨歲聯床，有語如蘭夢亦香。學自索居慚我退，道從敭歷見君光。即看帝闕和韶樂，好向昌期引鳳凰。若到泰時尋舊約，遮休跬步失周行。

寄華野洪司徒朔方餉邊

狼煙連歲起華池，帝遣司徒餉六師。士飽穿楊思電激，馬肥騰櫪愛風嘶。犢從重後天威遠，信在言前犬類知。他日渠搜復禹叙，受降城外諭胡兒。

寄贈光禄寅友山東巡撫彭公

楚國商賢負大猷，龍樓宵共奉珍羞。鼎羹暫輟調和手，海岱却分愛育憂。齊魯定隨尼父變，弦歌應播武城謳。惠來梧子今喬木，睹物懷人春復秋。

疇鄖陽巡撫龍岡張公

正蒙君子壽斯文，駕稅鄖陽四國欣。豸過霜清三楚澤，車行霖滅二周氛。漢南水廣人休泳，洛汭山深犬息狺。沙漠海隅多鼠竊，聞風應似晝庭蚊。

寄劉西岩浙江督學憲使

劉向為儒道不群，明時居業應星文。禁中書讀歷朝秘，筆下風生五色雲。時雨降汾魚鳥樂，春輝入越李桃芬。朔方近日頻烽火，好舉銛毫掃狄氛。

上閻綉衣

白簡當年侍早朝，金門才入衆魂消。一封常遣天威霽，六月俄教木葉凋。攬轡昨聞節駐渭，貪官今見鼠逢貓。秦地會看驄馬過，一池清水不波濤。

寄四川憲副雲崖陳子

龍飛五載杏花天，金榜初題抱玉仙。總為道超國士外，直推身到聖人前。幾年汲黯嗟薪積，一昔王褒應頌還。聞道觀風澄錦水，聽歌喬木入薰絃。

贈嚴太守陞淛江大參

幾載屈公住小邦，黃堂無事富文章。政將漢吏爭高下，詩與唐人較短長。此日藩垣車駕晚，他年咀嚼齒牙香。不消行李頻收拾，琴鶴明朝出渭陽。

賀殷憲副遷擢方伯

梅稍着雪柳條黃[一]，律轉風和景物光。分陝地厖迎邵伯，周原民滿護甘棠。豸衣帝賜鶴更服，蝶夢人驚騘帶霜。八郡旬宣方雨露，九重早晚怡翶翔。

【校記】

[一]"稍"，道光本作"捎"，疑為"梢"之形訛。

寄寧備邊憲使西坡許君

西坡憲使耀蘭陽，北闕承恩靖朔方。斥堠密窮犬鼠穴，招搖閒捲鳥雲翔。只將折獄服遐邇，不把穿楊較短長。夏境得君天設險，敵來看比草經霜。

寄楚國寶中丞

西州豪傑仲淹行，百萬甲兵一腹藏。曾駕單車平反側，不勞一矢奏安攘。將軍敗絕麒麟夢，虜騎歸完錦繡疆。簡命隕天雖暫止，平胡卜將定催裝。

寄鄜延兵備憲副方公

十載西臺繡服酣，霜旌東過篳門輝。偶逢曲木增繩直，即有高梧待鳳翬。愛日懸時山谷燠，長城設處犬羊威。重迎征盖挑燈語，更短心長嗟願違。

醻西寧孟東厓憲副惠詩

中土何人句律精，東厓夔在玉鏘鳴。詩從刪後還南雅，賦自騷餘出誼卿。寄去蒼葭獲玉佩，飛來白雪駐雲行。旬宣翼日棠陰憩，仰聽清風吉甫聲。

奉送侍御劉公還新野

安世西來衣繡明，三秦河嶽識元城。珍收神駿盈天廐，學育英才聚國楨。所至山搖連地動，言歸人集語冰清。花驄此別知何處，應在嵩高頂上行。

送聞石塘擢南都司寇之任

誰稱夫子問宣昭，司寇儀刑靜壓恍。焵焵霜鋜随向利，巖巖砥柱任波搖。

平生如玉絕蠅點，在處為春着雪消。淑問此行弼教遠，留都應說見皋陶。

王老先生存問

柱國歸來不晝眠，酡顏鶴髮似神仙。簡翻綠野諸生愧，功紀青編百世傳。冰蘗有声堅晚節，芝蘭無數慰高年。茲承存問非常典，萬丈霞光靄壽筵。

送馬長公還廣德

扶風苗裔何方盛，上郡傳揚有二難。弟贊中和扶帝座，兄分茅土守江千。九成樂召鳳麟集，五袴歌消士女寒。白下逢君忽折柳，天涯思季每凭闌。

送許少宰北上進表

萬壽節臨萬國欣，萬方齊獻野人芹。舊都合奏千官表，少宰能乘五色雲。蓂莢階前山祝歲，韶簫聲裏鳳儀薰。清朝知共推公範，黃閣看留典秘文。

寄方山韓稽勳

茫茫陸海見方山，下壓群流涇渭環。華岳天低聯峻絕，龍門雷迅聽潺湲。鳳凰集地祥麟出，牛女星河彩鷁還。早晚雲端施雨澤，乾坤塵洗淨貊蠻。

酬徐宗伯養齋

宗伯身懷玉不貧，光生宦轍與泉濱。峴山羊去遺穿石，洛水郭來愛角巾。動處詩書足印證，閒時風月是親賓。行藏若問人何似，松柏蒼蒼終歲春。

宋寅齋葉公還慈谿

車雨塵消四國寧，將諗情切九天聽。龍章汗渙黃金闕，鴻翼愜飛碧漢冥。君實定從國相起，休徵先兆史編馨。獨憐江漢河淮客，極目隨時望列星。

寄贈甘肅佩印王將軍

忠嗣胸中富甲兵，羌胡域外舊懸名。雪山自到营旗建，青海即看佩犢耕。番馬西關頻入貢，胡笳北漠希聞聲。屯田成日匣龍劍，定遠封時觀玉京。

寄敘州周太守

丹鳳山中懷玉仙，紫宸殿上聽臚傳。下帷賢聖經年夢，守郡華戎兩地眠。教出遠聞六詔格，風移閑賦二南篇。寅恭榻許寬隅坐，早晚鴻來政在田。

賀羅進士戶部

君家兄弟破天荒，從此雲霄引鳳翔。兄秉鑑衡均四海，弟司圖籍惠多方。泉山滾滾人文盛，車谷輝輝草木光。却愛尹他能尚友，庾斯原識是賢良。

寄贈成都太守午谿李君

萊竹陰中萬卷央，海棠花裏一琴張。携將菊岸潭谿水，化作雪山雨露瀼。諫院入川行李簡，乖厓在郡暴失良。龍橋近聽蜀人說，要傍文祠更築堂。

寄贈漢中通守朱彥常

彥常甘節節誰如，三卜食貧始讀書。陸海民迎通守日，黃堂人似布衣初。羔羊風遠傳回鳳，雀鼠音稀靜茹蔬。聞道長官多舊德，周行隨意步知舒。

送順德太守滄溟李先生

太白雄才號謫仙，鼉陰長句少陵傳。退朝蒲折單辭獄，到郡花明萬竈煙。趙守香焚琴鶴夜，王維詩出畫圖妍。柴門有客曾荊識，瓦缶無慚寄玉田。

酬河東運同吳子

嘉祐文成幸昔收，廬陵人覺是吾流。正期鳳翥臨千仞，豈料棘栖涉五秋。道有行藏元不晦，時殊用舍未宜羞[一]。孔壇深處須君到，春滿乾坤得自由。

【校記】

[一]"羞"，道光本作"差"。

代贈渭南宰鍾山甄侯

黃金臺畔硯磨穿，丹鳳城頭鳧戢翮。却把一琴臨渭水，仍將三事對旻天。澤中造士期星聚，懷裏蒼生似月圓。楓陛會徵錄異政，槐衙應說遇多賢。

賀耀州守李石屏采涼泉民言

涼泉漁父過樵門，共說吾州近得君。菜色但逢雙淚下，鼠牙才接片言分。我綸穩釣谿心月，爾擔渾挑嶺上雲。黔首聽看天有二，緇衣欣賦鹿為群。

送耀州趙太守三載入覲

石川漁父度煙蘿，聽得雲間幾棹歌。漆水潤田呈瑞麥，鑑山燭野秀嘉禾。黃金地闊書聲迴，黑髮人歸襁負多。明日渭陽看柳色，愁顏強酒不成酡。

送涇陽吳令尹連前任淳化通三載入覲，戲用北地，張繡衣見訪語贈之

還山御史過茅荊，笑說池陽問俗行。千吏在公無案下，一程出界有驢迎。梨園琴處着花合，涇水車來佩犢耕。雪裏看鳧留不得，白蓮峰色亦離情。

送淳化畢二尹三載入覲

東齋初稅西來車，門對蕪城見集鴉。陋室懸星曾菜味，深山陶穴漸人家。百年序設青襟舞，三輔田成烏帽花。閶闔此行應印綬，陽春何處更桑麻。

寄鎮安弋令

商於深處萃奇峰，萬疊千尋紫翠重。蜀有臥龍新視篆，村無點犬夜逾墉。山中皓悅園携綺，境外民來士及農。寄語主人為世計，休教時傑伴喦松。

代賀咸陽王尹生第三郎君

斗牛城畔一喬仙，領袖江南有歲年。天闕鳧來臨渭滸，星琴堂肅見蒲懸。匵中良玉纖瑕絕，掌上明珠三度圓。有客聽啼識秀異，揆君俸作買書錢。

送謝大尹考績

江漢朝宗一片心，攀留不住意難禁。柳邊且盡莆萄酒，松下應疏翡翠吟。着袴村中無犬吠，鳴琴庭下有棠陰。鴈鄉送別惟惆悵，敢餽王生暮夜金。

賀盧湖滕老壽躋七裘

西塞南淮艇逐鳧，栽花種竹枕盧湖。傳家已飯書中粟，生計還看江上蘆。七裘筵開顏似渥，一門萊舞繪成圖。玄庵為賦椽如筆，秦客亦傾缶內孚。

為江浦滕生贈袁生父西墅老人七裘壽

重陽節隔兩烏飛，七裘筵開對菊輝。門外有賓來鳳闕，膝前無燕歇萊衣。槐庭往日書程逼，雲路于今旨養腓。江浦總緣滕氏舊，幽音爰出渭川扉。

賀處士滕翁壽躋八旬[一]

白鷺洲邊李白觴，金陵滕氏卜新莊。買書日費黃金侈，好禮天加烏帽香。蟾窟笑看一桂馥，茉筵忘記八旬長[二]。初秋壁滿公卿咏，我亦螫吟珠玉傍。

【校記】

[一]"滕"，本篇詩題及正文均誤作"藤"，今據道光本改。
[二]"茉"，道光本作"萊"。

壽浮岩徐逸翁

浮岩老子逸民流，一卧岩雲八十秋。公館頻年无是迹，書齋入夜有燈篝。趨庭武在風堪紹，聽鼓篋多雪未收。鄉飲近聞慵與席，蒲輪若迓恐驚鷗。

賀寧州劉敬之壽躋七旬

龍川居士號恭庵，算及從心章自含。門下有英文未喪，履邊無隙道堪談。緣知學至明誠一，識得人同覆載三。黃閣具瞻臨市怖，青山高枕臥雲酣。

壽東郭張翁八旬有五

南薰聲裏有遺民，唐棣花間哺鳳麟。孤作挾霜風紀使，稚為藏匱廟廊珍。沙頭鷗集容依釣，河上翁來許卜隣。眉壽定同山壽永，八旬才值五鞭春。

賀張內相壽躋七袠

三十年餘老輔臣，歷朝典訓記偏真。祝釐但願錫多亂，報國曾歆愛一犛。好學往時託子姓，崇儒經歲費心神。七旬會酌期頤酒，笑傍鳩車看鳳麟。

賀許母壽躋六旬

行年耳順太安人，征賦堯天惠牧民。戶部恩榮龍敕舊，憲司色養綾袨新。雲霞袍慰尸饔志，孔鳳冠酬斷織辛。復顧晉摧登戩穀，期頤封拜算絲綸。

賀時母八旬

河中時母嫗中英，八十年過抱一貞。身際治平歷四世，眼看卿相是諸生。薰風巷裏萊筵厚，廣孝泉邊舞爵清。膝下有兒能負米，龍橋蒲阪往來輕。

壽韋大淑人

金臺豸服太夫人，逐子中丞西入秦。八郡懷中教撫育，三邊膝下淨風塵。萊筵曉膳樊川稻，祥室夕羞丙穴麟。初度瑤池元劇樂，蟠桃花底舞麒麟。

壽張母康太孺人七旬九齡

孺人卬友文星姊，我亦平生謂女兄。已見相夫為國輔，更看穀嗣冠時英。補天季進黃扉饌，步月兒翔白雪聲。今歲暫哦川至賦，八旬親擬露盤傾。

奉壽劉母太夫人

天涯親望正含悰，壽域尊開見婉容。膝下豸歸新撼嶽，機邊雲起舊從龍。光生丹水乾坤白，春在崖山草木穠。聞道蟠桃殷燕樂，蓬萊人舞應歌鐘。

次呂涇野齋居漫興韻十首

　　早歲春宵敢浪攀，心頭齊坐點齋官。宦遊所學慚多負，老去尋盟惜未寒。萬乘思成來內殿，百神受職赴郊壇。遙知此夕璇璣畔，孚滿璜琮蒼玉盤。

　　仙人住傍虛皇家，白玉堂西第一衙。地掃池亭開竹戶，香焚雪牖對梅花。身經陪祀壇臨斗，燕憶承恩酒泛霞。錫極曾知能萬億，何妨白事吏如鴉。

　　東風連日報鳴條，江水春生漲雪濤。聯榻忽驚三紀過，齋居寧謂九重遙。馨香定在粢盛外，對越極知聖體勞。石室史臣如有述，應將欽若紀神堯。

　　龍車復道聽轟雷，却憶郎時送駕回。大禮告成占上瑞，多方無事燕傳杯。聞韶欲逐苞禽舞，對鏡俄驚鬢雪催。已許鷗盟為野伴，還將羹事付窗梅。

　　皇極敷言敷腎腸，曾于日月看容光。敬謨妙絕同堯典，一德馨香匪稷芳。草木風中春有脚，江山雪後玉無妝。乾元穆穆臣難畫，老矣惟知效直方。

　　齋居上帝時臨我，受誓南邦夜夢君。虎變曾窺斑有炳，樂成那說曲無聞。黃河清報千年水，彩鳳鳴團五色雲。大祀既成福可量，九天應與萬方分。

　　四朝宦學承恩舊，七載昊天聖澤新。食坐見堯元有舜，齋心學孔彼何人。看衡水雪梅花發，會滿乾坤草樹春。擊壤從今真我事，鹿車行傍渭川巾。

　　狼星如沫塞烽寒，策士何勞效治安。方物正謀殷薦侑，天明還向遠臣看。圜鐘奏徹神應降，繭栗焚餘漏未殘。料得人心齊似結，協和昭格諒無難。

　　窗外松間落月低，良宵閒坐書忘攜。思成盥薦泉為酒，樂奏來儀鳳逾雞。千里天顏同咫尺，平生心事只鹽齎。祈年禮就民多祉[一]，穀滿田疇稻滿畦。

　　松庭人靜鳥聲幽，俯仰何曾固必求。不向飄風愁草舍，却于積雪念瓊樓。燔柴歲歲神祇格[二]，受祉年年稼穡秋。似此微臣祝願遂，春江無夢睡群鷗。

【校記】

[一]"祈"，道光本作"祁"。
[二]"祇"，原誤作"衹"，今據道光本改。

答呂仲木

　　雞鳴有約來連榻，月上無眠喚睡童。嗟我雖嘗中道廢，與君不是出門同。三年夢繞白雲舍，一夜涼生玉陛楓。莫悔功名渾是錯，功名中自有豪雄。

答沈文瀾

多君詩就剛三步，笑我年過只一童。撫景偶偕曾點樂，閉門敢比履常同。笑談浪說源頭水，歲月驚看江上楓。真勇在人撓不得，何言春到氣方雄。文瀾有"春到氣方雄"之句。

酬張水南學士城南道院別後見贈，方憶宿愛，忽辱新什奉和

都下知君學似海，江東憐我鬢成絲。赫蛮未觧樓迎白，草聖爰教世有芝。霖雨一時將入手，雲龍千載正逢期。行看慰足人寰望，閑逐赤松遊未遲。

送張守貞赴會試

雲歛終南雪乍晴，龍橋送客赴蓬瀛。衰楊裊裊牽愁思，逝水濺濺動別情。清谷河邊人上馬，嵯峨山下我歸耕。來歲瓊林開宴罷，蹇驢破帽笑相迎[一]。

平川學道昔同盟，此日着鞭上玉京。虎榜久登賢舉子，守真應會試南度矣。雞窗還坐腐儒生。鳳凰池上君今到，鹿豕林間我自耕。青瑣吾師如問詢，為言吳下舊阿蒙。

【校記】

[一]"驢破帽笑"，原漫漶不清，今據道光本補。

挽李東谿天祿

劍氣虹光射牛斗，早年文繡耀西周。經綸未盡人間事，辟穀輒從地下游。貞潔金相紛爵躍，才良銀海迸泉流。東谿女名"貞潔"，男名"效才"、"效良"。伊吾無地酬知己，東谿與居士結忘年友。乾死書螢泣楚囚。

送賀先生考績

鐸声九載振秦關，文物一時盡豹斑。虎座進魚今日別，龍墀遷爵幾時還。清谷飽聽蕉葉雨，漆河愁度蓼花灣。東齋明日塵生几，淚濕青衫看訂頑。

紫陽人去鎖煙霞，更問誰何泳聖涯。每愛高明希紹派，常羞愚懦但鳴蛙。幾年馬帳隨高弟，獨抱麟經委亂麻。傳道未傳師又去，西風腸斷嶺頭花。

賀李秀才秋闈中式

夫翁積善福攸基，之子學成衆未知。雪案三冬翻卷熟，蟾宫一步折枝奇。經邦有路須懷宝，即鹿逢林莫問亀[一]。執友懿親咸爾玉。希顔志尹在人為。

【校記】

[一]"逢"，原誤作"逢"，今據道光本改。

再賀李寵發解秋闈

紫門舊篋鼓垂鬢，月桂新枝笑折標。書報家山輝草木，燕回螢雪歎漁樵。花王爭說香兼色，粒實曾看秀及苗。太史會呈雲瑞罷，春官應奏鳳儀韶。

雲路群趨共不斜，蟾宫獨折最高花。聲騰學語黄童口，香壓開筵金谷家。國士才猷元莫敵，鄉評名第果無差。龍蟠飽茹十年蘗，鴻漸行輝五色麻。

送張伯趙進士還武功 進士，友人張待聘子，康對山甥。

若翁印友幾何期，文定康門莫鳳時。三紀夢中親几席，一朝都下見男兒。觀光謁帝酬翁志，落筆驚人宛舅姿。鳳翩依予還起去，渭陽椿樹益興思。

賀錢某行取辭風憲，授南曹秋官

名属浙東第一人，飛鳧曾布晉江春。還朝行李琴隨鶴，滿路去思碑是民。豸服慵從愁體着，書燈貪向暇時親。金陵別去知征邁，肯使乾坤愧此身。

賀李甥本綱恩榮冠帶

綱也忘機宛父風，散財扶國恤人窮。九天忽下彈冠詔，一壑仍收釣月功。開甕日嘗賢聖酒，看花春遠是非叢。賢哉免矣當斯世，有子無愁羨若翁。

寄贈趙子塏陵外舅張掖楊將軍

蓬門東坦是公甥，念母心于舅氏傾。中歲將過知嗣服，外家不到夢含情。幾年束望雙眸裂，今日西飛兩翼輕。我亦別君二十載，新詩看處是班荆。

贈迎暉賓松處士為鄉賓

山中調鶴友岩松，泮水登筵羨鷺容。早誦詩書習孔業，晚明方脉步岐蹤。湔江往得遏雲賦，嘉峪歸裝切玉鋒。誰道鄧攸天不識，荆花繁處鳳雛雛。

題東園先生東園

海亭岑閣鷲峰前，朱草瑤華滿洞天。官府一生無箇事，蓬瀛終日聚群仙。金莖露在惟論酌，狐白裘沾那記錢。却笑東山遊樂客，知親風月未親賢。

雨花臺奉和大司徒約庵周公常字韻。

風雅遏雲調異常，天花穰處會行觴。青雲仙集江山重，白鷺客逢語笑香。往事指隨空鳥沒，皇圖看與海天長。登臨何地聊相似，紫閣峰陰渭水陽。

送母舅婦家

送送長亭思欲迷，不堪回首判東西。風將雪意侵衣薄，愁壓雲陰傍馬低。紫陌好斟別日酒，前村已唱午時雞。匆匆未盡河陽贈[一]，尚待秋空姓字題。

【校記】

[一]"匆匆"，道光本作"忽忽"。

謝人送石碑，代道士作

劈得終南第幾峰，貯雲和月到琳宫。周王鼓碎難收拾，唐室崖高費琢礱。龜背映搖窗外竹，螭頭昂出檻前松。蓬萊未許相邀事，先為人間播姓名。

挽涇野

明夷之日大星流，君別神皋記玉樓。共學當年曾稷契，盖棺今日是程周。六經註出疏堪列，千卷書垂志亦酬。惟有群言朱紫亂，相期刪定恨靡留。

挽楊南里繡衣年丈

鄉闈薦日冠時英,烏府率僚道獨鳴。闕下霜飛百辟肅,滇南驄到八蠻驚。生前祠宇蒸民祀,沒後心田永世耕。清白誰言遺物薄,一雙和璧照人明。

賀蒲州梁南渠生子

東蒲舶客字天長,西認龍橋是故鄉。擊壤叟尋荊麓約,登雲仙共露盤漿。一朝室驗金星夢,三谷人哦白雪章。靈烏翼日彩羽就[一],儀韶應自鳳陂翔。

【校記】

[一]"翼",原誤作"異",今據道光本改。

哭武功張緯秀才

北臺竹所尚新書,東序松陰宛舊居。月上忍看執業處,雪中忽憶立門初。當時準擬而聞道,今日誰知天喪余[一]。回首春山雙淚堕,滿園桃李若為虛。

【校記】

[一]"日",原誤作"目",今據道光本改。

黏田文集卷之終

補 遺

送康太史奉母還關中序

昝龍渚公云"我谿田夫子名播外夷"者[一]，此文是也。集中未載，今增補之。

粵若弘治十有六載，臣太史海復於帝曰："惟帝克弘我先王之丕孝，亂四方維時，四方匹夫匹婦殫厥衷，咸庸休於帝德，茲臣海罔敢逸辟，庸布厥衷於帝。臣少孤，鞠於母氏康張，茲弗敢以母氏之勞瘁譁越天聽。昔在十有三載，臣母氏攜臣海來自滎，學於辟雍，棄厥先祠宇塋域暨厥毛裏之屬，迄今奄四載矣，實未嘗置厥心罔念。逮臣尸史館，益用興恤越豫。惟時先祠宇若屬率灼見於夢寐，寢庸成疢罔療，臣累羞以良劑，麾曰：'毋，我疢在心爾！尚克俾爾寡老母獲一還先廬否？茲足以瘳爾寡老母之疢，否則，有歸骨耳！臣聞丕恤底茫，不知攸措，念惟帝之大孝覆冒下土，克既諸匹夫匹婦之隱忱亦尚有監於茲，茲用敢復於帝，罔敢逸辟。"帝曰：朕聞臣而克臣，維克子爾，克子，時維，良耳目在朕躬。帝曰：嗚呼！海來，其善慰爾母氏，徂爾鄉，比瘳，以來弼朕不逮。"太史頓首稽首曰："臣不敏，曷以勝對天之光命。"時九月望後二日也。翌日，祖宣武門，奉母以行。于是太史之友生昔同舉於鄉者，畢來自太學，餞太史爵行，謂太史曰："維我雍梁之墟，在昔賓興賢能，時維賢聖淵藪暨我大明士敦于行。亦曰秦猶有人，維時進士之科名鮮有冠于多士，用大越太史。於戲！太史亦尚識否？昔與予在童子，志以文名世，僉曰：咈哉！維太史克自信，予亦諒太史展有今日。謂太史曰：時微艱，維克修厥德，異無忝厥鄉先正[二]，時維艱哉！'太史曰：'唯今果若厥志矣。古之人曰：'學先於立志，監茲尤信。'於戲！太史嗣今以往，其舍厥文辭，懋越德求[三]，匹美越前人，尚有弗獲，若志匪予攸聞，今官得行道者維太史。太史之任，一曰師天子；二曰傅天子；三曰保天子；四曰侍講讀以帝王之學詔天子；五曰撰編國史，以大懲大勸警天子。厥惟重哉！今太史志越以文名世，則獲志越祿養，則獲志越掃謁先祠宇塋域以慰母氏，則獲其志越竭力在王室，則尚襃如未有攸聞，太史可不重用懋哉。予聞李唐以來重進士，號曰得人，則有若韓愈榜，則有若張詠榜，而王佐乃由我朱子用終譽。吾儕昔與太史同舉得無厚厥望哉。今茲與太史別敢用茲爵為太史祝，太史其念哉念哉！"

先忠憲學接橫渠，功著六經，其於聲律對偶之技，率不經意，然傳誦為式者，已遍於中外矣。聞生平闡道之作[四]，晚年手訂一十二冊，剖劂力艱，後悉散亡。萬曆中，文豀張公宰治吾原，雅慕情切，旁搜遺文，刊為是集，迄今百七十二年，棗栗之存，僅有其半，觀覽者每以鈔補為苦。今歲，邑紳士先生相聚而言曰："豀田馬先生者，後學之津梁也。惜全書不概見，而斯集又破殘若是，我輩之責也。"遂各輸金照舊揭原本補刻其缺[五]，不逾月而復成完璧矣。昌黎云："莫為之前，雖美不彰；莫為之後，雖盛不傳。"諒哉！朋等愧感交深，書此簡末，以志不朽云。

九世孫邑庠生錫朋謹識

【校記】

[一] "田"，原脫，今據道光本補。
[二] "異"，道光本作"翼"。
[三] "越"，道光本作"厥"。
[四] "生平"，道光本作"平生"。
[五] "揭"，原誤作"榻"，今據道光本改。

捐資補刻姓氏[一]

張懿字秉初，覃恩進士，候銓知縣。　　胡瑛字玉彩，繕城議敘州同知。
溫祿綬字鵬南，邑庠生，闔邑公舉孝廉方正。　　王檀字健庵，候銓州同知。
張世勳字偉烈，歲進士，候銓學博。　　王露字育萬，候銓州同知。
崔楫字秀瞻，歲進士，候銓學博。　　崔鳳威字苞九，選拔進士，候銓知縣。
趙登瀛字漢仙。　　李成桂字芳粵，壬戌進士，四川東鄉縣知縣。
李登字步瀛，邑庠生。　　党成字應福，候銓州同知。
雒鼎字雲逵，邑庠生。　　張植字樹崑，太學生。

王琠字奇珍，太學生。　　崔世祥字東來，太學生。

王濟字士寧，太學生。　　張世濟字永和，文童。

范梓字友琴，文童。　　　張施字虞九，邑廩膳生。

録梓

張堯甸字禹功，邑廩膳生。

九世孫郡庠生輝甲、十世孫文童立夔較字

【校記】

[一]"捐資補刻姓氏"，道光本作"原捐資補刻姓氏"。

時乾隆十七年歲次壬申八月中秋日

谿田文集續補遺

明三原谿田馬理著
邑後學李錫齡孟熙校勘

游終南山序

　　終南，故周都之山也，其美冠天下，今在盩厔。予居北山之陰，相距甫百里，乃不得一至焉。往歲鎣陂王子、滸西康子約予同游，予時病臥，復不獲如約。徒翹首南望，詠殷雷之章，歌斯干之篇而已。邇者信陽何子試士過盩厔，適我關中，二三君子尋盟終南，乃不期而集，於是相與涉崇覽勝，暢情于杯酌之間，興感于俯仰之際，于是一唱一和，得詩凡若千篇，亦嘉會也。予時在都下，又不及與。他日歸，年友王子叔明寄詩於予，且謂當有言其上。予展卷而讀之，怳若履高峰之巔，南眺漢川，北瞰秦隴，左峨嵋，右大行，隨目之所如而呈奇獻秀，錯乎其前，亦一快矣。然予不能無感焉。竊惟西周盛時，終南之靈能使夫周呂奏績，鳳麟在野，故詩人極詠之，故二南二雅之樂，不遺終南。若樛木喬木，著王化之美；嘉魚有臺，致得賢之樂；騶虞靈臺，辟雍極位，育太平之盛是也。故斯樂也，薦諸宗廟朝廷之上，以養性情，育人材，感天地，格鬼神，無弗通焉，此終南之遇也。及周之衰，天方薦瘥，而終南失靈，詩人家父之徒咸怨焉，於是正道廢，邪說興，而靈臺辟雍之墟化而爲老氏授受之所，此終南之不遇也。自是以來，佛氏者又往往據之，斯又不遇也。閒有賢人君子遊歌其間，而采葛之情，考槃之興居多，要非雅南之盛，則斯山遇之，猶不遇也。嗚呼，終南其衰矣夫！茲登臨諸君爲人具瞻，有終南之德，適當我國家風化之美，君臣交泰之際，而有嘉魚有臺之奏，斯其時也，則夫唱和之詩，特其兆耳。他日經正民興，邪說不作，雅南復殷薦之盛，而終南自有遇也。誰謂其終衰矣夫，誰謂其終衰矣夫？

周易贊義序

太極而兩儀，兩儀而四象，四象而八卦，八八而六十四卦者，此伏羲所畫之卦，先天之易也。乾坤設而易行乎其中，至未濟而終焉者，此文王所敘之卦、所繫之辭，後天之易也。周公又繫之爻辭，遂成一代之書，名曰"周易"者，以別連山、歸藏，夏商之易也。孔子贊易於周，不於他者，以是易變通無方而不離於正，雖至凶之時之位有吉道寓焉。潔靜精微而不失之賊也，易窮則變，變則通，通則不窮，以是道而行於上，則垂裳而治，堯舜之君也；以是道而行於下，則昭明協極，堯舜之民也。是故聖人明之則希乎天，君子明之則齊乎聖，小人明之則吉無不利而天佑之矣。是故易之爲書，有轉禍爲福之理，有以人勝天之道，非龜卜之書，所可班也，故孔子贊之。自孔子贊易而龜卜書廢，蓋卜之吉凶定於天，而易之吉凶係乎人。夫天作孽，猶可違；自作孽，不可活。吉凶誠係乎人而非定於天也。是故孔子獨於周易贊之，以示夫堯舜君民之治，聖人君子之道，吉凶消息之理，在此而不在彼也。嗚呼，易誠萬世不刊之典也歟。

高陵縣志序

高陵，古雍、豫、兗州之地也，爲都尉治所，爲馮翊首邑，爲神皋，涇、渭所經，霸、冶、清、濁、趙氏、漆、沮七水之所會也。舊有志十餘葉，弗傳，未成書也。弘治庚戌，邑人太守劉公嘗修之，又弗傳，亦未成書也。卒至吾友涇野呂子賓興於鄉，始更創志。草後及第，爲太史氏。志成，又歷三十年，而始書時則由大司成爲少宗伯矣。其志帙二，爲卷七，爲目一十有二。首地理者，志封域也。及渠堰者，盡力乎溝洫之意也。昔雍田爲上上，稱陸海者，此也。今誠舉鍤而雲，決渠而雨，則澤民富國不在天而在人，不在古而在今矣。次建置及舊署者，志裁革而賦如故也。蓋嘗有丞簿矣，今裁之；有驛遞矣，今裁之；有他鄉里矣，今裁之。然力小而任日重者不可減，站存而濟他邑者不可復，志之憫人窮也，蓋有拯援之心焉。次祠廟、寺觀而別先後者，辨邪正也，亦不得已之意也。蓋謂經正民興，則邪慝自無，今奈之何哉？次戶租物產者，著小人所養君子也。曆數述者，百工庶績之所關也。蓋元有授時曆者，高陵之賢實修之，故不得而略也。次禮俗抄略者，著典禮也。典禮行，則俗斯美矣。次職官者，著政典在焉。孔子之所學，弗可忘也。官師而傳及君侯者詳也。及馮翊之守者，以德化在是，幾于道焉耳。志人物而及節婦、科貢、恩廕者，涇野子言之詳矣。志邸宅陵基者，昭往以示諸來也。彼五陵豪傑之第，邙岩王侯之墓，行不修而名不稱者，皆草木同腐爾矣，孰得而志之，故昭往以示來也。志陵基而及羌氏者，春秋謹微之義也，是皆善政之意而寓乎醇儒之道焉。非涇野子，其孰能辨之？

千金方序

輝州古華原地昔有孫子思邈者，古逸民之儔也。乃避亂於周，徵詔於隋，皆不仕。但以方藥濟人，其所謂不爲良相則爲良醫者與？乃後道流目之爲真人，醫家宗之爲明醫，史家列於《唐書·方技傳》中。嗚呼，豈真知孫子者哉！

觀孫子言天必質之於人，言人必本之於天，及以臨深履薄爲小心，以不爲利回義疚爲行方，以見幾而作爲知圓，方技之學諒不及此。至論聖人，和以至德，輔以人事，則天地之災可消。學者取之以注於虞書水火金木土穀，惟修中庸天地位育之文之下，斯精粹不易之言。考之漢宋諸儒，釋經率未及是，是可以方技言耶？惜當時無中和之主，使位育之效不著，固孫子之不遇，亦世道之不幸也。孫子所著有《千金方》一部三十餘卷，其方首療婦人無子，次妊娠，次轉女爲男，次生產，次活幼，次男子、老人諸方。凡針灸、導引、養性、攝生之方，無不備焉。予見古今醫方有序者，率不逮是，其間每卷有救急單方，窮鄉下邑藥物鮮有之，所倉卒用之尤便。其以"千金"名方，蓋謂一方之價抵千金焉耳。或謂未然，殊不知崇高之人偶得危疾，得是方以全之，則中流一壺豈足喻邪？

孫子之徒常刊是方於華表石上，豎之鑑山之下，漆、沮合流路隅，便人覽且抄也。今石存而方失，州人傳說爲某醫家所毀，後其家遭雷禍，方亦不存。夫孫子著方，志在濟世，仁人之心亦天地好生之心也。彼專利之徒乃毀之，其不仁甚矣，天譴而雷震之，豈非理邪？自夫斯方之毀也，世醫所傳用者惟袖珍方，及東垣李氏、丹谿朱氏方耳。孫方之流傳者惟汗吐下三方及救急單方，命曰"海上仙方"，存於他山之石，餘方湮晦。所幸道家者流乃錄於道藏書中，尚無恙焉。予承乏吏部日，常抄是方，傳之二三友朋。一日先妻張氏得咳嗽吐血疾，求醫療之無效，乃手檢斯方用之，服所合四分之一，頓愈。他日至京師，遇王生者，故貧士也，忽衣輕策肥，訝而詢之。曰："久科不第，得《千金方》而易業濟人，有奇效，故日用稍裕，異疇昔耳。"乃心寶是方，欲廣傳之，未能也。今萬石喬氏乃梓而傳之，非孫子勒方華表意耶？今而後，斯方之傳其廣矣。夫喬氏常積粟數萬石，歲薄取其息以賑饑，人故遠爾歸德，以萬石君稱。萬石君長子世寧中嘉靖戊戌進士，由南京戶部郎中陞四川按察司僉事；次子世定，明農相萬石君。世定嘗患傷寒疾，醫診療之，六脈已結而絕，將屬纊以待斂矣，萬石君暨僉事暨闔家之人祈祐於孫子之神，矢以疾愈即梓，傳神方於世。祈已，脧之六脈俱應手，至數日愈。孫子有故居在鑑山畔，有洞在麓，今皆為奉祀所矣，俱道士主之。先是有痿痺人，或杖扶而來，或人負而至，祈祐于神，眠於洞中，輒夢神詔療，醒即舍杖，及負者步而歸。有他疾者，禱而有感，悉如是，蓋不徒世定然也。是故鑑山香火於關中為盛，雖華嶽、吳鎮弗逮焉。萬石君因僉事在地官日抄獲是方，至是捐金三百金，刊之而送於神所，俾道士以方藥施人。嗟乎，萬石君父子用心誠神之心哉！受是刻者，誠體厥心，懼神之監監雷震者之禍用。每歲神所祈者報之財，分作四分，一分易紙印方施人，一分依方合藥療病，一分濟諸癃寡孤獨人，餘以奉神自給。斯神惠廣布，神人胥悅，其感應又可勝言也耶？愚又聞諸前禱疾而愈者悉善人，有過而能改者，神亦祐之。夫抱疾而禱者，其戒之哉，其戒之哉！

嘉靖二十三年甲辰秋八月望日

新立社學社倉社約記

嘉靖丁酉秋九月，有周侯者宰白水縣。越六月，政舉乃集諸父老，諭曰："邑有預備倉以備贖刑粟實之患，濟民之未周也。吾欲此外竊取文公社倉遺法，以周困窮，何如？"衆唯唯。侯遂出麥十石，白於城隍神而貯之廡中，於是富民爭尚義輸麥，踰月而積七百有奇。己亥三月，乃以法散給窮民，約以春補不足，秋助不給，夏斂以麥，秋斂以米。歲熟加粟二分，中熟一分，下熟免息。凡戶十年免息，追入耗麥若米三升，息有餘，遇荒散窮民大口二斗，小口一斗，凡十日。凡社衆於規約有犯不給，歲再犯削籍。凡社倉粟出入，社首掌管，縣長貳不與，但斂散時省焉，一觀懲之而已。是歲麥熟，六月中，社首宣約斂之，衆如約以償，得本息麥八百四十有奇。侯又入他義粟八百有奇，廡不能容，乃謀立社倉並學。乃得城隍廟西北偏在官隙地，南地袤十丈六尺，東西廣六丈一尺，乃爲正廳三間。左右翼房各二間，爲社學。東廊七間，西廊七間爲倉，以所斂貯之。外門樓一，凡諸材取諸淫祠，力取諸在官，庶人官給之食，事舉而民不病焉。至八月種時，復散助以爲常。凡補以米，助以麥，皆倉所有，民所缺也。倉既立，侯又集諸父老于庭，諭曰："上失其道，民散久矣。苟無禮教，雖養之，能不陷于罪邪？吾欲放呂氏鄉約，以禮淑民，何如？"衆唯唯，於是以約法示衆，其略曰："邑既爲社學倉如前，凡社推約正一人，副二人，每十家爲甲牌，書其口數及所業，甲及癸輪牌而直日甲內人乙若丙，有不善則直日人率同甲往諭之，不從則偕諸約副再諭之，不從則月朔白約正，皆衆責之，必其改。縣歲以旌善記過，二簿付諸約正，率衆赴社學，設聖諭牌，行五拜三頓首禮，興宣諭衆跪聽畢，頓首興分班東西，序立本學生，歌孝弟詩畢，坐而茶畢，直日人宣同甲人善惡，善輒簿記之，惡諭而改，亦善簿記之，三諭而不改，斯惡簿記之。每月二十五日約副二人輪送二簿子，縣廳勸諭，凡三諭而不改者，則縣削其籍，于甲加之刑，始終善者則戒宿爲鄉賓，仍置牌扁，大書'善人'二字，鼓樂送及門而懸之。凡赴約茶輪辦之，凡社人敦孝弟，周貧乏，伸誣枉，助婚喪，濟孤寡，援水火，弭盜賊，教子弟，勸生事，尚儉素，尊禮賢士，于人無侵損能讓。時婚嫁，完賦役，婦人不貿易，夜汲者爲善，反此爲惡。"衆聞約，谿志以待。侯乃即前社倉學立約正副牌甲、木鐸，人及司禮生頒規約而俾民行焉。白水有舉人廉清夫者，剛直而好義人也，善侯之政，走三原而告之理。理曰："昔雲南梅首月嘗語令信古而尚德，予未之及識也，今信矣夫。"清夫曰："侯始懼古道，猝未之能行也，聊爲之兆，兆足以行矣，乃使介就正于先王。先王其損益之俾，侯固守焉，何如？"理曰："政尚稽古，利在宜民，民既攸宜，損益何爲，無倦已矣。但斯舉也，自邑而推之，鄉里各有社，社各有學有倉，養于斯，教于斯，以約民于生厚俗美，刑措之域可也。"清夫曰："先生在官，亦悉見斯舉矣乎！"曰："昔予居吏部，日有令于江左者，仿古而爲政，其郡守惡而摧沮之。予聞而白諸宰，冀有處焉。宰笑曰：'迂哉，令也！其道學之徒歟，將焉用之？'未幾宰党逆死，守亦敗，令屢爲人沮，渝其守官以他途進致富貴。予不惜二人者，不足以知令。深惜令之學知及之，仁不足以守之，乃朵頤於人而喪厥寶也。令信尚如此，當路而居，上者復賢明，令其無沮矣乎？縱沮其知，其必守之以仁而無所喪也。令其勉乎哉！予雖老，其納民于刑措之域，必可坐而見矣。"令所定規約二茲不具載于碑陰，俾民誦習而由焉。

令名賢，字士希，號復齋，湖廣湘鄉人，柳州其先人戍所，亦令鄉舉所也。

肇修東北二郭記

白水邑城，厥方四里。肇於洪武，癸丑六祀。肇城者誰，張侯三同。自是歷年，百八十終。中城廬稀，北關民稠。東關亦然，蜂房以鳩。關有井甘，緒餅雲集。中城則亡，咸於此汲。有虞閉城，內外俱凶。外無郛郭，內靡飱饔。幸值清時，四海晏然。內外蒼生，安居有年。嘉靖癸丑，虜蠢朔方。侵及延鄜，宜君有戕。於時胡纛，南指蓮岳。偶值御史，提兵犄角。以此朔塵，未及彭衙。郊民逃匿，喪室與家。於時邑宰，儀封溫侯。登城禦寇，被甲執矛。覽民襁負，就城弗容。虜未遠遁，民咨困窮。侯用焦勞，思城外郭。曰是不城，民何倚著？謀及師生，如身厲疹。白諸憲司，撫按俱允。乃興版築，乃濬池隍。自彼北城，亥隅雉翔。翔為方郭，東亦如之。二郭言工，五里其基。自是中城，出沒弗怖。二關有郭，敵來守固。城郭無患，民社永吉。賢哉溫侯，厥績可述。侯在斯邑，勸農興學。訟平盜息，無告澤渥。侯號石臺，名曰伯仁。民之戴之，若彼二親。侯昔受學，王公浚川。出斯有為，無忝所傳。

寧州復修郭城記

寧州南臨九龍，西北臨寧江，馬蓮、三河舊有南關城，後梁時牧守司空牛知業所築，後無考。成化初參政朱公英葺之，歲久就頹。嘉靖甲午夜，大雨非常，百川驟溢。三山河水懷山襄陵而下，遂頹城，入捲關廂，人家幾盡。間有漂至臨潼、渭南而出者，有駕出三門砥柱山顛，至汴而出者，亦有居傍大城阜地波淺得避而生者，然十有二三。維時九川呂中丞謂巡撫南皋王中丞當以修城為急，於是坐委滇南瀘濱李公文中以左轄少參分守此地，弔民至斯，不勝悲嘆。召集撫統之餘，受議築鑿之舉，乃白于上官，詢謀僉同，乃詢于下，民豁志丕應。遂鳩工集財，十日行事，令州守趙侯秉祝董之，同知陳潾副之，指揮唐侯江參焉。下地築高二丈，闊一丈五尺，女牆高三尺，長二百七十丈有奇。高城築一丈五尺，下闊五尺，長一百八十四丈有奇。女牆如前。東西南各門，門各有樓三間，下闊四丈，高各三丈，下包鉅石，上疊精甄，膠用石泥和，用糯糒經如，于七月十有五日，落成于十月廿有九日。固矣美矣，災患免矣，寇盜遠矣。于是州人致仕二守楊子純具狀，舉人呂生■寓書僉曰[一]："是役也，少參公援我于溺，又從而衛之，費在官而下無斂，役非久而民不勞。詩曰：'愷悌君子，民之父母。'公其有焉，願吾子記之。"某聞而嘆曰："少參公明而執，廣而貞，廉而不隅，易而儉，有弗為，為斯底績。"愚承乏于同寅日，知公非徒今也，蓋一十有四年矣。是故斯役而為之書云。

【校記】

[一]"■"，底本漫漶，道光本為墨丁。

宸翰碑樓記

雙谿馬侯宰淳化三年，承皇上德意，刊宸翰諸碑于學官，仍繕樓以護之，圖不朽也。於是流亡集矣，賦稅完矣，訟繁而簡矣，俗奢而儉矣，遂營諸公工■城[一]。城郭作學宮，坊門于外，匾曰"桂林"；倉于其內，匾曰"育才"。遂新譙樓、縣堂、吏舍及他廨宇，役亦繁矣。今獨曰"宸翰碑樓"者，尊宸翰也。蓋是時，皇上立本建極，君師天下，嘗於萬幾之暇，親灑宸翰，著《敬一箴》一篇，又注程子《視》、《聽》、《言》、《動箴》四篇，又注范氏《心箴》一篇，皆頒諸天下學宮。碑俾勒石傳遠，示天下後世，咸知皇極敷言，皆帝王心學所寓，於以世訓世行而近天子之光焉，其啟迪斯世之意周矣、至矣。是故侯殫心而圖之，惟恐弗稱上意，非知所重者耶？淳化丞均士夫曰："凡人之行，私精而公觕，率假義而取利焉。侯之興是役也，視宸翰之所在，如天顏之所在，擇石斵工，視琢及礱、及書、及勒，以自盡焉，至於諸役，一以家事視之，用資于刑徒贖金，官民無取焉。其視諸細斂以集事，頓取以自利者，大有閒矣。"君子曰："侯得君子之道三焉：其事上也忠，其使下也惠，其處己也廉。宜夫人之與矣夫。"或曰："桂林雅乎？"君子曰："宵雅肄三，官其始也。大學之教，固如是耳。"

侯名崇，字德夫，四川雙流人，由麻城學諭來宰于茲。淳化丞者，四川南川蘇伯珠，字文光也。

【校記】

[一]"■"，底本漫漶，道光本爲墨丁。

鄭公祠碑記

正德十六年四月，盩厔人大夫范澤、耆老彭桂率諸人士言於令王子曰："在昔我令鄭君子惠我民，我民宜報祀，乞祀之。"王子曰："嘻！予前在崑山，惟君作先明；今來茲邑，亦惟君作先明。君規予隨，予知君。"于是以聞之御史，御史曰："夫鄭令爲誰子，民云何僉？"曰："我故令爲達，字爲叔通，爲湖廣廣濟人，爲襄陽府學生，爲宣德乙卯鄉舉士。粤自正統癸亥來令我邑，乃詢我瘼，貧者屋之，死者活之，禦我災患，沃我田壤，我民至今受賜，乞祠之。"御史曰："夫采允何如？"僉曰："昔我令未來，豸人佃田，通陌通阡，哀人顛顛，俶屋俶廛；亦既來止，續短刊長，授我以廛，百室用張。我令未來，無辜在獄，服厥大辟，九載罔贖。亦既來止，研得其情，力白當途，死者以生。我令未來，城幾復隍，隍夷而畹，寇戎跳踉。亦既來止，邊烽煌煌，我城我池，抵金抵湯。我令未來，天雨弗雨，我田則赤，我泉則涸。亦既來止，出舍自責，雨乃無時，歲則大穫。我令未來，我無溝洫，小旱我流，大則我踣。亦既來止，爲我遠圖，陟降終南，僕痡馬瘏。乃及駱谷，乃得流泉，乃疏乃渠，及我城畹。舉鍤以雲，決堤以雨，以周我隍，以沃我土。我土既沃，豐年穰穰，令則云遠，遺我甘棠，嗟我蒸民，允宜祀享。"御史謂令王子曰："民情如此，違之不祥，順有勸矣，盍圖諸。"于是令王子歸，周爰咨謀乃得東郭淫祠，毀之，得地五分不足，又買之民田，統一畝九分。爰建令祀，爲門堂、爲寢、爲廡，備焉。以縣東在官地五十畝爲祀田，擇道士馬宗林者治之，歲辦祠內民地秋糧一斗四升爲折色，春秋辦二祀猪一羊一束帛一。是年九月日令王子報御史曰："善俾令行事。"曰："予將以聞乎上也。"于是盩厔人士諧所願大悅。

昭慧院記

院在邑南東偏，鄉人所謂三陽寺者是也。唐大中間創置，然有塔則非近代物矣。嘉靖間塔基壞就傾，邑人銀孟嘗等修之，于是塔固而殿宇亦咸新焉。

夫塔者何表？藏舍利之所，即韓退之所謂佛骨者也。佛經所載涅槃之後，大焚之餘，以其舍利分作九瓶，布諸各國，以建九塔，然皆外國爾。其後浮屠金人得於去病，祭於甘泉，則入中國之始。及夫摩騰入漢，羅什譯經，誌公在梁，圖澄依石，達摩渡江，元（玄）裝取經，于是佛教盛行。雖天子宰相無不宗師，故晉帝聽其不朝，梁皇屢爲捨身，唐之公卿甘爲弟子，聽其說法矣。惟韓子闢爲異端，其後不應，與顛僧深友，遂令釋氏之徒立其書券。宋興，公卿學士多參謁傳流，所不附者惟周、程、張、朱數子，故其言至今賴焉。

夫佛氏諸經亦嘗翻閱，其每卷之首有所謂邪輸陀者，其妻也；摩侯羅者，其子也，是佛固有妻子矣。其語送終父母際，亦甚悲痛。及語射千教諸天之說，亦多孝弟忠信等語，是亦未嘗外吾彝倫之道也。後世君相不識此義，遂令父母拜子，君后拜臣，綱淪法斁，天下昏惑久矣。天厭斯害，篤生聖祖，創制垂法，以立民極。于是始令僧道拜其父母，此亂極之治，其佛氏之道至於良心真切之地，亦固合焉者也。

今其徒知崇其教，知修葺其所而不知真切之地，以修葺其心而不知依其師說、遵我祖訓，其亦出不由戶已矣。是必即其地而君之鰥者，妻之孤者，父母之獨者，子之修吾孝弟之道，以忠信之心，雖今此之民，即堯舜之民矣。昭慧之僧，其思之哉？

明太史對山康公墓誌銘

對山康公諱海，字德涵，故固始人，其居武功則自七世祖政始也。上世多聞人，詳公考長公世行編。

公弘治十五年狀元及第，授翰林院修撰。後長公獲贈官如公官。母張氏封太安人，妻尚氏封安人。以公爲太史氏也，世稱太史公云。公七八歲時授毛詩，無何，通大義，既而讀陳止齋文，仿而論事雜陳文中，人無辨焉。讀三蘇文，曰："老泉集吾取二三策焉，其簡書之謂也。"讀韓、柳文，曰："退之吾取其議論焉，子厚吾取其敘事焉已矣。"讀《史記》、《漢書》曰："固書所載漢文獻耳，遷史則春秋、戰國前文獻在焉，吾與固寧遷也。"續讀《程朱集》曰："旨哉其味道也，文之則六籍可企，遷不足論矣。"

二十一歲，與予講學於長安邸舍，凡兩月而別。明年會於三原，九十日而別。又明年會於涇陽，數日而別。又明年弘治戊午會於長安邸舍，時公年二十四歲矣。是秋，同舉於鄉。明年同試於宗伯，不第。辛酉，公先如京師，以書招予。是秋同游太學，王端毅公一見而以國士禮之。楊遂庵公試而以及第許之，劉文靖公閱而奏之，遂名冠多士。

先是弘治間行袁弼氏之文，蓋自督學馬公忠錫出焉，為我西人式也。有藁城氏者美之，以嘗予曰："美諸？"予曰："未也。"曰："何知？"曰："以吾友對山氏知焉。"他日美三蘇氏之品，以嘗予曰："美諸？"予曰："美矣。然嘗吾友之雉膏爲稍珍爾。"藁城氏曰："今而後知子不可與言。"遂不悅而退。及公名世，然後就予問所珍，予出所著張氏族譜授之，乃始嘆曰："信非蘇譜所及，向以予言為謬，今乃知之，晚矣晚矣。"

公壬戌對策殿廷，大臣得公卷奏之，問關中名士，應者語數人，非所問也。渼陂王子在他所，進曰："關中有康海者，天下士也。"大臣曰："信如公言。"遂奏卷。時孝宗皇帝親覽，獲稱旨焉，公遂登進士第一人。是冬，公送母張太安人還武功。予贈公以言，略曰："昔太史及予學，志以文匹休古人，名世嗤於時。惟太史克自信。予曰：'名若時匪難，惟曰是弼，厥後為堯舜，以澤厥兆民，無愧我先明，時惟艱哉？'太史曰：'然夫既約矣。'茲太史志以文匹休於古則獲，志名世則獲，志祿養厥親則獲，志以曲衷籲帝慰母氏則獲。然修厥德俾明光於上下，布堯舜之澤於厥兆民，如先明則尚褒，如未有攸聞於太史行矣。勉哉，勉哉！"公受之行。乙丑冬，公還史館，凡三年。凡論著必宗經，而子史以宋人言爲俚，以唐爲新巧，以秦漢爲伯仲而有所駁也，故同進者畏服而忌焉，多就而正所業者。忌者遂以國老文就正於公，公即革其質，易其文，而授之所存者，十不一二。忌者乃又以呈國老，故諸國老咸病公。

公在館日，有李戶部夢陽者，因論諫下詔獄，罪擬死矣，乃鳴號於公。時宦瑾用事，能生殺人，惟欲見公，弗得。明日，公謀諸柏齋何子欲見瑾而援李。何子曰："瑾好名負乘之人也，可詭言說之。"公曰："然。"遂往。瑾聞公至，即倒履迎客，延上座。復肆筵飲公，公笑談良久，皆格言典訓。時瑾無所抗禮語者，見公申如愉如，言復懸河有章，益敬重。左右侍瑾者立如堵牆，咸貴人，咸俯首諦聽，稱夫子焉。瑾曰："人謂自來狀元舉不如公，恨不獲一見，今幸見之。又過於所聞，誠增光關中多矣。"公紿曰："海何足言，今關中有才子，乃海之所不及也，第豪傑不相容耳。"曰："爲誰？"曰：

"李夢陽其人也。"瑾曰:"斯人麗死刑,朝夕戮矣,先生乃謂之才耶?"公曰:"海不言正爲是耳。"他日,夢陽遂宥而出,公之力也。

公遭内艱而歸也,及順德遇盜,而失財焉。捕盜者欲追其財以還公,猶覆水而不可收也。後瑾敗,忌者謂公交瑾,故失財而復獲,遂罷其官。

公之錮也,以文爲身累,遂倦於修辭,曰:"辭章小技耳,壯夫不爲。吾詠歌舞蹈泉石間已矣,何以小技爲哉?"乃屢爲樂章,求律於太常氏。又自定黄鐘而用之,然後宣以五音,舞以六羽,使聲容並作,以祀先業樂。賓觀者無弗嘆賞,知古樂可未盡亡矣。然自是有安石東山之興,其聲容亦稍用妓焉。然恐朋友親之,則道其有卷舒,其名教之樂,固未嘗虧也。

公事親自少以承顔爲事。諸生時,衣食或不充而親極滋味,比顯一喜一怒,咸無違焉。長公有二、三、四、五弟,公皆事之如長公。公有二、三、四從兄,六、七、八、九、十、十一、十二從弟,公視之皆如同母兄弟焉。從弟七浩、十一河,皆舉進士,歷官至太守,九淳以選貢,十二濂亦以選貢爲教官。甥生員習方、從甥張鏄、張鍊,昆弟聯,舉於鄉,悉公教育所成。凡九族待公而舉火者數十餘家,凡交游婚喪有不能舉者,公即助而舉之。長安張太微氏有父喪,力不能舉,公以百金助之,他不勝紀。凡四方醫卜技藝,人多依公而食。

公初配尚安人,順天府推官公女,善勤儉持家,閨門以肅。尚歿,繼以興平張氏;張歿,以季氏。繼室子男四,長生員栗,尚出,甫冠,歿,有《子寬集》傳。子寬,栗字也。栗初娶渼陂王子女,繼娶靈寶楊方伯女。栗之歿也,楊服砒霜以殉。有司嘗奏其貞烈,請旌表,自有傳。次棩,側室韓氏出。餘傷女三,俱尚出。長適岷州張司徒公孫,今居華州參政用昭子舉人之榘,之榘早卒。子光孝甫冠,爲名士,有外祖風。次適岐山生員李世貞。次適監生馬襲吉。

公生於成化乙未六月二十日午時,卒於嘉靖庚午十二月十四日寅時,壽六十有六年矣。公審於律吕如周阮,尤精於歷數,隔年求日月交食,分抄不爽[一],用掌鈐天時,決病人死生。又明脈絡孔穴,以處鍼熨藥餌,悉不謬。爲親友喪家相葬地點穴,陰陽家弗能駁也。用六壬太乙占事,知來輒驗。惟博奕薄而不爲公汎愛。於人無所不交,然於莊嚴士則篤敬而親之,終身不衰。呂涇野氏曰:"予究諸先明之道,有研慮數年而後得者,詢諸公,一言而合,若前定然，凡論政與事皆如是。公間氣所鍾，亞於生知，故其敏如此。"又曰："八大節，人不可及。"又曰："公嘗與後學論事，曰吾鄉稷、契、皋、伊，大士也。自餘訓詁儒，特書生爾。"觀此可以知公所負矣。張太微氏曰："公直道而行。人有善，雖鄉里細人，必稱；有不善，雖公卿，亦面嗤而詆之。此上世所不容而欲大行於今，難矣哉？公對孝宗皇帝制策有曰：'使古豪傑之士而不遇，雖子思、孟軻則亦徒爾。'人觀公才德而竟不得志如此，則所謂子思、孟軻云者，其亦自許也耶？"可謂知公者矣。公所著有《武功志》、《張氏族譜》、詩文集、歷（曆）法諸書。銘曰：

吁嗟，對山敏而善學，故多能多知。聊出緒餘，名冠一時。使授之政，左之右之，焉攸不宜。乃授人於死人，乃立身擯而永遺。人皆不堪其悲，公乃樂天知命以自怡。吁嗟乎，對山以先明而自期，吾奚疑？

【校記】

[一]"抄"，疑為"秒"之形訛。

李石疊墓誌銘

粵若皇明富平邑鍾三賢：有太宰鷄庵張公焉，文質彬彬，求仁得仁人也；有御史斛山楊子焉，匪躬蹇蹇，忠誠感神，節不可奪人也；有僉都御史石疊李君焉，識達時務，隨遇攸宜，才兼文武人也。嗚呼，亦光矣哉！

君諱宗樞，字子立，號石疊。其先遼烏古論人，金末有諱速可者，爲將軍，鎮耀州。元初棄爵徙富平，今居流曲里焉。速可後有惟忠，惟忠生讓，讓生文政，贈奉政大夫，成都府同知。生恕，字道夫，號松軒，登弘治丙辰進士。歷官德平尹，至貴州布政司左參議，配宋氏，封太宜人。生三子，孟宗橋，仲宗桂，季君。太宜人先寓德平，時夢紅日如輪隳懷中，警覺有娠，生君。

十六補縣學生，受學於渭南瑞泉南子與令弟姜泉麗澤，久之辭腴而暢，登正德丙子鄉舉不第。瑞泉授以遷史文，久之駸駸乎史矣！間令執業就予，予語以洙泗及濂洛之純，久之駸駸乎純矣！

由是登嘉靖癸未進士，觀政兵部，授諸城令。諸城多將官巨室，率侵奪民田，民失業靡控訴，多流亡。君至懲奪田尤者一人，諸巨室悉歸田，民咸復業。邑濱海盜繁，歲熟輒強斂，巢穴於海，官未之能禁也。君蒞政三年，盜屏迹。

戊子，撫按交薦徵，授監察御史之任。監修悼靈后陵完，會虜犯，宣大赦。巡邊至，陳急務十策，司馬覆奏上依擬。是歲虜知備，弗蠢。

時都御史鋐不法，數其罪而劾之，京師傳其疏而稱快焉，鋐危懼而銜君。又論兵部侍郎副都御史，皆罷去。明年鋐陟冢宰，出君爲潁州兵備僉事。潁當南北衝，訟繁多盜，蓋欲中傷之也。君往期年，訟簡而盜息。先後薦者十有二疏，鋐竟無能害焉。

乙未，冢宰代遷河南左參議，值賊寵據鄢，帥師乎之獲金幣齎焉。戊戌[一]，陞副使。己亥，上詣承天陵二月。丁卯，駐蹕衛輝，夜行宮災，上驚。明日，罪扈從諸臣，特陞君左參政，尋陞按察使。令扈從，三陞皆河南御。先是中官數千人，所至鞭撻有司，奪衣馬。故撫臣以下，每朝畢即避匿，以故夜火莫能遽集。至是君同撫按奏聞，獲厲禁而諸臣始展布云。君往返扈從，上安。

是歲七月朔，太宜人卒，訃聞奔歸。是後虜數犯塞，深入太原、潞安諸城，邊鎮文武臣多罷，詔舉才堪禦虜重臣。于是冢宰及科道交以君應詔，疏入，適服闋，補先職。時邊烽未熄，遂擢右僉都御史，保釐中土，被命察民，猶恝恝震驚焉。

大梁習俗故奢，復有譎詐奸盜，大爲民害。前撫按屢禁之，弗能革也。君察知捕諸首惡，箠而殺之，其類悉逃去，境清。復罪諸服用踰常分者，俗以變焉。又察會城居民多加差，終歲勤苦，悉蠲革之，仍救災恤患，薄斂省刑，於是民始息肩，樂生而歌詠興矣。又嘗檄諸郡邑，俾條具民間利害，將一切興革，比至將裁行間，乃疾。革不可爲矣，惜也。

以故卒之日，梁人聞者咸流涕焉。君子曰："異哉，子立之學與仕也！始七歲而知詩，十歲而日誦古文數千言，乃二十而舉。然樸實訥吃，未幾益征邁深造，思齊時賢，尚友古人。淵乎邃，便便乎辨矣！始亦固執，未幾莅事接物，左右攸宜，世之吉人彥士樂與朋簪而在位難事之，上亦予其賢能，不妬忌焉。嗚呼，君善學而才美，過人異如是耶？"

富平溫泉楊生曰："石疊憲副時迎養太宜人，太宜人每飯必令其內子躬操井臼，手炊始食，或偶有微過，輒怒臥弗食。石疊聞，必走跪膝下，負荊請罪。悅且食，命之興，然後敢興。至爲憲長時亦然。"太宜人嚴訓，君承顏類如此。

君臨上克恭，臨下克簡。予嘗與會葬瑞泉，在途經二日，行必推先。每却顧，未之行也，比至次，必先在僕馬，終弗見，其妙應如此。與論政論文，則與予晚年所見實合，予嘆服焉。

君配王氏，封恭人。生男四，長然生員，娶三原穆御史伯寅女，次羔舉人，娶耀州戶部張員外子開女；次鼇生員，娶南氏即姜泉副憲元貞女；次燾生員，娶劉典膳乙卿女。女二，長適耀州進士左熙，次適熙叔通判少臣男生員煦。孫男六，延齡、夢齡、松齡、柏齡、坤齡、培齡。孫女六，俱尚幼。

君生於弘治丁巳十二月二十四日，卒於嘉靖甲辰六月三日，享年僅四十有八。然等卜葬，嘉靖壬戌九月九日，厝於所居艮隅，明月山陽，祖塋之次。

君爲詩，取初唐所賦如之，文宗秦漢，書法章章入能品。其卒也，周鎮國中尉西亭先生素以斯文友君，收其遺稿，得《諫草詩文》，凡四卷，敘而刊之傳世。又狀其行，理述而誌銘。銘曰："我皇明宏（弘）嘉間有賢誕於富平，而學能變化氣質，乃純清乎而業能懋修，底於粹精乎而仕于中外。人無不宜，道無不伸乎而？嗚呼！世謂天下有難處之事，有難接之人，自賢視之，其無難處之事，亦無難接之人乎而！身後有文，君子敘以傳世，其終古不泯乎而！"

【校記】

[一] "戊戌"，疑為"戊戌"之形訛。

明山東參政趙大夫及配杜碩人合葬墓誌銘

大夫姓趙氏，諱瀛，字文海，號左山，元工部尚書。前三原尹雪坡先生公諒裔，世居櫟陽，後有徙涇陽者，再徙三原。大夫高祖諱思忠，思忠生軻，軻生讓，讓生閏，閏配王氏。生五子淇、瀾、沂、漸。大夫行五，生而面方體胖，厚重寡言不嬉。

七歲就傅，誦無時，父母止誦輒泣，垂髫日誦千言。十五充邑學生員，明年進增廣列。嘉靖戊子年三十九鄉舉。己丑，登羅洪先榜進士，都察院觀政兵部，借差餉邊，事竣餘百金，絲毫無取。

選授章邱知縣，章邱先糧差不均，民逃者凡十里，里甲亡而糧存。初之任，即廣詢得民隱，遂補完里甲，他里獲無累，咸愛戴。山東派糧吏書爲奸不均，訟者蜂起，巡撫持委均派訟息。時有于姓強盜一門數人，常劫庫越人，官司納賄，無能捕者，時其犯捕而除之，遠邇咸稱快。

文廟儒學壞，不煩里甲，率富民好禮者修葺，數月落成。朔望雖風雨必謁廟視學，令諸生執經講說，有悱者發之，惑者解之。每月三旬，三、六、九日，令諸生作文送閱，童生敏者亦與，閱畢賞罰。久之，賢能為御史所知，每出巡必資以行事。民間有妖狐為祟，與人言而隱形。聞乃齋戒，告城隍神，乞縛。狐明言趙縣主捉我，我去。即哭，向城西南隅往，祟息。事載《章邱志》中。

任三年，介奇撫按薦舉者七，乃陞刑部主事。既去任，民立祠奉祀，豎碑志愛，仍狀其善政，為十圖以傳。又合貲買馬一匹，銀貳十兩送至京邸，不受，乃含淚而去。

在部理刑，淑問得情服人。偶因貴戚事詿誤，謫蒲州添註同知。在蒲州撫按，有重大政務必委以議處。署印有逋稅滯囚釋之，約期不刑而完。在任二年，撫按薦舉者三，陞濟南府同知，去任。都御史南澗楊公著《善政傳》，以傳四鄉，民有謠。

之濟南，有儀賓積惡害人，人狀告，莫受理者。下車即受狀，鞫問抵罪，上下悅服。居七月，御史薦舉，陞岢嵐石隰兵備僉事之任，訓練將士。未幾，擒獲奸細三十六人，又獲大酋首吉囊男吉德明一人。蒙欽賞表裏一對，銀二十兩。

所轄地方與他道隔越，諸公事不便奏，改易報可。岢嵐地沙水深，城中無井，今法諸井象甃，以木穿且甃，遂成二井，官民井井不匱。民大悅，以趙公名井。有總制大臣冒奏功次，復勘以實報，總制委曲託改報，不從。後總制竟謫戍，得無累。

在任一年，巡撫科道薦舉者五。以■虜入境[一]，謫鄖陽通判，巡撫歐陽公令教授闔府七邑生員，設科訓迪，人才茸興，間有重大政務，即委以議處。

在任一年，撫按保舉者三，陞真定府同知。未任，陞工部郎中。章湫駐扎，總理河道之任。三日陞加興知府[二]，下車里設約正約副，遵制化民。郡有七邑，里各設塾以訓士。郡學之外有西河書院，拔諸俊英，使文會其間。朔望鼓篋講授，月有試。仍令鄉里呈報節孝男女，以憑獎勸。奏表修營煙雨湖樓，復古勝蹟。纂成郡志，以足文獻。又刊《小學史斷》、《緝珠文則》，以開後學。又禁諸巫覡，以正民心。審派火甲，俾孤貧免役。役者歲支一月，餘月休息。凡公館郵舍，察其少損，即估計補葺，使不至大壞，傷財病民。郡邑有積年痡民之徒，曰"雲蹤"，曰"水鴉"，一切革絕。濬帶河、心湖、韭谿、爽谿，以興水利，築諸堤坊，以防漲溢。又設武備，以防不虞。他興除孔多有。勢家惡生竊通朋友之妻，因納爲妾媵，其夫屢訟無受者。乃受辭，問理如律，勢家怨恨，郡人頌德。

在任三年，撫按保舉者四，陞山西兵備副使，專任直隸易州駐扎防虜。既去任，嘉興民立祠奉祀如章邱。士夫著《德政》、《宜民》二録三字頌文。他日虜臨境，巡撫楊公盡發將士入衛，乃別徵壯士伏險守隘，虜知有備不至。

在任一年，撫按保舉者四，吏部推陞巡撫者再，乃陞山東參政。正月離任，二月直隸地方草場火，乃註誤回籍，朝野惜焉。

初爲諸生日，養親有隱無犯，廁牒恒手滌。疾則嘗糞甘苦，執喪水漿不入口。三日跣履霜地者，七日除喪，有酒食弗薦弗食。其學久而不第也，諸兄減其日用，至鬻釵瑨自給。及鴻漸禄入，與諸兄朝夕怡怡，無不同。其處友相勉以學不狎，弟子問學則莊以蒞之，切切偲偲如也。

夫朋友切切偲偲，兄弟怡怡，可謂得士之道矣；事親養生，送死以禮，可謂得子之道矣；入官敭歷中外，所在職修有譽無憾，可謂得爲臣之道矣。嗚呼，予見童子時作止語默不苟，今所樹如此，夫豈偶然者耶？今年壬子元日，與大夫拜舞于龍亭之下，退而聽其言論侃侃，以道遠期待。不意別十有二日遽沒，惜也。

大夫生於弘治戊申，至是六十有五年矣。配杜氏，繼劉氏。杜男三，長三益，取李氏；次三賜，取秦氏，俱生員；次三接，聘醴泉進士張濟女，殤。劉男一，名三錫，遺腹子也。杜女二，一適李櫃，一適生員郭朝度。孫男二，日立聘戶部都諫張汝棟女，益出；日懋先殤，葬郎陽，豎石識墳，賜出。

益等卜以大夫卒之年十一月十八日，及杜合葬於丁村艮隅，其先塋東，新塋之祖位。予知大夫深，爰誌而銘之。銘曰："參政之先，雪坡名賢，逮參政乃啟後光前，肇元宇於斯其燕然。"

【校記】

[一] "■"，底本漫漶，道光本爲墨丁。
[二] "加"，疑爲"嘉"之音訛。

來槐亭封君墓誌銘

吾邑儒家稱永清里來氏焉。來氏世有莊人，雖童子出必修容，謹節堂堂

- 584 -

然。洪武初有都憲公恭鯁直立朝，百僚畏如殿虎，有讒者。皇帝私幸其第，見夫人紡綿，公鋤菜，遂讒而益任公。其後有處士子春爲鄉黨儀表，余童子時，此老墓木拱矣。見父老病，少年失言，必曰："來子春請爾語耶？"其見重于鄉如此。

子春者，都憲孫，景賢子也。子春生肅，肅生鏗，號誠齋，配王氏，生封君御史焉。封君諱時廉，字庭清，號槐亭，生而莊重如前人。

年十二時，涉清見雜佩直數金，詢其主而歸之。比長處兄弟，一錢不私。推之朋友，通財如兄弟也。嘗服賈甘肅維楊、蜀川荆襄間，用孝養父母。父患痿四稔，能致動履，飲食如意。父歿，事母遇服食，時鮮物必急致養。

伯氏時良乏嗣，欲君季子賀爲後，輒從。或曰："賀良士，會當顯揚，乃畀兄耶？"曰："正欲顯揚兄耳。"三弟時政死，育選，凡養，必先選而後子遺。選、迎君稍長，授之資，使治生。蕩訖，復授。蕩如初，雖屢蕩而教之不衰。迎先在兄所，兄沒，收育之如選，爲擇娶郝氏。資四弟時熙學，自幼學至爲廩膳生不替。五弟時隆遠游不返，欲身返之，會病作而止。從兄雍冬寒，解衣衣之，死無斂具。及葬所，君斂棺而葬之，育其子。表弟王威孤，衣食之如弟，長，擇劉妻之。內弟廷相貧，資之。學問典衣自給，輒贖而畀之。多識古訓以誘誨子弟，好敬長尊賢，然遇有持勢強橫人，則弗以正目視之。里有李衛公祠，孫思邈祠，君葺之，鄉人輒多助，尋成。

聘、賀舉日，君遇湖會飲，或問二子試事。君言夢吉，似同舉，但學未至耳。其人笑曰："一舉難必，望兩得之耶？"君無慍色。頃在官人持錄報二子舉，衆舉觥罰笑者，亦無喜色，人服其量。嘗曰"財不貴積，貴散而成德"語。御史曰："夫長人之道在體仁以恤民耳。余過砯石見推挽車者甚勞，官至避不及，則覆車而笞之，豈仁者所爲？汝曹入官，甚毋效此，願體仁可也。"嘉靖辛卯，二子既舉，君倦遊歸。

歸三年。乙未，聘舉進士，君獲察院劄爲壽官，值鄉飲爲賓。戊戌，受封御史，如聘官。是秋病，冬十二月晦日御史寄命服，至夕問來日，家人以己亥元日對。昧爽，遂沐浴服命服，謝恩于庭，升堂受賀禮客如平日。後二十五日甲午卯時，乃卒。越二日丙申，御史奔歸，乃不及見，惜也。

配馮先卒，贈孺人。馮氏邑官族，孺人貞淑，精諸女紅，內而善事舅姑。姑王老有痰火，擇食，食非孺人手出，不美。孺人有故，出必養而後行，行則疾歸，恐誤養。及臥病，恒手滌廁牏，日嘗藥。比減食，即潸然泣曰："姑乃以婦食爲不美耶？"故鄉里咸稱孝婦云。方約時，再從姑鄭，寡無依日，常分所服食養之。睦諸姒娌，以聯兄弟。比卒失聯，衆念德焉。諸從子女孤，撫之如己出。加慈諸婦有過，但色非之而威於撻辱，育婢僕以恩。凡封君猷爲，實多相成，君封日獲贈孺人。君繼配焦氏，焦懿德宛如孺人。娶子婦並侄婦四，嫁二女，撫諸子凡十有六年，察其異欲而調使，弗違。

君生于成化丙申八月十二日子時，卒見前，享年六十有四。孺人生于成化己亥二月十八日寅時，卒于正德辛巳三月十六日申時，享年四十有二。焦生於成化甲午十月二十八日，卒於嘉靖戊戌十月初九日，享年六十有五。子男三，長朝娶王氏，繼張氏、師氏；次即御史聘，娶王氏；次即舉人後伯氏賀，娶張氏。女二，長適張琛，卒；次適王經邦，皆孺人出。孫男一，賁然，聘出。孫女二，豆豆，朝出；京京，聘出。

茲卜君卒之年十一月三日，葬君及孺人及焦于新塋之祖位。邑進士張文卿狀其事，理志而銘。銘曰："三原來氏，世出令人。動有威儀，儼如縉紳。都憲立朝，人誰敢侮？讒乃益親，人畏如虎。春翁溫良，于先有光。鄉有令譽，蘭芳蓝香。封君繩武，天合碩人。肆穀爾嗣，爲邦憲臣。顯揚維此，胡均不禄。堂封于斯，日其戩穀。"

明修荊山靈雲峰殿宇銘

巍嶭之峰，是爲荊山。帝茲鑄鼎，■導自岍[一]。冶谷鼎湖，與是在焉。前爲涇陽，後左三原。乾隅淳化，三邑具瞻。形如筆閣，向巽背乾。雄秀獨出，四望豁然。天府千里，舉在目前。東峰出雲，頃雨滿川。否諸山雲，雨不可占。維茲東峰，靈雲名顏。舊有神堂，一間在巔。三原王氏，子英施錢。涇陽呂氏，廷璧助赆。疊石巔西，構殿三間。鐵鑄瓦脊，風雨莫騫。鎔銅爲像，奉用龍涎。左右有廡，石壁連連。君子來斯，以燕以閑。細民來斯，以翼以虔。唶彼太和，岱宗巖巖。皇祖創修，列聖引延。至今宮室，九重與肩。是謂神道，教諸冥頑。嗟嗟小民，諳乎未諳。咸衣及食，禮神事仙。修此靈峰，余何讓焉？荊山東峰，號曰靈雲。膚寸雲合，千里霶霖。茲山著名，禹貢攸陳。史志經傳，指名川陰。余屢考證，參伍見聞。爰於通志，辨厥偽真。東峰之巔，舊奉金神。有堂丈餘，臨壁千尋。涇陽呂氏，廷璧弟昆。協同王氏，子英原人。於堂西營，構基捐金。險者使夷，薄者使敦。構堂三間，爲廡暨門。覆屋以鐵，壘牆以珉。銅爲神像，減衣及殮。厥功告成，乞余銘箴。余聖先師，登山以臨。嘗小魯國，更窄乾坤。余從結髮，三次洗心。爰著蕪辭，遺此璘珣。

嘉靖二十九年庚戌夏四月望日

【校記】

［一］"■"底本漫漶，道光本爲墨丁。

玉坡詩夢引

子年臘月雪晴初，窗曉雙鵲傳遠書。開門童子持函至，久別故人忽對予。爲說相思更陳夢，病夫那禁淚盈袪。故人逐客張子原，往年司諫居黃門。補袞欲肩山甫立，致君恥讓堯舜昆。一封朝悉社稷計，萬里夕博炎荒奔。奔爲小吏貴州驛，貴州地瘴能毒客。十旬九旬常逢雨，青天夜屋還淋瀉。猪矢蠻甘羊犬食，賣爺苗蠻戈兵席。早晚於閒誰親故，日下燈前影相惜。生還我代張子愁，張子卻視生如浮。蠻飯飽喫酒仍醉，醉和陶詩忘冬秋。諸夷聞名學徒至，春風層擁日弦謳。君子素位良自得，是處即安何怨尤。人顧弗堪爲爾恫，神亦時唶沖漠中。玉坡仙詩豈魔語，我思古人原爾同。君不見，吾邑自古多豪雄，先朝挺出石渠翁。石渠翁沒青史在，君將先後垂鴻聲。又不見，爾祖純孝鄉閭羨，共說王祥今再見。爾爺繼述濟時出，異政合同劉昆傳。忠臣古求孝子門，況復詩禮朝夕鍊。憶昔庚同同投師，竊看君狀獨英姿。君才十五詩賦邃，草書已逼張旭奇。君時睨世眼孔闊，狂迂浪許中訝疵。謂君即當文名世，乃又忠節膴如斯。半載食錄三載謫，存心愧否神應知。吾皇展矣大成德，十年不侵百官職。初時政權逆瑾弄，諫臣言出禍叵測。望之因隙主那料，王章緣劾上豈億。負而且乘彼弗戒，庚午之歲罪人得。從此天日浮雲捲，言官往往獲經選。選者卻令冢宰進，時清緝熙高皇典。權君急好裹琴書，赴名還隨龍鳳輦。

履謙堂箴

履象何居，下澤上天。謙又何居，地中有山。履焉宅心，躡虎之尾。虎乃己私，克以復禮。目有虎存，咥人于皆。己克于斯，非禮勿視。耳亦有虎，咥匪其正。己克于斯，非禮勿聽。口亦有虎，病根禍源。己克于斯，非禮勿言。

足亦有虎，咥于恣縱。已克于斯，非禮勿動。毋曰煢獨，可虐無傷。畏如高明，履道斯臧。毋曰賤微，可忽無害。畏如大人，履道斯泰。履恒有虎，履道斯畢。天其佑諸，其旋元吉。地中有山，是謂謙德。地苟無山，色取斯賊。有矣若無，實矣若空。是謂謙德，君子有終。功冠於時，罔知矜暴。是謂謙德，萬民攸服。此方溝壑，彼極飛騰。利用裒益，以均以平。履矣而謙，行斯不跛。德有柄焉，誰知在我。

嘉靖辛亥十一月廿有八日

贈昝子繡衣箴

維天生民，維帝其理。爰建庶官，亦設御史。厥職維何，豸服豸冠。外觸百邪，內除大奸。厥奸維何，言僻行醜。似儒非儒，時謂亂首。奸又維何，竊威竊福。時謂履霜，堅冰可卜。奸又維何，好點惡言。妨賢病國，時謂亂源。正直不回，忠厚宜加。白璧國珍，勿索微瑕。厥邪維何，民害宜殄。剛惡貪酷，柔惡罷軟。邪又維何，設械設機。居貨鬻官，倒是顛非。邪又維何，頑讒民蓁。桎吏梏官，束足束手。外有設施，宜加審詳。勿遣霜威，加於令芳。過言斯訾，過默斯隱。時鳴弗鳴，貽悔貽哂。小隱猶可，大隱喪予。君子於斯，有卷有舒。

嘉靖壬寅孟冬日

祭楊斛山文

光祿寺卿友生馬理謹以清酌庶羞，致祭奠於明御史斛山楊先生之靈。曰："嗚呼！惟靈質兮如繩，又童蒙兮養貞。緣貧窶兮傳遠，羌挾冊兮薅耕。值縣令兮求胥，爰辭役兮入黌。繼齋糧兮從師，遂時就兮雪螢。乃邁征兮大畜，斂彙進兮顯名。載彈冠兮豸角，卻甘節兮檗冰。思尊主兮堯舜，犯天顏兮用情。忽雷霆兮震怒，分損身兮捨生。鐵獄成兮孔嚴，夕桎梏兮朝荊。刑援戕兮孔多，子慟傷兮屢傾。仍學思有常，忘春秋數更。在縲絏兮八載，荷天明兮爾睜。帝浩蕩兮施仁，赦出雞兮未鳴。子感恩兮圖報，約麗澤兮心勍。胡彼蒼兮弗弔，殞吾良兮葉輕。眺涇川兮疇語，向邠言兮誰聆。瞻斛山兮無人，遺予獨兮焉盟。歲既宴兮臨除，送靈即兮佳城。酹一觴兮祖筵，淚隨墮兮雨零。尚饗！"

易經解十段

六二，婦喪其茀，勿逐，七日得。

六二具文明中正之德，應有孚中正之主，宜君臣交泰，成既濟之治矣。然三在其上，小未可以加大，四鄰五位，疏未可以間親，其中正之道未能以達于上而濟夫時也，蓋猶婦人賴車茀以行，乃喪其茀焉，其何以行之哉？夫茀可喪也，而中正之德在己，誰能喪之？君子知通塞有時，不必逐茀求行，唯俟夫火數之盡，逮于七日則坎主自親，茀自得而行无礙矣。故君子不以道之不行、時之未至而患，患无具焉耳，火之數七，故云"七日得"也。

象曰：七日得，以中道也。

六二濟時之道未得行者，火數盡而後坎，主遇斯茀，得而道行也，其茀之得者，豈專以時之故哉？良以濟世之中道在身，思濟世者自不能不歸之茀焉耳，其不言正者，中兼之也。

九三，高宗伐鬼方，三年克之，小人勿用。

九三當既濟之時，時過半矣，及坎離相接之際，剛柔相交之時，九三復以剛正之才應敵於外，是中興之君，道行中國，唯夷服鬼方之人，不庭伐之之象。殷高宗者，中興之君也，其伐鬼方三年而后克之，斯九三之象也。伐而克之，則上以道而遣將，將以道而奉命，皆上下交濟之道也。克則既濟，論功行賞時也，則小人勿用，防其害于治也。克以三年爲期者，鬼方在萬里之外，以師行日數計之，必期年而後至，再期而後還。以喪服之月數計之，與年以三言者，亦以離三而言之也。

象曰：三年克之，憊也。

師行，糧食日費千金，士離鄉土，疾病必多，三年而凱還，傷財而害民多矣，寧不疲極而困其矣乎。然在高宗中興，賢王復先王之業，則可，非賢如高宗，復先業者，則憊中國以事外夷，好虛譽而得實禍，未之可也。

六四，繻有衣袽，終日戒。

繻爲傳符，古者裂帛爲符，半藏于關。度關者執其半而合之得越，史載終生棄之者即此物也。袽爲著袍之絮，今之棉絮是也。子夏謂衣袽爲重衣，蓋謂衣之有著者袍之類也。先儒所傳皆以塞漏爲說，今以諸儒之意推之，凡濟渡者以舟，六四居既濟之中，有舟之象焉。舟或漏洩則无以濟矣，必以裂帛塞之，恐其不足，又用衣絮續之，則孔隙合而不漏。以達下情而往，以宣上德而來，无弗利也。然朝戒而夕替，夕戒而朝替，未可也，必終日戒備，使其无少漏洩，斯濟渡之功成矣。四居君側，臣民之上，于交濟之事爲要，故其象如此。

象曰：終日戒，有所疑也。

"終日戒"者何也？濟及半矣，中流而所塞不密，則進退舉无所利，故宜有所疑而懼其漏洩，終日戒備之也。

九五，東鄰殺牛不如西鄰之禴祭，實受其福。

卦縱而觀之爲上下，橫而觀之爲東西，以既濟而橫觀，則坎東而離西矣。故九五於六二爲東西，鄰之象也。六二在濟，初涉難時也。其憂患之心劇矣。猶祭祀者，物薄而意誠，神享之也。九五在濟，後无虞時也，其儆戒之意衰矣，猶祭祀者用大武以享，物厚而意不誠，神不享也。神享者受福，不享者招禍。故曰：東鄰殺牛不如西鄰之禴祭，實受福也。

象曰：東鄰殺牛不如西鄰之時也，實受其福，吉大來也。

東鄰大祭不如西鄰之禴祭者，不如西鄰求濟而及其時也。實受其福者，吉大來而難必濟也。

上六，濡其首厲。

既濟于極幾出，坎險而尚在水涯者也。然上六重柔過中，昏弱自肆而不知慎終者也，是以汔濟忽沈溺而濡首焉，寧不危耶？

象曰：濡其首厲，何可久也。

上六重陰過中，小得而遂怠荒，則汔濟不濟，陷溺而濡其首矣。此不弔之凶也，何可以久存也耶？

忠憲祖五經皆有講義，欻剞力艱，失落殆盡，此特易之既濟數爻，爲當年手稿，朋得之丁村王氏子亮之家，詢其所自，則又出之本村馬氏。細閱其疏解，理明辭易，真得程、張薪傳，可爲後學津梁，乃求什一于千百尚不可得，惜哉！

九世孫錫朋識

原捐資補刻

劉永宦_{字錫爵}，太學生。

劉鈞_{字秉中，歲進士}，候銓儒學。

十世孫_{書香生諒、慶優生嘩}校字

嘉慶八年歲次癸亥三月上浣日

谿田文集續補遺終

谿田文集搜遺

明三原谿田馬理著
邑後學李錫齡孟熙編輯

五言古風

有　感

癯骨宛如鶴，病顏真似叟。浮生過白駒，世態變蒼狗。磊落非我能，僑佩依誰咎。矧時尚嫵媚，嗟已拙矯輮。更慚遲鈍質，無賴雌黃口。忙忙名利場，不如學五柳。

秋日，與管大夫鳳儀游城南名醫廟有作

曉出城南門，迤西瞻神廟。神廟號名醫，繪塑容儀肖。上有嘗草圖，下有雷針爓。風生虎守林，雲擁龍即剽。庭深古木陰，根出蟲蟻竅。病夫紛往來，灌奠祈神療。祠多鳥易馴，踵接曾難紹。或夕夢湯藥，朝起忽輕僄。西郭管鳳儀，爲我述其要。嗟今黎庶疧，所在足恤弔。深懷聖主憂，未獲十全料。愚亦沈疴人，環視空長嘯。安得諸名醫，夜示方神妙。奄收萱草功，坐見哄堂笑。李容齋瀠《三原縣志》。

五言絕句

題扇面景

白雲擁翠岱，青松罩碧天。不是瀛洲地，如何有二仙。

五言律

送令歸蜀

行行出城阿，繫馬石皐邊。翁歸自玉闕，將泛錦江船。犬睡花前月，人耕埧裏田。行修新政美，記取是壬年。

喜　雪

看雪發清興，巡簷喜獨吟。飄花拂面濕，妒舞落堦深。歲暮初呈瑞，郊坰勝雨金。開樽聊一快，爲爾惜分陰。

送許少參之任湖廣

方岳于今重，薰風及此行。鳳池餘翰墨，秋署寄廉平。風偃湘西草，雨催湖外耕。名藩聊借力，回首即彤庭。

峽石晚行

羸馬怯修程，逗遛值夜生。鳥從花外囀，蛙向池間鳴。雲暗星含彩，石多水弄聲。煙村才近眼，杳杳一燈明。

張　弟

入得張弟界，乾坤洞裏看。猿聲哀破谷，鳥道沮征鞍。日鎖愁雲下，風悲古木端。出山三十里，眼界漸教寬。

新豐四首

雨後中秋月，天清真倍明。賓朋皆我樂，魚鳥亦人情。星沼潛難定，風林睡自輕。故人當此際，千里憶寒盟。

良夜月偏白，高人詠未眠。池星疏點漢，花露密侵筵。垢盡真通道，川同豈問禪。持盈觀賜象，時玩地山謙。

天上月無憾，人間酒合勸。琴來聽友弄，詩就倚樓看。池鳥踏星宿，荷珠點露盤。花游無限好，人竟少爭端。

南漢列虛宿，東林滿月華。空庭下落葉，疏樹亂鳴鴉。露竹光堪摘，風花影易斜。故人思不見，惆悵飲流霞。

七言絕句

分襟橋二首 父馬靖岩公與友人別橋上。

頭上金絲換玉絲，膝前兒女又生兒。出門早晚經師墓，猶把行藏跪致辭。
橋上分襟悵別時，風吹蘭臭牧兒知。幾回貪對黃昏月，不覺雞鳴是曙時。

與良溫羅署丞

今年監酒使時英，梅味全除竹葉清。桑落釀成曾獻否，君王應說賚金莖。

題武處士二首

雲巘含流面面同，林梢泉落路難通。洞天屬我誰書券，南社山人武四翁。
谷口閑人號逸仙，白雲深處買山眠。瀛洲居士來騎鶴，爲步煙霞星宿邊。

夏聞布穀

四月麥秋布穀啼，村東語罷又村西。農家播種休看歷（曆），趁此深耕雨一犁。

寄韓小山伯梁

豸繡歸來黑髮時，小山深處日遲遲。一函周易焚香坐，門外浮雲總不知。

山居即事

鑿來營窟傍青山，蔓草平鋪四面閑。無限箇中寂寞事，雞栖豚柵伴柴關。

四　皓

一味煙霞是痼疾，到頭肯輕謁王侯。不知羽翼非真皓，枉被唐人笑滅劉。

子　陵

故舊當年總拜官，羊裘何事戀漁竿。漢家節義高千古，只在桐江一釣灘。

穆　生

記得當年見我時，聽來談吐已奇之。而今又得相遊久，筆落風雲妙絕辭。

題扇面景

數株煙柳橫清流，萬疊雲山面面投。箇裏何人拋世故，扁舟鎮日任遨遊。

高村早行

雞聲茅屋月初殘，正是征人復去鞍。天遣西風撲面惡，豈知鶴骨不禁寒。

寄商南州劉守

紫芝巖畔綺黃鄉，桃李曾栽樹幾行。近日劉寬牧此域，東風看拂萬花香。

鄭泉二首

谷口耕耘遠市廛，無才不作劇秦篇。江山老去多新主，今古人間自鄭泉。
谷口先生種石田，莽家興日抱雲眠。漢朝陵墓知多少，惟見行人識鄭泉。

題潼關

虎踞龍蟠此要津，迢遙懸處不生塵。行人若問金湯固，半屬山河半屬人。

《潼關廳志》。

題斛山

明月山前水帶圍，菜花開盡柳花飛。山川誰爲爭光采，太宰莊東有繡衣。
《富平縣志》。

七言律

望　山

清谿南望太微山，拔地凌霄星宿間。萬豁籟鳴唐李杜，層岑壁立漢遷班。吴峰危蹙樵漁額，仙掌輕怡綺甪顏[一]。願得嵐輝長似舊，採芝人臥碧人閒。

【校記】

[一]"甪"，原誤作"角"，案本書卷三《新修四皓先生廟記》云："漢逸民四皓先生，曰東園公、夏黃公、綺里季、甪里先生者，故秦博士，列國人也。"可知"綺甪"當爲綺里季、甪里先生之合稱，今據改。

送范憲副之任廣瓊兵備

憲臺難措歷年久，鳳敕丁寧豈憚勞。征馬衝寒嘶去路，家山停旆醉香醪。珠厓深谷奔豺虎，海上狂風息浪濤。更擬王喬著雙履，朝來飛下五雲高。

和張副郎維約留別韻

賀表宣完出禁城，驪駒朝罷頌昇平。篆煙一炷行林晚，沙雁羣飛冀野晴。豚犬遠攜傷客淚，涇流不盡此鄉情。秦山若問家中事，但見霜毛一半生。

閏臘月十五夜雪霽

雪滿山川月滿輪，雙輝豈獨爽吾神。桂花搖影千江曉，梅蕊飄香萬戶春。頓覺乾坤清世界，應知海內淨風塵。悠悠此際巖前客，笑指彈冠白髮人。

早朝乙酉歲十二月七日也。

內傳今日聖躬安，不聞鳴雞趨百官。紫陌分明星似畫，丹楓吹動曙猶寒。龍顏如醉從天降，戎服難禁仰面看。師保從家致辭罷，何當馳報萬邦歡。

送范憲副赴任廣東兵備，便道省墓

十年汴水仰清芬，此日逢君卻送君。悵望瓊山天漠漠，蒼茫歲暮雪紛紛。冰壺不注貪泉水，玉節先瞻隴樹雲。百粵古來難化地，范滂今去净妖氛。

風木餘思手卷爲用載題

喬木森森百尺危，冬殘苦恨大風吹。月陰無影留中夜，鳥鵲失巢啼暮時。一夢驚回衾枕濕，百年追慕此心衰。強題兩淚因君墮，渭水風號隴上枝。

戲答雒太博相招

即欲倒裳趨綺席，忽然往事激心胸。君侯門下歌長鋏，枯木堂前聽梵鐘。凜冽霜風侵骨冷，慇懃斗酒感懷濃。豈無清興對君使，數數銜杯底■容[一]。

【校記】

[一]"■"，道光本為墨丁。

寄王大

曾折都門柳一枝，送君西去不勝悲。夢回清夜千般語，書付賓鴻萬種思。錦里館中延後學，浣花谿上和新詩。功名久近知誰是，珍重殊方慰我私。

集張用載宅，時葉內翰至

諸客車馬集門外，太史攜壺亦過庭。席上清淡消鄙吝，壁間古字想儀刑。菜傳鰕首嘗初次，酒出金盤瀉未停。人世相逢能有幾，何妨今夜坐天明。

送耀州趙太守三載入覲

石川漁父宿煙蘿，聽得雲間幾棹歌。漆水潤寬生瑞麥，鑑山光遠秀嘉禾。黃金地閴書聲迥，黑髮人歸襁負多。明日渭陽看柳色，愁顏強酒不成酡。

壽浮巖昝處士八旬

玉液攜來巀嶭東，蓮華峰上壽仙翁。雲團雖袖擎天手，桂影卻栽畹露叢。豸繡舞清河水碧，藍袍歌曉玉山融。從今三紀成頤算，鄭谷商顏主月風。

別費先生

圖書滿載出芹泮，惆悵諸生賦北梁。化久漸成桃李實，心懸寧厭斗山望。紅雲天上勞夢想，明月江頭照別舫。櫨桷正慚僾僁在，先生又去■明堂[一]。

【校記】

[一]"■"，道光本此字為墨丁。

送喬景叔僉憲入蜀

金陵蘭酒艤船傾，井宿文星向蜀明。豸舞筵生蓮嶽影，霜飛鴻遣錦江清。琴沾紫閣花間露，珮拂青天路上鶯。弱吾閑一仰杜甫，升階不必問君平。

送劉時勤通府北官平定

堯封胡集聽簫韶，王屋笳鳴境寂寥。禦寇連年空鼓角，用言今日到芻蕘。域中已遣牧爲守，閫外休愁犬吠堯。容貌過江宜自惜，丹青入閣任人描。以上二首從墨跡錄出。

散　句

○北堂萱草花將老，愛日頻來笑眼看。○小窗莫聽黃鸝語，踏落荊花滿地飄。○夢中春草方吟句，釜裏然萁莫浪炊。○漫聽黃臺瓜蔓賦，令人卻憶北山歌。○嚶嚶鳥喚枝頭上，休使鴟來亂好音。《三原縣志》引《韋弦自佩錄曲》。

曲

〔喜遷鶯〕送程某行取帳辭

英明神授，占黃榜高標，暫佩墨綬。鐸振春風，琴鳴時雨，揮試經論大手。暖日光生寒谷，秋霜滌盡秕莠。眼見華池民物，齊登康阜，杜母恰道是，下荒城太暮。鳳詔卻來陡祖帳，頓開攜鶴仍共棠。樹綠陰何厚，祇教那以轍急留，不住臨淮叟。回首看，簪華玉階，納約自牖。

和昝御史〔清江引〕四首

綠楊枝上鶯啼曉，煙糅連天草。層霄梟翼飛，萬石琴聲遠。煩惱殺，赤兒離懷早。

春雨無聲滋物小，妝點出三川好。人纔入錦時，誰奪天工巧。望斷雲中，飛烏藐[一]。

亭遙遙見旌旗繚，人臥征車道。空揮盤露杯，益惹折楊惱。淚河傾，九曲黃流小。

笛裏陽關聽禾了，逝水縈懷抱。空遺琴操聲悶殺，知音老。春去也，花落知多少。

【校記】

[一]"烏"，疑為"鳥"之形訛。

贊

題孫處士像贊

伯父叔季，敬讓允修。維君刑之，秦越與儔。掌克有珠，巢亦有梟。撤我桑土，誰呼誰號。有婦在室，有雀在門。我送贊言，維鄉之惇。

魯倡外父贊

欣然其躬,溫然其容。雖爲江湖販子,而一腔心事濟人急、成人美。猶蹈賢達之高蹤,與物以德寬而弗刻。暢懷心樂,酡而弗忒,其視瑣瑣,不知足而戴盆乎人世者,其真不赧色也邪。

張介贊

古爾肖而且弗華靡,慎爾止而且弗佔侸,勤爾生而且弗德色,翼爾家而且弗舛謬。噫已矣,雖弗永爾壽而亦且衍爾胄乎。

介婦贊

笄而乃柔,婦而乃則。相而夫子,能以道而靡忒。

李處士贊

魁度外懿,威志中含。早客江湖,晚跡煙嵐。襲善士之高風,入鄉評之美談。噫公已矣,其風韻尚亦有人焉。以之也則,於公乎何慚?

界方贊

蠹爾形,介爾中。斂之則咫尺不嫌其小,放之則宇宙不見其洪。錯綜萬用,衡平鑑空。

馬班贊

貌若照兮而辭厲于金,行若峻兮而情溫于春,勤儉殖財兮而甫田拓于百畛,公平宰事兮而美譽馳于一。睿介爾眉,壽享爾景,福相羊乎林間而亦不大,惡于乾坤也耶。

班妻贊

笄而洪支,孔秀厥色。逑而君子,孔慇厥則。於乎跡爾風範,孔賢厥德。

李曾母贊

笄也而頤之以淑貞，字也而蹈之以敬慎。上也而羑之以溫恭，下也而承之以風訓。賢哉斯母，獨惜其天稟優而天年嗇邪？

寇大備像贊

山居而岑，水居而濱。乃有遠識，可愛可欽。郡邑爾諶，託腹託心。縉紳爾任，用晦用沉。予昔有琴，君乃識音。相與燕胥，山陽水陰。山猶嶇嶔，水亦未渗。君歸不復，淚濕我襟。

玉坡張公像贊

莊祖純孝，靜翁忠賢。夫子承之，忠孝兩全。春陽易即，風霆曷續。涌泉有文，精金美玉。《玉坡奏議》。

題　辭

澄城縣志題辭

世孰爲大，文獻居先。文獻弗足，聖明焉傳。郡邑有志，是謂之文。山川聖明，賴以著存。嗟伊澄城，西安巨邑。迺無志文，君子所急。嘉靖己酉，徐令效賢。有志斯文，採獻纂編。明季庚戌，敔宰佐營。踵徐芳躅，斯文迺成。石子道立，文發於質。聚書考索，仍恭秉筆。教諭魏孚，司訓二王。爰加較正，偕敷腎腸。谿田馬氏，覽知攸珍。是用題辭，歸諸梓人。《澄城縣志》。

銘

界方銘

耴矣其形，萬方以正。自小徂大，由短尋倰。錯之綜之，誰非爾聽。爾身克正，敢不類應。少或歌之，自喪御柄。無曰害細，厥害何勝。介正之術，惟人是定。依焉正人，載儆載令。墮邪之手，駸邪靡竟。告爾正則，乃終有慶。

墓誌銘

高夫人墓誌銘

　　高夫人者，雲南左布政使寧州呂九川先生道甫配也。夫人先世本州政平鎮人，父爵任山西高平訓導，初與九川父禮科給事中贈君同游學，高平翁配馮氏生。夫人重厚不妄言笑，翁誨以《女誡》、《孝經》，通大義，馮教以內則。諸女紅精善，交愛之時，贈君歿，王太淑人寡居，撫九川及次子，封人■貧[一]，間媒氏求字夫人於九川，夫人祖母趙欲許商家，高平翁曰："女貴擇壻，呂氏世業儒，是子器宇不凡，可妻。"遂許婚。

　　及歸，翁如高平，姑嚴而屢空，親黨以爲難。夫人退，雖懷思二親，進而事姑則和愉。蓋太淑人所執田桑，薪汲紡績，諸內外事，無弗安而代之。用稍裕，姑念賓祭及先業爲伯氏先者，復念伯氏貧，欲時餽之，夫人皆愒志以應。太淑人大悅，於是九川獲肆力於學，嘗閉戶讀書，無他矣。

　　時太淑人既嚴訓於上，夫人又贊於下，故九川登弘治辛酉鄉舉，正德戊辰進士，歷戶科右給事中，禮科左給事中，吏科都給事中，蒲州同知，山東布政司參政，四川按察司廉使，雲南布政司右布政使，左布政使。夫人亦封孺人，進今階焉。九川在科日，每欲上封事，夫人必贊之，太淑人或憂虞，輒託所聞慰之。正德末，九川在蒲州沮中官黃玉橫斂，得罪下詔獄。每使還，恐驚太淑人，必使善白之。又進而問且慰焉，退則深戚，故太淑人稍無恐。時少子阿瓜思父，日呱呱而哭，太淑人聞亦哭。每嘗哭時，嘗誘之遠太淑人，後年餘亡，懼九川憂，不以聞。嘉靖初，九川獲出獄，擢參政，則稱賀太淑人置酒而壽焉。

　　封人子顒十歲而失母，時子顒五歲，偕撫于宦所而督之學，其愛顒也而甚於顒。九川以母家失先業，取外弟王評與諸子學，夫人視之，一如顒。後顒登己卯鄉舉第一，癸未進士，授戶部主事。顒登壬午鄉舉第七，顒第顒及評入學，顒弟碩生于肖氏，室皆大喜，稱賀太淑人。封人之歿也，太淑人哭，夫人亦哭，過慟則抱顒子，思抱至膝下以慰之。凡之任必扶侍太淑人以行，諸內事雖至細，亦稟命，無敢專者，故太淑人順於上。九川在公，所在盡職。子姓學有成，諸來順之，交無或失也。九川之四川，太淑人畏棧路險，弗往。夫人亦弗往，侍甘旨焉。擢雲南日，九川歸省，欲終養太淑人，不可。夫人曰："茲擢君，命也。母又命之，義不可違，請妾留侍養如前，君往則忠孝兩不失矣。"九川乃行。明年太淑人感疾，夫人籲天，乞以身代。及卒，日夕慟哭。是秋，九川奔歸，以遺言告之，又慟哭。比葬，又日夕哭。

至庚寅春，顓陞刑部四川司員外郎。夏初，頋生子，兼廩倉學宫，喜憶太淑人，又慟哭，乃積成内傷。既而遇外感，遂六日不汗而卒。其卒也，九川哭之，曰："君純孝親，又勤儉慈義，助予不及，今乃不起。前日見吾招客，農圃積書，課兒孫誦習，諄諄勸曰：'君剛方忤時，慎勿復出，以此終身，以不盡之福，留兒孫足矣。'慎經深然之。於戲，君吾之益■■言猶在耳[一]，乃不起也耶。"

【校記】

[一]"■■"，道光本此二字為墨丁。
[二]"■■"，道光本此二字為墨丁。

姚安人墓誌銘

姚安人者，蒲州永豐廂人，奉議大夫、衢州府同知、敬庵居士之長女，宣化坊嘉議大夫、陝西按察使南澗子之配也。年十七歸南澗公，時翁封君匏公爲鞏昌府通判，姑李太安人從南澗侍膝下，學安人相焉。

南澗公后中正德庚午鄉舉[一]，辛未進士。授户部主事，陞員外郎，轉河南按察司僉事，兵備大名。等遭外艱，補湖廣僉事，陞副使，撫治荆、岳等府。忤于時，謫四川敍州府通判，陞知成都府，轉副使，兵備建昌等處。及今官，得安人内助力居多。

安人莊嚴有容，不妄言笑，聰慧巧思，凡爲衣履飲食女紅諸内事，種種有度，且稍通典籍聲律，學工楷書，多識古中孝貞烈士女行實。閑居時南澗公講談，或令子尹挾冊，道古事必究其顛末乃已，尤工畫與弈方。南澗公值逆境日，每匏鼇脍鯉，宜梟與雁共酌對弈，或講說古今吟詠酬和，如南澗公所錄除日聯句云："千鍾君共妾，百歲妾同君。"即其一也。故南澗公相與好合，如鼓瑟琴，日怡怡焉，申申焉，不復知有逆境之可戚也。

南澗公自筮仕，一切閫政不與。安人恒自治之，百爾用物，纖芥出入，必經其手。每儉而有制，豊而得宜，無弗當公意者。然隨事進規，公嘗病酒，安人不堪其憂，輒勸以節飲，至流涕而道之。迄公從他日，謂人曰："予性嗜飲，今節，安人力也。"南澗公之所新命也，堅欲還蒲而後之任，安人緩頰諫曰："還蒲，誠所願，但蒲人與秦人夾河而居，素相親狎人事，須兩月可畢，恐奸人要囚乘隙生事，若由此徑抵任所，則事端可息，他日無遺憾焉，若何？"公以白太安人，亦深以爲然，故不復之,蒲而之任。事太安人一茶一蔬，必嘗而躬羞之，寒暑無間。凡問對，恒柔聲下色，若有所喜，然故恒得其懽心。其事南澗公亦猶太安人。嘗謂公曰："仕至中流宜早退，以同樂山水，終其天年。"公深然之。平生不取世俗，婦女再醮，以程子之言爲正，凡所好惡，雖事細，無弗與南澗公合者。故南澗公與相得殊常，其御婢妾，愛若己出，有過必懲而曲直攸分，有與必均而老少有度。處南澗公兄弟子姓宗親，無弗宜也。

故其卒也，太安人朝夕呼，孝婦哭，婢妾行坐哭欲殉，子婦憑棺孺子哭，各不欲生。南澗公尤痛劇，哭曰："予心安人知之，親者知之，疏者亦知之，予必不背忘安人百年開壙重事，予終與安人共焉已矣。"匪賢能如是哉？

安人生於成化二十二年二月初八日亥時，卒於嘉靖九年八月二十二日戌時，享年四十有五。其諫南澗公而抵任也，爲八月七日，后閱八日感疾[二]，又七日乃不起。嗚呼惜哉，是宜南澗公劇痛在心，音容在於耳目，不暫忘也。安人生子一，即尹習舉子，業婦解氏。南澗公將以安人卒之明年某月日，葬于河東城南大澗里之新塋，書來問銘而語其痛焉。予亦談虎而被傷者，南澗公之心誠知之矣，是宜銘。銘曰：<small>銘辭闕。</small>

【校記】

[一] "后"，疑爲"後"之音訛。
[二] "后"，疑爲"後"之音訛。

明敕封李淑人墓誌銘

李淑人者，吏部左宰遲齋翁配高平處士璨女也。幼凝重不妄言笑，處士愛之，爲擇配，久之乃曰："吾於澤川得士焉，孟子敏而諒，直而好義，可妻也。"遂以歸之。

時淑人年方及笄，事姑王淑人及從姑成氏、牛氏，咸稱孝焉。與娣段氏居，段興讓而不與暌也。相遲翁學，恒雞鳴而興，夜分而寢，或作輟，即婉以諷之。是後遲翁乃登弘治乙卯鄉舉，丙辰進士，授官南刑部主事。歷員外郎郎中，守嚴州。正德間課治行弟一。擢太僕少卿，再擢宣府僉都御史，謫甘涼參議。今上御極起尹應天，晉右副都御史，撫順天，再陞戶部侍郎，改吏部侍郎，再轉左少宰。云刑部績日考，獲贈承德郎，刑部四川司主事。如其官，母王氏封太安人，太僕日考加贈中憲大夫，如其官，王進封太恭人，撫順天日恩封通議大夫，贈二代祖考如其官，祖妣及王太恭人俱贈淑人。淑人亦由安人歷恭人，進今封焉。

子階則亦由太宰蔭，入太學矣。初南寓刑曹日，淑人曰："夫刑戮加人，重者死，輕者辱，夫小人惡死，爲其不可生也，君子惡辱，爲其不可雪也，故先王慎焉。與其誤死，寧誤生；與其誤辱，寧誤容。誤生誤容猶可悔也，死且辱無及矣。君其慎之哉！"遲公曰："然。"寓嚴州日，曰："守令所以保民，妾聞賢者保之如其赤子焉。夫赤子無知寒知號而不知衣也，飢知啼而不知食也[一]，臨深履危知往而不知避也。慈母未寒而衣，未飢而食，未及乎深且危也而趨，爲求避焉，夫然後安。期君子保民如是焉，何如？"遲翁曰："然。"其他儆戒類如此。

初長子陽從宦游，淑人誨之學曰："昔爾父篤學，夜以繼日，故邁跡至是，爾勉而肖焉，可也，否則辱矣。"陽由是奮發，中丁卯鄉舉第三，甲戌進士，明年授行人。時遲翁在宣府，陽置酒壽淑人，淑人曰："爾名則成矣，志將何如？"陽愀然曰："陽食祿於朝，身屬公家，非復阿母有矣。儻公家有事關社稷，兒不忍自保，必死諫之於母，若何？"淑人笑曰："爲臣死忠，是亦孝也。爾能爲滂，吾獨不能爲孟博母耶？"

是後宸濠不軌，謀天子幸其國，因乘隙肆逆。時武廟左右爲所誘南狩有日矣，言官懼而諫之，弗聽。於是百官亟諫之，又弗聽，則縲紲之將挺而殺之。陽曰："君危如此，豈予自保時耶？予嘗言之矣。"遂不復白母，與其僚連疏以諫，疏入乃縲紲而死于挺下。淑人哭曰："兒果不負國矣。然許爾死忠，是吾殺兒也，吾殺兒也。"時死者多哭，聲徹內庭，武廟亦感動，鬱鬱弗啟行。宸濠知謀泪，遂稱亂，守臣乃得而平之也。及嘉靖改元，上錄死諫者功，諭祭陽，贈監察御史，仍封其妻顏氏爲孺人，蔭其子。顏入太學，淑人又哭之，曰："兒不死矣，使兒當諫，時不從諸死者死，俾宸濠謀行驚乘輿，吾輩死且無所，吾兒亦焉能生哉？今兒乃不死矣。"

遲翁之如甘涼也，陽奉命使關中。淑人因陽奉姑王淑人歸，及途而殂，淑人日從靈輀泣焉。既抵家，毀甚。昕夕哀奠，以待遲翁，凡弔而來者，無弗賓也。比遲翁至，相諸大事，自始奠及襄事，無憾焉。先後事王淑人四十年，色養而弗離左右，寒燠癢弗問而知，事從姑皆如姑，故咸稱其孝也。與堂娣姒婦五世同居，始終無閒言。

子男五人，長即御史，陽娶顏孺人，即錄功日封者生員溫女也。次隆殤，次即恩生階，娶陳氏指揮謨女。次防聘顏氏處士時中女。次補五幼女三人，伯孟歸趙儒士寵；叔孟歸劉宗伯辭，子承爵；太學生李九德者，聘季孟矣。孫男三，長即恩生顏，聘麗少參師孟女，次順聘援指揮李逢陽女，次顧俱階出。孫女一，曰金菊，儒士王納諫壻也。

淑人生成化乙酉正月十四日，至嘉靖戊子七月二十九日，壽六十有四，卒。是年十二月十八日，卜宅於澤城坤隅楊家凹之陽葬焉。明年六月既望，階手爲狀，使來問誌銘，理嘗事遲翁于吏部，又御史同年進士，及死事時友也。淑人之賢亦嘗聞之矣，爰次其事而銘之。銘曰：

於懿淑人，沈沈靖恭。擇斯歸斯，肅肅雍雍。肅雍伊何，恩義是敦。五世同居，迄無閒言。乃孝其姑，痛癢與通。乃穀爾嗣，失死守忠。乃相少宰，名位駢躋。瘞玉茲丘，太行與齊。

【校記】

[一] "飢知啼而不知食"，據文意及前文"知寒知號而不知衣"一句句式，此處當爲"知飢知啼而不知食"，脫一"知"字。

趙孺人墓誌銘

趙孺人者，吾邑玉坡張子配，東花園趙氏女也。玉坡諱原，字仕元，登弘治乙卯鄉舉，正德甲戌進士。初授吏科給事中，以直諫謫貴州新添驛驛丞。嘉靖初復其官，補兵科，陞戶科右給事中，竟以諫死。孺人前此獲今封云，玉坡事詳本志。

孺人祖昂，永樂初鄉舉選授上林苑銀杏署署正，父愷授主簿，歷清豐、和順、肥鄉三縣一官十八年不遷。云初與洛陽晦庵劉公爲友，公和順日以公事至京，時劉已入閣，造其宅，直坐堂上，僕怪而問之，曰："謂汝相公，呼某來吾與言。"僕不知爲主人小字，走以白，主人笑曰："此必吾友趙彥康也。"趨出而見之，因令陳內饌食公，公徐呼從者出土宜，候吏環視之，乃織毛袋耳。皆掩口，主人亦大笑。公殊不動色云。配林村李氏，玉坡稱其持家勝丈夫也。是生孺人，年十八歸玉坡。

事翁憲長靜庵先生、姑程淑人孝，逮事祖姑孝莊翁，配竹氏，竹頻歿，執其手，託靜庵先生、程淑人，曰："是婦孝敬，宜我盍善視之。"後程淑人痿痺，凡臥起盥櫛飲食，皆孺人贊之，便溺亦親滌廁牏而待命焉，凡五年如一日。孝莊翁諱昶，字世宏，純孝王祥之儔也。靜庵先生諱曉，字光曙，人謂先生逮玉坡世顯，皆孝莊之慶云，其詳載家乘。

玉坡好客，孺人與同，情及孀諸子，有親友至，延之如初，或無具即脫簪珥易之。玉坡之復補兵科也，孺人扶母孝而從。未幾，李思歸，玉坡留。孺人曰："人家休咎叵測，苟思歸而不得，他日有遺悔不可追也。"玉坡乃使人送歸。比歸，其子婦相繼歿，李及見焉，舅氏李得濟之，妻江氏，冬啼寒於孺人，孺人即解諸燠衣裳而衣之。母弟之歿也，其孤老姐幼乃收而子之，見族屬之貧者，必問其日用，知不足則周之，凡婢僕有過，務覆蓋焉，甚則誡諭之而已。憐老幼癃疾之丐者，令炊者日出各食品少許，名曰盆頭，以待其人。或食時至，則給食，非其時，則盆頭焉。其少壯者否，有盜園葱、反林木者，獲之，白送官。孺人令釋之，曰："夫送官則刺文其身，靡由悔改。今暮夜釋之，全其廉恥，安知其不爲善邪？"孺人初在室，及歸，用常豐裕。中年值玉坡謫，家貧，所食漸惡。及孀，累遇凶歲，日益不給，間絕糧而容色自若云。

性醇慧勤慎，女紅無不精絕，耆年而耳目聰明，刺繡不輟，晨興必問耕省織。親執勞事，諸郎或勸少逸豫，即以古訓折之，弗入其言。通《孝經》及日記故事，暇即爲諸內人講說，冀其則焉。母李之疾也，迎而養之如程淑人，歲餘不愈，乃送還趙氏，居無何，卒，凡衣衾棺槨皆自備焉。先淑人疾，孺人事之，至容悴髮白。及卒，自傷侍姑無功，痛哭。及玉坡死，傷其非考終也，又痛哭。至是又痛哭，遂成痼疾云。然恐諸子之憂也，恆諱之，比劇，猶對之談笑弄孫。至是遂不起云。是爲嘉靖壬辰十一年二月四日申時，距生成化癸巳九年十二月十四日申時，蓋六十年矣。

生子男六人，曰維德，娶王氏，繼李氏；曰維哲，娶杜氏，俱縣學生；曰維熙，娶王氏；曰維一，娶李氏；曰維善；曰維敘。殤女五人，殤孫男一，曰侍，聘馬氏。孫女二，曰大姐，適秦子男；曰二姐，許適李芯。

維德等卜以是年十一月二十八日，啟玉坡壙而合葬焉。玉坡，吾友也，二生又從吾遊，夫孺人之賢，聞之熱矣[一]。是故爲之銘，銘曰：

清河之曲，有木如雲。忠臣孝婦，於茲焉墳。於萬斯年，其遺芬。張玉坡《遺芳錄》。

【校記】

[一]"熱"，疑爲"熟"之形訛。

知春老人寇大備墓碣

知春老人者，姓寇氏，諱元，字大備，淳化南浮里人也。少游鄉校，通書史大義，稍長，有知謀，好從賢士大夫遊，不畏強禦。里有凶人爲盜主，盟烝父妾而虐其族，父恚而死。他日，老人問其鄉人曰："今歲樂乎？"鄉人曰："二害未除，何樂之有？"老人曰："其謂凶人未除，盜賊未息矣乎？"曰："然。"回使其宗人首其事于御史，己從而證之，凶人遂走死，盜賊隨息。

淳化有劉令者，山西人也，調郃陽令，繫西安府獄，獄成而革其職矣。老人聞，急馳而赴之，求所識王郎者而白其誣，王郎故與守厚，語其冤而令獲，全由是老人。有聲于三原、涇陽、長安、咸寧間，故凡諸邑縉紳先生，老人往往識之，亦往往與之交也。

予與老人交二十八年矣，凡吾鄉有山水佳處，必以告予。予登臨輒導之，終歲不厭。鄉人見老人與予密也，或以請託事託老人，老人輒笑而不答。或見老人與士夫游也，疑其積而能散，就而干之弗獲乃已。其亦淺之乎，知予知老人矣。

淳化學故面牆，老人即井陘人畢丞，謀而徙之。淳化二三子欲學，老人導之來三原，三原建嵯峨精舍，老人董之。正德間嘗謂予曰："遲遲乎其行也，吳鎮、華嶽、終南之勝，吾從容與先生盡之。"去歲之冬尚三復與予，有商山之約，今乃不起，痛哉。

書

與康對山書

行日天寒，不及滸西，一別此心殊闕。然抵京後，懷抱不適，即欲西歸，相拉卒歲於終南、太華之下，然臥病在告，累月未遂，奈何想遲。秋後此約可諧，相從亦不遠矣。所居與涇野爲鄰，幸日夕得往返，相就言笑旅，況庶不孤耳。涇野情事頗同會東谷，能言也。

與呂涇野書

克述所知動靜爲慰，顧歲不得書，無乃過疏也耶？林下日長，想多著述，便中可見示也。昔示都下薦紳，有得孔孟學者，近聞其言則亦邪說耳矣。寡陋之見，不敢與辨，亦莫能與之同也。子敦近專經爲學，學益篤實。仲鳧易多新知，久詣秦、漢間矣。仲修治體，明習奏議，駸駸賈誼行也。道甫平心處物，臨事犯難，在朝有公議矣。惟理也，日荒月蕪，猶夫人焉耳，夫實不及而毋以名處焉。公不足而毋以私滅焉，舊未敦而毋以新加焉，是則有志焉而未能也。慚慚負負，不盡不盡。

正月五日

尊叔母侍者處草次，不敢奉書，冀致微悃友朋，及權生、張生輩，與理者希道意也。

連日天忽作寒，甚於臘月，七日八日恐落雪，赴會不便。擬元宵後十六日寺有遊人，十七日可不更約而直至寺中，如何？惠濟寺對山及吾子俱周，季靈屢欲持鐵筆刻之。若至日，使季靈刻之，亦一事也，如何如何。否則幡竿寺已也。小兒久廢書，冀教之教之。

正月五日

舍親張六素者，堉之伯父也。家園種柏甚富，向聞執事先塋欲樹此物，有願饋意，理欲堉謁門下求教，使因自獻之，未告也。昨者主人親詣寒舍白云，春來土脈將動，樹藝維時，過此則失時矣。小園之柏，呂子及吾子當分取之，故敬問暨執事，使人來也，餘不具。

正月五日

執事欲觀先君《書院箴範》稿本，緣先君遺稿頗多，別本又多。理往京師後，小兒修理房屋，乃貯徙諸遺書他所，其《箴範》定本遂失，所在方尋索膽。奉問老母，乃臥疾，殘軀及家人先是亦疾，近弱息亦疾。先隴又復栽植樹木，修築牆垣，所欲奉命者，故復中已。去歲擬今春首謁奠先夫子墓，下乃再負夙約者，亦以是也。比又問執事，偶獲血疾，不得躬視罪罪，然血疾恐為憂中，過於哀毀，焦勞所致，當以茯苓補心湯主之。向此方得之張文光，文光得之李孟卿，理因伯光醫兄疾，投之甚驗，時掘小薊燒菜食之良，理百憂攢心，言無敘惟照亮。

二月八日

高陵之行，屢戒屢廢，擬秋涼，賤體稍適一至。然未敢預為約也。吾子諭祥既久，乞勉進疏果麵食，以慰先靈，是望。近人來武功，得對山信，春末喪其少子，可痛可痛。然理亦未及作書弔也。便中奉問不悉。

一川至蒲州，毀東嶽，非地下祀，祀帝舜，配以夷齊，及時賢文清公輩矣，一川即九川也。

七月十四日

昨承遣趙、楊二高弟來弔問，俱有禮度，且道吾友之所以教者甚悉。趙慎而儉，楊文而恭，皆佳士也。來教謂理宜有所告，顧以理之不敏，當哀病中，夫何言哉？緣二子再四以來，教迫逐義不可辭，以故略述平日商確之論，一二答之第塞責耳。實於渠無所裨也。但楊子謂吾輩當是江西之派，理稍論南北，傳授頗不相接，見今江西之學有書可考，況庶東之於江西，師生所得已自不同，愚輩又安敢附其派也。若江西之風聲所著，使後學之人聞而輒生慕心者，則有之矣。以是語之，未知可乎否也。

前所託，擇其可求者而求之。得所謂張阜兆岩者，即仕原之從弟，今爲太學生者也，夫既具之數日矣。秋來農事稍忙，故不得專人報且致之也。其數爲三十兩，如不足用，當更圖也。脫儉用可足，則亦勿復用圖矣。如何如何。武功對山所人來有《滸西集》定本，將達諸執事，今在初亭所俟，覽畢當敬奉也，不備。

八月四日

久闕奉慰家兄行，因以致悃，亦以家兄數欲弔吾子耳，不意哀中取擾太甚感感。家兄所云稱貸事，今已有辨，無庸舉也。勘合事祥，後還當一往怱怱，言不盡意，尚俟更徐復也。

十月望日

西渠或云謫驛丞，然不詳地方，恐亦虛消息也。近讀溫公自題畫像詩，心竊愛之，想亦執事之所喜也，故奉之。外唐人集帖一幅，併奉上。

十月二十一日

賤疾承屢問，感感然。今幸小愈，但飲食後腹中殊不快，且不生肌膚氣力，徒昏悶耳。又家人尚多病，病者起，行者復臥，是理罪惡積深，天罰之不已也，何尤何尤。前先妣累蒙弔奠，及會葬未能一謝，實以此故，罪過千萬，諒執事亦察之也。

理實自十二月二十四日虞事畢，輒得內傷病，正月中甫愈。二月八日後得此疾，內外俱虛，故病多日耳。友朋理未及謝者，亦望以此告之爲荷。令親，秀才開名事，彼弗從，臨時只作假，亦無妨，如何。

三月二十日

端毅公夫人墓表并先君志銘，如脫稿希賜溫生帶還，他日理當躬自造府謝也。即日病愈，可趣裝北上，病作而歸，病愈而起，雖旋作旋起，不爲害。京師諸友，乃有斟酌出處之說，此理所未喻也，喪病中不暇與之深講，故特聊爲吾子言耳。世觀曾與談及，不知昨過吾子，言之否也。聞屢向世觀所稱貸未得，如必欲得之，以濟所急，當見告相與區處之也。餘不悉。

十月二十一日

高弟及高生輩承遣致祭先君感感，諸君不及另爲書，謝希道意。

與執事相邁者二年矣，以喪病之軀不得時相親就，以求漸磨之益，中心恒如飢也。今執事又將爲千里之別，而不肖尚焉所望耶？念惟執事迪德日新，俾明光于海隅，則不肖之所賴斯不爲淺矣，茲往見故舊，亦以此佈之。

十月十三日

十二日靜夫之子還，得侍者十五日去信，冗中不得，更拜餞，故遣弟珊來也。外菲物不足爲儀，聊將敬耳。以上從墨蹟錄出。

序

賀封君寇毅庵老先生耋壽序

榆次中丞寇公，巡撫陝西三年，於是大父毅庵先生誥封嘉議大夫，都察院右副都御史矣。是年適壽躋八袠，關中人士咸走賀。理友中丞受先生教益久，能無祝願乎哉？

念昔洪（弘）治戊午，理始鄉舉，赴會試，經榆次，訪故人罕山金氏，中丞亦罕山友也。聞客至，僧寺偕來視客，明日客報施。又明日胥餞客於北郊別矣，時主客未有見也。越三年，辛酉中丞鄉舉。明年，俱會試下第，入太學時相見，而講說見所行事焉。於是理見中丞之心，中丞亦謂理有足諒者，乃謀同舍居，遂定交焉。時晝而同者七八人，晝夜同者四人，咸得飲，聞先生之道而私淑之矣。

先生孝友之情發於至誠，好義之行本乎忠信，則大之氣充於浩然，仁恕之心出於瑟僩，自強之功向乎不息，其他小物之勤、細行之矜未易悉數，故夫善者樂從而不善者憚焉。由乎門而敬業達材者實多矣。時理屬既私淑先生，但以未獲親炙爲恨。無何先生至，皆以從父禮事焉。數從先生游，獲教益，皆大悅，先生亦悅。理屬所學向裏，不徒舉子業也，益誘而進焉。及歸，餞先生于中城西少海之上，臨歧復有所示，理屬拜而服膺，迄今三十年矣。諸友緣是皆有樹立，而吾友則加顯焉，是皆先生之澤之所及也。吾友之顯也，先生時判定州，乃輟而就封，封文林郎，南京大理寺左評事，晉中順大夫，應天府府丞，暨今封。

於戲！是皆自其教而得之，不亦光乎？先生昔在定未久云日，民泣送之不釋，亦足以見其政矣，使遭際又奚啻是哉？先生嘗教吾友移孝爲忠，吾友心籍之，今果能盡忠於國而榮其親，譬諸稼穡，是先生種而獲也。

嗚呼！先生年躋八袠，官封三品，乃有獲如是，亦少慰矣。竊見步履強健，精神矍鑠，視昔三十年先理始見時，殆無少異。由是推之，福壽其可量耶？夫均是日也，孝子之庭其景舒，不孝者反焉。吾友能移孝爲忠，又全忠爲孝，吾知先生之景舒矣。

然全忠之孝豈易言哉？是故保乎民而視諸赤子之謂仁，禦乎寇而外攘內寧之謂勇，感乎神而災消祥集之謂成，守乎道而顯仁藏用之謂智。斯四者中丞之忠也，亦孝也。吾友誠全是四者，則先生種而獲者，奚啻是哉？是在吾友，亦舊約意也。吾友其念哉，其念哉！

賀閻公見勞於侍御魏君詩序

嘉靖辛丑，歲旱禾槁，胡塵蔽晉陽，羽檄日至，民飢且危矣。是冬，我民父母閻公至，禱雨得霖，麥禾種焉。明年築城濬池，除器練士，金湯設而師千試，患足防矣。夏來麰薄收，秋禾盛而旱，幾槁。公三日禱獲雨，早黍熟，稷亦秀且實矣，衆稍安。公益求民瘼而日療之，闇然修職而已，不知求於人也。

乃御史西蜀魏君移檄自臺，獎之曰："夫西土邇，饑饉多虞。予監察諸羣工，知拯民于饑，唯汝魯賢；衛民于艱，唯汝魯賢，故特勞之以禮。汝三原丞，簿典史官，儒學師生，其爲我用牲及幣至，厥室勞用酒于時教，諭汝寧周。"子曰："京知公賢，奚啻是哉？朔望恒至學，課諸生給以紙筆，勸懲行焉。此澤在學校，非檄所及也。"訓導解梁呂子曰："鳴韶知公賢，奚啻是哉？公疇昔照臨我宇，乃作新學門，壯我士氣，諸廡宇學舍，將次第增葺，亦澤在學校，非檄所及也。"酆都徐子曰："騰知公賢，奚啻是哉？公疇昔照臨我宇，視諸寒士月給粻，士用勸學，亦澤在學校，非檄所及也。於是諸生集堂下，言公之澤人人殊，又非師所知者。"曰："吾儕盍詩以賀，詩成，請予序。予在竹林館中，亦稍知公者，故輒復以序而不辭云。"

賀涇川處士壽官王君配碩人李氏年八旬榮壽詩序

王配李氏碩人者，吾邑冢宰太師端毅公姪婦，吾徒輝母，馮村名門李良姊也。其兄曰："增嫂曰蘇氏，蘇氏出必障面以巾，亦潔淑婦也。"繼姑乃虐而箠之，遂閉口不能食矣。碩人時候而拯之，朝夕爲麋羹，強開其口而灌之，蘇由是獲生，活終身，賢碩人焉。既歸涇川，涇川方在太師公廕下，殊難事，碩人能和以居室，敬以事上，間以羞奉太師，太師公稱精善焉。涇川之商於外也，偶獲劇疾，幾不起矣。碩人齋戒籲天而禱之，乃手自炊食，食諸貧人者三年，故涇川敬之如賓鄰。姪李二之有急疾也，顧無臧獲可語治者，碩人聞而急使呼僕拯之，迄無恙。於戲，碩人賢類如此，其獲偕耋壽有以哉！諸親多以詩者託予序，故弗辭而叨叨云。

送李軒瑞拜官南歸序

某聞諸師曰："用人不惟其類惟賢，帝王之道也。"宜取以爲內交之法，某佩服焉[一]。吾寧之李軒瑞者，武人也，察其心夷政，其行則非武人也。故夙與之遊，居則相求語古今道理義以爲樂，少不見必鬱鬱於懷。弘治十四年，予再如京師，應會試舉不圖，別軒瑞，久思甚。明年，軒瑞來拜，襲先爵于朝，得邂逅，爰尋舊盟，又交相慶。未幾，軒瑞趣襲，告別怱怱，行不可留也。

乃與諸故舊屬戚鄉之人餞諸柳林，酒三行賓起。有執爵而揖賓者，曰："吾儕思君，久不得見，見又不得久集，何以爲情。人生睽違恒多，合并恒少，良可悲也。君歸善，復以圖如後約，敬爲君壽酒已。"

復有執爵而揖賓者，曰："君子所貴乎交者，以同德也，故不以聚散爲欣戚，而惟以德之修否相勸規，故同厥德，則雖相越千里而無異心，不害其爲會集，不同厥德，則雖日與之同室處而人各其心，相對之頃，已如胡越之迥隔矣。吾儕與軒瑞游，曷不以同德而爲會集，顧乃效兒女子態，以化離而爲戚哉？吾不德懵於茲，所望在軒瑞是歸也，其益慎厥修敬爲君壽酒已。"

復有執爵而揖賓者，曰："某聞爲人後者，嗣守先業一器一物，罔敢墜失，失則爲不孝，如先王之所錫也，又爲不忘。軒瑞之先人在高皇帝時以勳官慶歸[一]，衛百戶，傳世至今，則今之官乃先王之所錫也，先祖之所受也，其重非一器一物可儔。盡忠盡孝是誠在軒瑞，遇惟德之修，亦惟在是。適今西北多事，正人臣效力之秋，軒瑞能益光先烈，又忠孝之大者，又得之大者，其懋之敬爲君壽。"

軒瑞拜且諾，顧予曰："子謂我何？"予曰："二先生之言盡之矣，予尚何言。君惟敬哉，日修罔覺。"軒瑞唯唯，予遂次羣公之言以贈其行。

【校記】

[一]"馬"，疑爲"焉"之形訛。
[二]"瑞"，原誤作"端"，今據本篇上下文改。

雙壽序

丙戌歲，慶陽傅子立之舉進士，觀政于考功氏，明年乃翁隱。君行年五十有四，母王夫人亦五十有二矣。立之欲歸而雙壽焉，問考功氏，考功氏未之應也。明年，立之爲大行人，考功氏亦由納言氏養疴，還三原矣。立之於是有專封之命，兼有謚將之喜。

冬十一月，道經三原，過納言氏，欣然曰："學禮今真獲雙壽親矣，請終教之。"納言氏曰："夫大人何爲？"大行曰："家君初爲舉子業，厭而不爲，家有積，取其陳而散之，若累焉。客至輒觴，觴先醉，徑臥去。聞友朋過失，輒面規。里人爭求平，即是甲非乙。頃之，人問規與平，已恝恝儢儢不識焉。嘗餉邊而冠紳焉，弗適也。母氏之居于壼也，惟敬以集事，儉以足用，儲以待乏，故家君之嗣越先服，賴以不墜而所好來順之交，鮮有失焉。知學禮之蒙，可養而不可繫也。口授之籍而誘之讀，手爲之式而課之書，此學禮所以苟，焉以爲業也。"

納言氏曰[一]："予聞對山氏學於無纍氏，歸而陳其籍，盪盪乎若登春之臺，而無所騫也。故悉其意而忘其辭，及有事乎辭也，申申莫莫，屏物之交而聽其意，生滔滔乎來也，斯爲之未及乎室也，斯已矣。九川氏者，忘惕氏之徒也，九川氏時入神龍之所而批鱗焉。其友聞而言之，入其閭，東鄰氏懼而逋，西鄰氏憂而疲，乃隔垣而伺，主人則轟轟乎鼾睡焉。覺而琴，亂而歌，渢渢乎無懷之遺音也。客往揶揄其鄰而笑之，於是疚者愈，遑者還。小山氏者，申簡氏之徒也。小山氏斂百家之編而加以徽，約五籍之簡而納諸牘，凡席之隅，獨《周易》在焉。視其文，孔子而上存。君子曰：'善劍者，其用不同，愛其鋒而利之，一也，是謂善養生矣。隱君之跡得無類是矣乎？'夫張嫗者，吾東鄰嫗也，監于西鄰之室而相良人焉。疏矣而補之，嚴放矣而濟之，納[一]愛其子而勞之。他日子晢艾顯，嫗由是黎髮而皬翟焉。鄉人榮之，燕于張氏爲之賦，既醉也，夫夫人之跡得無類是矣乎。諺曰：'火培而不熄，隱君有焉，水流而不腐，夫人有焉，乃賦鴛鴦。'"

大行拜曰："是用福祿祝吾親也，敢不拜祝。"賦《北山》之首章，拜曰："夫子懼我以王事，憂父母也。學禮雖不敏，敢貽罹哉？"遂賦《皇華》。納言氏曰："知恤哉，是謂雙壽爾矣。"

【校記】

[一]"納"，原誤作"訥"，今據本篇上下文改。

送涇陽太尹吳君三載入覲序

司封氏曰："予於守令授之六事焉。三年而舉，則入覲而待擢焉。然有不及覲與不得覲而去者，則存乎人焉耳。"或曰："涇陽之令有不及覲者矣。問之則曰：'長衫之爲害也。'有不得覲者矣。問之則曰：'長舌之爲害也。'""何謂長衫？"曰："不畜不畬而有獲焉，不商不賈而有販焉，不經不史而有文焉。令起居，居而司注焉。訟滅及興而司柄焉，故令之至也，獲者種之，販者鬻之，文者飾之，注者錄之，柄者以之。於是令之突，弗及黔焉而有行矣。嗚呼，覲！故曰：'長衫之爲害也。'""何爲長舌？""涇陽之吏有三千焉，有府郡，有藩臬，有見參，有候參。其見參也，分房而直事，其候參也，分藩而直事，凡令之事，不在於府則在於藩，不在於藩則在於臬，不能外二參也。故見參爲之，候參媒之，媒而弗獲，則機心生焉。於是令日多事，席弗暇及暖矣。嗚呼，覲！故曰：'長舌之爲害也。'"君子曰："不然。至誠動物，至誠感神，居畏弗畏，居休弗休，何憂乎長衫長舌者哉？"

正德末，西蜀羅江吳君由淳化令調涇陽。下車之明年，爲嘉靖元年，居其位朝夕而視事者二年矣，長衫未之見也；又明年，爲嘉靖二年，居其位朝夕而視事者三年矣,而長舌未之見也。故六事不擾而底績焉,行且得觀而擢可待也。然吳君不自以爲績而讓諸寮寀,曰"弼佐之力也";又不自以爲積而讓諸邑之縉紳,曰"匡持之力也";又不自以爲績而讓之多士,曰"論政之力也"。故寮寀不居而歌君績焉,縉紳不居而歌君績焉,多士不居而歌君績焉。咸侑之爵曰:"君往哉,觀事不可緩也。"於是君子曰:"嗟乎,吳君于德,其將庶幾矣乎!惟德惟誠,著而且明,動而且化,行矣吳君,懋之懋之。"

【校記】

[一]"積",疑爲"績"之形訛。

方山先生文錄序

華州王槐野宮諭示余文一帙,曰:"此江左薛武進之文也。維楨不敏,行將敘之而未成,公試覽之,其謂斯文何?"余披誦旬月乃復之,曰:"太上忘言,其次有言,其次多言。言非聖人之所貴也,故曰:'予欲無言。'文則言之精而道之顯也。且曰:'文莫猶人躬行,不逮誠行矣,安用文爲?'其垂諸文者,非不逮於行也,沮於行而不得已也。不然空言何補哉?

三代以還大都文與道離,行與言戾,而行道有得之文,蓋亦有之,我則未之多見也。乃今見武進之文,始讀之,言質事核,經遠思深,淵然而光,躍然而變,其諸出入於馬、班、韓、歐諸大家者乎?再三讀之,究極天人,闡發性命,渾而不淆,析而不支,其諸體會於周、程、張、朱諸大儒者乎?果何以得此哉?

余嘗守官留都,與武進君并舍,見其孜孜問學,身體力行,唯時徐養齋、黃泰泉與余四三人,日相游衍論議,咸謂其銳志,古人不屑,凡近而施之,政教考課,諸不負其所學,固已竊嘆而景慕之矣。迨余老商山,罕聞世故,而武進董浙學政,力挽士趨,籍籍於賢者之口,猶及聞之。乃今調改備兵鄜坊,下車甫三月,即信孚化行,而井伍疾苦,一朝除去,流民逋卒,相率來歸,如嬰兒之見慈母。每一按節巡行,百姓三軍,頂香嚙指,遮迎道左,邊關千里,歡呼鼓舞,膏雨景星,所至蒙福,此又余之所躬逢,快睹喜談而樂道者,其爲文也大矣。是錄若盡,見諸施行可量也哉。

余觀武進君先後入仕,今且二十餘年。動忤於時,屢見播遷,屹立不變,蓋其中自有卓然者在也。故其文皆根本於中行之枝葉，真切懇至不祈文而自工。若此，若應辦口耳，飾辭比擬，則文人之文焉耳，寧有是哉？請以是復之。宮諭宮諭，固長於文者，其謂吾言何？"曰："公之言是也，可以序斯錄矣。"

嘉靖乙卯秋九月既望《薛方山文集》

仇氏族譜序

予自納禄而還，一日寓峨山書院。邑庠生仇子彥登持族譜以示予，且曰："仇氏之先自受姓以來，豈無譜牒，迨至始祖金國居士，諱汝霖者，昆弟十人值亂避兵，不知某祖傳至某處，其詳不可得而見矣，豈敢妄附古之貴顯以自誣乎？今修譜以傳後，願有言而序諸首以增重焉。"

予惟史氏亡，而族姓志作；科目興，而族姓志不傳。仇氏爲吾原著姓，代有聞人，宜乎系族以譜也。近世士庶之家，崇聲利而略族譜，或詢其祖貿焉莫知，延及數世久而漸疏，至有同里而不相恤，犯諱而不相較，如塗人者，世倍偷薄，又何足怪也哉？

今仇子讀書明理，惓惓以敦本厚族爲慮，其志亦偉矣。雖遠始未得其詳，幸家藏宗派一圖猶存，歲久殘缺，難永其傳，迺別爲一帙而輯録之。未續者而附益之，譜其所可知，闕其所不知，校編直書，最爲詳明，真傳家之一寶。俾後人興起，以光先者，一覽瞭然，雖支分派別，亦可知其血脈貫通也。

世系明，禮讓興，倫理正，恩誼敦，化及鄉閭，以達天下，傳之子孫，垂諸永而顧有不昌者乎？故譜之作也，由於族之興；族之興也，存乎人之志。若不能勵志迪行，而或又失之。雖族姓藩衍而名義蕩然矣，其如後世嗣續何？嗚呼，仇氏子孫尚其念之哉！《仇氏族譜》。

商略舊序

玄黃肇判，山川淑清。秦東藩蔽，終南亘榮。重蔭胚作，華陽帳幨。千巖松響，萬壑泉鳴。星分輿鬼，地畛雍梁。貢陳三錯，津渡千箱。軒轅造運，玄契封商。畫啓六書，教敷五常。河圖弼政，洛典興疇。姬公問數，微子奔周。算經是衍，雅頌兼收。賜族子氏，本姓源流。望於上國，茲維名區。前無紀述，後乃虛車。維質斯傳，維鑒斯書。民風物祥，原始迪初。孰出典籍，孰躬次編。縹囊殘闕，閱歷歲年。民用瞢若，政用瘁然。於今作則，於古爲便。日華不至，良廈艱成。西施絕步，嘉縭奚盟。遺風邁電，歷塊斯名。赤霄飛景，斷玉方呈。爰有劉侯，咨於任君。矢心協力，■蘭抉芸[一]。萃而筆之，旁及絲棼。溯而登之，極於典墳。屬辭記事，左史是評。辨物徵跡，《爾雅》爲程。分官列秩，《周禮》擬精。品山題水，《國語》同情。大綱既挈，細瑣咸摧。幽曷語怪，常豈同雷。文簡雍錄，確審而該。龍圖秦志，明簡而瑰。崇古絕俗，韞寶藏珍。德潛用闡，民隱獲伸。直不枉己，譽不媚人。三長二美，繼馬昭麟。鼓衆成化，謀始覺迷。表儀樹則，尚友思齊。吉士斯厲，凡民罔胝。於焉適治，途亦孔夷。劉侯者誰，文和之孫。親承庭訓，躬懷玉存。號曰龍洋，東土聿尊。一德與政，人和俗淳。任君商產，遠有師承。蒙泉懷麓，二世曾甥。厥器彬彬，厥質瑛瑛。琢文繪句，學博辭宏。板錄楮印，洵都可傳。請予質字，韻語於篇。《商州志》

【校記】

[一]"■"，道光本此字爲墨丁。

贈魏千戶侯序

余兄伯光與邑陰陽家魏宗正游，余友高陵呂仲木太史於宗正表兄弟也。宗正嘗與兄述其先人宣使公事，太史亦嘗與余述其先外翁宣使公事，言皆合。

蓋云宣使公在先朝時，樹勳業於世，有天子賜琉璃瓦第，有升降金龍誥函，函存第廢，瓦猶多存者。然累經兵燹，譜牒亡逸，其勳爵之詳皆出於傳誦，而未能悉也，太史公深惜之。宗正之從父益，襲靖遠總旗溫官。溫翁者，太史公祖妣之翁也，爲宣使公之孫。益既襲先官，屢從帥破賊於北。又寧羌於西，故授陞百戶，老而榮襲。往年平流賊有功，陞千戶，秩矣。

茲有事於西安，宗正與之燕。又因兄伯光而謂予曰："彼儒將別，宜贈以言。"太史與吾子言之，予徐曰："太史公於千戶嘗有言矣，理何言哉？仰聞之人子以嗣嚴爲孝，人臣以致身爲忠，千戶爾之先宣使公遺烈如此。今二魯跳梁於外，主上方憂勤於内，千戶能夙夜以忠孝爲心，則上以紓九重之憂，下以紹宣使公之勳，特易易耳。若夫龍誥之褒，賜第之寵，安知其不猶宣使公也，

安知其不猶宣使公也。"《靖遠縣志》

記

重修高陵城隍廟記

弘治初,太原朱令璜首重祀典,鼎新前後殿各三間。嘉靖庚子、辛丑間,蜀人江津徐令效賢復重祀典,前後殿各增爲五間,其舊者亦新之。前殿前仍,創建獻殿五間,既而憂去。於是于令至益重祀典,三殿兩廡,棟檻榱桷,門廡壁圬,黝堊丹漆,室堂階阤俱甄。庭栽植柏株三十,門外設甎屏一座,石狻猊一對。於是廟貌尊嚴,入者肅敬。工始於嘉靖戊申八月,落成於十月云。《高陵縣志》

楊侯去思記

楊侯名時泰,字道亨,直隸正定人,嘉靖己丑進士。庚寅歲,治吾富平。是時予爲行人司行人,每見邑人以事至京者,即問其爲政何如。皆曰:"可畏哉!民皆偯慄危懼,而不敢犯其法矣。"既而又有至者,予又問焉。皆曰:"可愛哉!民皆浸浸悅服,而不欲犯其法矣。"予即仰而嘆曰:"楊侯之治富平庶幾焉,可謂能也已矣。夫繼前政之墜失,約人心之恣放,不震之以威,非義也;令既行矣,禁既止矣,而威德之遠昭,不濟之以寬,非仁也。或抑或揚,或與或奪,乃撫世酬物之大幾,而爲仁義理道之時出,非識微之君子,不足以語此,若楊侯者,可不謂之能矣乎?"

侯之御下,繩之以法,而不輕宥。然本其忠厚慈愛之心,而欲人之無所犯,始雖甚嚴,終歸於寬,而民知愛。器宇沉靜,遇歲旱,憂形色,教民掘井種田,民得免於饑莩。又欲引北山之水以溉民田,方有事於疏鑿,以才優調劇而功不果成。使當留此數月,則川澤隱利爲人所食,而不至於無用矣,此其政蹟顯著,人所懷思,而可爲來世告。方之前令,如高公應舉、陳公潤、李公壽昌之類,名行事業可並稱而無忝然,此一縣之功業耳。使侯位益高,而報國之心益無懈,則予獲知人之名矣。吁後之人,其監於此。《富平縣志》。

憫忠祠記

予聞甘州中衛王將軍憫忠祠事，見世勳之昭焉，見死事之烈焉，見嗣子之孝焉，見皇猷之大焉。

將軍者，諱綱山，後閭陽縣中途村人也。伯曾大父諱買買。洪武三年從戎通州，二十三年弟敬伐役。敬者，將軍曾大父也。二十五年壬申兌換燕山護衛。己卯隨駕南征，壬午平定京師，陞淮安衛右所副千戶。永樂八年北征，累敗本牙失里、阿魯台醜，陞正千戶。洪熙元年，調陝西行都司今衛。宣德七年，敬老男智襲。天順二年，智老男洪襲。八年洪把沙禦虜，獲元三。成化二年陞世襲，指揮僉事。弘治十一年黑山禦虜，獲元四十多俘，陞世襲，指揮同知。正德元年，洪老男襲，是爲將軍。五年虜酋亦千剌、阿爾禿斯犯莊浪回回墓，將軍禦之，獲元六，遁去。其年，虜犯鎮夷硝池墩，將軍禦之，獲元九，遁去。六年五月，論莊浪功，陞指揮使。六月，論鎮夷功，加陞世襲。

夫由從戎至斯，今代奮忠勇，樹績公家，黃屋著籍，玉堂銀臺，多士司清，非世勳之昭而何？《書》曰："惟乃祖乃父，世篤忠貞，服勞王家，厥有成績，紀於太常。"此之謂也。乃若將軍鎮夷之奏功也。是年十一月，虜犯甘峻堡，將軍禦之，追至把雞兒境，戰勝深入，虜忽雲集，薄我數市，矢刃環攻，將軍麾戰自已至酉，士亡，以身禦之。復矢盡兵窮，乃空拳冒敵，遂死於鋒鏑之下。賊劇怒深恨，剗心取膽，抽腸折骸而去。

嗚呼！將軍持節之堅，隕身之酷，報國之忠，一至此哉！求之於古，蓋裂背碎齒，解身斷舌，不共賊生之流，非死事之烈而何？《詩》曰："彼其之子，舍命不渝。"將軍有焉。將軍之死忠也，嗣將軍輔誓竭忠，復讎以殲虜爲志續。於嘉靖十五年四月，涼州深山報賊出沒，襲至扒沙孤山，獲虜元五十有七，大纛二多俘，我軍全勝以歸。五月，莊浪報賊出沒，襲至散岔，獲虜元七十有二，復多俘，我軍全勝以歸。如所志焉，乃疏辭爵賞，乞賜先臣祠額，荷蒙俞允外，先後魚溝柴堆，寬溝白崖，沙嘴卯藏河，黃羊川石溝，復獲虜元七十有奇。嗣將軍竭忠復讎，戰陣之勇如此。其上不負君，下不負親，一舉而立身，顯揚之道俱得焉，非孝而何？《詩》曰："永言孝思，孝思維則；昭哉嗣服，受天之祐。"此之謂也：將軍之死忠也，撫按憲臣交以事聞，聖天子憫悼致惜，准令建祠致祭，示殊恩矣。及嗣將軍有請皇上，又特俯就曲從，賜以憫忠祠額，敕下禮部下達施行。

嗚呼！褒其忠，而臣勸；褒其孝，而子勸；褒一人，而千萬人勸，非皇猷之大而何？《祭法》曰："以死勤事則祀之。"將軍有焉。《詩》曰："永言配命，成王之孚；成王之孚，下土之式。"皇猷之謂也。君子曰："人臣服義以事上，宜至死不渝。人君推誠以恤下，宜生死無間。"《易·困》之象曰："澤无水，困。君子以致命遂志，此人臣之義也。"夬之象曰："雲上於天，夬。君子以施祿及下，此聖君之仁也。"是故義需血而不遷，仁怙冒而無外，義道盡則精貫日星，氣塞天地而靈神永不沒矣。仁道盡則神罔怨恫，人心胥悅而禍亂永不作矣，此將軍憫忠之祠所以立，而享祀所以延也。

嗚呼！《詩》曰："孔惠孔時，維其盡之，子子孫孫，勿替引之。"王氏子孫，其念之哉，念之哉！《甘州府志》。

新建西寧忠節祠記

嘉靖間，中丞趙公節鎮河西，下教諸道，俾修舉祀事。教至西寧兵備憲副李侯，乃經營闢地一，區爲垣門二，堂廡碑亭惟備，乃擬應祠。賢報公曰："某祠于張掖某地某法，不應祀也。"所擬漢後將軍壯侯，諱充國趙公；疆弩將軍樂成侯，諱延壽許公；伏波將軍忠成侯，諱援馬公；平壽敬侯，諱訓鄧公；隋衛尉，諱權劉公；唐平章事幽州都督，諱師德婁公；宋秦鳳經略事，諱韶王公；河州團練使，諱永年高公；隴右節度使，諱厚王公；皇明長興侯，諱秉文耿公；世襲土官指揮，諱南哥李公；會寧伯，諱英李公；合序列正司指揮陳治，千戶李淳，百戶毛泰、佛元、葛昶、丁顯、葛鎮合序列兩廡，祠依文廟式，爲木主，春秋置祭，憲副得報，遂以時禋祀如公言。

光祿寺卿馬理聞而善之曰："湟中自漢武使去病開疆，至壯侯討畔，用王師屯田，其間前後降羌至三萬一千二百餘人，全勝以還。及老，朝廷有四夷，大議常與咨謀。比卒，思其功德，不置圖形未央。至成帝時，尤感事追美，召黃門揚雄即圖頌焉。伏波建議不棄湟中，以除羌害，討畔至矢貫其脛，桓桓自若，卒。恩威遠孚，諸羌咸服。又爲置長吏，開導水田，勸以耕牧。敬侯用恩信結胡，得其死力破殲迷唐，使諸羌內附，威信大行。比侯卒，羌臨者日數千人至，欲捐生以殉，遂家立侯祠，恒禱祀焉。是皆功德著於華夷，垂於後世，真社稷礎楹，大臣規模，何可訾也？樂成下獨夒公長者，無忝先烈，足爲後矩。其次長興諸賢，亦開疆展土，仗節死義，宜報祀者。然遺棄弗祀久矣，不有君子，何以勸忠？"

於戲！茲舉中丞，公之教也，憲副之力也，有裨風教多矣。中丞公名載，字文載，山西垣曲人，正德辛未進士。憲副名經，字文極，河南真陽人，正德甲戌進士。其祠垣南北，東西袤廣尺丈，堂廡門亭楹數，悉記于碑末云。《西寧府志》。

重修商州文廟記

粵若天地既判，結繩治疏，倉頡出焉。自我商域，始制文字，官治民察，契因神農、后稷粒我蒸民，陳常時夏。俾人異禽獸，參於兩間，封國於茲，是爲玄王。其後，至聖孔子，因倉文字，弘契彝教，刪述垂憲，萬世不夜，報祀靡京。

我明嘉靖間，太守夏公理我商域，下車入廨，廨舍就敝。翌日謁朝視學，廟學就敝。肆謁玄王廟，亦就敝。肆謁倉帝，帝有主無廟。肆謁蜡祭諸神，有神農、后稷諸神主，寄置龍王廟中，迺喟然興嘆，即欲營爲，視民勤食，未之皇也。迺亟幸民生財以道，安節自身，儉諸庶用，民力寬矣。迺復鋤厥莠民，輔翼善良，輿情和矣。於是公迺相諸山木暨石，俾罪人贖刑，於是集材鳩工，卜日行事，迺首葺文廟儒學，壞者易之，故者新之。迺建齋室一所，於時羣黎子來，計日底績。次葺玄王廟如前，計日底績。次建蜡祭神廟，奉安舊主於內，計日底績。次葺公署廨舍郵亭，計日底績。諸所費，里甲一無所與焉。工始於嘉靖甲寅七月一日，訖於九月八日。

於是郡學諸生游吾門者，與其師長商曰："吾守夏父，和我小民，建此大功，百廢興矣，苟無紀述，後何則焉。"迺議使南生，桐著狀，即予問記。予曰："夏公茲舉，人神安矣，父其自慊乎哉？"桐曰："未也。父曰：'楊墨弗熄，斯文未著。今倉帝主寄書院，異端剎居山端，斯文未振，吾之責也，何慊乎哉？'"余曰："今可憂者豈惟是哉？吾見有糠塵經籍者矣，見有專事良知，廢諸學問思辯篤行者矣，此達磨、惠能之徒也。率是而行，則將棄儒焚典,聾瞽天下,孟子所謂邪說之害,甚於洪水猛獸者,正謂是耳,可不懼哉?吾願今之君子闢邪以力而施經正之政,今之學者闢邪以心而明經正之學,則庶乎民無邪慝,洪水猛獸之害息矣。君奚不慊乎哉,何如?"桐曰:"善。"理乃次其書,以授桐。夏守名文憲,相工者爲判官畢時,吏目齊志道,問記者爲學正張廷、司訓嚴憲、樊永淑、耿汝耘也。《商州志》。

傳

崔文敏公傳

後渠先生姓崔氏,諱銑,字仲鳧,號曰後渠先生,山東樂安人。厥考參政公,隨父委吏翁居安陽,少司徒李公以女妻之,遂占籍安陽云。

後渠生而白晳,漆髮玉質,始能言,即識文字。參政公時以小學方教之。年十三,參政公知延安府事,攜之任。時延安多髦士,屬官有名士七八人。公取髦士與共日課所會文,每文成,謄七卷,馳使七人者筆削之,仍合爲一卷,使後渠通閱之。久之,諸髦士及七子才美皆萃於後渠,以故成童時舉業已過人。既聞吳聘君康齋,學於甘泉教諭李健子乾。他日,公擢四川參政,又聞白沙陳氏之學於成都通判吳氏廷舉。

年二十一,中河南戊午鄉舉第九。己未,不第。游太學時,文字攬筆而成,月試當日中投卷,榜出輒列名第一。時太學有廣東舉人梁宗烈者,白沙高第,後渠即與何氏仲默往約會文。又聞翰林檢討劉氏德符以斯文自任,即日就而求益,德符亦賢後渠,與締交焉。時後渠有知人之明,又見賢思齊,凡海內學者,邪正淺深,識與不識,咸察而知之。於是多聞多見,諸史羣籍亦涉獵而得其概矣。時理與一二友人同居辟雍,講習明辨篤行之學,後渠三就三省而是之,遂相與日簪聚焉。蓋自是切問近思,以濂洛之學爲階梯,以洙泗授受爲準的,斂華就實,有得於內,不復求諸外矣。乃益相與,析義規過,力行數年,所得益深純。

乙丑,會試舉詩魁,殿試賜三甲進士第一。已而遴入翰林爲庶吉士,選授編修。正德初,宦瑾竊政,改官留都吏部主事。瑾戮,復官。嘉靖間,歷官學士,至南京國子監祭酒,禮部侍郎。蓋所在行其所學,恒在道云。

生于成化十四年戊戌，卒於嘉靖二十年辛丑，年六十四。訃聞，皇帝命吏部贈官爲禮部尚書。禮部議諡曰"文敏"，工部營葬，仍贈祭翰林，撰贈誥祭文，實特恩也。配李氏，工部尚書湯陰李公女，明敏賢淑，相夫子取友爲學及仕，明明有功，雖吾儕友朋家事亦裁處之，女士之英，非世所常有者也。先卒，贈淑人，生二子，長溥，從予學舉人，娶邵氏；次汲，好古，敏學篤行，爲鄉黨及當路縉紳所重，當路早舉孝廉，其父聞而力止之，乃已。

後渠舉子時，學朱子文成矣。後入史館，鄉人有誦習《文選》者，以選體相望。後渠不屑，乃效法左氏，遂自成一家言。云所著有《洹辭》、《中庸凡》、《松窗寤言》，所删述有《中說考》，所編集有《文苑春秋》，皆有關治道風化，非徒文也。他歷履詳墓誌表中，不著。

田史氏曰："予觀近世學者，文雖名世，傳後多無，與于斯文。蓋其始學未嘗志道，故終身無聞，能不畔乎哉？間有慎言，能不畔者，然往往溫故傳述而已。"夫天地開闢以來，生人多矣，而面目鮮有同者，此造化日新盛德，而道亦如之，無窮盡焉。是故前聖語道至矣，而後聖猶發所未言；前賢語道詳矣，而後賢猶發所未盡。故溫故知新，斯可以繼往開來，而爲人師也。間有自謂知新而非實有見者，則支誕而誤人，故不如溫故傳述者爲愈。復有厭常喜新，取異端止觀之說，闢吾儒明經之學，以六經爲糠塵者，此又焚典之流也。乃若昭代名儒，能溫故知新而不畔不誤人者，後渠及予二三友人有焉，予膚淺非阿所好也，管見如斯，後之君子其辨諸。崔文敏《洹詞》。

祭文

祭石渠先生文

天生哲人，固異于常。愚亦見只，互有短長。齒而不角，足而不翔。惡有我公，莫概以量。公之爲學，衣錦絅裳。不偏以卑，不倚以強。撣乎《中庸》，服膺弗忘。實焉若虛，理焉若荒。左圖右書，朝夕皇皇。一息尚存，望道未央。公之爲文，井然有章。蘊而不發，焉焉斯臧。似近而遠，似疏而詳。直而不訐，憂而不傷。布帛菽粟，可衣可糧。公之德政，所在遺芳。公在棘焉，人稱于張。公在州牧，民誦龔黃。公在藩垣，召伯南行。公之出師，方叔洸洸。山甫補闕，衮衣煌煌。旦爲冢宰，百工孔明。左之右之，弗僭弗爽。公之節操，冬冰秋霜。周道跋跋，振衣以將。豈無他蹊，有自弗皇。赫赫權門，火烈具楊。孰不惴惴，予心則傷。泰山之下，雷霆之傍。倐欻之間，若存若亡。將余龍之，曾靡驚惶。翼我孝廟，正位當陽。戢彼兇渠，若遁而藏。公之爲德，滄海汪汪。岸而測之，淺不濡杠。泗而探之，殆輕舟航。進言于朝，匪虞則唐。退咨于野，宜耕宜桑。婉孌小子，兮義是謫。碩彼大儒，亦既翼廷。方予靜止，慘無鍔芒。逮其動止，規圖矩方。謂嚴則溫，謂和則剛。謂簡則恭，謂矜則良。

於戲，公之異於人者如此。若夫必得其壽百齡之強，必得其名播於夷羌。禄位之隆，祚胤之昌。穹階美謚，生榮死愴。福祉緜緜，自天降康公，如種而獲，如施而償。亦唯公完，人孰頡頏。意公今沒矣，無可憾矣，第念夫愚也。生長闕里，頓望宮牆。瞻忽芳躅，步趨且僵。川流學海，徒爾望洋。誤受公知，愛如珪璋。彼曰嘻來，慎厥趨蹡。後當似今，于前有光。

於戲，昨傳講席，今拜影堂。嗟高山之行，曷歸大川之濟無梁。望几筵而一奠，隳涕泗之淋浪。

解

喪服解

喪服：斬衰裳，苴絰、杖。絞帶，冠繩纓，菅屨者。《傳》曰："斬者何？不緝也。"苴絰者，麻之有蕡者也。苴絰大搹，左本在下，去五分一以爲帶。齊衰之絰，斬衰之帶也，去五分一以爲帶；大功之絰，齊衰之帶也，去五分一以爲帶；小功之絰，大功之帶也，去五分一以爲帶；緦麻之絰，小功之帶也，去五分一以爲帶。苴杖，竹也；削杖，桐也。杖各齊其心，皆下本。杖者何？爵也。無爵而杖者何？擔主也。非主而杖者何？輔病也。童子何以不杖？不能病也。婦人何以不杖？亦不能病也。絞帶者，繩帶也。冠繩纓，條屬，右縫；冠六升，外畢；鍛而勿灰。衰三升。菅屨者，菅菲也，外納。居倚廬，寢苫枕塊，哭晝夜無時。歠粥，朝一溢米，夕一溢米。寢不脫絰帶。既虞，翦屏柱楣，寢有席，食疏食，水飲，朝一哭、夕一哭而已。既練，合外寢[一]，始食菜果，飯素食，哭無時。

父。《傳》曰："爲父何以斬衰也？父，至尊也。"諸侯爲天子。《傳》曰："天子，至尊也。"父爲長子：《傳》曰："何以三年也？正體於上，之乃將所傳重也[一]：庶子不得爲長子三年，不繼祖也。"爲人後者。《傳》曰："何以三年也？受重者，必以尊服服之。何如而可爲之後？同宗則可爲之後。何如而可以爲人後？支子可也。爲所後者之祖父母、妻，妻之父母、昆弟，昆弟之子，若子。"妻爲夫。《傳》曰："夫，至尊也。"妾爲君。《傳》曰："君，至尊也。"女子子在室爲父[三]，布總，箭笄，髽，衰三年。《傳》曰："總六升，長六寸，箭笄長尺，吉笄尺二寸。子嫁，反在父之室，爲父三年。公、士大夫之衆臣，爲其君布帶、繩屨。"《傳》曰："公、卿、大夫室老、士，貴臣。其餘皆衆臣也。君，謂有地者也。"衆臣杖，不以即位。近臣，君服斯服矣。繩屨者，繩菲也。疏衰裳齊、牡麻絰、冠布纓、削杖、布帶、疏屨，三年者。《傳》曰："齊者何？緝也。牡麻者，枲麻也。牡麻絰，右本在上，冠者沽功也[四]。疏屨者，粗齨之菲也。"父卒則爲母，繼母如母。《傳》曰："繼母何以如母？繼母之配父，與因母同，故孝子不敢殊也。"慈母如母。《傳》曰："慈母者何也？"《傳》曰："妾之無子者，妾子之無母者，父命妾曰：『女以爲子。』命子曰：『女以爲母。』若是，則生養之，終其身如母，死則喪之三年如母，貴父之命也。"母爲長子。《傳》曰："何以三年也？父子之所不降[五]，母亦不敢降也。"疏衰裳齊，牡麻絰，冠布纓，削杖，布帶，疏屨，期者。《傳》曰："問者曰：『何冠也？』曰：『齊衰、大功，冠其受也。緦麻、小功，冠其衰也。帶緣各視其冠。』"父在爲母。《傳》曰："何以期也？屈也。至尊在，不敢神其私尊也[六]。父必三年然後娶，達子之志也。"妻。《傳》曰："爲妻何以期也？妻，至親也。"出妻之子爲母。《傳》曰："出妻之子爲母，期則爲外祖父母無服。"《傳》曰："絕族無施服，親者屬。出妻之子爲父後者，則爲出母無服。」《傳》曰："與尊者爲一體，不敢服其私親也。"父卒，繼母嫁，從；爲之服，報。《傳》曰："何以期也？貴終也。"不杖麻屨者，祖父母。《傳》曰："何以期也？至尊也。"世父母，叔父母。《傳》曰："世父、叔父，何以期也？與尊者一體也。"然則昆弟子之，何以亦期也？旁尊也，不足以加尊焉，故報之也。父子一體也，夫妻一體也，昆弟一體也，故父子首足也，夫妻牉合也，昆弟也四體也。故昆

弟之義無分，然而有分者，則辟子之私也。子不私（下闕）

　　鋟板巳竣，復得遺篇，附錄於後。

【校記】

　　[一]"合"，《喪服》作"舍"。
　　[二]"之"，《喪服》作"又"。
　　[三]"女子子"，疑為"女子"之衍文。
　　[四]"沽"，《喪服》作"沽"。
　　[五]"子"，疑為衍文。
　　[六]"神"，《喪服》作"伸"。

贈扶風令楊叔後

　　河東處士扶風令，有範刑家政似之。路上行人金不拾，天門颷去定何時。

《扶風縣志》。

重修河北新城記

　　三原古焦穫地，今縣治在龍橋鎮古黃白城西，清水南。元時所遷築也，有縣學及諸公署在焉。其水北民與南等，公卿大夫士多於南無城。

　　嘉靖丙午，北虜犯塞，窺三原。於是巡撫謝公檄我完縣，葺舊城於水南，創新城於水北，皆重隍。原人賴以無恐，其事詳理《新城記》中。伊時事棘僝功速，甫五載而城隍坍塌淺矣。

　　辛亥，巡撫姚公至，視之患焉。曰："三原為關中要邑，集四方商賈重貨，昏曉貿易，故虜思內侵朵頤在此。此無險，虜易而至，則關以西，三川南北無寧所矣。"乃移檄至縣，俾貳守劉侯申令行事。貳守至，乃登臨察所損淤，拓舊模，擬新式立表幟焉。復責成我馬宰，辛爰度地，計工分役，宣力役用，夫千五百有奇，夫分工一尺有奇。蓋役諸新城居民，糧自備。肇工於辛亥八月望日，至九月十有二日厎績。於是卑者高，薄者厚，淺者深矣。計甋甃城上下水道四十餘所，女牆垛口一千六百有奇，牆垛舊版，築土壚，雨易粉。今以甋坯疊砌，麥稭泥墁糯汁和石灰堊之，固矣。蓋留芳、焦吳二里，附郭民應避患者之所營也，亦於是月厎績。

　　嗚呼！是役也，豈易營者哉？昔弘治間，王端毅公嘗圖之，民弗從，弗克城。正德間，王康僖公嘗圖之，撫按從，令從，民弗從，弗克城。嘉靖初，康僖公暨理儕復圖之，撫按從，藩臬從，守從，令從，民弗從，弗克城。至是六十年矣。謝公始創建，姚公繼之。

嗚呼，斯豈易營者哉？蓋君子知幾，凡民不見利不趨，不見害不避。夫趨避有時，上之人乘其時而使之，又道以驅之，斯子來而忘其勞矣。城之葺也，邊人有過者曰："吾鄙虜出沒，有樊城虜望，望弗邇。況此腹裏巖險如是，虜敢覬覦而深入之耶？"有諜者曰："虜前此實有盜心，屢形諸言，聞城此且厚備知威，恣心灰矣。"

嗚呼，要害之地，險設而患息，則斯城之創之葺也，豈一邑之計哉？所保廣矣，廣矣。是故民於謝公既構堂而建祠，於姚公復豎碑志遺愛焉。姚公名一元，字惟貞，號畫谿，登嘉靖甲辰進士，浙江長興人。貳守名體仁，字元甫，號北盤，山西交城人。馬宰名斯臧，字遠謀，號潁谷，河南鈞州人。分工者為三原縣丞王朝相，主簿曹豸，典史冉誥，其備諸使令者則義官張淮云。《三原志》

封建論

《易・師》之上六曰："開國承家，小人勿用。"《比》之象曰："先王以建萬國，親諸侯。"蓋《師》之終即《比》之始，此封建之事也。先儒釋經，謂小人不宜封建，優以金帛可也。夫經意豈謂是邪？後世行師，含仁義之律，惟譎詐是尚，雞鳴狗盜，無不賓禮，及成功之際，然後審而用之。此下之所以怨望，上之所以誅戮，不相保也。蒯徹有兔死狗烹、鳥盡弓藏之說，皆衰世之事，夫經意豈謂是邪？不觀諸湯武之師乎？聿求元聖，與之戮力者尹也，他日位極保衡者亦尹也。維師尚父，時惟鷹揚者望也，他日封國於齊者亦望也。伊望天下之仁者也，舉以為將而興師，則不仁者遠，師出以律而成功必矣。飲至策勳，伊小人何與焉？不然，則弟子輿師，師有覆亡而已，何開國承家之有？縱有之，亦其君有不嗜殺人之仁而天命攸歸，惜不盡行師之道，而使小人參於其間，此三伐之大貲，所以惟善人是富，而後世山河帶礪之盟，所以無足憑也。嗚呼！欲封建之盡善，其盍謹於命將出師之初矣乎？此經之義也，儒者不察，誤釋此義，使輔世者聞之，安得不至汶汶於前而察察於後，致《師》、《比》之道俱壞也哉？故善治之道出於吾儒，吾儒之學在乎明經。

戶役論

　　嘗觀民之初生，一夫一婦而已。其再葉之後，子孫滋多，十葉之後，則一人之裔可以百計考。自古及今，蒸民之生，不知幾千葉矣。乃戶口反不如古昔之盛，豈民皆避役而隱漏之耶？亦養之者，或未盡道；保之者，或未得方焉耳。蓋腹裏之民，賴上之養，苟不盡道，一遇水旱，則餓殍載途，有舉戶逃亡，無一存者，此腹裏戶口之耗也。邊境之民，賴上之保，苟不得方，一遇虜寇，則避匿無門，有盡室劫掠，無一存者，此邊境戶口之耗也。夫內無九年之儲，而外有長平之患，欲無耗，不亦難哉？稽諸古昔，文王時則讓畔路而興於仁者，斯民也；武王時，則如熊如羆而勇於義者，斯民也；漢文景時，則粟積紅腐不可勝食者，斯民也；武帝時，則虛耗而窮困者，斯民也；唐太宗時，則外戶不閉者，斯民也；至玄宗末年，則潼關不能保者，亦斯民也。故爲政者，不慮夫戶口之耗，惟慮夫在我，所以養民而保之者，有未盡道焉耳，抑戶口之增耗，又有說焉。水寬則魚鱉集，林寬則禽鳥集，苟池沼之間而網罾，日尋獨樹之下而彈射，時至乃病其物之不息焉，豈物之情哉？姑以秦蜀之民觀之，蜀民主戶一而客戶數十，故一人應役而數人輔之，故役雖繁而民不疲，此猶夫水林寬而鱗羽集也，故寬益集，集益寬，寬益不知其疲也。乃若陝西則不然，里無遺戶，戶無遺丁，死亡在於歲月之間，冊籍造於十年之後，故人雖死而丁猶存，戶雖耗而其差不免，況審差之時，閭閻之情叵測，里書之弊多端，民之害可勝言耶？爲民上者，誠損其戶口，覈其存亡，寧爲保障之計，毋徒存繭絲之心，由尹鐸之寬，因而膏澤之如召伯，懷保之如文王，則國家將固如磐石。斯民也，雖謂之文武之民可也，謂之堯舜之民可也，則何戶口消耗之足患哉？

兵防論

　　愚按三代而下，兵防之政，我皇明爲盛；我皇明兵制之備，將士之勇，陝西爲盛。漢唐方隆之時，世以帝女天孫嬪嬪和戎，宋以金幣和戎。張元一浮薄士耳，一佐元昊即舉世不能以禦其武備，皆可知矣。追原其故，前代之得天下，皆有資於匈奴，故世受其患。我太祖皇帝則不然，龍飛淮甸，用夏變夷，掃蕩乾坤，洗滌日月，使宇宙無腥羶之氣，華夏還禮樂之風，既非前代創業者所可班矣。其兵防之制盡善，而陝西又加密焉。統於兵部，則周官司馬之制也；屬於五府，則府兵寓農之意也。諸鄙既各有兵，而腹裏又有防秋之制；諸將既各有兵，而應援又有遊擊之制；關津既各有兵，而凡城市鄉村又各有民壯兵快保甲之制；郡邑既各有兵，而深山窮谷又有巡檢巡邏捕虎射熊之士。況八郡三邊之地，人閑騎射，士長韜略，故蓋川有蠹，資三原杜氏而平；荊襄有變，賴石渠王公而平；戎在禁近，則茲土一王戮之而平；虜圍京城，則茲土二石破之而平。南山王彪之亂，原都御史傑用土兵而平；北山薛賊之亂，王都御史堯封用民兵而平；廖賊四川之亂，幸庵率關中甲士而平；劉賊中原之亂，咸寧偕蘭州儒臣而平。往年樊紳之變，乾州用二三士大夫而平；近日鑛徒之亂，撫臣用二三守令而平。蓋關中無士非將，無民非兵，宣兔之士，古稱干城，斤堠之妻，今常折馘。況天設百二之險地，藏九死之區，虜敢匪茹，蹈我機阱，則外有衆殲之禍，內遭覆巢之慘，其不畏之哉？今考內外兵防之制，未能悉志，聊舉其概，俾我鄙病，尫知之亦足鼓勇生氣，驕虜聞之，實足破膽寒心云。

河套論

按河套之地，大河外環，此天地設險，以界華夷之所。虞夏敘貢，未嘗外焉。自是以來，凡中國盛時，咸有其地，我皇祖時亦然。常設立將士，阻河以守，蓋因天地之險，帝王之軌防外虞、靖中夏也。後委之俾胡虜巢穴於內，因而侵犯我鄙，幾無寧歲矣。昔秦取其地，募內郡貧民，充實其中，然政教不聞，故卒沒入匈奴。漢武時，復取其地，立朔方郡縣募民，徙者十萬口。及山東大水，徙其貧民於中者又七十餘萬口，自是隴西北地河西胡寇益少。然當其時，皆仰給縣官，使者分護費以億計，其後政教未聞，亦終沒入匈奴。今內郡民十室九貧，有無產有家之民，有無家有身之民，豐歲尚多缺食，稍值饑饉，則易於爲亂。故白蓮、赤眉之徒，一唱輒和者如蟻。往歲流賊橫行，海內頃假虜屢蠢，山西皆此輩也。保釐大臣誠請旨招募，并諸鑛洞壯士，悉收蓄之，稍加訓練，皆精兵也。夫然後授以妻室以漸，自南而北，按周官井田之法，給以斯地，凡爲邑爲丘爲甸，悉如周制。但洫澮稍深廣之，其廬舍爲堡，久之食裕：倣西戎雕房之式，爲之可也。其始授田給費半載，若種黍時授田，給以四月之費可也。農暇則訓以孝弟忠信之道，師律戰陣之法，如是三年，可使有勇知，方十年，則岐周之政可復，匈奴將喙息遯逃不暇，又何侵犯之足虞哉？然此特大略而已，若夫大綱小紀，舉而張之，以合時宜，以不失先王之軌，以盡經綸之道，則在當路君子云。

西域論上

雍人曰："西域自古內屬之國也。其民皆城郭宮室而居，耕而食，織而衣，非若匈奴遷徙無常，水草是逐，不耕不織，射獵爲生，盜竊爲心者比也，故其人猶可施以政教焉。"燉煌亦西域地也，方政教行時，其賢才輩出，與三輔無異，可以西戎言耶？蓋人之心性本同，使所業又同，政教又同，則其賢才之出，何獨不然？若夫匈奴與我謀食既殊，其心必異，殆猶矢人與函人，然亦胡能同之哉？是故先王嘗外之於西戎，則施以政教，此即敘之績所由厎也。今考燉煌即沙州衛地，哈密去沙州僅三百里，故亦燉煌地。此外諸域舊稱哈密，地圖其極邊又有巡檢公署，及漢人村落屋廬數處，是昔嘗内屬之域也。故悉圖而志之，以俟政教。君子思繼即敘之烈者，其有所稽焉。

西域論下

愚按孔子論政，曰："近者悅，遠者來。"蓋爲政在於悅近，悅近在於修德，修德之至則不特用人，行政之間無有過舉。雖一喜一怒，一皆出於天理之公，而無一毫人欲之私矣。誠如是，則盛德至善，非但民不能忘，天且弗違，寒暑正而雨暘時，率土之人無弗被澤，而歸向之矣。故帝舜舞干羽于兩階而有苗格，武王永清四海而西旅貢獒，周公成文武之德致天，無烈風淫雨，海不揚波，而越裳氏獻雉，皆修德之致也。後世不明此義，乃求善使絕域之人以通之，又求善戰之將以威脅之，故所得不償所失，終於以外夷而困中國，作無益而害有益，爲覆車之轍也。今西域誠吾燉煌故地之屬，其人亦農桑可導之民，誠欲招來而奠之，爲吾有司者，能修德悅近，如孔子之論，如帝舜之格苗，如武王、周公之厎貢獻其可也。否則爲漢武以來之事，貴其異物，寶其遠物，則民始不足，其亦人朝從而夕違之矣，何益哉？以上五首見婁樞明《文教錄》。

明故中順大夫浙江紹興府知府瑞泉南先生墓表

南瑞泉先生者諱大吉，字元善，渭南秦村人也。今有宅在邑儒學右，其先居河東及蒲城，世行詳渭陽公志碑中。渭陽公諱金，仕至資縣學教諭，配焦實[一]，生先生。先生別號瑞泉，爲遠邇學者師表，遂稱爲瑞泉先生云。

爲兒時嘗指揮羣兒以嬉，若官長然。太宜人怒，以朽木詈之，王父聞而嗔曰："此吾家棟梁，乃以朽木視耶？"稍長，渭陽公授之書，即日誦數千言，爲析其義，即聲入心。說興以詩，即音韻鏘洋。父執咸異，以神童目之。弘治間，先生承庭訓，既熟《小戴禮》矣，又學《易》于榮昌冷氏，又學《禮》于常鄧州賜，遂通二經。

正德庚午，以《禮》舉于鄉。辛未連第進士，益集諸時英，尚友講學。壬申冬，授戶部湖廣司主事，出餉邊及理天廙天津諸倉，遭外艱。後補江西司，尋理保定糧儲，改京坊草場。戊寅五月，考績獲錫命階承德郎，贈渭陽公如其官，母焦封太安人。配張氏，封安人。已饟上郡，尋以學爲羣僚所推，攝部中諸章奏事。辛巳進浙江司員外郎，理下糧廳，晉福建司郎中，調雲南司，攝章奏如故。會推恩獲再命，晉階奉政大夫，加贈渭陽公如先生官，母焦加封太宜人，配張加贈宜人，繼馮封如張。

先生既文學過人，又明習政務，在部所莅有聲，章疏復逆得體，上下咸賴焉。初保定事有當釐革者，然莅者憚難，恒因之。先生至，輒條上便宜四事行焉。草場時，先生持法無私，奸人盜焚場，圖易先生，先生竟以賢不易，而奸人遠焉。郎中時，值九峰孫公、鳳山秦公相繼以部事委任，先生亦殫心所事。二公以司徒名時，鮮有顛躓，先生蓋有力焉。漕運，文武大臣朝有會議事，至今遵行爲典，蓋自先生題奏始也。京營士故多冒支月糧，部議清查奸人，以夜行聶政事，恐之衆懼。先生慨然往，卒弊除無虞。時京衛有賞典十庫，宦寺乃屯膏，以惡金易之，先生走謂其長曰："此聖上龍飛盛典，主者欲云云可邪？"其長懼亟，使其屬以精金易之，於是諸衛士實沾沛恩，咸望闕呼萬歲焉。故至今十庫及諸衛所人，猶畏懷先生云。

又嘗因事敷陳，多訏謨至言，未幾晉浙江紹興知府。紹興多鉅室及諸黠民，號難治。先生至，視城惡堂敝壞，吏胥房火，視典神廟隤廢，庠序亦然。乃揆厥緩急，次第圖之。又擇諸僚佐之賢，以諸細事任之。凡舊政行久弊生，弗便民者，一切罷之。又親諸郡之名賢，時以道及政咨之，於是六事修，百廢舉，大禹陵廟、南鎮神廟及城郭、樓堞、諸公廨，罔弗葺之一新。

至於前錢氏所遺鎮東山閣，晦翁所建稽山書院，俱存遺址而已，先生舉肇造之如初。府學及八邑諸生嘗躬率諸令，誨之課之，復拔諸髦士於稽山書院，令其親炙，仍給之飲食筆札。俾專心向學，無他累焉，以故從遊之士成者十九。至今紹興稱科目之盛，始於乙酉。夫先生作人之功，顧可少邪？

毛氏毆人死，田妻誣陷二人死，俱御史至親，經多官勘鞫弗決。先生鞫得其情，咸論死，無能以勢利脫者。若衢州守、上虞令，被誣停官，則特為洗雪，弗避嫌焉。嘗盡力陂塘，備諸旱潦，運河為勢家所侵，乃究尋舊防，疏而復之。郡有越人大盜，數為權要所芘，悉箠死不貰。有戒珠山、東山者，王右軍、謝太傅故居遊所也，有學士以漸侵而漁之，先生悉割其地而歸其主焉。諸暨有石氏者，莠民之雄也，以法鋤之，有禁近人，囑之弗聽。越人嫁女，分財如男，至生女多弗敢舉者，喪葬率作佛事，及肆筵設樂，集賓以求勝人。乃裁定婚喪二禮，刊布郡邑，俾各遵行，違斯有罰，於是俊民格心，頑亦畏法免刑。俗變風移，謳歌浸以興矣。

乃勢家顧以不遂所私怨之，乃騰謗於兩京，兩京有怨家又佐之。時陽明公以道鳴于東南，輔臣深惡之，未嘗忘也。陽明書有《傳習錄》者，以道自任編也，先生特為序而梓之。於是輔臣及部院大臣密議罷先生，以抑陽明焉。時諸與事人悉未之知也，先是部議考察諸方面人，冢宰見兩京科道疏下，輒曰："近言者諸人，雖孔孟在，恐不免如紹興守，吾儕何病焉？"每預擬去留人，言必如是。及行事日，執筆至紹興，冢宰拱手遜中丞，中丞遜亦如之。如是相遜者良久，于是與事諸人咸厭倦，欠伸思睡耳矣。乃中丞公忽持筆曰："愚遜不已，當任怨，遂舉筆句之。"冢宰亦奮然言而舉筆，如中丞然，始終實未嘗議可否也。于是先生遂浩然西歸。先生之歸也，時郡人老稚者望泣於閭，丁壯者走泣於野，士大夫交泣餞于舟，如失父母。嗚呼，先生亦可以無愧已矣。

先生少穎敏絕倫，承庭訓即知求聖賢之學，稍長與常鄧州子倫嘗睥睨一世，尚友古人，與《文選》所載先明，爭高下焉。中年親賢，益聞深造之說，自是遂棄其辭章之學，探討日邃，有弗言，言益旨矣。西玄馬氏曰："今世以講學名者，往往高談以誣民夷，考其行，或猶市人，豈先生伍邪？"

先生奉親孝，執喪盡禮，為人師表。誨弟逢吉學，中己卯鄉舉，戊戌進士[一]，授禮部儀制主事。其宦遊家居，視如左右手，凡飲食裳衣必同，有聞未嘗不以告焉。姪軒又以重遠之道教之，軒文逼漢人肖父，丁酉鄉試亦中式。王氏妹孀，二男四女幼孤，俱嫁且娶之，長男，禩之學，爲邑增廣生。先生次女許適郭舉人伯盛子珠，珠孤而貧，先生即妻而教養之。珠爲廩膳生，文學與軒伯仲焉。蓋先生嘗婚嫁諸甥諸從子女，急於所出，所出雖差幼，實若緩然。故西玄子以躬行君子稱之，汙其阿所好邪？

　　先生歸田，日溫尋舊學弗輟，四方弟子雲從，乃構洧西書院以居，至弗能容，皆虛往實歸，多取紫拾青，位列方岳，文行名世者焉。

　　先生初配張宜人，邑人祿女。繼馮宜人，武功左衛經歷世隆女。又繼范，永清人，京營都指揮僉事錦女。子五男三，轅聘孫氏復騰女，邑人；軒聘武氏謙女，轒聘東氏工部郎中實[一]女，皆華州人。范出女二，長許適李廷珍，殤。次所適即珠，張出。

　　先生生於成化丁未十月三日，卒於嘉靖辛丑八月十九日，享年五十有五，所著有《瑞泉集》二十二卷，《紹興志》、《渭南志》各若干卷。先生始以古文鳴，中以道鳴。然與人和而有容，簡易可親，怒不至詈。雖有不合，而親舊不失，唯善是揚。至於當官任事，則毅然有執，圪[三]若砥柱，立於狂瀾洪濤，無能撼者。蓋先生邊幅不飾而錦美在中，門戶不立而深造堂奧，故實踐有餘而暌異不爲，故所在人樂親就云。

　　理繼室季張，張宜人妹也，以故受益于先生爲多。今觀宿草在墓，乃拜而書石，懷先生之懿德，猶潸然出涕云。南大吉《瑞泉集》。

【校記】

[一]"實"，疑為"氏"之音訛。
[二]"戌"，疑為"戍"之形訛。
[三]"圪"，疑為"屹"之形訛。

附　錄

明史列傳 儒林門

乾隆四年七月，總裁管、總理事務經筵講官、少保兼太子太保、保和殿大學士兼管吏部尚書事、加六級張廷玉等奉敕修

馬　理

馬理，字伯循，三原人。同里尚書王恕家居，講學著書，理從之遊，得其指授。楊一清督學政，見理與呂柟、康海文大奇之，曰："康生之文章，馬生、呂生之經學，皆天下士也。"

登鄉薦，入國學，與柟及林慮馬卿、榆次寇天敘、安陽崔銑、張士隆、同縣秦偉日切劘於學，名震都下。高麗使者慕之，錄其文以去。連遭艱，不預試。安南使者至，問主事黃清曰："關中馬理先生安在？何不仕也？"其為外裔所重如此。

正德九年，舉進士。一清為吏部尚書，即擢理稽勳主事。調文選，請告歸。起考功主事，偕郎中張衍瑞等諫南巡。詔跪闕門，予杖奪俸。未幾，復告歸。教授生徒，從游者衆。嘉靖初，起稽勳員外郎，與郎中余寬等，伏闕爭大禮。下詔獄，再予杖奪俸。屢遷考功郎中。故戶部郎中莊繹者，正德時，首導劉瑾核天下庫藏。瑾敗，落職。至是奏辨求復，當路者屬理，理力持不可，寢其事。五年，大計外吏，大學士賈詠、吏部尚書廖紀以私憾欲去廣東副使魏校、河南副使蕭鳴鳳、陝西副使唐龍。理力爭，曰："三人督學政，名著天下，必欲去三人，請先去理。"乃止。明年，大計京官，黜張璁、桂萼黨吏部郎中彭澤，璁、萼竟取旨留之。理擢南京通政參議，請急去。居三年，起光祿卿，未幾告歸。閱十年，復起南京光祿卿，尋引年致仕。三十四年，陝西地震，理與妻皆死。

理學行純篤，居喪，取古禮及司馬光《書儀》、朱熹《家禮》折衷用之。與呂柟並為關中學者所宗。穆宗立，贈右副都御史。天啟初，追謚"忠憲"。

關學編

長安後學馮從吾撰

谿田馬先生

先生名理，字伯循，號"谿田"，三原人。弘治戊午舉人，正德甲戌進士，皆高第。初授吏部稽勳司主事。尋調文選，甫一年，即謝病歸。戊寅，薦起考功。庚辰，又送母歸。嘉靖甲申，復薦起稽勳員外郎，尋遷稽勳考功郎中。丁亥，擢南京通政司右通政。戊子，又謝病歸。辛卯，復薦起光祿寺卿。甫一年，又謝病歸。歸十年，又薦起南京光祿寺卿，至即引年致仕。乙卯，年八十又二。其年十二月十二日夜，地大震，卒，人皆慟之。

先生幼敏慧，醇雅如成人。年十四，為邑諸生，即稱說先王，則古昔，研究《五經》，指義多出人意表。弘治癸丑，先生年二十矣。會王端毅公致仕，康僖公以進士侍歸，講學弘道書院，先生即受講康僖公所，于是得習聞國朝典故與諸儒之學，一切體驗于身心。與同門友秦西澗偉作告文告先師，共為反身循理之學，以曾子"三省"、顏子"四勿"為約，進退容止，力追古道。康僖公深器異之，一時學者即以為今之橫渠也。

遂庵楊公督學關中，見先生與康德涵、呂仲木，大驚曰："康之文辭，馬、呂之經學，皆天下士也。"是時，身未出里閈而名已傳海內，動京師矣。既如京，益與海內諸名公講學，其意見最合者，則陳雲逵、呂仲木、崔仲鳧、何粹夫、羅整庵諸君子。于是學日純，名日起，所在學者多從之游。督學漁石唐公為建嵯峨精舍，漁石作記，稱先生"得關、洛真傳，為當今碩儒"，四方學徒就講者日益眾。其教以主敬窮理為主，士無不聞風傾慕者。又特好古儀禮，時自習其節度。至冠、婚、喪、祭禮則取司馬溫公、朱文公與《大明集禮》折衷用之。處父喪與嫡、生母之喪，關中傳以為訓。乃其難進易退之節，人尤以為不可及。嘗曰："身可絀，道不可絀；見行可之仕，唯孔子能之。下此者，須自揣分量可也。"仲鳧稱先生"愛道甚於愛官"，當世以為確論。往安南貢使謂部郎黄清曰："故聞馬先生名，願一見。今不在仕列，何也？"黄曰："先生高志不欲官。"使人嘉歎以去。朝鮮國王奏乞頒賜其文，使本國傳誦爲式。其名重外夷若此。

先生主事時，上書諫武宗巡遊者二，後伏闕諍益力，杖于廷。員外時，值議大禮，率百官伏闕進諫。世宗震怒，命開伏闕者姓名，百官以先生名爲首，逮繫詔獄，復杖于廷。尋復官郎中時，奏寢莊繹之奏[一]，即執政言，亦不從。考察力罷執政私人彭澤，廣東人。力主被劾調用魏校、蕭鳴鳳爲正人，卒不改官，公論翕然，至今稱爲"真考功"。嘉靖丙戌，分校禮闈，所取皆海內名士，人尤服其藻鑑。

年七十，歸隱商山書院，名益重，來學者踵集，縉紳過訪與海內求詩文者無虛日。先生亹亹應之不倦，山巾野服，鶴髮童顏，飄然望之若仙。人以是益願侍先生談，諸得詩文者又願得先生親書。先生不談佛老，不觀非聖書。初年介而毅，方大以直，至晚則益恭而和，直晾而有容。其執禮如横渠，其論學歸準于程、朱，然亦時與諸儒異同，蓋自有獨得之見云。

所著《四書註疏》、《周易贊義》、《尚書疏義》、《詩經刪義》、《周禮註解》、《春秋修義》、《陝西通志》與詩文集各若干卷。

隆慶間，追贈副都御史，賜祭葬。先生門人最盛，有河州何永達，字成章，自號"拙庵"，以歲貢爲清豐縣丞，尋棄去。讀書講學，老而彌篤，壽九十有四。著《春秋井鑑》、《林泉偶得》、《聖訓補註》、《井鑑續編》諸書。先生嘗寄以詩云："楊柳灣頭撫七弦，故人零落似飛綿。河濱尚有鍾期在，青鳥音來動隔年。"其見重如此。

【校記】

[一]"繹"，原誤作"襗"，今據前文《明史列傳》及道光本改。

後　記

　　《陝西古代文獻集成》是陝西省自建國以來實施的最大的古籍整理項目。這一課題的任務是，將歷史遺留下來，而又沒有經今人整理過（或雖經今人整理，但是整理本有較多問題），並且具有很高歷史和文化價值的典籍，做成供中等文化程度以上讀者可以閱讀的整理本。工程浩大，任務繁重，時間緊迫，要求很高，需要課題組織者和參與者付出很大努力。將這項世紀工程做好，不僅爲當代，而且可以爲後世貢獻一份珍貴的精神遺產。

　　中國歷史上凡是經濟繁榮、富庶安泰的時代，執政者往往會在文化建設方面投入較多的精力和財力。宋初的四部大書《太平御覽》《太平廣記》《文苑英華》《册府元龜》，明初的《永樂大典》，清代康熙乾隆年間的《古今圖書集成》和《四庫全書》等，無不基于這種背景，這就是所謂"盛世修書"的傳統。

　　改革開放以來，陝西省在全國經濟發展方面長期居於中游甚至偏下，上一輩學者欲整理陝西古代文獻者不乏其人，但都因所需鉅資無法籌措而望洋興嘆。國家實施西部大開發的戰略以來，在國家扶持和陝西人民的努力之下，陝西經濟有了快速提升。陝西乃中華民族的發祥地，古長安又是十三朝古都，憑此地緣優勢，陝西省人民政府不失時機地提出了要將陝西省建設成中國的文化大省和文化強省的戰略目標。近年來陝西省在文化遺址的修復和文物保護方面，採取了大力度的措施，恢復和整修了相當多的文物古跡，例如日前已列入《世界遺產名錄》的漢長安城未央宫遺址、漢城湖公園以及漢昆明池遺址公園、唐長安城大明宫遺址、唐芙蓉園、曲江遺址公園等；文物的修護保護也取得很大成就，秦始皇陵兵馬俑的彩繪保護、古代紙質文獻的修復保護等，這些成就舉世矚目。但是這些成果，主要是從空間上展現文物和遺址的形貌，而這些文化遺產内在的精神支撐，也就是其產生的時代與背景、存在與湮毀等豐富的文化信息，更須依靠文獻的記述。正如本課題主持人所說："歷史上的文明，文物只是一端，而文獻則構成另外一端。無文物則不睹其容，無文獻則不知其故。文物爲體，文獻爲神，著此一睛，則飛龍在天。"更何況有些精神遺產是地面文物所無法負載的。例如，宋代以後，理學成爲中國官方的主要意識形態，而陝西關中理學即關學是其重要的組成部分。關學的代表人物張載、蕭斅、馬理、吕柟、馮從吾、康乃心、李顒、李因篤和王心敬等人的著作，不僅是陝西省的珍貴文化遺產，也是中華民族的精神財富。張載的"爲天地立心，爲生民立命，爲往聖繼絕學，爲萬世開太平"的豪言壯語，成爲世世代代立志爲國捐軀的有志之士的座右銘。而這些遺產，也到了搶救的時刻了。

陝西堪稱中國古代文獻的淵藪。產生於這塊土地上的古代經典文獻有《周易》《周禮》《史記》《漢書》等，《詩經》和《尚書》中亦有相當篇目與這一地域有關，而歷代這裏出現的文獻瑰寶，更是不勝枚舉。

有鑑於此，我們認爲編纂一套能比較全面反映陝西省古代文化輝煌成就的大型叢書時機已經成熟，並且刻不容緩。2011年初，我們向陝西省政府提出建議：抓住當前有利時機，傾省内外可以利用的學術資源，盡速啓動，用十年左右時間編纂一套全面反映陝西古代文獻成就的大型叢書《陝西古代文獻集成》。

陝西省人民政府主要領導迅速做出批示："對我省歷史上形成的，目前又没有被整理出版的典籍，應下力氣投入，以傳承歷史文化和文明。"

項目組經過審慎的摸底調查，決定精選出三百種左右的典籍進行整理，在"十二五"和"十三五"期間各完成一百五十種左右，約需投入兩千萬元左右。經過以著名古籍整理專家周天游教授爲主任的陝西省古籍整理出版工作領導小組專家委員會的數次開會研究論證，認爲方案切實可行，上報省政府。陝西省發展和改革委員會、陝西省財政廳對這項工作非常重視，決定撥出專項資金予以支援，並立項爲陝西省"十二五"古籍整理重大項目。

其后，課題組精心落實了課題的實施。

一、成立《陝西古代文獻集成》編輯修纂工作班子。一是編修委員會，由陝西省省長任主任，中共陝西省委宣傳部部長和主管文化的副省長任副主任，各相關主要單位的領導任成員；二是成立專家委員會，由陝西省古籍整理出版工作領導小組（簡稱"省古籍整理領導小組"）專家委員會代行職責；三是成

後 記

立編纂委員會，設在項目直接承擔單位西北大學，負責項目的編纂實施工作。由一批在國內享有盛譽的專家擔任顧問，另由一批以陝西省內爲主的年富力強的古代文獻學者擔任委員會成員。編纂委員會確定了一期工程的具體進展計劃，並且提出，這一項目在省古籍整理領導小組統一領導下實施開展，省古籍整理出版辦公室負責項目的總體協調和日常行政事務工作，督促檢查項目的進展情況和經費使用情況。西北大學爲項目的第一承擔單位，負責項目的具體組織和實施。爲落實這些要求，省古籍整理領導小組於2012年9月下發文件，通知了各相關單位。

西北大學還在項目主持人賈三強教授所在的文學院成立了重大項目管理辦公室，從辦公場所、人員配備方面提供了必要條件，使項目順利啟動。

二、確定子課題。按照省政府文件精神，課題組決定先整理一批沒有經過近人整理，或雖有近人整理本，但整理本存在較多問題的典籍。爲了有利於今人閱讀，以便使這些文化資源成爲今天的經濟建設、文化建設、社會建設和環境建設的有用信息，我們決定不採用國內有些省市採取的古籍影印的方式，而是採用古籍點校本，並用繁體字橫排本的形式，這樣既尊重了古代文獻的原有形式，又便於今人閱讀。既然確定爲目前只做尚未有今人整理本的陝西古代典籍，課題組經過反復研究論證，確定下來300多個子課題，依傳統古籍分類法，分成經、史、子、集四部。按前後兩期實施，"十二五"期間先行完成150多個子課題。在這些子課題的確定中，專家委員會意見得到了極大的重視。

三、開展項目的招標工作。根據專家委員會的建議，對於子課題的承擔，我們決定採用招標制和委託制結合的辦法，以招標制爲主，無人投標或投標者明顯不合要求者，再採用委託專家承擔的方法。省古籍整理領導小組在2012年9月下發文件，公開向省內徵集一期工程151個子課題的承擔者。以省內高校和科研單位爲主，學者踴躍申報，經編纂委員會初審，決定將74位學者申報的117項子課題交付專家委員會審查。2013年1月，專家委員會審定107項子課題合格。入選者絕大多數是近年來從事文獻研究已有成就的中青年學者，有一部分已對所申報的子課題有了相當深入的研究。對於無人申報或申報者不合要求的課題，還有專業性太強如中醫藥方面的子課題，我們採取了委託具有高水準的相關專家承擔的方式。因此，所有150余子課題都已先后確定了整理者。

四、多次召開相關會議，進行學術交流，互促互進，並及時解決實際問題。在項目規劃時，我們就提出了課題進行中，每年召開一次學術研討會、一次行政事務會的設想。前者主要交流課題研究中的學術問題，後者主要針對項目進行中出現的各種事務性問題，及時加以解決。2013年3月，東亞漢學研究學會（秘書處設日本長崎大學）、西北大學文學院和陝西省社會科學院古籍研究所聯合舉辦，西北大學文學院承辦了"陝西地方文獻國際學術研討會"。與會專家學者50余人，分別來自日本、中國大陸和臺灣地區，共提交論文41篇。論文專業性強，水準高，圍繞陝西古籍整理、古代文獻編年、宗教文獻的文學闡釋、陝西地方方言、域外漢學的開拓與發展等學術問題，進行了深入的交流。會議期間，舉行了"陝西古代文獻"課題開題報告會。與會專家一致認爲項目具有重大文化意義，並且對項目的各方面問題提出了許多好的意見和建議。對於這次會議，《中國社會科學報》2013年3月4日曾專發消息《"陝西古代文獻集成"項目啟動》予以報導。會議論文由東亞漢學研究學會會刊《東亞漢學研究》出版特別號《"陝西地方文獻國際學術研討會"論文集》。

2014年6月，西北大學文學院和陝西省社會科學院古籍研究所舉辦了"第二屆陝西地方文獻學術研討會"，會議的參加者全部是項目的承擔者，各位學者專家對自己承擔課題中的學術問題做了歸納研究，發表的論文有很強的現實針對性。對于項目的深入開展和將項目做成高品質的學術成果，這可謂是高調的集結號。會議論文集由商務印書館出版。

行政事務會議也力爭開成辦實事、解決實際問題、不務空談的交流會。雖然我們已給各位課題承擔者發了《工作手册》，專門規定了體例，但是在實際操作中，仍然出現了一些問題。于是2013年10月召開的行政事務會議，專就體例不一展開了研討。集思廣益，將各位專家學者的意見建議分門別類做了梳理，又重新修訂了《工作手册》，大家反映良好。

根據實際需要，從事編修編纂的單位建立了暢通的管道，問題一發生，就做出快速反應，及時溝通，及時解決。2015年年末，省政府主管文化的副省長過問了項目的進展，明確表示，這個項目是省上親自抓的重大文化項目，也是建國以來投資最多的軟文化工程，受到省委省政府主要領導的關注，必須抓緊、抓好。爲此，陝西省社會科學院、陝西省古籍整理辦公室、陝西省古籍整理專家委員會、西北大學四家單位的領導和項目主持人開會，對當前面臨的問題一一過濾，採取相應對策。如稿件完成後的審閱、成書的分集等具體問題均有涉及，並且有了明確的應對之策。

五、利用電子信息時代的優勢，建立隨時應答的動態管理模式。項目日常的工作人員主要由在校博碩士生等組成。他們利用年輕上進、精通電子信息技術的優勢，提出了很多很好的建議。例如建立了全員電子通信網，隨時隨地可與各位項目承擔者進行聯繫，實現無紙交流、無紙辦公，並且建立了聯絡群，可以隨時發佈各種信息，對各種問題進行及時應答。具有普遍性的問題，還可由專門或專業人士進行解答。

與此同時，我們建設了"陝西古代文獻集成"信息終端，硬件軟件已經採購到位，待安裝調試成功後，計劃將一些共用的資源錄入，逐步建成課題組的大資料庫、大信息庫。這個終端的建成，必將爲課題的開展起到重要的促進作用。

陝西省古籍整理辦公室從項目的選題到項目的立項，從經費的管理到經費的監督，從督促項目的進展到聯絡出版、印刷等事宜，認真負責落實，先後召開了五次專家委員會會議、五次項目進展情況督促檢查會、六次專項出版印刷會，下發正式文件三次，認真組織實施，積極協調各方相關單位，使項目有序推進，對于項目按時間、保質量地完成，起到了重要的作用。

陝西人民出版社承擔項目的出版工作。從社領導到編輯均表現出了極強的責任心和專業素質，在此表示誠摯的謝意。

賈三強
丁酉年春日